ŒUVRES
DE
LOUIS RACINE.

TOME SIXIÈME.

PARIS.

LE NORMANT, IMPRIMEUR-LIBRAIRE,
RUE DES PRÊTRES SAINT-GERMAIN-L'AUXERROIS.

1808.

ŒUVRES

DE

LOUIS RACINE.

REMARQUES
SUR LES TRAGÉDIES
DE JEAN RACINE.

MITHRIDATE.

Dans la pièce précédente, on a vu la punition des amans qui n'écoutent que l'amour; dans celle-ci, on voit la récompense des amans qui ne l'écoutent plus sitôt que le devoir parle. Les passions font tant de tours différens dans les replis de notre cœur, qu'un poète qui sait entrer dans ce labyrinthe, fait plusieurs tableaux de la même passion sans jamais se copier. Dans Hermione et dans Roxane, l'amour est fureur, mais fureur presque excusable dans Hermione, qui, sans l'avoir mérité, est offensée cruellement; et fureur détestable dans Roxane, qui n'est offensée que légèrement, et l'a mérité, puisqu'elle a voulu forcer un homme à l'aimer. L'amour n'est qu'amour, et par conséquent foiblesse, dans Bérénice et dans Atalide; mais la foiblesse de Bérénice, qui le jour même qu'elle doit être unie à ce qu'elle aime, et couronnée impératrice, apprend qu'il faut renoncer à son amant et à l'empire, est bien plus excusable que celle d'Atalide, qui cause tant de malheurs par ses jalouses inquiétudes. L'amour devient vertu dans Junie et dans Monime. Il est vertu dans Junie, qui ayant été destinée à épouser l'héritier de l'empire, préfère ce prince dans la disgrace, à celui qui lui offre l'empire. L'amour est vertu dans Monime, ainsi que dans Xypharès, parce que tous deux n'en parlent que quand il leur est permis d'en parler, se taisent et renoncent l'un à l'autre quand ils croient n'être plus destinés l'un pour l'autre. L'estime qu'on a d'eux cause l'intérêt qu'on prend à leurs périls; et cette pièce est une de celles que le public revoit le plus souvent, parce qu'excitant toujours la crainte et la pitié, elle est encore soutenue par la beauté des caractères, que j'examinerai après avoir parlé du sujet de la pièce.

Sujet de Mithridate.

Quelle est l'action de cette tragédie, demande le P. Saverio dans son long ouvrage sur la poésie ?

J'ai entendu quelque critique faire la même question. Si c'est, disent-ils, l'union de Xypharès et de Monime, Mithridate ne fait donc qu'un second personnage dans cette pièce; si le véritable sujet de la pièce est la mort de Mithridate, comment cette mort peut-elle être une suite de l'action, puisque les Romains n'arrivent que comme par hasard ? Ce n'est pas ce qui s'est passé dans la pièce qui a causé leur arrivée; et si Mithridate meurt, c'est parce qu'il a voulu se tuer. La catastrophe est imprévue, et par conséquent n'est point une suite de l'action. D'ailleurs, ajoutoient ces mêmes personnes, Mithridate est cru mort quand la pièce commence; et l'exposition du sujet n'annonce qu'un trouble entre les deux frères pour le partage des Etats de leur père, et surtout pour la possession de Monime.

L'auteur semble avoir prévu cette difficulté, puisque dans la préface de cette pièce il en déclare le sujet; ce qu'il n'a point coutume de faire. La résolution que Mithridate prit d'aller à Rome, « fut, dit-il, en partie » cause de sa mort, qui est l'action de ma tragédie. »

Si l'on y fait attention, cette action commence avec la tragédie, et Mithridate est la cause du trouble qui règne dans sa famille. Ses deux fils vont se disputer sa succession; et Pharnace, pour être le plus fort, a demandé aux Romains un secours qu'il attend à toute heure : c'est Mithridate qui a fait naître ce trouble, parce que c'est lui qui, pour connoître la fidélité de ses fils et celle de Monime, a fait répandre la fausse nouvelle de sa mort, comme il le dit en arrivant :

Vous avez cru des bruits que j'ai semés moi-même.

C'est donc lui qui a commencé l'action de la tragédie, et qui la continue par ses soupçons. Il aliène de lui le cœur de ses fils, lorsqu'il en a le plus grand besoin; et sa violence, quand il fait arrêter Pharnace, engage ce fils à faire révolter une partie de ses soldats, en leur disant que son père va les mener à Rome : en sorte que les soldats rebelles se joignent aux Romains lorsqu'ils arrivent; ce qui cause un combat dans lequel Mithridate perd trop tôt l'espérance, parce qu'il ne se conduit jamais que par emportement. En se jetant sur son épée, il se punit lui-même de toutes ses fautes. Quoiqu'admiré par ses grandes qualités dans la guerre, il n'est plaint que médiocrement, à cause qu'il est l'auteur de son malheur : ainsi la catastrophe est funeste à celui qui, oubliant son âge et le triste état où il est réduit, s'est livré à une jalousie amoureuse; et en même temps elle est heureuse pour les amans, qui, toujours traversés dans leurs innocentes amours, ont sacrifié leur passion à leur devoir. La morale de cette pièce ne se fait point chercher. Avant que d'en parler, examinons les caractères.

MITHRIDATE.

Mithridate a été appelé par Cicéron le plus grand homme depuis Alexandre : *Vir post Alexandrum maximus.* Il est tel dans cette tragédie que dans l'histoire, toujours occupé des grands desseins que lui inspire sa haine pour Rome, et plein d'un courage qui n'est jamais plus grand que dans l'adversité. A ses grandes vertus militaires il joint tous les vices du cœur : il est violent, emporté, jaloux, cruel; *et toujours fertile en dangereux détours*, plus capable de haïr que d'aimer,

Sa haine va toujours plus loin que son amour.

Sa jalousie et sa cruauté augmentent dans ses malheurs :

Plus il est malheureux, plus il est redoutable.

Ce n'est pas assez pour lui d'être dissimulé, il emploie le mensonge et la perfidie; et comme il ne se conduit qu'avec violence, tout ce qu'il fait est imprudent. Son dessein d'aller à Rome est un projet insensé, qui indispose son armée contre lui; et quoique dans cette circonstance, et surtout à son âge, il soit ridicule de songer à l'amour, il choisit ce moment pour épouser Monime, afin de désespérer ses deux fils : il fait enfermer l'un, et médite la perte de l'autre, lorsque tous deux lui sont très-nécessaires. Quand il se voit enveloppé par les Romains unis à ses soldats rebelles, il envoie empoisonner Monime, afin qu'elle ne soit à aucun de ses deux fils; et quand il se voit secouru par Xipharès, il envoie révoquer l'ordre du poison, pour pouvoir récompenser le fils qu'il reconnoît lui être fidèle. Il avoit tant de bonnes et de mauvaises qualités, qu'il est, comme dit Paterculus, un homme dont on ne peut se taire, et qu'on n'ose louer : *vir neque silendus neque dicendus ;* et c'est ce mélange de vertus et de vices, qui fait de Mithridate un grand personnage tragique, et beaucoup plus théâtral qu'un héros parfait.

MONIME.

Le poëte a voulu faire le portrait d'une femme toujours malheureuse, et toujours pleine de sagesse, de modestie et de douceur. Persuadée que le ciel n'approuve pas la passion secrète qu'elle a dans le cœur, elle n'est occupée que du soin de l'y étouffer ; et ne pouvant être à celui qu'elle aime, elle est toujours prête d'épouser, par obéissance, celui qu'elle a sujet de haïr. Lorsque Mithridate arrive, et lui déclare que dans le moment même il veut l'épouser, elle l'assure de son obéissance. Mithridate, peu content de cette obéissance, la soupçonne amoureuse de Pharnace, et veut la mettre sous la garde de Xipharès : alors, pour faire comprendre à Xipharès qu'il ne peut rester auprès d'elle, elle se voit obligée de lui faire l'aveu d'un amour qu'elle lui a toujours laissé ignorer ; et c'est à cause qu'elle a pour lui de pareils sentimens, qu'il faut qu'il renonce à la voir. Elle ne le verra plus paroître sans sentir aussitôt son âme

Revoler vers le bien dont elle est séparée ;

mais sa main ira dans son cœur *pour y laver sa honte,* et en *arracher* celui qu'elle aime. Cet amour, déchirant une âme vertueuse et capable de soutenir un si cruel combat, est un amour digne de la tragédie.

Lorsque Mithridate, par une basse trahison, lui a

arraché son secret, et l'a fait rougir *d'un feu qui n'étoit pas pour lui*, quelle douceur dans ses reproches !

> Quoi, Seigneur, vous m'auriez donc trompée !

Et si elle dit avec quelque vivacité qu'elle aime mieux mourir que de l'épouser après une telle perfidie, elle semble demander pardon de cette vivacité, en ajoutant :

> Puisqu'ainsi je vous ose parler,
> Et m'emporte au-delà de cette modestie
> Dont jusqu'à ce moment je n'étois point sortie.

Elle ne parle jamais qu'avec respect à Mithridate, qu'elle appelle *le plus grand des humains*, même après qu'il l'a trahie ; et lorsqu'elle reçoit le poison qu'il lui envoie, elle se dispose à le prendre sans éclater en injures, et sans oser demander d'être unie du moins dans le tombeau avec Xipharès qu'elle croit mort. Quand elle apprend qu'on apporte Mithridate mourant, elle plaint la *destinée de ce grand roi*. Elle craint d'avoir contribué à son malheur ; et ne se souvenant plus du poison qu'elle a reçu de sa part, elle le rappelle à la vie, en lui disant :

> Vivez, Seigneur, vivez pour nous voir l'un et l'autre
> Sacrifier toujours notre bonheur au vôtre.

C'est en effet au bonheur de ce prince si cruel que Monime et Xipharès ont toujours sacrifié le leur.

PHARNACE ET XIPHARÈS.

Les deux frères ont des caractères très-opposés. Pharnace, ami des Romains, a eu recours à eux sitôt qu'il a appris la mort de son père : il attend leur secours pour s'emparer de force des Etats qu'il prétend lui appartenir ; et c'est aussi avec autorité qu'il prétend s'emparer de Monime. Xipharès, au contraire, toujours dévoué à son père, a hérité de sa haine pour Rome. Il aime Monime ; mais il la laisse maîtresse de se choisir une retraite, et se contente de lui demander, en lui déclarant son amour, la permission de la voir. A la nouvelle du retour de Mithridate, il répond à son frère, qui veut s'unir avec lui contre un père impitoyable et cruel :

> Quand mon père paroît, je ne sais qu'obéir.

Lorsqu'il a reçu de la bouche de Monime l'ordre de l'éviter partout, persuadé que cet ordre s'accorde avec son devoir, c'est pour être éloigné d'elle qu'il se jette aux genoux de son père, et lui demande d'aller attaquer les Romains jusque dans l'Italie. Il s'aperçoit que son père médite sa perte, et écarte tous ses amis : il va en donner avis à Monime ; et dans la crainte qu'elle ne soit enveloppée dans sa disgrace, il la presse à consentir à l'hymen de son père. Sitôt qu'il apprend l'arrivée des Romains, il court au port, rassemble ses amis, et va soutenir le parti de ce père dont il a tant de sujet de se plaindre. Enfin, c'est lui qui dans le combat, se délivrant des rebelles qui par l'ordre de son frère l'ont enveloppé, se fait un chemin sur les morts, pour aller sauver les jours de ce père qui veut perdre les siens et ceux de Monime. Un fils si attaché à un père cruel, un héros si vertueux, est digne de posséder enfin la vertueuse Monime.

Cette tragédie conserve la vérité de l'histoire dans les principaux événemens ; mais il a fallu nécessairement, pour pouvoir rassembler tant de beautés, changer l'ordre de quelques faits peu importans, et en inventer quelques-uns. C'est le droit de la poésie ; et si elle n'en faisoit usage, nous serions privés de ses plus beaux tableaux. L'histoire rapporte que Mithridate, vaincu par Pompée, forma le projet d'aller, comme un autre Annibal, attaquer les Romains dans l'Italie ; que ce projet fut cause de sa perte, parce que Pharnace, son fils, se servit de cette raison pour faire révolter son armée, et que Mithridate, abandonné de ses soldats, se retira dans son appartement, où, après avoir donné du poison à ses femmes, il en prit lui-même, et, voyant que le poison ne faisoit pas son effet, eut recours à son épée. Ce fameux événement arrive, suivant la tragédie, dans un combat contre les Romains. C'est, dans un ouvrage de poésie, conserver fidèlement l'histoire, que de l'altérer si peu.

L'ordre de mourir fut, suivant l'histoire, envoyé à Monime, mais dans un autre événement. Ce fut après la mort de Lucullus que Mithridate, dans sa fuite, envoya un eunuque porter à ses femmes et à ses sœurs l'ordre de mourir. Parmi ces femmes étoit Monime, qui avoit reçu de lui le diadême : « Mais la pauvre » dame, dit Plutarque, ne faisoit continuellement autre » chose que déplorer la malheureuse beauté de son » corps, laquelle, au lieu d'un mari, lui avoit donné un » maître. » Quand elle eut reçu l'ordre de mourir, elle voulut s'étrangler avec son diadême, qui rompit; et l'eunuque la tua. Elle ne vivoit donc plus lorsque Mithridate fut vaincu par Pompée; et Xipharès, qui peut-être ne l'a jamais connue, étoit mort aussi, puisque son père le tua aux yeux de sa mère, qui avoit livré à Pompée un château du Bosphore, dont elle avoit la garde.

Mettre dans une tragédie des faits de cette nature hors de la place où l'histoire les met, c'est manquer sans conséquence à l'exactitude historique; et je ferai voir dans les Remarques, en répondant à une critique pédantesque de l'abbé du Bos, que Mithridate, en déclarant à ses fils son projet d'aller jusqu'à Rome, manque à dessein à l'exactitude géographique.

M. de Voltaire, dans la préface de sa tragédie d'Hérode

et de Marianne, a comparé l'intrigue de cette pièce à celle de l'Avare de Molière, non dans le dessein de la rabaisser, mais emporté par une réflexion à laquelle j'opposerai la mienne : « Les pièces tragiques, dit-il, » sont fondées, ou sur les intérêts de toute une nation, » ou sur les intérêts particuliers de quelques princes. » Dans ces dernières, tout l'intérêt est renfermé dans » la famille du héros de la pièce; tout roule sur les » passions que des bourgeois ressentent comme les » princes, et l'intrigue de ces ouvrages est aussi propre » à la tragédie qu'à la comédie. Otez les noms, Mithri- » date n'est qu'un vieillard amoureux d'une jeune fille : » ses deux fils en sont amoureux aussi. L'intrigue de » l'Avare est précisément la même. Harpagon et le roi » de Pont sont deux vieillards amoureux : l'un et l'autre » ont leur fils pour rival. Molière a joué l'amour ridi- » cule d'un vieil avare ; Racine a représenté les foi- » blesses d'un grand roi, et les a rendues respectables. » La tragédie ne rend pas respectable ce qui ne l'est pas; et les foiblesses des princes, qui sont souvent pareilles à celles des bourgeois, ne deviennent jamais respectables; mais elles ont de si grandes suites, qu'elles intéressent toujours la nation qui dépend d'eux : ce qui fait qu'aucune tragédie n'est uniquement fondée sur les intérêts particuliers de quelques princes. Ainsi l'on ne peut comparer l'intrigue d'une tragédie à celle d'une comédie, quoique l'une et l'autre soient fondées sur une même passion. L'amour de Néron pour Junie l'engageant à empoisonner Britannicus, a des suites terribles pour l'Empire romain. L'action de la tragédie de Bajazet est une intrigue amoureuse qui se passe en secret dans le sérail ; mais de cette intrigue amoureuse dépend le destin de l'Empire ottoman. Les foiblesses de Mithridate mécontentent un fils, qui fait révolter une partie de l'armée ; ce qui cause la mort de Mithridate : et que de suites aura cette mort dans son royaume ! La tragédie représente donc les foiblesses des princes, non comme plus nobles que celles des particuliers, mais comme ayant des suites bien plus importantes ; ce qui fait qu'elle attire une attention plus sérieuse. Le nom seul des personnages suffit pour attirer cette attention ; et Mithridate, malgré ses foiblesses et ses vices, jette dans cette tragédie un air de grandeur qui n'y seroit plus, si la même action se passoit entre d'autres princes.

Le poëte, qui, dans la pièce précédente, a présenté le portrait d'une sultane toujours détestable dans la fortune la plus heureuse que puisse souhaiter une femme du sérail, présente dans celle-ci le portrait d'une femme, dans l'état le plus malheureux toujours si estimable, qu'il est bien à craindre que les charmes de Monime ne fassent oublier aux spectateurs la morale de la pièce. Je n'hésite pas non plus à la mettre au nombre des plus dangereuses ; mais je suis bien éloigné de souscrire au jugement de Riccoboni, quand il dit « qu'elle donne de mortelles atteintes aux bonnes mœurs » et à la bienséance, et qu'il n'y a que la corruption » du siècle qui ait pu faire tolérer sur la scène un pareil » amour : deux frères amoureux de la fiancée de leur » père. »

Quel crime ont-ils commis ? Ils ont parlé d'amour à une personne que leur père devoit épouser, quand ils ont cru leur père mort. Pharnace n'en a plus parlé depuis l'arrivée de Mithridate ; Monime n'en a parlé à Xipharès que pour lui jurer un silence éternel ; Xipharès l'a pressée lui-même d'épouser son père, et, pour être éloigné d'elle, a demandé la grâce d'être envoyé à Rome. Sont-ce là des choses qui soient contraires aux bonnes mœurs, et qui ne puissent être tolérées que dans un siècle corrompu? Cette tragédie n'offre aucun exemple criminel ; et Monime seroit bien moins dangereuse si elle étoit moins vertueuse.

Quand elle seroit *fiancée*, comme le dit Riccoboni, elle n'a jamais été à Mithridate, et n'a jamais voulu y être. Il lui a envoyé son diadême, et son père l'a fait partir :

> Ce fut pour ma famille une suprême loi ;
> Il fallut obéir : esclave couronnée,
> Je partis pour l'hymen où j'étois destinée.

Elle est venue dans les Etats de ce prince, qu'elle n'y a point trouvé ; quand elle apprend sa mort, elle se dit : *Veuve sans avoir eu d'époux*. Il revient, veut encore l'épouser. Elle ira à l'autel comme victime, et par obéissance aux ordres de son père, quoiqu'il soit mort, en disant à Mithridate :

> Seigneur, vous pouvez tout ; ceux par qui je respire
> Vous ont cédé sur moi leur souverain empire.

En même temps elle jurera *un silence éternel* à tout autre amant. Est-ce là un exemple pernicieux pour les mœurs ?

Riccoboni, qui a bien jugé de plusieurs pièces, s'est donc trompé sur celle-ci. Je ne puis cependant que louer son zèle, puisqu'il part d'un bon motif ; mais je ne puis comprendre qu'avec un tel zèle, il ait pu croire possible le projet d'un théâtre où tout seroit innocent, pièces, représentations, acteurs ; et pour lequel, « afin qu'il ne manquât point de sujets, on éleveroit une » demi-douzaine de garçons et autant de filles, qu'une » ancienne comédienne et un ancien comédien forme- » roient, à qui en même temps on donneroit des prin- » cipes de religion et de piété. » C'est-à-dire, qu'au maître qui prêcheroit dans ce noviciat la pénitence et la fuite des objets qui réveillent les passions, succéderoit un autre qui formeroit cette jeunesse dans l'art de bien parler leur langage, de les imiter par les gestes et la voix, et de les avoir peintes dans les yeux.

NOTES

Sur la Langue.

ACTE I, SCENE I.

On a observé que les huit premiers vers de cette pièce sont écrits si naturellement, qu'on n'y feroit presque aucun changement en les mettant en prose. Ils ne sont vers ni par les inversions ni par les épithètes; et il semble que ce ne soit que la rime, quoiqu'elle se présente toujours d'elle-même, qui fasse apercevoir qu'on lit des vers. Ces vers cependant, où tous les mots sont rangés dans le même ordre où la prose les rangeroit, sont harmonieux et soutenus. Les voici mis en prose, sans y changer un mot : « On nous faisoit, » Arbate, un rapport fidèle; Rome triomphe en effet, » et Mithridate est mort. Les Romains ont attaqué mon » père vers l'Euphrate, et trompé dans la nuit sa pru- » dence ordinaire. Tout son camp, dispersé après un » long combat, l'a laissé, en fuyant, dans la foule des » morts; et j'ai su qu'un soldat a remis son épée, avec » son diadême, dans les mains de Pompée. » Ce sont les mêmes mots, l'arrangement est presque le même; et quelquefois il est le même, parce qu'il est impossible d'y changer l'ordre des mots : voilà cependant de la prose qui n'est pas même une prose poétique. Quelle différence pour le plaisir de l'oreille, quand tous ces mots sont rangés dans une mesure soutenue par les rimes!

> Vous, Seigneur ! Quoi, l'ardeur de régner en sa place, etc.

La Motte trouve ici un défaut de justesse grammaticale, parce que ce *vous*, *Seigneur!* ne lui paroît pas lié directement avec le discours de Xipharès. Je n'entends point cette critique. Arbate s'écrie : « Quoi, vous-
» même, l'ardeur de régner va vous rendre ennemi de
» votre frère ! »

> Je m'en vais t'étonner : cette belle Monime, etc.

J'aimerois mieux, *je te vais étonner*.

> Que n'en puis-je à tes yeux marquer la violence,
> Et mes premiers soupirs, et mes derniers ennuis !

Ce tour ne s'accordant pas avec le vers suivant, il faudroit, à ce qu'il me semble :

> Que ne puis-je à tes yeux marquer sa violence,
> Et mes premiers soupirs, et mes derniers ennuis!

> La place et les trésors confiés en ses mains.

M. l'abbé d'Olivet ne veut pas qu'on puisse dire *confiés en ses mains*; cependant cette expression se trouve encore dans Iphigénie :

> Tous les droits de l'empire en vos mains confiés.

> N'eurent plus d'ennemis que les vents et les eaux.

Quelques critiques disent que les vents et les eaux ne peuvent être *ennemis* des vaisseaux, qui sans les eaux seroient sur le sable, et sans les vents ne pourroient avancer. Le poète ne dit-il pas très-poétiquement que Mithridate, n'ayant plus à craindre pour ses vaisseaux que les tempêtes, fut le maître de la mer, empire dont les hommes se flattent ? M. le Franc appelle la mer

> Cet empire commun des souverains du monde.

Elle n'est le véritable empire que des vents.

> Ou bien quelque malheur qu'il en puisse avenir.

Ce mot *avenir* ne paroît pas noble.

> Le Pont est son partage, et Colchos est le mien.

On trouvera encore :

> Je le puis à Colchos.

Quelques savans prétendent qu'il n'y eut jamais dans la Colchide une ville nommée Colchos. Ils peuvent avoir raison ; un poète n'est pas obligé de prendre parti dans cette dispute. M. Bossuet, M. Rollin, et M. l'abbé Gédoin dans son Pausanias, ont dit *la ville de Colchos*.

SCENE II.

> Jamais hymen formé sous le plus noir auspice, etc.

Quand ce mot est au figuré, comme *sous vos auspices* pour *sous votre protection*, il n'a point de singulier. Il en a un quand il est, comme ici, au propre, pour *augurium*.

SCENE III.

> Ephèse et l'Ionie
> A son heureux empire étoit alors unie.

En prose, il faudroit *étoient alors unies*, parce que les deux noms sont unis par l'*et*. On permet aux poètes de rapporter le verbe au dernier nom.

> Et des indignes fils qui n'osent le venger.

Il faut nécessairement d'*indignes* ; je crois que c'est une faute d'imprimeur, qui s'est conservée dans toutes les éditions. L'auteur avoit mis, selon les apparences, *et deux indignes fils*.

ACTE II, SCENE I.

> Croyez-moi, montrez-vous ; venez à sa rencontre.

Expression qui n'est pas noble en vers.

SCENE II.

> Tout vaincu que je suis, et voisin du naufrage.

On ne dit pas ordinairement *voisin* en ce sens. Le

poëte, qui pouvoit dire, *et tout près du naufrage*, a trouvé *voisin* plus poétique.

SCENE III.

> Mes soldats presque nus, dans l'ombre intimidés,
> Les rangs de toutes parts mal pris et mal gardés,
> Le désordre partout redoublant les alarmes,
> Nous-mêmes contre nous tournant nos propres armes,
> Les cris que les rochers renvoyoient plus affreux,
> Enfin toute l'horreur d'un combat ténébreux.

Mes soldats, *les rangs*, *le désordre*, *les cris*, *l'horreur*, etc. Tous ces nominatifs sont suivis d'une interrogation :

> Que pouvoit la valeur dans ce trouble funeste?

J'ai remarqué sur Bérénice un pareil tour.

> Un rival dès long-temps soigneux de me déplaire.

Qui semble ne chercher qu'à me déplaire.

SCENE IV.

> Au-dessus de leur gloire un naufrage élevé,
> Que Rome et quarante ans ont à peine achevé.

On demande ce que c'est qu'*un naufrage qui n'est point achevé, et qui est élevé au-dessus d'une gloire*. Hasarder ces alliances de mots n'appartient qu'à celui qui a le crédit de les faire approuver. On entend tout ce que le poète veut dire, et on sent qu'il s'exprime très-noblement.

SCENE V.

> Traverse mes desseins, m'outrage, m'assassine.

Dans ce vers, *assassiner* enchérit sur *outrager* ; et *outrager*, au contraire, enchérit beaucoup sur *assassiner* dans ce beau vers de Pauline à Polieucte :

> Tigre, assassine-moi du moins sans m'outrager.

> Ne peuvent pas tout seuls occuper ma pensée.

Ici, *tout* est nécessairement adverbe, de même que
> Mes vaisseaux qu'à partir il faut tenir tout prêts.

SCENE VI.

> A d'éternels ennuis je me voie enchaînée.

Être enchaîné à des ennuis.

> Tantôt quand je fuyois une injuste contrainte, etc.

Tantôt pour le passé peu éloigné; et on l'a vu plus haut pour le futur peu éloigné :
> Vous en serez tantôt instruits plus amplement.

> Vous n'empêcherez point que ma gloire offensée
> N'en punisse aussitôt la coupable pensée ;
> Que ma main dans mon cœur ne vous aille chercher,
> Pour y laver ma honte et vous en arracher.

Une gloire qui punit une pensée, une main qui va dans le cœur laver la honte.

ACTE III, SCENE I.

> Approchez, mes enfans : enfin l'heure est venue, etc.

On n'appelle pas ordinairement des princes de cet âge *mes enfans*. Mithridate, en arrivant, leur a dit *princes;* ici, il ne dit ni *princes* ni *mes fils :* pour affecter de la tendresse, il dit *mes enfans*, de même que Cléopâtre, dans Corneille, parlant à Antiochus et à Rodogune, acte V, scène III.

> Ma funeste amitié pèse à tous mes amis;
> Chacun à ce fardeau veut dérober sa tête.

Dérober sa tête au fardeau d'une amitié.

> Aux lieux où le Danube y vient finir son cours.

Cet *y* non-seulement n'est point de trop, il est nécessaire. Les lieux où le Danube tombe dans l'Euxin.

> Et la triste Italie encor toute fumante.

Dans Phèdre :
> Et la Crète fumant du sang du Minotaure.

> Attaquons

> Attaquons dans leurs murs ces conquérans si fiers ;
> Qu'ils tremblent à leur tour pour leurs propres foyers.

Rime normande, *fiers* et *foyers*.

> Surtout j'admire en vous ce cœur infatigable
> Qui semble s'affermir sous le faix qui l'accable.

Un cœur qui s'affermit sous le faix.

> Dont le débris est même un empire puissant.

On a vu dans Bajazet les *débris* du visir : « Peut-on, » dit M. Bossuet, appuyer quelque grand dessein sur » ces débris des choses humaines ? »

> La guerre, les périls, sont vos seules retraites.

Dans ce vers, les *périls* sont appelés des retraites.

> Allez ; et, soutenant l'honneur de vos aïeux.
> Dans cet embrassement recevez mes adieux.

Ce n'est point en recevant ces adieux qu'il soutiendra cet honneur ; il veut dire : *en partant pour aller soutenir l'honneur de vos aïeux, recevez mes adieux.*

> Mais avant que partir, je me ferai justice.

On trouvera bientôt :

> Je vous y place même avant que de partir.

L'auteur a toujours été exact à dire *avant que de*; et il aime mieux dire *avant que partir*, que de dire *mais avant de partir*. Nos écrivains d'aujourd'hui disent souvent *avant de*.

SCENE IV.

> Toi de qui la vertu consolant ma disgrâce, etc.

Je ne sais si je me trompe ; mais j'aimerois mieux : *oui, toi dont la vertu*, parce que *dont* fait mieux en vers que *de qui*.

SCENE V.

> Que de vous présenter, Madame, avec ma foi,
> Tout l'âge, et le malheur que je traîne avec moi.

Présenter l'âge.

> Quand je me fais justice, il faut qu'on se la fasse.

Je laisse les puristes critiquer ce vers : s'il est condamné au tribunal de la grammaire, j'en appelle au génie de la langue, qui sait faire des exceptions aux règles. Vaugelas a raison de dire : « Tout nom qui n'a » point d'article ne peut avoir après soi un pronom » relatif qui se rapporte à ce nom-là. » Cette règle est vraie ; mais elle ne doit pas être prise dans toute sa généralité. Le P. Bouhours a raison d'approuver cette phrase : « Si vous ne me faites pas justice, je me la ferai moi- » même. » Et M. Pascal a bien écrit, lorsque dans sa lettre sur l'homicide il a dit : « L'Eglise défend à ses » enfans de se faire justice à eux-mêmes ; et c'est par » son esprit que les rois chrétiens ne se la font pas, » dans les crimes même de lèse-majesté. » La règle de Vaugelas reçoit donc des exceptions.

>Possédant une amour qui me fut déniée,
>Vous fasse des Romains devenir l'alliée.

J'ai vu dans une ancienne édition *destinée*, qui rime mal avec *alliée*.

>Pourvu que vous vouliez qu'une main qui m'est chère, etc.

Une *main* pour une *personne*, parce qu'il s'agit d'épouser.

>Si de tous ses efforts mon cœur a dû s'armer, etc.

Un cœur qui s'arme de tous ses efforts, pour ne pas se laisser surprendre.

SCENE VI.

>Allons. Mais sans montrer un visage offensé, etc.

Expression hardie. Le visage d'un homme offensé qui médite sa vengeance.

ACTE IV, SCENE I.

>Que tarde Xipharès ? Et d'où vient qu'il diffère, etc.

C'est-à-dire, *pourquoi Xipharès tarde-t-il à venir ?* La vivacité lui fait prendre un autre tour.

SCENE II.

Mon âme souhaitoit de vous voir en ce lieu.

Elle pouvoit dire : *Je souhaitois, Seigneur.* Ce *mon âme* jette une grande tendresse.

Il presse, il fait partir tous ceux dont mon malheur
Pourroit à la révolte exciter la douleur.

L'inversion, un peu trop forte, cause ici quelqu'obscurité. On ne voit pas d'abord à quoi se rapporte *la douleur*.

SCENE IV.

Venez, et qu'à l'autel ma promesse accomplie, etc.

L'auteur, qui pour dire *s'épouser*, emploie ordinairement l'expression *aller à l'autel*, n'a jamais employé celle que Corneille emploie si souvent, *donner la main*. César dit à Cornélie :

O cœur vraiment Romain,
Et digne du héros qui vous donna la main !

Et dans Pulchérie :

Prêtez-moi votre main, je vous donne l'empire.

Donner la main n'est pas du style noble; et dans cette tragédie, cette image est rendue très-poétique par ces vers :

Et que dans une main de votre sang fumante
J'allasse mettre, hélas, la main de votre amante !

Dans l'ombre du secret ce feu s'alloit éteindre.

L'ombre du secret, et *un feu qui s'éteint dans cette ombre.* Je fais quelquefois remarquer ces alliances de mots.

SCENE V.

Ma colère revient, et je me reconnois :
Immolons, en partant, trois ingrats à la fois.

Cette rime, *reconnois* et *à la fois*, déplaît aujourd'hui. L'ancienne prononciation étoit cause qu'elle ne choquoit point.

ACTE V, SCENE I.

> Faire un affreux lien d'un sacré diadême.

Vous en servir pour vous pendre. Un bon poète sait tout dire noblement. Dans Bajazet, pour dire étrangler :

> Avoit au nœud fatal abandonné ses jours.

> Dans la confusion que nous venons d'entendre, etc.

Ellipse : *dans la confusion où nous venons d'entendre que sont les choses.*

> Tison de la discorde et fatale furie, etc.

Ce mot *tison* devient ici très-poétique.

> Que le démon de Rome a formée et nourrie.

Démon n'est pas un mot de la bonne latinité ; les Romains disoient *génie*, et non pas démon. Corneille a raison de faire dire à une Romaine :

> Voyez qu'un bon génie à propos nous l'envoie.

Mais il ne devoit pas faire dire à Cornélie :

> Dis-moi quel bon démon a mis en ton pouvoir.

D'autant plus que *bon*, dans notre langue, ne va point avec ce mot. On a vu dans Britannicus :

> Quel démon envieux, etc.

Malherbe n'a pas employé ce mot à propos en parlant d'un jardin :

> Non sans quelque démon qui défend aux hivers
> D'en effacer jamais l'agréable peinture.

Nous ne nous servons guère de ce mot en bonne part, que quand nous disons *le démon de la poésie*. Il est mis ici fort heureusement dans la bouche de Monime, qui est Grecque ; et dans la langue grecque, il veut dire *génie*. Δαίμον se disoit d'un dieu ou d'une déesse, d'un génie bon ou mauvais. On lit dans une ancienne inscription latine : *Habet iratum genium Populi Romani*. C'est ce génie irrité du peuple romain que Monime appelle *démon*.

ACTE V, SCENE V.

> La mort au désespoir ouvre plus d'une voie.

Elle paroît vouloir dire, au contraire : *le désespoir ouvre plus d'une voie à la mort.*

> Et périsse le jour, et la main meurtrière
> Qui jadis sur mon front t'attacha la première !

Le jour où il fut attaché, et la main qui l'attacha. La vivacité de ce tour ne peut être critiquée.

La main meurtrière. Corneille est le premier de nos poètes qui ait fait *meurtrier* de trois syllabes, dans le Cid :

> Jamais un meurtrier s'offrit-il à son juge ?

Cette nouveauté fut condamnée par l'Académie dans la critique du Cid; et malgré la condamnation de l'Académie, *meurtrier* est resté trissyllabe.

SCENE IV.

> Le sang et la fureur m'emportent trop avant.

Ces mots *sang* et *fureur* étant joints, on entend par *sang* mon ardeur à répandre le sang.

> Xipharès toujours resté fidelle,
> Et qu'au fort du combat une troupe rebelle, etc.

Quoique cette phrase ne finisse qu'au huitième vers, elle n'a rien d'obscur.

SCENE V et dernière.

> Et mes derniers regards ont vu fuir les Romains.

Les regards ne voient point : le regard est l'action de la vue. Cette expression de Malherbe : *éblouir les regards*, paroissoit hardie à Ménage. La hardiesse du vers de Mithridate est bien plus grande, et elle en fait la beauté. On peut faire parler Mithridate plus correctement ; mais de quelqu'autre façon dont on le fasse parler, on le fera parler moins bien.

> Que Pharnace impuni, les Romains triomphans, etc.

Je ne justifie ni ne condamne cette expression. On

dit *une action impunie*, et non point *un homme impuni ;* de même qu'on dit *un crime pardonnable*, et qu'on ne peut dire *un criminel pardonnable*.

> Venez, et recevez l'âme de Mithridate.

Nous disons *recevoir les derniers soupirs*. Cette expression *recevez l'âme*, est conforme à la manière de parler et de penser des anciens. *Accipite hanc animam*, dit, en s'adressant aux choses inanimées qui l'environnent, Didon qui est seule quand elle se tue ; et sa sœur, qui arrive et la trouve expirante, veut recueillir les restes de son esprit :

> Extremus si quis super halitus errat,
> Ore legam.

Cicéron, dans la septième Verrine, dépeint ces mères qui ne demandoient d'autre consolation, *nisi ut filiorum extremum spiritum excipere sibi liceret*.

REMARQUES.

Lieu de la scène, et durée de l'action.

Le lieu de la scène est, comme dans presque toutes nos tragédies, une galerie ou vestibule d'où l'on passe dans les appartemens des princes et princesses, et où l'on se rassemble. C'est là qu'arrive d'abord Mithridate en descendant de son vaisseau ; c'est là que Monime vient l'attendre au commencement du second acte ; c'est là qu'il assemble ses fils pour leur déclarer son projet, qu'il les entretient, aussi bien que Monime, et qu'on l'apporte mourant de sa blessure. Rien en cela n'est contre la vraisemblance : on pourroit seulement demander pourquoi Monime y vient commencer le cinquième acte, lorsque tout le monde est au combat sur le bord de la mer. Elle a voulu s'étrangler dans son appartement : on l'empêche de se donner la mort ; elle court en désespérée, sa confidente lui dit :

> Madame, où courez-vous ?

On pourroit demander encore pourquoi Arcas, qui n'a pas un moment à perdre quand il est chargé de révoquer l'ordre du poison, ne va pas d'abord la chercher dans son appartement. Il faut supposer que, pour y aller, il est obligé de passer dans cette galerie où il la trouve. Il faut nécessairement se prêter, dans nos tragédies, à une petite illusion sur le lieu de la scène, qui dans celle que j'examine a toute la vraisemblance possible.

Il est difficile que l'action de cette pièce n'ait pas besoin de plus de temps qu'il n'en faut pour la représentation ; mais il n'en faut pas beaucoup davantage, comme je le ferai remarquer.

ACTE I, SCENE I.

> Rome en effet triomphe, et Mithridate est mort.

C'est lui-même qui a fait courir ce bruit, et qui est cause de la division qui va s'élever entre ses deux fils pour le partage de sa succession, et surtout pour la possession de Monime.

> Avec son diadème a remis son épée.

Tout ce qui est dit ici de cette défaite de Mithridate par Pompée, est conforme à l'histoire.

> Tout ce que lui promet l'amitié des Romains.

Le spectateur, prévenu de l'intelligence de Pharnace avec les Romains, commence à s'intéresser davantage pour celui des deux frères qui est fidèle à son père.

> Quand je conçus pour elle un amour légitime.

Non-seulement cet amour si respectueux, puisqu'il ne l'a point encore déclaré, est légitime, mais il est innocent envers Mithridate, *qui ignoroit jusqu'au nom de Monime lorsque Xipharès la vit, et conçut le dessein de l'épouser.*

<small>Elle lui céderoit une indigne victoire.</small>

C'est faire entendre, sans quitter le style noble, qu'il ne vouloit d'abord qu'en faire sa concubine ; ce qui est conforme à ce qu'a écrit Plutarque : « Quelque » sollicitation qui lui fût faite, le roi en étant amoureux, » jamais ne voulut entendre à toutes ses poursuites, » jusqu'à ce qu'il y eût accord de mariage passé » entr'eux, et qu'il lui eût envoyé le diadème. » C'est à cause de cet *accord de mariage* que Monime dira :

<small>Et veuve maintenant sans avoir eu d'époux.</small>

<small>Qu'aux offres des Romains ma mère ouvrit les yeux.</small>

Cette trahison de la mère de Xipharès est rapportée par Plutarque. L'attachement de Xipharès à son père le fait, dans cette pièce, parler plus d'une fois avec douleur du crime de sa mère.

<small>L'assura de sa mort, et s'offrit en sa place.</small>

Xipharès, après la mort de son père, dans les premiers momens de sa douleur, n'a point songé à parler d'amour à Monime, et il ne s'y détermine que parce que Pharnace a commencé à en parler. Elle ignore que Xipharès l'aime, et Xipharès ne soupçonne pas l'inclination qu'elle a pour lui. Leur aveu mutuel formera le nœud de la pièce.

<small>Que je servois le père, et gardois cette place, etc.</small>

Arbate n'est pas un simple confident, mais un officier qui commande pour Mithridate, dans Nymphée.

SCENE II.

<small>Seigneur, je viens à vous : car, enfin, aujourd'hui, etc.</small>

Monime arrive au lieu de la scène, parce que

ACTE I, SCENE V.

Pharnace lui ayant parlé en maître, elle vient chercher Xipharès pour implorer sa protection.

> Sans parens, sans amis, désolée et craintive ;
> Reine long-temps de nom, mais en effet captive,
> Et veuve maintenant sans avoir eu d'époux.

Ces trois beaux vers commencent à intéresser le spectateur pour Monime : il s'y intéressera bien davantage quand il connoîtra son caractère et tous ses malheurs.

> Au joug d'un autre hymen, sans amour destinée, etc.

Elle avoue à Xipharès qu'elle eût épousé Mithridate sans amour, et elle avoue une haine entière pour Pharnace, dont l'hymen lui paroît *plus cruel que la mort* : quel sujet d'espérance pour Xipharès !

> Vous voulez être à vous, j'en ai donné ma foi, etc.

Pharnace veut qu'elle soit à lui, Xipharès veut qu'elle soit à elle-même, et maîtresse de se choisir une retraite et un époux.

SCENE III.

> Seigneur, tant de bontés ont lieu de me confondre.

Monime ne parle jamais qu'avec douceur et modestie.

> Ephèse est mon pays ; mais je suis descendue, etc.

Sa réponse va apprendre au spectateur l'histoire de sa vie.

SCENE IV.

> Mithridate lui-même arrive dans le port.

Cette nouvelle, qui termine tout-à-coup la dispute entre les deux frères, jette le trouble dans leur âme et dans celle de Monime, et fait attendre avec impatience au spectateur le second acte, où Mithridate paroîtra.

SCENE V.

> Les Romains que j'attends arriveront trop tard.

Ce vers prépare le spectateur au dénouement. Ces

Romains que Pharnace attend, peuvent arriver à toute heure.

Plus il est malheureux, plus il est redoutable.

Avant que Mithridate paroisse, le spectateur sait qu'il est jaloux, cruel et dissimulé.

Mais, en obéissant, ne nous trahissons pas.

Il recommande à son frère de ne le point trahir, et ce sera lui-même qui le trahira.

ACTE II, SCENE I.

Dans l'intervalle du premier au second acte, les princes ont été sur le port au-devant de leur père. Monime vient l'attendre au lieu de la scène; mais comme en songeant à Xipharès elle pleure, elle n'est plus en état de paroître devant Mithridate, et elle se retire dès qu'elle le voit. Elle reviendra sans être appelée, quand son visage sera remis.

N'a rien dit, ou du moins n'a parlé qu'à demi.

Elle s'est contentée de lui dire que, pour la voir, il n'auroit pas besoin d'employer, comme son frère, *un injuste pouvoir*; et lorsqu'elle a appris l'arrivée de Mithridate, c'est vers lui qu'elle s'est retournée en disant: *quelle nouvelle!* Elle croit n'avoir rien dit, et ce seul mot sera la cause de ses malheurs. Pharnace a conçu ce que vouloit dire cet adieu.

SCENE II.

Je vous crois innocens, puisque vous le voulez, etc.

Par ces derniers mots, il commence à faire connoître son caractère méfiant.

Vous en serez tantôt instruits plus amplement.

C'est le matin qu'il arrive, et peu d'heures après il communique à ses enfans son grand projet.

SCENE III.

> Les cris que les rochers renvoyoient plus affreux ;
> Enfin, toute l'horreur d'un combat ténébreux.

Quelle vive peinture d'une déroute !

> Traîne partout l'amour qui l'attache à Monime.

Il commence par avouer sa honte ; et parce qu'il se condamne, il paroît à plaindre.

> Qu'est-ce qui s'est passé? Qu'as-tu vu? Que sais-tu?
> Depuis quel temps, pourquoi, comment t'es-tu rendu?

Que de choses demandées en deux vers ! Toutes ces interrogations prouvent son caractère inquiet et soupçonneux.

> Dieux qui voyez ici mon amour et ma haine.

Son amour pour Monime, et sa haine pour Pharnace. Que seroit-ce s'il alloit découvrir que ce Pharnace est aimé d'elle ! Quel malheur pour lui ! Mais, comme vaincu et fugitif, il a des malheurs plus sérieux à craindre. Cette prière aux dieux, quand il voit arriver une fille dont il est le maître absolu, est une grande preuve de sa jalousie contre ses enfans ; c'est cette folle jalousie qui lui fait dire aux dieux : *épargnez mes malheurs*, et qui fait que ce héros, intrépide dans les combats, tremble quand il voit paroître sa maîtresse, qui n'est que son esclave.

SCENE IV.

> Madame, enfin le ciel près de vous me rappelle,
> Et, secondant du moins mes plus tendres souhaits,
> Vous rend à mon amour plus belle que jamais.

S'il ne favorise pas mes armes, du moins il favorise mon amour.

> Et les plus grands malheurs pourront me sembler doux,
> Si ma présence ici n'en est point un pour vous.

Ce compliment, qui paroîtroit trivial dans une bouche

ordinaire, prend un air de grandeur dans la bouche de Mithridate, parce qu'il n'est pas sincère. Lorsque dans sa fuite, et plein de ses projets contre Rome, il vient à Nymphée, ce n'est pas pour y pousser des soupirs ; mais il y a trouvé ses deux fils, il a questionné son confident pour savoir s'ils n'avoient point parlé d'amour à Monime : c'est pour éclaircir ce soupçon qui le tourmente, qu'il prend avec elle un ton galant ; il veut voir si elle est prête à l'épouser.

> Vous n'allez à l'autel que comme une victime.

Quand il n'entend parler à Monime que d'obéissance, ses soupçons redoublent : il se persuade qu'elle aime Pharnace.

> Vaincu, persécuté, sans secours, sans Etats, etc.

Quelle belle peinture de sa ruine ! Tout ce qu'il dit est vrai. Ce terrible ennemi des Romains, si souvent vaincu, conserve toujours un nom fameux, parce que, depuis quarante ans, il occupe les plus fameux capitaines romains.

> D'opposer votre estime au destin qui m'outrage.

Il a toujours devant les yeux ses malheurs, qui ne font qu'augmenter ses soupçons :

> Ni qu'en vous retrouvant, mon funeste retour
> Fît voir mon infortune, et non pas mon amour.
> . . . .
> Mes malheurs, en un mot, me font-ils mépriser ?
> . . . .
> D'opposer votre estime au destin qui m'outrage...
> . . . .
> Contre la défiance attachée au malheur.
> . . . .
> Tout l'âge, et le malheur que je traîne avec moi.
> . . . .
> Attendiez-vous, pour faire un aveu si funeste,
> Que le sort ennemi m'eût ravi tout le reste ?

Il répète *je suis vaincu, je fuis*. Il ne se déguise point la grandeur de son *naufrage* : ce qui est cause que le pectateur ne peut s'empêcher de l'admirer et de les plaindre. On admire toujours en lui sa haine contre les Romains, qu'il ne regarde pas comme ses ennemis particuliers, mais comme les tyrans communs de l'univers, dont il veut être le vengeur.

> De qui nulle vertu n'accompagne l'audace.

Vers imité de celui-ci :

> Monstrum nulla virtute redemptum.

SCENE V.

> Venez, mon fils, venez ; votre père est trahi.

Sa jalousie contre Pharnace fait qu'il rejette sa confiance sur Xipharès ; et par-là il est cause que Xipharès s'imagine aussi que Pharnace est aimé de Monime : ce qui va engager Monime à faire à Xipharès l'aveu de ses véritables sentimens. Avec quel art le poëte sait faire naître les incidens les uns des autres ! La fureur de Mithridate contre Pharnace est cause que Xipharès va apprendre de Monime que c'est lui-même qui est tendrement aimé.

> Vous seul qu'aux grands desseins que mon cœur se propose, etc.

Ce fils qu'il a choisi
> Pour digne compagnon,
> L'héritier de son sceptre, et surtout de son nom ;

ce fils qu'il appellera encore un *autre lui-même*, *l'héritier et l'appui de son empire et de son nom*, il va dans un moment méditer sa mort. Mithridate a été annoncé d'abord comme un homme

> Que le sang le plus cher rarement épouvante.

> Ne se repentiroit qu'après s'être vengé.

Peut-on mieux faire entendre que la colère ne réfléchit point, et qu'on se repent bientôt d'avoir suivi ses emportemens ? Médée dit, dans Ovide :

> Quo feret ira sequar, facti fortasse pigebit.

Le vers français dit la même chose bien plus vivement.

SCENE VI.

Parler pour la première et la dernière fois.

Mithridate, qui a ordonné à Xipharès de ne point quitter Monime, n'est point un homme à qui l'on puisse désobéir impunément. Monime cependant prévoit pour Xipharès, s'il reste auprès d'elle, un péril pour elle et pour lui, encore plus grand que celui de désobéir à Mithridate ; c'est ce qui la force à lui faire un aveu qui ne fera que le rendre plus malheureux, comme elle l'a prévu :

> Je lui vendrai si cher ce bonheur qu'il ignore,
> Qu'il vaudroit mieux pour lui qu'il l'ignorât encore.

> Songez depuis quel jour ces funestes appas, etc.

Pauline dit à sa confidente :

> Dans Rome où je naquis, ce malheureux visage,
> D'un chevalier romain captiva le courage.

Monime parle de sa conquête avec encore plus de modestie.

> Je ne suis point à moi, je suis à votre père.

J'ai vu dans une édition, *je ne suis point à vous*, au lieu de *je ne suis point à moi* : c'est une faute grossière d'impression. Pauline dit de même à sa confidente :

> Mais, malgré des soupirs si doux, si favorables,
> Mon père et mon devoir étoient inexorables.

Et après avoir dit à Sévère :

> Si le ciel en mon choix eût mis mon hyménée,
> A vos seules vertus je me serois donnée,

elle ajoute : *Quelqu'époux que mon père ait choisi pour moi,*

> Quand je vous aurois vu, quand je l'aurois haï,
> J'en aurois soupiré, mais j'aurois obéi.

Telle est la situation de Monime : obligée d'épouser un homme qu'elle ne peut aimer, toujours prête d'obéir, elle soupire, et ordonne à celui qu'elle aime de ne la plus voir.

De mes foibles efforts ma vertu se défie.

Pauline dit à son père, qui lui ordonne de voir Sévère :

Mon père, je suis femme, et je sais ma foiblesse;
Je sens déjà mon cœur qui pour lui s'intéresse,
Et poussera sans doute, en depit de ma foi,
Quelque soupir indigne et de vous et de moi....
. . . .
Il est toujours aimable, et je suis toujours femme :
Dans le pouvoir sur moi que ses regards ont eu,
Je n'ose m'assurer de toute ma vertu.

Je sais qu'en vous voyant, un tendre souvenir, etc.

On peut comparer ce que dit ici Monime à ce que Pauline dit à Sévère :

Ma raison, il est vrai, dompte mes sentimens;
Mais, quelqu'autorité que sur eux elle ait prise,
Elle n'y règne pas, elle les tyrannise :
Et quoique le dehors soit sans émotion,
Le dedans n'est que trouble et que sédition.
Un je ne sais quel charme encor vers vous m'emporte, etc.

Monime doit, à la vérité, ayant reçu le diadème, se regarder comme l'épouse de Mithridate; cependant, comme elle ne lui a point encore juré sa foi à l'autel, il lui est plus permis de s'attendrir qu'à Pauline, qui est mariée depuis quinze jours : elle ne s'attendrit pas jusqu'à pleurer ; elle a fait seulement entendre à Xipharès qu'il lui coûtera des pleurs :

Et méritez les pleurs que vous m'allez coûter.

Pauline ne retient pas ses pleurs devant Sévère :

Ces pleurs en sont témoins, et ces lâches soupirs
Qu'arrachent de nos feux les cruels souvenirs,
Trop rigoureux effets d'une aimable présence
Contre qui mon devoir a trop peu de défense :
Mais si vous estimez ce vertueux devoir,
Conservez-m'en la gloire, et cessez de me voir;
Epargnez-moi des pleurs qui coulent à ma honte;
Epargnez-moi des feux qu'à regret je surmonte;
Enfin épargnez-moi ces tristes entretiens
Qui ne font qu'irriter vos tourmens et les miens.

Monime ne prie pas Xipharès de lui conserver sa gloire, elle la conservera malgré lui :

> Vous n'empêcherez pas que ma gloire offensée
> N'en punisse aussitôt la coupable pensée.

Et lorsqu elle verra son âme revoler vers lui, sa main ira aussitôt dans son cœur laver sa honte, et en arracher celui qui en est la cause. Enfin, après de tendres adieux, c'est Sévère, renvoyé par Pauline, qui lui obéit et qui sort. Monime ne veut point d'adieux, et s'enfuit :

> Et sans perdre en adieux un reste de constance,
> Je fuis. Souvenez-vous, Prince, de m'éviter.

Pauline et Monime, dans une situation à peu près pareille, et avec les mêmes sentimens, ne les expriment pas de même.

Dans l'intervalle de cet acte au suivant, Mithridate, qui est allé sur le rivage, fait les préparatifs de son voyage : il a dit, scène cinquième, que ses vaisseaux et ses soldats demandoient sa présence. On attend son retour.

ACTE III, SCENE I.

Mithridate a dit à ses fils, en arrivant, qu'il méditoit un grand dessein, et qu'ils en seroient instruits dès le jour même :

> Vous en serez tantôt instruits plus amplement.

Il a été donner ses ordres pour l'exécution de ce dessein ; il vient en instruire ses fils.

Dans cette fameuse scène, nécessaire à l'action, puisque ce grand dessein découvert va causer la révolte d'une partie de ses soldats, on admire ce courage que les malheurs passés n'abattent point, et que les plus grands obstacles ne peuvent rebuter ; et l'on admire cette haine contre les Romains, qui lui fait
envisager

envisager comme très-facile un projet qu'il avoue lui-même devoir paroître d'abord un projet insensé :

> J'excuse votre erreur ; et pour être approuvés,
>
> De semblables projets veulent être achevés.

Les passions sont crédules, on se flatte aisément du succès de ce qu'on desire. Mithridate s'imagine que tous les autres peuples haïssent comme lui les Romains, et le regardent comme leur libérateur. Il s'imagine que, dans l'Italie même, il trouvera encore plus qu'ailleurs l'horreur du nom romain ; enfin il s'imagine que ses soldats, pleins de la même haine, voleront à Rome, et feront cinq ou six cents lieues en trois mois. C'est donc une ridicule critique que celle de l'abbé du Bos, qui a étalé son érudition pour relever ici ce qu'il croit une grande erreur de géographie. Selon lui, ce vers :

> Je vous rends dans trois mois au pied du Capitole,

révolte tous ceux qui ont quelque connoissance de la distance des lieux. Le poëte avoit cette connoissance ; il savoit consulter une carte de géographie, et il n'eût plus révolté l'abbé du Bos, s'il eût dit :

> Je vous rends dans six mois au pied du Capitole ;

mais il a voulu peindre l'aveuglement d'un homme qu'emporte sa passion. Mithridate pouvoit dire encore :

> Doutez-vous que l'Euxin ne me porte en dix jours, etc.

Il n'en met que deux ; et par cette interrogation :

> Doutez-vous que l'Euxin ne me porte en deux jours, etc.

il fait entendre qu'on n'en doit point douter, parce que dans ce moment, ou il n'en doute pas lui-même, ou il veut persuader ses fils que cette marche qu'il va entreprendre n'est ni longue ni difficile. La confiance avec laquelle il parle dans toute cette scène, est la preuve de la violente passion qu'il a montrée lorsqu'il a dit d'abord :

> A mes nobles projets je vois tout conspirer.

Loin d'y conspirer, tout s'y oppose, puisqu'il vient d'essuyer une très-grande défaite, qu'il est fugitif et *voisin du naufrage*, et qu'il n'a plus d'amis, comme il il l'avoue encore; mais n'importe, il veut se persuader que tout conspire à son projet, de même qu'il veut se persuader qu'il menera son armée en trois mois à Rome. Il faut être bien malheureux en critique pour reprendre dans une scène si belle ce qui en fait la principale beauté.

> Et gravant en airain ses frêles avantages,
> De mes Etats conquis enchaînoit les images.

Il se moque de la vanité des Romains dans l'appareil de leurs triomphes, et de ces plaques attachées au char du triomphateur, sur lesquelles on écrivoit les noms des villes conquises, ainsi que des tableaux où l'on représentoit les provinces subjuguées.

> Qui voit jusqu'à Cyrus remonter ses aïeux.

Il descendoit de Mithridate, qui étoit de la famille royale de la Perse.

> Annibal l'a prédit, croyons-en ce grand homme:
> Jamais on ne vaincra les Romains que dans Rome.

Annibal a bien fait connoître par sa conduite qu'il en étoit persuadé; mais comme aucun historien ne rapporte de lui cette prédiction, Mithridate, pour persuader ses fils, l'invente et la débite comme un oracle.

> La honte de cent rois, et la mienne peut-être.

Il en doute; et tout vaincu qu'il est, il n'est point humilié.

> J'écoute avec transport cette grande entreprise.

Pharnace, qui va lui prouver par de très-bonnes raisons la folie de cette entreprise, fait précéder ses raisons de grands éloges.

> Rome, mon frère! O ciel, qu'osez-vous proposer?

La vivacité de Xipharès au nom de Rome, fait connoître le digne fils de Mithridate.

ACTE III, SCENE IV.

> Telle qu'en un seul jour un ordre de vos mains, etc.

Par une seule lettre, un seul courrier, en un seul jour, il fit faire dans toute l'Asie, dit Cicéron, cet horrible carnage : *Uno die.... uno nuncio, atque una litterarum significatione, cives romanos necandos, trucidandosque denotavit.* Saint Augustin dit, dans la Cité : « Mithridate commande que tous soient tués en » un jour, et tous le sont. » *Uno die occidi jussit, et factum est.* Les uns font monter ce carnage à quatre-vingt mille hommes, d'autres au double.

SCENE IV.

> Je ne le croirai point ? Vain espoir qui me flatte !

Le mot de Pharnace a produit son effet dans ce cœur si susceptible de soupçons, et si prompt à se venger. Il va songer à faire mourir ce fils qu'il vient d'appeler *le bonheur de sa vie*, et qu'il devoit mener à Rome.

> Et toi mon fils aussi !

Tu quoque, mi Brute.

> S'il n'est digne de moi, le piége est digne d'eux.

Le personnage que va jouer Mithridate déplaît à quelques personnes, parce qu'il est indigne d'un roi. C'est ce que dira aussi la confidente de Monime :

> Un grand roi descend-il à ce bas artifice ?

Et c'est ce qu'avoue Mithridate lui-même. Il va faire un personnage indigne ; mais quand il se le reproche, et qu'il en rejette la honte sur ceux qui l'y obligent, il reprend sa dignité ; il se croit en droit de trahir ceux qui le jouent :

> Trompons qui nous trahit : et pour connoître un traître, etc.

Il s'y regarde comme forcé ; ce qui fait son excuse.

SCENE V.

> Cachoient mes cheveux blancs sous trente diadêmes.

Un vieillard amoureux est toujours un personnage ridicule, et Malherbe avoit raison de ne pas vouloir

> Ennuyer les races futures
> Des ridicules aventures
> D'un amoureux en cheveux gris.

Pourquoi ce personnage devient-il intéressant dans cette tragédie? Si Mithridate croit qu'à son âge il se fera aimer d'une jeune fille, il est aussi insensé que s'il croit que dans trois mois il brûlera le Capitole. Il ne croit sérieusement ni l'un ni l'autre ; il ne songe qu'à se venger et des Romains et de ses fils. On s'intéresse à lui, parce qu'il est accablé de malheurs : vaincu, abandonné de ses amis, il ne trouve dans sa famille que trouble et trahison. On le plaint de s'occuper d'une jalousie amoureuse, parce qu'il se condamne toujours ; et il semble qu'en prononçant ces vers il fasse tomber lui-même ses trente diadèmes, pour montrer ses cheveux blancs et ses rides.

> Quand je ne cherche plus que la guerre et la mort.

Il est donc moins empressé d'épouser Monime, que de la punir elle et Xipharès.

> Les dieux me sont témoins qu'à vous plaire bornée, etc.

Malgré toutes les assurances que Mithridate lui a données de la sincérité de son discours, quelle précaution avant que de faire son aveu ! Que de choses flatteuses pour Mithridate avant que d'arriver à ce mot fatal, *nous nous aimions !*

> Cette vivante image en qui vous vous plaisez.

Imitation hardie.

> Avant que votre amour m'eût envoyé ce gage.

Mithridate ne peut donc l'accuser ni d'infidélité ni

d'ingratitude. Elle ne lui devoit rien encore quand elle vit son fils.

SCÈNE VI.

Tu périras ! Je sais combien ta renommée, etc.

Pourquoi le faire périr, puisque le voyage à Rome, dont il doit être, le séparera de Monime? Mithridate, qui ne respire que la vengeance, court sur-le-champ au bord de la mer pour faire partir promptement les amis de Xipharès :

Lui-même ordonne tout, présent sur le rivage.

C'est ce qui se passe dans l'intervalle de cet acte au suivant.

ACTE IV, SCENE I.

Monime revient au lieu de la scène, parce qu'elle a raison d'être dans une grande inquiétude ; elle s'est aperçue que les derniers mots qu'elle a dits à Mithridate lui ont fait changer de couleur, et elle l'a quitté en disant :

O ciel ! Me serois-je abusée?

Elle a entendu que Mithridate lui promettoit de lui envoyer sur-le-champ Xipharès :

Je vais vous l'envoyer ; allez, le temps est cher.

Cependant elle ne l'a point encore vu paroître; elle sort de son appartement, et vient au lieu de la scène, parce que son inquiétude redouble : elle ne peut comprendre pourquoi Xipharès n'est point accouru pour lui confirmer des vœux qu'*autorise son père*. C'est la crainte qu'ils ne soient pas autorisés par ce père, qui la fait revenir; et la tendresse lui fait prévoir ce que ne prévoit pas sa confidente, qui ne peut croire Mithridate capable d'une indigne trahison.

> Ah, traitez-le, Madame, avec plus de justice !

Cette confidente ne voit dans la conduite de Mithridate que ce qu'on doit voir dans celle d'un grand roi. L'amour donne à Monime des yeux plus clairvoyans : elle croit déjà Xipharès mort. Quel transport quand elle le voit paroître !

> Mon âme souhaitoit de vous voir en ce lieu.

SCENE II.

> Qu'entends-je ? On me disoit.... Hélas, ils m'ont trahie !

Quelle peinture de la passion ! Tous mots entrecoupés ; et par un reste de respect, elle ne nomme point encore le traître. Elle dit au pluriel, *ils m'ont trahie !*

> Il presse, il fait partir tous ceux dont mon malheur, etc.

Mithridate, depuis son arrivée, a déjà été une fois sur le port pour faire les préparatifs de son départ, dont il est venu déclarer le projet à ses enfans : après avoir trompé Monime, il est retourné au port pour faire partir d'abord les amis de Xipharès. Il va revenir pour dire à Monime de le suivre à l'autel, et dans ce moment il apprendra l'arrivée des Romains. J'ai déjà prévenu, dans l'Examen de cette pièce, qu'elle me paroissoit demander plus de temps pour l'action que pour la représentation ; et je crois aussi qu'elle n'a pas entièrement besoin de ce *tour du soleil* qu'accorde Aristote. Le combat contre les Romains se passe en plein jour, et tout ce qui se passe dans cette pièce peut se passer depuis dix heures du matin jusqu'à six heures du soir.

> Un mot même d'Arbate a confirmé ma crainte.

Ce mot d'Arbate est cause que, quelque dissimulé que soit Mithridate, ces deux amans sont assurés de leur malheur. Mais comment Arbate a-t-il été assez hardi pour révéler le secret de Mithridate ? Il doit la

vie à Xipharès, comme il l'a dit dans la première scène
du premier acte (ce qui n'a point été dit inutilement);
il a dit à Xipharès :

> Et contre votre frère, et même contre vous,
> Après la mort du roi, je vous sers contre tous.

Il ne s'attendoit pas à le servir contre son père ; ce
qu'il a fait quand il en a vu la nécessité. Il a fait son
devoir; et Mithridate, abandonné par tout le monde,
l'est aussi par son confident.

> Je meurs : un autre sort au trône vous appelle.

Xipharès, résolu à mourir, exhorte Monime à épouser son père, par amour pour elle ; et par amour pour
lui, Monime recommande à Xipharès de sauver ses
jours, et se contente de lui répondre, au sujet de son
hymen :

> Le ciel m'inspirera quel parti je dois prendre.

Quelle situation de part et d'autre ! Quelle tendresse et
quelle vertu ! Mithridate lui-même, témoin de cette
scène, ne pourroit condamner avec justice ni son fils
ni Monime.

SCENE IV.

> Rentrent dans mes vaisseaux pour partir avec moi.

Puisqu'il va partir, que lui importe d'épouser Monime ? Ce n'est pas non plus l'amour qui le ramène,
mais le desir de la vengeance. Il vient voir si elle osera
balancer : sa perte alors sera certaine ; et Monime ne
l'ignore pas, quand elle lui dit :

> Je sais tout ce que je m'apprête,
> Et je vois quels malheurs s'assemblent sur ma tête.

> Perfide, il vous sied bien de tenir ce discours.

C'est lui qui est perfide, et qui a cruellement offensé
Monime : il va lui vouloir persuader que c'est elle qui
est perfide, et que c'est lui qui est l'offensé.

> Avant que de partir, pourquoi vous taisiez-vous ?

Ce reproche est injuste, puisqu'elle fut obligée de se taire ; elle l'a dit au commencement :

> Il fallut obéir : esclave couronnée,
> Je partis pour l'hymen où j'étois destinée.

> Quelque rang où jadis soient montés mes aïeux, etc.

Ce vers répond à celui de Mithridate :

> De quel rang glorieux j'ai bien voulu descendre.

Elle lui fait entendre qu'elle n'étoit point, par sa naissance, si indigne de lui. Mais avec quelle humilité elle s'exprime ! Elle ne parle que de reconnoissance, d'obéissance, et s'avoue bien au-dessous des *grandeurs d'un si noble hyménée,* parce qu'elle ne mérite pas l'honneur d'appartenir *au plus grand des humains ;* et elle s'humilie à ce point avant que de lui déclarer que son lit est plus triste pour elle que le tombeau.

> Et m'emporte au-delà de cette modestie, etc.

Par quel terme en est-elle sortie ? Elle n'a rien dit que de très-respectueux.

> Il en mourra, Seigneur. Ma foi ni mon amour, etc.

Quel éloge de Xipharès ! Ce n'est point la douleur de perdre sa maîtresse qui le fera mourir, mais la douleur d'avoir déplu à son père.

SCENE V.

Monologue admirable ! Les sentimens qui naissent les uns après les autres, se détruisent les uns les autres ; ce qui doit être. Si Mithridate s'est trouvé dans une pareille situation, il a dit tout ce que le poète lui fait dire. Il a dû d'abord vouloir sacrifier son fils ; il a dû se rappeler que ce fils lui étoit nécessaire pour se venger des Romains ; il a dû croire les Romains témoins de ses foiblesses ; il a dû condamner la précaution qu'il a eue de s'armer contre tous les poisons, lorsqu'il ne s'est point armé contre le poison le plus dangereux de tous.

Je vais à Rome; et c'est par de tels sacrifices, etc.

Il faut être Mithridate pour s'imaginer que de pareils sacrifices lui rendront les dieux favorables.

Ah, c'est un crime encor dont je la veux punir!

Il faut encore être Mithridate pour faire un crime à Monime de son amour pour elle.

Et vous, heureux Romains, quel triomphe pour vous!

Quelle belle apostrophe! Il est si convaincu de sa honte, qu'il se rend digne de compassion. Ajax, dans Sophocle, lorsque la raison lui revient, et qu'il voit les effets de sa folie, s'adresse à son ennemi absent, en disant : « O Ulysse, quel sujet de risée » pour toi! »

SCENE VII.

Dans quelle situation Mithridate se trouve sans que l'arrivée des Romains soit dans un merveilleux romanesque, puisqu'elle a été annoncée dès le commencement de la pièce! Dans le moment qu'il craint que les Romains n'apprennent la nouvelle de sa honte; dans le moment qu'il apprend la révolte de son armée, qu'il en croit ses deux fils coupables, et qu'il va pour les immoler aux yeux de ses soldats, il apprend encore l'arrivée des Romains. Dans sa surprise, il ne peut dire que *les Romains!* Comme il croit Monime d'intelligence avec Xipharès, qu'on lui a dit *se mêler au milieu des rebelles*, avant que de courir au rivage, il en ordonne la mort; de même que, dans sa fuite devant Lucullus, il envoya à ses sœurs et à ses femmes l'ordre de mourir.

Du malheur qui me presse,
Tu ne jouiras pas, infidelle princesse.

Ce mot fait attendre le cinquième acte avec impatience. Comment Mithridate exécutera-t-il cette menace, et comment se tirera-t-il de l'embarras où le jettent la révolte de ses soldats et l'arrivée des Romains ?

ACTE V, SCENE I.

<blockquote>Madame, où courez-vous ? Quels aveugles transports, etc.</blockquote>

Monime ne vient chercher personne au lieu de la scène ; tout le monde est au bord de la mer, où se donne le combat. Elle a voulu s'étrangler avec son diadême, et le diadême s'est rompu ; elle court comme une forcenée, elle cherche une autre manière de mourir, et apostrophe ce malheureux diadême qui l'a mal servie :

<blockquote>Et toi, fatal tissu, malheureux diadême, etc.</blockquote>

Le poète fait ici un usage très-heureux de ce que Plutarque rapporte de Monime, quand elle eut reçu l'ordre de mourir. Les vers qu'elle adresse, dans cette tragédie, à son diadême, sont très-beaux ; mais n'y a-t-il pas encore plus d'énergie dans ce peu de mots que lui fait prononcer Plutarque : ὦ καταραμϑυον ῥακος, οὐδε τρος τῦτο μοι χρησιμον ἐον ? Elle appelle son diadême ῥακος, mauvais lambeau (le diadême étoit un bandeau) : *Quoi, même à ceci tu me seras inutile !* Et après ce reproche elle le jeta en crachant dessus, προσπλυσασα. L'historien rapporte ce que le poète ne peut exprimer : il ne lui étoit pas même aisé de faire entendre cette manière dont les femmes se faisoient mourir, parce que *se pendre* n'est pas un mot noble en vers. C'est ce qu'il faut cependant entendre poétiquement :

<blockquote>
Faire un affreux lien d'un sacré diadême
. . . .
Et toi, fatal tissu, malheureux diadême, etc.
. . . . :
Au moins, en terminant ma vie et mon supplice
Ne pouvois-tu me rendre un funeste service ?
</blockquote>

Et dans tous ses malheurs reconnoître tes crimes.

Quelle pitié excite Monime ! Ce n'est point assez de tous ses malheurs, sa vertu lui cause le plus sensible de tous. Elle se croit criminelle, elle se regarde comme coupable de tout le trouble, et s'imagine que le génie qui protège les Romains, irrité contre leurs ennemis, l'a choisie pour causer la ruine de ses ennemis. Lorsque toute sa conduite a été innocente, elle veut ne voir en elle que des crimes.

SCENE II.

Ah, quel comble de joie, etc.

Dans le moment qu'elle apostrophe avec indignation un diadême toujours si funeste pour elle, qu'il n'a pu même lui servir à s'étrangler, elle reçoit l'ordre de cette mort qu'elle souhaite.

Retiens tes cris, et par d'indignes larmes, etc.

Le poète a su, dans ce dernier acte, offrir deux grands spectacles : l'un de pitié, Monime prête à avaler le poison ; l'autre de terreur, Mithridate mourant.

Dis-leur ce que tu vois ; et de toute ma gloire,
Phœdime, conte-leur la malheureuse histoire.

Il ne lui échappe aucune plainte contre Mithridate ; et ce qu'elle appelle sa gloire, c'est d'avoir porté un diadême qui n'a pu lui servir à s'étrangler.

SCENE IV.

A l'aspect de ce front dont la noble fureur
Tant de fois dans leurs rangs répandit la terreur,
Vous les eussiez vus tous, retournant en arrière,
Laisser entr'eux et nous une large carrière.

Quelle grande idée ces quatre vers donnent de Mithridate dans un combat !

> Et déjà quelques-uns couroient épouvantés,
> Jusque dans les vaisseaux qui les ont apportés.

Imité de ce que dit Virgile, livre 2 :

> Pars ingentem formidine capti
> Scandunt rursus equum et notâ conduntur in alvo.

> S'il en est temps encor, cours, et sauve la reine.

Quand il est assuré de la fidélité de Xipharès, pour le récompenser, il songe à sauver les jours de Monime.

> Je plains de ce grand roi la triste destinée.

Elle fait plus que de le plaindre, elle le pleure, elle qui ne vouloit pas être pleurée quand elle mouroit innocente. Elle va jusqu'à s'accuser d'être la cause du malheur de Mithridate.

SCENE V et dernière.

Nous avons dans nos tragédies quelques morceaux qu'une admiration générale a rendu fameux, comme la scène de Cornélie tenant l'urne de Pompée, la dernière scène de Rodogune, et la dernière scène de Mithridate. Je n'ai à parler que de celle-ci. Quoique la catastrophe soit double, et du nombre de celles qu'Aristote approuve le moins, funeste aux coupables, et favorable aux innocens, jamais tragédie ne peut mieux finir, parce que le personnage de Mithridate mourant excite la terreur, l'admiration et la pitié. La vue de ce grand homme apporté par ses soldats remplit de terreur, parce que les imprudences dont sa jalousie a été la cause ont causé son malheur en causant la révolte de ses soldats : elle remplit d'admiration, parce qu'il vient de donner dans ce dernier combat de grandes preuves de valeur, et que c'est par grandeur d'âme qu'il s'est plongé sur son épée, ne voulant pas tomber vivant entre les mains des Romains.

> Ne livrons pas surtout Mithridate vivant.

On l'admire encore, parce qu'on le voit mourir content de ce que

> Ses derniers regards ont vu fuir les Romains.

Cette admiration qu'il inspire est cause que, quoiqu'il mérite son malheur, le spectateur le plaint, et se sent prêt, malgré soi, à verser des larmes comme Monime et Xipharès. Il oublie, quand il le voit mourant, qu'il a toujours été violent, perfide et barbare ; qu'il a fait égorger cent mille Romains ; qu'il a fait mourir fils, femmes et sœurs ; que dans cette pièce il a voulu faire périr son fils le plus cher ; qu'il a envoyé du poison à cette Monime à qui il dit maintenant :

> Mais vous me tenez lieu d'empire, de couronne ;

et que ce n'est que parce qu'il meurt qu'il la donne à son fils. On peut bien nommer scélérat un homme qui a tant de vices. Un scélérat peut-il intéresser ? La vue de Narcisse indispose le spectateur à un tel point, qu'il voudroit le voir déchirer. Pourquoi la vue de Mithridate ne cause-t-elle pas la même indignation ? La fausse idée que nous avons de la grandeur en est la cause. Comme Narcisse n'a pour objet que sa fortune, ses vices nous paroissent ceux d'une âme basse et méprisable, nous l'appelons un scélérat. Les vices de Mithridate étant comme ennoblis par les passions qui les causent, l'ambition et la vengeance, nous l'appelons un héros. Il est cruel et toujours prêt à empoisonner ; mais il est également prêt à s'empoisonner lui-même ; et quand les poisons ne le servent pas, il a recours à son épée. Nous trouvons quelque chose de grand dans cette mort, dont le désespoir est la cause. Les vices de son cœur, joints à la fermeté de son âme et à cette haine implacable pour Rome, en font un grand personnage tragique. Aristote a raison de ne pas demander pour la poésie un héros parfait. Le sage Enée est souvent très-froid ; le violent et le cruel Achille ne l'est jamais.

> Ni de jours malheureux plus rempli leur histoire.

Il se console de tous ses malheurs, parce qu'il en a causé beaucoup aux Romains, et qu'en mourant il les a vu fuir.

> Fiez-vous aux Romains du soin de son supplice.

Pharnace fut défait et chassé du royaume de Pont par César. Le poëte, pour satisfaire le spectateur, qui voudroit voir la punition d'un traître tel que Pharnace, eût pu feindre qu'il a été tué dans le combat; il eût en cela démenti l'histoire, au lieu que par ce vers qu'il met dans la bouche de Mithridate, il annonce la punition certaine de Pharnace; ce qui contente le spectateur.

J'ai fait remarquer que les faits principaux de cette tragédie étoient vrais, mais qu'ils n'étoient pas tous placés dans l'ordre de l'histoire. C'est le privilége de la poésie : on n'y cherche pas la vérité historique dans le détail ; mais on est toujours fort aise de la trouver dans les faits principaux. Une tragédie dont l'action est entièrement inventée par le poëte, est moins agréable et même moins utile que celle qui rappelle une action fameuse dans l'histoire. Il est permis à un poëte d'inventer des faits, et de faire une tragédie d'une action entièrement fausse; mais, dans un sujet tout de fiction, il ne doit pas prendre des noms véritables et aussi connus que ceux des empereurs romains. C'est le défaut que je trouve dans la pièce d'Héraclius. Que Corneille prolonge de douze ans le règne de Phocas, il se sert du privilége de la poésie ; mais il en abuse quand il donne pour fondement à l'action de sa tragédie un fils de Maurice dérobé à la mort lorsqu'il étoit à la mamelle, parce que l'histoire apprend que la nourrice de cet enfant voulant mettre le sien à la place, Maurice l'en empêcha, et découvrit lui-même le sien aux meurtriers, voulant que la punition que Dieu tiroit de lui par la cruauté de Phocas fût entière, et qu'aucun de ses enfans n'échappât à la mort. Un fait de cette nature est si remarquable, que la poésie ne donne pas le droit de mettre sous les mêmes noms un fait tout contraire. L'histoire est encore bien plus défigurée dans ces ouvrages qu'on appelle dramatiques en Italie, et qui sont faits pour être chantés. Qui pourroit reconnoître Caton, sa fille et César, dans le *Catone in Utica?* Tout est permis peut-être à ceux qui veulent mettre l'histoire en opéra : leur principal objet est en effet de fournir au musicien des ariettes.

Les quatre principaux personnages de la tragédie que je viens d'examiner paroissent sur le théâtre de Londres dans une pièce dont l'action est très-différente. Pharnace y est pareillement irrité contre son père, qui doit épouser Monime; mais lorsqu'il va au temple pour l'épouser, un prodige, arrivé par la fourberie des prêtres que Pharnace a gagnés, est cause que Mithridate, persuadé que le ciel n'approuve point ce mariage, abandonne cette Monime, et devient tout à coup amoureux d'une *Semandre*, maîtresse de Xipharès. Ne la pouvant point engager à le préférer à son fils, il emploie la violence contre elle. Cette Semandre est tuée par Xipharès, qui se méprend, et de désespoir se tue lui-même. Monime, abandonnée de Mithridate, se retire dans le camp de Pompée ; et Mithridate, trahi par Pharnace, vient mourir sur le théâtre après avoir ordonné le supplice de Pharnace. Dans cette pièce si bizarre, et qui cependant est mise au nombre des bonnes pièces anglaises, on entend chanter une chanson assez longue. C'est un domestique de Xipharès qui chante pour endormir son maître, et lui faire goûter un moment de repos. Je n'ai trouvé dans cette pièce aucun vers du poète français, qui soit traduit. La maîtresse de Xipharès ne dit point, dans sa colère, à Mithridate :

> Et le tombeau, Seigneur, est moins triste pour moi
> Que le lit d'un époux qui m'a fait cet outrage ;

elle emploie ces expressions : « Plutôt que de me donner » à un autre qu'à mon cher Xipharès, on me verra » chercher un dragon dans sa tanière, embrasser un » aspic, et me rouler avec les basilics. »

> Imbrace an aspic, curl with basiliks.

Il faut se rappeler ce que j'ai dit à la fin de Bérénice, sur la manière dont quelques poètes anglais ont voulu *refondre notre monnaie*.

Les trois pièces que je viens d'examiner, Bérénice, Bajazet et Mithridate, sont celles qui ont fait regarder leur auteur comme le peintre de l'amour, et l'ont fait appeler le *tendre*. Ce surnom pourroit faire croire que c'est lui qui, ayant fait régner l'amour sur notre théâtre, a déshonoré la majesté de la tragédie; et c'est lui, au contraire, qui, l'ayant relevée autant qu'il lui a été possible, a réformé notre théâtre.

Quelques personnes seront étonnées de m'entendre attribuer une pareille réforme, non au *sublime* Corneille, mais à son *tendre* successeur. C'est ce que je me reserve à prouver dans mon Traité sur la Poésie dramatique ; je demande seulement ici qu'on fasse attention au temps dans lequel le poète écrivoit.

Ce n'étoit pas seulement dans les tragédies de Quinault, fort vantées alors, que tout se disoit tendrement, jusqu'à *je vous hais.* Un héros n'eût plus paru un héros, s'il n'eût point été galant. Le César de Corneille écrivoit de Pharsale des billets doux à sa maîtresse, et même l'Alexandre du jeune poète écrivoit aussi des billets doux, comme je l'ai remarqué sur cette pièce; mais le jeune poète, ayant bientôt compris que la galanterie n'étoit pas une passion tragique, rendit l'amour théâtral, et toujours soumis au devoir, ou malheureux quand il n'y est pas soumis. Quoiqu'il écrivît sous un jeune roi, et pour une cour brillante où régnoient les plaisirs, il bannit de la tragédie toutes ces maximes d'amour qui y étoient si communes : l'amour n'y fut plus appelé le noble feu des héros, la passion des belles âmes; passion qui excuse toutes les fautes, et même les crimes.

Cinna est pénétré de remords quand il contemple l'horreur de l'action qu'il va commettre :

> S'il faut percer le flanc d'un prince magnanime,
> . . . .
> Qui me comble d'honneurs, qui m'accable de biens,
> Qui ne prend pour régner de conseils que les miens.

Et pourquoi donc le massacrer? Pour obéir à la souveraine de ses volontés. *Sa foi, son cœur, son bras*, il a tout engagé à Emilie : ce qu'ordonne sa divinité, il faut qu'il le fasse; il ne peut que souhaiter qu'elle devienne plus douce; c'est ce qu'il demande aux dieux :

> O Dieux, qui comme vous la rendez adorable,
> Rendez-la, comme vous, à mes vœux exorable;
> Et puisque de ses lois je ne puis m'affranchir,
> Faites qu'à mes desirs je la puisse fléchir!

Deux frères vertueux, qui s'aiment tendrement, se trouvent tous deux épris de la même beauté : qui remportera la victoire, de l'amitié fraternelle ou de l'amour? Y a-t-il à hésiter?

> L'amour, l'amour doit vaincre; et la triste amitié
> Ne doit être à tous deux qu'un objet de pitié.

Et quelle est cette beauté qui mérite un tel sacrifice ? Une femme capable de demander aux deux frères le meurtre de leur mère.

Quelle est, au contraire, cette Bérénice à laquelle un empereur va renoncer pour obéir à un caprice des lois romaines ? Une femme à laquelle il doit toutes ses qualités estimables, une femme qui l'a remis, quand il s'égaroit, dans le chemin de la gloire et de la vertu. Il l'avoue :

> Ma jeunesse, nourrie à la cour de Néron,
> S'égaroit, cher Paulin, par l'exemple abusée,
> Et suivoit du plaisir la pente trop aisée.
> Bérénice me plut.

Sitôt qu'il veut lui plaire, il va à la guerre ; il revient couvert de lauriers :

> Je revins triomphant ;

c'est tout ce qu'il dit de sa gloire militaire, et il ne parle jamais de ce fameux siége de Jérusalem. Bérénice aime un héros modeste ; elle veut encore que son amant soit compatissant pour tous les malheureux :

> Mais le sang et les larmes
> Ne me suffisoient pas pour mériter ses vœux ;
> J'entrepris le bonheur de mille malheureux.

Bérénice est pleine de compassion pour eux ; c'est par la même vertu qu'on peut lui plaire :

> Heureux, et plus heureux que tu ne peux comprendre,
> Quand je pouvois paroître à ses yeux satisfaits
> Chargé de mille cœurs conquis par mes bienfaits.

Il veut l'accabler de biens en empereur, lui donner des Etats. Indifférente à tous ses présens, elle lui dit :

> Voyez-moi plus souvent, et ne me donnez rien.

Elle veut qu'il réserve ses libéralités pour ceux qui sont dans la peine : utile leçon pour les princes qui aiment, et pour celles qu'ils aiment. Le poète avoit alors en vue le caractère compatissant d'une personne qu'aimoit Louis XIV. Une dame attachée par devoir à cette personne, ayant eu à en souffrir quelques mauvaises humeurs, s'en plaignoit à Louis XIV, en disant : « J'ai » à souffrir de sa dureté. » « Elle, de la dureté, s'écria-» t-il ! Eh, toutes les fois qu'elle entend parler d'un » malheureux qui souffre, je vois ses beaux yeux » remplis de larmes ! »

Je reviens à Bérénice, pour faire observer que le poète a peint dans cette pièce un amour très-ardent et très-légitime pour une femme très-estimable, qui ne demande à son amant que le bien public; et c'est cependant à cet amour que le prince renonce par devoir. Xipharès renonce de même à l'aimable Monime, et la vertueuse Monime à l'aimable Xipharès. Ces pièces n'offrent plus ni mauvais exemples ni mauvaises maximes; on ne peut les appeler, comme bien d'autres : *Historias peccare docentes.*

Le réformateur de notre théâtre est-il moins dangereux qu'un autre ? Encore plus, malgré ses intentions, comme je le dirai dans la suite. Toutes ses pièces enseignent à sacrifier la passion au devoir; mais notre foiblesse est cause que l'ennemi qu'elles apprennent à combattre cesse souvent de nous paroître un ennemi.

IPHIGÉNIE.

EXAMEN DE LA PIÈCE.

Corneille fait entendre, dans une de ses préfaces, que trente représentations faites de suite du Cid, le consoloient des critiques que cette pièce avoit essuyées. *Bérénice* eut un avantage égal ; et sa trentième représentation, comme on lit dans la préface, fut aussi suivie que la première. J'ignore combien de fois *Iphigénie* fut d'abord représentée ; mais, suivant une tradition qui est restée, dit-on, parmi les comédiens de Paris, jamais pièce, dans sa naissance, ne resta plus long-temps sur le théâtre, et ne fit couler tant de pleurs. Iphigénie elle-même n'en a pas tant coûté à l'armée des Grecs, comme a dit Boileau,

>Que dans l'heureux spectacle à nos yeux étalé,
>N'en a fait sous son nom verser la Champmêlé.

Cette pièce en fait verser toutes les fois qu'on la représente, et elle est peut-être celle de nos anciennes tragédies qui reparoît le plus souvent sur le théâtre. Quoique très-défigurée dans une misérable traduction espagnole, elle paroît souvent sur le théâtre de Madrid, et y fait accourir les spectateurs.

Cette fortune, qui ne prouve pas qu'elle soit plus parfaite que les autres tragédies, prouve qu'elle est une des plus agréables, parce qu'elle est une des plus touchantes ; et puisque la tragédie qui nous rappelle le plus souvent est celle qui nous attendrit le plus, il en faut conclure que la passion la plus essentielle à la tragédie est la *pitié.*

C'est par cette raison que les pièces d'Euripide, quoique moins parfaites que celles de Sophocle, étoient celles que le peuple aimoit le plus, et que partout on apprenoit par cœur. Euripide s'attachoit à émouvoir les passions, et surtout, dit Quintilien, celle de la commisération : *In affectibus tùm omnibus mirus, tùm in iis qui miseratione constant facile præcipuus.*

Un poète est assuré du succès quand il sait exciter en nous cette passion, dont nous aimons à être remplis, parce que, comme je le dirai dans mes réflexions générales sur la tragédie, la nature nous a donné une très-grande sensibilité, afin que nous fussions compatissans aux malheurs de nos semblables. Cette étonnante sensibilité est cause que *Bérénice* nous fait pleurer : mais le succès d'Iphigénie, bien différent de celui de Bérénice, montre que nous aimons beaucoup mieux compatir aux véritables douleurs de la nature, qu'aux puériles douleurs de l'amour.

Je vais mettre ici, au lieu d'examen, la comparaison que j'ai faite, il y a quelques années, de l'Iphigénie française avec celle d'Euripide.

Comparaison de l'Iphigénie d'Euripide avec l'Iphigénie française.

Le sacrifice d'Iphigénie est un des plus heureux sujets que les poètes tragiques aient pu mettre sur le théâtre. Un roi qui, par amour pour son peuple et par obéissance aux dieux, se dépouille des sentimens les plus tendres de la nature; une princesse qui, à la fleur de son âge, lorsque la naissance, la jeunesse et la beauté lui promettent une destinée glorieuse, se voit conduite à la mort par l'ordre de son père, quels objets sont plus capables d'exciter la compassion, et de faire verser aux spectateurs ces larmes qui font leurs délices et la gloire du poète ?

Un spectacle si touchant par lui-même, peut le devenir encore davantage par les ornemens que l'habileté du poète y sait ajouter. Il est naturel de plaindre un père réduit à la fâcheuse nécessité à laquelle Agamemnon se trouve réduit; mais on peut augmenter ses malheurs par le nombre et la nature des combats qu'on lui donnera à soutenir : il est naturel de s'intéresser au sort d'une princesse condamnée à une mort qu'elle n'a point méritée ; mais, plus cette princesse sera aimable et vertueuse, plus son sort paroîtra digne de pitié. C'est à l'auteur qui entreprend une pareille tragédie, à inventer ces ressorts qui remuent les cœurs.

Euripide a représenté ce fameux sacrifice sur le théâtre d'Athènes. Un de nos poètes a transporté le même spectacle sur le théâtre de Paris, et les Français l'ont vu avec le même plaisir que les Athéniens l'avoient vu autrefois. La principale gloire, qui est celle de l'invention, appartient à Euripide ; mais, comme son imitateur peut avoir embelli le même sujet par de nouvelles circonstances, et avoir inventé de nouveaux ressorts pour émouvoir, il peut s'être acquis une gloire qui ne soit propre qu'à lui. Je vais tâcher de faire connoître le mérite particulier de ces deux poètes, par une comparaison suivie de leur pièce.

Dans toutes les deux, Iphigénie et Agamemnon sont les deux principaux personnages qui attachent les yeux. La scène est ouverte par Agamemnon ; et l'on peut dire qu'Euripide a été plus heureux dans cette pièce que dans presque toutes les autres, où, pour expliquer le sujet qu'il va traiter, il a recours à un prologue, dont la froideur convient peu au poëme dramatique, qui doit être tout en action. L'action de cette tragédie commence dès les premiers vers, qui apprennent aux spectateurs le lieu de la scène, l'heure où l'action commence, et le silence qui règne sur la terre et sur la mer. Agamemnon, qui est sorti de sa tente pour appeler son esclave, y rentre en déplorant le malheur de ceux qui sont dans les grandes places. L'esclave, que ces tristes réflexions étonnent, est encore plus surpris quand il voit son maître attaché sur une lettre, où tantôt il écrit, tantôt il efface, qu'il plie et déplie tour-à-tour; enfin, qui jette à terre son flambeau, et fond en larmes. Cet admirable tableau répand, dès l'ouverture de la scène, le trouble dans l'âme du spectateur, et excite en lui la curiosité d'apprendre la cause de l'inquiétude d'Agamemnon. Il l'apprend aussitôt de la bouche de ce prince, qui, après avoir raconté à son esclave, mais en remontant trop haut, la naissance, le mariage et l'enlèvement d'Hélène, l'ardeur des Grecs pour la venger, et l'arrivée de l'armée en Aulide, ajoute que cette armée a tout d'un coup été retenue en Aulide par la colère des dieux, qui demandent le sang d'Iphigénie; que ne pouvant se résoudre à obéir, il a voulu d'abord congédier l'armée; qu'ensuite, vaincu par les raisons de son frère Ménélas, il a envoyé ordre à Clytemnestre d'amener sa fille en Aulide, sous le prétexte faux qu'Achille la demande en mariage; mais qu'enfin cédant à de nouveaux remords, il vient rétracter son premier ordre par cette lettre dont il le charge. Il lui recommande de la porter promptement à Clytemnestre, et de la prévenir pour l'empêcher de mettre le pied dans l'Aulide. Tel est le début de cette tragédie dans Euripide.

Son imitateur ne s'est point écarté d'un modèle si parfait. L'ouverture est la même; on pourroit seulement y desirer cette vive peinture d'Agamemnon, qui, plein de trouble et d'irrésolution, écrit et efface, plie et déplie sa lettre. Dans le récit qui sert à l'exposition du sujet, Agamemnon ne remonte pas à la naissance, au mariage, ni à l'enlèvement d'Hélène ; il vient tout-à-coup au prodige qui arrête l'armée en Aulide, et au fatal oracle qu'a prononcé Calchas. S'il est résolu d'y obéir, ce n'est point, comme dans Euripide, Ménélas qui l'y oblige ; ce ministère odieux ne convient point à un frère : c'est Ulysse, dont la cruelle industrie le séduit ; c'est son propre orgueil qui le rend amoureux du rang suprême ; enfin ce sont les dieux, qui toutes les nuits lui présentent la foudre. Tant de séductions et de menaces, qui ont arraché son consentement, le rendent plus excusable qu'Euripide ne le fait paroître ; et plus il est excusable, plus il est digne de compassion. Il a été contraint de céder : cependant, quand il se représente Iphigénie qui approche et court au trépas, quand il se rappelle les charmes de cette fille si vertueuse, la nature reprend son empire ; il change de résolution, et se flatte que les dieux ne lui demandent ce sacrifice que pour l'éprouver ; il donne à Arcas la lettre qui révoque les premiers ordres.

L'esclave chargé de rendre cette lettre est arrêté, dans Euripide, par Ménélas, qui la lui arrache avec violence. Au bruit qu'il fait, Agamemnon accourt, et les deux frères s'accablent mutuellement d'injures. Ménélas représente Agamemnon comme un homme qui n'a point rougi de commettre toutes sortes de bassesses pour obtenir, par les suffrages du peuple, le commandement de l'armée, et qui, ayant obtenu ce qu'il souhaitoit, est devenu fier et intraitable ; comme un homme qui, loin d'être alarmé par l'oracle de Calchas, s'y soumet avec joie pour conserver sa place, en sacrifiant sa fille à son ambition. Agamemnon, au lieu de réfuter ces reproches, qui le couvrent de honte s'ils sont véritables, se contente d'y répondre par d'autres reproches, en accusant son frère d'avoir perdu la raison, à cause de l'impatience qu'il a de reprendre une femme aussi méprisable qu'Hélène, en sacrifiant à ce fol amour tous les intérêts du sang. Une dispute de cette nature n'a rien de noble, et les injures que se disent ces deux frères les déshonorent tous deux. C'est avec bien plus d'art que le poëte Français charge Ulysse du cruel emploi d'encourager Agamemnon au meurtre de sa fille, en lui représentant la gloire de sa patrie, en l'exhortant à pleurer tandis qu'il est seul pour donner à la nature ce qu'il lui doit, en affectant d'unir ses larmes aux siennes, en se servant enfin de tous les artifices que son éloquence industrieuse sait mettre en usage.

Tandis qu'Agamemnon espère que sa fille qu'il a contremandée n'arrivera pas, on vient lui annoncer qu'elle approche. A cette fatale nouvelle, quelle doit être sa douleur! C'est ce que peint admirablement Euripide; et il touche ici plus que son imitateur :
« Hélas, que deviendrai-je, dit Agamemnon! En quelle
» extrémité suis-je réduit! La cruelle fortune, plus
» puissante que moi, a renversé tous mes desseins.
» Heureux ceux qui, dans un rang moins élevé, peuvent
» en liberté exhaler leur douleur par leurs plaintes et
» leurs larmes! Ce triste soulagement m'est défendu :
» vil esclave du peuple, j'ai honte de verser des larmes,
» et j'ai honte de n'en point verser. Que dirai-je à mon
» épouse? De quel front oserai-je l'aborder? Elle m'a
» perdu en arrivant ici. Hélas, une juste raison l'y
» amenoit! Elle y venoit célébrer l'hymen de sa fille.
» Quelle surprise pour elle quand, au lieu de cet époux
» qu'elle attendoit, elle trouvera un père parricide! Et

» toi, malheureuse Iphigénie, dont l'hymen va se célébrer
» dans les Enfers, j'entends tes regrets; tu vas me dire :
» O mon père, est-ce donc à la mort que vous deviez
» me conduire? Je verrai à mes yeux le tendre Oreste :
» la langue de cet enfant ne peut encore exprimer sa
» pensée; mais, au défaut de la voix, ses cris et ses
» larmes me parleront assez. »

Ces paroles et l'approche d'Iphigénie changent tout-à-coup le cœur de Ménélas; il mêle ses larmes à celles de son frère; il reconnoît qu'il est injuste de sacrifier une fille aussi aimable qu'Iphigénie, à l'envie de reprendre une femme telle qu'Hélène; il a honte d'y avoir pu consentir; il presse Agamemnon de désobéir à l'oracle; mais il n'est plus temps : Calchas, Ulysse et toute l'armée s'y opposent.

Iphigénie arrive, et se jette dans les bras d'Agamemnon : la froideur des embrassemens du père, son embarras pour étouffer le chagrin qui le domine, ses réponses ambiguës, ses paroles entrecoupées, les demandes de la fille, et l'inquiétude que lui cause un accueil si peu attendu; enfin le trouble de l'un et de l'autre est si vivement dépeint dans Euripide, que le poète français n'a presque d'autre gloire que celle d'avoir suivi pas à pas son original.

Je ne m'arrête point à parler ici d'une princesse qu'il amène avec Iphigénie, et qu'il nomme Eriphile. Sans cet heureux personnage, il n'eût osé, comme il l'assure dans sa préface, entreprendre cette tragédie, parce qu'il n'eût pu se résoudre à souiller la scène par le meurtre horrible de la vertueuse Iphigénie. Cette Eriphile a paru cependant un personnage inutile à quelques critiques : je ne prétends ni approuver ni réfuter leur jugement; et je reviens à Euripide, qui introduit Achille sur le théâtre.

On ne voit aucune raison apparente qui puisse amener Achille dans cette pièce; il ignore jusqu'à ce moment tout ce qui se passe au sujet d'Iphigénie; il ignore son arrivée dans l'Aulide, et la cause de son arrivée; il n'a jamais eu dessein de la demander pour épouse : c'est par hasard qu'il vient chercher Agamemnon. Il rencontre une dame qu'il n'a jamais vue, et par respect il veut se retirer. Clytemnestre, qui s'empresse de se faire connoître à lui comme à l'époux futur de sa fille, tombe dans une étrange surprise lorsqu'elle lui entend dire que jamais il n'a songé à cet hymen, et qu'on la trompe. Quelle peut être la cause d'un bruit si faux ? Ils l'ignorent tous deux, et leur étonnement est égal. L'esclave d'Agamemnon vient dévoiler ce mystère : il leur apprend les funestes desseins de son maître sur Iphigénie. A cette affreuse nouvelle, Clytemnestre ne rougit point de se jeter aux genoux d'Achille : « Elle s'humilie pour » sauver les jours de sa fille, elle s'abaisse devant le » fils d'une déesse; elle est seule dans un camp sédi- » tieux, et n'a pour autel qu'elle puisse embrasser, que » les genoux d'Achille; c'est pour lui qu'Iphigénie est » venue en Aulide : quoiqu'elle n'ait point été son » épouse, elle en a porté le nom. » Ce nom la conduira-t-elle à la mort? Une prière si tendre pénètre le cœur d'Achille; il voit qu'on a abusé de son nom, il doit tirer raison de cette offense, son honneur y est engagé : c'en est assez pour lui. Il jure à Clytemnestre qu'il prendra la défense d'Iphigénie, qu'il sera son dieu tutélaire, qu'elle peut s'en reposer sur lui : il ne veut pas même qu'Iphigénie vienne se jeter à ses pieds; il doit épargner cette humiliation à une princesse aussi respectable ; et sans l'avoir vue, sans songer à l'amour, il est intéressé à la protéger. Il réitère ses sermens à Clytemnestre, et l'exhorte cependant à tâcher de fléchir par elle-même

Agamemnon : « Si vous ne réussissez pas, lui dit-il, » alors vous reviendrez à moi. »

Ces sentimens qu'Euripide donne à Achille sont nobles et généreux : un héros tel que lui doit son secours à l'innocence opprimée ; mais enfin il n'est excité à la défense d'Iphigénie que par un effet de générosité. Un motif bien plus vif et plus intéressant l'anime dans la tragédie française : ce héros généreux est en même temps un amant passionné ; ce n'est pas seulement la défense d'une infortunée qu'il embrasse, c'est encore celle d'une princesse qu'il aime avec transport, qu'il veut épouser, et qui lui est promise ; il protège une vie dont dépend le bonheur de la sienne. Cet hymen qu'il attendoit a servi de prétexte pour faire venir Iphigénie en Aulide ; il est trompé dans son espérance : il voit qu'on abuse de son nom, il a son honneur et son amour à venger. Que ne doit-on pas attendre d'un héros que ces deux intérêts animent ? Et quel est l'art du poète, d'avoir su les réunir ! Souvent les personnages amoureux qu'on introduit sur notre théâtre déshonorent la majesté de la tragédie ; mais l'amour d'Achille n'a rien que de grand et de noble : on ne le voit point soupirer aux pieds de sa maîtresse. Achille, quoiqu'amant, est toujours Achille : il ne songe qu'à se venger de l'affront qu'il a reçu, et à sauver les jours de l'épouse qui lui est destinée. On dira peut-être qu'il n'est pas glorieux à Achille de s'occuper de son amour, tandis que toute l'armée est retenue en Aulide par la colère des dieux. Est-ce là le temps qu'un héros doit choisir pour préparer la pompe de son hymen ? Le poète, qui a prévu cette objection, l'a mise dès le commencement de sa pièce dans la bouche d'Ulysse ; et Achille l'a détruite, en répondant que son amour ne l'empêcheroit pas de descendre le premier au rivage de Troie ; qu'il ne demande que Troie, et un vent favorable qui l'y conduise. Comme il a préféré peu de jours, mais illustres, à une vie longue, mais obscure, nulle autre passion n'est capable de retarder celle qui l'emporte vers la gloire; de même que nulle autre passion n'est capable d'ébranler l'inviolable attachement d'Iphigénie aux devoirs d'une fille soumise à son père, ni l'amour de la vie, ni l'estime qu'elle doit avoir pour un héros qu'on lui a promis pour époux, et que son père lui a permis d'aimer. C'est elle-même que ce héros, qui la veut défendre, trouve la première à combattre : elle prend en main contre lui la cause d'Agamemnon, et ne lui pardonne pas les noms injurieux qui lui échappent contre ce malheureux père, qu'elle excuse et qu'elle plaint toujours. On peut bien dire que les entretiens entre Achille et Iphigénie n'ont rien qui ressemble aux entretiens communs des amans, qu'on entend sur le théâtre : deux amans de ce caractère peuvent paroître sur la scène tragique sans en avilir la dignité.

Cette même vertu qu'Iphigénie oppose à la juste colère d'Achille, lui dicte le tendre discours qu'elle adresse à son père, non pour lui demander la vie, comme dans Euripide; elle ne la veut point défendre, elle ne fait que lui représenter l'intérêt qu'une mère et un amant y prennent : pour elle, elle est prête à la rendre à celui dont elle l'a reçue. C'est à ce caractère vertueux et aimable, toujours également soutenu, que le poète doit les larmes qu'il a arrachées à ses spectateurs.

Le caractère qu'Euripide donne à la même Iphigénie nous paroît si fort au-dessous, suivant nos mœurs, que je n'ose m'arrêter long-temps dans une comparaison trop peu avantageuse au poète grec. Je ne condamne pas son Iphigénie quand elle se jette aux pieds d'Agamemnon, et, pour exciter sa compassion, lui rappelle ses premières tendresses pour elle, et les promesses qu'il lui avoit faites d'un heureux établissement ; mais il est difficile d'admirer ces paroles qu'elle ajoute : « Ne me faites point mourir » à la fleur de mon âge, parce qu'il est doux de voir la » lumière. La lumière du jour a droit de charmer tout » le monde ; mais les ténèbres de la mort ne présentent » qu'effroi. » Elle déplore ensuite son sacrifice par un cantique lugubre, où elle se plaint qu'elle ne verra plus les rayons du soleil : « Infortunée, dit-elle, je suis immo-» lée par la main meurtrière d'un père dénaturé ! » Ceux que le respect pour l'antiquité empêchera de condamner ces sentimens, diront qu'à la vérité ils n'ont rien d'admirable, mais qu'ils sont pris dans la nature, que les anciens copioient plus exactement que nous. C'est ce vrai simple dont j'ai parlé. Iphigénie s'abandonne d'abord aux regrets que l'amour de la vie lui devoit naturellement inspirer ; mais ce n'est que pour un moment, elle prend bientôt après des sentimens plus élevés : ce n'est plus une jeune fille que la crainte de la mort fait pleurer, c'est une princesse courageuse qui veut répandre son sang pour sa patrie, et qui dit à sa mère : « Ce n'est pas pour vous » seule que vous m'avez mise au jour ; je me dois à ma » patrie, je lui donne ma vie : qu'on m'immole, et que » Troie périsse ! » Ces dernières paroles ont servi de modèle à ces vers :

> Déjà Priam pâlit ; déjà Troie en alarmes
> Redoute mon bûcher, et frémit de vos larmes.
> Allez ; et dans ses murs vides de citoyens,
> Faites pleurer ma mort aux veuves des Troyens.
> Je meurs dans cet espoir, satisfaite et tranquille.

Il est donc vrai que le poëte français doit à Euripide l'admirable caractère d'Iphigénie, mais avec cette différence, qu'il le soutient depuis le commencement jusqu'à la fin, et qu'Euripide ne le donne à cette princesse qu'aux approches du sacrifice, et quand, s'étant dévouée elle-même, elle n'a plus d'autre parti à prendre que celui de mourir glorieusement. Elle conserve la même fermeté quand elle quitte Clytemnestre; elle l'exhorte à ne point pleurer une mort aussi illustre que la sienne, à ne point revêtir ses sœurs d'habits de deuil; elle lui recommande Oreste son frère, et enfin son père Agamemnon : le sang d'une fille qu'il a versé malgré lui pour le salut de son peuple, ne doit point être entre elle et lui un sujet de haine. Après ces tendres adieux, elle va à la mort en chantant un cantique de joie.

Cette séparation touchante de la mère et de la fille est la même sur le théâtre français. Les adieux d'Iphigénie sont les mêmes; mais Clytemnestre ne les reçoit pas avec la même tranquillité : elle ne consent point aux demandes de sa fille, elle ne veut point la laisser aller seule à l'autel, et elle ne la quitteroit point si elle n'en étoit séparée par des soldats qui se jettent au-devant d'elle. L'amour maternel ne cède qu'à cette violence : il ne lui reste plus que les prières, les menaces, les imprécations; elle se livre à tous les transports que la nature lui doit inspirer dans ce moment douloureux. Euripide a oublié cette peinture d'une mère désolée, que son imitateur ne laisse point à desirer, parce qu'elle étoit nécessaire.

Je dois encore faire observer l'art qu'il a eu d'accabler de malheurs Agamemnon, pour écarter la haine qui devroit naturellement retomber sur lui comme sur un homme qui mérite les titres de sanguinaire et de parjure, qu'Achille lui donne. Dans Euripide, après avoir écouté les regrets d'Iphigénie et les reproches de Clytemnestre, il se contente de répondre froidement qu'il aime ses enfans; mais que quand la Grèce lui demande le sang de sa fille, il doit obéir. Il n'en dit pas davantage, et disparoît. Mais dans notre tragédie, ce malheureux prince, trahi par son confident, qui a révélé son secret, se voit attendri, comme père, par les tendres et respectueux sentimens de sa fille; déchiré, comme époux, par les reproches sanglans de Clytemnestre; enfin, comme général d'armée, outragé par les injures et les menaces violentes de l'impétueux Achille. Ces assauts qu'il soutient se succèdent tour-à-tour sans intervalle; en sorte que toute la rigueur de ce fatal événement tombe sur lui coup sur coup. Pour obéir aux dieux, pour conserver son rang, pour punir l'insolence d'Achille, il doit sacrifier Iphigénie; mais il conserve toujours un cœur de père, et la nature l'emporte enfin : il suspend l'ordre du sacrifice, et ordonne à Clytemnestre de fuir loin du camp avec sa fille. Ainsi le trouble de la pièce va toujours en croissant; et Agamemnon, qui semble s'être attiré son malheur par son ambition, mérite cependant la pitié du spectateur. Enfin ce ne sera point par son ordre, ce sera au contraire malgré lui qu'Iphigénie ira à l'autel : on ne pourra lui reprocher ce cruel sacrifice.

Il ne me reste plus qu'à comparer dans les deux auteurs le dénouement. Euripide, qui suit l'opinion de son temps, dont il ne pouvoit s'écarter, fait arriver Iphigénie à l'autel, où elle se dévoue courageusement. Agamemnon est présent au sacrifice; mais il s'est voilé le visage : voile heureux, dont fit usage le peintre vanté par Cicéron. Achille se trouve aussi à l'autel; mais, au lieu de s'opposer à la mort d'Iphigénie, comme il l'avoit promis, il la demande lui-même à haute voix, au nom de tous les Grecs. Ici je ne reconnois plus Achille, et j'ignore comment on peut l'excuser. Dans le moment que Calchas prend le couteau, Iphigénie, enlevée par Diane, disparoît : Agamemnon vient lui-même

même confirmer ce miracle à Clytemnestre, comme une nouvelle dont elle doit se réjouir.

On ne pouvoit, sur notre théâtre, sauver Iphigénie par la voie d'un miracle si peu vraisemblable pour nous. Le poète fait arriver Iphigénie à l'autel; elle y voit toute l'armée contre elle, le seul Achille pour elle, qui épouvante l'armée et partage les dieux : le combat commence; et dans ce moment de trouble on découvre une autre Iphigénie, dont la mort apaise les dieux, contente tous les Grecs, et épargne au spectateur la douleur de voir périr la vertueuse princesse qui, pendant tout le cours de la pièce, a été l'objet de sa pitié et de son admiration. Cet heureux dénouement épargne la nécessité de recourir à un miracle; le poète seulement le met dans les yeux du soldat :

> Le soldat étonné dit que, dans une nue,
> Jusque sur le bûcher Diane est descendue.

Agamemnon ne revient point sur le théâtre après cet événement : sa présence n'y est plus nécessaire.

Dans cette comparaison, où j'ai suivi pas à pas deux poètes fameux, si j'ai paru quelquefois donner l'avantage au Français, je répète ce que j'ai dit au commencement de ce discours, qu'Euripide est toujours le maître, parce que la principale gloire, qui est celle de l'invention, lui appartient. D'ailleurs, il faut observer que son imitateur avoit besoin de beaucoup plus d'art pour traiter le même sujet. Le sacrifice d'Iphigénie étoit un spectacle plus intéressant à Athènes qu'à Paris. Les noms d'Agamemnon et d'Iphigénie étoient respectables aux Grecs; ils devoient ou croyoient devoir à ce même sacrifice la gloire que leurs pères s'étoient acquise dans la guerre de Troie. Euripide présentoit à ses spectateurs un sujet sacré pour eux; mais son imitateur, ne nous présentant qu'un sujet fabuleux, a eu besoin, pour nous y intéresser, d'employer tous les ressorts que son art a pu lui fournir : il a dû présenter un spectacle plus touchant à des spectateurs plus difficiles à émouvoir.

Lorsque je fis cette comparaison, je n'osai dire qu'un mot du personnage d'Eriphile, parce que j'étois alors du sentiment de ceux qui prétendent qu'il est inutile, et qu'il jette de la langueur dans cette pièce. Une plus grande attention m'a fait changer de sentiment, et j'en vais dire les raisons.

J'avoue que, malgré les beaux vers que l'auteur a mis dans la bouche d'Eriphile, les scènes entre elle et sa confidente n'attachent pas autant que les autres ; mais il n'en faut pas conclure qu'Eriphile soit un personnage inutile : si le spectateur n'y prenoit aucun intérêt, il n'auroit pas la patience de l'écouter.

Eriphile n'est pas uniquement amenée dans cette pièce à cause du dénouement : elle n'est point la biche de la Fable. Elle intéresse dès qu'elle paroît, parce qu'elle annonce qu'elle ignore qui elle est, de qui elle est née, et son véritable nom ; elle sait seulement que son véritable nom a été changé dans son enfance, et on lui a prédit que, quand elle se connoîtroit, elle périroit : elle veut cependant se connoître, ou du moins elle fait entendre à Clytemnestre qu'elle l'accompagne au camp des Grecs pour y consulter Calchas sur sa naissance. Le spectateur, qui sent bien qu'un tel personnage n'est point amené sans raison, prévoit que la découverte du véritable nom de cette fille, qui passe pour être d'un sang illustre, causera quelque incident considérable : il est toujours dans l'attente de ce qui doit en arriver. L'amour de cette fille pour Achille n'intéresse pas vivement, parce que l'amour dans un second personnage est toujours froid ; mais comme cet amour la rend jalouse d'Iphigénie, qu'elle traverse autant qu'elle le peut, et qu'elle trahit enfin en révélant sa fuite ; cet amour est lié avec l'action, et rend cette Eriphile criminelle : ce qui est cause que sa mort contente le spectateur. Il écoute les scènes entr'elle et sa confidente avec moins d'attention, que les autres ; mais il les écoute sans ennui, parce que son amour pour Achille, dont elle rend compte à sa confidente, est lié avec l'action principale. Elle n'est donc pas amenée dans la pièce uniquement pour le dénouement, et il n'y a point dans cette pièce duplicité d'action. L'épisode est étroitement lié à l'action. Un personnage épisodique est défectueux, lorsqu'étant supprimé, l'action reste la même. Dans l'édition du Cid, que Rousseau a donnée, on ne s'aperçoit pas qu'il y ait un personnage de moins. Il n'en a coûté à Rousseau, en le supprimant, que quatre vers, qu'il a ajoutés pour la liaison des scènes. Le personnage de l'Infante étoit donc bien inutile dans cette pièce. Il n'en est pas de même des personnages d'Antiochus dans Bérénice, et d'Eriphile dans Iphigénie. Si on les supprimoit, l'action de l'une et l'autre pièce ne seroit plus la même.

La tragédie d'Iphigénie est donc bien conduite dans toutes ses parties, et l'auteur a eu raison de se féliciter de ce personnage épisodique, dont il n'est point l'inventeur. Hélène, suivant Pausanias, eut de Thésée une fille qui fut nommée Iphigénie ; et ce fut cette Iphigénie qui fut sacrifiée, suivant un passage de Stésichore. Le poète suppose qu'elle a été élevée sous un autre nom, et fait en sorte que la découverte de son véritable nom cause l'heureux dénouement de cette tragédie : en cela il est le créateur de son sujet ; et ce même personnage lui sert à rendre son Iphigénie encore plus digne de compassion, lorsque cette princesse, déjà si malheureuse, a le nouveau malheur d'être trahie si indignement par une compagne qu'elle avoit accablée de ses bontés.

Ce même personnage contribue à faire paroître Agamemnon plus coupable qu'il ne le paroît dans Euripide. Sa cruauté envers sa fille lui est reprochée dans Euripide et dans Horace, sat. 3, liv. 2 :

> Tu cùm pro vitulâ statuis dulcem Aulide natam....
> Rectum animi servas ?

Et de quoi est-il coupable, si le ciel demande le sang de sa fille, et si les Grecs l'attendent? La religion et le bien de toute la Grèce exigent de lui l'obéissance.

Il est coupable dans la tragédie française, et on voit qu'il veut sacrifier sa fille à son ambition et à la crainte qu'il a de perdre son rang. Premièrement, parce qu'il paroît croire lui-même que ce sacrifice est moins une affaire de religion que de superstition. Il fait entendre que Calchas sait *faire parler les dieux*, et que le peuple se laisse conduire par Calchas :

> Et la religion contre nous irritée
> Par les timides Grecs sera seule écoutée.

Secondement, il est coupable, puisqu'il sait et ne peut ignorer (comme le lui reproche Clytemnestre :

> Vous savez, et Calchas mille fois vous l'a dit)

qu'Hélène, avant que d'être à Ménélas, avoit eu une fille de Thésée. Ainsi, quand l'oracle demande *une fille du sang d'Hélène*, pourquoi veut-il que ce soit la sienne ? Elle est du sang d'Hélène par Clytemnestre, fille de Tindare : mais que ne s'informe-t-il s'il n'y a point quelque autre fille qui soit encore plus du sang d'Hélène, et si celle qu'Hélène a eue de Thésée n'a pas été aussi appelée Iphigénie ? Lui-même dit à Achille dans la seconde scène :

> Que dis-je? Les Troyens pleurent une autre Hélène,
> Que vous avez captive envoyée à Mycène :
> Car, je n'en doute point, cette jeune beauté, etc.

Puisqu'il soupçonne Eriphile d'être fille d'Hélène, que ne la soupçonne-t-il aussi d'être la victime que demandent les dieux? Il craint de déplaire au peuple, qui demande le sang d'une fille qu'il aime tendrement : ce qui cause le combat qui se passe dans son cœur, entre le père tendre et le prince ambitieux.

Qu'Iphigénie est à plaindre! Non-seulement un peuple trompé par un oracle demande son sang, un père dont elle est aimée l'abandonne par foiblesse, et une perfide compagne la trahit par jalousie. Tous les malheurs de cette princesse si vertueuse excitent cette grande compassion qui a causé le succès de cette pièce, et la met au rang de nos plus belles tragédies.

Dans une critique qu'on en fit autrefois, on reprochoit à l'auteur de ne pas rendre raison de la colère des dieux. Un sacrifice si barbare, disoit-on, étoit plus propre à les irriter qu'à les apaiser : quel crime extraordinaire leur faisoit demander une satisfaction si extraordinaire? Doit-on laisser ignorer la cause de leur demande cruelle? Cette critique attaque également Euripide, qui n'apprend pas la cause de la colère des dieux; et j'y vais répondre par une raison tirée de la Poétique d'Aristote.

Quand un poète choisit, pour action dramatique, un événement très-connu, il n'est obligé à rendre raison des circonstances de cet événement que depuis le moment qu'il fait commencer l'action : ce qui a précédé ce moment n'est point de son sujet. Ainsi, dit Aristote, Oreste arrive en Tauride, où l'on sacrifie les étrangers. Pourquoi y arrive-t-il? Pour obéir à un oracle. Quel est cet oracle, et que vient faire Oreste en Tauride, en vertu de cet oracle? *C'est ce qui est hors du sujet*, dit Aristote, εξω τυ μύθου. Le poète n'est point obligé d'en rendre compte quand sa pièce est fondée sur un fait dont la vérité est établie sur une opinion générale.

Le sacrifice d'Iphigénie, quoiqu'il n'en soit pas parlé dans Homère, qui nomme dans l'Iliade Iphigénie comme vivante, étoit regardé dans la Grèce, du temps d'Euripide, comme un fait certain. Plusieurs écrivains de l'antiquité en parlent sans en dire la raison, et même ne s'accordent pas entr'eux sur la vérité du sacrifice. Iphigénie fut immolée, suivant Lucrèce et Virgile. Servius, sur ce vers de Virgile :

<blockquote>Sanguine placastis ventos et virgine cæsa,</blockquote>

dit que Diane se contenta d'une biche ; Ovide est du même sentiment : *Quâ decuit, lenita est cæde Diana.* C'est d'une biche dont Euripide se sert pour sauver la vie d'Iphigénie, et l'honneur de la déesse, dont la colère étoit fort ridicule, si elle n'avoit d'autre fondement qu'une de ses biches tuée par Agamemnon sans aucun dessein de l'offenser, comme Electre le dit dans Sophocle.

Dans l'Agamemnon d'Eschyle, Clytemnestre, après avoir assassiné son mari, dit ironiquement qu'en arrivant aux Enfers il trouvera sa fille Iphigénie, qu'il a fait si cruellement immoler, et qui sera sans doute fort empressée de venir au-devant de lui : c'est ce que dit Clytemnestre pour se justifier du crime qu'elle vient de commettre. Mais le chœur, qui au commencement de cette pièce a raconté le détail du sacrifice d'Iphigénie, s'est arrêté au moment que la victime alloit être immolée, en disant : « Je n'ai pas vu le reste, je me tais. »

Comme cet événement faisoit honte à la religion et à la Grèce, les anciens le racontent différemment ; et la diversité de leurs sentimens prouve la vérité du fait, dont Homère n'a peut-être pas voulu parler pour l'honneur de sa nation, parce que la véritable cause de ce sacrifice fut celle qu'en donne Lucrèce, la superstition.

Ainsi il faut reconnoître l'habileté du poète français, qui dans un sujet dont le fait, quoique difficile à croire, est attesté par tant d'auteurs anciens, a su conserver la vérité avouée de tout le monde, l'idée de superstition qu'elle présente, et en même temps l'honneur de la divinité, par l'explication de son oracle. Ce n'est plus le sang d'une vertueuse princesse que demande le ciel, c'est le sang d'une fille odieuse, qui est le fruit du crime de la détestable Hélène. L'ambiguité de l'oracle a été la cause du trouble de la tragédie; l'explication de l'oracle rend la tranquillité à Agamemnon, à Clytemnestre, à Achille et aux spectateurs.

Le Clerc, de l'Académie française, quoique témoin du succès de cette tragédie, eut le courage de faire représenter l'année suivante, en 1675, celle qu'il avoit faite sur le même sujet : elle n'est plus connue que par l'épigramme faite sur sa chute. Le Clerc, qui espéra que la lecture seroit plus favorable à sa pièce que la représentation, la fit imprimer avec une préface, dans laquelle il se félicitoit surtout d'avoir donné une cause à la colère de Diane. Cette prétendue perfection dans la conduite de la pièce ne la sauva pas d'un second naufrage, parce qu'il ne s'agit pas, dans ce sujet, de savoir donner une cause à la vengeance de Diane, mais de savoir faire pleurer sur Iphigénie.

Les deux tragédies profanes qui me restent à examiner font voir à ceux qui connoissent celles d'Euripide, comment on peut être à la fois imitateur et original, suivre un modèle, et devenir modèle soi-même, et comment on doit rapprocher de nos mœurs les héros de l'antiquité, sans leur faire perdre les leurs. Notre Achille est celui d'Homère; et j'espère, dans mes

4

remarques, détruire la foible idée qu'en veut donner le P. Brumoy, quand il l'appelle un héros *galant et français.*

Il ne faut pas demander quelle est la morale d'une pièce si utile pour les mœurs, qu'elle a mérité du sévère Riccoboni cet éloge : « On pourroit dire que c'est une
» tragédie sans amour, puisque celui d'Achille (qui
» a tous les caractères de l'amour conjugal) est plutôt
» un devoir qu'une foiblesse, et que c'est moins son
» amour que la passion pour la gloire qui donne lieu
» aux transports qu'il fait éclater. Il est vrai que l'amour
» insensé d'Eriphile pourroit paroître illégitime ; mais,
» outre que c'est un amour caché, et nullement de
» mauvais exemple, on verra qu'il est si malheureux,
» qu'il peut même servir d'instruction. » Cette tragédie est donc une des heureuses que Riccoboni conserve telle qu'elle est, pour ce théâtre réformé dont il imagine le projet.

NOTES

Sur la Langue.

ACTE I, SCENE I.

Oui, c'est Agamemnon, c'est ton roi qui t'éveille :
Viens, reconnois la voix qui frappe ton oreille.

J'ai entendu dire à l'abbé de Villiers, qui avoit été ami de l'auteur, qu'il avoit mis d'abord :

Viens, Arcas; prête-moi ton cœur et ton oreille;

mais qu'il aima mieux que ce second vers fût plus simple.

Veut dans Troie embrasée allumer le flambeau.

S'il eût dit : *allumer le flambeau de l'hymen dans les feux de Troie,* on eût reconnu le style de Lucain ou de Sénèque. La seule épithète *embrasée* présente la même image, et l'image est naturelle.

> Tous ces mille vaisseaux qui, chargés de vingt rois, etc.

Quelle image présente ce seul mot *chargés!* Il semble que les rois pèsent tant, qu'il n'en faut que vingt pour charger mille vaisseaux.

> Tu te souviens du jour qu'en Aulide assemblés,
> Nos vaisseaux par les vents sembloient être appelés.

Assemblés ne se rapportent pas aux vaisseaux : *Du jour que nous trouvant tous rassemblés en Aulide, les vents nous invitoient à partir.*

> Fatigua vainement une mer immobile.

Comment la rame fatigue-t-elle la mer, qui reste immobile? L'image est très-poétique. La mer, prête à porter ces vaisseaux, n'étant point secourue par les vents, la rame qui la frappe inutilement semble la fatiguer. Du reste, ce vers est imité de celui de Virgile :

> Olli remigio noctemque diemque fatigant,

quoique *fatiguer* soit employé dans un sens contraire.

> Que par mille sanglots qui se firent passage.

Les sanglots forçant le passage, l'ouvrirent à la voix. Boileau a dit :

> Mais sa voix s'échappant au travers des sanglots,
> Dans sa bouche à la fin fit passage à ces mots.

> De quel front, immolant tout l'Etat à ma fille,
> Roi sans gloire, j'irois vieillir dans ma famille?

Il est si naturel de sous-entendre : *et il me demande de quel front*, etc., qu'on ne s'aperçoit pas que cette construction n'est pas suivie. *Il me représenta l'honneur, la patrie, le peuple*, etc. *De quel front?* On peut encore remarquer cette expression : *avoir le front d'aller vieillir dans sa famille.*

> Moi-même, je l'avoue avec quelque pudeur, etc.

Dans notre langue, comme dans la latine, *pudeur* se

dit et de la modestie : *une noble pudeur coloroit son visage;* et de la honte, comme ici, et comme Ovide a dit : *Pudor est mihi dicere.*

> Chatouilloient de mon cœur l'orgueilleuse foiblesse.

Corneille a dit qu'à la vue de la tête de Pompée présentée à César, un plaisir secret

> Chatouilloit malgré lui son âme encor surprise.

> J'écrivis en Argos pour hâter ce voyage.

La province d'Argos, et non la ville : ainsi on peut dire *en Argos* et *à Argos.*

> Ce héros qu'armera l'amour et la raison.

Quand le verbe précède, on peut le mettre au singulier; s'il suivoit, il faudroit le mettre au pluriel : *Ce héros que la raison et l'amour armeront. Ce héros que conduit l'amour et la fortune. Ce héros que l'amour et la fortune conduisent.*

> Hier, avec la nuit, arriva dans l'armée.

Nous sommes maintenant si accoutumés à *hier* de deux syllabes, que ce mot nous fait peine dans Corneille, qui le fait toujours d'une syllabe.

> Ma fille... ce nom seul dont les droits sont si saints,
> Sa jeunesse, mon sang, n'est pas ce que je plains :
> Je plains mille vertus, une amour mutuelle,
> Sa piété pour moi, ma tendresse pour elle, etc.

Ce mot *saints* et celui de *piété* qui suit, *sa piété pour moi,* sont tous deux employés dans le même sens que dans la langue latine.

> Approuve la fureur de ce noir sacrifice.

Cette épithète *noir,* au sens figuré, ne se donne pas ordinairement aux choses. On dit *un noir dessein, une action noire, une humeur noire.* Je ne crois pas qu'on puisse condamner *un noir sacrifice.*

> Prends cette lettre; cours au-devant de la reine, etc.

Cette expression *aller au-devant* est ici dans le sens

très-simple et juste : *préviens son arrivée ;* quelquefois elle marque du respect, suivant l'observation du P. Bouhours : *On va au-devant du roi ; un fils va au-devant de son père.* Ainsi la confidente de Monime devoit lui dire d'aller *au-devant* de Mithridate, acte II, scène I, plutôt que de lui dire :

> Venez à sa rencontre.

Aller à la rencontre est une expression qui ne paroît pas respectueuse.

> Fera taire nos pleurs, fera parler les dieux.

Belle expression : *faire taire des pleurs !* Faire en sorte qu'on n'y fasse plus attention.

> Que lui-même captive amena de Lesbos, etc.

Cette inversion, loin d'être condamnable, donne plus de force ; elle est répétée plus bas :

> Que dis-je ? Ses Troyens pleurent une autre Hélène
> Que vous avez captive envoyée à Mycène.

Ces tours latins ne peuvent déplaire dans notre langue.

SCÈNE II.

> Tandis qu'à nos vaisseaux la mer toujours fermée, etc.

La mer fermée à des vaisseaux, pour *le chemin de la mer fermé.*

> Tandis que, pour fléchir l'inclémence des dieux, etc.

Le poète pouvoit dire *la colère ;* il a préféré *l'inclémence,* mot qu'il n'a point fait. Corneille s'en est servi dans une de ses premières pièces (Clitandre). Ce mot rend ici l'*inclementia Divum.* Nous disons l'inclémence des vents, des airs, des saisons, des dieux : on ne diroit pas *l'inclémence de Dieu.*

> Et son silence même accusant sa noblesse, etc.

Un silence qui *accuse,* pour dire qui prouve qu'elle est d'une illustre naissance.

> Ne laisser aucun nom, et mourir tout entier.

Horace a dit : *Non omnis moriar.*

> Nous promet un destin aussi grand que le leur.

J'ai dit sur Andromaque pourquoi ce *le leur* ne paroît pas dur.

SCENE IV.

> Déjà de leur abord la nouvelle est semée ;

Pour *de leur arrivée.* On dit bien : *votre abord m'a surpris*, c'est-à-dire, *la manière dont vous m'avez abordé ;* mais je ne sais si l'on peut dire, comme ici, *abord* pour *arrivée.*

ACTE II, SCENE I.

> Mettons en liberté ma tristesse et leur joie.

Le sens se présente toujours si naturellement dans les vers de ces tragédies, qu'on ne fait pas quelquefois attention à la hardiesse du tour. Que veut dire *mettre en liberté la joie des autres ?* Comme Eriphile dit à sa confidente : *Je puis en liberté avec toi parler de ma tristesse, je puis la mettre en liberté ;* quand elle ajoute *et leur joie*, on entend qu'elle veut dire : *c'est leur joie qui est le sujet de ma tristesse.*

> Vous voyez devant vous ce vainqueur homicide.

Il faut écrire *voyiez*, comme dans toutes les anciennes éditions ; mais on prononce *voyez.*

> Vous vouliez voir l'Aulide, où son père l'appelle, etc.

Le port s'appeloit *Aulis*, et la contrée *l'Aulide :* ainsi il faut dire *en Aulide* et *dans l'Aulide*,

> Je l'aimois à Lesbos, et je l'aime en Aulide.
> Jamais Iphigénie en Aulide immolée. BOILEAU.

et non pas *en l'Aulide.*

> Sans que mère ni père ait daigné me sourire.

Expression imitée de Virgile : *Cui non risere parentes.* On peut mettre ici également *ait daigné* ou *aient daigné*, à cause de la négative qui sépare *père* et *mère*.

A rassembler sur moi tous les traits de sa haine.

De rassembler étoit plus régulier. *Se faire une joie de :* cependant le poète a préféré *à*.

Je sentis contre moi mon cœur se déclarer.

Quand nous aimons malgré nous, notre cœur *se déclare* contre nous.

SCENE II.

Que cette amour m'est chère !

On vient de voir *amour* au féminin, pour la passion de l'amour :

Et que ma folle amour a trop déshonoré.

Ici il est encore au féminin, parce qu'il est pour la tendresse.

N'osez-vous sans rougir être père un moment ?

Le sens que présentent les mots dépend de la manière dont on les sait placer. Quand Clytemnestre dira, dans sa colère :

Est-ce donc être père ?

ces deux mots, *être père*, ne présenteront plus la même idée que dans ce vers, où ils veulent dire se livrer à la tendresse paternelle.

SCENE IV.

Aux affronts d'un refus craignant de vous commettre, etc.

Commettre, pour *exposer*, est plus latin que français. On ne dit pas *commettre à un affront*.

Arcas s'est vu trompé par notre égarement, etc.

Ce mot étonne quelques personnes, parce qu'on ne le dit ordinairement qu'au figuré ; mais le sens figuré suppose le sens propre, dans lequel on dit *égarement* pour la méprise d'un voyageur.

Et mon choix que flattoit le bruit de sa noblesse, etc.

Le bruit a ici un sens ironique. Comme elle ne le regarde plus que comme *le dernier des hommes,* elle fait entendre que quand on le dit fils d'une déesse, ce n'est qu'un *bruit* qui peut-être est faux.

SCENE V.

Achille.... Vous brûlez que je ne sois partie.

Vous *brûlez* d'impatience.

Ces morts, cette Lesbos, ces cendres, cette flamme,
Sont des traits dont l'amour l'a gravé dans votre âme ;

Une ville est-elle au nombre des *traits* de l'amour ? Eriphile a nommé Lesbos; et comme Iphigénie, dans sa vivacité, répète les mots qu'elle a prononcés, *Lesbos* se trouve ici naturellement placée avec *les morts, les cendres, la flamme.*

Crédule, je l'aimois. Mon cœur même aujourd'hui,
De son parjure amant lui promettoit l'appui.

Son doit se rapporter à *mon cœur ;* et comme on ne s'y peut tromper, l'auteur a mieux aimé *son* que *mon.*

A mon oreille encor les avoit épargnés.

On ne dit pas *encore* pour *jusqu'à présent,* à moins que ce ne soit avec la négative : *Ne me les a pas encore fait entendre.* Bizarrerie de notre langue.

Qui de tout son destin ce qu'elle a pu comprendre,
C'est qu'elle sort d'un sang qu'il brûle de répandre.

Construction qui n'est pas régulière : *De son destin ce qu'elle peut comprendre, c'est qu'elle,* etc.

SCENE VII.

Vous qui, depuis un mois, brûlant sur ce rivage, etc.

Pour *brûlant d'amour :* ce que peut permettre la vivacité de la poésie.

SCENE VIII.

Pour ne pas pleurer seule, et mourir sans vengeance.

Il faudroit en prose répéter *ne pas*, ou mettre *n'y mourir*, etc.

ACTE III, SCENE I.

Madame, c'est assez. Je consens qu'on le croie.

Qu'on croie Achille. Mais pourquoi ne faire qu'y consentir, puisqu'il le doit souhaiter? Il ajoute :

Vous voulez que Calchas l'unisse à ma famille, etc.

Comme si c'étoit Clytemnestre qui le vouloit, et non pas lui-même. Ces quatre vers font connoître, par leur style, l'embarras d'Agamemnon.

SCENE III.

Il vient, en m'embrassant, de m'accepter pour gendre.

Nous avons des mots qui n'entrent point dans le style poétique, sans qu'on en puisse dire la raison. Nous disons en vers *neveu*, et même *nièce*. Dans Britannicus :

Prit insensiblement dans les yeux de sa nièce.

Ces mots *oncle*, *tante*, *belle-mère*, *beau-père*, n'entrent point dans les vers nobles; et *gendre* y feroit de la peine, s'il n'y étoit placé à propos. Dans ces vers de Corneille :

Le destin se déclare, et nous venons d'entendre
Ce qu'il a résolu du beau-père et du gendre,

ces deux mots ont une grandeur que n'auroient point les noms de César et de Pompée. Ici *gendre*, dans la bouche d'Achille parlant à Clytemnestre, ne fait aucune peine, parce qu'annonçant une pareille nouvelle, il ne doit pas chercher de périphrase; de même qu'Agrippine, quand elle dit à Néron qu'elle parvint à lui faire épouser la fille de l'empereur :

Je vous nommai son gendre;

et quand elle dit de cet empereur :

> Qu'un jour Claude à son fils dut préférer son gendre.

C'est par l'art de placer les mots qu'un habile écrivain les ennoblit.

> Pour moi, quoique le ciel, au gré de mon amour,
> Dût encore des vents retarder le retour ;
> Que je quitte à regret la rive fortunée
> Où je vais allumer les flambeaux d'hyménée.

Dans l'édition de 1720, quoique la plus exacte de toutes, il y a un point d'admiration à la fin de ces vers; c'est une faute. Quelle suite auroient ces quatre vers : « Quoique le ciel dût retarder encore le retour des » vents pour favoriser mon amour, que je quitte, etc. » Le sens naturel me paroît celui-ci : « Quoique le ciel, » pour favoriser mon amour, dût encore nous laisser » ici, et quoique je quitte à regret cette rive, puis-je ne » point chérir, etc. » Il est vrai qu'en liant ainsi ces vers à celui-ci, *que je quitte*, il faut entendre ce *que* pour *quoique* répété.

SCENE IV.

> Un gage à votre amour qu'il me doit accorder.

Cette inversion n'a rien qui choque.

> J'ai tantôt sans respect affligé sa misère.

Quelle belle expression, *affliger la misère !* La misère doit être respectée : *res est sacra miser*.

> Qu'y joindre le tourment que je souffre en ces lieux.

Que d'y joindre seroit plus régulier; mais *qu'y joindre* ne seroit pas même une faute en prose.

SCENE V.

> Et votre nom, Seigneur, la conduit à la mort.

La va conduire. Dans l'édition de 1720, on lit *l'a conduit*

ACTE IV, SCENE IV.

conduit : c'est une faute puisqu'alors il faudroit *l'a conduite.*

SCENE VI.

> Quel trouble, quel torrent de mots injurieux
> Accusoit à la fois les hommes et les dieux !

Un torrent de mots qui accuse.

SCENE VII.

> Il me verra, Madame, et je vais lui parler.

Quel étranger, s'il ne connoît notre langue que pour l'avoir étudiée dans nos livres, comprendra le sens de ce vers, qui lui paroîtra si simple, et composé de mots qui sont du style le plus commun ?

> Il entendra gémir une mère oppressée.

Cette expression latine est hasardée dans notre langue.

ACTE IV, SCENE I.

> Vos yeux de son bonheur ne furent plus jaloux.

Des yeux jaloux du bonheur d'un autre.

> Que pour croître à la fois sa gloire et mon tourment, etc.

J'ai remarqué souvent le verbe *croître* actif ; et j'en dirai la raison sur Esther.

SCENE IV.

> Je vous donne un conseil qu'à peine je reçois.

Je vous exhorte à un courage dont moi-même je suis à peine capable.

> Pourquoi moi-même enfin me déchirant le flanc,
> Payer sa folle amour du plus pur de mon sang ?

Pourquoi enfin faut-il que moi-même, me déchirant le flanc, je paie sa folle amour, etc.

> Tous les droits de l'empire en vos mains confiés.

J'ai remarqué sur ce vers de Mithridate, scène I :

> La place et les trésors confiés en ses mains,

TOME VI.   F

que la critique de M. l'abbé d'Olivet sur *confiés en*, me paroissoit trop sévère. Il étoit aisé au poète de mettre ici *à vos soins confiés* : il a donc préféré *en vos mains*.

SCENE VI.

Jamais vaisseaux, partis des rives du Scamandre,
Aux champs Thessaliens osèrent-ils descendre ?

Nous ne dirions pas : *jamais vaisseaux, partis du rivage de l'Angleterre, osèrent-ils descendre aux champs Français ?* Je pourrois répondre à cette critique que l'expression ici est juste, parce que, dans le temps de la guerre de Troie, ceux qui arrivoient par mer commençoient par tirer de la mer leurs vaisseaux, et les laissoient sur le rivage ; mais, sans avoir besoin de cette raison, je trouve l'image poétique, parce que par *vaisseaux* on entend les soldats qui y sont. Le poète pouvoit mettre : *jamais soldats partis*, ou en conservant *vaisseaux*, dire : *aux bords Thessaliens*, plutôt *qu'aux champs*. Mais les expressions dont il s'est servi peignent la descente d'une armée qui arrive par mer.

SCENE VIII.

Ah, quels dieux me seroient plus cruels que moi-même ?

La cruauté des dieux ne consiste qu'à lui refuser la conquête de Troie, s'il n'immole sa fille : s'il consent à l'immoler, il est donc plus cruel à lui-même que les dieux.

Qu'elle vive... Mais, quoi, peu jaloux de ma gloire, etc.

On entend bien que ce *qu'elle* se rapporte à sa fille, quoique depuis huit vers il n'en soit pas parlé.

SCENE X.

Gardez que ce départ ne leur soit révélé,

Pour *prenez garde que*.

ACTE V, SCENE II.

> Songez, Seigneur, songez à ces moissons de gloire
> Qu'à vos vaillantes mains présente la victoire.
> Ce champ si glorieux où vous aspirez tous,
> Si mon sang ne l'arrose, est stérile pour vous.

Tous les mots répondent à la métaphore. Iphigénie parle *de moissons* de gloire ; elle dit *des mains vaillantes* pour les recueillir, et un *champ* qui sera stérile s'il n'est *arrosé*.

> Allez ; et dans ses murs vides de citoyens,
> Faites pleurer ma mort aux veuves des Troyens.

Quelle image ! Dans Troie, vide de citoyens, les veuves pleureront, non pas la mort de leurs maris, mais celle d'Iphigénie.

> Vous pourriez ajouter ce comble à mon malheur,

Pour *vous pourriez mettre le comble à mon malheur*. Le vers est beau, et l'expression hardie.

> Jamais de plus de sang ses autels n'ont fumé.

Il semble qu'il devoit dire *n'auront*.

SCENE III.

> C'est d'un zèle fatal tout le camp aveuglé.

J'ai déjà remarqué que l'auteur n'avoit point trouvé de dureté dans la prononciation de *camp*, que suit une voyelle. On trouvera bientôt :

> Tout le camp immobile ;

et dans Athalie :

> Dans le camp ennemi la trompette a sonné.

Quand nous prononçons *camp*, nous ne faisons presque pas sentir le *p*.

> Le malheureux objet d'une si tendre amour.

L'amour maternel mis au féminin, de même que l'amour paternel, quand Iphigénie a dit à son père :

> Que cette amour m'est chère !

SCENE IV.

> Et rentre au trouble affreux dont à peine je sors.

En prose, il faudroit dire *rentre dans*.

> Quoi, pour noyer les Grecs et leur mille vaisseaux, etc.

En cet endroit, peut-être, *engloutir* des vaisseaux eût été plus fort que *noyer*, et eût mieux répondu à cette belle image :

> L'Aulide aura vomi leur flotte criminelle.

SCENE VIII ET DERNIÈRE.

> Réparer tout l'ennui que je vous ai causé.

En vers, *ennui* se dit pour la plus grande douleur. On en a vu plusieurs exemples.

> L'œil farouche, l'air sombre, et le poil hérissé.

On dit, dans la conversation, *poil* pour *cheveux*; *il a le poil grison*. Soit qu'on prenne ici ce mot pour les cheveux ou pour la barbe, il fait quelque peine en vers.

> A peine son sang coule et fait rougir la terre,
> Les dieux font sur l'autel entendre le tonnerre;

Je ferai une courte remarque sur cette rime *terre* et *tonnerre*. On trouvera toujours dans nos bons poètes les mots qui finissent par l'*é* ouvert suivi d'un double *r* rimer ensemble, et jamais avec les mots qui finissent par un seul *r*. *Terre* ne peut rimer avec *père*. Dans les autres mots, le double *r* ne fait pas la même différence : ainsi *bureau* rime avec *bourreau*, parce que la prononciation est la même; mais le double *r* change la prononciation de notre *é* ouvert, parce que nous avons deux sortes d'*é* ouverts : l'un presque fermé, comme dans *père*; l'autre entièrement ouvert, comme dans *terre*. Ainsi *guère*, adverbe, et *guerre*, *bellum*, se prononcent différemment, et ne peuvent rimer : au lieu que Boileau (en quoi cependant il n'est peut-être pas à imiter) a fait rimer *terre* et *chaire*, parce qu'*aire* se prononce comme notre *é* entièrement ouvert.

REMARQUES.

Durée de l'Action, lieu de la Scène.

Pour la durée de l'action, qui commence avec l'aurore, il faut un peu plus de temps que pour la représentation de la pièce; mais elle se passe en moins d'un jour.

Le lieu de la scène, chez les anciens, étoit toujours une place publique, à cause du chœur. Dans cette tragédie d'Euripide, l'action se passe vis-à-vis la tente d'Agamemnon, et non pas vis-à-vis un portail, comme l'a cru le P. Brumoy, quand il a traduit ainsi le premier vers : « Ami, suis-moi devant ce portail. » Il a été trompé par le mot δομων, qui vient de δομεω, *edifico*, et signifie également maisons, et ces anciennes tentes qui étoient comme des maisons de bois. Nous avons la description de la tente d'Achille dans le 24° livre de l'Iliade; elle étoit de bois de sapin, couverte de cannes, et il y avoit une grande enceinte qui formoit une cour. On conçoit qu'il devoit y avoir plusieurs appartemens, surtout dans la tente d'Agamemnon, le général de l'armée; Clytemnestre y pouvoit avoir le sien aussi bien qu'Iphigénie. Ainsi, dans la tragédie française, le lieu de la scène n'est pas vis-à-vis la tente, mais dans une grande salle de la tente, où l'on a coutume de se rendre pour parler au général. A la fin de la première scène, Agamemnon dit :

Déjà même l'on entre.

Au cinquième acte, Achille dit à Iphigénie :

D'un peuple qui se presse autour de cette tente.

Et lorsqu'il dit à Eriphile :

Entrons, c'est un secret qu'il leur faut arracher,

il parle d'entrer dans l'appartement de Clytemnestre.

Agamemnon, qui s'est levé avant l'aurore, sort de son appartement, et vient dans cette salle pour réveiller Arcas, qu'on doit supposer couché tout habillé près de la chambre de son maître.

ACTE I, SCENE I.

Oui, c'est Agamemnon, c'est ton roi qui t'éveille.

Dès le commencement du premier vers, le spectateur connoît le personnage qui paroît. Il le connoît dans Euripide par le second vers; et le P. Brumoy, qui a mis *Seigneur* au lieu *d'Agamemnon*, n'a pas fait attention qu'Euripide le fait nommer à dessein. On ne peut trop tôt faire connoître ses personnages; les poëtes grecs y sont très-attentifs.

A peine un foible jour vous éclaire et me guide.

Le spectateur, instruit de l'heure à laquelle l'action commence, est préparé à un grand événement par la surprise où est Arcas de voir Agamemnon se lever si matin.

Mais tout dort, et l'armée, et les vents, et Neptune.

Ce beau vers est imité d'Euripide et de celui-ci de Théocrite :

Νιδ'ε σίγα μ̣θυ πονλος, σίγοντι δ' ανται.

Heureux qui, satisfait de son humble fortune, etc.

Cette réflexion annonce au spectateur qu'Agamemnon est plongé dans quelque grand chagrin : ainsi cette tragédie excite le trouble et la compassion dès les premiers vers; l'exposition même du sujet est tragique. Il est étonnant qu'Euripide, ordinairement malheureux dans l'exposition de ses sujets, ait été si heureux dans celui-ci. Erasme croyoit que cette pièce pouvoit être de Sophocle; mais on voit par Aristote qu'elle est d'Euripide.

> Achille, à qui le ciel promet tant de miracles,
> Recherche votre fille, et d'un hymen si beau, etc.

Arcas, en voulant le consoler, lui perce le cœur. Il lui relève l'avantage du mariage de sa fille avec Achille, et il relève en même temps la gloire de son commandement *sur ces mille vaisseaux*. Homère en compte mille soixante-dix : on a toujours dit *mille*. Dans Ovide, *mille carinæ*. Les plus grands vaisseaux tenoient environ cent vingt hommes, et les plus petits soixante.

> Ce long calme, il est vrai, retarde vos conquêtes.

Il n'est point parlé dans Homère de ce calme qui retint long-temps les Grecs en Aulide, suivant Euripide. On crut d'abord, dit Ovide, que Neptune vouloit sauver une ville qu'il avoit bâtie :

> Permanet Aoniis Nereus violentus in undis,
> Bellaque non transfert, et sunt qui parcere Trojæ
> Neptunum credant, quia mænia fecerat urbi.

> Bientôt. Mais quels malheurs dans ce billet tracés, etc.

Le trouble augmente par cette peinture, qui est encore plus touchante dans Euripide. On y voit Agamemnon qui écrit et efface, plie et déplie sa lettre, jette enfin son flambeau à terre, et fond en larmes. Je ne rapporterai point les vers d'Euripide, pour ne point charger de grec ces remarques ; les voici traduits par Erasme :

> At tu apposito lumine tædæ
> Scribis epistolium.
> Rursum deles quidquid scriptum est,
> Atque obsignas, deinde resignas,
> Piceamque solo illidis, liquidas
> Fundens lacrymas....
> Quid habes? quid habes?
> Quæ nova res, quæ nova res, quæso
> Te rex agitat?

> Tu te souviens du jour qu'en Aulide assemblés, etc.

Il est bien plus naturel de commencer son récit à ce

jour, que de remonter, comme Euripide, à la naissance des trois filles de Léda.

> Une fille du sang d'Hélène.
> . . . .
> Sacrifiez Iphigénie.

L'oracle n'est pas trompeur, il n'est qu'équivoque. Eriphile est fille d'Hélène, et a été nommée Iphigénie en naissant.

> Charmé de mon pouvoir, et plein de ma grandeur.

Il est père tendre : son premier mouvement l'a fait jurer de désobéir aux Dieux; mais il est prince, et il craint de perdre sa grandeur. Il avoue sa foiblesse plus naturellement que le beau-père de Polyeucte dans Corneille :

> J'entre en des sentimens qui ne sont pas croyables;
> J'en ai de violens, j'en ai de pitoyables.
> . . . .
> J'en ai même de bas, et qui me font rougir.
> . . . .
> Il y va de ma charge, il y va de ma vie :
> Ainsi tantôt pour lui je m'expose au trépas,
> Et tantôt je le perds pour ne me perdre pas.

Il ajoute encore :

> Te dirai-je un penser indigne, bas et lâche?
> Je l'étouffe, il renaît, il me flatte et me fâche;
> L'ambition toujours me le vient présenter, etc.

Agamemnon ne révèle pas ainsi toute sa honte : il se contente d'avouer avec quelque pudeur ce qui chatouille la foiblesse orgueilleuse de son cœur.

> Pour comble de malheurs, les dieux, toutes les nuits, etc.

Ce ne sont point les dieux, puisqu'ils ne lui demandent pas le sang de sa fille, ce sont ses remords qui lui causent ces songes effrayans.

> Et ne craignez-vous point l'impatient Achille?

Arcas fait la même réponse dans Euripide, traduit ainsi par Erasme :

> At sponsâ frustratus Achilles,
> Nonne minaces animos tollet
> In te, atque tuam simul uxorem?

Agamemnon lui répond qu'Achille, qui ne songe pas à épouser sa fille, ignore qu'on se sert de son nom. Achille, qui dans la tragédie française souhaite épouser Iphigénie, et l'attend, a bien plus sujet d'être furieux contre Agamemnon, que dans la tragédie grecque.

> Tes oracles, sans doute, ont voulu m'éprouver.

C'est ce qu'il doit se persuader comme père. Il sera donc coupable lorsque, vaincu par les discours d'Ulysse, il changera d'avis; et encore plus coupable, lorsque sa colère contre Achille lui fera dire :

> Et voilà ce qui rend sa perte inévitable.

Le poète a su peindre toujours dans le cœur de ce prince un combat entre la tendresse et l'ambition.

> La reine, qui dans Sparte avoit connu ta foi,
> T'a placé dans le rang que tu tiens près de moi.

Ceci n'est point dit inutilement. Arcas trahira le secret de son roi : il faut donc apprendre au spectateur qu'avant que de lui être attaché, il l'étoit à Clytemnestre, et qu'il lui doit sa fortune.

> Et la religion, contre nous irritée, etc.

Il paroît persuadé que Calchas abuse de la superstition des peuples : ce qui le rend plus coupable dans son obéissance.

> Je leur écris qu'Achille a changé de pensée.

Si Arcas étoit un domestique ordinaire, son maître se contenteroit de lui donner sa lettre à porter; mais, comme il a toute confiance en lui, il l'instruit de ce qui est dans la lettre. Ainsi Arcas n'ignore rien d'un secret qu'il doit trahir.

> On accuse en secret cette jeune Eriphile, etc.

Voilà le spectateur préparé au personnage d'Eriphile; et en même temps ce qu'Arcas va redire à Clytemnestre, suivant le conseil d'Agamemnon, sera cause que quand

Clytemnestre et Iphigénie à leur arrivée ne verront point Achille, elles en accuseront aussitôt Eriphile.

> Déjà même l'on entre, et j'entends quelque bruit.

Les chefs d'une armée viennent de grand matin dans la tente de leur général, pour recevoir ses ordres.

SCENE II.

> Lesbos même conquise en attendant l'armée, etc.

L'auteur avertit, dans sa préface, qu'il n'a pas inventé cette conquête de Lesbos, d'où Achille enleva une princesse qui devint amoureuse de lui.

> Dans les champs phrygiens les effets feront foi, etc.

On retrouve dans les discours d'Ulysse son caractère artificieux; et dans la réponse d'Achille, son caractère bouillant. Il est, dans toute cette pièce, *impiger, iracundus, acer* : il est donc l'Achille de l'antiquité.

> Je puis choisir, dit-on, ou beaucoup d'ans sans gloire, etc.

C'est ce qu'il dit dans Homère, liv. 9 : « La déesse » ma mère m'a souvent déclaré que les destinées m'a- » voient ouvert deux chemins bien différens, etc. »

> C'est à Troie, et j'y cours; et quoi qu'on me prédise, etc.

Il dira à Clytemnestre :

> Pour moi, quoique le ciel, au gré de mon amour,
> Dût encore des vents retarder le retour, etc.

Et ce n'est point être galant français. Il parle à une mère comme amant de sa fille; mais quand il parle en guerrier, l'amour ne le retient pas; il court à Troie:

> Je ne demande aux Dieux qu'un vent qui m'y conduise.
>
> Patrocle et moi, Seigneur, nous irons vous venger.

Imité d'Homère.

SCENE III.

> De ce soupir que faut-il que j'augure?

Le discours qu'il va tenir est plein d'une éloquence

artificieuse; et par cette seule raison, le personnage d'Ulysse est mieux amené dans cette pièce que, dans Euripide, celui de Ménélas qui demande d'abord le sang de sa nièce.

Et qui de ville en ville attestiez les sermens, etc.

Ils s'étoient tous engagés à cette vengeance par le serment dont parlent Euripide et Ovide : *Jurabant omnes in læsi verba mariti.*

N'ose d'un peu de sang acheter tant de gloire.

Il n'a garde de dire *du sang de sa fille*; il connoît le prix de ce sang. Il a dit devant Achille :

Il faut du sang peut-être, et du plus précieux.

Quand il parle seul à Agamemnon, ce n'est *qu'un peu de sang.*

Et courir vous jeter entre Calchas et lui.

Quelle image tendre ! Un poète comme le Clerc lui fait dire :

Heureux qui comme vous
Nous exhorte à souffrir, et ne sent pas les coups !

Le bon poète représente dans un seul vers un père qui se jette entre son fils et le sacrificateur.

Que j'ose pour ma fille accepter le secours
De quelque dieu plus doux, qui veille sur ses jours.

Ce qu'il dit est conforme à ce que pensoient les Païens :

Sæpe premente Deo, fert Deus alter opem. Ovid.

SCENE IV.

Surtout d'Iphigénie admirant la beauté, etc.

Agamemnon, trompé dans les mesures qu'il avoit prises, apprend l'arrivée de sa fille; et lorsqu'il doit accuser la cruauté des dieux, qui la conduisent à la mort malgré lui, il entend qu'on le félicite sur sa gloire, sur les charmes de sa fille, sur les faveurs dont le comblent les dieux. Le plus malheureux des pères s'entend dire :

> Jamais père ne fut plus heureux que vous l'êtes.

Il renvoie promptement celui qui croit lui tenir des discours agréables ; il veut pleurer seul en liberté, et gémit encore de n'avoir point la liberté de pleurer. Rendons justice aux anciens ; ces grandes beautés sont prises chez eux.

SCENE V.

> Je suis père, Seigneur, et foible comme un autre.

Dans Euripide, Ménélas, en voulant forcer Agamemnon à sacrifier sa fille, a fait un personnage cruel pour un frère : sitôt qu'il apprend l'arrivée d'Iphigénie, il en fait un qui paroît tout opposé, et qui est encore plus cruel. Il joint ses pleurs à ceux de son frère, qu'il presse de désobéir à l'oracle, et de ne point sacrifier sa fille, parce qu'il voit qu'il n'en est plus le maître : toute l'armée sait qu'elle est arrivée. Ulysse fait ici un personnage bien différent, quand il presse Agamemnon de s'abandonner à ses larmes, de donner d'abord à la nature ce qui lui est dû, et de contempler ensuite tout l'*Hellespont blanchissant sous ses rames ;* quand il fait cette magnifique description du départ de l'armée, de l'embrasement de Troie, et du retour triomphant des Grecs.

> Je cède, et laisse aux dieux opprimer l'innocence.

Ils ne peuvent l'opprimer ; ainsi Agamemnon devroit chercher l'explication de leur oracle : il est vrai qu'il peut croire que ce sont les dieux qui ont rompu toutes les mesures qu'il avoit prises pour que sa fille n'arrivât pas, et Ulysse a bien su le lui dire :

> Les dieux ont à Calchas amené leur victime.

Il devroit cependant songer qu'Eriphile est peut-être

ACTE II, SCENE I.

une fille du sang d'Hélène : ainsi, quoiqu'excusable, il est coupable de ne point assez examiner l'oracle.

Dans l'intervalle de cet acte au second, Agamemnon va recevoir sa femme et sa fille, et en même temps donner des ordres secrets pour le sacrifice.

ACTE II, SCENE I.

Laissons-les dans les bras d'un père et d'un époux.

Pour que le spectateur, qui attend Iphigénie, ne croie pas que c'est elle qu'il voit paroître, Eriphile l'instruit, par ce vers, qu'elle n'est point Iphigénie. Mais pourquoi, dira-t-on, faire paroître d'abord cette Eriphile au spectateur impatient de voir Iphigénie ? Le poëte en donne une raison très-naturelle. Elle n'a pas voulu, par respect, être présente à la réception qu'Agamemnon fait à sa femme et à sa fille ; et pour les laisser en liberté, elle vient au lieu de la scène parler aussi en liberté avec sa confidente.

Je vois Iphigénie entre les bras d'un père, etc.

Que la jalousie de ce bonheur est naturelle dans une personne qui n'a jamais connu son père ni sa mère :

J'ignore qui je suis; et pour comble d'horreur, etc.

C'est ce qui annonce au spectateur qu'elle n'est point un personnage inutile. Il devient curieux de savoir qui elle est, et s'intéresse à elle.

Un oracle toujours se plaît à se cacher.

Ce vers n'est point inutile. Il n'est donc pas certain que ce soit le sang de la fille d'Agamemnon qui soit demandé par les dieux. Un oracle est toujours équivoque.

Il sait tout ce qui fut et tout ce qui doit être.

Imité du vers d'Homère sur Calchas.

Est de tous les mortels le plus cher à mes yeux.

On ne s'attend pas à cet amour, qui est si humiliant

pour elle ; qu'elle n'en parle jamais qu'à sa confidente, et qui est si malheureux, que la belle peinture qu'elle en va faire n'a rien de dangereux.

J'ai fait voir la beauté du personnage d'Eriphile, et l'intérêt qu'on y prend; mais je suis bien éloigné d'en penser ce que l'abbé Nadal en a pensé : « Si quelque » chose, dit-il, pouvoit faire tort au rôle d'Iphigénie, » qui a sa beauté (est-ce là tout ce qu'on en doit dire?), » ce seroit celui d'Eriphile, comme beaucoup plus » théâtral. C'est un rôle court et brillant : l'aigreur et la » fierté de cette princesse n'ôtent rien à la compassion » que le spectateur a pour elle. » Je dois croire qu'un homme qui a fait des tragédies a mieux connu le théâtre que moi : je ne comprends pas cependant ce que cet abbé a pu entendre quand il a dit que le personnage d'Eriphile étoit plus *théâtral* que celui d'Iphigénie. Ce jugement si bizarre ne mérite pas que je m'y arrête davantage.

Traverser son bonheur que je ne puis souffrir.

Elle annonce donc qu'elle ne sera pas inutile dans la pièce : son intérêt se trouve lié à l'action.

SCENE II.

Le char qui amène Clytemnestre et sa fille arrive, dans Euripide, devant la tente d'Agamemnon, au milieu des femmes qui composent le chœur. Quand nous entendons Clytemnestre dire à ses femmes de descendre les premières pour lui donner la main, quand elle recommande qu'on se tienne devant les chevaux pour qu'ils ne s'effraient pas, et quand elle réveille le petit Oreste qui dort, nous trouvons des mœurs simples ; mais cette simplicité devient ici une grande beauté. Plus cette mère paroît empressée de descendre, plus elle paroît contente, plus elle attendrit. Elle a pris pour un augure favorable les premières paroles que lui ont dites les femmes du chœur; elle ne doute point qu'elle ne vienne célébrer un heureux hymen; elle dit au petit Oreste : « Tu dors, mon fils, le mouvement du char » t'a assoupi ; réveille-toi pour être témoin du mariage » de ta sœur, qui va se faire sous de si heureux auspices. » Tu es déja illustre par ta naissance, tu vas l'être » encore par l'alliance avec le fils d'une déesse. » Elle dit à Iphigénie : « Approchez-vous de moi, afin que ces » femmes étrangères voient combien je suis heureuse » d'être mère d'une telle fille. » Alors Iphigénie lui demande la permission de se jeter dans les bras de son père :

<small>Pectus paterno pectori adprimam meum.</small>

Cette arrivée triomphante n'a pu être imitée sur notre théâtre, où l'action ne se passe pas en public. Agamemnon, qui a reçu dans son appartement Clytemnestre, en sort brusquement, parce qu'il ne peut soutenir la vue de sa fille; elle le suit, et, étonnée de sa froideur, lui en demande la raison : plus elle lui témoigne de tendresse, plus elle augmente son trouble. Quel spectateur peut retenir ses larmes pendant cette scène si touchante !

<small>Vous n'avez devant vous qu'une jeune princesse, etc.</small>

Le poëte sait tirer un heureux parti de la présence d'Ériphile, qu'il rend témoin de cette scène, parce qu'il faut qu'elle soit témoin du trouble d'Agamemnon, et que sa présence est nécessaire jusqu'à la fin de l'acte.

<small>Vous y serez, ma fille.</small>

Dans Euripide, Agamemnon, après avoir fait des réflexions assez longues, après avoir serré sa fille entre ses bras, la renvoie. Ici, c'est lui qui s'enfuit après avoir lâché ces terrible mots : *Vous y serez, ma fille.* La nature n'est-elle pas mieux peinte ?

SCENE III.

Justes dieux, vous savez pour qui je vous implore !

Elle le va bientôt nommer. Il lui est permis de nommer celui qu'elle aime, et celui qu'elle vient chercher de si loin, parce que

Sa gloire, son amour, mon père, mon devoir,
Lui donnent sur mon âme un trop juste pouvoir.

SCENE IV.

Il m'avoit par Arcas envoyé cette lettre.

Comme elle n'est pas venue par le chemin qu'avoit pris Arcas, cette lettre, qui ne lui a été rendue qu'après son arrivée, ne la laisse pas douter du changement d'Achille; et elle soupçonne Eriphile d'en être la cause, parce qu'Arcas a exécuté la commission d'Agamemnon, qui lui avoit dit :

Ajoute, tu le peux, que des froideurs d'Achille,
On accuse en secret cette jeune Eriphile.

Je vous l'ai, dans Argos, présenté de ma main.

Iphigénie peut donc avouer ses sentimens pour un homme qu'elle vient épouser, et qui lui a déjà été présenté comme époux par sa mère.

SCENE V.

Oui, vous l'aimez, perfide !

Cette prompte et vive colère dans une princesse si douce est très-naturelle. Bientôt elle en sera pénétrée de chagrin, et tâchera de réparer ces injures.

Hélas, de son accueil condamnant la tristesse, etc.

Que cette fille devient à plaindre quand elle se félicite

félicite de l'amour de son père pour elle, et s'accuse d'en avoir douté ! Que de choses touchantes l'art du poète sait ajouter à un sujet si touchant !

SCENE VII.

Elle me fuit, veillé-je ? ou n'est-ce point un songe ?

La Motte prétend qu'il est impossible qu'Achille surpris du froid accueil d'Iphigénie, la laisse sortir seule, parce qu'il doit ou l'arrêter ou la suivre : « A » moins que lui-même ne tombe évanoui, comment » peut-il (dit la Motte) s'amuser à interroger Eriphile ? » Et quelle autre pourroit-il interroger, quand Iphigénie se retire dans son appartement ? Lui est-il permis de l'y suivre, ou d'arrêter malgré elle une princesse ? Quelle puérile critique !

Vous m'en voyez encore épris plus que jamais.

Il ignore qu'il déchire le cœur d'Eriphile en lui déclarant son amour pour Iphigénie.

Entrons. C'est un secret qu'il leur faut arracher.

Il va entrer dans l'intérieur de la tente, et s'informer, dans l'intervalle de ces deux actes, si on le trompe; il reviendra au lieu de la scène, transporté de joie, parce qu'Agamemnon l'aura embrassé en l'appelant son gendre.

ACTE III, SCENE I.

On ne s'attend pas à voir Agamemnon avec Clytemnestre, qu'il doit éviter. Ils se trouvent ici tête-à-tête fort naturellement. Clytemnestre, qui avoit pris le parti de se retirer avec sa fille, a été arrêtée par Achille même : elle revient sur ses pas ; et comme Agamemnon a voulu lui parler sans témoins, elle commence par lui rendre compte des raisons de sa fuite et de son retour. Cette scène, qui commence avec cette apparence d'union, ne finira pas de même.

> Qui, moi ? Que remettant ma fille en d'autres bras, etc.

Il n'est pas aisé à Agamemnon de trouver un prétexte pour écarter de l'autel une mère, que son titre y appelle : c'est pourquoi il lui demande ce qu'il souhaite comme une grâce, et la demande au nom des dieux, en disant : *j'ai mes raisons.* Clytemnestre souhaite le contraire, qu'elle demande aussi comme une grâce, *au nom des mêmes dieux.*

La Motte, dans son discours sur la tragédie, soutient qu'il n'y a point de justesse dans ce dialogue, et que Clytemnestre ne répond jamais ce qu'elle doit répondre : « Elle doit croire, dit-il, qu'Agamemnon extravague, » ou soupçonner du mystère dans sa conduite : ainsi le » spectateur accuse l'auteur de n'avoir point connu la » nature, ou de l'avoir éludée exprès. » C'est de quoi l'auteur n'a jamais été accusé. Puisqu'Agamemnon a dit : *j'ai mes raisons,* Clytemnestre soupçonne du mystère, et résiste toujours ; mais comment peut-elle soupçonner que sa fille sera conduite à l'autel par son père, non pour y recevoir un époux, mais la mort ? Quand elle est seule, elle cherche les raisons que son mari peut avoir, sans soupçonner la véritable. Qui peut s'aviser d'une telle raison, aussi bien que d'une critique pareille à celle de la Motte ?

> Madame, je le veux, et je vous le commande.

Il dit de même dans Euripide : *Obéissez.* Quand il ne peut rien obtenir par prière, il parle en roi. Si ces mots font quelquefois sourire les spectateurs, ce n'est point la faute du poète, mais la leur ; ils confondent ici le ton de roi avec celui de mari.

SCENE II.

Le ciel te donne Achille, et ma joie est extrême, etc.

Avec quel art les événemens sont enchaînés ? Cette mère se console de la dureté de son mari, parce que sa fille épouse Achille; Achille vient lui témoigner sa joie, et en fait part de même à Iphigénie qui arrive : dans le moment où tout est réconcilié, où la mère, la fille et l'amant croient être au comble de leur bonheur, Arcas entrera et révélera le fatal secret.

SCENE IV.

Je viens vous présenter une jeune princesse.

Dans le moment où Iphigénie pourroit ne s'occuper que de son bonheur, son premier soin est de réparer l'offense qu'elle croit avoir faite à Eriphile. Quelle nouvelle raison d'admirer, d'aimer Iphigénie, et de détester la perfide Eriphile !

Sait imiter en tout les dieux qui l'ont formé.

Imité de Cicéron : *Homines ad Deos nullâ re propiùs accedunt, quàm salutem hominibus dando.*

Je vois déjà l'hymen, pour mieux me déchirer,
Mettre en vos mains le feu qui la doit dévorer.

Belle image ! Le flambeau de l'hymen dans la main d'Achille, est le flambeau qui va embraser Troie.

SCENE V.

Mais le fer, le bandeau, la flamme est toute prête.
Dût tout cet appareil retomber sur ma tête, etc.

Imité de Sinon dans Virgile :

Vos aræ, ensesque nefandi
Quos fugi, vittæque deum, quas hostia gessi,
Fas mihi Graiorum sacrata resolvere jura.

ACHILLE.

Lui !

CLYTEMNESTRE.

Sa fille !

IPHIGÉNIE.

Mon père !

ERIPHILE.

O ciel, quelle nouvelle !

Le Poète dans un seul vers fait parler Clytemnestre, Achille, Iphigénie et Eriphile.

Et voilà donc l'hymen où j'étois destinée !

Dans Sophocle, Antigone, prête à épouser Hémon, se voyant condamnée à la mort, dit de même : « C'est » dans les Enfers que mon hymen se va célébrer. » Αχεροντι νυμφευσω. La présence d'Iphigénie, lorsque ce secret est révélé, rend ce moment bien plus touchant qu'il ne l'est dans Euripide. Clytemnestre est alors seule avec Achille.

Auprès de votre époux, ma fille, je vous laisse.

Iphigénie ne va rester seule avec Achille que par l'ordre de sa mère, qui, les regardant comme déjà unis par les liens de l'hymen, ne craint pas de les laisser seuls ; et ce ne sera pas d'amour qu'ils vont parler.

SCENE VI.

Scène admirable, qu'a préparée Clytemnestre, en disant à sa fille :

Auprès de votre époux, ma fille, je vous laisse.

Quelle situation ! Deux personnes qui s'aiment, et qui, en partant pour s'aller épouser, apprennent que la mort va les séparer, et quelle mort ! Une mort ordonnée par ce père même qui paroissoit les vouloir unir. Quelle doit être la fureur de l'amant contre ce père ! Le devoir oblige la fille à prendre le parti de son père contre son amant. Tout ce que va lui dire cette vertueuse princesse, et surtout ces derniers vers :

> Hélas, il me sembloit qu'une flamme si belle
> M'élevoit au-dessus du sort d'une mortelle !

redoublera l'amour d'Achille pour elle, et sa fureur contre Agamemnon.

Une si belle scène n'eût point été dans les mœurs des tragédies grecques. Une jeune fille ne s'y entretient point avec un jeune homme : ils ne pourroient s'entretenir seuls, puisque le chœur étoit toujours sur la scène.

Dans l'Antigone de Sophocle, Antigone et Hémon, qui s'aiment et doivent s'épouser, ne se trouvent jamais ensemble; dans cette pièce d'Euripide, Clytemnestre demande à Achille s'il veut que sa fille lui vienne en suppliante embrasser les genoux : « C'est, lui dit-elle, » ce qui convient peu à une jeune fille ; mais, si vous » le voulez, elle va venir le visage couvert de cette » rougeur, la gloire d'une fille..... Qu'elle reste chez » elle, répond Achille ; c'est ce que demande la pudeur; » et il ajoute qu'il ne faut pas donner lieu aux mauvais discours d'une armée. Dans la suite, il arrive au lieu de la scène lorsqu'Iphigénie est avec sa mère. Iphigénie, dès qu'elle l'aperçoit, veut se retirer, et sa mère l'oblige de rester. Si nous observions ces mœurs, que de beautés perdroient nos tragédies ! On ne verroit point Britannicus avec Junie, Xipharès avec Monime, Hippolyte avec Aricie, etc.

SCENE VII.

Je perds trop de momens en des discours frivoles.

Ce vers condamne l'Achille d'Euripide, qui perd un temps très-long à assurer Clytemnestre qu'il sera son dieu tutélaire, que sa fille ne mourra point, et que son

honneur l'oblige à la secourir. Notre Achille en dit beaucoup plus en quatre vers, lorsqu'après ces mots :
> Votre fille vivra,

il ajoute :
> Cet oracle est plus sûr que celui de Calchas.

Dans l'intervalle de cet acte au suivant, Achille va chercher Agamemnon ; il a dit : *je vais lui parler.* Agamemnon est occupé des préparatifs du sacrifice. Clytemnestre vient de dire que les gardes qu'il avoit placés l'ont empêchée de passer. Quand tout sera prêt, Agamemnon reviendra pour chercher sa fille.

ACTE IV, SCENE I.

Cette première scène n'est point inutile : il n'est point vrai, comme le dit le P. Brumoy, qu'elle soit détachée du reste, et qu'Eriphile vienne et s'en aille *sans aucune raison de venir ou de s'en aller*. Elle a été présente à la révélation du secret par Arcas : ce que le poète a voulu, afin qu'elle fût témoin de l'intérêt qu'Achille prend à Iphigénie. Elle en est outrée de désespoir, et revient au lieu de la scène pour rendre compte à Agamemnon de tout ce qui se passe, puisqu'elle avoue qu'elle voudroit pouvoir *contre Achille armer Agamemnon*. Dès qu'elle voit paroître Clytemnestre, elle se retire en disant :
> Consultons des fureurs qu'autorisent les dieux.

Elle annonce sa trahison. Le spectateur, quoiqu'il ait entendu dire à Achille : *votre fille vivra*, n'a presque plus d'espérance pour Iphigénie. Ainsi cette première scène sert à redoubler le trouble.

> Suça même le sang des lions et des ours.

C'est Stace qui nous le dit :
> Non ullas ex more dapes habuisse, nec ullis
> Uberibus satiasse famem, sed scissa leonum
> Viscera, semianimesque libens traxisse medullas.

SCENE II.

Tout est prêt pour le sacrifice. Agamemnon, à qui on n'envoie pas sa fille, qu'il a envoyé demander par Arcas, vient lui-même la chercher : ce qui le ramène au lieu de la scène, où il va avoir à répondre aux prières de sa fille, aux reproches de sa femme, et aux menaces d'Achille.

SCENE IV.

Venez, venez, ma fille : on n'attend plus que vous.

C'est ainsi que Clytemnestre l'appelle dans Euripide, en lui recommandant d'apporter dans ses bras le petit Oreste ; et la vue de cet enfant, quoiqu'il ne fût pas en âge de parler, servoit, sur le théâtre des Grecs, à augmenter la pitié.

Cette magnifique scène a encore essuyé la critique de la Motte. Comment des écrivains qui ont une réputation d'esprit, et qui travaillent eux-mêmes pour le théâtre, peuvent-ils s'égarer ainsi ? Est-ce à force d'esprit ?

<blockquote>Faciunt næ intelligendo, ut
Nihil intelligant.</blockquote>

Ce n'est, suivant la Motte, que dans les délibérations et les conseils que les discours peuvent être continus ; partout ailleurs il faut des interruptions fréquentes : « Iphigénie et Clytemnestre disent ici tout ce qu'elles » ont à dire sans être interrompues ; et il n'est pas » naturel qu'au milieu d'intérêts si violens, des per- » sonnages se donnent le loisir de se haranguer réci- » proquement. Attendre que quelqu'un ait tout dit, » pour lui répondre ensuite avec ordre, n'est pas le » caractère de la passion. » L'auteur, qui connoissoit mieux les passions que la Motte, a voulu peindre dans cette scène un homme qui veut paroître, devant sa femme et sa fille, agir sans passion, et par obéissance aux Dieux. Il ne répond rien à sa femme; ainsi il n'y a point de plaidoyer entr'eux : s'il répond à sa fille, ce n'est que pour l'exhorter à l'obéissance, et l'encourager. Si dans cette scène les personnages s'interrompoient, ce seroit une querelle entre un père, sa fille et sa femme. Il n'y auroit aucune dignité; et elle est observée lorsqu'un roi donne à son épouse et à sa fille le temps de lui dire tout ce qu'elles ont à lui dire, et les écoute tranquillement. Il s'étoit attendu à tous ces reproches :

Voilà, voilà ces cris que je craignois d'entendre.

Il les écoute sans s'émouvoir; il laisse à une mère la consolation d'exhaler toute sa douleur, et ne lui répond rien.

Si cette scène étoit contraire à la nature, elle eût révolté les spectateurs : comme elle ne les a jamais révoltés, c'est la critique de la Motte qui est contraire au bon sens.

Mon père,
Cessez de vous troubler; vous n'êtes point trahi!

Le discours d'Iphigénie, dans Euripide, commence comme une harangue : « Si j'avois l'éloquence d'Or-
» phée, qui entraînoit les rochers, etc. » Elle prie son père de ne la point faire mourir, et exhorte le petit Oreste, qu'elle tient dans ses bras, quoiqu'il soit un défenseur impuissant, puisqu'il ne parle pas encore, de la défendre par ses larmes.

Elle témoigne, dans toute sa prière, un attachement à la vie, qui ne nous paroît pas un sentiment noble. C'est ce qu'a imité pourtant Buchanan dans sa tragédie de Jephté, à qui sa fille dit :

Miserere, genitor, te per hanc rogo manum,
Voti potentem, compotem victoriæ;

> Per si quid unquam merita sum de te bene,
> Si quando parvis comprimens te brachiis,
> Onus pependi dulce de collo tuo,
> Per si quid ex me tibi voluptatis fuit,
> Depone mentem liberos erga trucem.

Cette même fille change un moment après, comme l'Iphigénie d'Euripide, et se dévoue elle-même :

> Devota morti, et consecrata victimæ
> Projeci amorem lucis. Omnis est mora
> Molesta : Mater jam vale carissima, etc.

J'ignore pourquoi Euripide, qui dans son Hécube a su donner toujours à Polixène prête d'être sacrifiée, des sentimens si courageux, en a donné d'abord de si foibles à son Iphigénie. Aristote ne les lui reproche pas; mais il lui reproche de l'avoir tout-à-coup changée en une princesse très-courageuse. Le caractère de l'Iphigénie française est toujours le même.

> Et pour qui, tant de fois prodiguant vos caresses, etc.

L'Iphigénie d'Euripide se dépeint, dans les bras de son père quand elle étoit enfant, les baisers qu'il lui donnoit en lui disant : « Quelque jour, ma fille, je » vous donnerai un époux riche. » Et elle lui répondoit : « Aurai-je le bonheur de vous voir parvenir à la vieil- » lesse, de vous recevoir chez moi, et de reconnoître » les soins que vous avez pris de moi? Je me souviens » de tous ces discours, que vous avez oubliés. » Ce détail n'eût pas été dans nos mœurs. Le poëte français exprime le même sentiment en ces deux vers :

> Et pour qui, tant de fois prodiguant vos caresses,
> Vous n'avez point du sang dédaigné les foiblesses.

Et ce mot *foiblesses* est conforme à notre manière fausse de parler des choses que nous sentons bien n'être pas des foiblesses.

> Vous ne démentez point une race funeste.

Ce discours n'a peut-être jamais été bien rendu sur

le théâtre : la variété des mouvemens dont il est rempli désespère l'actrice, à cause de la variété des tons qu'elle est obligée de prendre. Après avoir soutenu un ton de colère, il en faut prendre un tranquille à ce vers :

> Vous savez, et Calchas mille fois vous l'a dit, etc.

La colère recommence à celui-ci :

> Cette soif de régner, que rien ne peut éteindre, etc.

Il faut prendre un ton de fureur quand elle croit voir le prêtre qui déchire le sein de sa fille, et un ton d'autorité quand elle dit à sa fille :

> Et vous, rentrez, ma fille, et du moins à mes lois
> Obéissez encor pour la dernière fois.

La déclamation d'un pareil morceau est l'écueil des plus habiles.

> Faites chercher à Sparte Hermione sa fille.

C'est le même reproche qu'elle lui fait dans l'Electre de Sophocle : « Pourquoi n'a-t-il pas pris un des en- » fans de Ménélas pour apaiser les dieux ? Pluton » aimoit-il mieux mes enfans que ceux d'Hélène ? »

> Vous savez, et Calchas mille fois vous l'a dit, etc.

Cet endroit n'a rien de froid, comme le soutient encore la Motte. Après s'être d'abord livrée à la colère, elle se rappelle une raison capable d'arrêter son mari, ou du moins de le faire réfléchir ; elle la développe avec tranquillité, et aussitôt après elle reprend sa colère.

> Qu'un hymen clandestin mit ce prince en son lit.

Dans une note sur Phèdre, au mot *lit*, je dirai pourquoi elle dit le lit d'Hélène, et non pas celui de Thésée.

> Un prêtre, environné d'une foule cruelle, etc.

Il n'y avoit point alors de prêtre dans l'armée des Grecs. Le poëte a parlé aussi dans cette tragédie de lauriers, et l'usage d'en couronner n'étoit pas encore établi : il a supposé une lettre d'Agamemnon, et il y a grande apparence que l'art de l'écriture n'étoit pas encore trouvé dans le temps du siége de Troie. En cela il a suivi et a dû suivre l'exemple des tragiques grecs, qui ne se sont point assujétis, comme Homère, à ne rien dire de contraire aux usages des temps reculés.

SCENE V.

<small>Je n'avois toutefois à craindre que ses cris.</small>

Achille est plus à craindre ; et dans le moment Achille paroît. Tant de combats qu'il faut essuyer ne lui laissent pas le temps de respirer.

SCENE VI.

On peut appeler cette scène *la colère d'Achille.* Plusieurs endroits de l'Iliade y sont imités.

<small>Me vint-il enlever ou ma femme ou ma sœur ?
Qu'ai-je à me plaindre ? Où sont les pertes que j'ai faites ?</small>

Achille dit, dans Homère : « Je ne suis pas venu ici » pour ma vengeance particulière. Les Troyens ne » m'ont point offensé : ils n'ont enlevé ni mes bœufs ni » mes chevaux. » Le poète français met à la place, *ou ma femme ou ma sœur,* quoiqu'Achille ne fût pas marié.

<small>Seul d'un honteux affront votre frère blessé, etc.</small>

Dans Homère : « Pourquoi les Grecs font-ils la guerre » aux Troyens ? Pourquoi cette nombreuse armée ? » N'est-ce pas pour faire rendre Hélène à Ménélas ? » N'y a-t-il que les Atrides qui aiment leurs femmes ? »

<small>Fuyez donc. Retournez dans votre Thessalie.</small>

Agamemnon lui répond aussi, dans Homère : « Va, » fuis ; assez d'autres guerriers m'aideront à me ven- » ger : va régner sur tes Mirmidons, etc. »

> Voilà par quel chemin vos coups doivent passer.

Ce vers est donné à nos mœurs. Une pareille querelle ne doit point se passer entre deux guerriers sans qu'il soit parlé des voies de fait.

SCENES VII, VIII et IX.

Ces trois scènes n'en font qu'une, et même qu'un monologue : car qu'Eurybate entre quand Agamemnon l'appelle, ou sorte quand il le renvoie, c'est toujours à soi-même que parle Agamemnon, et ce monologue est la peinture du plus violent combat entre l'amour paternel et la fierté. Le fier Agamemnon, offensé par Achille, veut, pour se venger de lui, faire mourir Iphigénie. Il appelle ses gardes; et prêt à prononcer son ordre, il s'arrête : l'amour paternel prend le dessus. Il ne dit pas à sa passion ce qu'Emilie dit à la sienne :

> Tout beau, ma passion, deviens un peu moins forte.

Nos deux grands poètes sont deux grands peintres des passions; mais Corneille fait souvent la faute de trop raisonner avec elles; son rival ne songe qu'à les peindre, et à peindre surtout le choc violent de deux passions, comme on l'a vu dans le monologue de Mithridate. Un personnage qui ne sait que se plaindre de ce choc qui le tourmente, est un personnage que fait parler un foible poète, comme, l'auteur d'un opéra dont la musique fait valoir les paroles :

> Ah, que mon cœur est agité !
> L'amour y combat la fierté;
> Je ne sais qui des deux l'emporte :
> Quelquefois la fierté demeure la plus forte,
> Quelquefois l'amour est vainqueur.
> De moment en moment une guerre mortelle
> Dans mon âme se renouvelle.

Il n'est pas nécessaire d'être habile poète pour faire entendre qu'il se passe dans un cœur une cruelle guerre;

mais il faut être très-habile pour la bien peindre, comme dans la cinquième scène du quatrième acte de Mithridate, et dans celle-ci, où la raison l'emporte enfin sur la passion, qui cependant est contente, parce qu'Agamemnon se croit vengé, pourvu que sa fille ne vive pas pour Achille. Par cet expédient, que l'amour paternel lui fournit, il accorde entr'elles les deux passions qui l'agitent ; et il regagne l'estime des spectateurs, qui le plaindront quand sa fille, qu'il aura rendue à sa mère, sera, malgré lui, conduite à l'autel.

> Vient de hâter le coup que tu veux arrêter.

Comment se peut-il faire que l'amant de sa fille hâte ce coup? Nous devons faire attention que ce n'est point en amant qu'Achille vient de parler à Agamemnon, mais en homme irrité de l'abus qu'on a fait de son nom. L'intérêt de sa gloire a paru le faire parler plus que l'intérêt d'Iphigénie : il a osé menacer Agamemnon, qui dans le premier moment oublie qu'il est père ; mais ce moment, qui dure peu, sert de triomphe à l'amour paternel :

> Non, je ne puis. Cédons au sang, à l'amitié, etc.

Tout est ici dans la nature.

> Quels vœux, en l'immolant, formerai-je sur elle?

Heureuse imitation de ce que Clytemnestre lui dit dans Euripide :

> Sacrificabis filiam,
> Sed interim illic vota quæ facturus es?
> Quid tibi petes? Numquid boni, quum filiam
> Mactes pater? Reditum ne? Nimirum malum
> Miserumque, quippe domo profectus turpiter.

Suivant la traduction d'Erasme.

SCENE XI.

> Viens, te dis-je : à Calchas je vais tout découvrir.

Dans l'intervalle de ces deux actes, Eriphile exécute

son horrible projet : elle va découvrir à Calchas l'évasion d'Iphigénie, que les soldats arrêtent, ne voulant pas que la victime publique échappe. Dans ce tumulte de tout le camp, Clytemnestre s'est évanouie. Iphigénie revient dans la tente de son père, résolue à mourir.

ACTE V, SCENE I.

Dieux plus doux, vous n'avez demandé que ma vie.

Peut-elle mieux faire comprendre que par cette exclamation, combien elle aime Achille ?

SCENE II.

Achille ne devroit pas revenir dans la tente d'Agamemnon après la querelle qui s'est passée entr'eux ; et il paroît, par toute cette scène, qu'il ignore ce qu'Agamemnon a voulu faire pour sauver sa fille ; mais il le sait occupé aux préparatifs du sacrifice ; il sait que des soldats vont enlever Iphigénie ; il vient lui proposer de se mettre en sûreté sous ses tentes, où ses troupes lui serviront de rempart.

Déjà Priam pâlit ; déjà Troie en alarmes, etc.

Imité du cantique lugubre de l'Iphigénie d'Euripide.

L'Achille d'Euripide, étonné du courage d'Iphigénie, lui dit qu'en effet il seroit heureux d'avoir pour épouse une personne si admirable, l'assure qu'il est prêt de la secourir, et lui demande si elle est bien résolue à mourir ; ajoutant qu'elle doit faire réflexion que la mort est un grand mal. Iphigénie proteste que c'est volontairement qu'elle se dévoue au bien public ; c'est ce qu'elle répète quand elle approche de l'autel :

Hocce corpus pro salute patriæ
Proque universa Græcia trado, volens.

Sitôt qu'elle s'est ainsi dévouée, son sacrifice devient un acte de religion, et Achille ne peut plus s'y opposer ;

ACTE V, SCENE III.

mais l'Achille français ne reçoit point les tendres et admirables adieux d'Iphigénie.

C'est déjà trop pour moi que de vous écouter.

Elle a dit, dans la scène précédente, que son père lui avoit fait défendre de parler à Achille.

Une juste fureur s'empare de mon âme.

Comment le P. Brumoy a-t-il pu dire d'un Achille si emporté, « qu'il est tout-à-fait français, et que le poète » l'a voulu tel, parce qu'il falloit plaire à des personnes » qu'il avoit faites à cette manière galante de traiter la » tragédie? » Quelle galanterie d'annoncer à sa maîtresse tant de sang, celui du prêtre et de son père même ! Où trouve-t-on de la galanterie dans cette pièce? Les scènes entre Iphigénie et Achille ne sont pas des scènes d'amour, mais de larmes.

SCENE III.

Oui, je la défendrai contre toute l'armée.

La mère veut repousser les soldats qui viennent chercher sa fille. On lui représente que la superstition a fait soulever toute l'armée. La mère veut serrer sa fille entre ses bras, protestant que la mort seule les pourra séparer. C'est ce que, dans Euripide, Hécube embrassant Polixène dit à Ulysse.

La mort seule, la mort pourra rompre les nœuds, etc.

Que peut-on dire de plus ? Elle semble cependant ajouter quelque chose de plus fort, en disant :

Mon corps sera plutôt séparé de mon âme.

Toute cette expression est ici conforme à la passion.

Ah, ma fille !
IPHIGÉNIE.
Ah, madame !

Il semble qu'elle devroit répondre : *Ah, ma mère !*

Pourquoi le poète fait-il dire à Iphigénie, *Madame*, et dans le dernier adieu :

> Daignez m'ouvrir vos bras pour la dernière fois,
> Madame, et rappelant votre vertu sublime....

Pour que sa mère et elle s'attendrissent moins, et que dans ce cruel moment Clytemnestre oublie qu'elle est mère.

> Par des soldats peut-être indignement traînée, etc.

Imité de ce que Polixène dit à Hécube. (Je me sers de la traduction d'Érasme) :

> Tu misera cum victore ne pugnaveris.
> Sterni solo vis, ac trahi corpus tuum
> Anile per vim pulsa? Vin juvenis manu
> Fœdis modis revulsa dedecorarier?

> Ne reprochez jamais mon trépas à mon père.

L'Iphigénie d'Euripide demande la même grâce, et la fille de Jephté dans Buchanan :

> Et illud, ultimum
> Nil postulatura, genitrix, posthac rogo
> Ne quid patri causâ meâ succenseas,
> Neu sis molesta.

> Puisse-t-il être, hélas, moins funeste à sa mère !

Beauté que n'a point su imaginer Euripide, et qui frappe ceux qui se rappellent que cet Oreste, alors au berceau, fut dans la suite le meurtrier de sa mère.

> Eurybate, à l'autel conduisez la victime.

Dans Euripide, elle dit adieu au soleil, à cette douce lumière qu'elle ne verra plus, et se console par l'espérance d'aller jouir d'une autre vie dans un séjour plus heureux :

> Io, Io.
> Phœbea fax diurna,
> Vectrix amica lucis.
> O dulce lumen ætheris,
> Alterum mox alterum
> Exigemus ævum,
> Orbem alterum incolemus.
> O blanda lux, jam mihi vale.

Voilà

ACTE V, SCENE IV.

Voilà ce que nos poëtes ne peuvent imiter. Notre Iphigénie ne dit adieu qu'à sa mère; et dans cet adieu la parole lui manquant, elle se tourne vers Eurybate.

SCENE IV.

Mourrai-je tant de fois sans sortir de la vie?

Ce vers paroît partir naturellement de la passion; cependant, si elle disoit : *mourrai-je tant de fois sans mourir?* on seroit choqué d'entendre, dans un moment si triste, un jeu de mots ; si même le poëte lui faisoit dire ce qu'il a fait dire à Jocaste dans sa première pièce :

Me feront-ils souffrir tant de cruels trépas,
Sans jamais au tombeau précipiter mes pas ?

ces deux vers feroient ici un très-mauvais effet. Clytemnestre paroîtroit chercher l'esprit; et elle ne paroît pas le chercher quand elle dit :

Mourrai-je tant de fois sans sortir de la vie?

C'est l'expression seule qui fait cette différence. *Sans sortir de la vie* fait entendre que, par *mourrai-je*, elle entend : *la douleur me conduira-t-elle si souvent aux portes de la mort,* etc. Dans les poëtes italiens et espagnols on trouve plusieurs *concetti* sur cette pensée qui est pourtant si simple, pourvu qu'elle soit exprimée naturellement, que M. de Thou finit les vers que le jour de sa mort il fit sur ses souffrances, en disant :
« La vie ne vaut pas que pour elle on meure tant de fois : »

Nec vita tanti est, tandiu ut vivas, mori.

O monstre que Mégère en ses flancs a porté !

La poésie, qui est le langage des passions, doit ici les faire parler dans toute leur impétuosité. C'est une mère à qui on arrache sa fille : elle veut la suivre, des soldats l'en empêchent ; on va immoler sa fille, et elle apprend qu'elle a été trahie par celle-même qui eût dû se sacrifier pour elle. Toutes les passions parlent ici :

la colère, la rage, le désespoir et la tendresse maternelle; cette mère étant surtout persuadée que le ciel ne demande point le sang de l'innocence, et que sa fille est la victime de la superstition du peuple et de l'ambition de son père. Dans ce morceau de poésie, quelle variété de sentimens, quelle force d'expressions, que d'images et que de figures! Cette répétition du mot *monstre*, ces apostrophes à Ériphile, à la mer, au soleil, au ciel, à elle-même, aux sacrificateurs; ces images d'un monstre sorti des Enfers, de la mer ouvrant ses abymes, du port qui vomit la flotte des Grecs, du soleil qui recule, d'Iphigénie qui, couronnée de festons, tend la gorge aux couteaux, du tonnerre qu'elle croit entendre : toutes les beautés de la poésie la plus grande sont rassemblées dans ces vingt vers, parce qu'ils contiennent une peinture des plus violens mouvemens de la nature.

SCENE V.

Ou pour cacher ses pleurs s'est voilé le visage.

Belle image prise d'Euripide, et qui donna lieu au fameux tableau de Timante.

C'est lui. Ma fille est morte; Arcas, il n'est plus temps.

Le spectateur le croit comme elle quand il voit paroître Ulysse : quel étonnement et quelle joie lorsqu'il lui entend dire : *Non, Madame, elle vit.* Le poète, qui dans cette pièce a su de tant de façons exciter la crainte et la pitié, peut bien être appelé, comme Euripide, τραγικώτατος.

SCENE VI et DERNIÈRE.

Non, Madame, elle vit, et les dieux sont contens.

C'est dire en un vers tout ce qui est nécessaire pour la

tranquillité de Clytemnestre. Non-seulement sa fille vit, mais les dieux sont contens; ils ne demandent plus son sang.

> Elle vit, et c'est vous qui venez me l'apprendre!

La nouvelle qu'il apporte est donc bien véritable. Le poète, qui a réconcilié Agamemnon avec les spectateurs, réconcilie aussi avec eux Ulysse, qui avoit fait au commencement de la pièce un personnage odieux : c'est par cette raison qu'il le ramène sur la scène pour faire ce récit.

> Et donné du combat le funeste signal.

Ulysse, dans son récit, ne parlera pas d'Agamemnon, parce qu'il s'est voilé le visage, et ne prend point parti dans ce combat : « Il devoit, dit le P. Brumoy, prendre » les armes pour empêcher la sédition; il devoit paroître » en général d'armée, et non en père accablé de dou- » leur. » Et quel parti prendroit-il comme général? S'il prend parti contre Achille, il sera donc contre sa fille. Il l'a voulu sauver des mains d'un peuple furieux, elle y est retombée; il doit reprendre le sentiment qu'il avoit quand il disoit au premier acte :

> Je cède, et laisse aux dieux opprimer l'innocence.

Il se voile le visage, laissant ou opprimer sa fille, ou Achille la défendre. S'il paroissoit en général, comme le veut le P. Brumoy, et s'il se servoit de son autorité pour apaiser la sédition, quel indigne personnage feroit-il?

> Epouvantoit l'armée et partageoit les dieux.

Quelle différence entre une imagination sage et celle qui ne l'est pas! Quand Lucain veut louer Caton, il le met seul d'un côté, et de l'autre tous les dieux : ici le poète, sans paroître vouloir dire de grandes choses, donne en un vers la plus grande idée qu'on puisse donner d'un guerrier. Toute l'armée est contre Iphigénie, et son sort est douteux tant qu'Achille est pour elle : les dieux même sont partagés. L'image est grande sans enflure.

J'ai déja remarqué que l'Achille d'Euripide ne peut plus défendre Iphigénie sitôt qu'elle a dit : « Je donne » mon corps à la Grèce, » δίδωμι σῶμα τεμὸν Ἑλλάδι; et qu'elle a ajouté : « Je le donne volontairement, » εκουσα. Il ne peut s'opposer au sacrifice de cette victime volontaire. Il est vrai que nous aimerions mieux qu'il gardât le silence, que de lui entendre faire cette prière à Diane : « Recevez la victime que nous vous offrons tous, et » accordez-nous la navigation. » Mais de pareilles choses étant fondées sur des raisons de religion, nous ne pouvons condamner Euripide.

> M'explique son oracle et m'instruit de son choix.

L'explication de l'oracle est longue ; mais tout y est nécessaire, pour ne laisser aucun doute sur le véritable sens.

> Les dieux font sur l'autel entendre le tonnerre.

Eriphile, dont la mort contente les dieux et les hommes, est donc un personnage heureusement imaginé. Ce sujet, traité de cette façon, est comme un sujet nouveau dont toutes les particularités sont cependant fondées sur quelqu'autorité des anciens. Mais les anciens, comme je l'ai dit, ne s'accordent pas sur la manière dont ce sacrifice fut exécuté. Cicéron l'appelle, dans le troisième livre des Offices, une action horrible de la part d'Agamemnon, *tetrum facinus*, parce qu'il prétend qu'il sacrifia sa fille pour accomplir un vœu solennel, par lequel il s'étoit obligé de sacrifier à Diane ce qui naîtroit de plus beau pendant une année. La religion, suivant Cicéron, ne nous oblige pas à tenir des engagemens pareils. Cet endroit de Cicéron fait voir que tout ce qu'on dit de ce fameux sacrifice est fort incertain. Peut-être a-t-on voulu sauver l'honneur de la Grèce, et peut-être Euripide a-t-il, par cette raison, eu recours à la biche. Il donne lieu de le penser par la réflexion qu'il met dans la bouche de Clytemnestre, qu'on félicite de ce que sa fille a été enlevée par Diane, et est parmi les dieux. « Qu'en dois-» je croire, dit-elle ? Ne me dit-on pas ces choses pour » me flatter ? » Dans la tragédie française, elle ne peut douter de la vérité du récit.

Le soldat étonné dit que, dans une nue, etc.

Ulysse, qui n'est pas si crédule, met cette apparition dans les yeux du soldat.

Dans ce commun bonheur pleure son ennemie.

Quel dernier trait pour achever de faire d'Iphigénie une princesse parfaite !

Par quel prix, quel encens, ô ciel, puis-je jamais
Récompenser Achille, et payer tes bienfaits ?

C'est par des actions de grâces que doit finir une pièce qui fait voir que le ciel prend soin de l'innocence, et protège une fille si vertueuse, modèle de l'obéissance que les enfans doivent à leurs pères.

PHEDRE et HIPPOLYTE.

Dans la pièce précédente, on a vu l'amour conduire une princesse à sa perte après l'avoir rendue ingrate et perfide : dans celle-ci, on va voir cette tragique passion entraîner un autre princesse à des crimes et à des malheurs bien plus grands encore, après lui avoir fait souffrir les plus affreux tourmens qui puissent déchirer un cœur.

Je suis obligé de rappeler ici la comparaison que je fis, il y a quelques années, de cette pièce avec celle d'Euripide : et n'y pouvant rien changer, parce qu'elle a été imprimée plusieurs fois, je mettrai à la suite les réflexions nouvelles qu'une lecture plus attentive des deux pièces m'a fait faire.

Comparaison de l'Hippolyte d'Euripide avec la tragédie française sur le même sujet.

L'effet le plus surprenant de la poésie, comme de la peinture, est de pouvoir, par le charme de l'imitation, attacher nos regards sur des objets dont nous les détournerions avec horreur s'ils nous étoient réellement présentés. Nous frémirions à la rencontre d'un parricide, et nous ne pourrions supporter la vue d'un fils dans les bras de sa mère, caressé par elle sous le titre d'époux. Nous regardons cependant avec plaisir, sur le théâtre, Oreste et OEdipe, qui nous offrent ces deux spectacles, quand l'art du poète en a su écarter ce qu'ils ont d'odieux.

Il étoit aussi difficile d'accoutumer nos yeux à la vue

de Phèdre qu'à celle d'OEdipe et d'Oreste. Quel spectacle plus affreux que celui d'une femme en proie à toutes les fureurs d'un amour incestueux, tandis que son époux est encore vivant? Cette même femme cependant est un des personnages tragiques qui nous charment le plus, parce que

> D'un pinceau délicat l'artifice agréable,
> Du plus affreux objet, fait un objet aimable.

Un de nos poètes, pour nous représenter cet objet, a emprunté le pinceau d'Euripide; mais, comme il l'a manié différemment, nous allons examiner lequel des deux peintres l'a conduit avec plus de délicatesse.

Aux tableaux de ces deux grands maîtres, je ne comparerai pas l'ouvrage d'un poète latin, qui se trouve dans le recueil de tragédies attribuées à Sénèque. Cet auteur, s'écartant entièrement d'Euripide, n'observe ni conduite ni caractère : sa pièce, qu'on ne doit pas nommer tragédie, n'est qu'un tissu de sentences brillantes et de descriptions poétiques, mises hors de leur place, parmi lesquelles cependant on trouve quelques beaux traits.

Je ne parlerai pas non plus de cette tragédie française qui, sous le même titre, eut autrefois un succès étonnant, mais fort court. La Phèdre de Pradon est maintenant ensevelie dans un profond oubli. Si Phèdre se livroit sans remords à sa passion honteuse, le spectateur, indigné contre elle, ne pourroit jamais l'écouter : il faut du moins qu'elle ne paroisse pas tout-à-fait coupable, et qu'elle soit plus malheureuse que criminelle. Telle est la Phèdre d'Euripide. La nôtre a une si grande horreur de la moindre apparence du crime, qu'elle paroît toujours aimer la vertu. On se contente de plaindre celle d'Euripide; on va jusqu'à admirer dans son imitateur

> La pudeur vertueuse
> De Phèdre, malgré soi, perfide incestueuse. BOIL.

C'est ce qu'un examen suivi de ces deux tragédies fera mieux connoître.

Dans Euripide, Vénus, qui paroît d'abord sur le théâtre, vient annoncer par avance au spectateur tout ce qui doit arriver. Cette déesse, outrée de jalousie de ce qu'Hippolyte, uniquement attaché au culte de Diane, déteste les plaisirs de l'amour, a résolu d'en tirer une vengeance éclatante. Tout est préparé depuis long-temps : elle a inspiré à Phèdre un amour violent pour Hippolyte; cet amour coûtera la vie à la malheureuse Phèdre : « Mais, n'importe, dit Vénus; sa mort ne me touche » pas assez pour m'empêcher de punir un ennemi » qui me méprise. » Quel affreux caractère pour une déesse!

Le poète français donne une cause plus ancienne et plus excusable à la colère de Vénus. Toute la famille du Soleil lui étoit odieuse depuis long-temps :

>Stirpem perosa Solis invisi Venus
>Per nos catenas vindicat Martis sui. Sen.

Pasiphaé et Ariane avoient été les premières victimes de cette colère. Phèdre est du même sang; ce qui lui fait dire :

>Puisque Vénus le veut, de ce sang déplorable
>Je péris la dernière, et la plus misérable.

C'est comme une victime de cette colère qu'elle paroît d'abord sur le théâtre. Dans Euripide, elle est portée sur un lit; elle n'a pris aucune nourriture depuis trois jours, elle a résolu de mourir sans déclarer son mal. Tout l'afflige, tout l'ennuie. Ses desirs se contredisent; elle ne sait ce qu'elle veut; elle demande à sortir de sa maison; sitôt qu'elle en est sortie, elle y veut rentrer : « Soulevez mon corps, dit-elle aux femmes » qui l'environnent, soutenez mes bras, élevez ma tête, » débarrassez mon front de ces ornemens importuns. »

Un moment après, elle ne s'occupe que de sa passion ; sa raison se trouble, elle soupire après les fontaines et les prairies ; elle voudroit être dans les forêts, au milieu des cris des chiens de chasse, à poursuivre les bêtes sauvages. Tantôt elle voudroit être en pleine campagne à dompter des coursiers ; puis, revenant à elle : « Qu'ai-» je dit, malheureuse ? Où ma raison s'égare-t-elle ? » Je l'ai perdue, les dieux me l'ont ravie. O chère nour-» rice, cache-moi ; je rougis de ce que je viens de » proférer ; couvre-moi, mes yeux fondent en larmes ! »

La nourrice la conjure de lui découvrir la cause de sa maladie, et lui représente qu'en se laissant mourir elle trahit ses enfans, qui auront pour maître Hippolyte. A ce nom Phèdre se réveille, et conjure, par les dieux, sa nourrice de ne jamais le prononcer devant elle. Touchée des sollicitations pressantes de cette nourrice, elle s'apprête enfin à faire l'horrible aveu de sa maladie ; mais tout-à-coup elle apostrophe sa mère et sa sœur, dont l'amour a causé sa perte. La nourrice, qui n'entend point la raison de ces exclamations, redouble ses instances. Phèdre n'y pouvant plus résister : « Qu'est-ce, » lui dit-elle, que ce que les hommes appellent aimer ? » Une chose, répond la nourrice, pleine en même temps » de douceur et d'amertumes : la ressentez-vous pour » quelqu'un ? Quel est, reprend Phèdre, ce fils d'une » Amazone ? Hippolyte, s'écrie la nourrice. C'est de toi-» même que tu l'entends, dit Phèdre, et non pas de » moi. » Il semble que, par ce détour, elle ait voulu s'excuser d'avoir nommé celui qu'elle aime.

Ce seul morceau d'Euripide devroit rendre moins précipités dans leurs jugemens ceux qui font gloire de mépriser cet auteur : ils y retrouvent mot pour mot les mêmes beautés qu'ils admirent sur notre théâtre. Son imitateur, dans un grand nombre d'autres endroits, sait ajouter ou retrancher à l'original qu'il imite ; mais il le traduit ici presque littéralement, parce qu'il ne peut rien retrancher d'inutile, et qu'il n'y peut rien ajouter de plus beau. En effet, quelle peinture plus belle et plus tragique que celle d'une femme mourante, résolue à mourir, languissante, sans nourriture depuis trois jours, portée sur les bras de ses domestiques, qui forme tour-à-tour des vœux contraires ; tantôt se livre à sa passion, tantôt rappelle sa raison égarée, et veut qu'on lui couvre le visage, comme indigne de voir la lumière ? Forcée de faire l'aveu de son mal, elle n'y vient que par tant de détours, et fait prononcer à un autre le nom de celui qu'elle aime, pour s'épargner la honte de le prononcer elle-même. Que ceux qui n'estiment pas assez les anciens reconnoissent du moins qu'un génie capable de pareilles inventions n'étoit pas un médiocre génie.

Mais, comme il ne se soutient pas toujours également, je ne l'admire pas non plus toujours ; et je ne puis goûter le discours qu'il met ensuite dans la bouche de Phèdre sur les passions et les plaisirs, sur ces deux pudeurs qui ont un même nom, quoiqu'elles soient d'une nature bien différente. Phèdre, après ces réflexions trop philosophiques, revient à sa passion, et avoue qu'elle a résolu de mourir plutôt que de ternir sa gloire : « Périsse la première, dit-elle, qui osa
» souiller le lit nuptial ! Ce malheur prit sa source dans
» d'illustres maisons, et de là s'est répandu dans toutes
» les conditions. Comment ces femmes infidelles osent-
» elles soutenir les regards de leurs époux ? Ne crai-
» gnent-elles pas les ténèbres, complices de leurs
» crimes ? Ne craignent-elles pas que les murs de leur
» maison ne les accusent ? Pour moi, qu'il ne m'arrive
» jamais de déshonorer mon époux ni mes enfans ! Les

» crimes des pères et des mères sont de pesans far-
» deaux qui accablent les enfans. »

Le poète français a mis en usage dans la suite ces beaux sentimens ; mais après que Phèdre a fait l'aveu de sa passion, il lui met dans la bouche toutes les raisons qui peuvent la rendre excusable. Cette passion est allumée en elle depuis long-temps par la fureur de Vénus : en vain elle a bâti un temple pour apaiser cette déesse ; en vain elle a évité partout Hippolyte, et l'a fait exiler, son malheur l'a ramené près d'elle. Ce n'est plus un amour ordinaire,

C'est Vénus toute entière à sa proie attachée.

Dans ce moment, on vient lui annoncer la mort de Thésée. Œnone profite de cette nouvelle pour lui faire entendre, par des raisons fausses, mais spécieuses, qu'elle peut légitimement aimer Hippolyte.

La nourrice, dans Euripide, représente à sa maîtresse l'empire de Vénus sur tous les dieux, et l'exhorte à se livrer à un amour que le ciel a ordonné. Phèdre lui impose silence : la nourrice lui promet des remèdes qui guériront son mal sans honte, et la quitte pour aller trouver Hippolyte.

Il étoit en effet difficile de faire déclarer cet amour à Hippolyte par Phèdre elle-même. Un pareil aveu auroit révolté le spectateur autant qu'Hippolyte même. C'est pourtant ce que l'auteur de la tragédie latine a osé faire. Il va jusqu'à dépeindre cette horrible femme aux genoux de son vainqueur, lui tendant les bras pour l'embrasser, et lui adressant cette horrible prière : *Miserere amantis.* Ce n'est point respecter un spectateur que de lui présenter un pareil objet. Le poète français, plus hardi qu'Euripide, fait parler Phèdre de son amour à Hippolyte ; mais, plus sage que Sénèque, avec quelle adresse sauve-t-il l'apparence odieuse d'une telle déclaration ! Tandis qu'elle ne vient que pour lui parler de son fils, l'aveu de sa passion lui échappe malgré elle, encore ne lui échappe-t-il qu'en termes équivoques ; et c'est là que le poète, en traduisant ce vers :

>Hippolyte, sic est Thesei vultus, amo
>Illos priores, etc.

met à profit tout ce que Sénèque a heureusement imaginé.

Euripide suppose que la nourrice, avant que d'apprendre à Hippolyte l'amour de Phèdre, l'a engagé au secret par un serment qu'elle a exigé de lui. Hippolyte, outré de ce qu'il vient d'apprendre, veut d'abord rompre son serment ; mais enfin la religion le retient ; il exhale son chagrin dans une longue déclamation contre les femmes et les malheurs du mariage : « O Ju- » piter, s'écrie-t-il, pourquoi avez-vous placé sous le » soleil un mal aussi funeste à l'homme que la femme ? » Si vous vouliez que les hommes se répandissent sur » la terre pour en perpétuer la race, la femme étoit- » elle nécessaire ? En portant nos offrandes sur vos » autels, chacun, suivant le prix de son offrande, eût » acheté des enfans. » Ces réflexions et celles qui les suivent paroissent peu convenir à la situation présente d'Hippolyte, et même à la dignité de la tragédie. Euripide, qu'on a appelé l'ennemi des femmes, a peut-être pris trop de plaisir dans cet endroit à se déchaîner contre elles. Il se peint lui-même quand il fait dire à Hippolyte : « Ma haine contre les femmes ne sera ja- » mais assouvie ; et si j'en parle toujours mal, c'est parce » qu'elles sont toujours mauvaises : ou qu'on les rende » meilleures, ou qu'il me soit permis de déclamer » toujours contre elles. »

La religion du serment, qui fait garder le silence à l'Hippolyte d'Euripide, ne peut que le rendre estimable. L'Hippolyte français plaît davantage quand il garde le même silence, non par la contrainte d'un serment, mais par l'horreur de découvrir un crime pareil, et par respect pour l'honneur de son père. A peine Phèdre l'a-t-elle quitté, qu'il s'écrie :

> Grands dieux, qu'en un profond oubli
> Cet horrible secret demeure enseveli !

Quand il est devant son père, il aime mieux en essuyer les sanglantes accusations, et se soumettre à une condamnation injuste, que de dévoiler un mystère si odieux. Aricie lui reproche ce silence : « Comment » pouvois-je le rompre, lui dit-il ? »

> Devois-je, en lui faisant un récit trop sincère,
> D'une indigne rougeur couvrir le front d'un père ?

Il n'a confié sa peine qu'à sa maîtresse, mais sous le sceau d'un secret inviolable.

Il est vrai que l'auteur, pour rendre Hippolyte plus aimable à nos yeux, a beaucoup adouci le caractère rude et sauvage que lui donne Euripide; mais on lui reproche de l'avoir adouci jusqu'à le rendre amoureux. Il a prévenu cette objection dans sa préface, en disant « qu'il a cru devoir donner à Hippolyte quelque foi- » blesse, pour le faire paroître un peu coupable envers » son père. » Mais Hippolyte amoureux n'est plus, dit-on, le véritable Hippolyte. Quand il est aux pieds d'Aricie, quoiqu'il dise que l'amour est une langue étrangère pour lui, il parle cette langue avec une délicatesse que ne doit point connoître un jeune homme uniquement occupé de chiens et de chevaux. C'est comme un chasseur qu'il est amené sur le théâtre par Euripide. Il chante un cantique à Diane, et lui offre une couronne de fleurs nouvelles, symbole de la chasteté. On l'exhorte en vain à rendre à Vénus les honneurs qui lui sont dus; il répond qu'il méprise une déesse dont la puissance a besoin des ténèbres, et il recommande qu'on ait soin de ses chevaux, afin qu'après son repas il puisse retourner à la chasse. Tel est Hippolyte, et tel il doit toujours être.

Les défenseurs de notre poète répondent à cette critique, que l'Hippolyte d'Euripide ne résiste à Phèdre que par férocité. Toute femme lui est également odieuse; et le mot d'amour, dans quelque bouche qu'il soit, le révolte également : il est toujours sauvage. Notre Hippolyte, au contraire, est sensible comme un autre, et se livre à une passion innocente : ce n'est point par férocité, mais par vertu, qu'il résiste à l'amour incestueux de sa belle-mère.

Je ne veux épouser ni l'un ni l'autre de ces deux jugemens : le premier me paroît trop sévère ; je crains que le second ne soit trop indulgent. Il est vrai que l'Hippolyte d'Euripide me semble trop sauvage ; je ne lui sais point de gré de sa haine pour Phèdre, et les éloges fréquens qu'il fait de son austère vertu ne me persuadent point assez. La vertu de l'Hippolyte français est plus modeste et plus aimable ; j'avoue cependant que j'ai peine à voir aux genoux d'une maîtresse, cet homme si fameux par sa haine contre le sexe, et par les sévères maximes que Pitthée lui avoit apprises.

Dans Euripide, Phèdre, instruite du refus d'Hippolyte, déteste la folle entreprise de sa nourrice, qui l'a exposée à cet affront, et, pour sauver son honneur, se détermine à mourir : « Mais en mourant, dit-elle, je » serai funeste à un autre, qui n'aura pas lieu de » triompher de mon malheur. » Cette femme, jusque-là vertueuse, devient un monstre horrible, qui écrit la plus noire des impostures contre l'innocence, et meurt en tenant dans ses mains cette lettre fatale. Au moment que toute la maison est dans le trouble, Thésée arrive, apprend la mort de sa femme, ouvre sa chambre, et voit son cadavre suspendu. Il aperçoit une lettre dans ses mains, il l'arrache avec impatience. Quel nouveau coup de foudre pour lui ! Quand il lit l'accusation d'Hippolyte : « Elle crie, dit-il ; elle crie cette lettre » des attentats horribles ! » Il appelle, dans sa fureur, toute la ville à son secours ; il implore Neptune : à peine a-t-il prononcé son vœu cruel, qu'Hippolyte, qui ne sait point encore le malheur de Phèdre et le sien, paroît sur le théâtre. Thésée, après des réflexions un peu trop longues, dans une pareille circonstance, sur la malignité de l'homme et son déguisement, s'adresse enfin à Hippolyte : « Va, lui dit-il, va te vanter main- » tenant de ta vie austère et de ta philosophie ; fais » gloire de ta chasteté. » Hippolyte, lié par le serment qu'il a fait, ne peut découvrir la vérité à son père ; il se contente de lui représenter la pureté de ses mœurs : « Sur la terre, lui dit-il, il n'est point de mortel plus » chaste que moi ; mon premier soin est celui d'hono- » rer les dieux ; je ne fais liaison qu'avec de sages amis ; » mes discours ni mes actions n'offensent personne, et » je respecte autant les absens que les présens. Je suis » surtout exempt du crime dont vous m'accusez ; j'ai » conservé jusqu'à ce jour une entière pureté ; je ne » connois les plaisirs de l'amour que par des récits ou » des tableaux, encore suis-je trop pur pour arrêter » mes yeux sur de telles peintures. Qui auroit pu me » changer ? Seroit-ce ou la beauté de cette femme, ou » l'espérance que son amour me rendroit le maître de » votre maison ? »

Il est facile de juger, par cet extrait, combien l'imitateur a enchéri sur son original. Sitôt que Phèdre s'est déclarée à Hippolyte, elle n'a plus rien à ménager :

De l'austère pudeur les bornes sont passées.

Mais tout-à-coup on lui annonce que Thésée, qu'elle avoit cru mort, va paroître devant elle Toute l'horreur de son crime se présente à ses yeux. Thésée paroît; elle repousse des embrassemens qu'elle ne mérite plus, et va se cacher. Thésée, surpris de cet accueil, veut en savoir la cause; il la demande à son fils, qui, loin de la lui découvrir, lui demande la permission de s'éloigner. Thésée, qui ne voit que trouble dans sa maison, cherche à s'éclaircir. Œnone profite de l'agitation où il est pour accuser Hippolyte devant lui. Une femme d'une basse naissance peut aussi avoir l'âme assez basse pour hasarder une si affreuse calomnie; mais un père, dira-t-on, peut-il y ajouter foi légèrement? Dans Euripide, il voit le corps de sa femme suspendu; il trouve sur elle la lettre qui découvre la cause d'une mort si violente. Ce spectacle le met hors d'état de rien examiner. Il demande vengeance aux Dieux. Dans la tragédie française, au contraire, Phèdre n'a point parlé. Quelle preuve a-t-il contre son fils?

Je réponds à cette critique que la trop grande crédulité de Thésée, qui le rend coupable, contribue à la perfection de la pièce. Ce père, plongé dans les plus grands malheurs, paroît les mériter. Les cieux l'ont exaucé dans leur courroux, et il reconnoît lui-même *qu'il a trop tôt vers eux levé ses mains cruelles.*

Hippolyte, chargé des malédictions de son père, ne se défend qu'en représentant l'innocence de sa vie passée. Il lui est permis de se louer, parce que se défendre d'un crime dont on mérite si peu d'être soupçonné, est moins se louer que se rendre justice; la force de la vérité y engage : il ne relève pas cependant son innocence avec des paroles aussi fastueuses que dans Euripide; il parle en tremblant, et rougit de se louer :

> Je ne veux point me peindre avec trop d'avantage ;
> Mais, si quelque vertu m'est tombée en partage,
> Seigneur, je crois, surtout avoir fait éclater
> La haine des forfaits qu'on ose m'imputer.

Un ton si timide et si modeste n'en est que plus éloquent.

Au bruit des menaces de Thésée, Phèdre, que les remords poursuivent, accourt pour secourir Hippolyte : peut-être l'affreuse vérité alloit-elle lui échapper, lorsqu'elle apprend que cet homme, qu'elle croyoit insensible, est amoureux d'Aricie. Sa surprise fournit à l'auteur cette belle scène où éclate toute la fureur de la jalousie dans le cœur d'une femme méprisée. La rage et le désespoir l'emportent d'abord ; mais les remords reviennent, et la vertu reprend ses droits.

Me voici maintenant arrivé au récit de la mort d'Hippolyte, que, pour rendre plus touchant, les trois poètes ont embelli de toute la pompe poétique. Dans Euripide et dans Sénèque, Thésée, qui ne doute point du crime de son fils, prête avec joie l'oreille à ce récit, parce qu'il est encore dans les transports de la colère. Dans la tragédie française, il est dans une situation bien différente. À peine a-t-il chassé son malheureux fils, que la nature s'est fait entendre, ses entrailles se sont troublées ; quelques mots échappés à Aricie ont augmenté ce trouble : il a appris qu'Œnone s'est jetée dans la mer ; que Phèdre, mourante, a trois fois voulu écrire, et a trois fois rompu sa lettre. Il s'est écrié :

> Qu'on rappelle mon fils, qu'il vienne se défendre,
> Qu'il vienne me parler ; je suis prêt de l'entendre !

Est-il donc naturel que ce père prête une oreille tranquille au récit de la mort de son fils ? Est-il en état d'entendre Théramène, et Théramène lui-même est-il en état de parler ? « Un homme, dit M. de Cambrai (1),

---

(1) Réflexions sur la Grammaire, etc.

» saisi, éperdu, sans haleine, peut-il s'amuser à faire
» la description la plus pompeuse et la plus fleurie de
» la figure du dragon? »

Cette critique a trouvé bien des partisans, et la beauté de cette narration a servi à sa condamnation. Heureux le poète dont on peut dire : *Si non errasset, fecerat ille minus!* Je crois pourtant qu'on peut répondre à cette critique, que Thésée, instruit de la mort de son fils par ces premiers mots : *Hippolyte n'est plus!* et qui s'est écrié : *Mon fils n'est plus!... Quel coup me l'a ravi?* peut ensuite demander les circonstances d'une mort si étonnante. Il ne pourroit, à la vérité, en écouter le récit s'il étoit certain de l'innocence d'Hippolyte; mais dans l'état d'incertitude où il se trouve, agité de la crainte de s'être trompé, il est naturel qu'il écoute le détail de cette mort : plus elle est affreuse, plus elle lui paroît l'effet d'une juste punition du ciel. Ce monstre terrible, l'effroi subit des chevaux, dont un Dieu pressoit les flancs; toutes ces circonstances sont les preuves d'une vengeance divine; et c'est ce qui le flatte qu'Hippolyte étoit en effet coupable. Ce récit sert à soulager sa douleur.

Quant à Théramène, je ne crois pas non plus qu'il soit impossible de le défendre. En entrant sur le théâtre, il s'est écrié d'abord : *Hippolyte n'est plus!* Par ces mots rapides il a annoncé toute la nouvelle, et satisfait aux premiers mouvemens de sa douleur. Il a maintenant repris ses esprits, il est en état de raconter le détail de cette mort; et comme il est frappé de toutes les circonstances d'une aventure si cruelle, il les raconte avec la même passion que s'il les voyoit encore : l'effroi dont il est pénétré lui fait employer les images les plus vives; il croit voir encore le monstre sortir des flots. Un orateur qui raconteroit un événement pareil, ne pourroit-il pas dire, en parlant du monstre : *Il infecte l'air, la terre en paroît effrayée, la mer qui le vomit semble en avoir horreur?* Ce récit ne paroîtroit pas ampoulé. La vivacité de la poésie n'admet point ces adoucissemens de la prose : *Il semble, il paroît;* tout y est personnifié : *La terre s'émeut, le flot recule d'épouvante.* Enfin, il faut faire réflexion que Théramène parle à un père qu'il croit encore irrité et plongé dans l'erreur ; il doit tâcher de l'attendrir par un récit touchant, pour le rendre plus capable de reconnoître la vérité. De telles raisons balanceroient peut-être les critiques qu'on a faites de ce fameux récit. D'autres personnes pourroient faire valoir l'effet qu'il produit sur le théâtre, et le plaisir avec lequel il est toujours écouté; mais ce n'est point à moi de faire valoir, en faveur de l'auteur, les applaudissemens du public.

Euripide finit cette pièce comme il l'a commencée, par le secours d'une divinité. Diane paroît, et achève d'accabler le malheureux Thésée en dévoilant tout le mystère odieux de cette aventure; la faute en est à Vénus, qui a voulu assouvir sa vengeance sur Hippolyte : « Je ne m'y suis point opposée, dit-elle, parce » que c'est une loi parmi les dieux, de ne point se tra- » verser les uns les autres : sans la crainte de Jupiter, » je n'aurois pas essuyé l'affront de laisser périr le » mortel que j'aimois le mieux. » Hippolyte, tout sanglant et couvert de blessures, est apporté sur le théâtre ; il lui reste encore assez de vie pour se plaindre de son père, et même des dieux : « O Jupiter, s'écrie- » t-il, vois le triste état où je suis; moi ce chaste mor- » tel, moi si religieux envers les dieux, moi qui sur- » passe tous les autres hommes par la pureté de mes » mœurs, je vois la mort prête à m'engloutir! C'est » donc en vain que j'ai rempli tous les devoirs de la

» piété : victime de tourmens affreux, je ne trouve plus
» d'asile que le tombeau. Que la nuit de Pluton m'en-
» sevelisse, et que la mort vienne endormir mes dou-
» leurs. » Il entend la voix de Diane, il est frappé de
l'odeur de la divinité, il respire un peu ; mais toute la
consolation que la déesse lui donne est la promesse que
son nom sera à jamais célèbre, et que, par droit de
représailles, elle immolera de ses mains un favori de
Vénus : elle ordonne à ce malheureux de pardonner sa
mort à son père, et au père d'embrasser son fils ; et
quand elle voit Hippolyte près de la mort, elle le quitte,
parce qu'il n'est pas permis à une divinité de regarder
un mort. Hippolyte expire en pardonnant sa mort à son
père.

Dans le système absurde de la religion païenne, il
faut admettre ce dénouement, et approuver les foibles
consolations que donne une déesse à un innocent toujours dévoué à son culte, qui cependant périt pour
l'amour d'elle ; mais je trouve que Thésée est assez
malheureux pour ne pas le rendre encore témoin des
derniers soupirs de son fils, et que ce corps sanglant
ne devoit pas être présenté aux spectateurs, déjà assez
attendris par le récit du malheur d'Hippolyte.

Le dénouement de la tragédie française est bien différent. Phèdre, qui s'est empoisonnée, vient, avant que
de mourir, rendre à l'innocence la justice qu'elle lui
doit : en se condamnant elle-même, elle intéresse le
spectateur pour elle. Il n'est point fâché de lui voir subir
une mort qu'elle mérite ; cependant il la plaint, parce
qu'elle parle toujours d'elle-même avec horreur :

> Déjà je ne vois plus qu'à travers un nuage,
> Et le ciel et l'époux que ma présence outrage ;
> Et la mort à mes yeux dérobant la clarté,
> Rend au jour qu'ils souilloient toute sa pureté.

C'est ainsi qu'une femme si criminelle excite jusqu'à

la fin la compassion et la terreur, et que notre poète, qui doit à Euripide l'idée de ce caractère si admirable et si tragique, a la gloire de l'avoir toujours également soutenu : ce qu'Euripide n'a point fait. Il n'a peut-être pas été si heureux dans le caractère d'Hippolyte. Il auroit dû peut-être avoir moins de complaisance pour son siècle, et ne point introduire l'amour galant dans un sujet où l'amour tragique doit régner seul. C'étoit le seul défaut qu'y trouvoit M. Arnaud, qui avouoit que, sans cet amour, la tragédie de Phèdre n'avoit rien que d'utile pour les mœurs.

Ceux qui critiquent ainsi les ouvrages ne sont pas ceux qui les admirent le moins : je rends justice aussi à toutes les beautés de la tragédie d'Euripide, quoique j'aie osé en faire remarquer quelques défauts. L'attention avec laquelle on examine les bons ouvrages, les expose à de sévères critiques; de même que la plus petite tache frappe la vue, quand elle est sur un tableau parfait, tandis qu'on ne fait pas attention à celles qui sont répandues sur une médiocre peinture.

La Phèdre d'Euripide a fait les délices d'Athènes, et fait encore les délices de ceux qui la lisent aujourd'hui. La Phèdre française, après avoir eu d'abord quelques obstacles à combattre, a eu depuis un succès si constant, et soutient encore de si fréquentes représentations, qu'elle doit être mise au nombre de ces tragédies qui, indépendamment du temps et des circonstances, contribueront toujours à l'ornement de notre théâtre.

Je ne dois point finir l'examen de cette pièce sans détruire l'injuste soupçon de quelques personnes qui prétendent qu'elle inspire un principe de morale très-dangereux, parce que ces personnes s'imaginent y voir le ciel auteur du crime, et une femme contrainte par les dieux, et nécessitée à se livrer à une passion qu'elle condamne.

Le langage que Phèdre tient dans cette pièce est le langage ordinaire des Païens. Quoique convaincus qu'ils étoient libres (vérité que nous sentons toujours en nous-mêmes), dans la violence de leurs passions, ils les imputoient à quelque dieu, et opposoient cette prompte excuse à leurs remords. Lorsque Médée, dans Ovide, voit sa passion plus forte que sa raison : *Postquam ratione furorem vincere non poterat*, elle s'écrie qu'un dieu s'oppose à ce qu'elle veut : *Nescio quis Deus obstat.* Phèdre, dans le même état, cherche la même excuse, et la trouve d'autant plus aisément, qu'elle doit se croire d'un sang odieux à Vénus. Ce sont les dieux qui ont allumé en elle cette passion :

> Ces dieux qui se sont fait une gloire cruelle
> De séduire le cœur d'une foible mortelle.

Elle attribue aux Dieux la séduction, mais non pas la contrainte. Quand elle se laisse entraîner, elle se condamne toujours :

> Hélas, du crime affreux dont la honte me suit,
> Jamais mon triste cœur n'a recueilli le fruit !
> Jusqu'au dernier soupir de malheurs poursuivie,
> Je rends dans les tourmens une pénible vie.

Et lorsque sa nourrice, lui représentant la force du destin, veut la rassurer par cette détestable maxime :

> Vous aimez. On ne peut vaincre sa destinée ;
> Par un charme fatal vous fûtes entraînée,

avec quelle horreur elle lui répond :

> Ainsi donc jusqu'au bout tu veux m'empoisonner,
> Malheureuse ! Voilà comme tu m'as perdue !

Ce ne sont point les dieux qui l'ont perdue, c'est Œnone ; et lorsque, prête à mourir, elle s'avoue criminelle à son époux, en disant qu'elle a jeté un profane regard sur Hippolyte, elle reconnoît qu'en se livrant à la passion que le ciel avoit allumée en elle, elle a suivi les pernicieux conseils d'OEnone :

> C'est moi qui sur ce fils chaste et respectueux
> Osai jeter un œil profane, incestueux.
> Le ciel mit dans mon sein une flamme funeste :
> La détestable OEnone a conduit tout le reste.

Il est donc certain, par les vers que je viens de citer, et par tant d'autres répandus dans cette pièce, que Phèdre, toujours pleine d'horreur pour elle-même, nous fait connoître ces affreux remords qui suivent non-seulement le crime, mais le seul desir du crime, et qu'il seroit à souhaiter que toutes les tragédies fussent aussi utiles pour les mœurs que l'est celle-ci.

La comparaison qu'on vient de lire fait assez voir que, quoique l'action des deux tragédies soit la même, les caractères des deux principaux personnages ne sont pas les mêmes.

L'Hippolyte français n'est pas l'ennemi déclaré de toutes les femmes ; j'en dirai la raison.

La Phèdre française n'est ni tout-à-fait criminelle, ni tout-à-fait vertueuse. Condamnable et estimable, par la piété et la terreur qu'elle excite, elle est un personnage encore plus tragique qu'OEdipe, et par conséquent le plus parfait qui ait paru sur le théâtre.

Mais, quelque propre que soit ce personnage à exciter les deux grandes passions de la tragédie, il n'a jamais dû paroître sur le théâtre s'il est contraire à la saine morale; et le P. Brumoy semble vouloir faire entendre que cette tragédie, dans l'auteur grec, comme dans l'auteur français, « roule sur un point un peu délicat, » qui a paru à bien des personnes éclairées être un » fonds tout-à-fait défectueux, et même d'une consé- » quence dangereuse pour les mœurs. »

Quoiqu'à la fin de la comparaison j'aie déjà répondu

à cette objection, elle est trop importante pour que je n'examine pas un peu plus au long si elle a quelque fondement.

Le P. Brumoy ne condamne point le sujet; il se contente de laisser entrevoir ses soupçons.

Riccoboni rejette cette pièce de son théâtre, et ce sacrifice d'un ouvrage qu'il trouve si admirable, « lui » coûte, dit-il, beaucoup; mais il le doit à la délica- » tesse des mœurs; » et sans expliquer ses raisons, il se contente de dire « qu'un de ses amis l'a éclairé sur » cette pièce. »

Les Anglais n'aiment pas, dit-on, à voir Phèdre sur leur théâtre. La manière dont un de leurs poètes a traité ce sujet en est sans doute la cause; et il n'y a pas d'apparence qu'ils le rejettent comme sujet dangereux, puisque la licence de leurs spectacles a engagé un de leurs écrivains à faire imprimer un ouvrage en 1698, intitulé *de l'Impiété et de l'Impureté du Théâtre anglais*. Il y ose dire que si les choses continuent, c'est fait parmi eux de la religion et de la vertu : il soutient que le théâtre d'Athènes étoit beaucoup plus pur que celui de Londres, ce qu'il prouve par l'exemple de Phèdre; il fait remarquer que le combat qui se passe en elle, cette opposition entre la vertu, dont elle reconnoît les lois, et le crime où sa passion l'entraîne, intéresse un spectateur sage, au lieu que ces femmes sans pudeur et sans remords que présente le théâtre anglais, ne peuvent causer aucun plaisir aux spectateurs raisonnables.

Les R. P. Jésuites sont, à ce que je crois, du nombre de ceux qui condamnent la Phèdre française; j'en juge par le programme d'un exercice qui fut soutenu dans leur collége de Paris, le 9 juillet 1740, et qui contenoit des jugemens sur toutes nos principales tragédies et comédies. A l'article de Phèdre, on voit que celui qui devoit soutenir cet exercice devoit répondre, suivant le programme : *On n'en doit jamais permettre la lecture.*

Un docteur fameux par ses lumières et par la sévérité de sa morale, pensoit bien différemment. Je ne répéterai, de tout ce que j'ai rapporté au sujet de cette pièce dans les Mémoires de la vie de l'auteur, que la décision de ce docteur : « Il n'y a rien à reprendre au » caractère de Phèdre, puisqu'il nous donne cette grande » leçon, que lorsqu'en punition de fautes précédentes, » Dieu nous abandonne à nous-mêmes et à la corruption » de notre cœur, il n'est point d'excès où nous ne puis- » sions nous porter, même en les détestant. »

M. Bossuet, *Hist. Univ.*, dit de même : « L'un des » plus terribles effets de la vengeance divine est lors- » qu'en punition de nos péchés précédens, elle nous » livre à notre sens réprouvé; en sorte que, sourds aux » sages avertissemens, nous sommes prompts à croire » tout ce qui nous perd, pourvu qu'il nous flatte. »

Tout le monde doit avouer cette vérité, et notre Phèdre ne nous dit jamais autre chose que ce que nous dit Médée dans ces vers si connus :

> Video meliora, proboque :
> Deteriora sequor.

Pourquoi donc quelques personnes trouvent-elles dans le sujet de Phèdre un danger qu'elles ne trouvent point dans le sujet de Médée? C'est apparemment parce que cette vengeance de Vénus dont il est parlé, leur fait croire que Phèdre est poussée au crime, malgré elle, par la divinité. C'est ce qui n'est enseigné ni dans la tragédie grecque ni dans la française.

Le peuple d'Athènes, qui se récria lorsqu'il entendit dire à Hippolyte : « Ma langue a juré; mais mon cœur » n'a point eu de part au serment, » Cic. Offic. 3, n'eût point souffert sur son théâtre une pièce d'une morale pernicieuse ; et Aristophane, qui a tant reproché à Euripide le vers que je viens de citer, ne l'eût pas épargné sur la morale de toute la tragédie. Il n'y fait point la divinité auteur du crime, et même il n'a point fait parler Diane comme elle parle dans la traduction du P. Brumoy : « Peut-on n'être pas criminel quand les dieux » permettent le crime ? » Voici les paroles d'Euripide :

Ἀνθρώποισι δὲ
Θεῶν διδόντων, εἰκὸς ἐξαμαρτάνειν.

Ce verbe ne signifie pas *être criminel*, et εἰκὸς ne fait point entendre de contrainte. Le P. Carmeli, qui a déjà si bien traduit dans sa langue dix tragédies d'Euripide, rend ainsi cet endroit :

è ben dritto
Che la gente mortal erri, qua l'orâ
Le danno i numi l'occasion d'errore.

Diane, pour consoler un père qui, par des imprécations précipitées, a causé la mort de son fils innocent, lui dit : « Vous êtes excusable : il n'est pas étonnant que » les hommes tombent dans l'erreur, quand les dieux » leur en donnent l'occasion. » Hippolyte, apporté mourant sur le théâtre, n'accuse ni son père ni Vénus, et reconnoît qu'il porte la peine des crimes anciens de ses aïeux, παλαιῶν προγενητόρων. Thésée, en voyant le cadavre de sa femme, s'écrie : « Hélas, les dieux me punissent » du crime de quelqu'un de mes ancêtres ! »

Cette morale n'a rien de pernicieux ; mais quand même Euripide, que je n'ai point intérêt de justifier, eût mis sur le théâtre un sujet dangereux, le poëte français, qui a traité le même sujet d'une manière différente, a eu un objet différent.

L'objet d'Euripide est de faire voir la vengeance que tire Vénus d'un jeune homme qui l'insulte, et décrie publiquement l'amour et le mariage. Elle se sert de Phèdre pour parvenir à sa vengeance : elle ne hait point Phèdre, elle est au contraire fâchée de la voir mourir; mais elle a besoin de sa mort pour perdre Hippolyte. L'objet du poète français, au contraire, est de faire voir la vengeance que Vénus tire de Phèdre, dont la race lui est odieuse; et pour la perdre, elle se sert d'Hippolyte, qu'elle ne hait point, mais dont la mort sera la cause de celle de Phèdre. C'est Phèdre qui est le principal personnage de la tragédie française, qui pouvoit être intitulée seulement *Phèdre*; c'est Hippolyte qui est le principal personnage de la tragédie grecque, qui est intitulée seulement *Hippolyte*.

L'objet des deux poètes n'ayant pas été le même, ils peuvent avoir eu un point de morale très-différent. Le poète français a été si éloigné d'enseigner le système de la nécessité, qu'il l'a mis dans la bouche de la détestable OEnone :

> Vous aimez. On ne peut vaincre sa destinée;
> Par un charme fatal vous fûtes entraînée.

Et Phèdre lui répond :

> Ainsi donc jusqu'au bout tu veux m'empoisonner,
> Malheureuse, etc.
> J'évitois Hippolyte, et tu me l'as fait voir.

Elle est devenue coupable parce qu'elle a vu Hippolyte, et c'est sur OEnone seule qu'elle en rejette la faute. Vénus, dans sa colère, a mis en elle une flamme incestueuse; cette flamme ne l'a point rendue coupable tant qu'enfermée dans sa solitude, elle étoit résolue à y mourir : elle en est sortie, c'est sa première faute; elle a consenti à voir Hippolyte, c'est la seconde. Vénus ne l'a point forcée à le voir : les mauvais conseils d'OEnone l'y ont engagée. C'est depuis cette visite qu'elle est devenue si criminelle; cependant cette visite paroissoit innocente, et même de devoir : elle avoit à recommander ses fils à Hippolyte. Qu'une première faute a de funestes suites, et de quoi pouvons-nous devenir capables, lorsqu'au lieu d'éviter toutes les occasions qui peuvent réveiller en nous la passion que nous voulons surmonter, nous nous laissons entraîner par de mauvais conseils à ces occasions ! Quelle morale plus utile, et quel personnage moins dangereux à entendre que celui qui inspire toujours l'horreur de la passion qu'il déteste !

Je ne crois donc pas que ce soit la raison que je viens de rapporter qui ait engagé les R. P. Jésuites à interdire la lecture de Phèdre à leurs écoliers ; je crois plutôt qu'ils leur interdisent également la lecture de toute tragédie profane, parce qu'il est très-dangereux de faire connoître à cet âge tendre des peintures plus propres à le troubler qu'à l'instruire.

Je crois aussi que, de toutes nos tragédies profanes, celle-ci est la plus utile, et qu'on n'y peut trouver de dangereux que l'amour d'Hippolyte et d'Aricie.

C'est mal attaquer cet amour que de dire seulement qu'il défigure l'Hippolyte de l'antiquité : « Celui du » poète français, dit le P. Saverio, est un tendre » et joli damoiseau. » *Damerino delicato assai è gentile.*

Il est permis de défigurer le caractère d'un personnage qui ne nous est connu que par Euripide, et qui est peut-être de son invention. Son Hippolyte porte sa haine contre les femmes jusqu'à accuser Jupiter de les avoir fait naître : il voudroit que, sans avoir besoin d'elles, on pût avoir des enfans avec de l'argent. Les pauvres n'en auroient point eu, suivant la remarque du scholiaste.

Un tel caractère nous eût paru odieux, et eût même

donné lieu à des discours indécens : il a donc fallu l'adoucir.

J'avoue que le poëte pouvoit le représenter comme attaché à Diane, par amour pour la vie chaste; mais le spectateur eût été indigné de la fin cruelle d'un personnage toujours admirable. C'est à quoi n'a pas fait attention M. de Cambrai, quand il a dit que l'auteur, « en joignant à Phèdre furieuse Hippolyte soupirant, » s'est laissé entraîner par la mode du bel esprit, qui » veut de l'amour partout. » *Réfl. sur l'Eloq.*

Ce n'est pas pour suivre la mode qu'il fait son Hippolyte amoureux; c'est afin qu'il paroisse un peu coupable. Il n'est pas impossible qu'il ait été amoureux, puisque, suivant Virgile, il épousa Aricie; mais en aimant cette Aricie dans la circonstance que suppose le poëte, son amour, quoique légitime, devient criminel, étant contraire à la volonté d'un père qui a une juste raison de ne pas vouloir que la race des Pallantides, dont Aricie étoit sœur, revive en elle. Hippolyte, coupable envers son père quand il aime cette Aricie, le devient bien davantage quand il lui donne un rendez-vous dans un temple pour aller contracter un hymen secret, en lui disant :

Le don de notre foi ne dépend de personne.

Il ne pouvoit pas même donner sa foi à une autre sans le consentement de son père, suivant l'usage de ces premiers temps. Achille dit, dans Homère : « J'aurai » pour femme celle que mon père me choisira. » C'est dans le moment qu'Hippolyte va épouser en secret cette Aricie, qu'il devient la victime des imprécations de son père; et quoique ces imprécations, qui ont une autre cause, soient injustes, ce n'est point un innocent que les dieux font périr, c'est un fils rebelle aux volontés de son père.

Cette raison suffit pour faire voir que ce n'est point pour suivre *la mode du bel-esprit* que le poëte français a fait son Hippolyte amoureux.

NOTES

Sur la Langue.

ACTE I, SCENE I.

<small>Où l'on voit l'Achéron se perdre chez les morts.</small>

SUBLIGNY, dans sa critique, prétendoit que ce mot *Achéron* ne devoit point entrer en vers. J'en ignore la raison, puisqu'il est très-harmonieux, et qu'il ne dut pas paroître nouveau: L'Art Poétique de Boileau étoit imprimé quand cette tragédie fut représentée, et Boileau avoit dit :

<small>Du Styx et d'Achéron peindre les noirs torrens.</small>

On s'accoutuma à ce mot, qui entra depuis dans les paroles d'opéra ; mais on n'étoit pas d'accord sur la prononciation. L'auteur de cette tragédie voulut qu'on prononçât *Achéron*; Lulli voulut qu'on prononçât *Aquéron :* et cette prononciation resta à l'Opéra.

<small>Et fixant de ses vœux l'inconstance fatale, etc.</small>

Comme on ne s'arrête jamais à un vers dont un participe suspend le sens, et qu'on lit de suite le vers suivant, cette inversion ne peut causer d'obscurité : on entend tout d'un coup que *fixant* se rapporte à Phèdre, et *ses vœux* à Thésée. L'abbé Desfontaines me paroît avoir raison quand il justifie ces deux vers contre la critique de M. l'abbé d'Olivet, en disant que, « si l'on » suivoit le génie timide de notre langue dans les vers, » ils seroient d'une froideur insupportable. Ce ne seroit » en quelque sorte que de l'élégante prose mesurée et

» rimée, à peu près comme la plupart de nos vers
» d'opéra. »

    Au tumulte pompeux d'Athène et de la cour.

C'est ainsi qu'il faut lire, et non pas, comme dans les dernières éditions, *d'Athènes, de la cour.* Les poètes peuvent retrancher l'*s* ; et d'ailleurs, les Grecs, comme le remarque Eustathe, disoient Αθηνη et Αθηναι. Le Tasse a dit, dans son Aminte : *La dotta Athene.*

    Depuis que sur ces bords les dieux ont envoyé
    La fille de Minos et de Pasiphaé.

Le nom propre peut faire excuser cette rime.

    M'ait fait sucer encor cet orgueil qui t'étonne.

Orgueil et *fierté* se prennent ordinairement en mauvaise part. Dans cette pièce, ils se prennent ordinairement pour une sévérité vertueuse :

    Des sentimens d'un cœur si fier, si dédaigneux....
    Mais fidèle, mais fier, et même un peu farouche.

    Ne m'ont acquis le droit de faillir comme lui.

Ce verbe étoit alors plus en usage qu'aujourd'hui :

    Qu'une âme généreuse a de peine à faillir!
    J'ai failli, je l'avoue.   Corneille.

    Et que, jusqu'au tombeau, soumise à sa tutelle,
    Jamais les feux d'Hymen ne s'allument pour elle.

Quoique l'inversion soit un peu forte, elle ne cause aucune obscurité : *Jamais les feux d'Hymen ne s'allument pour elle, soumise à sa tutelle jusqu'au tombeau.*

    On vous voit moins souvent, orgueilleux et sauvage,
    Tantôt faire voler un char sur le rivage ;
    Tantôt, savant dans l'art par Neptune inventé,
    Rendre docile au frein un coursier indompté.

On ne trouve point ici d'obscurité, quoiqu'on n'y puisse trouver une construction régulière. On entend qu'il veut dire : *On vous voit moins souvent vous occuper, tantôt à faire voler.... tantôt à rendre docile,* etc.

SCENE II.

Elle meurt dans mes bras d'un mal qu'elle me cache.

Ce même sujet fut mis en tragédie parmi nous, lorsque nous ignorions encore ce que c'étoit que tragédie. Garnier, admiré par Ronsard, osa le traiter; et sa pièce fut regardée comme la gloire de la France, suivant les vers latins qui sont à la tête. J'en rapporterai quelques endroits, pour faire connoître les changemens arrivés à notre langue. La nourrice, dans Garnier, faisoit cette description de la maladie de sa maîtresse :

> Elle chancelle toute, et ses bras imbécilles
> Battant à ses côtés lui pendent inutiles.
> Cette belle couleur de roses et de lys
> N'honore plus sa joue et son front apalis.
> Ses beaux yeux soleillez qui la faisoient paroître
> Vrai tige lumineux de Phébus son ancêtre,
> N'ont plus rien de divin comme ils souloient avoir :
> Ains, tout chargés d'humeur, ne cessent de pleuvoir
> Le long de son visage, et d'une eau qui chemine
> Goute à goute roulant lui lavent la poitrine.

Cette pièce fit dire, à un poëte du même temps, qu'Hippolyte ressuscitoit une seconde fois, et que la France devenoit la rivale de la Grèce.

SCENE III.

A pris soin sur mon front d'assembler mes cheveux.

De les arranger avec art : cependant *arranger* seroit ici un mot foible ; *assembler* présente une image. Elle devroit être les cheveux épars : c'est une main étrangère et importune qui les a assemblés.

Suivre de l'œil un char fuyant dans la carrière.

On est obligé de prononcer rapidement ce vers.

Et le jour a trois fois chassé la nuit obscure.

Nous trouvons cette épithète très-bien placée : ceux qui reprochent à Homère des épithètes inutiles, ne font donc

ACTE I, SCÈNE III.

donc pas attention qu'elles ne le sont pas lorsqu'elles contribuent à l'harmonie. Le Télémaque est plein de pareilles épithètes.

> Ce fils qu'une Amazone a porté dans son flanc.

Elle diroit moins, si elle disoit : *Dont une féroce Amazone a été la mère.* Il semble, par ce vers, que le flanc d'une Amazone soit le siége de la férocité.

> Songez-vous qu'en naissant mes bras vous ont reçue?

Dans Garnier, la nourrice fait cette prière à sa maîtresse :

> Par ces cheveux grisons témoins de mes vieux ans,
> Par ce crespe estomach chargé de soins cuisans,
> Par ce col recourbé, par ces cheres mammelles
> Que vous avez pressées de vos levres nouvelles,
> Je vous supplie, mon ame, et par ces tendres pleurs
> Que j'espanse de pitié prévoyant vos malheurs :
> Ma vie, mon souci, je vous prie à mains jointes,
> Déracinez de vous ces amoureuses pointes.

> Je le vis, je rougis, je pâlis à sa vue.

Ce qui arrive dans une violente passion, comme a dit Corneille :

> Et dans un même instant, par un effet contraire,
> Leur front pâlir d'horreur et rougir de colère.

> Je sentis tout mon corps et transir et brûler.

Sapho, dans son ode traduite par Boileau, dit qu'*elle gèle et brûle en même temps*, et qu'elle sent cette *sueur* froide. Notre langue ne recevant pas dans le style noble ce mot *sueur*, Boileau a rendu le grec de Sapho par *un frisson me saisit*, et notre poète par *transir*.

> Ce n'est plus une ardeur dans mes veines cachée.

La Phèdre de Garnier disoit :

> L'amour consomme enclos
> L'humeur de ma poitrine, et desseche mes os ;
> Il rage en ma moelle, et le cruel m'enflâme
> Le cœur et les poulmons d'une mortelle flâme.

Notre style noble ne reçoit plus *moelle, poumons*,

TOME VI. K.

poitrine. Vaugelas prétend que poitrine est proscrit, parce qu'on dit *une poitrine de veau*. Plusieurs autres mots sont proscrits du style noble, sans qu'on en puisse donner de raisons, comme *sueur*, que je viens de remarquer; *moelle*, quoiqu'en latin *est flamma medullas* soit très-noble; *les poumons*, *les entrailles*, si ce n'est au figuré. *L'estomac* n'a pas plus de privilége, quoique Corneille l'ait fait entrer dans un vers de Rodogune :

D'une profonde plaie en l'estomac ouverte.

Nous n'osons nommer les nerfs, et nous nommons élégamment les veines :

Ce n'est plus une ardeur dans mes veines cachée....
Juste ciel, tout mon sang dans mes veines se glace ! Esther.
Je sens de veine en veine une subtile flamme. Boil.

Tous ces mots, proscrits de notre style noble, sont très-nobles dans la langue latine.

C'est Vénus toute entière à sa proie attachée.

Expression d'Horace : *In me tota ruens Venus*.

J'ai pris la vie en haine, et ma flamme en horreur.

La Phèdre de Garnier disoit :

Non, non, je veux mourir, la mort est mon repos ;
Il ne me reste plus qu'aviser la maniere,
Si je dois m'enferrer d'une dague meurtriere,
Si je dois m'étrangler d'un étouffant licol,
Ou sauter d'une tour, et me briser le col.

SCENE V.

Et ses cris innocens, portés jusques aux Dieux, etc.

La beauté de cette épithète vient de ce que nous appelons *innocent* un enfant qui ne pense point encore. L'enfant de Phèdre ne peut sentir le tort que lui fait sa mère ; mais *ses cris innocens* en iront avertir les dieux.

Détrompez son cœur, fléchissez son courage.

Il est vrai, comme le remarque M. l'abbé d'Olivet,

que *détromper une erreur* n'est pas en usage. Le poète, qui pouvoit mettre *corrigez son erreur*, a préféré *détrompez*.

ACTE II, SCENE I.

Le fer moissonna tout; et la terre humectée,
But, à regret, le sang des neveux d'Erechthée.

L'épithète ne paroît pas assez forte; il faudroit *abreuvée, inondée* : cependant cette épithète plaît ici. Je ne sais si la beauté de la rime n'en est pas la cause.

Et d'entrer dans un cœur de toutes parts ouvert.

Pour dire un homme toujours prêt à aimer, *un cœur toujours ouvert*, comme une ville dont les portes ne sont jamais fermées.

Mais de faire fléchir un courage inflexible, etc.

L'auteur a su faire approuver *fléchir un courage inflexible;* et dans Athalie, *réparer un outrage irréparable;* et on a ri du vers de Longepierre, dans son Electre :

Mais on n'efface point des traits ineffaçables.

Tout écrivain ne sait pas faire approuver ses expressions.

SCENE II.

Je révoque des lois dont j'ai plaint la rigueur.

Dont la rigueur a été cause que je vous ai plaint. Ces tours, vifs sans obscurité, sont très-remarquables.

Athènes dans ses murs maintenant vous rappelle.
Assez elle a gémi d'une longue querelle;
Assez dans ses sillons votre sang englouti, etc.

Ses devroit se rapporter à Athènes, et on ne dit point les sillons d'une ville. *Sillons* est ici pour *dans les campagnes*.

Vous voyez devant vous un prince déplorable, etc.

Le poète pouvoit dire *misérable :* il a donc cru qu'on

pouvoit dire *déplorable* des personnes; et par quelle raison ne le diroit-on pas? On verra encore, acte IV, scène I: *Un père déplorable.*

> Par quel trouble me vois-je emporté loin de moi ?

Cette expression métaphorique est ici d'autant plus naturelle, que parlant d'orages et de naufrage, il paroît *emporté* par les vents.

SCENE V.

> Oui, Prince, je languis, je brûle pour Thésée, etc.

La Phèdre de Garnier répondoit :

> J'ai, misérable, j'ai la poitrine embrasée
> De l'amour que je porte aux beautés de Thésée,
> Telles qu'il les avoit lorsque bien jeune encor
> Son menton cotonnoit d'une frisure d'or.
> Quand il vit étranger la maison Dédalique,
> De l'homme mi-taureau notre monstre Crétique,
> Hélas, que sembloit-il? Ses cheveux crespelés
> Comme de soye retorce en petits annelés,
> Lui blondissoient la tête, et sa face étoilée
> Etoit entre le blanc de vermillon mêlée.

Les ennemis de notre poëte l'accusoient de piller les anciens poëtes français.

> Qui va du dieu des morts déshonorer la couche.

On a vu, dans Britannicus :

> D'aucun gage, Narcisse, ils n'honorent ma couche.

On a coutume d'ajouter à ce mot, *nuptiale :*

> Qui de sa couche nuptiale
> Sort brillant et radieux. Rousseau.

> Que de soins m'eût coûté cette tête charmante !

Votre tête seroit une expression basse. *Tête* se dit en poésie pour personne, et est une expression latine :

> Quis desiderio sit pudor aut modus
> Tam cari capitis! Hor.

> J'ignore le destin d'une tête si chère.

ACTE III, SCENE III.

> Que Thésée est mon père, et qu'il est votre époux ?

Puisqu'il le croit mort, ne devroit-il pas dire *il étoit?* Que le vers soit ainsi :

> Eh quoi, l'oubliez-vous ?
> Thésée étoit mon père, il étoit votre époux.

la même beauté n'y sera plus. Hippolyte, se servant du présent, fait entendre à Phèdre qu'elle doit avoir devant les yeux son mari comme vivant.

> Si ta haine m'envie un supplice si doux,
> Ou si d'un sang trop vil ta main seroit trempée,
> Au défaut de ton bras, prête-moi ton épée.

Cette phrase ne me paroît point un vrai barbarisme, comme à M. d'Olivet : elle me paroît, comme à l'abbé Desfontaines, *une manière de parler indispensable.*

ACTE III, SCENE I.

> Pourquoi détournois-tu mon funeste dessein ?

Elle diroit plus régulièrement : *Pourquoi me détourner d'un funeste dessein ?* L'autre manière étant plus vive, ne doit point être critiquée.

> Nourri dans les forêts, il en a la rudesse.

Ce mot est ici très-bien placé, quoiqu'on ne dise pas *la rudesse* des forêts.

> Enfin, tous les conseils ne sont plus de saison.

Expression qui ne déplaît pas, quoique du style familier.

SCENE III.

> L'œil humide de pleurs par l'ingrat rebutés.

On trouvera peu d'exemples de cette expression; elle est latine : *Humentesque genœ.*

> Ont su se faire un front qui ne rougit jamais.

Expression imitée du prophète : *frons meretricis..... noluisti erubescere.* Jérém. 3.

> Vous-même en expirant appuyez ses discours.

Dans la règle, il faut au subjonctif *appuyiez*, de même que *vous voyiez*. Pour la douceur de l'oreille, nous disons au subjonctif, surtout en vers, *appuyez*, *voyez*; et il faut un *y*, qui tient lieu des deux *i*. Dans la Bible de Sacy, *Baruc*. 3, *v*. 37, on lit : *afin que nous publyions vos louanges*. On devroit à la rigueur prononcer ainsi; ce qui seroit rude.

ACTE IV, SCENE I.

> Et du feu criminel qu'il a pris dans ses yeux.

Une femme honteuse du feu qu'on a pris dans ses yeux.

> Eteignoit de ses yeux l'innocente lumière.

Ce vers est bien plus beau que ne seroit celui-ci :

> De ses yeux innocens éteignoit la lumière.

Le poète donne à la lumière l'épithète qu'il veut donner à Phèdre : c'est le *dementes ruinas* d'Horace. Mais nos yeux n'ayant point de lumière, comment dit-on *éteindre la lumière des yeux?* On les ferme à la lumière : cette expression est très-poétique. Les yeux brillans du feu de la lumière, ce qui les a fait appeler tant de fois par les poètes des soleils, sont regardés comme les astres du corps.

SCENE II.

> Ah, le voici, grands dieux! A ce noble maintien, etc.

Il avoit mis d'abord *chaste maintien*. Cette épithète ayant excité quelque plaisanterie, il la changea.

> Seigneur, a pu troubler votre auguste visage?

Sur ce mot *auguste*, voyez une note sur le premier chœur d'Athalie.

> Jusqu'au lit de ton père a porté ta fureur.

Hippolyte dira bientôt :

> Ai-je dû mettre au jour l'opprobre de son lit?

Thésée dit de même dans Euripide : ευνῆς τῆς εμης ἔτλη θιγειν. Alceste mourante s'adresse au lit de son époux, en disant : « O lit, pour qui je meurs ! » Tecmesse, dans Sophocle, conjure Ajax de ne point se donner la mort, en lui disant : « Par Jupiter et par votre lit où vous » m'avez reçue. » Dans ces exemples, ce mot est dit du lit de l'époux, qui étoit sacré chez les anciens; et dans notre poète on le trouve presque toujours employé de même :

>Je souhaitai son lit.... BRIT.
>Quand je sus qu'à son lit Monime réservée. MITH.
>Prête à sortir du lit où je l'avois placée. BRIT.
>Que le lit d'un époux qui m'a fait cet outrage... MITH.
>Ce monarque si fier
>A son trône, à son lit, daigna l'associer....
>La chassa de son trône, ainsi que de son lit. ESTH.

Si Assuérus, choisissant Esther pour épouse, lui disoit: *Je partage avec vous et mon trône et mon lit;* si Mithridate disoit à Monime : *Je vous offre mon lit*, l'expression seroit ridicule. La place où l'on met les mots les ennoblit.

Dans les exemples que je viens de rapporter, on a vu nommer, comme chez les Anciens, le lit de l'époux: *Juno fratris thalamos sortita.* C'étoit le lit sacré. Cependant Agrippine a dit:

>Mit Claude dans mon lit.

Et Clytemnestre, en parlant d'Hélène :

>Un hymen clandestin mit ce prince en son lit.

Sur quoi on peut observer l'attention continuelle du poète à placer ses mots. Quand Agrippine rapporte qu'elle souhaita d'être l'épouse de l'empereur, elle dit:

>Je souhaitai son lit;

mais quand l'arrêt du sénat a autorisé le mariage, cet arrêt, dit-elle,

>Mit Claude dans mon lit, et Rome à mes genoux.

Devenue plus souveraine que son époux, elle dépeint

dans ce beau vers l'imbécille Claude, esclave de sa femme, trop heureux d'être reçu dans son lit.

A l'égard du vers de Clytemnestre dans Iphigénie, il est aisé de comprendre pourquoi elle ne dit point *mit Hélène en son lit*; ce qui étoit très-naturel : puisqu'elle raconte que Thésée enleva Hélène de la maison paternelle, il dut la conduire dans son lit; mais Clytemnestre irritée parle avec mépris d'Hélène :

Combien nos fronts pour elle ont-ils rougi de fois?

et fait entendre que ce n'est pas dans le lit nuptial qu'elle entre. Elle reçoit un homme dans le sien, à la faveur d'*un hymen clandestin*; et le poëte suppose cet hymen clandestin pour couvrir la honte de la naissance d'Eriphile, et afin que dans la tragédie elle soit regardée comme une princesse.

Le jour n'est pas plus pur que le fond de mon cœur.

Ce vers si doux à l'oreille est tout de monosyllabes. On en a vu un pareil dans Bajazet :

Quand je fais tout pour lui, s'il ne fait tout pour moi.

Dans Malherbe :

Et moi je ne vois rien quand je ne la vois pas....
Et tout ce que je vois n'est qu'un point à mes yeux.

J'ose encore citer un vers du Poëme de la Religion, parce qu'il n'a rien de rude :

En toi seul est la vie, et sans toi tout est mort.

Plusieurs monosyllabes de suite font un son dur dans la langue latine, et font au contraire un son doux dans la nôtre. Vaugelas en dit la raison : comme la langue latine a peu de monosyllabes, leur petit nombre est cause qu'on les remarque lorsqu'ils se trouvent de suite, et que l'oreille, qui n'y est pas accoutumée, s'en offense. Notre langue étant au contraire abondante en monosyllabes, plusieurs se peuvent trouver ensemble sans choquer notre oreille. « Chaque langue, ajoute Vaugelas,

ACTE IV, SCENE IV.

» a ses propriétés et ses grâces. » Pope remarque, dans une de ses lettres, que les vers monosyllabes étant languissans, sont admirables dans la mélancolie et la tristesse. Sa remarque peut être juste pour les vers anglais, et non pas pour les nôtres.

SCENE III.

Misérable, tu cours à ta perte infaillible !

Le poète emploie ordinairement *malheureux* quand il s'agit des malheurs de la fortune, et *misérable* quand il s'agit des malheurs dont nous sommes coupables :

Malheureuse, comment puis-je l'avoir perdue
Ce malheureux objet d'une si tendre amour ? IPH.
Misérable, et je vis ! PHÈD.
Je péris la dernière et la plus misérable....
Misérable, tu cours à ta perte infaillible....
  Souvent plus misérable
Que tous les malheureux que mon pouvoir accable. ESTH.

Mes entrailles pour toi se troublent par avance.

Ce mot *entrailles* n'est reçu dans la poésie qu'au sens figuré. Corneille a dit que Rome

De sa propre main déchiroit ses entrailles. CINNA.

Ai-je pu mettre au jour un enfant si coupable ?

Si on disoit à Thésée : *épargnez votre enfant*, ce mot ne conviendroit point à un prince de cet âge. Thésée s'en sert, quoique dans la colère, parce qu'en disant : *ai-je pu mettre au jour ?* il s'en rappelle la naissance, et se demande comment il a pu mettre au jour un enfant qui est devenu si coupable.

SCENE IV.

Respectez votre sang ; j'ose vous en prier ;
Sauvez-moi de l'horreur de l'entendre crier.

On dit *le cri du sang*. Phèdre entend le sang crier. Dans Athalie, *le sang de vos rois crie*.

SCENE V.

Je voloís toute entière au secours de son fils.

L'expression est latine : *Tota ruens Venus.* C'est ainsi qu'il a dit : *C'est Vénus toute entière.*

S'armoit d'un œil si fier, d'un front si redoutable, etc.

Quelle belle expression : *s'armer d'un œil fier !*

SCENE VI.

Non ; mais je viens tremblante, à ne vous point mentir.

Expression prosaïque.

Ce tigre que jamais je n'abordai sans crainte,
Soumis, apprivoisé, reconnoît un vainqueur.

Un prince *apprivoisé :* ce mot répond à *ce tigre.*

La mort est le seul dieu que j'osois implorer.

Ce vers fut autrefois critiqué. Si la mort, disoit-on, est une divinité, elle est une déesse, et non pas un dieu. Le poète transporte souvent dans notre langue des manières de parler des anciens. Ils mettoient la mort, comme la vieillesse, parmi les divinités : elle fait un personnage dans le prologue de l'Alceste d'Euripide; et les anciens donnoient le nom de *dieu* à une déesse, parce qu'alors ce mot ne signifioit qu'*être supérieur.* Ainsi le poète a pu dire : *La mort est le seul dieu.* Nous disons même dans notre langue, *implorer la mort.*

ACTE V, SCENE I.

Ne souffrons pas que Phèdre, assemblant nos débris, etc.

Les débris de notre fortune, quand elle nous aura fait perdre, à vous le royaume d'Athènes, à moi celui de Trézène.

SCENE V.

Trois fois elle a rompu sa lettre commencée.

Ce mot *rompu* a rapport à la forme des lettres de ces temps : nous dirions, en parlant des nôtres, *déchirer.*

SCENE VI.

Sa main sur les chevaux laissoit flotter les rênes.

Dans plusieurs éditions, on trouve *sur ses ;* c'est une faute d'impression : il faut *les.* Les trois *s* de suite feroient un son dur, que le poète ne cherche point ici, comme dans les vers suivans :

> Indomptable taureau, dragon impétueux ;
> Sa croupe se recourbe en replis tortueux.

Dans ces deux vers, l'*u* multiplié jette une dureté qui produit *l'harmonie imitative,* et ce que Pope, dans une de ses lettres, appelle *le style des sons.* Les commentateurs de Milton y font remarquer des vers pareils; mais quand il s'agit d'imiter la dureté par *le style des sons,* un poète anglais trouve plus aisément des mots qu'un poète français.

Le flot qui l'apporta recule épouvanté.

Je me borne ici à répondre à la critique grammaticale : il faudroit, dit-on, *l'a apporté.* Le poète, qui pouvoit mettre *l'a vomi,* ne s'est point servi sans raison de l'aoriste. Théramène parle comme si le monstre étoit depuis long-temps sur le rivage, parce que depuis qu'il l'y a fait arriver il a dit neuf vers.

L'essieu crie et se rompt.

L'harmonie imitative de cet hémistiche fait entendre le cri de l'essieu.

J'ai vu, Seigneur, j'ai vu votre malheureux fils.

J'ai déjà dit, après Vaugelas, que chaque langue a ses propriétés et ses grâces. Dans la langue grecque, les vers que termine un monosyllabe sont moins graves que les autres, suivant la remarque d'Hermogène ; et quoique Virgile ait recherché cette cadence quand il a a dit *procumbit humi bos,* ce vers est condamné comme très-mauvais par Servius : *Est hic pessimus versus in monosyllabam desinens.* Il n'en est pas de même dans notre langue ; et ce récit, qui est tout entier dans le style le plus pompeux, est rempli de vers que termine un monosyllabe.

> Traîné par les chevaux que sa main a nourris.

En vers, *coursier* est plus noble ; et au commencement de ce récit, on a vu *ses superbes coursiers.* Théramène doit ici dire *chevaux*, à cause de l'image tendre : il parle d'animaux élevés et nourris par le maître qu'ils déchirent.

> Où des rois ses aïeux sont les froides reliques.

Vieux mot qui est noble en vers, surtout précédé de cette épithète.

> Portent de ses cheveux les dépouilles sanglantes.

Les cheveux sont les dépouilles de la tête : peut-on dire les dépouilles des cheveux ? Cette critique ne peut éblouir que des personnes insensibles à la beauté d'une expression poétique qui fait une image.

> Qu'il lui rende.... A ces mots, ce héros expiré, etc.

Le P. Brumoy fait remarquer qu'*expiré* n'est pas français. L'expression est irrégulière, et seroit répréhensible en prose. Ce qui seroit faute grammaticale pour un prosateur, ne l'est pas toujours pour le poète : « L'expression de Racine, dit l'abbé Desfontaines, est » hardie ; mais cette hardiesse n'offensant point l'oreille, » est irrépréhensible. Cela est de principe en matière » de versification. »

SCENE VII ET DERNIÈRE.

> Osai jeter un œil profane, incestueux.

Expression imitée de l'Ecriture-Sainte : *Injecit oculos in Joseph.*

> J'ai pris, j'ai fait couler dans mes brûlantes veines
> Un poison que Médée apporta dans Athènes.
> Déjà jusqu'à mon cœur le venin parvenu,
> Dans ce cœur expirant jette un froid inconnu.

Un poison qui a rendu mes veines *brûlantes*, et étant parvenu jusqu'au cœur, y jette *le froid* de la mort.

> Et la mort à mes yeux dérobant sa clarté,
> Rend au jour qu'ils souilloient toute sa pureté.

Des yeux qui souilloient le jour en le regardant : quand ils ne le verront plus, le jour reprendra sa pureté.

> Que ne peut avec elle expirer la mémoire, etc.

On ne dit point *la mémoire d'un tel événement expirera* : ce mot est ici très-juste. Thésée répond à ce qu'il vient d'entendre :

> Elle expire, Seigneur.

> Allons de ce cher fils embrasser ce qui reste.

Dans la tragédie de Garnier, il pouvoit l'embrasser sur le théâtre ; il y étoit apporté par ses domestiques, qui disoient :

> Dessus nos épaules
> L'apportons veuf de vie étendu sur des gaules.

J'observerai sur ce vers que cette expression *veuf* pour *privé*, qui est si élégante en latin, *viduus pharetrâ*, n'a pu passer dans notre langue. Notre poète, dans Iphigénie, a dit qu'Achille rendroit la ville de Troie *vide de citoyens*, et n'a pas hasardé *veuve*, quoique Virgile ait dit : *Viduasset civibus urbem*.

REMARQUES.

Lieu de la Scène, Durée de l'Action.

Euripide place le lieu de la scène vis-à-vis la porte du palais de Thésée, à Trézène. Phèdre mourante s'y fait apporter sur un lit, par cette inquiétude qu'ont les malades, qui veulent changer de place, et n'en sort plus que pour aller dans son appartement se suspendre au lien fatal. Dans la tragédie française, comme dans presque toutes nos tragédies, le lieu de la scène est une grande salle du palais, où l'on a coutume de se rassembler. Phèdre y vient par cette même inquiétude qui fait sortir la Phèdre d'Euripide : elle vient dans un lieu plus éclairé que son appartement, pour voir le jour ; et avant que d'y arriver, elle envoie sa nourrice en faire retirer tout le monde, parce qu'elle y veut être seule :

> Elle veut voir le jour, et sa douleur profonde
> M'ordonne toutefois d'écarter tout le monde.

Pourquoi, dira-t-on, y revient-elle faire sa déclaration à Hippolyte ? C'est ce que le poète a sagement ménagé. Phèdre n'y arrive alors qu'après avoir fait avertir Hippolyte de s'y rendre. Théramène vient dire à Hippolyte, qui y étoit déjà avec Aricie, que Phèdre va l'y venir trouver :

> Seigneur, la reine vient, et je l'ai devancée.
> . . . . . . J'ignore sa pensée ;
> Mais on vous est venu demander de sa part.

On peut faire encore une difficulté. Après qu'elle a été si mal reçue par Hippolyte, et qu'Œnone lui a dit :

> Venez, rentrez, fuyez une honte certaine,

comment peut-elle reparoître au même endroit ? Elle y vient cependant ouvrir le troisième acte. Elle sait qu'un héraut d'Athènes lui apporte les marques de la royauté ; elle ne veut pas qu'il la trouve dans son appartement, parce qu'elle n'est pas en état de se montrer ; elle en sort en disant à Œnone :

> Importune, peux-tu souhaiter qu'on me voie ?

Elle ne craint pas de trouver Hippolyte en cet endroit, puisqu'elle sait qu'il part pour Athènes ; et elle envoie

sa nourrice courir après lui pour lui offrir le diadême.
Dans ce moment elle apprend le retour de Thésée, qui
vient d'abord au lieu de la scène, comme, dans la tragédie de Mithridate, on y voit d'abord arriver ce prince.
Ce lieu de la scène est, dans cette tragédie, aussi vraisemblable que dans les autres.

L'unité du jour y est aussi exacte que l'unité de lieu;
et même il ne faut pas plus de temps pour l'action que
pour la représentation.

ACTE I, SCENE I.

Comme personne ne peut savoir encore la raison du
triste état où est Phèdre, cette première scène ne peut
contenir toute l'exposition du sujet, qui est, comme
je l'ai dit, la vengeance que Vénus doit tirer de Phèdre.
Le spectateur, qui entend dire d'abord que Phèdre est

> Une femme mourante, et qui cherche à mourir,

en saura la raison dans la troisième scène. Il est instruit
encore, dans celle-ci, que Phèdre, qui a long-temps
persécuté Hippolyte, paroît le moins haïr :

> Mais sa haine, sur vous autrefois attachée,
> Ou s'est évanouie, ou s'est bien relâchée.

Il apprend que Thésée est absent, et qu'Hippolyte,
qui va le chercher, aime Aricie malgré la défense de
son père. Le spectateur ne peut être mieux préparé à
une action qui ne commence précisément que quand
Phèdre, apprenant la mort de son mari, quitte la résolution qu'elle avoit prise de mourir.

> Et quitte le séjour de l'aimable Trézène.

Euripide et Ovide font demeurer Hippolyte à Trézène.
Diodore de Sicile et Pausanias rapportent que Thésée,
après avoir épousé Phèdre, envoya Hippolyte à Trézène.
Il ne vouloit point qu'après lui il eût le royaume d'A-
thènes, qu'il destinoit au fils de Phèdre; il ne vouloit
pas non plus qu'Hippolyte fût soumis à un fils de Phèdre:

il lui destina le royaume de Trézène, qui avoit appartenu à son aïeul Pitthée; ce qui fait dire à Hippolyte, quand il apprend la mort de son père :

> Et dans cette Trézène aujourd'hui mon partage,
> De mon aïeul Pitthée autrefois l'héritage, etc.

A cette nouvelle, Trézène reconnoît pour roi Hippolyte, et Athènes reconnoît pour roi le fils de Phèdre. Mais Hippolyte prétend que le royaume d'Athènes doit appartenir à Aricie, par les raisons que j'expliquerai. Phèdre se trouve avec lui à Trézène, parce que Thésée, ayant tué les Pallantides, fut contraint de s'absenter de la ville d'Athènes pour un an; ce qui fut cause qu'il se retira à Trézène avec Phèdre, qui y retrouva cet Hippolyte qu'elle avoit déjà vu à Athènes. Leur séjour dans la même ville donne lieu à l'action de la pièce, qui commence pendant l'absence de Thésée; et le poète français donne habilement pour cause de cette absence le voyage de Thésée aux Enfers, qui rend vraisemblable la nouvelle de sa mort.

> J'ai couru les deux mers que sépare Corinthe.

Théramène fait ici la relation d'un assez long voyage, puisqu'après avoir été de Trézène à l'isthme de Corinthe, il a été jusqu'à l'embouchure de l'Achéron; de là a traversé l'Elide pour aller au Ténare, d'où il a été dans la mer Egée.

> Cher Théramène, arrête, et respecte Thésée.

Le caractère vertueux d'Hippolyte est bientôt connu par son inquiétude sur l'absence de son père, par son ardeur à l'aller chercher encore, quoique Théramène ait déjà parcouru tant de pays, par la vivacité avec laquelle il interrompt Théramène qui veut parler des amours de son père, par la sagesse avec laquelle il en parle lui-même, et enfin par l'embarras où il se trouve quand il parle d'Aricie.

> Au tumulte pompeux d'Athène et de la cour.

Hippolyte avoit d'abord vécu à Athènes avec l'Amazone sa mère. Thésée y avoit établi une forme de gouvernement républicain dont il étoit le chef.

> La fille de Minos et de Pasiphaé.

Ce n'est pas sans dessein que le poète instruit de la naissance de Phèdre. Comme fille de Minos, elle doit aimer la vertu ; comme fille de Pasiphaé, il n'est pas étonnant qu'elle soit susceptible d'une passion honteuse.

> Je fuis, je l'avoûrai, cette jeune Aricie,
> Reste d'un sang fatal conjuré contre nous.

Puisqu'il l'avoue, il est donc coupable de l'aimer, surtout lorsque son père a une juste raison de s'y opposer. Egée, père de Thésée, qui avoit été le neuvième roi d'Athènes, avoit eu un frère nommé Pallante, dont les fils, qu'on nomma les Pallantides, prétendirent au royaume de leur oncle. Quand ils virent Thésée reconnu pour le fils d'Egée, ils conspirèrent contre lui. Thésée les attaqua, les tua, et, pour expier ce meurtre, fut obligé de s'absenter d'Athènes. Le poète suppose Aricie sœur de ces Pallantides ; et par-là, Thésée a raison de ne pas vouloir qu'elle se marie :

> D'une tige coupable il craint un rejeton.

Que seroit-ce donc, si son fils même donnoit un rejeton à cette tige ? Voilà ce qui, dans cette pièce, fait paroître coupable envers son père cet Hippolyte si vertueux.

> C'est peu qu'avec son lait une mère amazone, etc.

Antiope, que Thésée fit prisonnière dans une guerre qu'on prétend qu'il fit aux Amazones. Thésée est un héros des temps fabuleux.

> Tu me contois alors l'histoire de mon père.

Il va faire lui-même cette histoire en rappelant les plus fameux exploits de son père. Comme Thésée ne doit pas faire dans cette pièce un personnage avantageux, le poëte en place ici un pompeux éloge, pour instruire le spectateur des actions qui lui avoient mérité le titre de héros.

Les monstres étouffés, et les brigands punis.

Dans ces premiers temps, on avoit peine à voyager, parce que les chemins étoient remplis de bêtes sauvages et de brigands; ce qui a donné lieu aux fables des monstres et des géants. Les hommes courageux, comme Hercule, et après lui Thésée, alloient, pour l'amour du bien public, nettoyer les chemins; c'est ce qu'Hippolyte dit à son père en lui demandant la permission de l'imiter:

> Vous aviez des deux mers assuré les rivages;
> Le libre voyageur ne craignoit plus d'outrages.

Procruste, Cercyon, et Scyron, et Sinnis.

Il est inutile d'expliquer ici quels étoient ces brigands et ces géants; c'est ce qu'on trouve dans la vie de Thésée par Plutarque.

Hélène à ses parens dans Sparte dérobée.

On a vu, dans la pièce précédente, qu'Eriphile étoit fille de Thésée et d'Hélène.

Salamine témoin des pleurs de Péribée.

Il n'y a pas d'apparence que l'auteur veuille parler ici d'une Péribée, jeune Athénienne, qui étoit du nombre des sept filles condamnées par le sort à suivre Thésée, quand il alla en Crète, pour être exposées au Minotaure. Pausanias rapporte que Minos eut avec Thésée une querelle au sujet de cette Péribée; mais il n'est point dit que Thésée en ait été amoureux, ni qu'elle fût de Salamine. Je crois qu'il veut ici parler de Péribée, ou Mélibée, ou Eribée, qui, suivant quelques auteurs, fut la mère d'Ajax. Athénée, liv. 13, dit que Thésée l'avoit épousée: Télamon l'épousa depuis; et comme il se retira dans l'île de Salamine, c'est ce qui a engagé, à ce qu'il me semble, le poëte, qui n'avance jamais rien sans être fondé sur quelque autorité, à nommer Salamine. Ajax, dans Sophocle, nomme sa mère *Eribée.*

<small>Ariane aux rochers contant ses injustices.</small>

Ce seul mot *aux rochers* fait entendre en quels lieux Ariane fut abandonnée, et toute l'inutilité de ses plaintes. Conter ses malheurs aux autres, de quelque nature que soient ces malheurs, c'est toujours les conter aux rochers.

<small>Phèdre enlevée enfin sous de meilleurs auspices ;</small>

Parce qu'il l'épousa. Tous ces héros de l'antiquité étoient, comme ceux de nos anciens romans, très-braves et très-amoureux ; mais ils ne se piquoient pas, comme eux, d'un amour respectueux et fidèle.

<small>Ah, Seigneur, si votre heure est une fois marquée,
Le ciel de nos raisons ne sait point s'informer !</small>

Cet endroit a essuyé une critique sérieuse. Un gouverneur ne doit point, dit-on, débiter une pareille morale à son élève. Je réponds que Théramène n'est point un gouverneur. Il a eu soin d'Hippolyte enfant :

<small>Je te l'ai confié dès l'âge le plus tendre,</small>

lui dit Thésée ; et ce fut Pitthée qui eut soin de l'éducation d'Hippolyte :

<small>Elevé dans le sein d'une chaste héroïne....
. . . .
Pitthée, estimé sage entre tous les humains,
Daigna m'instruire encor au sortir de ses mains.</small>

Théramène lui est resté attaché ; et comme c'étoit des maximes sévères de Pitthée qu'Hippolyte avoit pris son caractère sauvage, il peut souhaiter de le voir s'adoucir ; il l'exhorte à un amour chaste :

<small>Enfin, d'un chaste amour pourquoi vous effrayer ?</small>

Je justifie Théramène, quoique fâché de trouver ici quelques vers dont les jeunes gens peuvent abuser.

> Craint-on de s'égarer sur les traces d'Hercule?

Hercule est un exemple à proposer pour la valeur, mais non pas pour la sagesse :

> Hercule à désarmer coûtoit moins qu'Hippolyte.

Et une pareille conquête n'eût point flatté Aricie.

> Si toujours Antiope à ses lois opposée,
> D'une pudique ardeur n'eût brûlé pour Thésée.

Ce vers est mis pour l'honneur d'Hippolyte, contre le sentiment de ceux qui ont avancé qu'Antiope n'avoit point été épouse de Thésée, et qu'Hippolyte étoit bâtard. Ovide est de ce sentiment quand il fait écrire Phèdre à Hippolyte, lui parlant de sa mère :

> Ac ne nupta quidem tædâque accepta jugali
> Cur, nisi ne caperes regna paterna, nothus?

Parce qu'Hippolyte étoit fils d'une femme étrangère, Euripide le fait appeler νόθος. On appeloit ainsi à Athènes les enfans dont la mère n'étoit pas grecque, quoiqu'elle eût été épouse légitime. On appeloit γνήσιους les enfans dont la mère étoit grecque. Hippolyte n'étoit donc pas bâtard, mais fils de l'étrangère.

> Voyons-la, puisqu'ainsi mon devoir me l'ordonne.

Il la déteste; et cependant, comme il est de son devoir de ne pas partir sans voir une belle-mère, il est résolu à faire cette visite : quand il apprend qu'elle va arriver et ne veut voir personne, il se retire.

SCENE II.

> Un désordre éternel règne dans son esprit.

Le spectateur, prévenu par ce vers, ne sera pas surpris du désordre qui va régner dans les premières paroles de Phèdre.

SCENE III.

M. Nicole (1) a bien raison de dire que les poètes sont

---

(1) Réflexions sur la Comédie.

très-dangereux, par l'adresse qu'ils ont à dépouiller les passions vicieuses de ce qu'elles ont d'odieux, et à les farder pour les rendre aimables. Ce danger ne se trouve point dans le personnage de Phèdre, dont la passion est si peu fardée, que cette femme, qui inspire aux autres l'horreur qu'elle a pour elle-même, est toujours l'image d'un cœur criminel dont les remords sont les premiers supplices :

> Pœna præsens, consciæ mentis pavor,
> Animusque culpâ plenus, et semet timens.

> N'allons point plus avant; demeurons, chère OEnone.

C'est ce qu'elle ne dit point dans Euripide, puisqu'elle est portée sur un lit; elle dit : « Soutenez mon » corps, » etc. Mais ce que dit ici Phèdre est imité mot à mot de ce que dit d'abord Alceste mourante, entrant soutenue sur les bras de ses femmes :

> Μέθετε, μεθετε μ' ηδη
> Κινατε μ', ὀ σθενω
> Ποσι.

Je ne prétends pas rappeler toutes les imitations de la Phèdre d'Euripide, dont la pièce est connue de tout le monde, par la traduction du P. Brumoy. Je ne rappellerai que quelques imitations remarquables.

> Que ces vains ornemens, que ces voiles me pèsent, etc.

Quoique ce vers nous paroisse si bien rendre celui d'Euripide, Denys d'Halicarnasse nous fait observer dans celui d'Euripide une beauté d'harmonie, qui ne peut être transportée dans notre langue, comme je l'ai rapporté dans le discours préliminaire. Combien de beautés pareilles, dans les vers de ces grands poètes, ne peuvent frapper nos oreilles!

> Tantôt à vous parer vous excitiez nos mains.

On pourroit demander pourquoi une femme qui depuis trois jours ne prend point de nourriture, et qui

veut mourir, a une coiffure arrangée. Ce que dit ici
OEnone répond à cette demande. Elle dit de même dans
Sénèque :

> Nunc ut soluto labitur moriens gradu
> Et vix labante substinet collo caput,
> Nunc se quieti reddit, et somni immemor
> Noctem querelis ducit, attoli jubet,
> Iterumque poni corpus, et solvi comas
> Rursusque fingi, semper impatiens sui
> Mutatur habitus.

L'original de ce beau et terrible tableau est d'Euripide.

> Soleil, je te viens voir pour la dernière fois.

Elle n'est sortie que pour voir le jour; et sitôt qu'elle
voit l'astre du jour, c'est ainsi qu'elle lui parle.

> Et mes yeux malgré moi se remplissent de pleurs.

Dans Euripide, elle demande son voile, s'en couvre
le visage, tombe sur son lit, et reste long-temps comme
endormie : spectacle très-tragique, qu'on ne pouvoit
hasarder sur notre théâtre, parce que l'action ne se passe
pas en présence de témoins. OEnone est seule avec sa
maîtresse.

> Les ombres par trois fois ont obscurci les cieux.

Ceux qui disent qu'une nourrice ne doit pas parler
si poétiquement, ne font pas attention que ce style poétique convient au sujet.

> Mon pays, mes enfans, pour vous j'ai tout quitté.

C'est ce que répétera OEnone chassée :

> Ah, dieux, pour la servir, j'ai tout fait, tout quitté !

Et elle reconnoîtra alors qu'elle a bien mérité le prix
qu'elle reçoit d'une telle fidélité.

> Ariane, ma sœur, de quel amour blessée,
> Vous mourûtes aux bords où vous fûtes laissée !

Le poète suit le sentiment de ceux qui ont écrit qu'elle
se pendit de désespoir. D'autres ont écrit que Bacchus,
qui arriva dans cette île, l'épousa.

ACTE I, SCENE III.

Je péris la dernière et la plus misérable.

Dans Euripide, après avoir nommé sa mère et sa sœur, elle dit : « Malheureuse, je péris la troisième. » Elle n'ajoute pas : *la plus misérable*, comme on le croiroit par la traduction du P. Brumoy ; mais c'est ce que dit Antigone dans Sophocle :

Ω ν λοιϑια' γω' και παχιϛα, etc.

Qui s'attendroit à trouver ici une imitation de Sophocle, lorsque le poète français n'est occupé que d'Euripide ?

Ce fut, suivant Euripide, l'amour qui rendit la mère et la sœur de Phèdre malheureuses, et non pas la haine de Vénus, dont le fondement étoit sa colère contre le Soleil, qui avoit révélé son amour avec Mars : *Stirpem perosa Solis invisi Venus*. Cette haine n'a point été imaginée par le poète français, ni même par Sénèque. Le scoliaste d'Euripide en parle ; et Servius, sur Virgile, dit que Vénus, pour se venger du Soleil, tourmenta par des amours déshonnêtes ses filles Circé, Médée, Pasiphaé : il faut ajouter ses petites-filles Ariane et Phèdre.

C'est toi qui l'as nommé.

Réponse bien plus vive que celle qu'elle fait dans Euripide : « C'est de toi, et non pas de moi que tu » l'apprends. »

Juste ciel, tout mon sang dans mes veines se glace !

Cette passion lui paroît donc horrible : elle va cependant exhorter Phèdre à s'y livrer, et la servira. Cette exclamation est le premier cri de la nature à la vue du crime.

Athènes me montra mon superbe ennemi.

Le commencement de ce récit est pris du prologue que fait Vénus dans Euripide ; mais que de beautés y sont ajoutées ! Phèdre vit pour la première fois Hippolyte à Athènes, où il étoit venu de Trézène assister aux fêtes de Cérès.

> Je le vis, je rougis, je pâlis à sa vue.
> . . . .
> Je sentis tout mon corps et transir et brûler.

Virgile a dit, après Théocrite : *ut vidi, ut perii !* Ceci est bien plus vif, et est imité de l'ode fameuse de Sapho. Phèdre rougit et pâlit, se sent transir et brûler.

> Je lui bâtis un temple, et pris soin de l'orner.

Il est parlé de ce temple dans Euripide, dans le scoliaste d'Homère, dans Diodore de Sicile et dans Pausanias : elle le fit nommer *Hippolytion* ; et il fut dans la suite nommé le temple *de Vénus la spéculatrice,* parce que Phèdre l'avoit fait élever sur un endroit fort haut, d'où elle pouvoit voir Trézène, où demeuroit Hippolyte. Voilà un temple fameux ; mais

> Quid vota furentem
> Quid delubra juvant ?   V<small>IRG</small>.

Je cherchois dans leur flanc, etc. :

> Pecudumque reclusis
> Pectoribus inhians, spirantia consulit exta.

Je pressai son exil, et mes cris éternels, etc.

Comme je ne trouve point dans les anciens qu'il soit parlé de cet exil, je crois que le poète le suppose, pour faire voir que Phèdre a employé tous les moyens possibles pour être éloignée d'Hippolyte. Elle lui dira dans la suite :

> J'ai voulu par des mers en être séparée ;
> J'ai même défendu, par une expresse loi,
> Qu'on osât prononcer votre nom devant moi.

Ma blessure trop vive aussitôt a saigné.

Voilà sa condamnation et la justification des dieux. Puisque, pour avoir revu une fois Hippolyte, elle est tombée dans un pareil état, et qu'elle l'avoue ; lorsqu'après une telle expérience elle s'exposera à le voir, elle ne sera plus excusable.

J'ai pris la vie en haine et ma flamme en horreur.
Sénèque cherche l'esprit quand il lui fait dire :
<blockquote>Morere si casta es, viro,
Si incesta, amori.</blockquote>

Pourvu que de ma mort respectant les approches, etc.

Elle est résolue à mourir, comme quand elle est entrée sur la scène : elle est cependant très-différente ; ses discours ne sont plus en désordre, elle ne parle plus d'aller dans les forêts, et de suivre un char ; la raison paroît reprendre l'empire sur elle. La cause de ce changement est l'aveu qu'elle a fait de sa passion. Elle s'est soulagée en révélant son secret, et elle est devenue capable de raconter avec ordre l'histoire de son amour, qu'elle a reprise dès son origine, sans y mêler, comme dans Euripide, des réflexions philosophiques.

SCENE V.

Votre flamme devient une flamme ordinaire.

Ces fausses maximes ne peuvent faire une mauvaise impression quand elles sont mises dans une bouche si méprisable. OEnone, qui s'étoit tant récriée sur l'horreur de cette passion, va changer quand elle apprendra la mort de Thésée, parce que, si Phèdre meurt aussi, son fils ne sera point roi d'Athènes ; et en perdant sa maîtresse, elle perdra toute sa fortune. On ne voit point quelle raison peut causer son changement dans Euripide, et on est surpris de lui entendre dire : « Votre » passion m'avoit d'abord fait frémir d'horreur ; mais » je reconnois que je me suis trompée. Les secondes » réflexions sont souvent meilleures que les premières. » Elle ajoute que la passion de Phèdre est conforme aux volontés de Vénus. Ὀργὴ ne veut point dire *le courroux de Vénus,* comme le P. Brumoy traduit.

> Et si l'amour d'un fils, en ce moment funeste, etc.

Le spectateur s'attend que, dans l'intervalle de cet acte au second, la nouvelle de la mort de Thésée engagera Phèdre, Hippolyte et Aricie, à prendre leurs mesures pour succéder au royaume vacant.

ACTE II, SCENE I.

Les deux premieres scènes de cet acte sont dans toute la vraisemblance : il est naturel qu'au bruit de la mort de Thésée, Aricie, inquiète de ce qu'elle va devenir, sorte de son appartement avec l'empressement de voir Hippolyte, qui de son côté doit la voir avant que de partir, pour lui annoncer que, devenu son maître, il révoque les lois de son père contre elle. Il lui a fait dire de se rendre au lieu de la scène; c'est ce que dit Aricie en y entrant :

> Hippolyte demande à me voir en ce lieu,
> Hippolyte me cherche, et veut me dire adieu.

Cette remarque n'est pas importante; elle n'est que pour faire observer que le poète ne fait pas ordinairement paroître sur la scène un nouveau personnage sans en faire connoître la raison.

> Qu'avec Pirithoüs aux Enfers descendu, etc.

Thésée alla en Epire avec son ami Pirithoüs, pour enlever Proserpine, femme d'Aïdonée. Pirithoüs fut dévoré par les chiens de ce prince, et Thésée retenu enfermé dans des cachots si profonds,

> Lieux profonds et voisins de l'empire des ombres,

comme il le dira bientôt, qu'on fit courir le bruit qu'il étoit descendu aux Enfers : ainsi ce voyage fabuleux avoit pour fondement une aventure véritable. Le poète profite du voyage fabuleux pour en faire parler à des femmes; mais Hippolyte n'en dit rien, et Thésée, quand il arrive, raconte la vérité de son aventure.

ACTE II, SCENE II.

> Il a vu le Cocyte et les rivages sombres, etc.

Ceux qui veulent reprendre des vers très-poétiques que dit OEnone, reprennent aussi ces quatre vers mis dans la bouche d'une confidente. Dans ce sujet fabuleux, tout le style est poétique.

> Reste du sang d'un roi, noble fils de la terre, etc.

Erechtée, qu'on nommoit *fils de la terre* : titre que les Athéniens prirent quand ils s'appeloient αυτοχθενες. Ils se vantoient d'être nés de la terre qu'ils habitoient, pour ne pas avoir la même origine que les autres peuples : orgueil bizarre, qui donne lieu à l'épithète *noble fils*, tandis que nous devons nous humilier de ce que notre premier père a été certainement, suivant même la Fable, pétri de boue, et par conséquent *fils de la terre*.

> Le fer moissonna tout, et la terre humectée,
> But, à regret, le sang des neveux d'Erechtée.

J'ai rapporté plus haut la conspiration des fils de Pallante contre Thésée : ils étoient, suivant Plutarque, au nombre de cinquante. Thésée les fit tous périr ; et la terre but *à regret* leur sang, parce qu'ils étoient les neveux d'Erechtée, son fils. Cette expression : *la terre but le sang*, est prise d'Eschyle, dans les sept contre Thèbes.

> J'aime, je l'avouerai, cet orgueil généreux.

Elle a aussi son orgueil. Elle ne veut point de conquêtes faciles ; et sa fierté la rend une maîtresse digne d'Hippolyte.

> D'arracher un hommage à mille autres offert.

Dans les cinq vers suivans, le poète, par cinq images différentes, fait dire la même chose, sans qu'elle paroisse répétée.

SCENE II.

> Et dans cette Trézène aujourd'hui mon partage.

Elle lui appartient, par la raison que j'ai dite plus haut.

> La Grèce me reproche une mère étrangère.

Cette raison l'écartoit du trône d'Athènes, mais non pas de celui de Trézène, ville fondée par son aïeul.

> De ce fameux mortel que la terre a conçu.

Erechtée ou Erichtonius, qu'on a dit engendré de la terre. Il est vrai que, suivant Plutarque, Thésée, du côté de son père, descendoit de l'ancien Erechtée : pourquoi donc Hippolyte dit-il que l'adoption mit le sceptre d'Athènes entre les mains d'Egée ? Il parle contre ses propres intérêts. Erechtée ou Erichtonius eut pour fils Pandion, qui fut père d'Erechtée II, dont Cécrops II fut le fils. Ce Cécrops fut père de Pandion II, qui fut père d'Egée : ainsi le sceptre d'Athènes paroît aller de père en fils, depuis Erechtée jusqu'à Thésée. Cependant ici Hippolyte paroît reconnoître Aricie pour l'héritière légitime :

> Je vous cède, ou plutôt je vous rends une place;

et il reconnoît que son droit ne vient que d'une adoption. Aricie est à la vérité du sang d'Erechtée, comme lui, puisqu'elle est fille de Pallante, frère d'Egée; mais pourquoi a-t-elle plus de droit que lui au sceptre d'Athènes ? C'est que la naissance d'Egée lui fut long-temps disputée, au lieu que celle de Pandion ne fut jamais incertaine. Les Pallantides, au rapport de Plutarque, prétendirent qu'Egée étoit un fils supposé de Pandion II; et Tzetzes, sur Lycophron, dit que Thésée fut adopté par Pandion. C'est sur l'autorité de Tzetzes que me paroît fondé ce vers si étonnant dans la bouche d'Hippolyte :

> L'adoption le mit entre les mains d'Egée.

Il n'est pas de son intérêt de reconnoître que son grand-père n'a été fils de Pandion que par adoption; mais un élève du sage Pitthée ne sait pas déguiser la vérité; et en même temps il donne, par cet aveu, une grande preuve à Aricie de sa probité et de son estime pour elle, lorsqu'il lui offre le sceptre d'Athènes, non comme présent, mais comme la restitution d'une dette. Il résulte encore de cette adoption, que Thésée avoit raison de craindre que la sœur des Pallantides n'eût un rejeton, puisque, n'étant fils de Pandion que par adoption, le sceptre appartenoit aux descendans de Pallante plutôt qu'à lui.

> Athènes, par mon père accrue et protégée, etc.

Il rend raison de l'injustice qu'Athènes fit aux enfans de Pallante. Les obligations que cette ville avoit à Thésée le firent préférer ; ce qui causa de grands troubles. C'est pourquoi Hippolyte ajoute :

> Assez elle a gémi d'une longue querelle.

> Trézène m'obéit. Les campagnes de Crète
> Offrent au fils de Phèdre une riche retraite.
> L'Attique est votre bien. Je pars, et vais pour vous, etc.

Hippolyte partage la succession de son père dans toute équité. Trézène est à lui, comme la ville de son aïeul ; la Crète au fils de Phèdre, comme petit-fils de Minos ; et Athènes à Aricie, comme sœur des Pallantides. Plus on examine ces tragédies dans le détail, plus on est étonné de trouver dans le poète tant d'attention aux moindres choses, et surtout à ne rien avancer qui ne soit fondé sur quelque passage des anciens.

> Et que la vérité passe la renommée.

On prétend trouver dans ce vers une imitation de ce passage : *Major est sapientia...quàm rumor quem audivi.*

> Peut-être le récit d'un amour si sauvage
> Vous fait en m'écoutant rougir de votre ouvrage.
> D'un cœur qui s'offre à vous quel farouche entretien !

Je regarde comme l'endroit le plus dangereux de la pièce, la déclaration de cet amour *sauvage*, et cet entretien qu'Hippolyte nomme *farouche*.

SCENE III.

>Phèdre ! Que lui dirai-je, et que peut-elle attendre ?

Lorsqu'il étoit près de partir, à la fin de la première scène du premier acte, il ne croyoit pas devoir partir sans la voir, parce qu'il respectoit alors l'épouse de son père : depuis qu'il croit son père mort, il ne songe plus à la voir.

SCENE V.

>Je vous viens pour un fils expliquer mes alarmes.

C'est ainsi que les passions nous aveuglent. Phèdre se persuade que son devoir de mère exige d'elle la visite qu'elle vient faire ; et c'est cette visite qui la rendra si criminelle.

>Ah, Seigneur, que le ciel,

Elle ajoute :

>J'ose ici l'attester,

parce qu'elle est honteuse de nommer le ciel.

>On ne voit point deux fois le rivage des morts.

Sénèque :

>Regni tenacis dominus, et tacitæ Stygis
>Nullam relictos fecit ad superos viam.

>Tout mort qu'il est, Thésée est présent à vos yeux.

Sénèque :

>Amore nempe Thesei casto furis.

>Oui, Prince, je languis, je brûle pour Thésée.

Cette réponse est imitée de celle que Sénèque lui fait faire ; mais quelle différence entre cette scène et celle de Sénèque ! Je rapporterai les vers imités :

>Hippolyte sic est, Thesei vultus amo
>Illos priores, quos tulit quondam puer,
>Cum primum puras barba signaret genas
>Monstrique cæcam Gnossii vidit domum,
>Et longa curvâ fila collegit viâ.
>Quis tum ille fulsit ? Presserant vittæ comam

ACTE II, SCENE V.

> Et ora flavus tenera tingebat rubor.
> Inerant lacertis mollibus fortes tori
> Tuæque Phebes vultus, aut Phœbi mei
> Tuusque potius, talis, en talis fuit
> Cum placuit hosti, sic tulit celsum caput
> In te magis refulget incomptus decor,
> Et genitor in te totus.

Ma sœur du fil fatal eût armé votre main :

> Si cum parente Creticum intrasse fretum,
> Tibi fila potius nostra nevisset soror.

Voilà ce que le poète français a imité : tout le reste est de lui. Il n'a garde de suivre un si mauvais original, en mettant Phèdre aux genoux d'Hippolyte, et même voulant l'embrasser :

> Etiam in amplexus ruit?

> Prince, aurois-je perdu tout le soin de ma gloire?

Qu'on ôte cette interrogation : *Non, je n'ai point perdu tout le soin de ma gloire,* ce vers deviendroit très-froid.

> Ah, cruel, tu m'as trop entendue, etc.

Dans Sénèque, elle se jette deux fois à ses genoux :

> Iterum, superbe, genubus advolvor tuis.

Dans la lettre que lui fait écrire Ovide, elle s'humilie de même :

> Non ego dedignor supplex humilisque precari.

Le poète français ne suit pas de pareils modèles. Sitôt que Phèdre se voit rebutée, elle doit, pour sauver sa gloire, rejeter sa faute sur les dieux, déclarer qu'elle se condamne elle-même, demander la mort, et se la vouloir donner en se jetant sur l'épée d'Hippolyte. Qu'on ne dise pas que les Grecs, chez eux, ne portoient point d'armes; ils en portoient en voyage, et Hippolyte est ici représenté prêt à partir.

> Ces dieux qui se sont fait une gloire cruelle.

Ce langage est fort commun chez les Païens; ils

étoient toujours prêts à rejeter leurs fautes sur les dieux. Phèdre, dans sa plus grande fureur, ne les accuse point de l'avoir contrainte, mais de s'être fait une gloire de la *séduire*.

SCENE VI.

Je ne puis sans horreur me regarder moi-même.

Dans Sénèque, il dit à Jupiter de le foudroyer; il mérite la mort, puisqu'il a plu à sa belle-mère :

> Sum nocens, merui mori,
> Placui novercæ.

Il se contente de dire ici :

Je ne puis sans horreur me regarder moi-même;

il en dit assez.

Phèdre.... Mais non, grands dieux, qu'en un profond oubli, etc.

Il n'est pas nécessaire qu'il fasse un serment : l'honneur de son père l'obligera au silence plus que tous les sermens. Théramène, malgré son étonnement, n'ose, par respect, l'interroger davantage, et ne lui parle plus que de son départ.

De l'Etat en ses mains vient remettre les rênes.

Ce que le poète peut supposer, puisque le fils de Phèdre et de Thésée avoit droit à ce royaume, dont Hippolyte se voit exclus à cause de sa mère.

Examinons ce bruit, remontons à sa source.

Le spectateur attend à aprendre, dans l'acte suivant, si ce bruit, qu'Hippolyte va examiner, se trouvera véritable, et l'empêchera de partir.

ACTE III, SCENE I.

Une raison très-forte ramène Phèdre sur la scène. Elle a appris que le héraut d'Athènes venoit lui remettre les rênes de cet Etat; elle ne veut pas recevoir ces marques

ACTE III, SCENE I.

marques d'honneur qu'il lui apporte, elle ne veut pas même qu'il la voie; elle sort avec précipitation de son appartement, de peur qu'il ne l'y trouve.

> J'ai dit ce que jamais on ne devoit entendre.

Sans doute; mais la douleur qu'elle va témoigner dans cette scène ne vient point de s'être déshonorée par l'aveu qu'elle a fait : elle vient d'être rebutée, et d'avoir remarqué l'indifférence d'Hippolyte pour elle :

> A-t-il pâli pour moi?

La voilà qui va de plus en plus devenir criminelle; parce qu'elle a fait le premier pas :

> Dans le crime une fois il suffit qu'on débute;
> Une chute toujours attire une autre chute. BOIL.

> Et ce fer malheureux profaneroit ses mains.

Idée prise de Sénèque :

> Contactus ensis deserat castum latus.

> Moi régner, moi ranger un Etat sous ma loi!

Belle réfléxion, qui apprend aux princes qu'ils ne sont point capables de gouverner les autres quand ils ne le sont pas de se gouverner eux-mêmes. Par ce reproche que Phèdre se fait à elle-même, le poète fait mieux sentir la vérité dont il veut instruire, que par la plus brillante sentence.

> Il n'est plus temps; il sait mes ardeurs insensées.

Ces quatre mots tiennent encore lieu d'une sentence. J'ai observé sur Bajazet, l'adresse du poète à mettre les sentences en action; ce qui est une grande perfection dans la poésie dramatique, où la vivacité du dialogue permet rarement la tranquillité des réflexions morales.

> De l'austère pudeur les bornes sont passées.

Elle dit, dans sa lettre faite par Ovide :

> Depuduit, profugusque pudor sua signa reliquit.

Et dans Sénèque :

> Serus est nobis pudor.

TOME VI.   M

> Vous laissoit à ses pieds, peu s'en faut, prosternée.

Elle ne s'est point mise à ses genoux, comme dans Sénèque ; mais OEnone, pour l'irriter, veut lui faire entendre qu'elle s'est presque prosternée à ses pieds.

> Je ne me verrai point préférer de rivale.

Sénèque : *Pellicis careo metu.*

> Sers ma fureur, OEnone, et non point ma raison.

Quelque violente que soit une passion, à quelque point qu'elle nous aveugle, nous sentons toujours que nous nous égarons. C'est, dit Juvénal, la première punition du criminel ; il ne s'absout jamais :

> Prima est hæc ultio, quod se
> Judice, nemo nocens absolvitur.

> OEnone, fais briller la couronne à ses yeux.

C'étoit pour assurer cette couronne à son fils, qu'elle avoit voulu voir Hippolyte : elle appartient maintenant à ce fils, qui est reconnu roi d'Athènes ; et cette mère, qui paroissoit auparavant conduite par l'amour maternel, va offrir à Hippolyte le bien de son fils.

SCENE II.

> O toi, qui vois la honte où je suis descendue, etc.

En même temps qu'elle reconnoît sa honte, sa prière est un nouveau crime : elle veut intéresser à sa vengeance la gloire de Vénus ; elle lui demande de rendre Hippolyte sensible : *Qu'il aime.*

> Mon époux est vivant, OEnone, c'est assez.

A cette nouvelle, les remords rentrent dans son cœur, et les mauvais conseils d'OEnone les en chasseront bientôt.

> Mon époux va paroître, et son fils avec lui.

Dans tout ce bel endroit, le poète tourne à sa manière tout ce qu'il imite d'Euripide. C'est toujours Euripide, et ce n'est plus lui. Phèdre, dans le poète grec, en racontant l'histoire de son amour, comdamne les femmes infidelles à leurs époux, en disant qu'elle ne peut comprendre comment elles osent les regarder, comment elles ne craignent pas que les voûtes de leurs maisons n'aient de la voix ; que pour elle, elle ne veut pas déshonorer ses enfans, et que tout homme, de quelque naissance qu'il soit, devient esclave quand il porte la tache d'un père ou d'une mère criminelle. Elle termine toutes ses réflexions morales en disant que les méchans ont beau se cacher :

> Le Temps, accusateur fidèle,
> Un miroir à la main, tôt ou tard les décèle.

L'imitateur d'Euripide fait usage de presque toutes ses réflexions ; mais il les met en action, et ne prend jamais le ton prédicateur d'Euripide.

> Est-ce un malheur si grand que de cesser de vivre ?

La même vivacité que dans Virgile : *Usque adeone mori miserum est ?* . *Cesser de vivre* est mieux que *mourir*; c'est ainsi qu'il faut imiter les anciens, et non pas comme Quinaut :

> La mort n'est pas un mal si cruel qu'elle semble.
>
> Je le vois comme un monstre effroyable à mes yeux.

Changement et punition ordinaire des passions violentes et honteuses.

> Fais ce que tu voudras, je m'abandonne à toi.

Elle vient de dire :

> Moi, que j'ose opprimer et noircir l'innocence !

Et elle consent qu'une autre commette ce crime pour la servir : elle est donc également coupable. Depuis sa visite rendue à Hippolyte, c'est-à-dire, depuis sa première faute, avec quelle promptitude elle va de crime en crime ! Hippolyte, qui dans ce moment entre avec son père, a un air embarrassé ; il est pâle et tremblant, et Thésée s'en plaindra bientôt; cependant Phèdre lui trouve l'air insolent :

>Dans ses yeux insolens je vois ma perte écrite.

C'est ce qu'elle croit voir, parce qu'elle a toujours devant les yeux ce qu'elle mérite.

SCENE IV.

>Arrêtez, Thésée,
>Et ne profanez point des transports si charmans.

Elle n'ose, en présence d'Hippolyte, recevoir les embrassemens de Thésée; elle s'en avoue indigne : elle ne dit rien que de vrai, et le repentir la pourroit faire parler de même ; elle devient cependant encore plus coupable, parce que la manière équivoque dont elle s'exprime contribuera à faire croire à Thésée que c'est elle qui, ayant été attaquée, n'a osé s'expliquer plus clairement.

SCENE V.

>Permettez-moi, Seigneur, de ne la plus revoir.

N'est-ce pas donner des soupçons à son père, que de lui demander cette permission, que de lui dire qu'il est *tremblant*, et d'ajouter :

>Je ne la cherchois pas?

Comme il a entendu qu'elle disoit à Thésée :

>Vous êtes offensé,

il est alarmé; il la croit résolue de parler à Thésée d'une chose dont il ne parlera jamais. Il se contente d'assurer son père de son innocence.

>Du tyran de l'Epire alloit ravir la femme.

Thésée parle ici de cette aventure suivant la vérité de l'histoire; et dans Sénèque, il en parle suivant l'ornement de la fable : il dit qu'il est descendu aux Enfers.

Entrons : c'est trop garder un doute qui m'accable.

Il sort pour aller dans l'appartement de Phèdre, s'instruire du crime et du coupable; et dans l'intervalle des deux actes, le spectateur attend qu'il revienne instruit des causes du trouble qu'il a trouvé dans sa famille.

ACTE IV, SCENE I.

Thésée n'a point parlé à Phèdre. OEnone est venue au-devant de lui, et, lui montrant l'épée de son fils, l'a assuré que Phèdre ne gardoit le silence que pour épargner le coupable : ce père, au désespoir, revient sur ses pas au lieu de la scène.

Ce fer dont je l'armai pour un plus noble usage.

Imité de Virgile : *Non hos quæsitum munus in usus.*

De crainte, en m'abordant, je l'ai vu tressaillir.

Hippolyte, qui étoit encore dans toute l'émotion que la déclaration de Phèdre lui avoit causée, et qui d'ailleurs, sur le bruit de la mort de son père, avoit avoué son amour à Aricie, et lui avoit offert la couronne, a pu aborder son père avec quelque embarras. Les caractères vertueux sont toujours timides, quoique l'innocence n'ait rien à craindre.

Seigneur, souvenez-vous des plaintes de la reine.

Ce qu'OEnone ajoute ici confirme l'accusation. Phèdre s'est toujours plainte d'Hippolyte, et a déjà demandé son exil. Elle n'a pas voulu, par prudence, dire la cause de sa haine; c'est ce que Thésée peut soupçonner : cependant ni cette raison, ni l'accusation d'OEnone, ni la vue de l'épée, ne le doivent persuader, surtout n'ayant encore entendu ni Phèdre ni son fils.

SCENE II.

Faut-il que sur le front d'un profane adultère, etc.

Sénèque lui fait dire :

>   Ubi vultus ille, et ficta majestas viri....
>   O vita fallax, abditos sensus geris
>   Animisque pulchram turpibus faciem induis.

« O Jupiter, dit Médée dans Euripide, pourquoi
» sait-on distinguer l'or faux du véritable, et ne sait-on
» pas distinguer les cœurs faux ? »

> Et toi, Neptune, et toi, si jadis mon courage, etc.

Malheureusement pour Hippolyte, il est entré dans l'instant qu'OEnone sortoit : sa présence a redoublé la colère de son père, qui, dans ce premier moment où la passion n'écoute aucune raison, adresse à Neptune sa fatale prière : il la fait, dans Euripide, à la vue du cadavre, et après avoir lu la lettre qu'il a trouvée dans les mains de ce cadavre. Cette lettre et ce cadavre déposant contre son fils, sa fureur est mieux fondée que dans la pièce française. Thésée condamne trop légèrement son fils, ce qui le rend coupable; et par la perte de son fils, il sera puni de sa crédulité.

> Tu promis d'exaucer le premier de mes vœux.

Suivant Euripide, Neptune lui avoit promis d'en exaucer trois. Le scoliaste écrit que Thésée avoit employé sa première requête pour sortir du labyrinthe, et la seconde pour sortir des Enfers. Ici, comme dans Sénèque, il ne doit être exaucé qu'une fois, et il a jusqu'à présent ménagé son crédit auprès de Neptune :

>   Inter profunda Tartara, et Ditem horridum,
>   Et imminentes regis inferni minas.
>   Voto peperci, redde nunc pactam fidem.

> Je devrois faire ici parler la vérité.

Interdit lorsqu'il s'est vu tout d'un coup accablé des noms *de perfide, traître, monstre, reste impur de brigands*, il a été long-temps sans pouvoir parler : il parle enfin; et par un trait d'éloquence admirable, en ne voulant pas se justifier, il emploie la meilleure de toutes les justifications, lorsqu'il dit à son père d'examiner sa vie, qu'il trouvera toujours conforme aux sages leçons de Pitthée. Ce Pitthée, suivant Pausanias, avoit enseigné la rhétorique à Trézène, dans le temple des Muses : il paroît qu'il avoit enseigné à son élève une excellente rhétorique.

> Mais, si quelque vertu m'est tombée en partage, etc.

Que le ton de l'Hippolyte français est différent de l'Hippolyte grec, qui fait un si grand éloge de l'austérité de ses mœurs! Il est très-vraisemblable qu'Euripide, en le faisant parler, songeoit à railler les Pythagoriciens. Autant son Hippolyte est orgueilleux, autant le nôtre est modeste; il se contente de dire :

> Mais si quelque vertu m'est tombée en partage,
> . . . .
> J'ai poussé la vertu jusques à la rudesse.
> On sait de mes chagrins l'inflexible rigueur.

Il avoue qu'il a poussé la vertu *jusques à la rudesse*: enfin il appelle ses mœurs austères *des chagrins*. Je ne fais cette observation que pour faire remarquer comment un habile poète sait, en conservant les principaux traits d'un personnage de l'antiquité, le peindre d'une manière conforme à notre goût, et nous le rendre aimable.

> Je confesse à vos pieds ma véritable offense.
> J'aime.... j'aime, il est vrai, malgré votre défense.

Hippolyte s'avoue amoureux, et avoue à son père que, malgré sa défense, il est amoureux d'Aricie : l'aveu est si étonnant, que Thésée a quelque raison de ne le pas croire sincère.

> Que la terre, le ciel, que toute la nature....

Le père, en interrompant son fils prêt à faire un serment, parce qu'il ne fait point cas des sermens, agit d'une manière conforme à notre manière de penser. Chez les poètes grecs, rien ne paroît si respectable que la religion des sermens. Médée elle-même, toute scélérate qu'elle est, exige, dans Euripide, un serment d'Egée, ne se fiant pas aux promesses qu'il lui fait de lui donner un asile à Athènes. Sitôt qu'elle l'a engagé à sceller ses promesses par un serment, elle n'en doute plus, et elle se prépare à l'exécution de ses crimes. Dans la tragédie que j'examine, l'Hippolyte grec est la victime de sa religion pour son serment; et, ce qui est encore plus étonnant, le chœur, qui sait la vérité du fait, laisse Thésée faire les imprécations contre son fils, sans daigner l'avertir qu'elles sont peut-être injustes : il est témoin de la scène entre le père et le fils, et garde obstinément un silence qui est cause de la mort déplorable du fils et du désespoir du père, parce que Phèdre lui a demandé le secret. Comment ce chœur, qui dans l'antiquité devoit être favorable aux bons, *ille bonis faveat*, peut-il ici abandonner l'innocence, par respect pour une promesse faite à une misérable qui, après avoir écrit une affreuse calomnie, vient de s'étrangler? Tant de belles leçons sur les sermens étoient données par ces poètes à une nation qui n'en profita pas, comme on en peut juger par le proverbe *fides Græca*. Cette nation n'est point épargnée à ce sujet par Cicéron, dans l'Oraison *pro Planco*.

Cette réflexion me fait croire que les poètes grecs n'étoient si grands prédicateurs de la religion des sermens, que dans le dessein de corriger le défaut de la nation, et me persuade en même temps que les prédications des poètes de théâtre ne font pas grand fruit.

Fusses-tu par-delà les colonnes d'Alcide, etc.

Il dit ici, en un vers, ce qui dans Sénèque lui coûte beaucoup de vers, parce que Sénèque, à ses énumérations géographiques, ajoute toujours quelques descriptions poétiques. Son Thésée, las de nommer tant de lieux, dit à son fils, que pour le poursuivre, les lieux

ACTE IV, SCENE IV.

les plus éloignés, les plus déserts, les plus impraticables, ne l'arrêteront pas, et qu'il enverra ses imprécations où ses traits ne pourront aller. Tel est le déclamateur Sénèque :

> Longinque, clausa, obstrusa, diversa, invia
> Ementientur; nullus obstabit locus,
> Huc vota mittam, tela quò mitti haud queunt.

> Je me tais. Cependant Phèdre sort d'une mère, etc.

C'est, en se taisant, donner de tristes choses à penser à son père. Le trait paroît hardi; mais on doit faire réflexion qu'il part d'un jeune homme chaste, et condamné sur la calomnie d'une fille de Pasiphaé.

SCENE III.

> Je t'aimois, et je sens que, malgré ton offense, etc.

Le vers ne seroit plus le même, si l'auteur avoit mis :

> Je t'aime encor : je sens que, malgré ton offense, etc.

Thésée vient d'appeler son fils scélérat, perfide, impudent, traître, monstre : il croit ne plus l'aimer; mais il se souvient qu'il l'a aimé, et il sent ses entrailles qui se troublent; il oppose à ce trouble, que

> Jamais père, en effet, ne fut plus outragé.

Le Thésée d'Euripide ne donne rien à la nature que quand il voit son fils mourant. Celui-ci se trouble par avance; et l'on a vu de même Agamemnon s'écrier quand il est seul :

> Grands dieux, me deviez-vous laisser un cœur de père?

Quand on a lu les lettres de l'auteur à son fils, et la tendresse avec laquelle il y parle de tous ses enfans, on n'est pas étonné qu'il dépeigne la nature parlant aux pères les plus durs : il savoit ce que c'étoit qu'être père.

SCENE IV.

> Seigneur, je viens à vous, pleine d'un juste effroi.

Ses remords sont bien violens, puisqu'ils l'obligent

à venir trouver son mari : cependant tous ces remords vont être étouffés sitôt qu'elle apprendra qu'Hippolyte est sensible, et ne l'est point pour elle.

SCENE V.

Le tableau qu'offrent ces deux scènes, d'une femme honteuse de sa passion et furieuse d'être méprisée, et qui, pleine d'horreur pour elle-même, et de rage contre celui qui la méprise, se livre tantôt à ses emportemens, tantôt à ses remords, est un tableau dont l'original n'est ni dans Euripide ni dans Sénèque.

Je cédois aux remords dont j'étois tourmentée.

Déchirée par tant de remords, elle va l'être bien davantage par cette seule pensée :

J'avois une rivale.

SCENE VI.

Chère OEnone, sais-tu ce que je viens d'apprendre ?

A la fin de cette scène, elle appellera *monstre exécrable* celle que, dès qu'elle l'aperçoit, elle appelle *chère OEnone*.

Et d'un refus cruel l'insupportable injure,
N'étoit qu'un foible essai du tourment que j'endure.

Parce que son amour propre n'avoit point encore reçu le plus sensible outrage.

Tu le savois : pourquoi me laissois-tu séduire ?

Où va-t-elle s'imaginer qu'OEnone en savoit quelque chose ?

Hélas, ils se voyoient avec pleine licence !

Les criminels ne peuvent s'empêcher d'envier la paix de ceux qui vivent dans l'innocence.

Me nourrissant de fiel, de larmes abreuvée.

Electre se dépeint, dans Sophocle, comme arrosée de larmes.

> Encor, dans mon malheur, de trop près observée.

Electre dit encore : « Je ne puis me livrer à mes larmes que quand seule je n'ai pas la liberté de m'abandonner, comme je le desire, au plaisir de pleurer. »

> Le ciel, tout l'univers est plein de mes aïeux.

Par sa mère, elle est petite-fille du Soleil; par son père, petite-fille de Jupiter, et son père est un des juges des Enfers. Elle ne sait où se cacher.

> Hélas, du crime affreux dont la honte me suit,
> Jamais mon triste cœur n'a recueilli le fruit!

Des personnes éclairées ont condamné ces deux vers, parce qu'ils leur ont paru offrir un sens qui certainement n'est pas celui de l'auteur : il les eût changés, s'il eût soupçonné la manière dont on les a voulu interpréter. Je crois qu'il vaudroit mieux lire, à la fin du second vers, *n'a recueilli de fruit*, que *n'a recueilli le fruit*, parce que Phèdre ne se plaint pas de n'avoir point recueilli le fruit de son crime; elle veut dire seulement qu'elle n'a jamais goûté un moment de repos depuis que cette passion la dévore : dans cette passion, qu'elle appelle avec raison un *crime affreux*, elle n'a jamais trouvé la moindre douceur; au lieu qu'Hippolyte et Aricie ont eu la douceur de soupirer, parce que, comme elle l'a dit plus haut :

> Le ciel, de leurs soupirs approuvoit l'innocence.

> Les dieux même, les dieux de l'Olympe habitans.

Ολυμπια δωματ' εχοντες, comme dit Homère. OEnone relève à dessein la majesté des dieux, et ce qu'elle dit n'est point une cheville poétique.

> Qu'entends-je? Quels conseils ose-t-on me donner?
> Ainsi donc jusqu'au bout tu veux m'empoisonner, etc.

Phèdre ne prétend donc pas être excusable : elle ne croit pas qu'elle n'a pu vaincre sa destinée, et qu'elle a été contrainte par les dieux; elle reconnoît que lui débiter de pareilles maximes, c'est *l'empoisonner*. Elle sait qu'elle est coupable.

> Et j'en reçois ce prix; je l'ai bien mérité.

Il y a dans ces tragédies des imitations dont on ne s'aperçoit pas d'abord. Ceci est imité du mot de Corbulon quand il se tua. Il commençoit, à ce que rapporte Dion, à se repentir d'être trop fidèle à Néron; et quand il reçut de sa part l'ordre de se donner la mort, il se plongea sur son épée en disant : « Je l'ai bien mérité. »

Dans l'intervalle de cet acte au suivant, Thésée va, comme il l'a dit, aux pieds des autels de Neptune le presser d'accomplir sa promesse; et le spectateur prévoit que Phèdre médite sa mort, parce qu'elle vient de dire :

> Va, laisse-moi le soin de mon sort déplorable.

ACTE V, SCENE I.

Hippolyte, prêt à partir pour l'exil, se trouve au lieu de la scène avec Aricie, qui le presse d'abord de se justifier :

> Mais du moins, en partant, assurez votre vie;
> Défendez votre honneur d'un reproche honteux,
> Et forcez votre père à révoquer ses vœux.

Pourquoi lui parle-t-elle d'assurer sa vie quand il n'est condamné qu'à un exil? C'est ce qu'il faut expliquer.

Les anciens étoient persuadés que les imprécations, quoiqu'injustes, avoient toujours leur effet : *Dira detestatio nullâ expiatur victimâ*. Les imprécations des pères contre leurs enfans étoient encore plus terribles. Voici le reproche que Diane fait à Thésée dans Euripide, non pas suivant la traduction du P. Brumoy : « Vous savez que Neptune votre père vous avoit promis » par trois fois sa puissance. Une de ces trois, et la

» dernière, vous l'avez employée contre votre sang,
» misérable que vous êtes, vous qui pouviez utilement
» invoquer Neptune contre quelqu'ennemi : votre père
» vous l'avoit promise par amitié, il a rempli sa pro-
» messe; mais vous avez péché contre lui et contre moi.
» Vous avez, sans attendre de preuves, sans consulter
» les oracles, sans examen, sans discussion, lancé pré-
» cipitamment vos imprécations, *ἀραῖ,* contre votre fils,
» et vous l'avez tué. » Ainsi les imprécations, injustes
ou non, avoient toujours, suivant l'opinion des anciens,
un effet funeste à ceux qui en étoient frappés, et ordinairement aussi à ceux qui les avoient prononcées. J'en
rapporterai un exemple fort singulier. Les Romains,
qui regardoient l'éléphant comme un animal qui ap-
prochoit de l'homme pour l'esprit, croyoient que, pour
les engager à monter dans un vaisseau pour être conduits
à Rome, il falloit leur promettre qu'on ne leur y feroit
aucun mal. Pompée viola cette promesse quand, pour
célébrer la dédicace de son théâtre, il fit terminer les
jeux par un combat d'éléphans : il croyoit charmer le
peuple par un spectacle nouveau; mais ces animaux,
dès qu'ils se sentirent blessés, au lieu de s'irriter, se
retirèrent du combat, et allèrent vers le peuple en
gémissant, et comme lui demandant justice. Ce peuple,
accoutumé à voir tuer des hommes sur l'arène, eut une
si grande compassion de ces éléphans, que tout en
larmes il se leva, et, oubliant tout ce que Pompée venoit de faire pour lui plaire, fit contre lui des imprécations qui eurent *bientôt leur effet sur lui,* dit Pline,
qui pouvoit ajouter, *et sur le peuple,* puisque Pharsale
fut si funeste à la république. Les paroles de Pline
(liv. 8, ch. 7) sont remarquables : *Ut oblitus impera-
tores flens universus consurgeret, dirasque Pompeio,
quas ille mox luit, imprecaretur.* Telle étoit l'opinion

des anciens sur les imprécations. On pouvoit les révoquer ; et lorsque, dans Euripide, Thésée les a prononcées, le chœur le conjure de les révoquer. Voilà pourquoi Aricie dit à Hippolyte :

> Et forcez votre père à révoquer ses vœux ;

et dira bientôt à Thésée :

> Cessez ; repentez-vous de vos vœux homicides.

Quand donc elle exhorte ici Hippolyte à *assurer sa vie* avant que de partir pour l'exil, c'est qu'elle est persuadée que les imprécations de son père auront leur effet, s'il ne l'engage à les révoquer. Thésée voudra les révoquer, et s'écriera :

> Ne précipite point tes funestes bienfaits,
> Neptune ; j'aime mieux n'être exaucé jamais.

Il fera cette prière trop tard.

> Vous seule avez percé ce mystère odieux.

Le sage Hippolyte n'a pas voulu révéler, même à sa chère Aricie, cet affreux secret. C'est elle qui l'a su deviner.

> C'est l'unique respect que j'exige de vous.

Il ne demande ce respect pour lui que par respect pour son père.

> Le don de notre foi ne dépend de personne.

Le don de la sienne dépendoit de son père, dans ces temps anciens. L'autorité des pères sur les enfans étoit fort grande. Hippolyte croit que ses malheurs lui donnent cette liberté :

> Je permets tout le reste à mon libre courroux.

Cette raison ne le justifie pas ; mais j'ai remarqué que le poète avoit eu le dessein de le faire paroître coupable envers son père.

> Est un temple sacré formidable aux parjures.

Ce temple a donné lieu à la Motte de faire une

ACTE V, SCENE I.

critique (1) qui lui a paru une heureuse découverte. Il trouve ici une contradiction manifeste, parce que, s'il y a près de Trézène un pareil temple, Hippolyte a dû demander à son père la permission d'y désavouer avec serment le crime dont il est accusé; et Thésée a dû aller dans ce temple, où sont les tombeaux de ses aïeux, pour y être éclairci de la vérité : « On ne s'a-» perçoit pas, ajoute la Motte, de cette contradiction, » parce que l'action est passée; et l'on ne songe pas à » revenir sur ses pas. » On n'a garde de s'apercevoir d'une contradiction quand il n'y en a pas. Comment Hippolyte voudroit-il aller dans ce temple jurer qu'il est innocent, lorsqu'il ne veut pas

> D'une indigne rougeur couvrir le front d'un père?

Il ne peut se déclarer innocent sans révéler le crime de Phèdre. Il se tait, et laisse aux Dieux le soin de le justifier. S'il a voulu faire un serment devant son père, c'étoit uniquement pour le convaincre qu'il est amoureux d'Aricie : son serment n'a pas eu d'autre objet. A l'égard de Thésée, il n'a garde d'aller dans ce temple chercher la vérité, puisqu'il n'en doute point. Il ne commence à croire qu'il a pu être trompé que quand il apprend la mort d'OEnone; et au même instant il apprend celle de son fils. Il est coupable d'avoir fait des vœux précipités, *sans consulter les oracles,* comme Diane le lui reproche dans Euripide. Sa crédulité est son crime : si ce père n'étoit point coupable, il seroit trop cruellement traité. Neptune l'a exaucé pour le punir; c'est ce qu'Aricie dit si bien :

> Craignez, Seigneur, craignez que le ciel rigoureux
> Ne vous haïsse assez pour exaucer vos vœux!

---

(1) Discours sur la Tragédie.

PHEDRE,

SCENE III.

> Vos yeux ont su dompter ce rebelle courage....
> . . . .
> Ne vous assurez point sur ce cœur inconstant....
> . . . .
> Vous deviez le rendre moins volage.

On est un peu surpris d'entendre Thésée parler sur ce ton. Je crois que le poète a voulu peindre ce qui nous arrive souvent. Nous affectons une espèce de bonne humeur quand nous en sommes le plus éloignés. Thésée est arrivé plongé dans la rêverie ; et en disant :

> Dieux, éclairez mon trouble,

il ne veut point qu'Aricie s'aperçoive de ce trouble ; il affecte de la railler : *Premit altum corde dolorem*.

> J'ai vu, j'ai vu couler des larmes véritables.

Celles de Phèdre quand elle a refusé ses embrassemens, et quand elle est venue le conjurer d'épargner son fils.

SCENE IV.

> Quelle plaintive voix crie au fond de mon cœur !

Thésée, dans Sénèque, fait cette exclamation :

> O nimium potens,
> Quanto parentes sanguinis vinclo tenes,
> Natura ! Quàm te colimus inviti quoque !

SCENE V.

La punition que Thésée mérite arrive par degré. En exilant son fils, il a senti ses entrailles se troubler par avance : ce trouble s'est ensuite élevé dans son esprit ; il a commencé à douter du crime de son fils. Le discours d'Aricie est cause qu'il entend crier, au fond de son cœur, une voix plaintive : dans ce moment il apprend qu'Œnone est morte, et que Phèdre veut mourir ; il veut qu'on rappelle son fils, il prie Neptune de
ne

ACTE V, SCENE VI.

ne rien précipiter. Théramène, qui entre, lui apprend la mort de son fils ; et Phèdre viendra lui déclarer que ce fils étoit innocent.

Dans la profonde mer OEnone s'est lancée.

Le spectateur sortiroit indigné, s'il pouvoit douter de la punition d'OEnone. Euripide n'a pas l'attention d'instruire de ce que devient la nourrice de Phèdre.

SCENE VI.

Théramène, est-ce toi ? Qu'as-tu fait de mon fils ?

Quand il a ordonné à son fils de partir promptement pour l'exil, quand il lui a dit :

De ton horrible aspect purge tous mes Etats.

a-t-il chargé Théramène du soin de l'accompagner ? Pourquoi lui en demande-t-il compte, et pourquoi ajoute-t-il :

Je te l'ai confié dès l'âge le plus tendre ?

Il a demandé la mort de ce fils à Neptune : croit-il que Théramène l'aura défendu contre Neptune ? La douleur se prend à tout ce qu'elle trouve, et ne réfléchit point. Une mère, à qui la maladie venoit d'enlever un fils de trente ans, apercevant parmi ceux qui venoient pour la consoler, celui qui avoit été, vingt ans auparavant, précepteur de ce fils, courut à lui en s'écriant : « Ren- » dez-le moi ; c'étoit à vous que je l'avois confié. » Ce trait, dont je fus témoin, me rappela ce vers de Thésée, et me fit comprendre que la nature y étoit peinte.

Inutile tendresse ! Hippolyte n'est plus.

Voilà le grand coup porté ; c'est le εἶται Πατροκλος d'Homère. Théramène aura ensuite le temps de raconter au père cet événement avec toutes ses circonstances, qu'il ne doit point lui ménager, puisqu'il doit au contraire lui faire sentir qu'un événement si subit et si terrible n'est point un effet du hasard, mais la suite de ses imprécations contre son fils.

<blockquote>A peine nous sortions des portes de Trézène, etc.</blockquote>

On a tant écrit de choses sur ce fameux récit, que j'en ai peu à dire : je ferois un commentaire trop long et trop ennuyeux, si je voulois répondre à toutes les critiques, si je voulois seulement les rapporter. La meilleure réponse, à ceux qui le critiquent, est de les prier de nous expliquer pourquoi, lorsqu'on représente cette pièce, si souvent représentée depuis quatre-vingts ans, les spectateurs qui, presque tous, savent ce récit par cœur, l'attendent avec impatience, pleurent, et applaudissent quand ils sont contens du comédien. J'en crois plutôt les approbations constantes du parterre, que les réflexions subtiles de ces raisonneurs, dont la métaphysique, si elle pouvoit être reçue au Parnasse, nous priveroit de toute poésie. Qu'on leur donne à la place un récit tel qu'il devroit être suivant leurs froides réflexions, ils n'y trouveront plus à critiquer; mais ceux qui l'entendront n'y trouveront plus à pleurer.

Je ne suis nullement surpris de trouver la Motte parmi les critiques de ce récit; mais j'ai toujours été très-étonné d'y voir M. Fénélon, qui ne fit pas sans doute attention que, par les mêmes raisons dont il l'attaquoit, on pourroit attaquer plusieurs endroits de son Télémaque, en soutenant qu'on y trouve plutôt la brillante imagination de l'auteur, que l'imitation de la nature.

Voilà la grande objection de ceux qui attaquent ce récit. L'imitation de la nature ne s'y trouve pas, disent-ils : il est si poétique et si pompeux, qu'il ne convient ni à celui qui le fait ni à celui qui l'écoute.

Ce qu'on veut appeler style poétique et pompeux est, pour ceux qui connoissent la nature, le langage ordinaire de la vive douleur; et quelle est la douleur de Théramène? Celle d'un homme qui, témoin de tout ce qui vient d'arriver, veut convaincre un père que ses imprécations injustes sont la cause de la vengeance divine qui vient d'éclater. Le père, qui n'est pas encore convaincu que ses imprécations ont été injustes, veut entendre toutes les circonstances de cet événement. Il a dit à Neptune, dans sa prière :

Thésée à tes fureurs connoîtra tes bontés.

C'est de ces fureurs ou de ces bontés dont on lui fait le récit : il les écoute en silence, parce que *curæ.... ingentes stupent.*

Je n'ajouterai donc rien à ce que j'ai déjà dit sur ce récit, dans la comparaison que j'ai faite de cette tragédie avec celle d'Euripide; et comme j'ai perdu assez de temps, jusqu'à présent, à répondre à des critiques de la Motte, je n'en perdrai pas à répondre à un écrit, intitulé *Examen du Récit de Théramène,* qui se trouve dans le dernier volume de Boileau, imprimé à Paris en 1745, et qui commence par ces paroles : « Un » des plus beaux morceaux de notre poésie que nous » ayons dans notre langue (puisqu'il est de notre poésie, » il est dans notre langue), c'est le récit de Théramène; » mais le beau n'est pas toujours le bon. » Comme je n'ai pas les yeux assez perçans pour distinguer en poésie l'un de l'autre, j'appelle un morceau de poésie applaudi depuis tant d'années, un morceau *bon et beau*, et à sa place, puisque s'il n'y étoit pas il ne feroit pas verser tant de larmes. Que diroit Boileau s'il revenoit parmi nous, en trouvant, dans une édition de ses OEuvres, son ami traité si mal, et en s'y trouvant soi-même si critiqué par son commentateur? Ce n'est pas à ces poètes que de pareilles critiques font tort. Que pensent de nous les étrangers quand ils nous voient si indifférens à la gloire d'écrivains qu'ils croient faire la nôtre?

> L'œil morne maintenant, et la tête baissée,
> Sembloient se conformer à sa triste pensée.

Les chevaux d'Achille pleurent, dans Homère, la mort de Patrocle ; et le cheval de Lausus pleure, dans Virgile, la mort de son maître :

> It lachrymans guttisque humectat grandibus ora.

Un bœuf qui, en labourant, voit tomber mort son compagnon, en paroît consterné dans les Géorgiques :

> Mœrentem abjungens fraternâ morte juvencum.

Le poète français, moins hardi, se contente de dire que les chevaux d'Hippolyte

> Sembloient se conformer à sa triste pensée ;

et cependant cette peinture si sage a été critiquée. Ne voulons-nous point avoir de poésie ?

> Indomptable taureau, dragon impétueux, etc.

J'ai fait remarquer dans mes notes sur la langue, ce choix de mots pleins de consonnes. Pradon, dans son récit, dépeint ainsi ce monstre :

> Une montagne d'eau s'élançant vers le sable,
> Roule, s'ouvre et vomit un monstre épouvantable.
> Sa forme est d'un taureau, ses yeux et ses naseaux
> Répandent un déluge et de flammes et d'eaux,
> De ses longs beuglemens les rochers retentissent,
> Jusqu'au fond des forêts les cavernes gémissent,
> Dans la vague écumante il nage en bondissant,
> Et le flot irrité le suit en mugissant.

> Le flot qui l'apporta recule épouvanté.

Ceux qui croient que cette image est ici mal placée ne connoissent pas le langage de la passion, qui est celui de la poésie. Je n'en dirai pas davantage sur ce vers, qui a eu pour défenseur Boileau, dans sa dernière Réflexion sur Longin.

> Tout fuit, et sans s'armer d'un courage inutile, etc.

Nouvelle critique ; et quel vers, dans ce récit, n'a

ACTE V, SCENE VI.

point essuyé de critique? « Le poète, dit le P. Brumoy, » fait des officiers d'Hippolyte des lâches qui s'enfuient » dans un temple. » Théramène parle de ceux qui sont dans la campagne. Tout fuit, jusqu'aux troupeaux, comme dit Sénèque : *Fugit attonitum pecus.* Les domestiques d'Hippolyte, qui ne peuvent suivre leur maître emporté par ses chevaux, courent à lui quand les chevaux s'arrêtent, comme Théramène ajoute :

> J'y cours en soupirant, et sa garde me suit.

Puisqu'ils ont fait tout ce qu'ils ont pu faire, doit-on avancer que le poète les a représentés comme des lâches?

> On dit qu'on a vu même, en ce désordre affreux,
> Un dieu qui d'aiguillons pressoit leur flanc poudreux.

Preuve que ce sont les dieux irrités qui président à cet événement. Théramène ne dit point avoir vu ce dieu : il rapporte seulement qu'on dit l'avoir vu ; de même qu'Ulysse, dans le récit du sacrifice d'Iphigénie, ne dit point avoir vu Diane descendre sur l'autel, mais que *le soldat étonné* dit l'avoir vue.

> Traîné par les chevaux que sa main a nourris.

Cette image tendre ne peut choquer que ceux qui ignorent qu'Achille et tous les héros de ces premiers temps avoient eux-mêmes soin de leurs chevaux. Thésée doit penser qu'un dieu a mis en fureur les chevaux de son fils, puisqu'ils ne reconnoissoient plus sa voix.

> Où des rois ses aïeux sont les froides reliques.

Autre image touchante. Ce malheureux prince vient mourir au milieu des tombeaux de ses aïeux. Il semble que les dieux veulent le punir de ce qu'il étoit sorti dans le dessein d'aller épouser Aricie dans le temple qui étoit au milieu de ces tombeaux.

> Triste objet où des dieux triomphe la colère.

Cette colère des dieux n'a pas été excitée par Hippolyte ; mais elle leur a été demandée par son père : il faut se rappeler ce que les anciens pensoient sur les imprécations des pères.

> Et que méconnoîtroit l'œil même de son père.

En quel état doit être un enfant que son père même ne peut plus reconnoître ? Il est dit, dans Euripide, de Créuse dévorée par la robe que lui a envoyée Médée, que, dans l'état où elle est, elle n'est plus reconnoissable à personne, excepté à un père, πλὲν τῷ τεκόντι. Le vers français enchérit : *Le père même ne pourroit reconnoître son fils.*

SCENE VII ET DERNIÈRE.

> L'éclat de mon nom même augmente mon supplice.

A tant de malheurs qui l'accablent se joint un nouveau malheur, l'éclat de son nom.

> Un poison que Médée apporta dans Athènes.

Médée n'est point ici nommée inutilement. Phèdre ne veut pas que son mari puisse douter de la force du poison.

> Et le ciel, et l'époux que ma présence outrage.

Voilà les deux objets qu'elle ne doit plus regarder, le ciel et son époux.

> Et la mort à mes yeux dérobant la clarté, etc.

Dans Sénèque, avant que de se frapper, elle invoque la mort en ces termes :

> O mors amoris una solamen mali,
> O mors pudoris maximum læsi decus,
> Confugimus ad te, pande placatos sinus.

Et elle déclare ainsi qu'Hippolyte étoit innocent :

> Falsa memoravi, et nefas,
> Quod ipsa demens pectore insano hauseram

Mentita finxi : falsa punisti pater,
Juvenisque castus crimine incestæ jacet,
Pudicus, insons.

Le poète français imite donc Sénèque quand il fait revenir Phèdre sur le théâtre pour y rendre justice à l'innocence, et mourir; mais il la fait parler différemment. Comme elle a déjà dit que, quand elle paroîtroit aux Enfers, l'urne terrible tomberoit des mains de son père, elle ne dit pas à la mort de la recevoir dans son sein tranquille; elle dit que la mort rend au jour qu'elle souilloit par sa présence, toute sa pureté. Depuis le commencement de cette pièce jusqu'à la fin, elle n'a parlé d'elle que comme d'un monstre qui devoit être l'horreur de la nature. Le spectateur la condamne et la déteste; mais, comme elle se condamne et se déteste aussi, on peut dire d'elle :

Jamais femme ne fut plus digne de pitié.

Et quel objet plus tragique que celui qui excite à la fois la terreur et la pitié !

Un poète anglais, qui a traité ce même sujet en y réunissant l'intrigue de Bajazet, se vante, dans son prologue, d'avoir suivi Euripide, sans y parler du poète français, dont il a pris plusieurs scènes, et traduit plusieurs morceaux. Voici le plan de sa pièce bizarre :

Phèdre y fait son affreuse confidence, non pas à une tendre nourrice, en secret, mais à un ministre d'Etat, et à une Ismène qu'elle ne soupçonne pas maîtresse d'Hippolyte. C'est Roxane qui confie son secret à Acomat et à Atalide. C'est en présence de ce même ministre et d'Ismène que Phèdre fait à Hippolyte sa déclaration d'amour. Rebutée par lui, elle est si irritée, qu'Ismène, pour le salut de son cher Hippolyte, lui conseille, comme Atalide à Bajazet, d'aller la trouver et de lui faire accroire qu'il l'aime. Il y va; et le ministre vient, comme dans Bajazet, apprendre à Ismène que les deux amans sont d'accord. Ismène, quand elle revoit Hippolyte, lui reproche son infidélité. Hippolyte lui proteste qu'il n'a fait que donner de l'espérance à Phèdre, sans lui promettre de l'épouser, et il propose à Ismène de se sauver avec elle. Son vaisseau est tout prêt. Le parti est accepté. Hippolyte l'emmène en s'écriant : « Habitans des bois, dormez » en paix, je ne troublerai plus votre repos; l'amour » seul m'occupe : je vais, comme un autre Jason, em- » porter sur les mers une conquête plus précieuse que » la toison de Colchos ! »

Phèdre revient sur le théâtre, et n'est plus une femme mourante ; elle a repris toute sa beauté : elle ordonne des prières et des réjouissances publiques ; elle veut qu'on mette en liberté tous les prisonniers, et qu'on les régale, afin *qu'il n'y ait aucun malheureux quand Phèdre est heureuse.* Tandis qu'elle se livre ainsi à sa joie, elle apprend qu'Hippolyte est parti avec Ismène : même fureur que celle de notre Phèdre quand elle apprend qu'elle a une rivale. Ismène et Hippolyte arrêtés, sont amenés devant elle; Ismène se déclare seule coupable pour sauver Hippolyte. Dans ce moment, le ministre d'Etat entre en criant : *Horreur, horreur, Thésée revient !* Tout s'enfuit: Hippolyte, qui reste, reçoit son père avec un air embarrassé. Le ministre d'Etat, qui a conseillé à Phèdre de l'accuser la première, se charge de la commission; et Thésée, trompé par lui, condamne à la mort son fils. On vient annoncer qu'il est mort; on l'a vu prendre un poignard pour se percer. Phèdre, forcée par ses remords, le déclare innocent, et rejette toute l'horreur de ce mystère sur le ministre d'Etat. Thésée en fureur le menace de le faire empaler. Phèdre prend un poignard pour le percer elle-même; dans son trouble, elle lève le poignard sur son mari, et, reconnoissant son erreur, elle se perce elle-même en disant : « Voilà assez de crimes : si ce supplice ne » suffit pas, Minos, tu feras le reste. » Ismène veut se tuer aussi, lorsqu'Hippolyte, qu'on croyoit mort, paroît; il a voulu, avant que de mourir, parler à son père : ce père l'embrasse, lui apprend que tout le mystère est dévoilé. Ainsi la catastrophe, funeste aux coupables, est heureuse pour l'innocence.

Cet extrait suffit pour faire voir qu'une pareille pièce ne peut exciter ni terreur ni pitié. L'intrigue de Bajazet peut-elle trouver place dans un sujet dont l'action est un prince aimé par sa belle-mère? La Phèdre anglaise est toujours détestable; et l'Hippolyte anglais l'est aussi lorsqu'il lui fait accroire qu'il répondra à son amour. Que devons-nous penser des tragédies anglaises, s'il est vrai (ce qu'on lit dans un ouvrage attribué à M. de Voltaire) que celle-ci est une des plus belles qu'on ait à Londres?

ESTHER.

Un poète qui n'a encore que trente-huit ans, est dans toute sa force; et quelle est sa force, lorsqu'il est capable de faire une tragédie telle que *Phèdre*! Ce fut cependant après le grand succès de cette pièce, victorieuse d'une puissante cabale, que l'auteur, laissant le théâtre libre à tous ses rivaux, renonça non-seulement à la poésie dramatique, mais à l'amour des vers, sacrifiant cette passion de sa jeunesse à des occupations plus solides. Elle étoit entièrement éteinte en lui depuis douze ans, lorsque madame de Maintenon entreprit de la ranimer. Il résista d'abord; et j'ai rapporté dans les Mémoires de sa vie, les raisons qu'il opposoit à celles de madame de Maintenon. Quand on veut rallumer en soi un feu depuis long-temps éteint, on doit craindre qu'il ne se rallume pas avec la même ardeur; et pourquoi exposer encore aux critiques des envieux une gloire acquise dont on peut jouir tranquillement? Malgré ces raisons, il se crut obligé de répondre aux pieuses intentions de madame de Maintenon : il prit le généreux parti de risquer cette gloire poétique, qu'il regardoit depuis long-temps comme un bien très-frivole; et nous devons à son courage ses deux dernières tragédies.

Ce qu'il avoit prévu arriva. Quand la première de ces deux pièces parut imprimée, on disoit hautement que le poète n'étoit plus reconnoissable; et ce fut l'épargner dans la suite, que de regarder Esther et Athalie comme des pièces faites pour des enfans. On en juge autrement aujourd'hui : on y reconnoît le même peintre, quoique sa manière soit entièrement changée. Plus d'amour : tout est grand, tout est saint ; et le style des grands poètes de l'antiquité s'y trouve réuni au style majestueux des prophètes.

EXAMEN D'ESTHER.

Jamais sujet ne pouvoit être mieux choisi pour le lieu où il étoit destiné. Les jeunes demoiselles de Saint-Cyr sembloient rassemblées pour représenter les jeunes filles de Sion, compagnes d'Esther; et la dame qui les avoit rassemblées, et qui possédoit alors toute la confiance du roi, montroit, par sa modestie et sa piété dans une fortune si élevée et si imprévue, plusieurs traits de ressemblance avec Esther. Mais un sujet si heureusement choisi, avoit de grands inconvéniens pour un poète toujours si exact à observer les règles de son art.

Dans ce sujet, qu'il trouvoit raconté, avec toutes ses circonstances, dans l'Ecriture-Sainte, il ne pouvoit être, comme il l'avoit été dans ses autres tragédies, créateur de l'action, ou, pour parler en termes de poétique, créateur de sa fable. Il crut que ce seroit un sacrilège d'altérer les circonstances tant soit peu considérables de l'Ecriture-Sainte : c'est pourquoi, prenant le parti *de remplir toute son action avec les seules scènes que Dieu lui-même, pour ainsi dire, a préparées*, il ne donne à cette action, quoique très-grande, qu'une étendue de trois actes.

« Si cette pièce, dit Riccoboni, avoit cinq actes, elle
» ne plairoit guère moins qu'Athalie, qui réunit en sa
» faveur tous les suffrages. » La beauté d'une pièce dramatique ne dépend point de cette division arbitraire en actes, comme je le dirai en commençant mes

remarques par examiner la durée de l'action et le lieu de la scène. Dans cet examen général de la pièce, je me borne à quelques réflexions sur le règne sous lequel le poète a su habilement placer cet événement, sur l'admirable caractère qu'il donne à Esther, sur la vraisemblance des chœurs, et sur l'adresse du poète à profiter de son sujet pour donner d'utiles conseils à un roi qui devoit être son auditeur.

Lorsqu'autorisé par le sentiment des plus savans interprètes, il a placé ce grand événement sous le règne de Darius, fils d'Hystaspe, il s'est procuré le moyen de jeter un grand ornement dans sa pièce, par ces tendres plaintes sur les malheurs de Sion, quoique le temps de la captivité de Babylone soit fini. En faveur de l'édit de Cyrus, une partie des Juifs étoit retournée à Jérusalem, et avoit commencé à rebâtir le temple; mais cet ouvrage avoit été interrompu sous le règne de Cambyse, prédécesseur de Darius, fils d'Hystaspe; et ce Cambyse ayant été très-peu favorable aux Juifs, ils se regardoient encore comme dans l'oppression. Le temple ne se relevoit point; ce qui donne lieu à ces plaintes d'Esther:

> Sion, repaire affreux de reptiles impurs,
> Voit de son temple saint les pierres dispersées,
> Et du Dieu d'Israël les fêtes sont cessées.

Les fêtes qui se célébroient dans le temple étant toujours cessées, comme durant le cours de la captivité, les Juifs se croyoient encore dans l'exil, et les jeunes Israélites déploroient dans leurs chants le triste état de leur patrie:

> Déplorable Sion, qu'as-tu fait de ta gloire?

Lorsqu'Assuérus a dit à Mardochée, à la fin de cette pièce:

> Rebâtissez son temple, et peuplez vos cités,

le dernier chœur chante la fin de l'exil de toute la

nation, comme si la liberté lui étoit rendue pour la première fois :

>Rompez vos fers,
>Tribus captives;
>Troupes fugitives,
>Repassez les monts et les mers, etc.

En sorte que le poète a su peindre dans la même tragédie, et la désolation des Juifs pendant la captivité de Babylone, et leurs transports de joie à la nouvelle de l'édit de Cyrus.

On est surpris de voir dans cette pièce, cette manière toute nouvelle de parler d'amour, que le poète qu'on a surnommé le *tendre* met dans la bouche d'un de ces rois si fiers qui regardoient tous les mortels comme leurs esclaves. Assuérus ne parle à cette Esther qui l'a charmé, qu'avec un respect mêlé d'admiration.

Elle étoit jeune et belle : *Pulchra nimis, et decorâ facie*, c. 2, v. 7; et cependant il ne lui parle jamais de sa beauté. Quand Néron parle à Junie, il lui dit :

>Ces trésors dont le ciel voulut vous embellir, etc.

Assuérus ne paroît pas songer à ces trésors, mais à des qualités plus estimables :

>Je ne trouve qu'en vous je ne sais quelle grâce
>Qui me charme toujours, et jamais ne me lasse.
>De l'aimable vertu doux et puissans attraits!

Lorsqu'il est à table avec elle, il lui dit encore :

>Oui, vos moindres discours ont des grâces secrètes;
>Une noble pudeur, à tout ce que vous faites,
>Donne un prix que n'ont point ni la pourpre ni l'or.

Le poète a même eu l'attention de ne jamais joindre au nom d'Esther cette épithète si ordinaire aux noms des autres princesses : *belle Monime, belle Eriphile,* etc. Jamais Assuérus ne dit *belle Esther* : ce ne fut pas non plus sa beauté qui le frappa quand il la vit pour la première fois; cet air seul de vertu fut cause

>Qu'il l'observa long-temps dans un profond silence.

Quand le même poète dépeint Pyrrhus auprès d'Andromaque, on voit Pyrrhus

> Mener en conquérant sa nouvelle conquête,
> Et d'un œil où brilloient sa joie et son espoir,
> S'enivrer en marchant du plaisir de la voir.

Assuérus, quand Esther paroît devant lui, *l'observe long-temps dans un profond silence*; et sans lui dire : *Votre beauté me charme, vos attraits vous rendent digne de la couronne*, il lui donne le diadème en lui disant seulement : *Soyez reine*.

 Les chœurs, qui font encore un grand ornement dans cette pièce, y sont amenés très-naturellement. Une reine juive doit être environnée des jeunes filles de sa nation, et l'on sait que les cantiques étoient fort en usage chez les Juifs. Quelques personnes trouvent les chœurs d'Esther plus beaux que ceux d'Athalie. Le premier chœur d'Athalie est au-dessus de tous pour le sublime; mais on voit régner dans ceux d'Esther une tendresse qui charme : elle vient de ce que ces jeunes filles, toujours occupées à pleurer les malheurs de Sion, apprennent tout-à-coup une nouvelle qui devient pour elles un plus grand sujet de larmes. La versification lyrique du poète ne mérite pas moins d'attention que sa versification ordinaire. On y trouve beaucoup de douceur et d'énergie, des figures grandes et variées, une diction toujours élégante et pure, et une mesure qui n'est libre que pour être plus conforme aux sujets des chants.

 Ce qui fait le plus d'honneur à l'auteur, non comme poète, mais comme honnête homme, bon citoyen et bon sujet, est cette attention à profiter d'un divertissement dont Louis XIV devoit être souvent spectateur, pour lui faire faire d'utiles réflexions sans paroître songer à l'instruire.

 Assuérus, trompé par son ministre, a signé un édit qui va remplir de sang ses États, et exterminer un peuple innocent. Ce n'est point de ce roi dont se plaint Mardochée quand il apporte cet édit à Esther :

> Aman, l'impie Aman, race d'Amalécite,
> A pour ce coup funeste armé tout son crédit;
> Et le roi, trop crédule, a signé cet édit.
> Prévenu contre nous par cette bouche impure, etc.

Nulle plainte, ni dans la bouche de Mardochée ni dans les chants du chœur, contre ce roi si prévenu : il faut avoir le courage d'aller lui dire la vérité. Les courtisans flatteurs ne la disent jamais aux princes; ce que reconnoît Assuérus lui-même :

> Et de tant de mortels à toute heure empressés
> A nous faire valoir leurs soins intéressés,
> Il ne s'en trouve point qui, touchés d'un vrai zèle,
> Prennent à notre gloire un intérêt fidèle.

Il fait cette réflexion sans songer au cruel édit qu'il a eu la foiblesse de signer, et sans soupçonner son ministre, à qui il dit, sitôt qu'il le voit :

> Approche, heureux appui du trône de ton maître,
> Ame de mes conseils....
> . . . .
> Le mensonge jamais n'entra dans tes discours,
> Et mon intérêt seul est le but où tu cours.

Tandis qu'il est dans cet étrange aveuglement, le chœur lui chante :

> Rois, chassez la calomnie;
> . . . .
> Rois, prenez soin de l'absent;
> . . . .
> Il est temps que tu t'éveilles.
> Dans le sang innocent ta main va se plonger,
> Pendant que tu sommeilles.

Quand ce roi s'est réveillé, il dit lui-même à Mardochée :

> Aux conseils des méchans ton roi n'est plus en proie;
> Mes yeux sont dessillés, le crime est confondu.

Il ne croit pas qu'il soit honteux à lui d'avouer qu'il a

été trompé, et le chœur ne craint pas de chanter devant lui :

> On peut des plus grands rois surprendre la justice.

Les poètes habiles font souvent allusion aux choses qui se passent de leur temps. L'auteur d'Esther affecte, dans cette pièce, de faire souvent remarquer qu'un roi juste peut faire de grandes injustices, et que les meilleurs rois peuvent être trompés, parce que, peu de temps auparavant, on avoit avancé dans un écrit, que « c'est » une insolence criminelle d'oser dire que les rois » peuvent quelquefois être surpris. » Ce qui avoit été cause que, dans une requête présentée à Louis XIV, un écrivain célèbre avoit dit que « David, ce roi selon » le cœur de Dieu, et en qui les lumières naturelles » étoient encore fortifiées par les lumières de la pro- » phétie, s'étoit laissé prévenir par un serviteur artifi- » cieux; et que plus les rois règnent par eux-mêmes, » plus leurs soins s'étendent aux besoins de tous leurs » sujets, plus il est difficile que, dans cette grande » foule d'occupations, il ne se rencontre quelques affaires » qui leur soient mal représentées. » Comme cette question avoit fait du bruit, le poète insiste, dans cette pièce, à faire entendre

> Qu'on peut des plus grands rois surprendre la justice.

Et il trouve le secret de dire aux rois cette vérité, en les flattant par la raison sur laquelle il l'appuie :

> Incapables de tromper,
> Ils ont peine à s'échapper
> Des piéges de l'artifice.
> Un cœur noble ne peut soupçonner en autrui
> La bassesse et la malice
> Qu'il ne sent point en lui.

Les rois sont donc plus sujets à être trompés que les autres hommes, parce qu'ils ont une âme plus noble, et sont incapables de tromper les autres.

NOTES

NOTES

Sur la Langue.

Lorsque, dans les pièces précédentes, les expressions ou les rimes donnent lieu à quelques critiques, on peut répondre que l'auteur, n'ayant pas mis la dernière main à son ouvrage, eût peut-être changé ce qui donne lieu à la critique : c'est ce qu'on ne peut plus répondre sur les deux pièces suivantes. L'auteur y a mis la dernière main, et elles ont été imprimées sous ses yeux. Je ne crois pas qu'on y trouve la moindre négligence dans les rimes. Lorsqu'on en croit trouver dans les expressions, il faut bien examiner si l'on ne se trompe point, et si l'on ne condamne pas trop légèrement ce qui n'a paru faute ni à l'auteur ni à son sévère critique Boileau.

Cette tragédie ne doit jamais être partagée qu'en trois actes. Lorsque Thierry l'ajouta à son Recueil fait en 1702, il la partagea en cinq actes. Cette faute, dont on ne comprend pas la cause, fut continuée dans plusieurs éditions ; et par une autre faute, dans l'édition de 1728, elle fut partagée en quatre actes.

PROLOGUE.

Des vertus dont il doit sanctifier le monde.

On dit ordinairement *sanctifier par;* mais, comme le remarque Vaugelas, cette particule *dont* est d'un grand usage dans notre langue, et s'accommode à tout.

ACTE I, SCENE I.

Au bruit de votre mort justement éplorée.

Vaugelas a dit *épleurée*, et ce mot se trouve dans Richelet : on ne s'en sert plus. On dit *éploré;* et on a coutume de dire *tout éploré*, c'est-à-dire, *tout en pleurs*.

<blockquote>Et le Persan superbe est aux pieds d'une Juive.</blockquote>

En prose, on doit appeler *Perses* les anciens habitans de cet empire, et *Persans* ceux d'aujourd'hui. L'auteur, dans sa préface, emploie indifféremment les deux noms. *Anciennement, les habits des Persans et des Juifs;* et plus haut : *Je ne crois pas Hérodote lorsqu'il dit que les Perses*, etc. Mais, en vers, sans être même contraint par la rime, il dit toujours *Persans* :

<blockquote>Lorsque d'un saint respect tous les Persans touchés.</blockquote>

Et dans Alexandre :

<blockquote>Seroit-ce sans effort les Persans subjugués?</blockquote>

Il a trouvé sans doute *Persans* plus harmonieux en vers que *Perses*.

<blockquote>De sa main sur mon front posa son diadème.</blockquote>

En prose, il faudroit *il posa*. L'auteur a donc cru que ces sortes de retranchemens étoient libres dans les vers.

<blockquote>Invitèrent le peuple aux noces de leurs princes.</blockquote>

De leurs souverains, Assuérus et Esther. Peuple étant un mot collectif, on peut dire *leurs princes*. Il paroît cependant qu'il seroit plus naturel de dire *ses princes*.

<blockquote>Quelle étoit en secret ma honte et mes chagrins!</blockquote>

Il pouvoit dire, sans changer son vers :

<blockquote>Quels étoient en secret, etc.;</blockquote>

de même, qu'au lieu de dire dans Iphigénie :

<blockquote>Ce héros qu'armera l'amour et la raison,</blockquote>

il pouvoit dire également :

<blockquote>Ce héros qu'armeront l'amour et la raison.</blockquote>

Il a donc trouvé l'autre façon meilleure. Nous mettons à la fin d'une lettre : *l'estime et l'amitié avec laquelle*, etc., et non pas *avec lesquelles*. Ainsi, dans Mithridate :

> Ephèse et l'Ionie
> A son heureux empire étoit alors unie.

SCENE III.

> Lisez, lisez l'arret détestable, cruel.

Il pouvoit mettre *et* entre les deux épithètes, et il seroit nécessaire en prose : c'est souvent une beauté en vers de le retrancher; on en a vu plusieurs exemples dans les pièces précédentes, et dans celle-ci encore, acte II, sc. I :

> Qui, ce chef d'une race abominable, impie ?

> Et sans le prévenir, il faut, pour lui parler,
> Qu'il me cherche, ou du moins qu'il me fasse appeler.

La vivacité de la poésie rend permis ce tour, qui ne le seroit pas en prose. *Sans qu'il me soit permis de le prévenir, il faut que j'attende qu'il me fasse*, etc. : voilà ce qu'elle veut dire, et nul autre sens ne se présente.

SCENE IV.

> Elle a répudié son époux et son père.

Une femme n'avoit pas le droit de répudier son mari : ce qui fait la force de cette expression métaphorique. La Synagogue a osé répudier un époux, qui étoit en même temps son père.

> Pour rendre à d'autres dieux un honneur adultère.

Ceux qui désapprouvent cette épithète *adultère* ne font pas attention qu'elle répond à cette expression métaphorique si souvent employée dans l'Ecriture-Sainte sur l'idolâtrie : *Fornicantes cum diis alienis.* Judith. *Et fornicati sunt cum Baalim..... Quia fornicatus es à Deo tuo*, etc. Osée.

ACTE II, SCENE I.

C'est lui, qui devant moi refusant de ployer, etc.

Dans le style noble, et surtout en vers, on dit *ployer*, et non pas *plier :* « Que tout ploie, et que tout est souple » quand Dieu commande ! » *Bossuet.*

SCENE III.

Et je dois d'autant moins oublier la vertu,
Qu'elle-même s'oublie.

S'oublier se prend ordinairement en mauvaise part : ici, ce mot est pour *négliger ses intérêts ;* et comme *oublier la vertu* veut dire ne la pas récompenser, *elle-même s'oublie* quand elle néglige de demander sa récompense.

SCENE V.

Pour vous régler sur eux, que sont-ils près de vous ?

Que *près* soit ici syncope ou non, je ne crois pas qu'on le puisse critiquer, surtout en vers. Hippolyte dit à Théramène :

Attaché près de moi par un zèle sincère.

Et fais à son aspect que tout genou fléchisse,

Pour *fais qu'à son aspect.* Inversion très-ordinaire.

SCENE VII.

Esther, que craignez-vous ? Suis-je pas votre frère ?

En prose, on diroit *ne suis-je pas ?* En vers, *suis-je pas* a un agrément, à cause de la vivacité. On a vu, dans Mithridate, *sais-je pas* pour *ne sais-je pas.*

Un éclat qui le rend *respectable* aux dieux mêmes.

« Ce mot, dit Richelet, est de nouvelle fabrique ; » on ne s'en sert pas encore librement. » Il cite ce vers pour l'autoriser ; ce qui a fait croire à plusieurs personnes que l'auteur de la tragédie l'avoit fait. Il ne faisoit point de mots : celui-ci n'étoit pas encore fort en usage ; et comme il s'en est servi, il a pu contribuer à l'établir. Il est étonnant que *respecter* et *respectable* soient beaucoup moins anciens que *respect*. Je crois que la raison est que le verbe *respecter* ne vient point du latin, et *respect* en vient : *Respectum habere ad senatum*, Cicér. *Respectuque mei*, Ovid. On trouve dans le P. Bouhours comment le mot *respectable* s'est introduit dans notre langue.

> Si ce succès dépend d'une mortelle main,

Pour *de la main d'un mortel*.

SCENE VIII.

> Si nous ne courbons les genoux.

On dit ordinairement *ployer les genoux*. Dans Malherbe :

> A souffrir des mépris, à ployer les genoux.

L'auteur, qui pouvoit se servir également de *ployer*, a sans doute préféré *courber*.

> Nulle paix pour l'impie ; il la cherche, elle fuit.

M. l'abbé d'Olivet, qui condamne ce *la*, à cause de *nulle* qui précède, est fondé sur une règle de Vaugelas, qui est vraie en bien des occasions, mais qui n'est pas générale. Dans cet exemple : *nulle récompense pour les poltrons, et vous la demandez*, il est certain qu'il faut dire : *et vous en demandez une*. Il y a plusieurs sortes de récompenses. Ici, comme il n'y a qu'une paix, cette manière de s'exprimer ne fait aucune peine ; et même on ne pourroit pas dire : *nulle paix pour l'impie, il en cherche une*. Dans ces occasions, c'est le bon goût qui décide, et non pas la règle, quoique celle de Vaugelas, « qu'on ne doit pas mettre le relatif après un nom sans

» article, » soit sagement établie, et le plus communément doive être suivie.

ACTE III, SCENE I.

> Eclaircissez ce front où la tristesse est peinte.

Et dans Iphigénie :

> N'éclaircirez-vous point ce front chargé d'ennuis ?

> Et pour prix de ma vie à leur haine exposée,
> Le barbare aujourd'hui m'expose à leur risée.

M'immole eût été plus fort; mais *expose* répond *à la vie exposée* du vers précédent.

> Chassa tout Amalec de la triste Idumée.

On ne diroit point *tout Hercule* pour les Héraclides, *tout Pallante* pour les Pallantides; mais comme, dans le style de l'Ecriture-Sainte, on dit *tout Israël* pour le peuple sorti d'Israël, on peut dire *tout Amalec* pour les Amalécites, dont il fut le père.

SCENE III.

> Que ce nouvel honneur va croître son audace !

On a déjà vu des exemples de ce verbe *croître* fait actif; il doit toujours être neutre dans la prose. Vaugelas avoue que « les poètes, pour la commodité des vers, » s'émancipent, et ne craignent point de le faire actif » quand ils en ont besoin, aussi bien que *tarder*; » il cite pour exemple ces deux vers de Malherbe :

> Qu'à des cœurs bien touchés tarder la jouissance,
> C'est infailliblement leur croître leur desir.

L'Académie, dans ses observations sur les remarques de Vaugelas, décide qu'on ne doit pas, même en poésie, employer ces deux verbes au neutre. Nous n'avons point trouvé dans ces tragédies d'exemple de *tarder* actif; mais puisqu'il y en a plusieurs de *croître*, cette autorité ne peut-elle pas balancer la décision de l'Académie ?

SCENE IV.

Dans quel sein vertueux avez-vous pris naissance?

Expression hardie. On dit *un chaste sein*; mais avoit-on dit *un sein vertueux*?

Ont vu bénir le cours de leurs destins prospères.

Vieux mot qui ne se dit plus en prose, et qui a de la noblesse en vers. Malherbe aimoit à l'employer :

O que nos fortunes prospères !

Ce mot fait bien comme épithète; mais il ne plaît pas dans ce vers de Malherbe :

Que Mars vous soit prospère.

SCENE VIII.

On traîne, on va donner en spectacle funeste, etc.

Il est certain que, quand on dit *donner en spectacle*, on ne doit point ajouter d'épithète à *spectacle*. La critique de M. l'abbé d'Olivet est bien fondée.

SCENE IX et dernière.

Il sembloit à son gré gouverner le tonnerre ;
Fouloit aux pieds ses ennemis vaincus.

En prose, il faudroit ajouter *et*. Les vers permettent de pareils retranchemens.

Du temple où notre Dieu se plaît d'être adoré.

En prose, il faudroit *se plaît à*. En vers, *de* ne fait point de peine.

Au-delà de l'éternité.

On dit *au-delà de mes espérances, au-delà des mers, au-delà des temps et des âges*; c'est-à-dire, *dans l'éternité*. Quand le poète a dit *au-delà de l'éternité*, il a voulu rendre *in æternum et ultra* de la Vulgate; ce que Vatable a traduit, suivant l'hébreu : *In sæculum et ultra*. « Dans le temps et au-delà; » c'est-à-dire, *dans l'éternité*.

M. l'abbé d'Olivet, qui, dans son ouvrage intitulé *Remarques de Grammaire sur Racine*, n'a examiné ni la première tragédie ni la dernière, après avoir dit, en finissant ici ses remarques, qu'il a relevé peut-être une centaine d'expressions, ajoute : « Qu'est-ce qu'une
» centaine d'expressions peu exactes, dans une quantité
» d'environ quinze mille vers? Il y a peut-être moins à
» reprendre dans Racine que dans nos ouvrages de prose
» les plus estimés. » Dans ses remarques, il a quelquefois relevé de véritables fautes; il a quelquefois aussi critiqué des expressions qu'on peut justifier. La poésie a ses priviléges; et les excellens écrivains en ont un dont ils n'abusent jamais : il leur est permis de s'écarter quelquefois des règles de la Grammaire, parce qu'ils ne s'en écartent que pour rendre service à la langue.

REMARQUES.

Lieu de la Scène, durée de l'Action.

Une pièce dramatique n'est pas défectueuse pour n'être qu'en trois actes. Ce partage en actes, qui ne nous est connu que par les Romains, n'est fondé sur aucune raison; et malgré ce qu'a dit Horace (ce qu'il n'a point tiré d'Aristote), il est indifférent qu'une pièce soit en trois, quatre ou cinq actes : il est seulement nécessaire que l'action ait son étendue suffisante. Celle de cette tragédie a toute son étendue, et est partagée en quatre intermèdes, suivant la forme des tragédies grecques.

L'unité de lieu n'y peut être conservée, puisqu'Esther doit être, tantôt dans son appartement, tantôt dans la chambre d'Assuérus, où elle entre sans être attendue, et tantôt à la table d'Assuérus. Toute l'action se passe, à la vérité, dans le même palais; mais la véritable unité de lieu est quand tous les personnages d'une pièce paroissent jusqu'à la fin de l'action, au même endroit où a paru le premier personnage. L'appartement d'Esther est le lieu de la scène pendant le premier acte; la chambre du trône d'Assuérus est le lieu de la scène pendant le second; et pendant le troisième, le lieu de la scène est d'abord le jardin d'Esther, et ensuite un salon près de ce jardin.

On pourroit croire que l'action n'est pas continue, parce que, pendant l'intervalle du premier acte au second, Assuérus et Aman sont dans leur lit. Ce seroit un grand défaut, puisque, depuis le commencement d'une action jusqu'à la catastrophe, les principaux personnages doivent être censés agissans. L'action de cette tragédie ne cesse point. Esther ayant appris le soir la funeste nouvelle, fait ce qu'elle ordonne aux autres, et passe la nuit en prières avec ses compagnes, qui adressent au ciel leurs cantiques. J'avoue qu'il n'est pas ordinaire de voir commencer le soir une action qui doit finir le lendemain; mais que de beautés réparent ce léger défaut! L'auteur devoit moins respecter les règles de son art que la dignité de son sujet. Le premier acte se passe le soir :

Déjà la sombre nuit a commencé son tour;
Demain, quand le soleil rallumera le jour, etc.

Les prières d'Esther et les chants du chœur remplissent le temps du reste de la nuit. Le second acte commence avec le jour :

Et quoi, lorsque le jour ne commence qu'à luire, etc.

Assuérus, qui a passé une nuit inquiète, se lève de grand matin, et ordonne le triomphe de Mardochée. Pendant qu'il s'exécute, Esther vient trouver le roi, et lui demande l'honneur d'être admise à sa table le jour même :

> Permettez avant tout qu'Esther puisse à sa table
> Recevoir aujourd'hui son souverain seigneur.

Aman est arraché de ce repas pour être conduit au supplice. L'action est donc continue : il faut, à la vérité, plus de temps pour son exécution que pour la représentation de la pièce; mais si tout n'arrive pas le même jour, du moins tout arrive dans l'espace de temps qu'Aristote prescrit, qui est celui d'un tour de soleil.

REMARQUES.
PROLOGUE.

Tous les rôles de cette pièce étoient distribués aux demoiselles de Saint-Cyr, lorsque la jeune mademoiselle de Caylus, qui avoit été élevée dans cette maison, et n'en étoit sortie que depuis peu de temps, témoigna une grande envie de faire quelque personnage; ce qui engagea l'auteur à faire pour elle ce prologue très-heureusement imaginé. Il ne ressemble point à ces prologues d'Euripide, où tout ce qui doit arriver dans la pièce est froidement annoncé. C'est la Piété qui descend du ciel, et vient dans un séjour où habite l'Innocence : elle demande à Dieu de protéger le fondateur d'une si sainte maison, un roi qui a rassemblé ces timides colombes pour leur procurer l'abondance et la paix, un roi qui est toujours plein du zèle de la religion. Les louanges du roi, mises dans la bouche de la Piété, sont bien différentes de toutes ces basses flatteries dont les poètes sont si prodigues. La versification de ce prologue est d'une grande noblesse.

> Et l'Enfer, couvrant tout de ses vapeurs funèbres,
> Sur les yeux les plus saints a jeté ses ténèbres :

La cour de France étant alors brouillée avec la cour

de Rome, on fit une application de ces deux vers, contraire aux intentions de l'auteur, qui n'étoit point capable de penser que l'Enfer eût jeté ses ténèbres sur les yeux d'un pape aussi respectable qu'Innocent XI.

Pareil à ces esprits que ta justice envoie.

Cette comparaison, quoiqu'en elle-même un peu forte, n'a rien que de naturel quand elle est mise dans la bouche de la Piété parlant à Dieu.

Et vous qui vous plaisez aux folles passions.

Il convient à la Piété de condamner ces vaines fictions et ces spectacles profanes; et le poète, en lui faisant prononcer cette condamnation, profitoit de l'occasion favorable qu'il trouvoit de se condamner lui-même.

ACTE I, SCENE I.

L'action ne pouvant commencer que le projet d'Aman n'ait été annoncé à Esther, il faut d'abord apprendre aux spectateurs l'état actuel des Juifs dans la Perse, et pourquoi, malgré leur humiliation, une Juive est sur le trône de Perse : c'est à quoi cette première scène est destinée. Le poète suppose l'arrivée d'une compagne d'Esther, qui, étant surprise de la trouver sur le trône, en apprend d'elle la raison.

Esther. Son nom étoit *Edissa.* M. Prideaux croit qu'Esther étoit un nom persan qui lui avoit été donné par Assuérus : elle étoit de la tribu de Benjamin.

Lève-toi, m'a-t-il dit; prends ton chemin vers Suze.

Nous apprenons, par les auteurs profanes, que les rois des Perses, successeurs de Cyrus, passoient une partie de l'année à Suze, une autre à Ecbatane, et une autre à Babylone. Quand Néhémias obtint la permission de retourner à Jérusalem, Artaxercès étoit, avec sa cour, à Suze. Darius, fils d'Hystaspe, qui est notre Assuérus, et qui l'avoit fondée, en avoit fait la capitale de son empire : *Vetus regis Persarum Suza, à Dario Hystaspis filio condita*, dit Pline.

> Et le cri de son peuple est monté jusqu'à lui.

Expression de l'Ecriture-Sainte. Dieu dit à Moïse : « J'ai entendu le cri de mon peuple. »

> De l'altière Vasthy, dont j'occupe la place, etc.

Vasthy, fille de Cyrus, pouvoit être fière; et il paroît, par l'Ecriture-Sainte, qu'elle méprisa les ordres d'Assuérus. On crut cependant que, par cette épithète *altière*, le poète désignoit une personne qui étoit alors dans la disgrace; et le vers suivant :

> Vasthy régna long-temps dans son âme offensée,

n'étoit pas non plus sans application.

> Dieu tient le cœur des rois entre ses mains puissantes.

Cor regis in manu Domini, etc. Prov. 2.

> Sion, repaire affreux de reptiles impurs, etc.

Sa douleur sur l'état d'humiliation où étoient encore les Juifs, est cause de ces vives images. La captivité étoit finie, comme je l'ai remarqué dans l'examen.

> Jeunes et tendres fleurs par le sort agitées, etc.

Tendre et belle image. On croit voir des fleurs que le vent agite.

> Et c'est là que fuyant l'orgueil du diadème,
> Lasse de vains honneurs, et me cherchant moi-même,
> Aux pieds de l'Eternel je viens m'humilier,
> Et goûter le plaisir de me faire oublier.

Ces quatre vers sont conformes à ce que l'Ecriture-Sainte rapporte d'Esther. On croyoit cependant que le poète y avoit voulu peindre madame de Maintenon.

> De l'antique Jacob, jeune postérité.

Ce vers est mot à mot (le seul nom changé) le premier vers de *l'OEdipe Roi* de Sophocle :

> Ω τέκνα Καδμου τε παλαι νεά τροφη.

SCENE II.

Monter comme l'odeur d'un agréable encens.
Dirigatur oratio mea sicut incensum.

Déplorable Sion, qu'as-tu fait de ta gloire?

La douleur qui règne dans ce premier cantique touche d'autant plus, que ces malheureuses Israélites ne savent point encore qu'elles vont avoir un sujet bien plus cruel à chanter. On se sent attendri par cette apostrophe à la déplorable Sion : tout y est touchant, et tout y est lyrique. On dira cependant que ces vers, quelque naturels qu'ils soient, ne sont pas propres à être mis en chant, à cause de ces terminaisons en *ée*. De tant de vers que fit Quinaut pour Lulli, aucun ne finit par *ée*, ni par *ue*; et on trouvera dans un chœur d'Athalie :

Dans un gouffre profond Sion est descendue.

Rousseau a commencé une cantate par ce vers :

Ce fut vers cette rive où Junon adorée;

et il a dit dans une autre :

Pélée à ce discours portant au loin sa vue.

Lulli n'aimoit point de pareilles terminaisons : la complaisance de Quinaut pour lui a été étonnante; mais étoit-elle nécessaire? La musique et la poésie sont deux sœurs; ne peuvent-elles réunir leurs charmes sans que l'une soit esclave de l'autre? Si l'une des deux doit commander, cet honneur appartient à la poésie; et si elle est obligée, dans notre langue, de renoncer à son privilége, il faut donc que tout grand poète renonce à faire des vers pour être mis en chant. Un poète ne doit, dans son harmonie, obéir qu'à son oreille : sera-t-il donc l'esclave d'un musicien?

SCENE III.

Suivant l'Ecriture-Sainte, Mardochée écrivit à Esther,

qui lui envoya les deux réponses qu'elle lui fait dans cette scène. Le poëte, pour mettre en action ce qui s'est fait par lettres, suppose que Mardochée, quoique revêtu d'un sac, a trouvé le moyen de pénétrer dans le palais, jusqu'à l'appartement de la reine ; ce qui paroît à Esther n'avoir pu arriver que par miracle. *Un Ange du Seigneur,* etc.

> Mais d'où vient cet air sombre, et ce cilice affreux,
> Et cette cendre enfin qui couvre vos cheveux ?

Indutus est sacco, spargens cinerem capiti. Est. c. 4. Usage commun chez les Juifs dans les grandes afflictions.

> O reine infortunée, etc.

Mardochée, qui ne reparoîtra qu'à la fin de la pièce pour n'y dire que deux vers, donne, dans cette scène, le modèle de la plus sublime éloquence. Il entre, tenant dans ses mains l'arrêt fatal ; et après avoir apostrophé la reine, il déclare que tout est perdu. Il fait ensuite une peinture du carnage qui est ordonné, et annonce

> Que ce jour effroyable arrive dans dix jours.

Il a cependant trop de foi pour croire tout perdu sans ressource. Il défend à Esther de perdre son temps à pleurer ; c'est à elle à secourir ses frères et à aller parler au roi. Lorsqu'elle lui représente l'obstacle presque insurmontable qui s'y oppose, il se contente de lui dire qu'elle est trop heureuse d'exposer sa vie pour son peuple ; et après lui avoir dépeint la grandeur de celui qu'il faut craindre plus que tous les rois de la terre, il lui déclare que Dieu saura bien sauver son peuple sans elle, et qu'elle périra elle-même si elle ne sait pas faire ce qu'elle doit. Je me plais à relever l'éloquence d'un morceau que je déclamois souvent à l'âge de cinq ans, suivant les tons que l'auteur m'apprenoit.

ACTE I, SCENE IV.

> Au fond de leur palais, leur majesté terrible
> Affecte à leurs sujets de se rendre invisible.

C'est ce que dit aussi Justin : *Apud Persas, persona regis, sub specie majestatis occulitur.* C'étoit un crime de mort de paroître en sa présence sans être appelé. Xénophon rapporte les railleries qu'Agésilas, roi de Sparte, faisoit des usages de ces rois de l'Orient.

> Et qui sait, lorsqu'au trône il conduisit vos pas, etc.

Et quis novit utrum idcirco, etc. Est. 4.

> Sont tous devant ses yeux comme s'ils n'étoient pas.

Ce vers sublime est pris d'Isaïe : *Omnes gentes, quasi non sint, sic sunt coram eo.*

> Vous périrez peut-être, et toute votre race.

Si nunc silueris, per aliam occasionem liberabuntur Judæi, et tu et domus patris tui peribitis.

> Allez ; que tous les Juifs dans Suze répandus, etc.

Plus de difficultés de la part d'Esther : *Vade, et congrega omnes Judæos,* etc.

SCENE IV.

> O mon souverain roi, etc.

Cette prière est imitée de celle d'Esther et de celle de Mardochée. Esth. c. 14 : *Domine mi,* etc.

> Mon père mille fois, m'a dit dans mon enfance, etc.

Audivi à patre meo, etc.

> Hélas, ce peuple ingrat a méprisé ta loi !

Peccavimus, et idcirco, etc.

> Ferment les seules bouches.

Et claudere ora laudantium te, etc.

> Tu sais combien je hais leurs fêtes criminelles.

Et nosti quia oderim gloriam, etc.

> Leur table, leurs festins et leurs libations.

Et non biberim vinum libaminum, etc.

> Ce bandeau dont il faut que je paroisse ornée, etc.

Quod abominer signum superbiæ, etc.

> Devant ce fier lion, qui ne te connoît pas.

On est étonné qu'elle appelle ainsi celui dont elle est l'épouse. Elle se sert de cette expression dans l'Ecriture-Sainte : *In conspectu leonis*. Esther est, malgré elle, l'épouse d'un idolâtre. D'ailleurs, l'Ecriture-Sainte compare la colère d'un roi à celle du lion.

> Et prête à mes discours un charme qui lui plaise.

Tribue sermonem compositum, etc.

> Les orages, les vents, les cieux te sont soumis.

Tu fecisti cælum et terram, etc.

SCENE V.

> Levons les yeux vers les saintes montagnes.

Levavi oculos in montes, unde veniet auxilium, etc.

> Arrachons, déchirons tous ces vains ornemens.

C'étoit l'usage des Juifs dans les grandes afflictions : ils déchiroient leurs vêtemens.

> Quel carnage de toutes parts, etc.

Morceau de poésie admirable, et par l'énumération de tant d'objets rassemblés, *et la sœur, et le frère, et la fille*, etc., et par le mélange de grands et petits vers dans un arrangement conforme à l'imitation. Cette peinture si terrible est suivie de la plainte d'un enfant qui s'écrie :

> Hélas, si jeune encore, etc.

> Dieu, que la lumière environne,
> Qui voles sur l'aile des vents, etc.

Images tirées des psaumes *Amictus lumine*, etc. Qui *ambulas super pennam ventorum*.

> Descends,

ACTE II, SCENE I.

Descends, tel qu'autrefois la mer te vit descendre.

Dieu ne descendit point quand les Juifs passèrent la mer Rouge; mais, dans le style de l'Ecriture-Sainte, *Dieu descend*, c'est-à-dire, vient secourir son peuple : *Descendi ut liberem eum.* Exod. 3.

Qu'ils soient comme la poudre et la paille légère
Que le vent chasse devant lui.

Tanquam pulvis quem projicit ventus.

ACTE II, SCENE I.

Dans ce lieu redoutable oses-tu m'introduire?

La chambre du trône. Quand Assuérus y étoit, quiconque y entroit sans être appelé, étoit coupable de mort.

Il s'est fait apporter ces annales célèbres, etc.

Les Perses conservoient des journaux ou annales de tout ce qui se passoit de remarquable.

Entre tous les devins fameux dans la Chaldée, etc.

Les Orientaux ont toujours été très-attachés à cette science, que les Chaldéens avoient mise en vogue : *Nec Babylonios tentaris numeros.* Horace.

Haï, craint, envié, souvent plus misérable, etc.

Lorsqu'Aman dévoile l'intérieur de son cœur, il dévoile celui de bien des hommes qu'on a cru heureux.

Je gouverne l'empire où je fus acheté.

C'est peindre en un vers la plus étonnante de toutes les fortunes.

Cependant (des mortels aveuglement fatal!)
De cet amas d'honneurs la douceur passagère
Fait sur mon cœur à peine une atteinte légère.

Le poëte connoissoit cette foiblesse du cœur humain, et il s'est souvent humilié en avouant qu'une seule mauvaise critique lui avoit toujours fait plus de peine que ne lui avoient fait de plaisir tous les applaudissemens du public.

C'étoit trop peu pour moi d'une telle victime.

L'écriture-Sainte lui donne ce sentiment : *Pro nihilo duxit in unum Mardochæum mittere manus suas, magisque voluit omnem Judæorum, qui erant in regno Assueri, perdere nationem.*

Qu'ils firent d'Amalec un indigne carnage.

Aman descendoit du roi Agag, qui fut pris et épargné par Saül : ce qui fut cause de la réprobation de Saül; et c'est apparemment par cette raison que Mardochée, qui descendoit de Saül, comme Esther le dira dans la suite :

Il descend, comme moi,
Du sang infortuné de notre premier roi,

ne vouloit point fléchir le genou devant un homme du sang d'Agag : car il y a apparence que Néhémie, Esdras, et les autres Juifs qui se prosternoient devant le roi, se prosternoient aussi devant Aman.

Je les peignis puissans, riches, séditieux.

Est populus per omnes provincias, etc; et ce qu'il vient de dire : *toute ma grandeur me devient insipide, tandis*, etc., est également tiré de l'Ecriture-Sainte : *Et cùm hæc omnia habeam, nihil me habere puto, quandiu videro Mardochæum.*

Et détestés partout, détestent tous les hommes.

Ce vers peint l'état des Juifs. Tous les peuples les méprisent, et ils méprisent tous les peuples.

Va, perds ces malheureux; leur dépouille est à toi.

Aman avoit dit à Assuérus :

De leur dépouille grossissez vos trésors.

Le prince, esclave de son ministre, lui accorde cette

dépouille. Quelle permission terrible, et quelle grâce injuste accordée en un mot, sans examen!

SCÈNE II.

Assuérus, troublé par un songe, se lève de grand matin, et, après avoir fait appeler les devins, va les attendre dans son cabinet, où il étoit assis dans un fauteuil orné de pierreries. La magnificence des rois de Perse étoit fort grande. Il ne faut pas s'imaginer ici un trône tel que ces trônes dans lesquels nos rois donnent audience aux ambassadeurs. Assuérus n'iroit pas de grand matin se placer dans un trône pareil; il est dit qu'il avoit donné à Aman un trône plus élevé que ceux de tous les autres seigneurs de sa cour. Ce trône, *solium*, étoit un siége.

Et de tant de mortels à toute heure empressés, etc.

Vers que les rois devroient tous savoir par cœur.

SCÈNE V.

De la pourpre aujourd'hui paré comme vous-même, etc.

Les princes d'Orient sont encore en usage de donner des robes à ceux de leurs sujets qu'ils veulent honorer. Xénophon rapporte que Cyrus permettoit quelquefois à ses amis de porter la pourpre.

SCÈNE VII.

Ainsi du Dieu vivant la colère étincelle.

Par cette comparaison, elle flatte l'orgueil de ce roi, en évitant de lui donner le titre de Dieu, qu'on donnoit ordinairement aux rois de Perse: *Persas reges suos inter Deos colere.... Darius Deorum à suis honoribus colitur.* Quint. Martial écrit à un homme :

« Ne m'appelez point *Dieu*; portez cette flatterie aux
» Parthes. »

>Dicturus dominum Deumque non sum....
>Ad Parthos procul ite pileatos.

Nabuchodonosor est appelé, dans Judith, *Dieu de
la terre :* ainsi Esther, obligée de flatter la vanité d'un
prince accoutumé à s'entendre appeler Dieu, trouve
le moyen de la flatter sans laisser échapper aucun terme
que sa religion puisse condamner.

>O soleil, ô flambeaux de lumière immortelle !

Les Perses, qui adoroient le soleil et les astres, ne
doutoient point de leur influence; ce qui fera dire à
Assuérus :

>Que dis-je ? Sur ce trône assis auprès de vous,
>Des astres ennemis j'en crains moins le courroux.

>Je ne trouve qu'en vous je ne sais quelle grâce, etc.

J'ai fait remarquer, dans l'examen, cette manière
de louer une jeune et belle princesse sans lui parler
de sa beauté.

SCÈNE VIII.

>Tel qu'un ruisseau docile
>Obéit à la main qui détourne son cours.
>. . . . .
>Le cœur des rois est ainsi dans ta main.

Prov. 21 : *Sicut divisiones aquarum, ita cor regis in
manu Domini.*

>Jusqu'à quand seras-tu caché ?

Isaïe 45 : *Tu es Deus absconditus.*

>Il s'endort, il s'éveille au son des instrumens, etc.

Imité de la peinture qu'Isaïe fait des voluptueux :
*Cithara et lyra, et tympanum, et tibia in conviviis
vestris,* etc.

>Nulle paix pour l'impie; il la cherche, elle fuit.

Isaïe 48 : *Non est pax impiis.*

ACTE III, SCENE I.

C'est donc ici d'Esther le superbe jardin, etc.

Les Perses aimoient les jardins, et en avoient de superbes. Le repas d'Assuérus, dont il est parlé au premier chapitre, se donna dans le vestibule de son jardin.

Les rois craignent surtout le reproche et la plainte.

Sénèque dit qu'à la cour, *funeribus suis arridendum est.*

Il sait qu'il me doit tout, et que, pour sa grandeur,
J'ai foulé sous les pieds, remords, crainte, pudeur.

On assure qu'un ministre, qui étoit encore en place alors, mais qui n'étoit plus en faveur, avoit donné lieu à ce vers, parce que, dans un mouvement de colère, il avoit dit quelque chose de semblable.

Qu'avec un cœur d'airain exerçant sa puissance.

Cœur, etc. L'expression est juste : *Illi robur et æs triplex circa pectus.*

Ce zèle que pour lui vous fîtes éclater.

Tout le discours de Zarès est fort sensé, et la crainte qu'elle a de ce Juif est conforme à ce que rapporte l'Ecriture-Sainte. Elle et les sages qu'Aman consulta lui répondirent : « Si Mardochée est de la race des Juifs, » vous tomberez devant lui. »

SCENE III.

Le lieu de la scène change dans le cours de celle-ci : ce que récite le chœur ne peut être récité en présence d'Assuérus et d'Aman. Mais, quand il chante, il est dans le salon ; c'est pour Assuérus qu'il chante le bonheur d'un peuple que gouverne un roi généreux, et ces stances,

Rois, chassez la calomnie.

> Et il a reçu l'ordre de chanter, puisqu'Elise a dit :
>> Chantons, on nous l'ordonne.

> Rois, chassez la calomnie.

L'auteur se félicitoit de ces quatre stances, qui contiennent des vérités si utiles aux rois.

SCENE IV.

> Ces Juifs dont vous voulez délivrer la nature, etc.

Dans ce magnifique récit que fait Esther, elle est telle que Mardochée la vouloit :

> Toute pleine du feu de tant de saints prophètes.

> L'Eternel est son nom ; le monde est son ouvrage.

Ex. 15 : *Omnipotens nomen ejus.*

> Et du haut de son trône interroge les rois.

Ps. 20 : *Palpebræ ejus interrogant filios hominum.*

> Dieu fit choix de Cyrus avant qu'il vît le jour,
> L'appela par son nom, le promit à la terre,
> Le fit naître, et soudain l'arma de son tonnerre.

Parce que Cyrus, si long-temps avant sa naissance, est nommé dans Isaïe, Esther dit que *Dieu fit choix de lui, l'appela par son nom, et le fit naître.*

> Le retrancha lui-même, et vous mit en sa place.

Cambyse, fils de Cyrus, mourut de frénésie, après une blessure qu'il s'étoit faite à la cuisse.

> Son fils interrompit l'ouvrage commencé.

Les ennemis des Juifs indisposèrent contre eux les successeurs de Cyrus.

> Disions-nous ; un roi règne, ami de l'innocence.

Elle met adroitement dans la bouche des Juifs l'éloge du prince à qui elle parle.

> Dissipa devant vous les innombrables Scythes.

Ce Darius, qui dut son élévation au hennissement de son cheval, fit d'abord de grandes conquêtes : ce qui lui inspira l'ambition d'entreprendre celle de la Grèce.

D'un infâme trépas l'instrument exécrable.

Brown, savant anglais, dans son *Traité des Erreurs populaires*, prétend que les peintres se trompent quand ils représentent Aman pendu à un gibet, parce que les Perses ne connoissoient que le supplice de la croix, pour lequel on dit également *suspendre*. Quand les Gabaonites pendirent les corps de ceux qui restoient de la maison de Saül, c'étoit à des croix; et la Vulgate se sert de ce mot : *Crucifixerunt eos*. La manière dont il est parlé dans cette pièce du supplice d'Aman, laisse indécis le genre de supplice.

De sa mort le honteux instrument....
D'un infâme trépas l'instrument exécrable....

Dans une heure, au plus tard, ce vieillard vénérable, etc.

Mardochée fut amené captif au temps de Jéchonias : en supposant qu'il eût alors dix ou douze ans, il avoit, au temps de l'événement de cette tragédie, environ quatre-vingt-dix ans.

SCENE V.

Quel sang demandez-vous?

Quelle affreuse parole! Quel ministre!

Tremble; son jour approche, et ton règne est passé.

Imité des paroles de Daniel à Balthazar : *Regnum tuum transibit à te*.

Par le salut des Juifs, par ces pieds que j'embrasse, etc.

Les ministres les plus fiers sont ceux qui font le plus de bassesses sitôt qu'ils craignent la disgrâce.

SCENE VI.

Quoi, le traître sur vous porte ses mains hardies!

Comme les Perses mangeoient couchés sur des lits, Assuérus, qui voit Aman couché sur le lit de la reine, croit qu'il lui manque de respect.

SCENE IX ET DERNIÈRE.

Comme l'eau sur la terre ils alloient le répandre.

Imité du ps. 78 : *Effuderunt sanguinem eorum, tanquam aquam.*

J'ai vu l'impie adoré sur la terre.
. . . .
Je n'ai fait que passer, il n'étoit déjà plus.

Cet endroit est fameux, parce que le sublime de l'original : *Transivi, et ecce non erat*, **ne pouvoit être mieux rendu que par ce vers :**
Je n'ai fait que passer, il n'étoit déjà plus.

Un cœur noble ne peut soupçonner en autrui, etc.

L'auteur a dit de même, dans Britannicus :
Cette défiance
Fut toujours d'un grand cœur la dernière science ;
On le trompe long-temps.

Réjouis-toi, Sion, et sors de la poussière.

Isaïe 52 : *Consurge, consurge, excutere de pulvere,* **etc.**

J'irai pleurer au tombeau de mes pères.

Ces Israélites qui pleuroient leurs pères loin de Jérusalem, iront les pleurer sur leurs tombeaux : cette consolation leur fait trouver du plaisir dans leurs larmes.

Liban, dépouille-toi de tes cèdres antiques.

Que d'images ! Le marbre est tiré du sein des montagnes, le Liban se dépouille de ses cèdres, Dieu descend, les cieux s'abaissent, la terre frémit d'allégresse, etc.

Que le Seigneur est bon ! Que son joug est aimable !

Ps. 72 : *Quàm bonus Israël Deus !*

Heureux qui, dès l'enfance, en connoît la douceur !

Jérém. Lam. *Cum portaverit jugum ab adolescentiâ,* **etc.**

En mémoire du grand événement qui fait l'action de cette tragédie, les Juifs célèbrent encore tous les ans, dans leur mois d'Adar, la fête nommée *Phurim* ou *Purim*. Le poète a donc pu finir sa tragédie par des actions de grâces et des chants de joie : en cela cependant il s'est écarté de l'usage des anciens, qui ne terminoient jamais par des chants de joie un spectacle d'où l'on doit remporter une tristesse majestueuse, comme je le dirai dans mes Réflexions générales sur la poésie dramatique.

ATHALIE.

Malgré les applaudissemens qu'*Esther* avoit reçus dans les représentations faites à Saint-Cyr, l'auteur, certain d'avoir contenté la cour, étoit mécontent de lui-même, parce qu'il n'avoit pas donné à ce sujet toute la perfection que doit avoir la tragédie. Il voulut essayer de donner cette perfection à un autre sujet tiré de même de l'Ecriture-Sainte, et de le traiter dans la forme et suivant les règles prescrites par les anciens : c'est ce qui lui fit entreprendre Athalie.

Cette pièce, qui, suivant ses intentions, ne devoit jamais paroître sur le théâtre public, ne fut point représentée à Saint-Cyr, comme l'avoit été Esther, par les raisons que j'ai rapportées dans les Mémoires de sa vie. Lorsqu'elle parut imprimée en 1691, il méprisa les railleries de quelques envieux, et cette misérable chanson où Athalie étoit appelée *un ouvrage pire qu'Esther*; mais il fut extrêmement sensible au froid accueil du public. Quand il la récitoit devant ses amis, il les charmoit; ce qu'on attribuoit à son grand talent pour la déclamation : la pièce se vendoit peu. Il mourut huit ans après; et malgré la confiance avec laquelle Boileau soutenoit que le public seroit forcé d'y revenir, il mourut persuadé qu'il n'avoit pas réussi.

Les connoisseurs rendirent, avec le temps, justice à la pièce, dont le mérite n'étoit encore connu que de quelques gens de lettres, lorsque M. le duc d'Orléans, régent, voulant connoître l'effet qu'elle produiroit dans les représentations, ordonna aux comédiens de l'exécuter sur leur théâtre, sans avoir égard aux intentions de l'auteur et de sa famille.

Les premières représentations firent un tel effet sur les spectateurs, étonnés de se sentir attendris jusqu'aux larmes, qu'Athalie fut bientôt regardée comme le chef-d'œuvre de l'auteur, et même comme le chef-d'œuvre de la poésie dramatique.

La sainteté d'un sujet n'est pas ce qui touche le plus grand nombre des spectateurs. Nous pouvons, à la vérité, prendre un plus grand intérêt à un enfant qui est le reste du sang de David, qu'à un autre ; mais quand même le sujet d'Athalie seroit profane, quand le lieu de la scène seroit dans un temple de la Grèce, on s'intéresseroit toujours à un sujet conduit avec tant d'art. Cette pièce, appelée par une voix générale *la plus parfaite de nos tragédies*, mérite donc une attention particulière ; et comme elle est entièrement conforme aux principes qu'Aristote a établis sur la tragédie, j'examinerai cette pièce dans toutes ses parties, suivant ces même principes : ce qui m'engagera à examiner si elle est comparable à la meilleure des tragédies grecques. C'est pourquoi cet examen général fera un chapitre dans mes réflexions sur la poésie dramatique. Je me contenterai de faire ici quelques remarques pareilles à celles que j'ai faites sur les autres pièces. Elles seront un peu plus longues, à cause de l'attention que demande une pièce appelée par M. de Voltaire (1), « l'ouvrage le plus approchant de la perfec- » tion qui soit jamais sorti de la main des hommes, » et à laquelle Riccoboni donne le pas sur toutes les tragédies modernes, en disant : « De quelque côté » qu'on l'examine, on n'y trouve que des beautés

---

(1) Epître à la tête d'Oreste.

» admirables. Tout y est édifiant, tout y est instructif :
» les caractères mêmes d'Athalie et de Mathan, tout
» impies qu'ils sont, ne peuvent inspirer que de l'hor-
» reur pour l'impiété. Enfin, c'est un ouvrage parfait,
» qui mérite d'être à la tête de tous les poëmes dra-
» matiques. » L'abbé Conti, qui l'a traduite, en fait
voir l'excellence dans sa préface; enfin, elle est appelée
bellissima tragedia par M. Maffei lui-même. Après
avoir rapporté ces jugemens sur cette tragédie, je crois
qu'il m'est permis d'en parler toujours comme d'une
tragédie parfaite.

NOTES

Sur la Langue.

ACTE I, SCENE I.

Oui, je viens dans son temple adorer l'Eternel.

CE mot, qui est du style des prophètes, *l'Eternel*,
placé dans le premier vers, annonce que c'est un Juif
qui parle, et que l'action va se passer chez le peuple
juif. Le grand-prêtre, qui parle si souvent de Dieu
dans cette pièce, dit toujours simplement *Dieu*.

Sitôt que de ce jour
La trompette sacrée annonçoit le retour, etc.

Les trompettes *sacrées* étoient celles qui étoient
destinées à annoncer les fêtes, comme Moïse l'avoit
ordonné.

Du temple, orné partout de festons magnifiques,
Le peuple saint en foule inondoit les portiques.

Ce mot, qui essuya une raillerie puérile, est très-
poétique, et rend l'image du vers de Virgile :

Mane salutantum totis vomit ædibus undam.

> Et d'un respect forcé ne dépouille les restes.

On dit ordinairement *se dépouille de*; mais on dit aussi *dépouiller ses habits*, *dépouiller le vieil homme*. Le P. Bouhours, qui condamne *il dépouilla cette férocité*, avoue qu'on peut dire en vers *dépouiller* avec l'accusatif. On en trouve plus d'un exemple dans cette pièce :

> Avez-vous dépouillé cette haine si vive ?
> . . . .
> J'admirois si Mathan, dépouillant sa fierté....

Et dans un des quatre cantiques, en parlant de l'incarnation du verbe :

> Il dépouilla sa splendeur.

> C'est peu que le front ceint d'une mitre étrangère, etc.

Et dans la suite :

> Je ceignis la tiare.

Le verbe *ceindre* n'est pas employé sans raison. Le bonnet du grand-prêtre, appelé, dans la Vulgate, tantôt mitre, tantôt tiare, étoit une bande de toile de seize aunes, qui *ceignoit* le front.

> Pour vous perdre il n'est point de ressorts qu'il n'invente;
> Quelquefois il vous plaint, souvent même il vous vante.

C'est ainsi qu'il faut lire ces deux vers, et non point comme dans les éditions depuis 1736, où l'on a remis ces deux vers tels qu'ils parurent dans la première édition *in-4°* :

> Pour vous perdre il n'est point de ressorts qu'il ne joue;
> Quelquefois il vous plaint, souvent même il vous loue.

L'auteur les changea, parce qu'on ne dit point *jouer des ressorts*, mais *faire jouer des ressorts*.

> Et par-là, de son fiel colorant la noirceur, etc.

Métaphore juste, *colorer* ce qui n'a point de couleur : ce qui est noir est sans couleur.

> Huit ans déjà passés, une impie étrangère, etc.

Malherbe commence la prosopopée d'Ostende par *trois ans déjà passés*; cependant on ne dit point *trois jours passés, j'ai fait cela*. Malherbe a dit encore :

> C'est assez que cinq ans son audace effrontée.

Cependant on ne dit pas ordinairement *cinq ans je fais cela*, pour *depuis cinq ans*. Mais pourquoi ne le dit-on pas, et pourquoi, dans une langue qui vient de la langue latine, n'aurions-nous pas, comme les latins, un ablatif absolu ? Ne disons-nous pas : *Je fis cela l'année passée..... Cela dit, on alla..... Lui mort, on verra,* etc.

> Rompez, rompez tout pacte avec l'impiété.

Expression du prophète : *Dissolve colligationes impietatis.* Je ne puis ici faire remarquer toutes les expressions prises de l'Ecriture-Sainte ; je n'en remarquerai que quelques-unes.

> Le jour qui de leurs rois vit éteindre la race,
> Eteignit tout le feu de leur antique audace.

On peut observer cet arrangement de mots : *Le jour qui vit éteindre..... Eteignit en eux.* Dit-on que *le jour éteint un feu ?* Sans doute, puisqu'il étoit si aisé à l'auteur de mettre :

> Le jour que de leurs rois on vit périr la race,
> S'éteignit tout le feu de leur antique audace.

La construction seroit très-régulière ; mais on sent aisément que le tour qu'il a pris est bien plus poétique.

> Il voit sans intérêt leur grandeur terrassée, etc.

Sans y prendre intérêt : il semble que ce ne soit plus son peuple.

> L'arche sainte est muette, et ne rend plus d'oracles.

Plus de réponses. Expression de l'Ecriture-Sainte.

ACTE I, SCENE II.

De cet arbre séché jusque dans ses racines.

Image prise de l'Electre de Sophocle : « Hélas, » la race de nos anciens maîtres a péri jusque dans la » racine ! »

Déplorable héritier de ces rois triomphans, etc.

Pourquoi veut-on que *déplorable* ne se puisse dire que des choses ? J'ai fait cette remarque dans les pièces précédentes.

Aura sur l'horizon fait le tiers de son tour.

J'expliquerai ce vers dans les remarques.

Et du temple déjà l'aube blanchit le faîte.

Blanchit : expression très-juste.

SCENE II.

Veut offrir à Baal un encens idolâtre.

On dit un homme *idolâtre ;* et au figuré, être *idolâtre* de quelque chose.

Un idolâtre amas de jeunes séducteurs. Boileau.

Ici, *encens idolâtre* est pour *culte idolâtre.*

Sous l'aile du Seigneur, dans le temple élevé.

Expression de l'Ecriture-Sainte.

De ses fiers étrangers assemblant les cohortes.

On ne se serviroit, en prose, de ce mot, qu'en parlant de l'infanterie romaine ; en vers, il se dit de toutes les troupes, et est très-poétique.

Si la chair et le sang, se troublant aujourd'hui, etc.

Expression de l'Ecriture-Sainte.

Tout ce qui reste encor de fidèles Hébreux
Lui viendront aujourd'hui renouveler leurs vœux.

Il pouvoit ajouter : *aujourd'hui lui viendra ;* il choisit le pluriel *lui viendront,* parce que *tout ce qui reste* est un nombre collectif.

> Et de David éteint rallumé le flambeau.

On ne diroit point *de César éteint*, en parlant de la maison, de la race de César. Cette épithète, qui accompagneroit mal tout autre nom, semble faite pour celui de David, la lumière d'Israël, d'où doit sortir la lumière des nations.

> Des plus saintes familles
> Votre fils et sa sœur vous amènent les filles.

Il pourroit dire *notre fils*, ou *mon fils avec ses sœurs*. Suivant notre usage, un mari parlant à sa femme, dit ordinairement *votre fils*. Cette manière de parler est plus tendre.

SCENE III.

> De votre auguste père accompagnez les pas.

Auguste, dit d'un grand-prêtre, est dans son sens propre, ainsi que dans la scène suivante :

> De ce jour à jamais auguste et renommé,

Dieu ayant consacré ce jour. *Augustus*, mot dont Suétone cherchoit l'étymologie, vouloit dire d'abord, chez les Romains, un lieu consacré par les augures. Dans Virgile :

> Centum oratores augusta ad mœnia regis ;

c'est-à-dire, suivant Servius, *augurio consecrata* ; et dans Ovide :

> Sancta vocant augusta patres, augusta vocantur
> Templa sacerdotum ritè sacrata manu.

Ce titre *Auguste* ayant été donné à Octave et à ses successeurs, s'est dit dans la suite, non-seulement des choses divines, mais de toutes les choses respectables, surtout en parlant des souverains. Hippolyte dit à son père :

> Votre auguste visage ;

et Agrippine, parlant de Néron :

> Sa confidence auguste.

Les Espagnols disent *augusto* et *augustissimo*.

SCENE IV.

SCENE IV.

De ce jour à jamais auguste et renommé,
Quand, sur ton sommet enflammé, etc.

Le poète pouvoit mettre également *où*, qu'il faudroit nécessairement s'il suivoit *jour* : on ne diroit pas de *ce jour, quand*.

La fameuse journée
Où sur le mont Sina la loi nous fut donnée.

Il n'a pas mis : *quand sur le mont Sina*. Il fait dire à Monime :

Du jour que sur mon front on mit le diadême ;

et dans Boileau :

Le jour que d'un faux bien sottement amoureux, etc.

ACTE II, SCENE II.

Mais sa langue en sa bouche à l'instant s'est glacée.

On dit ordinairement *se glacer* du sang. Cette expression, *langue glacée*, est imitée de Virgile : *Frigida lingua*. Boileau a dit de même : « La mollesse oppressée.... sent » sa langue glacée. »

Et venois vous conter ce désordre funeste.

En prose, il faudroit *et je venois*.

SCENE IV.

Et surtout défendit à leur postérité,
Avec tout autre Dieu toute société.

Société avec un Dieu.

SCENE V.

Que j'ai su soulever contre cet assassin.

Jéhu est nommé *assassin*, à cause de tous les meurtres qu'il ordonna en montant sur le trône.

> Son ombre vers mon lit a paru se baisser.

J'ai remarqué sur Bajazet, qu'*ombre*, en parlant d'une personne morte, ne convenoit que dans la bouche d'un Grec ou d'un Romain ; mais, ici, *ombre* veut dire fantôme. *L'ombre* de *Jézabel.*

> D'os et de chair meurtris, et traînés dans la fange, etc.

Si l'épithète *meurtris* se rapportoit à chair, elle ne seroit ni au masculin ni au pluriel; elle ne peut se rapporter seulement à *os* : on ne dit point des os *meurtris* ; il la faut rapporter aux deux mots à la fois. Le poète a voulu, par cette espèce de confusion de mots, peindre celle dont il parle.

> A deux fois en dormant revu la même idée.

Dans notre langue, *idée* signifie aussi *vision*.

> A d'illustres parens s'il doit son origine, etc.

Le P. Bouhours prétend que ce mot *parens* n'est pas noble, pour dire ceux de qui nous avons reçu la vie. Je ne vois pas la raison de cette délicatesse. *Parens* signifie quelquefois ceux seulement qui nous sont unis par le sang, comme dans le quatrième acte :

> De leurs plus chers parens saintement homicides;

et dans Cinna :

> Romains contre Romains, parens contre parens.

Mais il se dit également bien pour *père et mère*. Nous disons : *il est né de parens chrétiens*. Joas va dire :

> Et qui de mes parens n'eus jamais connoissance.

A quoi Athalie répond :

> Vous êtes sans parens;

c'est-à-dire, vous n'avez ni père ni mère. Eriphile, disant qu'elle ne vient pas pour apprendre à qui elle doit sa naissance, ajoute :

> Sans chercher des parens si long-temps ignorés.

Enfin, dans ce sens, ce mot est latin : *Cui non risere parentes.* Virg.

Et vous, qui lui devez des entrailles de père, etc.

J'ai déjà remarqué sur Phèdre, que ce mot *entrailles* n'étoit noble en vers qu'au sens figuré. On ne diroit pas *lui perça les entrailles*. Ce mot cependant est noble au sens propre, en parlant de sacrifice. On a vu plus haut :

> Des victimes de paix les entrailles fumantes.

> Ils vivent cependant, et leur temple est debout.

Expression très-noble et même poétique, *stat*.

> Mais je sens que bientôt ma douceur est à bout.

On ne diroit pas noblement : *Je suis à bout, je me sens à bout*, pour *je perds patience* : je ne crois pourtant pas qu'on puisse condamner ici *à bout*, quoique prosaïque. Ce poète a l'art de placer les mots les plus communs d'une façon qui les ennoblit.

SCENE VII.

> Eh quoi, vous n'avez point de passe-temps plus doux ?

Il pouvoit mettre *d'amusement*; mais, quoique *passe-temps* ne soit pas noble en vers, il convient en parlant à un enfant.

> Ce Dieu depuis long-temps votre unique refuge,
> Que deviendra l'effet de ses prédictions ?

Tour dont on a déjà vu plusieurs exemples.

ACTE III, SCENE II.

> C'est votre illustre mère à qui je veux parler.

S'il disoit : *c'est à votre mère à qui*, il feroit la faute qu'on a remarquée dans ce vers de Boileau :

> C'est à vous, mon esprit, à qui je veux parler.

Je n'ose condamner Boileau, ne pouvant me persuader qu'il ait laissé subsister une faute dans un vers si remarquable, lorsqu'il lui étoit si aisé de la corriger, en commençant par

> Oui, c'est vous, mon esprit, à qui je veux parler.

SCENE III.

Du sort de cet enfant je me suis fait instruire,
Ai-je dit. On commence à vanter ses aïeux.

Lui ai-je dit, ou *ai-je dit devant elle*.

Autant que de Joad l'inflexible rudesse
De leur superbe oreille offensoit la mollesse.

La *rudesse* d'un homme trop sévère offense la *mollesse* des superbes oreilles des rois.

En poussa vers le ciel des hurlemens affreux.

Ce mot *hurlement* est du style de l'Ecriture-Sainte. Les prophètes, pour dire *gémissez*, disent souvent *ululate;* et les historiens profanes expriment par le même mot le deuil des Orientaux : *Lugubris clamor, barbaro ululatu*. Quinte-Curce, l. 3.

Je ceignis la tiare, et marchai son égal.

Cette expression, qui rend celle de Virgile, *incedo regina*, a été reçue ici sans contradiction, et admirée ; cependant elle avoit paru ridicule dans ce vers d'un traducteur de Virgile :

Et moi, reine des dieux, qui marche épouse et sœur
Du puissant Jupiter, des foudres possesseur.

Heureux si sur son temple achevant ma vengeance, etc.

Le poète cherche à dessein le son dur de ces trois monosyllabes-là, qui commencent par une *s*.

SCENE IV.

Cet enfant sans parens, qu'elle dit qu'elle a vu.

J'aimerois mieux *qu'elle dit avoir vu*.

Méchant, c'est bien à vous d'oser ainsi nommer, etc.

Elle ne dit pas : *c'est bien à toi*. Ce mot *méchant* n'est pas ici dans le style familier. J'ai remarqué sur ce vers de la Thébaïde :

N'en doute point, méchant,

que l'auteur avoit seulement dans sa première pièce

ACTE IV, SCENE I.

employé ce mot, qui n'est plus d'usage dans le style noble. Il se retrouve dans cette pièce comme étant du style de l'Ecriture-Sainte, qui nomme *méchans* les ennemis de Dieu. Josabet dira bientôt :

> Tandis que les méchans délibèrent entr'eux ;

Et dans le premier cantique :

> Les méchans m'ont vanté leurs mensonges frivoles.

Josabet n'appelle point ainsi Mathan par colère, ni par emportement.

SCENE VI.

> Et le chemin est court qui mène jusqu'à lui.

On a vu plusieurs exemples de pareilles inversions.

SCENE VII.

> Tout a fui. Tous se sont séparés sans retour.

Malherbe faisoit *fuir* de deux syllabes ; et l'Académie, dans sa critique du Cid, reprit *fui* d'une syllabe. Ménage approuva cette critique ; et Vaugelas, qui pensoit de même, reprochoit aux poètes leur opiniâtreté à faire *fuir* d'une syllabe. Leur opiniâtreté leur a réussi : on ne le fait plus que d'une syllabe, comme dans la prononciation ordinaire.

ACTE IV, SCENE I.

> Quel est ce glaive enfin qui marche devant eux?

Comme il est porté en cérémonie, l'expression *qui marche* est juste.

> Est-ce qu'en holocauste aujourd'hui présenté, etc.

Quoique nous disions le sacrifice de Jephté, Joas ne dit point *est-ce qu'en sacrifice*, mais *est-ce qu'en holocauste*, parce que l'holocauste étoit un sacrifice dans lequel la chair entière de la victime étoit brûlée.

> Voici qui vous dira les volontés des cieux,

Pour *voici celui qui vous dira.* Cette manière de parler me fait quelque peine.

SCENE II.

> Et de payer à Dieu ce que vous lui devez.

Cette expression est dans Sophocle. On conjure Ajax, par les dieux, de ne point se tuer ; il répond, par désespoir, qu'il a payé aux Dieux tout ce qu'il leur devoit : « Je ne suis plus, dit-il, leur débiteur. »

SCENE III.

> Nourri, vous le savez, sous le nom de Joas.

Ce mot est ici au propre, pour *mis en nourrice*. Il est, peu après, au figuré, pour *élevé* :

> Un roi que Dieu lui-même a nourri dans son temple.

> Mais ma force est au Dieu dont l'intérêt me guide.

Le poète pouvoit mettre : *ma force est dans le Dieu ;* il a cru pouvoir dire : *ma force est au,* etc.

> Le successeur d'Aaron, de ses prêtres suivi, etc.

On a vu, dans la première scène :

> Si du grand-prêtre Aaron.

Nous écrivons toujours *Aaron,* quoique nous prononcions *Aron*.

> Entre le pauvre et vous, vous prendrez Dieu pour juge,
> Vous souvenant, mon fils, que caché sous ce lin,
> Comme eux vous fûtes pauvre, et comme eux orphelin.

Ce *comme eux* se rapporte à *pauvre,* nom collectif ; mais comment peut-il se rapporter aussi à *orphelin ?* Par *pauvre,* en cet endroit, *entre le pauvre et vous,* il faut entendre tout malheureux, qu'un roi, comme père de ses sujets, doit protéger ; c'est-à-dire, *le pauvre et l'orphelin,* celui qui est sans appui. Par cette manière de s'exprimer, le poète a su jeter, dans un seul vers, une grande leçon mêlée de beaucoup de tendresse.

SCENE IV.

Aux pieds de votre roi prosternez-vous, mon fils.

On doit toujours dire : *se prosterner, être prosterné*; et l'on ne peut dire *prosterner* quelque chose. Corneille cependant l'a dit si heureusement, que par un autre mot il eût gâté ces deux vers admirables :

Oui, tandis que le roi va lui-même, en personne,
Jusqu'aux pieds de César prosterner sa couronne.

Qu'on critique ces deux vers sur la langue, on dira que *lui-même* et *en personne* est un pléonasme ; qu'on ne *prosterne pas* une couronne, et que si on se prosterne soi-même c'est *en personne* : voilà ce qu'on peut penser en puriste, et ce qu'on ne pense point quand on se sent frappé par deux vers si beaux.

SCENE V.

Déjà le sacré mont, où le temple est bâti, etc.

Il faudroit dire, en prose, *sur lequel*. On ne diroit pas : *le mont où*, etc.

Et quand Dieu de vos bras l'arrachant sans retour, etc.

Le poète pouvoit mettre : *et quand Dieu l'arrachant de vos bras sans retour*, pour éviter ce son dur *arrachant sans;* mais il l'a au contraire recherché.

Voudroit que de David la maison fût éteinte.

On a vu plus haut :

Entre nos deux maisons rompit toute alliance,

la maison d'Achar et celle de David; et dans Phèdre :

Six frères, quel espoir d'une illustre maison,

celle d'Erechtée, parce qu'en vers *maison* se dit d'une famille royale; et quoique nous lisions dans l'Ecriture-Sainte *la maison d'Aaron, la maison de Lévi*, les lévites ont été appelés plus haut *généreux chefs des familles sacrées*. Et dans Britannicus, le poète n'a jamais dit la *maison* de Claude ni de César, parce que nous disons *familles romaines*, *la famille des Césars*, quoiqu'il y ait dans Virgile : *domus Æneæ.... domus Sergiæ.*

SCENE VI.

Partez, enfans d'Aaron, partez.

Partez, répété dans un petit vers, met dans ce vers une harmonie imitative. On croit entendre la marche d'une troupe qui va au combat.

ACTE V, SCENE I.

A l'aspect de ce roi racheté du tombeau.

Racheté, bien plus beau que *retiré* ou *rappelé*.

Lui, parmi ces transports, affable et sans orgueil.

Il s'est servi du même mot dans un de ses cantiques :

Avec toi marche la Douceur,
Que suit avec un air affable
La Patience, etc.

Ces mots *affable* et *affabilité* sont devenus très-français, malgré Patru, qui les condamnoit.

O crainte, a dit mon père, indigne, injurieuse !

Deux épithètes peuvent se suivre en vers, sans qu'entre deux *et* soit nécessaire. J'en ai fait remarquer d'autres exemples.

Et força le Jourdain de rebrousser son cours.

Expression très-française. Voyez le Dictionnaire de l'Académie : *il rebroussa son chemin.*

Des dieux des nations tant de fois triomphante, etc.

Dans le style de l'Ecriture-Sainte, *les nations, gentes,* tous les peuples, par opposition au peuple de Dieu, à la nation choisie.

SCENE II.

> Dans l'horreur d'un cachot par son ordre enfermé,
> J'attendois que le temple en cendres consumé,
> De tant de flots de sang non encore assouvie,
> Elle vînt m'affranchir d'une importune vie.

J'ai fait remarquer de pareilles constructions.

> Voulez-vous que d'impurs assassins
> Viennent briser l'autel, brûler les Chérubins, etc.

Les Tyriens et tous les étrangers qu'Athalie rassembloit dans son armée. Les Juifs appeloient *impurs* tous les incirconcis. Les Chérubins que Salomon avoit fait mettre dans le temple étoient de bois d'olivier. Ainsi cette expression *brûler* est juste.

> De ce coup imprévu songeons à nous parer.

Le *p* terminant un mot que suit une voyelle, ne fait point une dureté, puisqu'un poète si attentif à la douceur de la prononciation ne l'a point évité. On a déjà vu: *tout le camp à la fois*; on va voir *dans le camp ennemi*, et *dans son camp étonné*. Lully n'a pas refusé de mettre en musique *un coup inévitable*, quoiqu'on soit obligé de faire sentir le *p* en prononçant *coup*.

SCENE IV.

> L'Ange exterminateur est debout avec nous.

Stat, c'est-à-dire, *prêt à frapper;* et par conséquent Joas verra tomber ses ennemis.

SCENE V.

> D'un fantôme odieux, soldats, délivrez-moi.

Elle ne dit pas *d'un enfant :* elle ne daigne appeler que *fantôme* celui que Joad appelle *votre roi*.

SCENE VI.

> Bénissent le Seigneur, et celui qu'il envoie.

Expression de l'Ecriture-Sainte : le peuple, dans ses trasports de joie, reçoit Joas comme le Messie.

> Allez, sacrés vengeurs, de vos princes meurtris, etc.

Le poète rend au verbe *meurtrir* son ancienne et propre signification. C'est de ce verbe que viennent *meurtrier* et *meurtre*. Cependant *meurtrir* ne signifie plus que faire une contusion : *meurtrissure* n'est aussi qu'une contusion; et le passage d'Isaïe : *livore ejus sanati sumus*, est ainsi rendu : *nous sommes guéris par ses meurtrissures.*

L'Académie française eut dessein autrefois de faire un examen suivi de cette tragédie; ce qui apparemment a empêché M. l'abbé d'Olivet de faire sur cette pièce le même travail qu'il a fait sur les autres. Un examen fait par lui ou par l'Académie, sur un ouvrage qui peut passer en tout comme modèle, seroit cependant très-utile.

J'en trouve le style aussi parfait que la conduite : nulle expression qu'on puisse accuser de négligence ou de trop de hardiesse. Le style, dont je parlerai plus au long autre part, et qui n'est point oriental, comme le prétend l'abbé du Bos, est toujours noble et élevé, sans être si poétique que celui de la pièce précédente. Je n'en donne qu'un exemple. Josabet, pour faire entendre que depuis trois jours elle ne fait que pleurer et prier, ne dit point :

> Le soleil a trois fois chassé la nuit obscure....
> Les ombres par trois fois ont obscurci les cieux,
> Depuis que le sommeil n'est entré dans mes yeux.

Elle dit simplement :

> Sur-tout j'ai cru devoir aux larmes, aux prières,
> Consacrer ces trois jours et ces trois nuits entières.

Le langage du grand-prêtre (excepté dans sa prophétie) est toujours simple et noble.

REMARQUES.

PRÉFACE.

LE silence que l'auteur garde sur la conduite de sa pièce, dans la préface, est remarquable. Dans ses autres préfaces, il a coutume de parler de l'économie de sa tragédie, du succès qu'elle a eu, ou des critiques qu'elle a essuyées; il se contente, dans celle-ci, d'instruire le lecteur du sujet, et ne dit rien de la manière dont il l'a traité, ni de ce qu'il pense de son ouvrage. Comme cette tragédie n'avoit point été représentée, il ignoroit l'impression qu'elle pouvoit faire sur les spectateurs; ainsi il n'ose en rien dire : il est incertain si elle plaira aux lecteurs; il attend le jugement du public. Il ne soupçonnoit pas alors que dans la suite il lui seroit si favorable.

ACTE I.

Lieu de la Scène, durée de l'Action de nos entr'actes.

L'action de cette pièce n'étant point une action privée, se passe, comme les actions des tragédies anciennes, dans un lieu qu'on peut regarder comme un endroit public. Il est aisé de se le figurer. Le temple étoit environné de grands édifices, destinés à différens usages pour le ministère des choses saintes. Il y avoit des chambres pour les prêtres et les lévites qui étoient de service. Le grand prêtre y avoit son logement perpétuel avec toute sa famille. Les appartemens des femmes étant secrets, et éloignés de la vue des hommes, Joas avoit été élevé secrètement dans la chambre de Josabet. On entroit dans l'appartement du grand-prêtre par un vestibule : c'est ce vestibule qui est le lieu de la scène. Il est peu éloigné de la porte du temple. Au cinquième acte, ceux qui sont sur la scène voient qu'on ouvre la porte du temple pour laisser entrer Abner. Athalie, repoussée de l'endroit où elle avoit voulu pénétrer, s'arrête dans ce vestibule avant que de sortir, et y fait venir Joas. Ce vestibule est le rendez-vous des prêtres, des lévites, de leurs enfans, des musiciens et musiciennes, qui formoient, comme on le sait, plusieurs bandes, et qui pouvoient venir en cet endroit répéter leurs cantiques : ainsi le chœur, dans cette pièce, est plus vraisemblable que dans plusieurs pièces des anciens.

Ce chœur ne reste pas toujours sur la scène, comme celui des anciens ; mais il n'en sort que trois fois, parce que le poète, à l'exemple de Sophocle, dans Ajax, sait le faire sortir quand on va dire des choses qu'il ne doit pas entendre. Josabet, au commencement du second acte, vient l'avertir qu'il est temps de s'aller joindre aux prières publiques : elle se retire avec lui quand Athalie arrive ; et cette première absence du chœur laisse à Athalie la liberté de s'entretenir avec Mathan. Le chœur, qui accompagne Joas quand il est présenté à Athalie, s'enfuit au commencement du troisième acte : quand il voit Mathan, *tout se disperse;* et cette seconde absence du chœur laisse à Mathan la liberté de s'entretenir avec son confident. Lorsque la nouvelle s'est répandue que Mathan est venu pour demander Joas de la part d'Athalie, le chœur revient pour offrir son secours au grand-prêtre, qui dit à Dieu, dans son étonnement :

> Voilà donc quels vengeurs s'arment pour ta querelle,
> Des prêtres, des enfans !

Le cœur est témoin des préparatifs du couronnement

de Joas, sans savoir de quoi il s'agit. Josabet le fait sortir en lui disant :

> Et nous, sortons tous de ces lieux,

pour laisser le grand-prêtre seul avec Joas; et quand Joas a été reconnu par les prêtres, elle revient avec le chœur, qui ne sort plus du lieu de la scène : lorsque Joas, mis sur un trône, est couvert d'un rideau, le chœur environne son trône.

Ce chœur rend donc, comme chez les anciens, l'action continue; et sans lui elle paroîtroit arrêtée à la fin du second acte : ce qui seroit un grand défaut. Athalie n'est venue au lieu de la scène que par hasard; elle a dit en sortant :

> Nous nous reverrons,

sans dire en quel temps. Le grand prêtre a dit à Abner:

> Souvenez-vous de l'heure où Joad vous attend.

Cette heure étant encore éloignée, le spectateur ignore ce qui se fera jusqu'à cette heure; et comme il n'y a rien à faire, l'action seroit arrêtée sans le chœur qui occupe la scène. Il est interrompu dans ses chants par le retour de Mathan, qu'on n'attendoit point : à ce retour, l'action continue.

Cette remarque m'engage à faire quelques observations sur nos entr'actes. L'action dramatique, du moment qu'elle est commencée, devroit toujours continuer; et par conséquent, la scène ne devroit jamais rester vide. Cependant, parmi nous, elle reste toujours quatre fois vide. N'est-ce pas un défaut?

Si l'action paroissoit arrêtée une seule fois, ce seroit un grand défaut. On pourroit demander, pendant un entr'acte, au spectateur ce qu'il attend, et pourquoi il s'imagine que les acteurs vont revenir : s'il n'en pouvoit donner d'autres raisons, si ce n'est que toute pièce doit être en cinq actes, et que l'action va recommencer, puisqu'on ne baisse pas la toile, et qu'au contraire on mouche les chandelles, ces raisons feroient bien peu d'honneur au poète. L'action ne doit donc jamais paroître arrêtée; mais elle peut être suspendue pour quelques momens : ce qui est cause que quelques-uns de nos entr'actes sont nécessaires, et que plusieurs autres ne le sont pas; c'est-à-dire, la scène ne reste vide qu'à cause de l'usage, pour le repos des acteurs et des spectateurs : c'est ce que des exemples feront comprendre.

L'intervalle entre les deux premiers actes de Mithridate n'est point nécessaire : ces deux actes pourroient n'en faire qu'un. On a annoncé la nouvelle de l'arrivée de Mithridate, qui descend de son vaisseau; ses enfans sortent pour aller au-devant de lui; Monime peut, dans le même moment, faire la scène du second acte avec sa confidente, qui lui demande pourquoi elle ne va pas aussi au-devant de Mithridate. Il n'y a aucun intervalle nécessaire entre les deux premiers actes d'Iphigénie. Agamemnon, qui a appris l'arrivée de sa femme et de sa fille, rentre pour la recevoir; dans le même moment, Eriphile pourroit sortir en disant :

Laissons-les dans les bras d'un père et d'un époux.

Elle sort pour laisser Agamemnon libre avec Iphigénie; mais il faut nécessairement un intervalle entre le quatrième et le cinquième acte. Il faut qu'Eriphile ait eu le temps d'aller découvrir à Calchas la fuite d'Iphigénie, puisqu'Iphigénie est ramenée au lieu de la scène, parce que tout le camp s'est opposé à sa fuite. Quand le même personnage termine un acte et commence le suivant, l'action a été véritablement suspendue. Andromaque est sortie à la fin du troisième acte, et commence le quatrième, parce que l'action est demeurée en suspens, tandis qu'elle alloit consulter sur le tombeau d'Hector le parti qu'elle avoit à prendre.

Ces entr'actes, nécessaires à l'action, ne sont pas si communs dans nos tragédies que les autres, qui ne s'y trouvent ordinairement que pour suivre l'usage, et donner aux acteurs, comme aux spectateurs, un temps de repos; ce qui oblige un poète à faire dire, à la fin de chaque acte, quelque chose qui fasse attendre l'acte suivant, pour que l'action ne paroisse pas arrêtée. C'est à quoi les poètes qui savent leur art, sont très-attentifs; et dans l'examen de toutes les pièces précédentes, j'ai fait observer, à la fin de chaque acte, que le spectateur est instruit de ce qui va se passer dans l'intérieur du palais, tandis que la scène restera vide. Cette attention du poète n'est que pour sauver le défaut de vraisemblance : d'où il résulte que ce partage d'une pièce en cinq actes ou en quatre temps de repos, partage inconnu aux Grecs, n'est pas conforme à la nature du poëme dramatique, parce qu'il faudroit, pour observer toute vraisemblance, que la scène ne restât jamais vide, et que la durée de l'action fût égale à celle de la représentation.

C'est ce qui se trouve dans Athalie, sans qu'on soit obligé de supposer la durée des chants du chœur plus longue qu'elle ne doit l'être. Toute l'action ne dure que quatre à cinq heures. Elle commence avant le jour, à la fin de la première scène : *L'aube blanchit le faîte du temple*. Athalie, qui a passé une nuit très-mauvaise, se lève de très-grand matin, et entre dans le temple Irritée de l'affront qu'elle y a reçu, elle donne ordre que ses troupes soient sous les armes :

A tous mes Tyriens faites prendre les armes.

Ainsi elle sera prête à revenir, avec son armée, investir la montagne. Le grand-prêtre, qui ne devoit faire reconnoître Joas que quand la troisième heure rappelleroit le peuple aux prières, c'est-à-dire, à neuf heures du matin, et qui, à la fin du second acte, répète à Abner que c'est à cette heure qu'il lui donne rendez-vous au temple, se trouve obligé, à cause du péril qui menace Joas, de précipiter l'action. Sans attendre Abner, il fait reconnoître Joas; et il se peut qu'Athalie soit égorgée avant huit heures; de manière que le grand-prêtre peut dire ce qu'il dit: *Appelez tout le peuple;* c'est-à-dire, faites sonner la trompette pour que le peuple vienne aux prières à l'heure accoutumée; *et nous*, ajoute-t-il,

>Roi, prêtres, peuple, allons, pleins de reconnoissance,
>De Jacob avec Dieu confirmer l'alliance.

Il va faire les prières publiques lorsque tout le peuple est instruit du grand événement qui vient d'arriver, et qui n'a point dérangé le service ordinaire de la fête.

SCENE I.

Il n'est pas aisé à un poète tragique de bien exposer le sujet de sa pièce. Il doit d'abord instruire le spectateur de tout ce qui est nécessaire pour la connoissance de l'action qui va se passer, et des personnages qui paroîtront; et s'il l'en instruit froidement, il commencera par l'ennuyer. Dans le plus grand nombre de nos tragédies, la première scène est assez froide, et, ce qui est un plus grand défaut, ne contient pas une explication suffisante des choses qu'il faut savoir d'abord. Les froids prologues d'Euripide ont du moins le mérite de ne laisser rien à ignorer de nécessaire à l'intelligence du sujet, et le personnage qui le fait, commence ordinairement par se nommer. Le prologue de l'Hécube est fait

ACTE I, SCENE I.

fait par l'ombre de Polidore, qui sort des Enfers, en disant: « Je suis Polidore, fils d'Hécube et de Priam. » Il vaut mieux encore, dit Boileau, *qu'il décline son nom,*

> Que d'aller, par un tas de confuses merveilles,
> Sans rien dire à l'esprit, étourdir les oreilles.
> Le sujet n'est jamais assez tôt expliqué.

La tragédie de Cinna commence par ces *confuses merveilles*, sans que le spectateur puisse savoir, tant que dure un monologue assez long, quelle est cette Romaine qui, pour venger son père, souhaite la mort d'Auguste. Il ne la connoît pas encore pendant une grande partie de la seconde scène : ce n'est que vers la fin que sa confidente prononce le nom d'Emilie, nom qui n'est pas encore fort connu. J'ai fait remarquer, dans toutes les pièces précédentes, l'attention de l'auteur à faire promptement connoître le lieu de la scène, et le nom du premier personnage qu'il fait paroître.

L'exposition du sujet, faite dans un récit, est souvent très-bien faite ; mais elle plaît toujours davantage quand elle est tournée en action, comme dans Britannicus, Bajazet, Athalie, etc. La première scène de Bajazet est regardée comme le modèle d'une exposition bien faite : on en peut dire autant de la première scène d'Athalie. J'en remarquerai bientôt toutes les beautés en détail. Je ne fais ici qu'observer que le spectateur est non-seulement instruit des caractères des principaux personnages, et du malheur des Juifs gémissans sous la tyrannie d'une femme impie et meurtrière qui a usurpé le trône de David, mais est préparé à l'action de la pièce par ce même Abner, qui n'en peut rien soupçonner. Lorsqu'il dépeint Athalie lançant des regards furieux sur le temple :

> Comme si, dans le fond de ce vaste édifice,
> Dieu cachoit un vengeur armé pour son supplice,

il annonce ce *vengeur;* et lorsqu'après avoir répondu au grand-prêtre, qui lui reproche une oisive vertu, tandis que le sang de ses rois crie, qu'il ne peut rien pour leur vengeance, puisqu'Athalie en a fait périr toute la race, il s'écrie :

> Ah, si dans sa fureur elle s'étoit trompée !
> Si du sang de nos rois quelque goutte échappée...

il annonce encore cette *goutte échappée*, qui sera l'objet de toute la pièce. La confiance avec laquelle le grand-prêtre lui dit qu'il sera convaincu, s'il revient à neuf heures au temple, que Dieu ne trompe jamais dans ses promesses, fait que le spectateur s'attend à voir ressusciter la race de David.

En examinant les pièces tirées d'Euripide, je n'ai pas voulu charger mes remarques de passages grecs; je ne veux pas non plus charger celles-ci de passages de l'Ecriture-Sainte. J'indiquerai seulement quelques imitations.

> Oui, je viens dans son temple adorer l'Eternel.

Ce premier vers instruit que c'est un Juif qui parle, et que le lieu de la scène est dans le temple : les vers suivans instruisent qu'il y vient le jour de la fête de la Pentecôte, mais que cette fête n'y rassemble pas tant de Juifs qu'autrefois, parce qu'une femme impie a tout changé.

> Où sur le mont Sina la loi nous fut donnée.

La fête de la Pentecôte étoit établie, chez les Juifs, pour remercier Dieu de la loi donnée sur le mont Sinaï; et elle étoit appelée aussi *Fête des Prémices,* parce qu'en ce jour on offroit à Dieu les prémices des moissons.

> Le reste pour son Dieu montre un oubli fatal ;
> Ou même, s'empressant aux autels de Baal,
> Se fait initier à ses honteux mystères.

Il va dire encore que

> Benjamin est sans force, et Juda sans vertu.

Le grand-prêtre ne peut donc rien espérer, pour le succès de son entreprise, d'une nation sans vigueur. On voit dans l'Ecriture-Sainte qu'on commettoit toutes sortes d'infamies dans les fêtes de Baal, divinité phénicienne ou cananéenne.

> D'où vous vient aujourd'hui ce noir pressentiment ?

Il sait bien que tout ce que lui dit Abner est véritable, et la tranquillité de sa réponse fait connoître celle de son âme.

> Dès long-temps votre amour pour la religion
> Est traité de révolte et de sédition.

Peut-on soupçonner cependant l'esprit de révolte dans ceux qui aiment la religion ?

> Si du grand-prêtre Aaron Joad est successeur,
> De notre dernier roi Jozabet est la sœur.
> Mathan d'ailleurs, Mathan, ce prêtre sacrilège, etc.

Le spectateur, instruit de la dignité et de la vertu de Joad, l'est encore de la naissance et du mérite de Josabet son épouse, et du caractère de Mathan leur ennemi.

> Quelquefois il vous plaint, souvent même il vous vante.

Ce que dit Tacite : *Pessimum inimicorum genus, laudantes.*

> Tantôt, voyant pour l'or sa soif insatiable, etc.

Il n'est pas ici parlé sans raison de l'avarice d'Athalie : elle sera en partie cause de ce qu'elle ira dans le temple se livrer à ses ennemis, espérant y trouver des trésors.

> Je l'observois hier, et je voyois ses yeux
> Lancer sur le lieu saint des regards furieux.

Le grand-prêtre n'a donc point de temps à perdre.

> Je crains Dieu, cher Abner, et n'ai point d'autre crainte.

On cite ordinairement ce vers pour exemple du sublime, et toutes les expressions en sont simples. Qu'on en mette de moins simples : *Je crains le Tout-Puissant;*

ou même : *Je ne crains que Dieu seul*, le sublime disparoîtra, et disparoîtroit bien davantage, si le grand-prêtre disoit, en plusieurs vers :

>Soumis au roi des cieux, des mers et de la terre,
>Je ne crains que le bras qui lance le tonnerre ;
>Lui seul peut me remplir de terreur et d'effroi, etc.

>Et vous, l'un des soutiens de ce tremblant Etat, etc.

Abner est donc un personnage important ; et cependant il n'en fait pas un considérable dans cette pièce, parce que le grand-prêtre ne veut pas employer les secours humains.

>Par de stériles vœux pensez-vous m'honorer ?

Ceci est imité du premier chapitre d'Isaïe. Quoiqu'Abner soit un officier plein de zèle pour la loi, le grand-prêtre lui fait ces reproches, parce qu'en les lui faisant, c'est à toute la nation qu'il les adresse.

>L'arche sainte est muette, et ne rend plus d'oracles.

Il veut parler des réponses du ciel que recevoit, dans les premiers temps, le grand-prêtre, lorsque, revêtant l'éphod et le pectoral, il consultoit Dieu devant l'arche. Ces réponses cessèrent, à ce qu'on croit, après Salomon.

>Que sur toute tribu, sur toute nation,
>L'un d'eux établiroit sa domination.

Abner applique à la lettre, à la famille de David, ce qui est dit dans le Ps. 71. Mais la foi du grand-prêtre ne seroit pas ébranlée, quand même Dieu

>Voudroit que de David la maison fût éteinte.

>Les morts, après huit ans, sortent-ils du tombeau ?

Cette réponse instruit le spectateur de l'âge de Joas. L'Ecriture-Sainte dit que, quand il fut reconnu, il étoit dans sa septième année : le poète lui donne un an de plus, pour qu'il paroisse plus capable de parler comme il le fait parler.

> De quelle ardeur j'irois reconnoître mon roi !

Le zèle d'Abner n'engage pas le grand-prêtre à lui confier son secret.

> Mais quand l'astre du jour
> Aura sur l'horizon fait le tiers de son tour,
> Lorsque la troisième heure aux prières rappelle, etc.

La troisième heure, chez les Juifs, étoit celle que nous appelons neuf heures du matin. Pourquoi donc le poète dit-il qu'alors le soleil aura fait *le tiers* de son tour? Ne devoit-il pas plutôt dire *le quart*? Puisqu'il pouvoit également dire le quart, il n'a pas dit le tiers sans raison. En prenant le jour naturel, qui est de vingt-quatre heures, et que nous comptons d'un minuit à l'autre, minuit étant le point d'où nous supposons le soleil s'avancer sur l'horizon, il a fait à huit heures du matin le tiers de son tour; mais il n'y a pas d'apparence qu'il parle du jour naturel, parce que les Juifs le comptoient d'un coucher du soleil à l'autre, et que d'ailleurs, puisqu'il ajoute *sur l'horizon*, il parle du jour artificiel. Il suppose donc que, dans la Judée, au temps de la fête de la Pentecôte, le jour artificiel étoit de quinze heures : le soleil se levant environ à quatre heures, et se couchant environ à sept, il achevoit le tiers de son tour à neuf heures, la troisième heure chez les Juifs.

> Et du temple déjà l'aube blanchit le faîte.

Cette première scène a commencé avant l'aurore. Dans le commencement de l'Electre de Sophocle, on est pareillement instruit que l'action commence au lever du soleil.

SCENE II.

> Les temps sont accomplis; princesse, il faut parler, etc.

Josabet est un principal personnage, non-seulement comme femme du grand-prêtre, mais comme princesse : elle étoit fille de Joram, et petite-fille de

Josaphat, suivant la coutume qui s'étoit introduite d'allier par des mariages les chefs du sacerdoce et de l'empire.

> Il ne répond encor qu'au nom d'Eliacin.

Eliacin ou *Eliacim*, nom commun chez les Juifs.

> Et se croit quelqu'enfant rejeté par sa mère.

L'auteur a trouvé une ressemblance de Joas dans l'Ion d'Euripide. Joas a été, comme lui, élevé dans un temple ; il ignore ses parens, et la prêtresse du temple lui sert de mère.

> Surtout, j'ai cru devoir, aux larmes, aux prières,
> Consacrer ces trois jours et ces trois nuits entières.

Le public voit ordinairement ce personnage exécuté par une actrice très-enluminée, et qui n'a nullement l'air d'une femme qui a passé trois jours et trois nuits dans les larmes. Cette pièce n'est point faite pour le théâtre public.

> Un serment solennel par avance les lie
> A ce fils de David qu'on leur doit révéler.

Ce serment demandé pour un roi qu'on n'a point nommé, et le nombre des lévites redoublé ; c'est tout ce qui a précédé l'action.

> Hélas, l'état horrible où le ciel me l'offrit, etc.

Ce morceau fameux est non-seulement admirable par la poésie et la vérité de la peinture, mais par l'art avec lequel il est amené, afin que le spectateur, instruit des premiers malheurs de Joas et de la raison qui le fait élever dans le temple sous un nom supposé, s'attendrisse et s'intéresse pour lui avant que de l'avoir vu.

> Grand Dieu, que mon amour ne lui soit point funeste !

Le souvenir de ce moment, redoublant son amour pour Joas, lui fait faire cette prière, où l'on remarque, avec la tendresse d'une mère, la timidité d'une femme, que sa piété rassure. La prière que va faire le grand-prêtre pour le même enfant, sera toute différente.

> Il ne recherche point, aveugle en sa colère,
> Sur le fils qui le craint, l'impiété du père.

Quoique, dans le passage du prophète (Ezéchias 18), que le poète imite ici, il soit dit que *le fils ne portera point l'iniquité du père*, le poète, au lieu de *l'iniquité*, a mis *l'impiété*, parce que le prophète ajoute : *l'impiété de l'impie sera sur lui*; et le poète, en disant que Dieu ne cherche point l'impiété du *père sur le fils qui le craint*, parle d'une manière très-exacte, puisque Dieu, quand il dit (Exode 20) qu'il venge l'iniquité des pères sur les enfans jusqu'à la quatrième génération, ajoute : *dans ceux qui me haïssent*. Dieu, par des peines temporelles, punit souvent les enfans des péchés de leurs pères; et le même poète a dit, dans Esther, en imitant encore un passage de l'Ecriture-Sainte :

> Nos pères ont péché, nos pères ne sont plus;
> Et nous portons la peine de leurs crimes.

Ce que pouvoient dire les Juifs craignant Dieu, qui furent emmenés captifs à Babylone; mais l'enfant puni de cette façon des crimes de son père, est agréable aux yeux de Dieu, s'il le craint, parce que *la justice du juste sera sur lui* (Ezéc. 18), *et l'impiété de l'impie sera sur lui*. Ces deux vers sont donc très-exacts :

> Dieu ne recherche point, aveugle en sa colère,
> Sur le fils qui le craint, l'impiété du père.

> Deux infidèles rois tour-à-tour l'ont bravé.

Okozias et Joram.

> Dieu l'a fait remonter par la main de ses prêtres,
> L'a tiré par leur main de l'oubli du tombeau.

Cette répétition *par leur main* fait entendre que nul autre secours que celui des prêtres ne sera employé.

> Grand Dieu, si tu prévois qu'indigne de sa race, etc.

Il s'en rendit indigne, et il abandonna la race de David:

4

la prière du grand-prêtre ne fut donc pas exaucée. Ceux qui forment cette difficulté ne font pas attention à ce qui suit :

> Doit être à tes desseins un instrument utile.

C'est tout ce qu'il demande, et il fut exaucé. Dieu vouloit conserver la race de David, et la remettre sur le trône jusqu'à la captivité : Joas fut un instrument utile à ses desseins.

> Répandre cet esprit d'imprudence et d'erreur, etc.

Ceci est imité de la prière de David : *Infatua, quæso, consilium Achitophel.*

SCENE III.

> Cher Zacharie, allez, ne vous arrêtez pas ;
> De votre auguste père accompagnez les pas.

Joad vient de lui dire : *Votre fils arrive*, et sort sans le demander ; parce que, tout plein de son projet, il n'est point occupé de sa famille, qu'il laisse avec Josabet. Mais Josabet dit promptement à son fils : *Suivez votre père*, parce qu'elle sait qu'il va faire des prières pour Joas. Il lui a dit :

> Je vais l'offrir au Dieu par qui règnent les rois.

Elle veut que son fils assiste à ces prières ; ce qui sera cause que Zacharie, témoin du désordre causé par l'arrivée d'Athalie, viendra l'apprendre dans la seconde scène de l'acte suivant. *De votre auguste père* : elle ne parle de Joad, et ne lui adresse jamais la parole qu'avec un profond respect et une grande soumission ; elle ne lui parle jamais comme à son mari, mais comme à un grand-prêtre plein de l'esprit de Dieu.

> Enfans, ma seule joie en mes longs déplaisirs, etc.

Le ton de douleur règne dans tout ce que dit Josabet.

> Ces festons dans vos mains, et ces fleurs sur vos têtes.

Il est naturel que, le jour d'une grande solennité

elles portent ces festons et ces fleurs. On peut cependant trouver ici une imitation de l'Œdipe de Sophocle : ceux qui composent le premier chœur ont des couronnes : « Quel appareil, leur dit OEdipe ! Vos têtes sont » couronnées de rameaux, ornement des supplians. »

SCENE IV.

Le premier chant du chœur ne peut avoir rapport au sujet, qui n'est point encore annoncé ; il a rapport à la solennité du jour : il y est parlé des fruits de la terre, parce qu'on offroit à Dieu, dans cette fête, les prémices des moissons ; et il y est parlé de la loi, parce que c'étoit le jour que cette loi avoit été donnée sur le mont Sinaï : ce qui inspire au chœur cette belle apostrophe à la montagne de Sinaï. Les Juifs célébroient, principalement dans leurs cantiques, la bonté de Dieu pour tous les hommes, dans les présens qu'il leur fait à tous des biens de la terre ; et sa bonté particulière pour son peuple, dans le présent de sa loi. Ces deux présens, qui sont le sujet du Ps. 18, sont aussi le sujet de ce premier cantique, qui est un des plus beaux morceaux de notre poésie lyrique.

ACTE II, SCENE I.

Voici notre heure ; allons célébrer ce grand jour, etc.

L'heure à laquelle les femmes avoient coutume d'aller au temple ; et l'on voit assez que c'étoit de grand matin.

SCENE II.

Le temple est profané.

Par la même raison le grand-prêtre lavera, avec le sang d'une victime, le marbre où les pas d'Athalie auront touché : elle est entrée dans le temple, il est souillé.

> De la moisson nouvelle offert les premiers pains, etc.

Ce qui est ordonné dans le Lévitique, chap. 23, pour le jour de la fête de la Pentecôte : c'est pour cela que Zacharie a dit *selon la loi*. On offroit à Dieu deux pains de prémices de la moisson nouvelle, et des agneaux ; le prêtre élevoit devant le Seigneur ces victimes, avec les pains de prémices.

> Des victimes de paix les entrailles fumantes.

Dans les pièces dont les sujets sont tirés de l'histoire grecque ou romaine, on peut observer l'attention du poète aux usages de ces nations, et son attention aux usages des Turcs dans Bajazet. Il a une attention bien plus grande aux usages des Juifs, connus par l'Ecriture-Sainte, dans cette pièce. Si je la voulois toujours faire remarquer, je ferois un commentaire peu convenable à une pièce de poésie. Tout Juif donnant aux sacrificateurs un animal pour être immolé, n'en pouvoit jamais racheter les mâchoires, l'épaule et le ventre : ce qui signifioit, dit Grotius, que les Israélites devoient consacrer à Dieu leurs discours, leurs actions et leurs desirs. Sans examiner si les cérémonies des sacrifices des Païens étoient des imitations des sacrifices des Juifs, je me contente de remarquer que, dans Virgile, un sacrifice dans lequel on brûloit jusqu'aux entrailles de la victime, paroît un très-grand sacrifice :

> Et solida imponit taurorum viscera flammis.

> Comme moi, le servoit en long habit de lin.

La tunique de lin étoit l'habit des prêtres : les lévites ne la pouvoient porter. C'étoit une marque de distinction qui, donnée à un enfant de l'âge de Joas, ne pouvoit tirer à conséquence.

> Les prêtres arrosoient l'autel et l'assemblée.

Quand une victime avoit été immolée, on faisoit l'aspersion de son sang en différens endroits, et avec des cérémonies différentes, suivant la nature du sacrifice : c'est ce qu'on trouve expliqué dans le Lévitique. La cérémonie de l'aspersion du sang étoit la plus importante de toutes : *Assumens sanguinem.... Aspersit super Aaron et vestimenta ejus, et super filios*, etc.

<small>Cette femme superbe entre, le front levé, etc.</small>

Cette expression *le front levé* a ici une force qu'elle n'auroit pas dans un autre sujet. Dieu voulut que les sacrificateurs eussent la tête couverte en faisant leurs fonctions, pour avoir un air modeste et respectueux. Dans l'Exode 14, v. 8, il est dit, suivant la paraphrase chaldaïque, que les Israélites sortirent de l'Egypte *nu tête*, c'est-à-dire, avec hardiesse. Athalie entre *le front levé* dans un endroit où les sacrificateurs entroient avec un air modeste.

<small>J'ignore si de Dieu l'Ange se dévoilant, etc.</small>

Allusion à cet Ange qui, après s'être mis devant Balaam, se *dévoila* enfin.

<small>Ses yeux, comme effrayés, n'osoient se détourner.</small>

Parce que nos yeux restant attachés à l'objet qui nous effraie, nous demeurons immobiles.

<small>Mais les prêtres bientôt nous ont enveloppés.</small>

Parce qu'Athalie parut trop occupée de Joas, le grand-prêtre fit aussitôt sortir les enfans, comme dit Zacharie : *On nous a fait sortir*. Athalie va s'en plaindre :

<small>Mais bientôt à ma vue on l'a fait disparoître.</small>

<small>Ah, de nos bras sans doute elle vient l'arracher !</small>

Que la nature est bien peinte ! Mais que doivent penser de cette exclamation ceux qui l'écoutent ? Josabet connoît sa foiblesse; elle avoue à Joad qu'elle évite

toujours cet enfant, *de peur qu'en le voyant*, dit-elle;
>Quelque trouble indiscret
>Ne fasse avec mes pleurs échapper mon secret.

Ce qu'elle dit ici est la suite d'un trouble indiscret.

SCENE III.

>Va, fais dire à Mathan qu'il vienne, qu'il se presse.

Irritée d'avoir été repoussée de l'endroit du temple où elle a voulu entrer, et en même temps alarmée de la vue de cet enfant qu'elle a reconnu, elle s'arrête à l'endroit du temple où elle peut s'arrêter; et elle envoie à Mathan, son ministre et son conseiller, ordre de venir promptement la trouver pour le consulter dans la frayeur où elle est : ce qui est cause qu'elle se trouve, aussi bien que Mathan, au lieu de la scène où le spectateur ne les attendoit pas.

SCENE IV.

>Madame, pardonnez, si j'ose le défendre.

Abner étoit resté dans le temple, puisqu'il a dit au grand-prêtre, en le quittant :
>Je sors et vais me joindre à la troupe fidelle,
>Qu'attire de ce jour la pompe solennelle.

Il a été témoin de l'affront que vient de recevoir Athalie; il la suit pour justifier le grand-prêtre.

>Ce qu'il doit à son Dieu, ce qu'il doit à ses rois.

Magnifique éloge d'un homme de guerre.

SCENE V.

>Grande reine, est-ce ici votre place?

Mathan doit être surpris de trouver Athalie dans le temple ; et son étonnement sert à faire observer au spectateur que le lieu de la scène est toujours le même.

ACTE II, SCENE V.

Le Jourdain ne voit plus l'Arabe vagabond, etc.

Après la mort de Josaphat, les Philistins et les Arabes se soulevèrent contre Joram, et firent de grands ravages dans la terre de Juda.

Le Syrien me traite et de reine et de sœur.

Le roi de Syrie avoit fait la guerre au père d'Athalie, qui fut tué dans un combat contre les Syriens.

Que j'ai su soulever contre cet assassin.

J'ai expliqué dans les notes cette épithète de Jéhu.

Un songe! Me devrois-je inquiéter d'un songe?

S'inquiéter d'un songe est une foiblesse d'esprit; mais quand Athalie est elle-même étonnée de sa foiblesse, elle la rend excusable par cet aveu et par le récit d'un songe si effrayant. Dans l'Electre de Sophocle, Clytemnestre, qui a eu une terreur nocturne, va faire un sacrifice à Apollon pour être délivrée de ses frayeurs. Les poëtes ont souvent recours à des songes : celui-ci ne peut être regardé comme un lieu commun; il étoit nécessaire. Comment Athalie seroit-elle venue dans le temple, où il falloit la faire venir, si elle n'avoit eu l'esprit troublé par quelque menace, de la part de ce Dieu dont elle s'est déclarée l'ennemie? Elle vient dans son temple, dans le dessein de l'apaiser.

Pour réparer des ans l'irréparable outrage.

Elle se mit du fard, dit l'Ecriture : *Depinxit oculos suos stibio.* La Fontaine se plaint de ce qu'on répare les ruines d'une maison, tandis qu'on ne peut réparer les ruines *du Temps, cet insigne larron.* C'est ce que dit bien mieux ce seul vers :

Pour réparer des ans l'irréparable outrage.

Tel qu'on voit des Hébreux les prêtres revêtus.

Parce que les seuls prêtres portoient une robe de

lin, les lévites ne la pouvoient porter, comme je l'ai remarqué.

Que ce Dieu, quel qu'il soit, en deviendroit plus doux.

C'est la Superstition, fille de la Crainte qui a été la cause de tant de sacrifices affreux. Les idolâtres en offroient à toutes sortes de dieux pour apaiser leur courroux, les regardant comme des êtres malfaisans.

Je l'ai vu ; son même air, son même habit de lin, etc.

Ceci a quelque ressemblance à ce que rapporte Joseph de la surprise d'Alexandre, lorsque, voyant le grand-prêtre des Juifs qui venoit au-devant de lui, revêtu de ses habits pontificaux, il reconnut le même objet qu'il avoit vu dans un songe.

Que la seule équité règne en tous mes avis.

Ceux qui commencent toujours par vanter leur probité doivent être très-suspects.

Le ciel nous le fait voir un poignard à la main.

Les méchans prêtres sont ceux qui parlent le plus souvent du ciel.

On le craint : tout est examiné.

Les raisons qu'apporte Mathan ont, en politique, quelque chose de spécieux. La réponse d'Abner fait voir combien sont horribles de pareilles maximes. Elles sont mises dans la bouche d'un prêtre apostat, et elles sont détruites par un officier dont Athalie elle-même a vanté le zèle pour ses rois. Cette maxime, que « dès qu'on est suspect aux rois, on n'est point » innocent, » se trouve dans *le Prince* de Balzac.

SCENE VI.

Abner chez le grand-prêtre a devancé le jour.

Le crime veille. Mathan est déjà informé de la visite

qu'Abner a rendue à Joad. Un ministre en faveur ne manque pas d'espions.

<blockquote>A tous mes Tyriens faites prendre les armes.</blockquote>

Elle charge de cet ordre Mathan, dont la présence n'est point nécessaire dans la scène suivante. Il va faire prendre les armes aux soldats d'Athalie, qui sera bientôt en état de faire investir le temple. Ses soldats sont nommés Tyriens, parce qu'étant, par sa mère Jézabel, fille du roi de Tyr, elle avoit amené avec elle beaucoup de Tyriens.

SCENE VII.

Pouvoit-on croire qu'un poète tragique sauroit occuper un spectateur d'une longue scène qui ne contient que des interrogations, courtes et précises, à un enfant de huit ans, et les réponses naïves de cet enfant? Nous n'avons rien dans les tragédies anciennes et modernes à comparer à cette scène, qui, dans une étonnante simplicité, devient si intéressante. Quel trouble dans le spectateur quand il voit paroître cet enfant devant Athalie, qui, persuadée qu'elle l'a fait égorger, l'égorgeroit sur l'heure si elle le reconnoissoit, et qui le craint sans en savoir la raison! On craint, quand il lui répond, qu'il ne lui échappe quelque mot capable d'irriter celle qui l'interroge. Toutes les demandes qu'elle lui fait sont simples, et telles qu'on les doit faire à un enfant de cet âge. Toutes ses réponses sont également simples; et cependant les demandes d'Athalie ont toujours pour motif une curiosité cruelle, et les réponses de Joas ont, sans qu'il puisse en avoir le dessein, une application toujours directe à Athalie.

<blockquote>Ce temple est mon pays; je n'en connois point d'autre.</blockquote>

Ion répond de même dans Euripide : « Ce temple est

» ma maison. » Il ne connoît point ses parens : tout ce qu'il sait, c'est qu'il est le ministre du Dieu.

>Parmi des loups cruels prêts à me dévorer.

Ces loups sont les bourreaux qui, par l'ordre de celle à qui il parle, égorgèrent ses frères, et crurent aussi l'avoir égorgé.

> La douceur de sa voix, son enfance, sa grâce,
> Font insensiblement à mon inimitié
> Succéder.... Je serois sensible à la pitié !

Remords digne d'Athalie, et semblable à celui d'Alexandre, tyran de Phères, quand il se sentit attendri à la représentation d'une tragédie.

> A moins que la pitié, qui semble vous troubler,
> Ne soit ce coup fatal qui vous faisoit trembler.

Cette ironie d'Abner paroît un peu trop hardie.

> Et déjà de ma main je commence à l'écrire.

Tout Juif étoit obligé d'écrire de sa main, une fois en sa vie, le livre de la loi.

> Qu'il est le défenseur de l'orphelin timide, etc.

Joas ne dit rien ici que ne puisse savoir un enfant qui lit l'Ecriture-Sainte ; et ces vérités sont celles qu'on lui a le plus souvent fait remarquer.

> Je présente au grand prêtre ou l'encens ou le sel.

Il parle du sel, parce qu'après l'aspersion du sang de la victime, on la découpoit, et on jetoit du sel sur les parties qu'on posoit sur l'autel. Les gâteaux salés, *salsæ fruges*, Virg., et Θυλοχύται, étoient en usage chez les Païens.

> Lui seul est Dieu, Madame, et le vôtre n'est rien.

Il s'exprime bien mieux, dans ce vers si simple, que s'il eût dit : *Le mien est le maître de l'univers, le vôtre n'est qu'une vaine idole*, etc.

> Je prétends vous traiter comme mon propre fils.

Nouvelle imitation d'Euripide. Le roi d'Athènes veut reconnoître

ACTE II, SCENE VIII.

reconnoître Ion pour son fils, et lui fait envisager son héritage : Ion répond qu'il préfère le loisir dont il jouit, occupé à louer les dieux, aux richesses et à une couronne.

> Pour quelle mère!

Après ce mot, qu'un enfant qui dit ce qu'il pense n'a pu retenir, sa perte doit être décidée dans l'esprit d'Athalie.

> Et dans un même jour égorger à la fois,
> (Quel spectacle d'horreur!) quatre-vingts fils de rois.

Jéhu envoya demander les têtes de soixante-dix fils ou petits-fils d'Achab ; ce qui fut aussitôt exécuté. Il fit ensuite périr tous les parens et amis d'Achab.

> Et pourquoi? Pour venger je ne sais quels prophètes.

Jézabel, voulant abolir le culte du Seigneur dans Israël, faisoit chercher les prophètes pour les faire mourir.

> Qu'il vous donne ce roi promis aux nations, etc.

Athalie se moque de leur attente, parce qu'elle croit avoir éteint toute la race de David. *J'ai voulu voir, j'ai vu :* quelques personnes trouvent de l'obscurité dans ces mots. Il n'y en a d'autre que celle qu'Athalie y veut mettre, et elle est facile à pénétrer. Athalie, assurée par la dernière réponse de Joas qu'il est élevé dans l'horreur de son nom, a résolu la perte de Joad et de Josabet, et a déjà donné ordre que ses troupes fussent sous les armes. Ces derniers mots prononcés fièrement, annoncent sa vengeance.

SCENE VIII.

> Souvenez-vous de l'heure où Joad vous attend.

C'est à la troisième heure : elle est donc encore un peu éloignée.

> A souillé les regards et troublé la prière, etc.

Expression très-belle. On ne contractoit une souillure légale que par l'attouchement ou d'un cadavre ou d'une personne impure : il semble qu'ils soient tous souillés pour avoir vu Athalie ; leurs regards le sont.

> Rentrons; et qu'un sang pur, par mes mains épanché,
> Lave jusques au marbre où ses pas ont touché.

Au chapitre 14 du Lévitique, il est ordonné de purifier une maison avec le sang d'un passereau immolé.

SCENE IX.

> Quel astre à nos yeux vient de luire ?

Tout ce que chante ce chœur a rapport à ce qui vient de se passer. Il chante d'abord le courage de Joas, et le bonheur d'un enfant élevé loin du monde.

> Qui nous révélera ta naissance secrète ?

Le chœur, dans l'OEdipe de Sophocle, chante aussi : « Aimable prince, quelle déesse, quel dieu vous a donné » le jour ? etc. »

> Jusque dans ton saint temple, ils viennent te braver.

Athalie est venue braver Dieu dans un temple; et comme elle a parlé de sa gloire et des plaisirs que Joas trouveroit dans son palais, le chœur va faire dire aux impies: *De fleurs en fleurs, de plaisirs en plaisirs*, etc., et fera voir à la fin que leur gloire n'est qu'un songe. Si tous les chœurs des tragédies grecques avoient également rapport au sujet, ils seroient moins obscurs.

> Que leur restera-t-il? Ce qui reste d'un songe.

Dormierunt somnum suum. A cette image d'un songe, qui est prise des psaumes, le chœur ajoute celle de la coupe que boiront les pécheurs ; image prise encore des psaumes : *Bibent omnes peccatores terræ,* etc. Elle est aussi dans Isaïe 51, v. 17 : *Bibisti de manu Domini cali-*

cem iræ ejus, etc.; et dans Eschyle, Clytemnestre, après avoir tué son mari, dit « qu'il a bu lui-même la coupe » de maux qu'il avoit mise dans sa maison. »

ACTE III, SCENE I.

Eh quoi, tout se disperse et fuit sans vous répondre !

A la vue de Mathan, le chœur s'enfuit; et Zacharie, qui en est le coryphée, instruit que Mathan veut parler à sa mère, va lui en donner avis; ce qui laisse à Mathan la scène libre.

SCENE II.

Mon fils, nous attendrons; cessez de vous troubler.
C'est votre illustre mère à qui je veux parler.

Quelle douceur dans Mathan! Il appelle Zacharie son fils, et donne à Josabet l'épithète *d'illustre*.

SCENE III.

La peur d'un vain remords trouble cette grande âme :
Elle flotte, elle hésite; en un mot, elle est femme.

Il dit qu'Athalie devient femme parce qu'elle a des remords, et lui-même avouera les siens à la fin de la scène; il dira que le souvenir du Dieu qu'il a quitté, jette dans son âme un reste de terreur. Que le trouble des méchans et la tranquillité des bons sont bien dépeints dans cette pièce! Athalie, au milieu des grandeurs et des prospérités dont elle a fait un récit, *cherche une paix qui la fuit toujours*. Mathan, son favori, est, comme elle, déchiré de remords : Joad, qui a tout à craindre de leur fureur, est toujours tranquille.

Et déjà remettant sa vengeance à demain.

Ses remords sont cause qu'elle envoie demander Joas avec douceur : quand il sera refusé, elle se livrera à sa fureur, et viendra attaquer le temple.

> Pour moi, vous le savez, descendu d'Ismaël
> Je ne sers ni Baal ni le Dieu d'Israël.

Comme descendu d'Ismaël, il étoit circoncis, et devoit adorer le vrai Dieu, mais non pas dans le temple de Jérusalem, et suivant le culte prescrit par Moïse.

> Ami, peux-tu penser que d'un zèle frivole
> Je me laisse aveugler pour une vaine idole, etc.

Suivant la Motte, dans son Discours sur la Tragédie, et suivant M. Fontenelle, dans ses Réflexions sur la Poétique, ce morceau est contraire à la vraisemblance, parce qu'il n'est pas naturel, à ce qu'ils pensent, qu'un orgueilleux s'avilisse à ce point, et se peigne à son confident sous des couleurs si noires. Il faut montrer aux spectateurs, dit la Motte, des hommes, et non pas des monstres. Ces monstres, que l'ambition rend capables de tout crime, sont des hommes qui ne sont pas fort rares : l'histoire en fournit plusieurs exemples ; et celui-ci est d'autant plus affreux, qu'il se déclare contre le Dieu dont il a été le prêtre. L'aveu de ses vices et de ses horribles desseins n'a rien de contraire à la vraisemblance, puisqu'il le fait à un scélérat, et que deux scélérats peuvent bien s'ouvrir leur cœur. Nabal en est un, puisqu'il vient de dire qu'il s'attendoit à voir Baal placé dans le temple. Comme Ismaélite, le Dieu d'Israël devroit être pour lui le Dieu d'Abraham, et il devroit détester Baal : ainsi, il fait assez connoître que toute religion lui est fort indifférente. Il a encore dit à Mathan qu'il comptoit que Joad alloit être immolé, en ajoutant :

> Et j'espérois ma part d'une si riche proie.

Il est donc bien digne de l'horrible confidence que lui va faire Mathan. L'auteur connoissoit trop bien la nature pour pécher contre la vraisemblance ; et en faisant parler ces deux scélérats comme ils doivent parler quand ils sont ensemble, il nous découvre les affreux replis du cœur d'un prêtre dévoué à sa fortune et à la cour.

> J'étudiai leur cœur, je flattai leurs caprices,
> Je leur semai de fleurs le bord des précipices.

Que d'instructions pour les princes, dans ce morceau ! Le poète n'instruit jamais par une morale froide ; il met sa morale en action.

> Enfin, au Dieu nouveau qu'elle avoit introduit,
> Par les mains d'Athalie un temple fut construit.

Salomon avoit bâti des temples à Astarte, à Moloch et à Chamos. Achab, qui avoit épousé Jézabel, fille du roi de Tyr, pour plaire à son beau-père, dit Joseph, fit bâtir dans Samarie un temple à Baal, Dieu des Tyriens ; et Athalie, pour imiter sa mère, fit bâtir à la même divinité un temple à Jérusalem, et le fit embellir aux dépens de celui du vrai Dieu.

SCENE IV.

> Mais il faut à l'offense opposer les bienfaits.

Les méchans vantent aisément leur justice et leur générosité.

> Un bruit sourd que déjà l'on commence à semer.

Personne n'ayant révélé le secret, ce bruit n'est fondé que sur l'esprit que Joas a fait paroître dans ses réponses, qui lui ont fait dire par Athalie :

> Vous n'êtes point sans doute un enfant ordinaire.

> Méchant, c'est bien à vous d'oser ainsi nommer, etc.

C'est la seule fois que Josabet paroît sortir de son caractère doux et timide.

SCENE V.

> Quoi, fille de David, vous parlez à ce traître !

Il ne dit pas *madame*, ni *princesse* ; mais pour lui rappeler ses devoirs, *fille de David*.

> Sors donc de devant moi, monstre d'impiété.

C'est aussi la seule fois que Joad sort de son caractère

tranquille. David étoit plein de douceur; et cependant, que d'imprécations dans les psaumes contre les méchans !

SCENE VI.

J'ai fait ce que j'ai pu pour m'en rendre maîtresse.

Quelle douceur dans cette réponse ! Elle s'est possédée devant Mathan : elle ne cherche pas cependant à s'excuser.

Jéhu qu'avoit choisi sa sagesse profonde, etc.

Parce que Dieu, pour exercer ses vengeances, se sert des instrumens qu'il veut, sans que ces instrumens lui soient agréables. Dieu, pour récompenser Jéhu de ce qu'il avoit exécuté contre la maison d'Achab, lui fit dire que ses enfans resteroient sur le trône jusqu'à la quatrième génération ; mais Jéhu, qui ne quitta point le culte du veau d'or, ne lui fut point agréable.

Je veux même avancer l'heure déterminée, etc.

Il n'attendra pas Abner, qui ne doit venir qu'à la troisième heure.

SCENE VII.

Eh bien, Azarias, le temple est-il fermé ?

Si le grand-prêtre n'eût pas avancé l'heure déterminée, il n'eût pas eu la liberté de faire fermer le temple, parce qu'à la troisième heure tout le peuple étoit rappelé à la prière ; et depuis qu'Athalie est venue dans le temple, où elle a vu Joas, le grand-prêtre se voit obligé à le faire reconnoître et couronner en présence des seuls lévites.

Tout a fui. Tous se sont séparés sans retour.

Quand le peuple a vu Athalie dans le temple, il a pris la fuite ; ce qui est heureusement imaginé, puisque sans cela il ne seroit pas vraisemblable qu'un lévite eût pu sur-le-champ faire sortir tout le peuple pour fermer les portes du temple.

> Peuple lâche en effet, et né pour l'esclavage,
> Hardi contre Dieu seul ! Poursuivons notre ouvrage.

Paroles simples et sublimes. Peut-il compter sur un peuple si timide et si lâche ? N'importe, sa confiance en Dieu le soutient ; il veut poursuivre son ouvrage.

> Des prêtres, des enfans, ô sagesse éternelle !

Voilà les seuls témoins de la grande action qui va se passer, et le seul secours qu'attend le grand-prêtre.

> Du tombeau, quand tu veux, tu sais nous rappeler.

Imité de l'Ecriture-Sainte : *Dominus mortificat et vivificat, deducit ad inferos et reducit.*

> Et qu'à nos cœurs son oracle divin
> Soit ce qu'à l'herbe tendre, etc.

Concrescat sicut ros eloquium meum.

> Cieux, écoutez ma voix ; terre, prête l'oreille.

Audite cœli quæ loquor, etc. Le grand-prêtre commence sa prophétie comme Moïse commença son cantique prophétique.

Le poète a, par d'excellentes raisons, justifié, dans sa préface, la hardiesse qu'il a eue de mettre sur la scène un prophète prédisant l'avenir. On voyoit souvent chez les Juifs ces prophètes, qui au son des instrumens entroient dans des saints transports ; et un grand-prêtre, le jour d'une fête solennelle, peut tout d'un coup se sentir saisi des mêmes transports, lorsqu'il est prêt de remettre sur le trône un des ancêtres du Messie. C'est principalement le Messie qu'il a en vue dans sa prophétie. Ce n'est donc pas pour la gloire humaine de la race de David, ni pour celle de Jérusalem, dont il prévoit la destruction, qu'il entreprend cette grande action, comme je le dirai plus au long, en répondant, à la fin de ces remarques, à ceux qui désapprouvent l'imprécation d'Athalie contre Joas.

> Pécheurs, disparoissez : le Seigneur se réveille.

Dispereant peccatores, etc. Ps.

> Comment en un plomb vil l'or pur s'est-il changé ?

Quomodo obscuratum est aurum ? Jér. Lam.

> Le Seigneur a détruit la reine des cités.

Jérusalem est appelée par Jérémie *domina gentium ; princeps provinciarum.*

> Qui changera mes yeux en deux sources de larmes ?

Quis dabit oculis meis fontem lachrymarum ? Jér.

> Quelle Jérusalem nouvelle
> Sort du fond du désert, brillante de clartés.

Quæ est ista quæ ascendit de deserto ? Cant.

> Cieux, répandez votre rosée,
> Et que la terre enfante son Sauveur.

Nubes pluant justum, aperiatur terra, et germinet Salvatorem. Isaïe. Le mot de la Vulgate, *germinet*, est rendu ici par *enfante*, parce que, comme dit M. Bossuet, « le ciel et la terre s'unirent pour produire, par un » commun enfantement, celui qui est tout ensemble » céleste et terrestre. »

> Préparez, Josabet, le riche diadème, etc.

Le grand-prêtre interrompt Josabet, qui paroît vouloir chercher le sens de la prophétie.

SCENE VIII.

La prophétie du grand-prêtre, qui annonce de grands malheurs et de grands biens, des sujets de tristesse et de consolation, est l'objet du chant de ce chœur.

ACTE IV, SCENE I.

Pendant que le chœur chantoit, le grand-prêtre a été,

comme il l'a annoncé, suivant ce qui est rapporté dans les Paralipomènes, partager entre les lévites les armes de David ; et Josabet a été chercher les ornemens du couronnement de Joas. Elle entre, tenant dans ses mains le diadême de David ; un lévite, qui l'accompagne, porte le glaive et la couronne de David, et Zacharie porte le livre de la Loi : tout est posé sur une table ; et quand Joad arrive, on laisse Joas seul avec lui.

Mais j'entends les sanglots sortir de votre bouche.

Josabet, en essayant le diadême sur le front de Joas, ne peut retenir ses larmes, parce qu'elle a lieu de craindre que son couronnement, l'exposant à la fureur d'Athalie, ne soit la cause de sa mort. La tendre timidité de Josabet fait, dans toute cette pièce, un contraste admirable avec l'intrépide fermeté de Joad.

SCENE II.

Un roi sage, ainsi Dieu l'a prononcé lui-même,
Sur la richesse et l'or ne met point son appui, etc.

Moïse, dans le dix-septième chapitre du Deutéronome, dit aux Juifs que, s'il leur arrive de souhaiter un roi, il faut que ce roi n'ait point un grand nombre de chevaux et de femmes, ni beaucoup d'or et d'argent ; qu'il lise tous les jours de sa vie la loi de Dieu, et ne s'élève point d'orgueil au-dessus de ses frères. C'est cet endroit que Joas rappelle.

SCENE III.

Prêtres, voilà le roi que je vous ai promis.

Joseph le fait ainsi parler : « Voilà votre roi et le seul » qui reste de la maison de celui que vous savez que » Dieu a prédit qui régneroit à jamais sur vous. »

Dernier né des enfans du triste Ochosias.

Du malheureux : je ne vois aucune raison particulière de cette épithète. Ochosias ne régna qu'un an, et fut tué par ordre de Jéhu.

> Josabet dans son sein l'emporta tout sanglant.
> Et n'ayant de son vol que moi seul pour complice,
> Dans le temple cacha l'enfant et la nourrice.

Josabet et la nourrice, non-seulement sont deux témoins vivans, mais ces deux témoins n'ont jamais quitté l'enfant ; ils ont été enfermés dans le temple avec lui : ainsi, quand le grand-prêtre, pour prouver aux lévites ce qu'il leur déclare, ajoute la marque du couteau, ces deux témoins qui ont vu donner le coup, déposent ; et cette preuve deviendra bien plus forte lorsqu'Athalie, qui a fait donner le coup, en reconnoîtra la marque en présence des lévites et d'Abner.

> Jusque dans son palais, cherchons notre ennemie.

Elle va venir elle-même se livrer à lui lorsqu'il ne l'attend pas; mais le voilà prêt à aller la chercher dans son palais, les armes à la main : c'est l'ennemi public contre lequel tout homme est soldat ; mais le grand-prêtre a droit de conduire toute la nation contre son ennemi, parce qu'il est le gardien et le tuteur du roi légitime. Jusqu'à ce qu'il lui ait remis l'autorité, comme il l'exerce pour lui, il a le droit de faire périr Athalie ou par la force ou par la ruse. Il ne songe point à employer la ruse pour la faire tomber dans un piége, il veut aller l'attaquer dans son palais. J'aurai besoin dans la suite de cette réflexion.

> Jurez donc, avant tout, sur cet auguste livre, etc.

Les sujets prêtent serment de fidélité à leur roi; et le roi, en présence de ses sujets, fait serment sur la loi de l'observer. Le poëte est autorisé à cette cérémonie par ces paroles de l'Ecriture-Sainte : *Dederuntque in manus ejus, tenendam legem.*

> Souffrez cette tendresse, et pardonnez aux larmes, etc.

Voilà cet homme toujours si ferme, qui s'émeut, s'attendrit et verse des larmes; mais ce n'est point à la vue des périls dont les jours de Joas vont être menacés, c'est à la vue des périls où la royauté l'exposera. Il est remarquable que dans cette pièce, qui semble devoir être toute de morale, il n'y a point de sentences : le poète met toujours la morale en action. C'est par les aveux que Mathan fait à son confident, que les rois apprennent ce que font leurs flatteurs pour les tromper; c'est par les craintes du grand-prêtre pour Joas, que les rois apprennent les périls de la royauté.

> Entre le pauvre et vous, vous prendrez Dieu pour juge.

Voilà le juge entre le roi et le peuple : le grand-prêtre en avertit Joas avant qu'il prête son serment, pour qu'il n'ignore pas à quoi il s'engage.

> Venez; de l'huile sainte il faut vous consacrer.

Le poète ne devoit pas oublier cet usage établi chez les Juifs; et au commencement de l'acte suivant, on apprendra que la cérémonie a été exécutée :

> Le grand-prêtre a sur lui répandu l'huile sainte.

Mais il ne convenoit pas que cette cérémonie se fît sur le théâtre.

SCENE IV.

> Enfans, ainsi toujours puissiez-vous être unis!

Qu'on trouve ce vers touchant, lorsqu'on fait attention que, dans la suite, ce Joas fit lapider le compagnon de son enfance, le fils de ceux à qui il devoit la vie et la couronne !

SCENE V.

> Déjà même au secours toute voie est fermée.

C'est ce que suppose le poète, aussi bien que l'emprisonnement d'Abner, afin qu'il soit certain que les prêtres n'ont eu aucun secours du dehors.

Et quand Dieu, de vos bras l'arrachant sans retour,
Voudroit que de David la maison fût éteinte, etc.

Ce n'est donc pas pour la gloire temporelle de la maison de David que le grand-prêtre travaille; il a, par les yeux de la foi, un plus grand objet en vue, comme je le dirai dans la suite.

N'êtes-vous pas ici sur la montagne sainte?

C'étoit une tradition chez les Juifs, que le temple étoit bâti sur la montagne où Abraham avoit autrefois offert Isaac en sacrifice.

Vous le côté de l'ourse, et vous de l'occident, etc.

Que d'ordres donnés et reçus! Que d'incidens, et quelle netteté! Dans le grand-prêtre, quelle tranquillité! Il demande des armes, et part pour le combat.

SCENE VI.

J'entends même les cris des barbares soldats.

Voilà le temple investi, et cet événement n'a rien de précipité. Depuis la cinquième scène du troisième acte, dans laquelle Athalie a été outragée dans la personne de son ministre, elle a eu le temps d'assembler ses soldats et de venir assiéger le temple.

ACTE V, SCENE I.

Ma sœur, on voit encor la marque du couteau.

Cette preuve sur laquelle appuie Zacharie, est répétée plus d'une fois dans cette pièce comme preuve convaincante.

Juroit de se régler par leurs avis sincères.

Ce que promettent toujours ceux qui commencent à régner.

L'œil tantôt sur ce prince, et tantôt vers l'autel, etc.

Quelle peinture! On voit toujours dans Josabet la piété et la timidité.

SCENE II.

En croirai-je mes yeux,
Cher Abner ?

Quoique Joad et Josabet paroissent en même temps qu'Abner, ils n'arrivent pas du même côté sur la scène. On a entendu un grand bruit à la porte du temple :

Quelle insolente main frappe à coups redoublés ?

Joad et Josabet accourent à ce bruit, et voient Abner qui entre. On a ouvert les portes du temple pour le laisser entrer, parce qu'il vient de la part d'Athalie.

Dans l'horreur d'un cachot, par son ordre enfermé.

Ainsi le rétablissement de Joas est entièrement l'ouvrage des prêtres. L'officier qui pouvoit les secourir étoit emprisonné, tandis que le grand-prêtre couronnoit Joas.

Terminer la douleur de survivre à mes rois.

Dans cette scène, Abner témoigne un zèle admirable pour sa religion et pour ses rois : le chœur et tous les personnages qui sont sur la scène, sont témoins de son ardeur, et tous gardent le silence ; il est le seul qui ignore que le sang de ses rois est retrouvé, parce que le grand-prêtre ne veut point encore qu'il en soit instruit.

Il n'est pas temps, Princesse.

On est surpris de ce silence obstiné du grand-prêtre ; mais, s'il révéloit son secret à Abner, on pourroit croire qu'Abner, qui va sortir pour aller rendre compte de sa commission à Athalie, a parlé à quelques fidèles Juifs, qui ont disposé les autres à la proclamation de Joas, qui va se faire ; et il faut que cette proclamation ne se fasse qu'au moment que le grand-prêtre l'ordonnera, afin qu'il soit certain qu'il n'a eu, dans sa grande entreprise, d'autres secours que celui de ses prêtres et de ses lévites : c'est parce qu'il rejette tout autre secours, qu'il ne veut point confier son secret à Abner.

> Il est vrai, de David un trésor est resté.

L'avarice d'Athalie a été annoncée dès la première scène. Quelle joie pour elle quand elle saura qu'il y a un trésor dans le temple ! C'est en effet *un trésor de David*; mais, comme ce n'est point un pareil trésor qu'elle cherche, n'y a-t-il point dans la réponse du grand-prêtre un mensonge ? N'y a-t-il pas du moins une équivoque ?

Mensonge ou équivoque, pour un honnête homme, c'est la même chose. La réponse du grand-prêtre seroit un mensonge avec tout autre qu'avec l'ennemi public. Quand Athalie a demandé un trésor, elle a demandé un amas d'or. Quand le grand-prêtre lui répond qu'il a *ce trésor*, il répond à sa pensée, et par conséquent lui fait croire qu'il a un amas d'or. Il est donc certain qu'il la trompe; et il est également certain que, s'il ne la trompoit pas dans ce moment, le temple seroit en feu, et Joas périroit.

Il n'est jamais permis aux hommes, faits pour s'aimer, de se tromper les uns les autres, pour se nuire : ils se doivent toujours l'amour et la vérité; mais on ne la doit pas toujours à un ennemi contre lequel on est justement armé, parce qu'en exerçant le droit qu'on a de le détruire, on peut employer également ou la force ou la ruse : *Dolus an virtus quis in hoste requirat ?* Ce que dit aussi saint Augustin, en ajoutant : *quand la guerre est juste.* Parmi ces Troyens qui trompèrent les Grecs en se déguisant avec leurs armes, étoit un homme si ami de la justice, qu'il est appelé par Virgile *justissimus et servantissimus æqui.*

La perfidie ne nous est jamais permise. Un général ne

peut faire assassiner ou empoisonner par un traître le général de l'armée ennemie; mais, comme il peut le tromper par une fausse marche, il peut aussi, à ce qu'il me semble, le faire tomber dans un piége par un faux avis, un faux rapport, une réponse captieuse. Ce n'est plus mensonge, lorsque celui à qui nous parlons doit savoir que nous ne lui devons pas la vérité. S'il nous croit, nous profitons de sa faute : ce qui me paroît permis dans la guerre.

Or, il est certain que le grand-prêtre, chef de la nation, quand le trône est vacant, dépositaire des droits du roi légitime, dont il est le gardien et le tuteur, exerçant son autorité jusqu'à ce qu'il la lui ait remise, a le droit et du roi et de toute la nation, pour faire périr l'ennemi public, qui est Athalie. Il a dit aux lévites, en prenant les armes :

> Il faut finir des Juifs le honteux esclavage....
> Jusque dans son palais cherchons notre ennemie....
> Dans l'infidèle sang baignez-vous sans horreur.

Puisqu'il peut l'attaquer à force ouverte, il peut la faire périr par la ruse. Il a pu l'appeler au temple, en lui faisant accroire qu'elle y trouveroit un trésor : il n'a point songé d'abord à employer la ruse ; mais quand elle vient elle-même se livrer à lui, il profite de son avarice, et lui fait accroire qu'il a un trésor. Qui trompe-t-il ? L'ennemi public, l'usurpateur du trône, celui qui, les armes à la main, assiége le temple, et va y mettre le feu :

> On voit luire des feux parmi les étendards.

Non-seulement le grand-prêtre ne lui doit point la vérité : mais si, dans cette circonstance, il ne le trompoit pas, il trahiroit son roi et toute la nation.

Grotius, dans le troisième livre de son Traité *de Jure belli et pacis*, agite cette question : *si le mensonge est permis contre l'ennemi* ; et, quelque sévère que soit ce grand homme sur le mensonge, il le soutient permis pour sauver la vie à un innocent, et empêcher une mauvaise action. Par cette raison, selon lui, Hypermnestre a été justement appelée par Horace *splendide mendax*. Il justifieroit donc le grand-prêtre, obligé de sauver les jours de son roi, et d'empêcher l'incendie du temple, sur-tout quand il trompe une ennemie dont il va ordonner la mort. C'est ce qui me suffit pour défendre sa réponse, sans entrer dans des questions difficiles qui ne me regardent pas.

Il ne faut donc pas croire que l'indigne artifice des équivoques soit autorisé dans une pièce si grave, et par un poète qui n'en a jamais su faire usage :

Burrhus pour le mensonge eut toujours trop d'horreur.

De ses plus braves chefs qu'elle entre accompagnée.

Il doit demander qu'elle vienne avec une escorte, pour ôter tout soupçon à Athalie, et il doit souhaiter que cette escorte ne soit pas nombreuse. Ainsi, pour tromper Athalie, il lui fait représenter que, si elle étoit suivie de beaucoup de soldats, le temple pourroit être pillé; ce qu'elle doit craindre, puisqu'elle vient chercher des trésors : ainsi, toute la réponse du grand-prêtre est captieuse; et c'est en ennemi habile qu'il profite de son avarice pour la faire tomber dans le piége.

SCENE III.

Grand Dieu, voici ton heure; on t'amène ta proie !

Quelle tranquillité au moment que les ennemis vont entrer dans le temple !

Prenez soin qu'à l'instant la trompette guerrière.

Les épithètes, chez ce poète, ne sont jamais oisives. On a vu, au commencement de la pièce, la *trompette sacrée*, en parlant d'annoncer la fête. Ces trompettes *sacrées*,

sacrées, ordonnées par Moïse, ne servoient qu'à cet usage, et restoient toujours dans le temple : maintenant, pour proclamer Joas, on se servira de la trompette de l'armée.

SCÈNE IV.

Lévites saints, prêtres de notre Dieu, etc.

Que d'ordres différens le grand-prêtre a donné dans le même instant, sans paroître ému ! Il a envoyé Ismaël, il a fait préparer le trône de Joas et appeler sa nourrice, il a ordonné la proclamation quand il en sera temps, maintenant, il range les lévites qui doivent attendre Athalie, il rassure la timide Josabet, il promet la victoire à Joas ; il a dit à Dieu : *On t'amène ta proie;* il n'en doute point.

Quoi, ne voyez-vous pas quelle nombreuse escorte ?

Il est sans doute fort imprudent à Athalie de venir se livrer à ceux qu'elle veut perdre; mais son imprudence est vraisemblable, l'avarice en est la cause : d'ailleurs, elle ne soupçonne pas des prêtres et des lévites de l'attendre avec des armes; enfin, elle vient avec *une nombreuse escorte*.

SCÈNE V.

Eternel ennemi des suprêmes puissances.

Celui qui a fait tant de choses par zèle pour son Dieu et son roi, s'entend appeler *éternel ennemi des suprêmes puissances*.

Il laisse en mon pouvoir et son temple et ta vie.

Puisqu'elle entre dans le temple, environnée de ses soldats et de ses *braves chefs*, elle peut croire qu'elle y entre comme dans une place conquise : cependant elle y entre comme victime du Dieu qu'elle insulte.

Te... Mais du prix qu'on m'offre il faut me contenter.

Elle fait valoir sa bonté quand elle ne songe qu'à satisfaire son avarice.

TOME VI. T

> Je te les vais montrer l'un et l'autre à la fois.

Cette réponse annonce, dans celui qui la fait, une grande tranquillité d'âme.

> Reine, de ton poignard connois du moins ces marques.

Le grand-prêtre, en peu de mots, lui donne des preuves qu'elle ne peut rejeter. Dans mon Traité sur la Poésie Dramatique, je parlerai plus au long de cette reconnoissance, la plus parfaite de toutes les reconnoissances que les poètes ont imaginées; et rien n'est si rare chez eux, quoique les reconnoissances y soient très-fréquentes, qu'une reconnoissance vraisemblable : celle même d'Ulysse, qu'Eryclée reconnoît à sa cicatrice, n'est pas fondée sur une preuve assez certaine, pour que Pénélope n'en demande point d'autre. La reconnoissance d'OEdipe et celle-ci ne laissent toutes deux aucune difficulté, parce que c'est pour son malheur qu'OEdipe est forcé de se reconnoître soi-même; et c'est pour son malheur qu'Athalie est elle-même forcée de reconnoître Joas.

ATHALIE.
> D'un fantôme odieux, soldats, délivrez-moi.

JOAD.
> Soldats du Dieu vivant, défendez votre roi.

Vers que rend sublime celui qui le précède. Athalie a appelé ses soldats pour la délivrer d'un fantôme; le grand-prêtre appelle ses lévites pour défendre ce fantôme, qui est leur roi. Il suffit de leur dire qu'ils sont *soldats du Dieu vivant*. En même temps, les épées brillent des deux côtés : quel coup de théâtre!

> Où suis-je? O trahison! O reine infortunée!

L'écriture-Sainte rapporte que, lorsqu'elle vit Joas sur un trône, elle s'écria : *trahison, trahison!*

> Sur qui? Sur Joas! Sur mon maître!

L'exemple d'Abner, qui le reconnoît sans avoir été

ACTE V, SCENE VI.

prévenu, doit frapper les autres officiers d'Athalie : le grand-prêtre a donc eu raison de laisser Abner dans l'ignorance jusqu'à ce moment.

SCENE VI.

> Quelques Juifs éperdus ont aussi pris la fuite.
> . . . .
> Femmes, vieillards, enfans, s'embrassant avec joie, etc.

Dans cette belle peinture de la joie publique, le poëte n'oublie pas de faire remarquer que *quelques Juifs éperdus* ont pris la fuite. Il a été dit, au commencement de la pièce, que plusieurs étoient du parti d'Athalie, et adoroient Baal. Plus on examine cette pièce, plus on remarque l'ordre dans lequel tout se suit.

> De son temple profane on a brisé les portes.
> Mathan est égorgé.

L'Ecriture-Sainte rapporte que, dans le même moment, le peuple abattit les autels de Baal, et que son prêtre Mathan fut égorgé.

> Oui, c'est Joas; je cherche en vain à me tromper.

Elle n'en doutoit point; mais elle ne l'avoue que lorsqu'apprenant que son armée est en déroute, elle n'a plus d'espérance; et, dans son désespoir, elle dit elle-même les raisons qui l'empêchent de douter que ce ne soit Joas. Elle l'a d'abord appelé un fantôme, pour faire accroire à ses soldats que c'étoit une fourberie des prêtres; maintenant elle reconnoît Joas à la marque du couteau dont elle l'a fait frapper. Cette cicatrice est de l'invention du poëte; l'Ecriture-Sainte dit seulement que l'enfant fut dérobé du milieu de ses frères, tandis qu'on les massacroit. Le poëte peut supposer que, dans ce massacre, il reçut un coup de couteau, afin que la péripétie de sa pièce ait pour fondement une reconnoissance indubitable. Comme elle change la forme de l'Etat, celle même de la religion, puisque l'autel de Baal est renversé, une reconnoissance si importante doit avoir toutes ses preuves.

Par cette raison, on ne condamneroit pas le poète s'il eût fait parler ici le ciel par quelque prodige. Dans notre Mérope, il faut du tonnerre pour convaincre le peuple qu'un inconnu est son véritable roi ; et ce miracle, dont la mère a besoin pour être assurée que cet inconnu est son fils, est cause qu'elle s'écrie :

> Ecoutez, le ciel parle ; entendez son tonnerre !

Un événement qui arrive dans le temple du vrai Dieu, et qui remet sur le trône la race de David, pouvoit être signalé par un prodige accordé à la prière du grand-prêtre ; mais le poète n'en a pas besoin, il n'est pas nécessaire qu'il fasse dire : *le ciel parle*. Sa pièce est conduite de façon que tout y parle pour reconnoître Joas.

> Voici ce qu'en mourant lui souhaite sa mère.

Je dirai bientôt les raisons de cette imprécation.

> Qu'à la fureur du glaive on le livre avec elle.

Ordre pareil à celui qui est rapporté dans l'Ecriture-Sainte : *Si quis alius ingressus fuerit templum, interficiatur.*

SCENE VII.

> Détournez loin de moi sa malédiction.

Cette malédiction a effrayé l'enfant : sa prière est faite à propos, cependant elle ne sera point exaucée ; et le grand-prêtre, ce qui est très-remarquable, n'a rien répondu à Athalie quand elle a prononcé cette malédiction, et ne répond rien à l'enfant quand il fait cette prière.

> De Jacob avec Dieu confirmer l'alliance.

L'Ecriture-Sainte fait entendre que cet événement

donna lieu aux Juifs de renouveler un nouveau serment d'alliance avec le Seigneur.

SCENE VIII ET DERNIERE.

> Apprenez, roi des Juifs, et n'oubliez jamais
> Que les rois dans le ciel ont un juge sévère,
> L'innocence un vengeur, et l'orphelin un père.

C'est la morale que toute la pièce apprend aux spectateurs.

La dernière de mes remarques sur cette pièce servira d'éclaircissement à une difficulté qu'on fait au sujet des imprécations d'Athalie contre Joas. Elles eurent, dit-on, leur effet : il s'ensuit donc que le rétablissement de cet enfant sur le trône n'est point un événement ordonné par le ciel en faveur de David, comme la pièce le fait entendre, puisque cet enfant fut un indigne successeur de David. L'imprécation d'Athalie contre lui a été plus écoutée que la prière faite en sa faveur par le grand-prêtre, et que celle qu'il fait lui-même à Dieu, en lui disant :

> Faites que Joas meure avant qu'il vous oublie.

On sait bien, ajoute-t-on, que le poëte ne peut empêcher que ce qui arriva plusieurs années après l'événement qui fait le sujet de sa pièce, ne soit arrivé; mais pourquoi faire entrevoir ce triste avenir ? Pourquoi annoncer que *ce précieux reste du sang de David, cet héritier des saintes promesses*, deviendra l'ennemi du Dieu qui vient de le retirer du tombeau, et de le mettre sur le trône par la main de ses prêtres ? Athalie paroît ne point douter de cet avenir quand elle s'exprime en ces termes :

> Que dis-je, souhaiter ? Je me flatte, j'espère, etc.

Lorsque, dans Britannicus, Agrippine prédit à Néron son funeste avenir, elle annonce son supplice; ce qui contente le spectateur, qui voudroit le voir déjà puni : au lieu qu'une prédiction pareille, faite au personnage qui a si vivement intéressé pendant toute la pièce, peut attrister le spectateur, et le faire repentir de l'intérêt qu'il a pris pour un enfant qui deviendra si ingrat.

La réponse à cette difficulté se trouve dans plusieurs endroits de la pièce, lorsqu'on y fait attention; et elle se trouve d'abord dans la prière que le grand-prêtre fait à Dieu avant que de commencer son entreprise en faveur de Joas :

> Grand Dieu, si tu prévois qu'indigne de sa race,
> Il doive de David abandonner la trace,
> Qu'il soit, comme le fruit, en naissant arraché !

Il témoigne dans la suite, que, quand il verroit la race de David éteinte, sa confiance en Dieu seroit toujours la même :

> Et quand Dieu, de nos bras l'arrachant sans retour,
> Voudroit que de David la maison fût éteinte, etc.

Ce n'est donc point de la gloire humaine, promise à la race de David, dont il est occupé. Il commence sa prophétie par annoncer la chute de Joas et le meurtre de son fils Zacharie. Ce n'est pas non plus de la gloire du peuple juif dont il est occupé, puisque, loin de s'attendre qu'il doive avoir encore une suite nombreuse de rois, il prédit la captivité de Babylone, et entrevoit une Jérusalem plus belle. C'est de la gloire seule de cette Jérusalem dont il est pénétré, et de ce royaume spirituel qu'établira le Sauveur, qu'il souhaite que la terre enfante.

Ce Sauveur doit sortir de la race de David : cette race a été conservée en la personne de Joas. Il travaille à la remettre sur le trône, en sa personne; et au moment qu'il va couronner l'enfant, cet homme, que rien jusqu'alors n'avoit inquiété, se trouble et verse des larmes. Il prévoit l'avenir; mais cet enfant doit être pendant quelque temps un instrument utile aux desseins de Dieu;

ce qui suffit au grand-prêtre, qui lui-même a dit à Dieu :

> Mais si ce même enfant, à tes ordres docile,
> Doit être à tes desseins un instrument utile,
> Fais qu'au juste héritier le sceptre soit remis.

Il n'a pas demandé davantage, et il a été exaucé.

Le grand-prêtre, loin d'être un Juif charnel, est, comme étoient les prophètes, un chrétien par avance. Il sait, comme Jérémie (cap. 22), que dans quelque temps la race de David n'aura aucune autorité dans Juda ; qu'elle tombera dans l'oubli et dans la pauvreté, jusqu'à l'arrivée de celui qui doit *ressusciter la lampe d'Israël*,

> Et de David éteint rallumer le flambeau.

Le spectateur, qui a comme lui des yeux chrétiens, n'est point attristé du funeste avenir prédit à Joas, parce qu'il voit bien que le commencement de Joas n'est pas le grand objet de la pièce.

Le poète n'étoit pas obligé de faire prophétiser le grand-prêtre ; et sitôt qu'il le fait prophétiser, il semble qu'il devoit naturellement lui faire rappeler les merveilles que Dieu avoit opérées en faveur de son peuple, et qui sont rappelées si souvent par les auteurs des psaumes : le Dieu qui a tiré Israël des mains de Pharaon, saura bien tirer Joas des mains d'Athalie. C'est ce que ne dit point le grand-prêtre quand il parle en prophète : il annonce, au contraire, l'infidélité de ce même Joas, la réprobation des Juifs, la vocation des Gentils, etc. Il venoit de dire à Dieu que les Juifs mettoient leur espérance dans un temple qui devoit être éternel :

> En ce temple où tu fais ta demeure sacrée,
> Et qui doit du soleil égaler la durée.

Et quand l'Esprit divin l'a saisi, il annonce que ce temple va tomber :

> Temple, renverse-toi.

4

Il annonce que les solennités de Jérusalem cesseront; et pourquoi annoncer ces choses le jour d'une des plus grandes solennités, et au moment qu'il va remettre sur le trône la race de David? C'est que cet enfant sera un des ancêtres du Messie, et qu'il n'a que le Messie en vue. C'est pour cette raison que, quand Athalie donne sa malédiction à Joas, il ne lui répond rien; et quand Joas effrayé dit à Dieu :

Détournez loin de moi sa malédiction.

le grand-prêtre garde encore le silence sur cette malédiction, lui-même ayant dit, dans sa prophétie :

Comment en un plomb vil l'or pur est-il changé?

Le Messie, son grand objet, a été annoncé dans la première scène, lorsqu'Abner a dit que les Juifs espéroient qu'un roi de la race de David établiroit sa domination sur toutes les nations,

Et verroit à ses pieds tous les rois de la terre.

A quoi le grand-prêtre s'est contenté de répondre :

Aux promesses du ciel pourquoi renoncez-vous?

Le poète a donc conduit sa tragédie, et comme poète habile dans les règles de son art, et comme très-éclairé dans la religion, puisqu'il a traité son sujet, non comme événement historique, mais comme événement prophétique; et il a mis à dessein la prédiction de l'avenir dans la bouche d'Athalie, pour élever l'attention du spectateur à un plus grand objet que la gloire de Joas, qui fut un des ancêtres du Messie, mais qui n'est pas même nommé dans la généalogie de Jésus-Christ, parce que, si du côté de son père il est de la race de David, du côté de sa mère il est de la race d'Achab, à qui le prophète Elie avoit prédit que toute sa race seroit exterminée;

et il semble qu'en exécution de cet arrêt, saint Mathieu ait effacé du nombre des ancêtres de Jésus-Christ, Ochosias, Joas et Amasias, trois rois qui descendoient d'Athalie, fille d'Achab. On doit donc remarquer l'attention du poète à ne pas laisser ignorer l'avenir d'un enfant qui, par sa mère, est d'une race chargée de la malédiction divine, en même temps qu'il fait respecter en lui la race de David.

Je borne à ces remarques ce que j'ai à dire maintenant sur cette pièce, dont je ne pourrai, dans mon Traité sur la tragédie, me dispenser de parler encore, puisqu'elle est regardée comme le modèle le plus parfait de la tragédie. On est étonné de ce que son mérite a été reconnu si tard. On peut s'étonner aussi de ce qu'il a été enfin si généralement reconnu, que, quand nous parlons des défauts communs aux tragédies, nous exceptons toujours Athalie, et que les étrangers en parlent comme nous. Par où une pièce sans amour, sans intrigue, sans aucun de ces événemens extraordinaires qu'un poète invente pour jeter du merveilleux, intéresse-t-elle, ignorans et connoisseurs, spectateurs de tout âge, si ce n'est par le vrai d'une imitation où se trouvent réunies toutes les perfections, celle du style, celle de la versification, celle des caractères, celle de la conduite? Cette conduite est si simple, que cette pièce est, en poésie, ce qu'est, en peinture, ce tableau de Raphaël qui n'offre que deux figures, un Ange qui, sans colère et sans émotion, écrase le Démon. L'action d'Athalie est l'ouvrage d'un homme seul; Joad la prépare dès la première scène, la commence plutôt qu'il ne l'avoit cru, la poursuit et la termine. Il la prépare au lever de l'aurore, et, comptant la commencer à neuf heures du matin, donne rendez-vous à Abner à cette heure. Les fureurs d'Athalie l'obligent à la commencer bien plutôt ; et Athalie est égorgée, et Joas proclamé bien avant neuf heures.

Le sujet est annoncé dans la première scène d'une manière obscure, et d'une manière très-claire dans la seconde. Le trouble annoncé dans le premier acte par Abner et Josabet, commence au second par le récit de Zacharie, et redouble par l'arrivée d'Athalie; la demande que Mathan vient faire au troisième acte, l'augmente encore ; et il redouble à la fin du même acte, lorsque le temple est investi ; il est à son comble au cinquième : lorsqu'Athalie entre dans le temple avec ses soldats, alors arrive la catastrophe. Ainsi, les deux passions de la tragédie, la crainte et la pitié, sont, jusqu'à la catastrophe, excitées par degrés.

Dans cette tragédie, conduite si simplement, se trouvent trois instans plus capables de frapper que toutes ces situations vantées dans d'autres tragédies : l'instant où Joas est amené devant Athalie, l'instant où un vieillard vénérable, un souverain pontife, se prosterne aux pieds d'un enfant, et l'instant où le rideau qui se tire découvre ce même enfant à Athalie, qui pour le faire tuer appelle ses soldats, tandis que pour le défendre Joad appelle les soldats *du Dieu vivant*.

L'approbation, tardive à la vérité, mais générale, que cette pièce a obtenue, montre qu'aux peintures de l'amour les hommes préféreroient des sujets grands et sérieux, s'ils étoient traités comme ils le doivent être. Je ne vois pas que cette pièce ait donné lieu à aucune critique généralement reçue. Celle sur les imprécations d'Athalie tombe quand on fait attention au véritable objet de la pièce, comme je l'ai observé; celle sur l'équivoque de la réponse du grand-prêtre, par le mot *trésor*, tombe encore quand on fait attention à qui il parle. C'est avec le même mot qu'avant que de la faire égorger, il la brave encore en lui disant :

> Des trésors de David voilà ce qui me reste.

Puisqu'il a le droit de la faire égorger, il a eu le droit de la faire tomber dans le piége par une réponse captieuse.

— L'abbé Conti paroît frappé de la critique sur la scène entre Mathan et son confident. On ne l'est que faute de faire attention que Nabal, auquel on ne songe pas ordinairement, est un scélérat et un impie : or, il n'est point contre la vraisemblance que deux scélérats qui ont besoin l'un de l'autre, s'ouvrent l'horrible intérieur de leur âme.

La violence de Joad contre Mathan étonne ; et le poète a bien senti qu'elle étonneroit, puisqu'il fait dire à Joad, par Mathan, qu'il devroit

> Garder plus de prudence,
> Respecter une reine, et ne pas outrager
> Celui que de son ordre elle a daigné charger.

Dans cette scène, c'est le scélérat qui parle avec douceur, et l'homme de Dieu avec violence. Il n'a pas plus respecté la reine que son ministre ; il l'a chassée du temple en lui disant :

> Sors de ce lieu redoutable
> D'où te bannit ton sexe et ton impiété.

Le poète a voulu, dans ce grand-prêtre, peindre le caractère de ces prophètes pleins de confiance en Dieu et de zèle contre les méchans, de ce zèle dont il est si souvent parlé dans les psaumes... *Iniquos odio habui... Zelavi super iniquos... Perfecto odio oderam illos*, etc.

Et il faut observer que cette violence du grand-prêtre fonde la vraisemblance de ce qui va suivre. Après avoir outragé la reine dans son ministre, il n'a plus un moment à perdre; il faut qu'il se hâte de couronner Joas; et, en effet, la reine outragée vient bientôt après les armes à la main : elle est animée par l'injure faite à son ministre chargé de ses ordres, par le refus de lui livrer l'enfant, et par l'espérance de trouver un trésor.

L'abbé Conti a fait une traduction très-fidelle et très-élégante de cette tragédie : on y retrouve les mêmes tours, les mêmes images, et presque les mêmes mots. J'en rapporterai quelques exemples. Les quatre vers fameux :

> Celui qui met un frein, etc.,

sont ainsi rendus :

> Che sa por freno à i furibundi flutti
> Le trame, Abnero, impedira de gli empi.
> A' suoi santi voleri obbidiente
> Temo il Signor, ne sento altro timore.

Voici comme il a rendu les demandes d'Athalie et les réponses de Joas :

ATALIA.
E quale è il nome tuo?

JOAS.
Mi chiamo Eliacino.

ATALIA.
E il Genitore?

JOAS.
Orfano i son, si dice, abbandonato
Ne le braccio d'Iddio, dal dì ch'hio nacqui,
Ne mai conobbi i Genitori miei.

ATALIA.
Non hai tu dunque Genitori?

JOAS.
M'hanno
Abandonnato.

ATALIA.
E come? E quando?

ATHALIE.

             JOAS.
           Appena
Nato.
             ATALIA.
Almen non conosci il tuo paese?
             JOAS.
Il sol paese, ch' io conosco, è il Tempio.
             ATALIA.
Ma dove fece ritrovarti il caso?
             JOAS.
Tra fieri lupi à divorarmi presti.
             ATALIA.
Chi ti mise nel Tempio?
             JOAS.
          Ignota Donna
Che tacque il nome suo, nè più si vide.
             ATALIA.
Che dè primi anni tuoi prese la cura?
             JOAS.
Quando i suoi Figli abbandonò mai Dio?
Ei pasce i parti degli augelli, e stende
La sua bontà su la natura tutta.
Ogni giorno l'invoco, è con paterna
Cura ei mi nudre de gli offerti doni
A l'altar suo.

Voici le même endroit rendu par Apostolo Zeno dans un de ses *Oratorio* intitulé *Joas*, dans lequel il a traduit aussi plusieurs endroits de la même tragédie. En comparant ces deux morceaux, on peut examiner si celui qui est rimé est plus agréable à l'oreille:

             ATALIA.
Come te chiami?
             GIOAZ.
      Eliacim.
             ATALIA.
          Tuo padre?
             GIOAZ.
Me povero orfanello
Dio prese in sua custodia, allor che nacqui,
E i genitori miei mi sono ignoti.

ATHALIE.

ATALIA.
La Patria tua?

GIOAZ.
L'ho in questo Tempio.

ATALIA.
Almeno
Saprai, donde vi fosti, et da chi tratto.

GIOAZ.
So, che da i denti di feroci lupi,
Gia prompti à divorarmi,
Mi tolse ignota Donna, è quì lasciommi.

ATALIA.
Chi de l'infanzia tua cura si prese?

GIOAZ.
Dio. A chi sua bonta non è palese?
A gli augelli in alto nido
A le fiere in ermo lido
Dio provede di pastura,
E su tutta la natura
Si diffonde sua bonta.
Ciascun dì l'invoco, e'l canto,
E al suo altar mi nutre intanto.
Cio che gli offre in grato omaggio
Fe devota, è umil pieta.

Ces derniers vers, où la simplicité de l'original n'est pas conservée, n'ont pas la même beauté.

ADDITION AUX REMARQUES

SUR

ESTHER ET ATHALIE.

J'avois écrit mes remarques sur Esther et Athalie, et elles n'étoient plus entre mes mains, lorsque le volume XV de l'Histoire du Théâtre français ayant été imprimé, m'a appris qu'Esther avoit paru sur le théâtre public de Paris en 1721, et qu'on trouvoit une critique d'Athalie dans un Mercure de 1722.

J'ai bien pu ignorer cette ancienne critique; mais je ne sais comment il m'est arrivé de n'avoir eu aucune connoissance de ces représentations d'Esther. Je ne fus témoin d'aucune de celles d'Athalie en 1716; mais je sus l'impression qu'elles faisoient sur les spectateurs, et leur satisfaction, par tous les discours publics. Celles d'Esther firent donc bien peu de bruit, puisque je n'en entendis point parler alors, et qu'elles m'étoient encore aujourd'hui inconnues.

Des personnes qui les ont vues, viennent de m'assurer qu'elles n'avoient pas fait une grande impression sur les spectateurs, qui, en admirant la pièce, l'écoutèrent très-froidement. Elle fut jouée huit fois, et n'a point reparu sur le même théâtre.

Voilà donc une pièce de l'auteur, que je me fais gloire d'admirer, qui a été, dans la représentation, aussi malheureuse que cinq ans auparavant Athalie avoit été heureuse. Athalie a souvent reparu depuis, et paroîtra encore souvent, selon les apparences. Quelle peut être la raison de ces deux destinées différentes ?

Je ne puis imputer les malheurs d'Esther (si c'en est un) au jeu des acteurs. Les deux principaux personnages étoient exécutés, l'un par notre Roscius, l'autre par une actrice extrêmement célèbre.

Je ne puis l'imputer à la sainteté de la pièce : la même sainteté règne dans Athalie.

Je ne puis l'imputer au goût d'un siècle qui, en 1716, rendit justice à Athalie. Le siècle de Louis XIV fut, à la vérité, favorable à Esther. On peut croire, sur les représentations faites à Saint-Cyr, ce qu'en ont écrit madame de Sévigné et madame de la Fayette, qui n'étoient pas disposées à admirer aisément l'auteur. Mais, comme c'étoit faire sa cour à Louis XIV que de lui demander d'être admis aux représentations qui se faisoient à Saint-Cyr en sa présence, le succès de ces représentations ne prouve rien en faveur de la pièce.

Je pourrois dire que le retranchement des chœurs, où règne toute la douleur, a dû lui faire perdre sur le théâtre public sa plus grande beauté. Cependant l'action seule ne devoit-elle pas, comme celle d'Athalie, faire sur les spectateurs une vive impression? Sans doute; et s'ils sont restés froids, c'est la faute de la pièce.

Je suis contraint de l'avouer : ce qui contribue à me convaincre des principes d'Aristote, que j'examinerai dans le Traité suivant.

Lorsqu'en parlant des parties essentielles à la tragédie, comme les caractères, les sentimens, la diction, il recommande surtout la première et la plus importante partie, celle qui est l'âme de toute la tragédie, l'action : il a donc une grande raison. Et qu'est-ce que l'action, selon lui ? Une liaison, un contexte d'incidens qui amène une péripétie. Voilà ce que n'a point Esther. L'action est

défectueuse,

défectueuse, et même n'est point action théâtrale, parce qu'un changement de résolution n'est point une action, en prenant ce mot dans le sens d'Aristote.

Un roi, trompé par son ministre, a signé un édit qui dans dix jours causera le carnage d'un peuple : on trouve le moyen de faire entendre à ce roi qu'il a été trompé ; un seul entretien le désabuse ; il révoque son édit. Voilà seulement un changement de résolution. Le peuple condamné ne sera pas exterminé dans dix jours : il n'y a en cela ni péripétie ni catastrophe ; ses craintes seulement sont apaisées. La mort d'Aman n'est qu'un événement particulier : c'est un grand-seigneur qui fait étrangler son visir. Les principaux personnages de la pièce ne changent point d'état, mais seulement cessent de craindre un carnage qui devoit arriver dans dix jours.

Riccoboni s'est donc trompé quand il a écrit : « Si » Esther avoit cinq actes, elle ne plairoit guère moins » qu'Athalie. » Elle peut, en trois actes, comme en cinq, causer une grande émotion ; et lorsqu'elle n'en cause pas, c'est que l'action n'est point théâtrale.

Le sujet étoit cependant très-heureusement choisi pour remplir de pieuses intentions sur l'éducation de la jeunesse de Saint-Cyr. L'auteur n'avoit pas non plus destiné son ouvrage à un autre usage : il paroît même qu'il n'avoit pas voulu le faire imprimer, puisque, de toutes ses pièces, celle-ci est la seule dont le privilége ne soit pas en son nom. Il est accordé aux Dames de Saint-Cyr : « Ces Dames nous ont fait remontrer que le sieur Ra- » cine ayant, à leur prière, et pour l'édification des » jeunes demoiselles, composé un ouvrage de poésie » intitulé *Esther....*, nous avons auxdites Dames per- » mis de faire imprimer ledit ouvrage...., avec défenses » à tous acteurs et autres montant sur les théâtres pu- » blics, d'y représenter ledit ouvrage ; » et cet ouvrage, dans le privilége, n'est jamais, comme Athalie dans un autre privilége, appelé *tragédie*.

L'auteur étoit trop instruit de son art, pour ne pas sentir, au milieu des applaudissemens donnés à Saint-Cyr, que cet ouvrage n'avoit point la partie la plus essentielle de la tragédie. Cette raison l'engagea sans doute à en faire un autre également saint, dans lequel il fût maître de conduire son action en poète, et d'être créateur du contexte des incidens, pour en faire une véritable tragédie.

Pourquoi cependant ne fut-elle pas si bien reçue qu'Esther, quand elle parut imprimée ? Et pourquoi ceux qui n'admiroient pas Esther, dirent-ils hautement : *Elle vaut encore mieux qu'Athalie ?* Il est aisé de rendre raison de ce jugement précipité, qui prouve que le public, qui à la fin rend toujours justice, peut se tromper long-temps.

Le bruit qu'avoient fait les représentations de Saint-Cyr, fut cause qu'Esther imprimée eut beaucoup de lecteurs. Les personnes sans préjugés admirèrent les caractères, les sentimens, la diction, et ne critiquèrent point le défaut de l'action, parce qu'un lecteur ne s'en aperçoit pas comme un spectateur. Quand son esprit est content de ce qu'il lit, il loue tout l'ouvrage; mais en vain un spectateur a l'esprit content et les oreilles enchantées par les vers, si son cœur n'est point ému, troublé, agité, il dit que l'ouvrage est froid, et ne sort jamais content d'un spectacle qui l'a laissé tranquille. C'est par la représentation que le mérite d'une action théâtrale est connu ; et Aristote, qui écrivoit sur des pièces faites pour être jouées, avoit toujours l'action en vue.

L'auteur d'Athalie n'ayant jamais été témoin d'une représentation d'Athalie faite avec appareil devant plusieurs spectateurs, n'a pu être certain de l'effet qu'elle pouvoit produire : ainsi, lorsqu'il ne lui vit qu'un petit nombre de lecteurs, son inquiétude fut fondée ; et quoique Boileau l'assurât qu'elle étoit son chef-d'œuvre, il eut raison d'en douter. Né très-sensible, il ne put s'empêcher de l'être aux railleries, quoique méprisables, qu'elle essuya ; et il resta persuadé, voyant continuer la froideur du public, qu'il avoit manqué son sujet. Quelques personnes croient que le chagrin (maladie qui pour les poètes médiocres n'est pas mortelle) contribua à abréger ses jours.

Je l'ai déjà dit, je le répète : Les hommes inconcevables en tout, le sont aussi dans leurs plaisirs ; ils veulent des vers et des spectacles, on leur en donne : ils cherchent si attentivement les fautes de ceux qui ne travaillent que pour les amuser, qu'il ne leur faut offrir que des ouvrages parfaits. Paroît-il un génie capable d'en faire ? Aussitôt, comme dit Boileau après Pindare, *mille corbeaux croassent* ; et ce croassement, qui à la fin importune, contribua à faire prendre à l'auteur de Phèdre la résolution de renoncer au théâtre. Il donne, long-temps après, deux pièces qu'il ne destine point au théâtre, mais à l'utile amusement des personnes éclairées. Le chagrin est toute la récompense de son chef-d'œuvre.

C'est pour vous, mon fils, que j'écris ces remarques, et que je m'occupe de matières poétiques qui me sont devenues très-indifférentes, mais que j'ai étudiées dans ma jeunesse, parce que la gloire d'être poète tragique m'a tenté. Je me sentois capable de faire, comme un autre, de ces pièces qui ne demandent pas un grand effort de génie, et qui cependant, à cause de leur nouveauté, rapportent à l'auteur beaucoup d'applaudissemens dans quelques représentations, avec des émolumens. Mais je n'en voulois faire que d'excellentes ; et dans cette intention, je pris d'abord pour mes modèles l'OEdipe de Sophocle et Athalie. Mon ambition fut mon salut. Ayant toujours devant les yeux ces deux pièces, je n'eus jamais la hardiesse de commencer une scène. Qu'un amateur des Muses n'essaie jamais ses forces contre ces deux ouvrages,

<blockquote>S'il ne sent point du ciel l'influence secrète.</blockquote>

Lorsqu'on ne la sent pas, il ne faut jamais faire de vers; lorsqu'on en est tout rempli, si l'on veut vivre tranquille, il ne faut point faire de vers.

CRITIQUE D'ATHALIE.

Peu de personnes connoissent la Critique d'Athalie, imprimée dans les Mercures des mois de septembre et d'octobre 1722, parce qu'elle a passé avec le mois et le Mercure : elle n'a point mérité d'être oubliée. Son auteur, qui ne se nomme point, l'a écrite comme on écrit quand on critique ce qu'on admire. Il ne s'érige point en juge; « titre, dit-il, que personne n'est en
» droit de s'attribuer : je n'écris point non plus pour
» diminuer une gloire aussi bien établie que celle de
» M. Racine, mais pour empêcher ceux qui le prendront
» pour modèle, d'adopter jusqu'à certains défauts qui
» échappent aux plus grands hommes. » Il est impossible qu'un homme qui n'a que l'utilité publique en vue, et qui écrit avec cette modestie, ne fasse de bonnes réflexions ; c'est pourquoi je vais faire un extrait de son ouvrage. J'en retrancherai plusieurs éloges de la pièce ; mais je n'en retrancherai aucune des critiques.

Après avoir exposé tout le plan de la pièce, il le finit ainsi : « On ne peut disconvenir que ce plan ne soit un
» des plus brillans qui soient partis du génie de l'auteur. »
Il avoit cependant dit auparavant : « Cette excellente
» tragédie fut faite pour être représentée à Saint-Cyr;
» et je suis persuadé que l'auteur en auroit autrement
» disposé le plan, s'il l'avoit destinée au théâtre des
» Comédiens Français. Cela n'empêche pas qu'elle n'y
» paroisse tous les jours avec le même éclat que les au-
» tres pièces de ce tendre et élégant auteur, qu'on peut
» justement appeler l'Euripide de son siècle, comme
» Corneille en a été le Sophocle. »

Ce n'étoit point sur un ouvrage comme Athalie qu'il falloit donner au poète ces épithètes, *le tendre et élégant auteur;* et si le critique eût bien connu Sophocle, il eût reconnu dans Athalie la même manière de conduire une action tragique, bien différente de la manière d'Euripide; et puisque le plan de cette pièce lui paroît admirable, pourquoi a-t-il cru que le poète l'eût changé, s'il eût destiné sa pièce pour le théâtre public? Quand on a trouvé la manière la plus parfaite de conduire une action, on ne la change point. Le critique admire dans cette conduite l'art du poète à faire croître le péril jusqu'à la catastrophe, et surtout son adresse à donner à Athalie une passion qui sauve le temple de l'incendie et du pillage : c'est l'avarice. Mathan, qui lui a persuadé qu'il y a des trésors cachés dans ce temple, a voulu l'animer à y porter le fer et la flamme; mais le desir de s'emparer de ces richesses produit en elle un effet tout contraire, et la porte à conserver le temple, pour ne point perdre ces richesses : « Voilà, dit-il, ce qu'on » appelle des coups de maître. Cette beauté m'a plus » frappé que toutes les autres dont cette pièce est rem- » plie, parce que c'est celle qui fait la pièce même. »

J'ai souvent remarqué, sur les autres pièces du même poète, son art à fonder la vraisemblance d'une action, et son adresse à en instruire, dès le commencement, par quelque vers auquel on ne fait pas toujours attention. Dans les premiers vers que dit Abner, on apprend que le *temple importune* Mathan : il voudroit *l'anéantir*; et pour inspirer la même envie à Athalie,

Voyant pour l'or sa soif insatiable,
Il lui feint qu'en un lieu que vous seul connoissez,
Vous cachez des trésors par David amassés.

C'est l'avarice d'Athalie qui doit annoncer au grand-prêtre sa perte; et cependant c'est cette avarice qui sauve le temple et Joas, parce qu'elle entraîne Athalie dans le piége. Le critique relève avec raison cette beauté; mais il va bien loin en disant qu'il l'admire plus que toutes les autres. Après ces premières observations, il suit la pièce d'acte en acte, de scène en scène. Je le suivrai aussi.

ACTE I, SCENE I.

« On ne peut porter l'exactitude plus loin que le fait
» M. Racine. Il commence par établir le jour de l'action.
» Sa scrupuleuse attention va jusqu'à marquer l'heure où
» l'action théâtrale commence. L'exposition est telle
» qu'on la peut souhaiter. On n'y dit précisément que
» ce qu'on doit dire. J'y trouve d'abord quatre caractères
» annoncés et établis.... Celui d'Abner n'est pas un de
» ceux qui font un grand effet au théâtre. C'est un
» homme véritablement vertueux, mais d'une vertu
» oisive, et incapable de grands desseins. M. Racine a
» eu ses raisons pour l'établir tel : si Abner eût été plus
» entreprenant, la vraisemblance auroit demandé qu'on
» lui eût appris le sort de Joas; et c'est justement ce
» que l'auteur ne vouloit ni ne devoit faire, à moins que
» de changer tout son plan. »

Sans doute, puisqu'il doit représenter Joad comme un homme qui, pour faire triompher la cause de Dieu, ne voulant employer aucun secours étranger, refuse celui qui se présente, et qui pourroit être très-considérable. C'est pour cela que le poète, qui ne fait jamais rien dire d'inutile, fait dire par le grand-prêtre à Abner :

>   Et vous, l'un des soutiens de ce tremblant Etat,
>   Qui rassurâtes seul nos villes alarmées, etc.

Abner est donc un officier très-important; mais le grand-prêtre ne veut pas l'employer, non parce qu'il n'a qu'une *oisive vertu* : elle n'est oisive que parce qu'il n'a point d'occasion de la faire agir. Lorsqu'on lui demande ce qu'il feroit si on lui faisoit voir un fils de David, il s'écrie :

> O jour heureux pour moi,
> De quelle ardeur j'irois reconnoître mon roi !
> Doutez-vous qu'à ses pieds nos tribus empressées, etc.

Il promet au grand-prêtre et son secours et celui des tribus; et le grand-prêtre se contente de lui répondre :

> Lorsque la troisième heure aux prières rappelle,
> Retrouvez-vous au temple avec ce même zèle.

Tel est le caractère que le poète veut représenter; et l'on voit combien Abner contribue à le faire admirer.

Le critique, dans cette scène, ne reprend que ce vers :

> L'arche sainte est muette, et ne rend plus d'oracles.

« L'auteur, dit-il, semble se contredire. Il a dit, dans » sa préface, que ce ne fut que du jour que Joas trempa » ses mains dans le sang de Zacharie, que les réponses » de Dieu cessèrent dans le sanctuaire. » Le poète a dit, dans sa préface : *on prétend*. C'est le sentiment de quelques savans; et d'autres prétendent que cette manière de consulter Dieu par l'*Urim* et *Thumim*, cessa sous Salomon : il est certain du moins qu'elle devint beaucoup plus rare, puisque l'Ecriture n'en rapporte aucun exemple depuis l'établissement du temple. Ainsi, le poète a pu, sans se contredire, mettre ce vers dans la bouche d'Abner.

SCÈNE II.

Le critique est étonné de ce que le grand-prêtre annonce à Josabet qu'il va faire reconnoître Joas : « Cette » soudaine résolution me paroît surprenante. Qui le » détermine si brusquement à révéler un secret de sept » ou huit ans ? Il auroit fallu nous en instruire dès la

« première scène. A cette réflexion j'en ajoute une
» seconde. Je ne vois pas pour quelle raison Joad cache
» à Abner, dont il dit qu'il ne soupçonne pas la foi, un
» secret qu'il va révéler, ou pour mieux dire, qu'il a
» déjà révélé à tant d'autres, aux prêtres, aux lévites. »

> Un serment solennel par avance les lie
> A ce fils de David qu'on leur doit révéler.

Voilà des prêtres qui savent qu'il y a un fils de David qui doit paroître : « Pourquoi le laisser ignorer à Abner?...
» On dira que la gloire du Seigneur en éclatera davan-
» tage; mais il ne faut pas tenter Dieu, en négligeant
» les secours qui se présentent naturellement. » Je viens de dire la raison qui l'engage à les refuser d'abord, quoiqu'ils se présentent et qu'ils soient grands; mais il ne tente pas Dieu, puisqu'il ne les refuse pas pour toujours. Il ne compte pas exécuter son grand projet avec ses seuls prêtres; il compte qu'Abner y sera : il lui a donné rendez-vous à la troisième heure, et c'est à cette heure que tous les Juifs fidèles viendront à la prière : il compte être secouru par eux, et voilà pourquoi il a choisi le jour d'une grande fête. Il ne se *détermine pas brusquement*. Il a tout arrangé; il doit faire reconnoître secrètement Joas par les prêtres, afin qu'il puisse dire un jour :

> Qu'au rang de ses ancêtres
> Dieu l'a fait remonter par la main de ses prêtres.

Mais, au même moment, il verra arriver Abner et tous les Juifs que l'heure de la prière appellera. Voilà ce qu'il espère, et ce qui lui manquera. Abner sera en prison; l'arrivée d'Athalie dans le temple fera fuir tous les Juifs; il ne verra plus pour lui que des prêtres et des enfans. Alors il dira à Dieu :

> Mais si tu les soutiens, qui peut les ébranler?

Son espérance en Dieu lui fera commencer son ouvrage

avec le seul secours des prêtres, parce qu'il ne pourra plus en espérer d'autres : ainsi il ne tente point Dieu.

Quand le critique dit que le secret qu'il fait à Abner a déjà été révélé, il a été trompé par les premiers mots de ce vers :

> A ce fils de David,

et n'a pas fait attention aux suivans :

> Qu'on leur doit révéler.

Le grand-prêtre n'a jamais dit aux lévites qu'il leur feroit connoître un fils de David, mais seulement qu'il leur donneroit un roi. Lorsqu'il les appelle, acte IV, scène III, il leur dit, en leur montrant Joas :

> Prêtres, voilà le roi que je vous ai promis.

Les lévites, surpris de ne voir qu'un enfant, s'écrient :

> Quoi, cet Eliacin ! Quoi, cet enfant aimable !

Alors le grand-prêtre leur apprend que cet enfant est le fils d'Okosias. Plus on examine cette pièce, plus on découvre l'exactitude qui règne dans toute la conduite.

Le critique désapprouve que le grand-prêtre, dans la prière qu'il fait à Dieu, lui demande la mort de Joas, supposé qu'il doive un jour abandonner la trace de David : « Je crois qu'on peut dire d'un pareil zèle qu'il » est plus admirable qu'estimable, puisqu'il n'est per- » mis, dans aucun cas, de souhaiter la mort à son sou- » verain. » Il est bien éloigné de la souhaiter ; mais il aimeroit mieux que Joas enfant subît la mort temporelle, que de se rendre un jour digne de la mort éternelle. Son zèle n'a donc rien que de saint.

ACTE II, SCENE IV.

Le critique est étonné de voir paroître Athalie, non pas avec Mathan, mais avec Abner : « Y est-il venu

» avec elle, ou l'y a-t-elle trouvé? Par malheur, nous » venons de l'en voir sortir. » Il est sorti du lieu de la scène, du vestibule, mais non pas du temple, puisqu'au contraire il a dit en sortant :

> Je sors et vais me joindre à la troupe fidelle
> Qu'attire de ce jour la pompe solennelle.

Il est allé joindre ceux qui, avant l'heure de la prière publique, alloient offrir des victimes qu'immoloient les prêtres. Joad faisoit un sacrifice quand Athalie est entrée. Abner la suit pour apaiser sa colère contre Joad, qui la fait sortir de cet endroit du temple :

> Madame, pardonnez si j'ose le défendre.

Elle ne pouvoit y venir avec Mathan qui l'eût détournée de ce dessein. Elle l'envoie chercher quand elle y est, et Mathan lui dit en arrivant :

> Grande reine, est-ce ici votre place?

Elle s'excusera devant Mathan d'y être venue :

> Pontife de Baal, excusez ma foiblesse.

Le critique s'est donc trompé dans cette observation, qu'il fait avec beaucoup de politesse : « Je con-» viens qu'on ne releveroit pas dans un auteur moins » exact et dans une tragédie moins célèbre, ces » minuties. »

SCENE V.

« Quelque beau que soit le songe, c'est ce qu'il » y a de plus défectueux dans cette tragédie. » Il le condamne par deux raisons : la première, parce qu'il justifie Athalie quand elle forme des soupçons sur Joas. La réponse à cette difficulté est dans la bouche d'Athalie :

> Un songe! Me devrois-je inquiéter d'un songe?

Il n'y a qu'un Mathan qui soit capable de lui dire :

> Le ciel nous le fait voir un poignard à la main.
> Le ciel est juste et sage, et ne fait rien en vain.

« Il paroît (c'est la seconde difficulté), par la vérité
» que renferme ce songe, que c'est Dieu même qui
» en est l'auteur. Quel est donc le dessein de Dieu
» quand il avertit Athalie du péril qui la menace?
» Est-ce pour l'en garantir? Est-ce pour l'y précipi-
» ter? » Ni pour l'un ni pour l'autre, puisqu'il ne veut
point l'avertir, mais qu'elle soit confondue quand elle
verra sur le trône cet enfant qui lui a causé tant de
trouble. Elle apprendra alors que Dieu lui a fait voir
celui qui la devoit punir ; elle dira alors :

> Impitoyable Dieu, toi seul as tout conduit.
> Tantôt, pour un enfant excitant mes remords, etc.

De même qu'Alexandre, reconnoissant dans le grand-
prêtre des Juifs le même objet qu'il avoit vu en songe,
comprit qu'il devoit être favorable aux Juifs, Athalie,
reconnoissant que l'enfant qu'elle a vu en songe, un
poignard à la main, est le même qu'elle croyoit avoir
fait égorger, est forcée d'avouer que c'est Dieu qui lui
a annoncé ce vengeur. Ainsi ce songe, qui paroît défectueux à notre critique, contribue à la certitude de
la reconnoissance.

Il admire le dialogue entre Mathan et Abner, sur le
parti que la reine doit prendre après un pareil songe :
« Rien n'est si beau que le contraste de ces deux hom-
» mes. Le prêtre parle en guerrier, et le guerrier en
» prêtre. Voilà ce qui s'appelle du beau et du très-beau. »

SCENE VI.

« Mathan fait entendre à Athalie que peut-être Joad
» veut substituer ce jeune enfant à la place de quelque

» fils de David. Cela s'appelle deviner..... Cependant
» Athalie donne dans une présomption si dénuée de
» vraisemblance : elle ordonne d'aller faire prendre les
» armes à tous les Tyriens. Il faut avouer que les per-
» sonnages d'une pièce sont bien dociles : l'auteur leur
» fait dire et leur fait faire tout ce qu'il veut. » Jamais,
dans ses tragédies, comme je l'ai souvent observé, aucun
événement n'arrive que la raison n'en soit connue. Tout
inquiète un usurpateur; il craint surtout qu'un héritier
légitime ne paroisse, ou qu'on en suppose un. Ainsi,
Mathan a raison d'avertir Athalie que le grand-prêtre
pourroit bien substituer cet enfant, et elle le craindra
beaucoup quand elle saura qu'on n'en connoît ni le père
ni la mère; mais, dans ce moment, ce n'est point cette
raison qui l'engage à faire armer ses soldats, c'est ce
vers :

 Abner chez le grand-prêtre a devancé le jour.

Il y a donc un complot qui se forme entr'eux : elle va
faire mettre Abner en prison ; et cet emprisonnement est
ménagé par les raisons que j'ai dites.

SCENE VII.

Le critique ne peut qu'admirer cette scène, où il y a
tant d'art et de naturel : « C'est une espèce d'interroga-
» toire juridique que Joas subit devant Athalie. S'il dit
» des choses au-dessus de sa portée, l'auteur en donne la
» raison dans sa préface; et ce sage auteur ne se contente
» pas de cette précaution, il fait dire à Josabet dans un
» *à parte :*

 Daigne mettre, grand Dieu, ta sagesse en sa bouche!

» Un enfant si bien élevé, et d'ailleurs inspiré du Sei-
» gneur, ne doit pas nous surprendre par des réponses
» qui, quelque justes qu'elles soient, ne laissent pas de

» conserver cette naïveté qui doit caractériser son âge. »

Après cette réflexion, il désapprouve Athalie quand elle cherche une excuse à la vengeance qu'elle a exercée sur la postérité de David, dans les cruautés de Jéhu contre les enfans d'Achab ; ce qui ne lui paroît pas conséquent : pourquoi se venger de Jéhu sur les descendans de David, qui sont ses petit-fils ?

Ce n'est pas de Jéhu dont elle a voulu se venger, mais de Dieu, qui s'est servi de Jéhu pour faire exterminer la race d'Achab : elle n'ignore pas la prédiction faite à son père. Pour l'accomplir, Dieu a suscité Jéhu, qui a exterminé la race d'Achab. Elle a voulu, par vengeance, exterminer celle de David, dont elle a traité les neveux

> Comme on traitoit d'Achab les restes malheureux.

Jéhu fit périr soixante-dix fils de rois. Athalie qui parle en colère, en augmente le nombre jusqu'à quatre-vingt-dix ; ce qui fait dire au critique : « La réputation que » M. Racine a d'être exact jusqu'au scrupule, invite à » le chicaner sur des bagatelles. Sa grande exactitude » est un peu en défaut dans cette occasion. » Il lui reproche ici un défaut d'exactitude, et plus haut il lui a reproché trop d'exactitude : « Quoique l'Ecriture nous » apprenne que Jézabel étoit fardée lorsque Jéhu la fit » précipiter, il me semble que le trop exact M. Racine » auroit bien pu se passer de mettre une circonstance si » injurieuse, et d'ailleurs si inutile dans la bouche de sa » propre fille. » Une fille telle qu'Athalie ne doit pas beaucoup respecter sa mère, et une mère telle que Jézabel. Elle avoue qu'elle paroissoit encore fière après une mort si honteuse :

> Ses malheurs n'avoient point abattu sa fierté ;
> Même elle avoit encor cet éclat emprunté
> Dont elle eut soin de peindre et d'orner son visage.

Ce qu'elle ne dit point inutilement. Elle veut convaincre Abner et Mathan qu'elle ne s'est point trompée lorsqu'elle a cru voir sa mère. Elle étoit très-reconnoissable, puisqu'elle n'étoit pas changée, et qu'elle avoit encore toutes ses mêmes parures.

ACTE III, SCENE III.

Cette scène fait dire au critique : « Quel génie ! Quel » feu ! et en même temps quelle justesse ! » Il n'y condamne point ce défaut de vraisemblance que condamnent MM. Fontenelle et la Motte, et dont j'ai parlé page 302, puisqu'il s'explique ainsi :

« Des aveux aussi honteux que ceux que Mathan fait
» à Nabal, ne sont guère vraisemblables ; mais ils sont
» nécessaires au théâtre, sans quoi on ne pourroit savoir
» ce qui se passe dans le cœur de certains acteurs qu'à
» la faveur du monologue. Il faut pourtant avouer, à la
» gloire de M. Racine, que, dans cette occasion, la
» nécessité théâtrale est rapprochée du vraisemblable
» autant qu'il est possible. Nabal déclare qu'il ne sert
» ni le Dieu des Hébreux ni Baal. Un homme sans reli-
» gion, tel que Mathan, peut-il confier plus sûrement
» son secret qu'à un homme neutre ? D'ailleurs, Nabal
» est complice du crime de Mathan, et associé au fruit
» qui en reviendra : seconde raison pour ne lui rien
» cacher. »

Deux scélérats, comme je l'ai dit, peuvent se révéler mutuellement l'horrible intérieur de leur âme ; et Nabal est aussi impie que son maître, déserteur du vrai Dieu, puisque, quand il se donne comme neutre entre Baal et le Dieu d'Israël, il déclare qu'il n'a aucune religion : car, étant descendu d'Ismaël, et étant circoncis, quoiqu'il ne soit pas soumis à la loi de Moïse, il doit adorer le Dieu d'Abraham, et par conséquent le Dieu d'Israël, et détester Baal.

SCENES IV et V.

Les réflexions du critique sur ces deux scènes méritent d'être rapportées : « C'est ici que l'hypocrisie de » Mathan est mise dans tout son jour. Il étale la pureté » de ses intentions, il fait parade des prétendus bons » offices qu'il a rendus à Joad, il s'annonce en ministre » de paix devant Josabet. Cette princesse a beau le » démasquer, il ne perd rien de sa modération, sait » renfermer dans le fond de son cœur toute l'alté- » ration que lui peuvent causer des vérités si morti- » fiantes. Les injures mêmes de Joad ne semblent pas le » déconcerter. Il est vrai que, soit par la longue violence » qu'il s'est faite, soit par un coup de la main de Dieu » appesantie sur lui, il paroît enfin frappé d'aveuglement, » et ne sait par où sortir d'un lieu où un secret vengeur » le poursuit. »

Je suis surpris qu'un homme qui a si bien observé tout, n'ait fait aucune réflexion sur l'emportement de Joad, dont j'ai dit les raisons.

SCENE VII.

Il regarde la prophétie comme un morceau brillant, placé très-naturellement dans cette tragédie. Il en admire le fond, mais il en condamne la forme, c'est-à-dire, la symphonie du chœur qui y est jointe : « comme si le » don de prophétie devoit être subordonné à des causes » aussi frivoles que les sons de quelques instrumens ! » Le grand-prêtre est tout possédé de Dieu, tout échauffé : » qu'a-t-il à faire des chants du chœur et du frivole des » instrumens ? Je ne sais si cette prophétie, interrompue

» par des couplets de chants et de symphonie, a produit
» un grand effet à Saint-Cyr; mais je doute qu'elle y
» ait fait autant de plaisir qu'elle en fait tous les jours,
» dénuée de cette prétendue beauté, et prononcée sans
» interruption. En vérité, M. Racine n'auroit-il pas
» plutôt fait de nous avouer qu'il s'est prêté malgré lui
» à un agrément postiche, qu'on lui a demandé pour
» faire variété? »

Ce n'a point été pour la variété ni par complaisance pour Saint-Cyr, qu'il a fait dire au grand-prêtre, lorsque l'esprit de Dieu le saisit :

Lévites, de vos sons prêtez-moi les accords,

mais pour imiter ce que l'Ecriture nous apprend de la manière dont souvent les hommes de Dieu prophétisoient. La musique ne les inspiroit pas, mais elle les soutenoit dans leurs transports. Ceux qui en voudront savoir la raison, consulteront les commentateurs de l'Ecriture : je n'ai ici qu'à justifier le poëte, qui, toujours attentif aux usages de la nation dans laquelle se passe l'action de la tragédie, a imité ici une coutume très-ordinaire des prophètes chez les Juifs.

« Il devoit d'autant plus s'y refuser, continue le cri-
» tique, qu'il s'en faut beaucoup qu'il ne soit aussi grand
» maître en lyrique qu'en dramatique. On en peut juger
» par ces vers :

Que du Seigneur la voix se fasse entendre,
Et qu'à nos cœurs son oracle divin
Soit ce qu'à l'herbe tendre
Est au printemps la fraîcheur du matin.

» Quelle différence entre ces quatre vers et ceux de la
» prophétie de Joad! » Ils ne sont pas si pompeux, parce qu'ils ne doivent pas l'être; mais ils sont également bien faits. Nous n'avons rien, dans notre langue, de si parfait pour l'harmonie lyrique, que plusieurs

endroits des chœurs d'Esther et d'Athalie, et quelques strophes des quatre cantiques. A la beauté et à la justesse des expressions, l'harmonie de Malherbe se trouve jointe. Si de pareils vers, mis en musique par un habile musicien, ne peuvent réussir, que tout grand poète lyrique dans notre langue ne travaille donc jamais pour un musicien.

ACTE IV, SCENE II.

Le critique ne trouve à reprendre dans cette scène que ce vers :

> L'infidèle Joram, l'impie Okosias.

Il trouve que c'est parler en termes bien durs de ces deux rois, devant un enfant qui va apprendre que l'un de ces rois est son aïeul, et l'autre son père : « Et » comment Okosias, qui n'a régné qu'une année, a-t-il » pu donner dans de si grands excès d'impiété ? »

Sitôt que l'Ecriture dit de lui, *qu'il fit le mal devant le Seigneur*, et qu'il marcha sur les traces de la maison d'Achab (c'est-à-dire, qu'il protégea l'idolâtrie), le grand-prêtre ne doit prononcer les noms de tous ces rois infidèles qu'avec horreur, et inspirer la même horreur à l'enfant, qui, quand il sauroit déjà qu'un de ces rois idolâtres a été son père, devroit encore répondre :

> Puisse périr comme eux, quiconque leur ressemble !

SCENE III.

Le dessein que forme le grand-prêtre, d'aller avec ses lévites attaquer Athalie jusque dans son palais, paroît grand au critique ; mais il le compare à celui de Mithridate, qui n'étoit pas trop raisonnable : « Il est » vrai que le grand-prêtre des Juifs est beaucoup

» mieux fondé que le roi de Pont ; il met sa confiance
» dans le Dieu des armées, au lieu que Mithridate ne
» met son espérance que dans son désespoir. Quoi
» qu'il en soit, ces écarts d'imagination, pour n'être
» pas tout-à-fait raisonnables, ne laissent pas d'avoir
» beaucoup d'éclat. Un peu de dérangement échauffe
» la scène, au lieu qu'une exactitude qui va jusqu'au
» scrupule dégénère en langueur. »

Quand le projet de Mithridate seroit un *écart d'imagination*, ce ne seroit pas de celle du poète, mais de celle de Mithridate, puisqu'il est certain, par l'histoire, qu'il forma ce projet. Il le pouvoit former avec raison, et il n'est aveuglé par sa passion que quand il se figure qu'il arrivera à Rome en très-peu de temps, et sans trouver d'obstacles.

Le projet du grand-prêtre, loin d'être un *écart d'imagination*, est absolument nécessaire ; puisque, pour remettre Joas sur le trône, il faut faire tomber Athalie. Il faut donc, par conséquent, ou l'aller, à main armée, chercher dans son palais, ou qu'elle vienne elle-même se livrer dans le temple. C'est à quoi il ne doit pas s'attendre : ainsi il est obligé de l'aller chercher, et il a raison d'espérer, non-seulement que Dieu le protégera, mais que tout le peuple se réveillera au nom et à la vue d'un fils de David, accompagné du successeur d'Aaron et de ceux des lévites armés de ces armes consacrées par David. Ces lévites forment un corps nombreux, puisque Joad a dit au jeune roi :

> Mais sous vos étendards j'ai déjà su ranger
> Un peuple obéissant et prompt à vous venger.

Avec un pareil corps nombreux, bien armé et intrépide, il peut dire :

> Marchons en invoquant l'arbitre des combats.

SCENE IV.

Le critique ne trouve plus rien à reprendre dans cet acte que ce vers prophétique :

Enfans, ainsi toujours puissiez-vous être unis !

« Pourquoi, dit-il, aller chercher dans l'avenir de » quoi faire perdre l'intérêt qu'on prend à Joas? En » effet, quoique le sujet de cette tragédie soit très-beau, » il faut convenir qu'il seroit bien plus heureux et » plus intéressant, si l'on pouvoit ignorer que Joas » se rendit enfin indigne des grâces du Seigneur. » Comme on ne peut l'ignorer, c'est donc un art admirable dans le poète d'avoir su traiter son sujet, non comme événement historique, mais comme événement prophétique, en élevant l'attention du spectateur à un plus grand objet que la gloire temporelle de la race de David et du peuple juif, dont il fait bien sentir que le grand-prêtre n'est point occupé, comme je l'ai dit page 296.

ACTE V, SCENE II.

« Cet acte fait un grand plaisir, tant par l'événement, » qui est au gré des spectateurs, que par la pompe du » spectacle : cependant j'ose dire que c'est celui qui donne » plus de prise à la critique. » Examinons tous ces sujets de critique.

Le premier est cette réponse du grand-prêtre, qui, par le mot *trésor*, fait allusion au jeune roi : « Ce jeu » de mots ne paroît pas séant à la majesté d'un souve- » rain sacrificateur. » Il seroit indigne pour tout honnête homme, puisque, s'il parloit ainsi à tout autre qu'à l'ennemi public, il feroit un mensonge. Je ne pretends pas examiner si l'on peut quelquefois être *splendide mendax*, ni agiter une question qui excita une si furieuse tempête contre Jacques Saurin : je me borne à dire que ce qui seroit mensonge dans la société, cesse de l'être devant l'ennemi public, qu'on aura le droit de faire égorger sitôt qu'on en aura le pouvoir. C'est ce que j'ai dit plus haut; et je répète que, si le grand-prêtre, lorsque l'armée ennemie, la flamme à la main, environne le temple, ne faisoit point cette réponse, il trahiroit la cause de Dieu, celle de son roi, et celle de toute sa nation.

Le critique ne peut supporter que, dans cette même scène, le grand-prêtre, toujours inflexible au zèle d'Abner, s'obstine à ne lui point révéler son secret : « On » voit bien, dit-il, qu'il veut se servir d'Abner pour » amener Athalie dans le piége, et j'avoue que c'est là » ce qui me paroît de plus défectueux et de plus révol- » tant dans la pièce. »

Voici une erreur bien grossière. Si le grand-prêtre vouloit se servir d'Abner pour amener Athalie dans le piége, ce seroit alors qu'il s'épargneroit *une réponse équivoque, un jeu de mots peu séant à sa dignité.* Il révéleroit son secret à Abner, qui est plein d'horreur pour Athalie, et ne demande qu'à verser son sang contre elle, aux portes du temple. Lors donc que le poëte peint cette obstination du grand-prêtre, malgré tout le zèle que lui témoigne Abner, malgré Josabet, qui lui dit tout bas :

> Pour le sang de ses rois vous voyez sa tendresse :
> Que ne lui parlez-vous ?

il a eu grande raison; celle que j'ai dite à la page 285.

SCENE III.

Le critique cherche ce que le grand-prêtre peut dire

à Ismaël, à qui il parle à l'oreille. On en est instruit, lorsqu'à la scène VI il vient raconter cette proclamation de Joas, qui a été faite par quelques lévites *du haut du sacré parvis*. Le grand-prêtre n'a pas voulu donner tout haut un ordre si important, et d'où dépend tout le succès, pour ne point troubler ni inquiéter ceux des lévites qu'il destine à environner Joas, pour le défendre contre les soldats qui vont entrer. Il veut que tout soit calme dans le temple quand Athalie entrera ; c'est pourquoi, après avoir parlé bas à Ismaël, il lui dit tout haut :

> Suivez de point en point ces ordres importans ;
> Surtout, qu'à son entrée, et que, sur son passage,
> Tout d'un calme profond lui présente l'image.

Puis il ajoute :

> Vous, enfans, préparez un trône pour Joas.

« Voilà dit le critique, des ordres un peu précipités » pour préparer ce trône ; ils n'ont que quelques mi- » nutes. » Il ne faut point s'imaginer un trône pompeux, tel qu'on en met un sur le théâtre. Y avoit-il un pareil trône dans le temple ? J'ai remarqué sur Esther, page 227, que, dans l'Ecriture-Sainte, ce mot trône ne veut dire souvent qu'un siége élevé.

SCENE V.

Le critique n'admire pas, comme moi, la reconnoissance : « Je ne veux pas, dit-il, approfondir ces in- » dices, qui me paroissent un peu frivoles, surtout le » geste. » Il est étonnant que la marque du couteau lui paroisse un indice un peu frivole : à l'égard *du port* et *du geste*, il s'est imginé que ces indices étoient frivoles, parce que l'enfant est assis en silence. Il étoit si aisé au poëte de changer ce vers, que ce n'est pas la rime qui l'a obligé de parler du geste :

> Je vois d'Okosias et le port et le geste.

Le port ne se dit pas seulement d'une personne qui marche, mais de son maintien, soit qu'elle marche, soit qu'elle soit assise, et surtout de la manière dont elle porte sa tête. *Le geste* ne se dit pas seulement de l'action des mains dans la déclamation, mais de l'action du corps et du visage : *Actio quædam et quasi pronuntiatio corporis*. Athalie, en considérant Joas assis, lui reconnoît le maintien et les airs de tête de son père. C'est ce qui se dit tous les jours en voyant un enfant.

Le critique trouve qu'Abner joue ici un fort mauvais personnage, qu'Athalie a raison de lui reprocher. Elle croit que c'est lui qui l'a amenée dans le piége. Quand il veut lui protester son ignorance : *Reine, Dieu m'est témoin,* elle l'interrompt : *Laisse là ton Dieu, traître, et venge-moi.* Abner n'a garde de songer à la venger, puisqu'il reconnoît son roi, et se jette à ses pieds. Peut-il faire un autre personnage ?

SCENE VI.

J'ai répondu à ce qu'on peut objecter sur les imprécations d'Athalie; mais il me paroît singulier que le critique ait peine à comprendre ce qui autorise le grand-prêtre à ordonner sa mort. Il ordonne, non-seulement la sienne, mais celle de quiconque prendra son parti :

> Si quelque audacieux embrasse sa querelle,
> Qu'à la fureur du glaive on le livre avec elle.

La meurtrière de la race de David ne mérite-t-elle pas la mort, et le grand-prêtre ne prononce-t-il pas son arrêt en présence du roi, dont il exerce l'autorité ?

Cette critique finit par ces paroles : « Je pourrois » ajouter quelques remarques sur la versification; mais » ma dissertation n'est que trop longue, et d'ailleurs,

CRITIQUE D'ATHALIE.

» les bons vers sont en si grand nombre dans cette » tragédie, qu'ils font disparoître les médiocres, et » même les défectueux. » Ils disparoissent si bien, que je ne puis les apercevoir. Si le critique les eût indiqués, il eût satisfait ma curiosité.

Il a écrit quelques observations très-bonnes; et l'on ne peut lui savoir mauvais gré de quelques critiques mal fondées, puisqu'il ne les fait que dans une bonne vue. On voit un homme qui ne les propose qu'en doutant, et qui, toujours humble, ne se nomme point, écrit dans un style très-modeste, et met son ouvrage dans le Mercure.

FIN DES REMARQUES.

TRAITÉ

DE LA

POÉSIE DRAMATIQUE,

ANCIENNE ET MODERNE.

TRAITÉ

DE LA

POÉSIE DRAMATIQUE,

ANCIENNE ET MODERNE.

PLAN DE CE TRAITÉ.

Le poète français dont j'ai examiné les ouvrages, ayant eu le bonheur de plaire à sa nation, en suivant dans ses tragédies, comme dans sa comédie, les traces des poètes grecs, dont il s'étoit nourri dès sa jeunesse, son succès doit inspirer à ceux qui ne connoissent point le théâtre grec, la curiosité de savoir si c'est chez les Grecs qu'il faut nécessairement chercher les vrais principes de la poésie dramatique, et si ces mêmes principes ont été également suivis par les autres nations qui ont aimé et cultivé le même genre de poésie. C'est cette curiosité que je vais tâcher de satisfaire.

Après une histoire abrégée de la poésie dramatique chez les Grecs, je m'arrêterai à considérer le caractère de leurs tragédies. Leur unique but est d'exciter une grande émotion, et c'est dans cette émotion que consiste le vrai plaisir de la tragédie; mais n'est-il point dangereux de l'exciter? Deux sentimens opposés: celui de Platon, qui condamne toute poésie qui excite les passions, et celui d'Aristote, qui veut, au contraire, que les poètes excitent, le plus qu'il est possible, la crainte et la pitié, les deux passions, selon lui, essentielles à la tragédie. Puisque ces deux passions portent les hommes à la vertu, Aristote n'a pu penser que la tragédie les excite pour les purger; et la tragédie ayant une fin utile, ne devient dangereuse que par la faute des poètes, et la nature des représentations.

Après quelques réflexions sur la nature du plaisir que cause la comédie et sur le sel attique, je reprendrai l'histoire de la poésie dramatique, que je suivrai chez les Romains, et parmi nous depuis la renaissance des lettres.

J'examinerai sans prévention (à ce que je crois) pour ma patrie, qui de nous ou de nos voisins a le mieux suivi les traces des Grecs. Après avoir dit les raisons d'un égarement qui fut général, je ferai voir que nous avons repris les premiers et montré aux autres le bon chemin, et que la majesté que l'amour a long-temps fait perdre à la tragédie, lui a été rendue par Athalie, pièce conforme à tous les principes d'Aristote, comme je le prouverai. Cette pièce, qui par une voix presque unanime est appelée la plus parfaite des tragédies modernes, nous met-elle en état de disputer aux Grecs la supériorité dans la tragédie? Je ne ferai que proposer cette question.

Ce petit Traité, où il est si souvent parlé du théâtre des anciens, sera terminé par quelques recherches sur leur déclamation théâtrale.

CHAPITRE PREMIER.

De la Passion de presque tous les Peuples pour la Poésie dramatique.

Quoique toute poésie soit une imitation, nous donnons particulièrement le nom *d'imitative* à la dramatique, parce que le poète cessant de nous parler ou de raconter, disparoît, et met à sa place des personnages qui parlent et qui agissent. Cette poésie a dû naître naturellement de la réunion des deux plus anciennes espèces de poésie, la lyrique et l'épique.

Les poètes, chez tous les peuples, chantèrent d'abord la divinité et les héros : ils écrivirent ensuite en vers le récit des exploits des héros. Ils durent bientôt penser que, puisque le récit d'une action éclatante étoit agréable, la représentation de cette action mise en dialogues, et exécutée par des personnages, seroit bien plus agréable qu'un récit, et qu'en y ajoutant des chants placés à propos, ils attireroient les hommes à un spectacle où les charmes de la poésie lyrique et de l'imitative seroient réunis.

Nous ne sommes pas étonnés de voir naître ce spectacle dans la Grèce, le pays des Muses, puisqu'il a dû naître aussi chez tous les peuples qui ont des poètes; et quels peuples n'en ont point eu ?

En effet, on le trouva établi chez les anciens habitans du Pérou (1). Dans les fêtes solennelles, on représentoit devant les rois et les seigneurs de la cour des tragédies et des comédies, dont *les intermèdes contenoient des choses graves et sentencieuses.* Ces spectacles ne se donnoient point au peuple pour de l'argent, mais étoient exécutés devant la cour par des acteurs qui étoient tous d'une naissance distinguée. Les sujets de leurs tragédies étoient les exploits militaires des rois et des grands-hommes; les sujets des comédies étoient des actions de la vie privée. Les Missionnaires, trouvant dans cette nation cet amour pour les spectacles, y firent exécuter des pièces sur nos mystères, c'est-à-dire, des *Autos Sacramentales* dans le goût espagnol. Les jeunes Indiens les exécutoient avec tant de grâce et de modestie,

---

(1) Garcilasso de la Vega, l. 1.

et chantoient les hymnes, dit le même historien, avec tant de mélodie, que ces représentations faisoient pleurer de joie les Espagnols.

Il seroit à souhaiter que l'Inca historien de son pays, nous eût donné une traduction d'une des tragédies de sa nation. Nous verrions comment le bon sens conduisoit, sans la connoissance des règles de l'art, leurs poètes ; et nous trouverions, selon les apparences, une pièce plus raisonnable que ne l'ont été toutes celles qui parurent autrefois dans l'Europe, chez les Espagnols, les Italiens, les Anglais, et parmi nous.

Nous voyons que ces Indiens savoient distinguer (ce que nous avons long-temps ignoré) le genre noble et sérieux, du genre bas et bouffon ; ils ne faisoient point un mélange monstrueux de la tragédie et de la comédie : enfin, nous voyons dans ce pays si éloigné du commerce des Muses, un spectacle qui ressemble à celui des Grecs. Une tragédie, qui est l'imitation d'une action grande, est exécutée les jours de fêtes par des acteurs d'une condition estimable, qu'un vil intérêt n'engage point à divertir le peuple. L'action qu'ils représentent est mêlée d'intermèdes et de chants qui contiennent des sentences.

Les Tunquinois, suivant Tavernier, ont une grande passion pour la comédie. Leurs représentations, qui sont superbes par les décorations, s'exécutent depuis le soleil couchant jusqu'au soleil levant. On diroit que ces peuples ont pensé, sans avoir lu Aristote, qu'une action dramatique ne doit pas durer plus de temps que ne dure le tour d'un soleil. Deux juges président à ces représentations, pour décider du mérite de la pièce. Tavernier ne nous apprend pas quelle est la nature de ces pièces.

Les Japonois, suivant le P. Charlevoix, réussissent surtout dans les pièces de théâtre. Leurs pièces sont divisées en actes et en scènes, comme les nôtres. Dans le prologue, ils annoncent le sujet; mais ils n'annoncent pas le dénoument, afin qu'il surprenne les spectateurs. Leurs décorations sont belles; leurs pièces ont des intermèdes, qui sont des ballets ou quelque farce bouffonne, pour délasser; mais dans le corps de la tragédie ou de la comédie *tout est moral.*

Les Chinois, grands amateurs de spectacle, n'y connoissent pas la régularité, puisque leurs spectacles, dit Acostat, durent dix ou douze jours de suite, en y comprenant les nuits. Les spectateurs et les acteurs se succèdent pour aller boire, manger et dormir. Dans le quinzième siècle, nos représentations saintes duroient quelquefois quatre ou cinq jours. Dans la tragédie chinoise dont la traduction est rapportée par le P. du Halde, on ne trouve, comme dans nos anciennes pièces, ni unité d'action ni vraisemblance : le traducteur y fait observer les endroits qui doivent être chantés, et ils sont en grand nombre.

Les pièces chinoises sont apparemment recherchées de leurs voisins, comme les pièces d'Euripide étoient recherchées des peuples voisins de la Grèce. L'abbé de Choisy rapporte qu'il assista à Siam à une tragédie chinoise, qu'on fit exécuter pour l'ambassadeur de France. Les comédiens étoient chinois, et la tragédie fut précédée d'une comédie à la chinoise. Ce spectacle étoit mêlé de chants et de danses.

M. de la Loubère parle aussi d'une comédie chinoise qu'il vit représenter à Siam; et il nous apprend que les Siamois ont encore un autre spectacle, qu'on peut comparer à celui que les rapsodes donnoient dans la Grèce avant la naissance de la tragédie. C'est un poëme mêlé de l'épique et du dramatique, dont la représentation dure trois jours entiers. Plusieurs acteurs, toujours présens sur le théâtre, chantent tour-à-tour. L'un chante le rôle de l'historien, et les autres ceux des personnages que l'historien fait parler : c'étoit de cette façon qu'autrefois on chantoit dans les églises la Passion.

Ces acteurs, qui restent sur le théâtre tant que le spectacle dure, me rappellent nos anciennes représentations. Tous les acteurs paroissoient sur le théâtre au commencement de la pièce, et ne sortoient jamais : ceux qui avoient à parler restoient debout, et, quand ils n'avoient plus rien à dire, alloient s'asseoir. Tout acteur assis étoit censé absent : c'étoit ainsi que nous fondions la vraisemblance de la durée d'une action, parce que tant qu'on voyoit rester sur le théâtre tous les acteurs, on étoit assuré que la pièce n'étoit pas finie. Il est aisé de penser que la conduite des pièces n'étoit pas plus vraisemblable que la représentation.

Par ce que je viens de rapporter, on voit la passion de presque tous les peuples pour la poésie dramatique. Quelle nombreuse bibliothèque formeroit un homme qui pourroit rassembler toutes les pièces de théâtre qui ont été faites dans toutes les langues ! Je ne parle que de celles que le temps a conservées. Mais que deviendroit cette bibliothèque, s'il vouloit la réduire aux seules pièces, je ne dis pas dignes d'être admirées, je dis seulement écrites avec bon sens, et conduites avec vraisemblance ?

Pourquoi les peuples qui ont voulu goûter le même plaisir, n'ont-ils pas tous suivi à-peu-près la même route ? La même réflexion a dû faire sentir à tous leurs poètes que, puisqu'ils vouloient imiter une action, il falloit que l'imitation rendît l'action telle qu'on l'eût vue se passer si on y eût été présent : de là les trois unités, tellement nécessaires, que si l'une manque, toute vraisemblance disparoît.

La même réflexion a dû aussi apprendre à tous les poètes que, pour attirer le peuple au spectacle, il faut lui procurer l'un ou l'autre de ces deux plaisirs : ou celui de pleurer beaucoup, ou celui de beaucoup rire. Ces deux plaisirs étant opposés l'un à l'autre, de là a dû suivre naturellement la distinction essentielle entre la tragédie et la comédie ; distinction cependant long-temps ignorée chez plusieurs nations, et même quelque temps ignorée chez les Grecs.

La même réflexion a dû encore faire sentir à tous les poètes, que pour le spectacle destiné aux larmes, il leur falloit choisir les plus tristes exemples des misères humaines, et non point ces malheurs que cause l'amour, qui étant imaginaires et volontaires, ne font qu'une foible impression sur les spectateurs. Voilà ce que comprirent en peu de temps les Grecs, et ce que les autres nations ont eu tant de peine à comprendre.

Ce que la plus simple réflexion eût dû établir partout n'est point arrivé, parce qu'on n'a pas commencé par réfléchir. Les spectacles naquirent, chez les Grecs, des chants de Bacchus, et, parmi nous, des chansons des pélerins. Les arts naissent du hasard, et les réflexions viennent ensuite. Elles sont cause quelquefois que les arts se perfectionnent; quelquefois aussi leurs progrès sont arrêtés par un certain goût répandu dans une nation. Dans quel état est encore la poésie dramatique chez les Anglais, nation si éclairée, et où les poètes grecs sont si connus? On en peut dire autant de celle qui a été long-temps en vogue en Italie et en Espagne; et l'on en peut dire autant de la nôtre, jusqu'à Corneille et Molière, quoique nous eussions commencé, du temps de François Ier, à étudier les Grecs. Notre passion pour eux ne fit que nous aveugler; et en croyant les suivre, nous nous égarâmes, comme les autres, jusqu'au temps où deux poètes, conduits par leur génie plus que par l'étude, entrèrent dans la véritable route de la tragédie et de la comédie.

La poésie dramatique eut le même sort chez les Grecs. Très-informe dans sa naissance, elle fut perfectionnée par quatre grands poètes; et ce fut sur les réflexions que leurs ouvrages inspirèrent à Aristote, qu'il mit par écrit les règles de leur art. Elles sont les seules bonnes, puisque ni nous ni d'autres n'avons pu réussir lorsque nous ne les avons pas suivies. Il faut donc, pour bien connoître la poésie dramatique, prendre connoissance de celle des Grecs : l'histoire abrégée que j'en vais faire apprendra comment elle est née, et comment elle s'est perfectionnée.

CHAPITRE II.

Histoire de la Poésie dramatique chez les Grecs.

LA poésie dramatique devoit naître tout d'un coup, chez les Grecs, de celle d'Homère : sa naissance ne fut pas si noble. La poésie d'Homère contribua à lui faire donner sa perfection; mais il faut chercher sa naissance, qui arriva long-temps après Homère, dans le tombereau de Thespis.

Tragédie, c'est-à-dire, *chanson du bouc* ou *de la vendange;* comédie, c'est-à-dire, *chanson de village* ou *de Comus.* Ces noms rappellent l'origine de ces poëmes. Les fêtes du dieu du vin, la religion et la débauche, donnèrent la naissance à cette espèce de poésie, qui depuis a fait tant d'honneur à l'esprit humain.

Ceux qui ont appelé Thespis le père de la tragédie, l'ont fait le père d'un art qu'il ne connut jamais. Il y avoit long-temps avant lui des chœurs d'ivrognes. Dans toutes les fêtes, on buvoit et on chantoit; et comme Bacchus est un dieu de toutes les fêtes, on chantoit toujours à son honneur des vers qu'à cause de lui on nommoit *dithyrambiques*; et l'on y joignoit des vers satiriques, par lesquels les convives s'attaquoient les uns les autres. Toute la gloire de Thespis consiste à avoir imaginé de promener de village en village, dans une charrette, les musiciens qui chantoient, dans les fêtes de Bacchus, des dithyrambes pour honorer le dieu dont ils étoient bien remplis. Ces chantres se barbouillèrent de lie; et voulant ressembler aux Satyres, compagnons ordinaires de Bacchus, ils se couvrirent d'habits grotesques. Virgile, dans le second livre des Géorgiques, dépeint les anciens habitans de l'Ausonie chantant de même des vers, et se couvrant de masques dans les fêtes de Bacchus :

> Versibus incomptis ludunt risuque soluto,
> Oraque corticibus sumunt horrenda cavatis,
> Et te, Bacche, vocant per carmina læta, etc.

Comme les chœurs ne pouvoient pas toujours chanter, Thespis, pour leur donner le temps de reprendre haleine, fit parler seul un de ses acteurs, qui, du haut de sa charrette, attaquoit les auditeurs par des vers piquans et grossiers, dignes de l'acteur; ce qui donna lieu au proverbe : *parler de la charrette*, pour dire *vomir des paroles grossières*. A ces vers grossiers succédèrent des récits d'aventures ou plaisantes ou tristes; et c'est ici qu'il faut placer la naissance de la poésie dramatique, qui fut ainsi nommée du terme grec *action*, lorsqu'on eut commencé à réciter des actions.

Thespis trouva le succès de ses mascarades dans cette facilité que nous avons de rire avec ceux qui rient, et de pleurer avec ceux qui pleurent :

> Ut ridentibus arrident, ita flentibus adsunt
> Humani vultus. Hor.

Et comme il lui fut aisé de remarquer qu'il étoit beaucoup plus facile de faire pleurer ses auditeurs que de les faire rire, il s'attacha à exciter la pitié par des récits d'aventures tristes et cruelles; et ce spectacle paroissant noble, fut bientôt reçu à Athènes, tandis que le spectacle où l'on ne disoit que des choses bouffonnes et grossières resta dans les villages.

La tragédie naissante, qui n'étoit d'abord que le récit d'une aventure, fait par un seul acteur, changea peu à peu de forme par les réflexions que firent les poètes en voyant courir le peuple à ce spectacle.

Ils remarquèrent le plaisir que nous cause l'imitation de nos vices et de nos vertus, de nos passions bonnes ou mauvaises. Comme il y a des passions qui, quoique condamnables, telles que l'ambition, la haine, la vengeance, paroissent nobles, parce que, pour se soutenir dans leur violence, elles ont besoin de la force de l'âme, il y a aussi des passions, comme l'avarice, l'ivrognerie, etc., qui paroissant des foiblesses de l'âme, sont basses et méprisables. Ces dernières, qui ne produisent que des actions risibles, furent réservées pour la seule comédie; et les premières, qui ne respirant que sang et fureur produisent souvent des actions grandes, furent réservées pour la seule tragédie.

Ce partage ne se fit pas tout d'un coup, puisqu'Aristote nous dit que la tragédie ne reçut que tard sa gravité, et ne se défit qu'avec peine du style burlesque. Ainsi, les Grecs avoient fait d'abord ce que tant d'autres nations ont fait depuis, un mélange du sérieux et du bouffon.

Quand ce partage essentiel eut été fait, les poètes crurent ne devoir chercher les exemples des passions réservées pour la comédie, que parmi les hommes du commun: non que les rois et les héros en soient exempts, mais parce qu'ils cachent leurs foiblesses aux yeux du public, ne voulant y paroître que pour inspirer l'admiration ou le respect. Les poètes cherchèrent les exemples des passions réservées à la tragédie parmi les rois et les héros, non-seulement parce que leurs passions ayant des suites que n'ont pas celles des particuliers, causent le bonheur ou le malheur des peuples, et les révolutions des Etats, mais parce que les exemples frappent bien davantage quand ils sont pris parmi ceux dont on craint le pouvoir, dont on respecte la dignité, ou dont on admire les grandes qualités.

Quand on eut bien distingué ce qui concernoit les différens caractères des deux genres de la poésie dramatique, on songea à ce qui concernoit le style, la mesure des vers, les chants et les danses, chaque poète faisant des changemens suivant ce qui lui paroissoit convenir au caractère de la tragédie ou de la comédie : « Lorsque la tragédie, dit
» Aristote, après beaucoup de changemens, eut enfin reçu

» ce qui lui appartenoit, elle se reposa : ε'παυσατο»;» ce qui ne signifie pas qu'elle fût parfaite. Aristote ne prétend pas le dire de celle même de son temps, puisqu'il ajoute : « Or, d'examiner si elle est aujourd'hui telle qu'elle doit » être, soit par rapport à elle, soit par rapport aux spec- » tateurs, αλλος λογος, ce n'est pas de quoi il s'agit ici. » Aristote ne ressembloit pas à ces écrivains italiens et espagnols, qui prétendent que leurs poètes ont atteint la perfection. Un poëme né dans la débauche avoit grand besoin de réforme, et cette réforme ne pouvoit pas être prompte. On fut long-temps à faire les changemens dont la tragédie avoit besoin : « On sait, dit Aristote, les noms de ceux qui » les ont faits. On n'est pas instruit de même sur la comé- » die, parce qu'elle ne fut pas d'abord recherchée comme » la tragédie, et que le magistrat ne commença que fort » tard à donner le chœur aux poètes comiques; » c'est-à-dire, à accepter leurs pièces pour être représentées : c'étoit ce qu'on appeloit *donner le chœur.*

Quoique la comédie fût encore habitante des villages, les poètes avoient été obligés d'inventer un spectacle propre à délasser le peuple, que le sérieux ennuie bientôt, et qui d'ailleurs, n'entendant plus parler de Bacchus, le dieu des spectacles, s'écrioit souvent : *Que fait cela à Bacchus?* Il fallut donc, pour contenter la religion du peuple, et pour finir le sérieux par du badinage, *vertere seria ludo*, chercher un spectacle qui chassât la tristesse que causoit la tragédie. Ce fut ce qui donna naissance aux pièces *satiriques*, ainsi nommées des Satyres, cortége de Bacchus, qui composoient les chœurs et chantoient Bacchus. L'action de ces pièces, quoique noble et sérieuse, étoit exécutée d'une manière très-bouffonne. Il falloit faire rire le peuple ; et les meilleurs poètes furent obligés de s'abaisser à composer de pareils ouvrages, qui ne furent jamais assez estimés pour qu'on ait pris soin de les conserver à la postérité, puisque, dès le huitième siècle, comme on voit par un passage d'Eustathe sur l'Odyssée, il ne restoit plus de ces pièces que le Cyclope d'Euripide.

Le premier poète qui fit jouer une pièce satirique se nommoit Pratinas, et ce fut à la représentation d'une pièce de ce Pratinas que les échafauds, chargés de spectateurs, se rompirent; ce qui engagea la ville à faire construire un théâtre solide. Les premiers avoient été de planches qui se montoient et se démontoient à la hâte. On payoit sa place deux oboles, qui servoient à rembourser l'architecte de ses frais. Dans la suite, les spectacles furent donnés *gratis* au peuple, avec des magnificences inconcevables.

Il y eut plusieurs poètes dramatiques entre Thespis et Eschyle; et tous les poètes étoient musiciens, et même acteurs. Sophocle fut le premier qui, à cause de la foiblesse de sa voix, cessa de jouer dans ses pièces. Tous ces poètes composoient la modulation de leurs pièces, les chants et les danses de leurs chœurs. Les chants et les danses furent inséparables d'un poëme né dans les fêtes, et qui avoit passé des autels au théâtre. La danse de la tragédie fut, par son nom et son caractère, distinguée de celle de la comédie. Les divers mouvemens du chœur, à droite ou à gauche, ou vis-à-vis les spectateurs, qui donnèrent lieu à ces termes, *strophe, antistrophe, épode,* étoient faits, suivant les uns, pour imiter les mouvemens des planètes, et, suivant d'autres, avoient été établis par Thésée, à son retour de Crète, en mémoire du Labyrinthe. L'ignorance où nous sommes de ces termes d'une musique très-inconnue, termes dont les Romains n'ont pas fait usage, fait voir le ridicule des poètes latins modernes, et de quelques poètes italiens et français qui en ont voulu orner leurs odes.

C'étoit d'abord le même acteur qui chantoit et qui dansoit; et comme la danse nuisoit au chant, on fit chanter les uns et danser les autres. Le même partage du chant et de la danse se fit à Rome, comme on le verra dans la suite : ce qui prouve la grossiéreté des premiers spectacles.

Ceux d'Athènes furent extrêmement ennoblis par Eschyle, qu'on peut appeler le véritable père de la tragédie. Jusqu'à lui, elle n'avoit été presque qu'un chant, qu'interrompoit l'acteur qui faisoit un récit. Eschyle ayant ajouté un second acteur, établit le dialogue, et diminua les chants du chœur, qui cependant sont encore fort considérables dans ses pièces. Par ce changement, ce qui avoit été le principal du spectacle n'en fut plus que l'accessoire. L'acteur, auparavant, faisoit un récit pour laisser au chœur le temps de se reposer ; le chœur, dans la suite, ne chanta plus que pour laisser reposer les deux acteurs : ainsi il devint intermède ; l'action, mise en dialogue, eut plus d'étendue, et le chœur, qui en étoit témoin, y prit intérêt. Comme il ne sortoit point du théâtre quand une fois il y étoit entré, ou du moins n'en sortoit qu'en partie, sa présence conserva la vraisemblance d'une action qui se passe devant des témoins : ainsi, les poètes se virent obligés d'observer l'unité d'action et l'unité de lieu.

Eschyle ne fut pas l'inventeur du masque, comme le dit Horace, puisqu'Aristote, qui devoit être mieux instruit, dit qu'on ignore celui qui en fut l'inventeur. Ces jeux ayant commencé dans les fêtes de Bacchus, leur affreuse licence obligea ceux qui les célébroient de cacher leur visage, c'est-à-dire, le siége de la pudeur, dit Servius sur Virgile : *Propter verecundiæ remedium, hoc adhibuerunt ne agnoscerentur.* Les premiers masques ayant été changés en une espèce de globe qui enfermoit toute la tête, on y reconnut plusieurs utilités : ils rendoient le son de la voix plus éclatant ; ils déguisoient les hommes qui jouoient les rôles de femmes, et ils servoient à cacher la basse physionomie d'un acteur destiné à représenter un dieu ou un héros : car tous ces masques si hideux qui nous sont restés, ne servoient qu'à la comédie ; et l'usage en commença, suivant le Scoliaste d'Aristophane, sous les successeurs d'Alexandre. Les comédiens prirent des masques très-difformes, afin que les personnes puissantes, qu'ils avoient à craindre, ne s'imaginassent pas y trouver leur ressemblance.

Eschyle, pour ennoblir son spectacle, fit prendre à ses deux acteurs des robes traînantes, les éleva en exhaussant l'endroit de la scène sur lequel ils parloient, et les éleva encore par le cothurne, qui étoit une chaussure haute. Comme il voulut qu'un acteur représentant un dieu ou un héros, parût plus grand que les autres hommes, il voulut aussi qu'il parlât dans un style plus pompeux : le style d'Eschyle est si ampoulé, ses mots si longs, qu'il est appelé par Aristophane, *homme qui élève de grands termes en monceaux.* C'est pour cela qu'Horace lui accorde la gloire d'avoir exhaussé la tragédie par le style, comme par le théâtre et par le cothurne :

Modicis intravit pulpita signis,
Et docuit, magnùmque loqui, nitique cothurno.

Les commentateurs de Boileau, qui nous disent tant de choses, ne nous disent point pourquoi, en traduisant ces vers d'Horace, Boileau a mis le brodequin au lieu du cothurne, et pourquoi il donne à Sophocle l'honneur qui appartient à Eschyle, d'avoir le premier intéressé le chœur à l'action. Boileau ne s'accorde pas entièrement avec Horace, de même qu'Horace, parlant du masque, ne s'accorde point avec Aristote. Tout ce qui regarde l'origine de la poésie dramatique chez les Grecs est obscur. On trouvera cette matière savamment discutée par M. l'abbé Vatri, dans les Mémoires de l'Académie des Belles-Lettres. Je n'ai dessein ici que d'en donner une légère idée, et je reviens à Eschyle.

Pour étonner les spectateurs par un appareil terrible, il voulut faire paroître souvent des furies, des ombres, des tombeaux, etc. Ainsi, il fit construire des machines qui servoient à faire sortir une ombre des Enfers, ou à faire descendre un dieu du ciel ; d'où vint le proverbe : *un dieu de la machine.*

Il ne négligea point les décorations, qui furent perfectionnées par Sophocle, puisque ce fut lui, suivant Aristote, qui en parut l'inventeur.

Eschyle fut appelé le père de la tragédie, parce qu'il la tira de son état rude et grossier, comme dit Quintilien : *Rudem ac impolitam tragœdiam aliquantulum illustravit;* et il mérita surtout ce titre, pour avoir compris, le premier, qu'il falloit écarter des yeux des spectateurs la vue des meurtres : c'est ce qu'on lit dans Philostrate, l. 6.

La tragédie étant devenue une action grande, mise en dialogue et représentée avec magnificence, enchanta les Athéniens. Les grands jours de fêtes furent destinés à ces représentations : on établit des prix, que les poètes devoient disputer, et des juges pour décider du mérite des pièces. Ils prêtoient serment de juger avec équité ; cependant, comme ces juges étoient tirés au sort, qui pouvoit tomber sur des ignorans, les couronnes n'étoient pas toujours bien distribuées. Ce n'étoit pas non plus les meilleures pièces qu'on choisissoit toujours pour être jouées, parce que les magistrats chargés des frais du spectacle achetoient les pièces, et que quand ils étoient avares, ils achetoient quelquefois une pièce médiocre, que le poète donnoit à meilleur marché.

Le magistrat qui régloit tout le détail de ces jeux s'appeloit *chorège;* et tout paroissoit sacré dans ces jeux, parce qu'ils se représentoient dans les fêtes, et que Bacchus y présidoit. Ce dieu, à la vérité, fait dans une comédie d'Aristophane un rôle très-bouffon, et même y est fustigé : il n'est pas aisé de comprendre la religion des Athéniens. Quoi qu'il en soit, dans les spectacles tout paroissoit sacré ; et nous avons une Oraison de Démosthènes contre un homme qui lui avoit donné un soufflet : il l'accuse de lèse-majesté divine, parce qu'il a reçu de lui ce soufflet, faisant les fonctions de chorège.

Un poète, pour disputer le prix, apportoit quatre pièces. La fureur des Athéniens pour ces pièces étoit si grande, qu'en un jour on en jouoit quatre, et souvent davantage. Un poète couronné dans ces jeux étoit au comble de la grandeur humaine : quel fut donc le chagrin du père de la tragédie, de l'illustre Eschyle, lorsque, dans sa vieillesse, il se vit la couronne enlevée par un jeune homme! Son malheur nous apprend quelle est l'inconstance de la fortune poétique, et combien les poètes, surtout ceux du théâtre, sont sages quand ils savent se retirer à propos.

Cimon ayant apporté à Athènes les os de Thésée, pour célébrer une si grande fête, on avoit admis une dispute entre les poètes tragiques. Jamais jeux ne furent plus célèbres, par la dignité de ceux qui furent nommés pour en être les juges. Ils ne furent pas, comme à l'ordinaire, tirés au sort. L'archonte décida que ce seroit Cimon lui-même, avec les autres généraux, qui nommeroit le vainqueur. Ces juges, après avoir prêté serment, donnèrent le prix à une pièce qui se trouva être le coup d'essai du jeune Sophocle, qui, sans avoir cherché un style aussi pompeux que celui d'Eschyle, fut son vainqueur. Eschyle, dégoûté du séjour d'Athènes, se retira en Sicile, où il mourut : triste fin d'un homme vaincu dans un art dont il a été l'inventeur et le maître !

Sophocle, ne trouvant pas deux acteurs suffisans pour l'exécution d'une grande action, en ajouta un troisième. La tragédie parut alors avoir sa forme entière : on crut qu'un quatrième acteur jetteroit de la confusion, et qu'il ne devoit point paroître, à moins qu'il n'eût que très-peu de choses à dire. Ainsi, la tragédie reçut toute sa forme et sa beauté de Sophocle, qui trouva un rival digne de lui dans Euripide. Tous deux portèrent au plus haut point la gloire du théâtre d'Athènes, et divertirent le peuple en lui faisant verser beaucoup de larmes, parce qu'ils choisissoient ces sujets terribles dont je parlerai dans la suite, s'attachant principalement à exciter la crainte et la pitié par des actions conduites avec toute la vraisemblance possible, en présence de chœurs qui, étant composés d'un grand nombre de personnages, augmentoient la pompe du spectacle.

Quelle vraisemblance, dira-t-on, pouvoit se trouver dans la conduite d'une action au milieu de laquelle on chantoit et l'on dansoit?

C'étoient ces chœurs même qui servoient de fondement à la vraisemblance de l'action qui s'exécutoit en leur présence.

Une action grande, qui se passe dans un endroit public, entre des princes, doit se passer devant des témoins qui s'y intéressent : ces témoins restant toujours sur la scène, mettoient à toutes les parties de l'action une liaison continue, qui ne se trouve pas dans nos tragédies partagées en actes isolés. Nos entr'actes sont quelquefois vraisemblables; mais il n'est pas vraisemblable que, dans toute action dramatique, il soit nécessaire que les acteurs disparoissent tous, de concert, régulièrement quatre fois. Cette continuité d'action que procuroient les intermèdes, fut cause que les Grecs ne connurent point le partage d'une pièce en actes. Il n'en est point parlé dans Aristote; et ce précepte d'Horace, *que toute pièce soit en cinq actes*, n'est fondé sur aucune raison. Il suffit qu'une action dramatique ait une étendue convenable à sa nature : si elle étoit trop courte, elle ne seroit pas assez détaillée, et elle n'auroit point assez de majesté; si elle étoit trop longue, elle fatigueroit l'attention. Les intermèdes d'Athènes occupoient agréablement un peuple amoureux de la musique : les acteurs restoient quelquefois sur la scène pendant un intermède, et s'unissoient aux chants du chœur; quelquefois le chœur chantoit dans d'autres momens que ceux des intermèdes; les Grecs n'avoient attention qu'à la vraisemblance de l'action.

Le chant nous paroît pouvoir s'accorder avec la vraisemblance. Il n'en est pas de même de la danse. Nous trouvons étrange que des témoins d'une action terrible, d'où dépend la tranquillité publique, se puissent amuser à danser.

Il ne faut pas juger de ces choses suivant nos idées, mais suivant les idées particulières à certains peuples. La poésie dramatique conserva toujours ce qu'elle tenoit de la religion ; et chez les Grecs, comme chez les Egyptiens et les Juifs, la danse faisoit partie des cérémonies religieuses. Elle faisoit aussi partie, dans la Grèce, des arts militaires ; Platon la regarde comme un exercice qui intéresse le gouvernement. La danse destinée à la tragédie, avoit la dignité qui convenoit à l'action représentée, aux prières qu'on faisoit aux dieux, et à la morale qu'on débitoit. Ainsi, elle n'avoit rien que de grave ; et elle étoit si nécessaire, que, dans l'Ajax de Sophocle, dont le chœur est composé de soldats qui sont censés ne savoir pas danser, le poète suppose que, dans un transport de joie, ils invoquent le dieu Pan, celui qui règle les danses des dieux, pour qu'il leur inspire une danse, « parce que, disent-ils, dans un pareil sujet de joie, il faut » nécessairement que nous dansions. »

Euripide, malgré tous ses succès, eut un ennemi redoutable dans Aristophane, qui avoit un grand crédit sur le peuple. La comédie avoit enfin été reçue à Athènes. Après avoir fait rire le peuple par ces pièces *satiriques* dont j'ai parlé, par des *silles*, ainsi nommées du dieu Silène, qui y paroissoit, et par des *parodies* dans le goût des nôtres, les poètes cherchèrent un genre de poésie destiné à faire rire, qui fût plus régulier, et entreprirent de donner la forme de la tragédie à un poëme qui seroit une imitation en dialogue des actions ordinaires de la vie civile. C'est en ce sens qu'on peut dire, avec Boileau :

> Des succès fortunés du spectacle tragique,
> Dans Athènes naquit la comédie antique.

Il l'appelle *antique*, parce que cette première comédie fut dans la suite appelée *la vieille*. Les sujets n'y étoient pas feints : c'étoient des personnes vivantes, et souvent les premiers de la ville, que les comédiens, en prenant leurs noms et leur ressemblance par le moyen des masques, faisoient parler. Eupolis, un des premiers auteurs de cette comédie si libre et si piquante, eût dû, par sa fin tragique, la faire cesser, s'il est vrai, comme le disent quelques écrivains, qu'Alcibiade le fit jeter dans la mer, et que c'est de lui dont Ovide veut parler dans ce vers :

Comicus in mediis periit dum nabat in undis.

Aristophane, qui jouoit lui-même dans ses pièces, ne craignoit pas d'y attaquer les Périclès, les Alcibiades, et tous ceux qui vouloient se rendre maîtres de l'autorité. Comme il donnoit des conseils au peuple sur toutes les affaires de la république, il devint un homme si important, que le roi de Perse demanda un jour à l'ambassadeur de la Grèce des nouvelles de ce poète qui rendoit ses citoyens redoutables à ses ennemis. Quelquefois, quand il avoit joué sa pièce, on le couronnoit de fleurs, et on le reconduisoit chez lui avec des acclamations : il reçut même, par un décret public, la couronne la plus honorable que pût recevoir un citoyen. Jamais poète comique ne fut si hardi à attaquer les dieux et les hommes, si fertile en obscénités, ni si honoré : ce qui n'a pu arriver que dans une république dont le peuple léger aimoit que sur le théâtre on plaisantât de son gouvernement, qu'on lui donnât des conseils dont il ne profitoit pas, et même qu'on le tournât en ridicule. Pline, l. 35, parle d'un tableau qui réunissoit toutes les imperfections et perfections des Athéniens : « On » y voyoit, dit Pline, un peuple bizarre, colère, injuste, » inconstant, facile, doux, miséricordieux, fier, glorieux, » humble, féroce, poltron. » Les Athéniens admiroient ce tableau, en s'y reconnoissant comme dans les comédies d'Aristophane.

Ce peuple, toujours inconcevable, l'est encore dans la liberté qu'il donne à Aristophane, de parler des dieux et de la religion, et dans sa sévérité pour les poètes tragiques. Eschyle avoit été près d'être lapidé, pour quelques vers qui avoient paru impies. Euripide ayant commencé une tragédie par ce vers : « Jupiter, dont le nom m'est seulement » connu, » le tumulte qui s'éleva fut si grand, que le poète fut obligé de changer le vers. Pour avoir fait dire à Hippolyte : « Ma langue a juré, mais mon âme n'a point » fait de serment, » il fut accusé comme défenseur du parjure ; et il réclama la protection des juges préposés aux représentations : on ignore quel fut leur jugement. L'éloge des richesses, qu'il faisoit faire à un avare, souleva si fort l'assemblée, qu'on vouloit chasser l'acteur et faire finir la pièce. Euripide pria le peuple d'avoir patience, l'assurant que la fin de ce personnage serviroit d'exemple. Dans une autre pièce, où paroissoit Ixion, le peuple s'écria qu'on ne devoit pas produire sur le théâtre un impie : « Attendez, » s'écria Euripide ; avant qu'il sorte de la scène, je l'atta- » cherai à une roue. »

Il y a grande apparence que les ennemis d'Euripide, qui étoient en grand nombre, parce qu'il étoit l'ami de Socrate, animoient le peuple contre ses pièces. Il pouvoit se consoler de ses malheurs et des railleries d'Aristophane, par l'estime que les étrangers faisoient de ses pièces : il paroît qu'ils les recherchoient avec plus d'ardeur que celles de Sophocle. Sitôt qu'un Athénien arrivoit en Sicile, on lui demandoit s'il savoit des vers d'Euripide. Ce fut la demande qu'on fit à un vaisseau que poursuivoient des corsaires, et qui cherchoit un asile. Quand les gens du vaisseau eurent répondu qu'ils savoient des vers d'Euripide, on leur permit d'aborder, et ils furent reçus avec distinction. Le fait suivant est trop glorieux à la tragédie, pour n'avoir pas sa place dans l'histoire de la tragédie :

Quand l'armée des Athéniens essuya en Sicile ce malheur qui coûta la vie au général et la liberté aux soldats, dont les uns furent vendus comme esclaves, les autres enfermés dans les carrières où ils périrent de misère, plusieurs d'entre eux durent leur salut à Euripide, parce qu'ils savoient des morceaux de ses pièces par cœur : ils trouvèrent des maîtres prêts à les nourrir, qui leur rendirent ensuite la liberté; et ces soldats, en arrivant à Athènes, alloient saluer Euripide comme leur libérateur. Quel triomphe pour un poète qui voit des malheureux lui venir rendre grâce de ce qu'ils doivent à ses vers la liberté et la vie ! Qu'aucun poète ne s'attende plus à cette gloire, ni aucun soldat qui saura des vers par cœur à la même récompense.

Euripide eut le sort d'Eschyle. Dégouté du séjour d'Athènes, il alla mourir loin de sa patrie, qui prit le deuil quand elle apprit la nouvelle de sa mort, et redemanda sa cendre, qui ne lui fut point accordée. Sophocle, qui parvint tranquillement à une grande vieillesse, n'eut de chagrin à essuyer que de la part de ses enfans, qui voulurent le faire interdire, sous prétexte qu'il étoit en démence : il répondit à cette accusation en lisant aux juges son *Œdipe à Colonne*.

Le temps de la guerre du Péloponèse fut le temps de la gloire du théâtre d'Athènes ; mais cette guerre se termina à l'avantage des Lacédémoniens, peuple ennemi de la musique et des spectacles. Les vainqueurs délibérant sur leur vengeance, on proposoit de faire tous les Athéniens prisonniers, et de raser leur ville : alors un vers d'Euripide la sauva. Tandis que Lysandre étoit à table avec ses capitaines, un musicien chanta par hasard ce vers du chœur à Electre : « Fille d'Agamemnon, je suis venu dans ta rustique chau- » mière. » A ces paroles, les auditeurs comparant la désolation d'Athènes à celle d'Electre, furent attendris, et s'écrièrent que ce seroit un crime de détruire une ville qui avoit produit de si rares esprits. On se contenta d'en raser les murailles ;

ce qui fut exécuté au son des flûtes, avec des chants et des danses. Ainsi tombèrent les murailles de cette ville si amoureuse de la musique.

Lysandre, qui changea le gouvernement, réprima la liberté des poètes comiques. Il leur fut défendu de nommer les personnes; ce qui donna lieu à la *moyenne comédie*. Les poètes, prenant des sujets de fiction, ne pouvoient plus que désigner ceux qu'ils vouloient railler, et ils les désignoient de façon que la satire n'en devint que plus fine. On croit qu'Aristophane fit des pièces de ce genre. Dans ses *Harangueuses*, cependant, pièce jouée après la guerre du Péloponèse, son sel est encore très-mordant, puisque le gouvernement d'Athènes y est donné aux femmes, comme plus propres que les hommes à débrouiller ce qui est très-embrouillé, puisqu'elles ont l'adresse de démêler les écheveaux.

On représentoit à Athènes des pièces moins régulières et moins sages encore que les comédies ordinaires; elles étoient appelées *mimes*. Il falloit cependant que ces pièces continssent quelquefois des choses utiles, puisque les mimes de Sophron firent les délices de Platon. Les mimes de ce Sophron n'étoient point des pièces dramatiques, mais des dialogues.

Les poètes tragiques étoient toujours en grand nombre, mais si médiocres, qu'on regrettoit Eschyle, Sophocle et Euripide, qu'on avoit déjà regrettés sur la fin de la guerre du Péloponèse, puisque dans les *Grenouilles* d'Aristophane, Bacchus alloit aux Enfers pour rappeler un de ces illustres morts, la ville ayant grand besoin d'un bon poète. Les pièces du fils de Sophocle avoient été meilleures que les autres; ce qui avoit fait soupçonner qu'il donnoit, sous son nom, les ouvrages de son père.

La tragédie alla toujours en déclinant; mais ni la disette de bons poètes ni les malheurs publics ne purent modérer
la

DE LA POÉSIE DRAMATIQUE.

la fureur des Athéniens pour les spectacles. Les soins qu'ils se donnoient pour des représentations de comédies, leur firent oublier le soin de leur Etat et de leurs armées. Les fonds nécessaires aux frais de ces représentations furent assignés sur les fonds de la guerre, et on décerna la peine de mort contre celui qui proposeroit de restituer ces fonds au besoin de l'Etat : « Ils ont plus dépensé, dit Plutarque, » pour faire jouer les Médées, les Œdipes, les Electres, » qu'ils ne dépensèrent autrefois pour défendre la liberté » de toute la Grèce contre les Perses. » Un Lacédémonien, étonné des frais qu'on faisoit pour ces représentations, dit que des jeux n'étoient que des jeux, et ne méritoient pas de pareilles dépenses.

Il en falloit de grandes pour orner une vaste enceinte qui contenoit une multitude si prodigieuse, qu'afin que la voix s'y fît entendre de tous côtés, on avoit placé des vases d'airain sur tous les degrés, de manière qu'il y eût un espace vide entre ces vases et le mur, afin que la voix, s'étendant du centre à la circonférence, et frappant les cavités des vases, les ébranlât suivant leur consonnance, qui étoit réglée sur les genres, en harmonique, chromatique et diatonique ; ce que je rapporte sans entreprendre de l'expliquer.

La corruption des mœurs d'Athènes, si l'on en croit les philosophes de cette ville, fut causée par celle de la musique, à laquelle le théâtre avoit fait perdre son ancienne simplicité. Il est aisé de concevoir que le théâtre avoit pu corrompre la musique, qui ensuite avoit corrompu la poésie ; j'entends celle des chœurs, parce que les poètes de théâtre, pour faire briller les chants du chœur, lui donnoient à chanter des vers dithyrambiques, qui firent abandonner aux musiciens leur première simplicité. Dans le Traité de Plutarque sur la musique, on trouve le fragment d'une comédie où la musique, toute déchirée de coups, répondant à celui qui lui demande quels ont été ses bourreaux, en nomme plusieurs. L'un l'a énervée en mettant douze cordes à la lyre; l'autre l'a défigurée en introduisant dans les dithyrambes de ridicules inflexions de voix; l'autre l'a fait pirouetter en voulant trouver dans sept cordes douze harmonies différentes.

Que de crimes, puisqu'il suffisoit, suivant Platon, d'une nouveauté introduite dans le chant, pour changer tout l'Etat! Toucher aux lois de la musique, selon lui, c'est toucher à celles du gouvernement. Quelque respect que j'aie pour Platon, j'aime mieux entendre dire à Cicéron : « Les changemens qui arrivent dans les chants des musiciens » causent, suivant Platon, ceux d'une ville. Pour moi, je » crois que les mœurs de ceux qui gouvernent la ville sont » la cause de ces changemens : leurs exemples sont encore » plus pernicieux que leurs fautes. » *Plus exemplo quàm peccato nocent.*

Quels devoient être les magistrats d'une ville dont la plus sérieuse attention étoit celle de procurer au peuple l'amusement des spectacles, et qui faisoient plus de cas d'un bon comédien que d'un bon général d'armée? Les comédiens se mêloient des affaires de l'Etat, et ce fut un comédien qu'on députa à Philippe pour ambassadeur : ce qui faisoit dire à Démosthènes qu'un comédien, abusant de l'impunité que son art lui avoit obtenue, portoit des coups mortels à la république, et y tournoit tout au gré de la république à qui il étoit vendu. Cet endroit de Démosthènes, qui prouve que les gens sages n'approuvoient pas cette ambassade, doit détromper ceux qui croient que la profession de comédien fut toujours en honneur dans la Grèce. Un comédien très-fameux s'étant un jour mêlé parmi les courtisans d'Agésilas, et surpris de ce que ce roi ne lui disoit rien, et même ne le regardoit pas, lui dit : « Seigneur, ne me connoissez-vous » pas? — N'es-tu pas, lui répondit froidement Agésilas, » Callipidas le farceur? » Cet Agésilas, à la vérité, avoit dans ses mœurs une austérité lacédémonienne : cependant il n'épargnoit rien pour orner les jeux qu'on donnoit au peuple, et il disoit que de ces sortes de choses, il ne falloit être *ni trop ni trop peu curieux.*

Les Athéniens auroient été plus heureux s'ils eussent pratiqué cette leçon. Toujours occupés de spectacles, ils furent subjugués par Philippe.

Alexandre, trouvant que la comédie *moyenne* étoit encore trop hardie, ordonna aux poètes de ne plus désigner aucune personne vivante, et de se contenter d'une imitation des mœurs des hommes en général ; et comme le chœur, dans la *vieille* et *moyenne* comédie, avoit abusé de sa liberté en chantant des vers satiriques, il fut, dit Horace, ignominieusement condamné au silence : *Turpiter obticuit.* La comédie qui fut appelée *nouvelle* fut sans chœurs.

Plusieurs poètes réussirent dans ce nouveau genre : « Mais » la gloire de Ménandre couvrit de ténèbres leur nom, dit » Quintilien, » qui, malgré les éloges qu'il donne aux sages comédies de Ménandre, regrette ces grâces du langage attique et cette éloquente liberté qui régnoit dans la *vieille* comédie : *Sinceram illam sermonis attici gratiam, tùm fecundissimæ libertatis.*

Tout dégénéroit, poésie, éloquence, musique, et même déclamation. On voit, par un passage d'Aristote dans sa Poétique, que les comédiens de son temps ne valoient point les anciens. Les grands acteurs manquent quand les grands auteurs manquent. Les beaux jours d'Athènes étoient passés, et les judicieux écrits d'Aristote sur la poétique ne firent pas renaître ces grands poètes.

Quelque temps après Alexandre, un nommé Rhinton fit des pièces sérieuses et plaisantes, qui furent appelées, de son nom, *rhintoniques.* On pouvoit les appeler aussi *tragi-comédies,* ouvrages enfantés par le mauvais goût.

Pour ranimer la tragédie mourante, Lycurgue l'orateur,

qui fit achever le théâtre du temple de Bacchus, fit copier les tragédies des trois grands poètes, et les fit déposer dans les archives de la ville, d'où on devoit les tirer de temps en temps pour en faire une lecture publique. Ce n'étoit point l'usage chez les Grecs, comme parmi nous, de remettre sur le théâtre les pièces d'un poète mort, parce que les représentations théâtrales étoient des combats poétiques, où il falloit apporter des pièces nouvelles : elles devinrent si médiocres, qu'on rappela les anciennes. Il fut permis de remettre sur le théâtre les pièces d'Eschyle ; et comme elles avoient beaucoup de défauts, il fut permis à ceux qui les corrigeroient, de les apporter pour combattre contre ces pièces nouvelles ; et quelques-uns de ceux qui les firent jouer après les avoir corrigées, remportèrent le prix.

Le même Lycurgue fit aussi élever des statues de bronze aux trois grands poètes ; mais les statues n'étoient pas rares dans la Grèce : les villes en étoient pleines. On en élevoit à des poètes très-médiocres, aux vainqueurs dans les jeux olympiques, et à leurs chevaux.

Alexandre, qui avoit porté dans l'Asie les poésies d'Homère, y avoit porté aussi les tragédies de Sophocle et d'Euripide ; et ces ouvrages furent cause que la langue grecque devint celle de presque tout l'Orient. Le roi des Parthes célébroit les noces de son fils lorsqu'on apporta la tête de Crassus, qu'on jeta à ses pieds. Un comédien, qui récitoit à cette fête quelques morceaux des tragédies d'Euripide, saisit la tête de Crassus, et, plein d'enthousiasme, chanta les vers qu'Euripide avoit mis dans la bouche d'Agavé portant la tête de Penthée. L'assemblée chanta toute la suite du même chœur. Le roi des Parthes, dit Plutarque, tiroit des tragédies grecques les divertissemens qu'il donnoit ; et le roi d'Arménie composoit des tragédies en grec.

Les ouvrages d'Eschyle, de Sophocle et d'Euripide, avoient répandu l'amour de la tragédie dans l'Orient, aussi bien qu'en Sicile, où Denys avoit fait élever un théâtre: cependant la véritable tragédie, morte avec ces trois poètes, ne ressuscita point. Elle eût dû ressusciter à la cour des Ptolomées, si la faveur des princes faisoit naître les génies. Callimaque, qui dans cette cour composa des tragédies et des comédies, n'a été loué des anciens que pour avoir su tourner le vers élégiaque.

Athènes, quoique prise par Démétrius, et traitée si inhumainement par Sylla, réduite presqu'en une solitude, conserva toujours l'amour des vers, des danses, de la musique et des disputes philosophiques : elle se consoloit de tomber sous des maîtres, et d'en changer, pourvu qu'elle pût se flatter de conserver l'empire de l'esprit. Lorsque les Scythes la prirent sous Claude II, ils étoient prêts à mettre le feu à un grand amas de livres. On les arrêta en leur faisant faire réflexion, que tant que les Athéniens seroient si amoureux des livres, leurs armes ne seroient point à craindre.

Tous les malheurs qui, depuis la guerre du Péloponèse, arrivèrent à ce peuple si spirituel, si amateur de tous les beaux-arts, et si propre à y exceller, font voir combien peut devenir funeste la passion démesurée de ces amusemens, dont on ne doit être, comme disoit Agésilas, *ni trop ni trop peu curieux.*

CHAPITRE III.

En quoi consiste le Plaisir de la Tragédie, et de la grande Emotion que causoient les Tragédies grecques.

Nous avons vu les peuples voisins de la Grèce, rechercher avec empressement les ouvrages de ses poètes dramatiques ; nous verrons les Romains curieux d'apprendre ce qu'avoient écrit Sophocle, Eschyle, et même Thespis :

Quid Sophocles, quid Thespis, et Eschylus utile ferrent.

Nous verrons quel fut aussi, à la renaissance des lettres, le zèle des Italiens, des Espagnols, et les nôtres, non pas à étudier ces modèles, mais à les louer, et à publier que nos ouvrages étoient dans le même goût.

Ce goût nous a donc paru à tous être le seul bon : ce qui est d'autant plus remarquable, que tout poëme dramatique ayant été fait pour plaire à une nation, et non pas pour amuser les autres; pour être représenté dans cette nation, et non pas pour y être lu, doit beaucoup perdre devant des étrangers, qui ne le peuvent connoître que par la lecture. Et que ne doivent point perdre, après tant de siècles, et devant nous, les tragédies grecques, qui dépouillées de la magnificence de ces représentations dont j'ai parlé, le sont encore de l'harmonie d'une déclamation qui, par la variété de la versification, devoit être une espèce de musique, et de leur véritable musique, qui étoit celle de leurs chœurs?

Ces chœurs, que le peuple, quand on les chantoit, devoit entendre, puisque les poètes n'eussent pas pris la peine d'y rechercher un style que le peuple n'eût point entendu, sont souvent inintelligibles à nous qui les étudions; et leur seule obscurité suffiroit pour nous rebuter de ces tragédies, si elles n'avoient un charme pour nous attirer. Et quel est ce charme? Une action qui, terrible par elle-même, est conduite par le poète avec une telle vivacité, que la seule lecture de sa pièce nous entretient dans une continuelle émotion. Quel autre plaisir cherchons-nous dans la tragédie?

Un criminel qu'on conduit à l'échafaud, y trouve des spectateurs qui l'attendent. Un homme qui, dans une place publique, raconte en gémissant une aventure cruelle, se voit bientôt environné d'auditeurs, parce que, tous tant que nous sommes, nous trouvons un secret plaisir à voir ou à entendre raconter les malheurs de nos pareils :

> Suave, mari magno turbantibus æquora ventis,
> E terrâ magnum alterius spectare laborem.

Ces deux vers de Lucrèce nous conduisent à la source du plaisir que nous cause la tragédie.

Qu'un homme soit tué dans la rue, le peuple accourt pour contempler ce cadavre percé de coups. Pourquoi y court-il ? Pour s'attrister et pour pâlir, suivant la remarque de saint Augustin : *Concurrunt ut contristentur, ut palleant.* Le peuple de Rome, qui couroit à des combats de gladiateurs, et le peuple d'Athènes, qui couroit à des représentations tragiques, étoient l'un et l'autre emportés par le même attrait. Le plaisir de voir nos pareils dans la peine nous saisit malgré nous ; ce que prouve saint Augustin par l'exemple de son ami, qui devint épris du spectacle des combats de gladiateurs, pour avoir vu une fois couler le sang d'un de ces malheureux : « Il but, dit ce Père, la » fureur à longs traits, et, sans s'en apercevoir, se laissa » enivrer de ce plaisir barbare. »

Notre âme n'est jamais si contente que quand elle est dans une grande émotion : et la nature a mis en nous une très-grande facilité à être émus, non pour nous rendre barbares, mais pour nous rendre, au contraire, secourables à nos pareils. Elle veut que nous courions à ceux qui gémissent, et que nous soyons prêts à gémir avec eux, pour être prêts à les soulager.

C'est donc suivant un ordre établi par la nature, que nous sentons du plaisir, comme le dit Lucrèce, à voir nos pareils dans un malheur dont nous sommes exempts ; et nous trouvons un autre plaisir dans la compassion que nous avons pour eux : « On aime à compatir, dit saint Augustin. » *Libet esse misericordem.* C'est l'effet de l'amour que nous avons naturellement les uns pour les autres : *Et hoc de illâ venâ amicitiæ est.* En même temps que notre compassion flatte notre amour propre, elle paroît nous faire honneur ; mais la compassion n'est point sans douleur : on aime donc quelquefois la douleur ? Sans doute, répond saint

Augustin ; le spectateur n'est invité au théâtre que pour sentir la douleur : *Tantùm ad dolendum invitatur.* Si le spectacle ne l'afflige point, il s'en va mécontent ; s'il l'afflige, sa douleur fait son plaisir : *Dolor ipse est voluptas ejus.* Il reste attentif, et se plaît dans ses larmes : *Manet intentus et gaudens lacrymatur.* C'est, à la vérité, une misérable folie, *miserabilis insania*, de s'attendrir ainsi sur des fictions ; mais les poètes profitent de notre foiblesse pour nous causer du plaisir. Il seroit à souhaiter qu'ils en profitassent aussi pour nous rendre meilleurs.

Les premiers auteurs de tragédies, sans avoir fait toutes ces réflexions, ne songèrent qu'à contenter cet empressement qu'ils virent dans les hommes, à contempler des choses tristes. Ils cherchèrent les sujets les plus propres à les émouvoir, comme une fille immolée par son père, deux frères qui s'entre-tuent, un mari égorgé par sa femme, un fils assassinant sa mère, ce fils poursuivi ensuite par les Furies ; et quel spectacle que celui de cinquante Furies si hideuses, que plusieurs femmes enceintes se blessèrent de frayeur ! Une Furie a un regard tragique, dit Aristophane : Βλέπει τραγῳδικόν. Sur quoi son scoliaste observe qu'on voyoit souvent dans les tragédies des Furies armées de flambeaux.

Les poètes grecs trouvoient dans les traditions de leurs pays des sujets très-favorables, et presque tous dans des familles royales. Ce n'étoient que meurtres ; les criminels étoient punis par d'autres criminels, et leurs punitions devenoient de nouveaux crimes. Des républicains étoient contens de voir les rois être les jouets de la fortune et les objets de la colère divine.

Les poètes ajustoient au théâtre les sujets, pour les rendre plus terribles ; et la religion contribuoit à les rendre vraisemblables : cette remarque est nécessaire pour bien entendre les tragédies grecques. Ces peuples étoient persuadés

DE LA POÉSIE DRAMATIQUE.

que les dieux haïssoient les hommes, et particulièrement certaines familles, où les crimes se perpétuoient, et où les enfans étoient punis des fautes de leurs pères. Les dieux ordonnoient les crimes et les punissoient. Injustes et cruels, ils demandoient des victimes humaines ; et cependant nulles plaintes contre ces dieux dans les tragédies ; les malheureux ne se plaignent que de leur destinée : le Destin étoit supérieur aux dieux mêmes. Œdipe, dans Sophocle, dit qu'Apollon est l'auteur de tous ses maux ; et dans Euripide, il s'adresse ainsi au Destin : « O Destin, que tu m'as rendu
» malheureux ! Avant que d'être conçu dans le sein de ma
» mère, mes crimes avoient été prédits. En naissant, j'ai
» été, par mon père, exposé à la mort, et funestement
» sauvé : j'ai versé le sang de mon père, j'ai souillé le lit de
» ma mère, j'ai eu d'elle des fils qui étoient mes frères, et
» que je viens de voir s'entre-tuer. Chargé des imprécations
» de mon père, j'ai chargé des miennes mes enfans : aurois-
» je été cruel contre eux et contre moi-même, sans quelque
» dieu ? » Il finit toutes ces plaintes par cette sentence : « Il
» faut qu'un mortel se soumette à la Nécessité, ordonnée
» par les dieux : Τας ε'κ θεῶν ἀνάγκας. »

Les imprécations des pères sur des enfans innocens avoient toujours leur effet, et tout étoit ordonné par la Nécessité. Prométhée, dont tout le crime est d'avoir fait du bien aux hommes, est attaché, dans Eschyle, à un rocher, avec des clous de diamans, par la Nécessité. Tout dieu qu'il est, il reconnoît la force de la Nécessité, à laquelle on ne peut résister : Ἀνάγκης ἀδήριτον σθένος. Et par qui, selon lui, la Nécessité est-elle gouvernée? Par les Parques et les Furies. C'est cette divinité qui, portant des clous, précède la Fortune, suivant Horace :

   Te semper anteit sæva Necessitas,
   Clavos trabales, et cuneos manu
   Gestans æna.

Les meurtres, les incestes, les parricides, étoient, aux yeux des Grecs, des événemens ordonnés par les dieux. Quand Ajax s'est jeté sur son épée, son frère, faisant réflexion qu'il s'est tué avec la même épée qu'Hector lui avoit donnée, dit, dans Sophocle : « Pour moi, je soutiens que les dieux » ont arrangé cet événement ; ils arrangent tout ce qui arrive : » que ceux qui pensent autrement, gardent leur sentiment ; » je garderai toujours celui-ci. »

Les poètes tragiques n'avoient pas répandu ces opinions ; elles étoient beaucoup plus anciennes qu'eux : on les trouve dans Homère ; et il est aisé de reconnoître qu'elles sont une suite de traditions obscurcies par les fables. Suivant Homère, une Furie, qui n'est occupée qu'à nuire aux hommes, vole toujours dans les airs : la déesse *Até* marche sur la tête des hommes, cherchant à les écraser. Elle offensa autrefois Jupiter même, qui la précipita du ciel. Agamemnon reconnoît combien son emportement contre Achille cause de malheurs ; mais les peuples ont tort de l'en accuser : Jupiter, le Destin et la Furie, Ἰεροφοιτις, l'ont voulu ; on ne peut résister à la volonté divine. On voit encore, dans Homère, la suite funeste des imprécations des pères contre les enfans ; on y voit aussi la haine des dieux contre les hommes. Jupiter ne puise jamais pour eux dans le tonneau des biens, sans y mêler de celui d'amertume ; et pour plusieurs hommes, il ne puise que dans le tonneau d'amertume.

Il faut chercher l'origine de ces monstrueuses opinions : 1°. Dans la corruption de notre cœur : « L'homme coupable, » dit M. Bossuet, troublé par le sentiment de son crime, » regardoit la divinité comme ennemie, dont la haine im- » placable pour le genre humain exigeoit des victimes hu- » maines. » Il est même remarquable que les êtres malfaisans étoient plus anciens que les autres. Les Furies, dans Eschyle, se regardent comme de très-anciennes divinités, et méprisent Apollon et Minerve, comme divinités de nouvelle création.

2°. Il en faut chercher l'origine dans une tradition de vérités, obscurcie par les fables. Les hommes avoient entendu parler de la chute d'Esprits célestes qui étoient devenus êtres malfaisans, de la malédiction de Noé sur son fils, du sacrifice demandé à Abraham, des suites d'un péché d'un premier père. Il étoit aisé à Euripide de faire paroître Hippolyte coupable, en le dépeignant comme un orgueilleux qui s'étoit déclaré l'ennemi, non-seulement de l'amour, mais du mariage. Hippolyte, prêt à mourir, en déclarant qu'il est innocent, et que les imprécations de son père sont injustes, reconnoît qu'il périt à cause des anciens crimes de ses ancêtres : παλαιῶν προγενητόρων.

Il étoit aisé à Sophocle de faire paroître Œdipe coupable. Puisque son avenir lui avoit été prédit, pourquoi a-t-il tué un homme ? Pourquoi s'est-il marié ? Œdipe étoit destiné à des crimes involontaires, et ce que le Destin a ordonné arrive toujours : on ne peut fléchir les Parques ni par les prières ni par les sacrifices; les dieux mêmes ne peuvent changer leurs décrets, comme il est dit dans Ovide, Métam., l. 15 :

> Superosque movet, qui rumpere quanquam
> Ferrea non possunt veterum decreta sororum.

« Il est inutile, dit le chœur dans Alceste, d'aller aux » autels du Destin, la seule divinité que les sacrifices n'a- » paisent pas. »

Parmi les hymnes attribués à Orphée, on en trouve un adressé aux Parques; elles y sont appelées inflexibles, inexorables : tout ce qu'elles ont ordonné arrive nécessairement ; et l'hymne finit cependant par ces paroles : « O » Parques, recevez mes prières et mes libations! » Quoiqu'on fût instruit des décrets du Destin, et qu'on fût persuadé qu'ils étoient infaillibles, on faisoit ses efforts pour en empêcher l'exécution. Hector sait que le Destin a ordonné la ruine de Troie, et il combat pour la sauver. Les philosophes partisans du système de la Nécessité, exhortoient à la vertu.

Nous ne pouvons concilier entr'elles les opinions des anciens, ni comprendre leur religion. Je n'ai voulu que montrer ici que cette religion fournissoit à leurs poètes des sujets très-capables de jeter cette grande émotion qui fait le plaisir de la tragédie, et qui a toujours causé le succès de celle d'Œdipe. La religion qui rendoit ce sujet plus terrible ne subsiste plus. Ce sujet n'a jamais été parfaitement traité que par Sophocle : cependant, de quelque manière qu'il ait été traité, il a ému ; par conséquent, il a plu ; et dans toutes les nations qui ont élevé des théâtres, Œdipe a paru. Le sujet de Mérope a de même été bien reçu, quoique traité sans vraisemblance, parce que les circonstances de cet événement nous sont inconnues : nous savons seulement qu'une mère reconnoissoit son fils dans le moment qu'elle alloit le tuer ; ce qui suffit pour causer une grande émotion, et par conséquent pour faire recevoir favorablement ce sujet sur tous les théâtres.

Ceux qui donnèrent aux Anglais et aux Hollandais leurs premières tragédies, ne les remplirent de meurtres, et n'étalèrent l'appareil des supplices sur le théâtre, que dans l'intention d'émouvoir et de contenter leurs spectateurs. Les meurtres ne s'exécutoient pas sur le théâtre d'Athènes, 1°. parce que la présence du chœur y eût souvent mis obstacle ; 2°. parce qu'Eschyle, comme je l'ai dit plus haut, fit réflexion qu'il étoit dangereux d'accoutumer les spectateurs à voir couler le sang. Ainsi, Médée ne tuoit pas devant eux ses enfans, mais elle les apportoit morts ; et les corps de ceux qui avoient été tués étoient souvent apportés sur la scène. Dans l'Antigone, un père arrive tenant dans ses bras son fils qui vient de se tuer ; on lui présente en même temps le corps de sa femme, qui vient aussi de se donner la mort : c'est lui qui est la cause de ces deux cruels événemens, et il se trouve entre ces deux cadavres. Dans les Phéniciennes, les cadavres d'Etéocle, de Polynice et de Jocaste, sont apportés : Œdipe, au milieu de ces trois cadavres, prie sa fille, parce qu'il a les yeux crevés, de conduire sa main tremblante sur le corps de ses fils, et sur le corps de celle qui a été sa mère et sa femme.

Nous trouvons, je l'avoue, quelque chose d'atroce dans des tragédies de cette nature. La qualité des spectateurs que les poètes d'Athènes avoient à émouvoir, les obligeoit, comme je le ferai voir dans la suite, à employer de pareils moyens, qu'ils employoient cependant avec sagesse, puisqu'ils écartoient les meurtres de leurs yeux. Ainsi, le théâtre d'Athènes ne fut jamais, comme le nôtre l'est presque toujours, un lieu qui retentît d'amoureuses plaintes, ni, comme celui de Londres l'a si souvent été, un lieu baigné de sang ; mais il fut toujours un lieu baigné de larmes. Il retentissoit des lamentations de véritables malheureux, d'une Hécube, d'un Œdipe, d'un Philoctète, etc. Ce n'étoient que gémissemens, que larmes ; et les poètes choisissoient le plus qu'ils pouvoient des femmes pour composer les chœurs : les femmes, qui sont pleureuses, étant plus propres que les hommes à répéter les αἶ, αἶ, φευ, φευ, οττοτὸι.

Ces poètes tragiques alloient donc directement à la fin de leur art, ne songeant qu'à exciter une grande émotion, le véritable plaisir de la tragédie, parce que notre âme, comme je l'ai dit, n'est jamais si contente que quand elle est dans l'émotion. Cette tragédie étoit donc agréable : étoit-elle également utile? N'étoit-il pas dangereux de représenter devant le peuple tant de crimes et d'actions cruelles? N'étoit-il pas dangereux d'entretenir un peuple dans les larmes ?

Le premier reproche ne fut point fait aux poètes, parce que ces actions cruelles et ces crimes étoient, comme je l'ai déjà dit, des événemens ordonnés et conduits par les dieux. Quelques philosophes leur firent ce second reproche. Il étoit difficile que l'union régnât entre les poètes et les philosophes : ceux-ci étoient souvent attaqués sur le théâtre ; Aristophane ne les épargnoit pas. Platon se déclara contre les poètes ; Aristote fut d'un sentiment très-opposé à celui de Platon. Je vais rapporter l'un et l'autre sentiment

CHAPITRE IV.

La Tragédie est-elle utile ? Platon condamne toute poésie qui excite les passions.

La tragédie ne fut pas reçue sans contradiction à Athènes ; je parle de celle même de Thespis (si elle peut être appelée tragédie), qui, quoique trop grossière encore pour être capable d'émouvoir les passions, alarma Solon, qui s'écria, en frappant du pied contre terre, que de pareils amusemens, si on les permettoit, parleroient enfin plus haut que les lois. Ce n'étoit point la peinture des passions voluptueuses qu'il craignoit ; il en étoit si peu ennemi, que dans sa vieillesse il chantoit encore dans ses vers l'amour et le vin : il craignit que toutes ces lamentations dont le théâtre retentissoit, n'affoiblissent le courage de l'âme. Les Lacédémoniens ne voulurent jamais écouter ni tragédie ni comédie, disant qu'il n'étoit pas permis d'entendre, même par amusement, ceux qui contredisoient les lois.

Platon pensa des spectacles comme Solon, et poussa la sévérité jusqu'à condamner toute poésie imitative. Sa raison est rapportée dans Cicéron. Les poètes, disoit-il, en nous présentant des héros qui se lamentent, amolissent les âmes, et font perdre à la vertu tous ses nerfs : *Lamentantes inducunt fortissimos viros, molliunt animos nostros.... nervos omnes virtutis elidunt.* Il vaut mieux entendre parler Platon lui-même. Je vais en rapporter un passage très-beau, et traduit par celui de nos poètes tragiques qui a si bien su émouvoir les passions.

Traduction d'un passage du dixième livre de la République contre les Spectacles et les Poètes.

SOCRATE, GLAUCON.

Socrate. « De tout ce que nous venons de dire, il faut
» donc conclure que la poésie imitative, non plus que la
» peinture, n'a point pour but de nous faire connoître la
» vérité, mais seulement de flatter ce qu'il y a en nous de
» plus foible et de moins conforme à la raison. »

Glaucon. « J'en tombe d'accord. »

Socrate. « Or, cette imitation étant de soi vaine et fri-
» vole, venant à se mêler à ce qu'il y a de vain et de frivole
» en nous, peut-elle produire autre chose que des effets très-
» frivoles ? »

Glaucon. « Je ne le crois pas. »

Socrate. « Examinons de plus près la chose, et consi-
» dérons si cette partie de notre âme avec laquelle la poésie
» imitative a du rapport, est en effet frivole ou sérieuse. »

Glaucon. « J'y consens. »

Socrate. « N'est-il pas vrai que cette poésie imite les
» hommes en tant qu'ils font des actions forcées ou volon-
» taires, et qu'ils deviennent heureux ou malheureux, à
» ce qui leur semble, par ces actions ; je veux dire, qu'il
» leur en arrive d'être ou dans la joie ou dans la tristesse ? »

Glaucon. « Cela me paroît ainsi. »

Socrate. « Et vous paroît-il que, dans toutes ces occa-
» sions, l'homme soit bien d'accord avec lui-même, ou ne
» vous semble-t-il pas, au contraire, que de la même façon
» que ses yeux le trompent souvent, et lui font avoir d'un
» même objet des opinions toutes contraires, il est aussi très-
» contraire et très-opposé à lui-même dans la plupart des

» choses qu'il fait ou qui lui arrivent ? Car nous sommes
» déjà convenus que notre âme est toute pleine de ces sortes
» de contrariétés. »

GLAUCON. « Je m'en souviens. »

SOCRATE. « Nous sommes convenus, par exemple, que si
» un homme naturellement doux et modéré, vient à perdre
» ou son fils ou quelque autre chose qui lui soit extrêmement
» chère, il portera plus patiemment cette perte que ne feroit
» un homme d'une autre humeur. »

GLAUCON. « Vous dites vrai. »

SOCRATE. « Nous ne disons pas qu'il sera entièrement
» exempt d'affliction, car il n'est pas possible qu'une pareille
» perte ne le touche; mais n'est-il pas vrai que son affliction
» sera plus modérée que celle d'un autre ? »

GLAUCON. « Sans doute. »

SOCRATE. « N'en demeurons pas là; mais dites-moi dans
» quel temps il se roidira le plus contre son affliction? Sera-ce
» quand il se trouvera seul ou en compagnie ? »

GLAUCON. « Ce sera sans doute lorsqu'il sera devant le
» monde. »

SOCRATE. « Vous convenez donc que lorsqu'il sera seul et
» abandonné à lui-même, il dira ou fera des choses qu'il seroit
» bien fâché qu'on lui vît faire ou qu'on lui entendît dire ? »

GLAUCON. « Qui en doute ? »

SOCRATE. « Ainsi, ce qui le porte à combattre sa dou-
» leur, c'est la loi et la raison; et ce qui le porte au con-
» traire à s'y livrer, c'est la passion ? »

GLAUCON. « Cela est ainsi. »

SOCRATE. « Puis donc que le même homme se sent ainsi
» tirailler de deux côtés, il s'ensuit qu'il y a en lui deux
» parties tout opposées. »

GLAUCON. « Il le faut bien. »

SOCRATE. « L'une, qui ne répugne point à la loi, mais
» qui est prête à la suivre en tout. »

GLAUCON.

GLAUCON. « Expliquez-vous, je vous prie. »

SOCRATE. « La loi dit, par exemple, qu'il est beau d'être
» ferme dans les accidens, et de ne point se laisser abattre.
» Et la raison qu'elle en donne, c'est qu'il n'est pas trop sûr
» si ce sont en effet des biens ou des maux; que celui qui
» s'en afflige ne tirera dans la suite aucun fruit de s'être
» affligé; que les choses de la vie ne méritent pas même
» une fort grande attention, et qu'enfin l'affliction est un
» obstacle à ce qu'il y auroit de plus important à faire dans
» ces accidens. »

GLAUCON. « Et que faut-il faire ? »

SOCRATE. « Bien examiner le parti qu'on doit prendre
» alors; voir si, comme les habiles joueurs, nous pourrons
» rectifier, par notre bonne conduite, le mauvais coup que
» le dé nous a amené, et ne pas faire comme les enfans qui,
» étant tombés, perdent le temps à crier en portant la main
» à l'endroit où ils se sont blessés; mais, au contraire,
» accoutumer notre âme à appliquer promptement des re-
» mèdes à la plaie, sans s'amuser à se lamenter. »

GLAUCON. « C'est sans doute ce qu'il y a de mieux à faire
» dans les malheurs que la fortune nous envoie. »

SOCRATE. « Et c'est aussi à quoi la plus saine partie de
» notre âme n'a nulle peine à obéir. »

GLAUCON. « Sans doute. »

SOCRATE. « Comment appellerons-nous donc cette autre
» partie qui ne cesse de nous attendrir sur nous-mêmes et
» sur notre mauvaise fortune, qui nous porte aux plaintes,
» et qui ne peut se rassasier de lamentations ? Ne dirons-
» nous pas que c'est quelque chose d'insensé, de lâche et de
» timide. »

GLAUCON. « Il faut bien le dire. »

SOCRATE. « Convenons aussi que ce qui s'afflige et ce qui
» se plaint étant très-facile à représenter, fournit beaucoup
» à la poésie dramatique, et qu'au contraire une âme ferme

» et paisible, étant toujours égale et uniforme, est très-
» difficile à représenter, et que la peinture qu'on en pourroit
» faire ne seroit guère vive, ni guère propre à frapper cette
» multitude d'hommes qui s'assemblent d'ordinaire dans
» les théâtres : car ce seroit leur peindre une chose trop
» éloignée de leurs mœurs, et qui leur est entièrement
» inconnue. »

GLAUCON. « Cela est très-vrai. »

SOCRATE. « Le poète, même dramatique, se sent peu de
» génie pour exprimer cette tranquillité de l'âme, tout le but
» de son art n'allant qu'à plaire au commun des hommes :
» tout au contraire il excelle, et son génie le porte naturel-
» lement à peindre une âme troublée et pleine de discorde
» et d'agitations, ce caractère étant bien plus susceptible
» d'imitation. »

GLAUCON. « Sans doute. »

SOCRATE. « Ce n'est donc pas sans raison que nous entre-
» prenons de le condamner, et que nous le comparions
» tantôt aux peintres, puisqu'il a de commun avec eux de
» ne travailler qu'à des choses frivoles, si on les compare
» à la vérité, et de songer à plaire à toute autre chose qu'à
» la partie saine et solide de notre âme. Nous ne recevons
» donc point dans une ville gouvernée par de sages lois, un
» homme qui nourrit et qui fortifie dans l'âme ce qui est
» insensé, et qui affoiblit ce qu'il y a de conforme à la
» raison : car, de même qu'un homme qui, dans une répu-
» blique, appuieroit le parti des méchans, et les rendroit
» les plus forts, et qui, au contraire, opprimeroit le parti
» des gens de bien, perdroit entièrement cette république,
» ainsi le poète dramatique introduit dans l'âme un très-
» pernicieux gouvernement, par le soin qu'il prend de flatter
» ce qui est en elle d'insensé, ne se connoissant ni à ce qui
» est grand ni à ce qui est petit, mais jugeant au hasard de
» toutes choses, et tantôt se faisant de la même chose de

» grandes idées, et tantôt de petites, et n'approchant jamais
» de la verité. »

GLAUCON. « Tout cela est vrai. »

SOCRATE. « Mais nous n'avons pas encore découvert ce
» qu'il y a de plus mauvais dans cette poésie. Et n'est-ce
» pas une chose bien terrible de voir combien elle est ca-
» pable de corrompre les plus gens de bien, à la réserve
» d'un très-petit nombre? Elle le peut, si elle est telle que
» nous le disons. Ecoutez, et vous jugerez si j'ai raison.
» N'est-il pas vrai que, tous tant que nous sommes, je dis
» même les plus raisonnables, lorsque nous voyons repré-
» senter, dans Homère ou dans les tragiques, quelques-uns
» des héros dans l'affliction, et que nous les entendons se
» lamenter, pousser des cris, et se frapper l'estomac; nous
» sentons du plaisir; et nous abandonnant à ces représen-
» tations, nous nous y laissons entraîner; et compatissant
» et nous affectionnant à ces héros ainsi affligés, nous
» louons et nous regardons comme un excellent poète celui
» qui sait nous mettre dans cette disposition ? »

GLAUCON. « Et qui en doute? »

SOCRATE. « Mais, en même temps, s'il nous arrive à
» nous-mêmes quelque malheur, n'est-il pas vrai que nous
» nous savons bon gré si nous faisons tout le contraire de
» ce que nous avons approuvé dans le poète; je veux dire,
» si nous pouvons gagner sur nous de prendre patience et
» de demeurer en paix, reconnoissant que ce parti est celui
» d'un homme, au lieu que l'autre est celui d'une femme? »

GLAUCON. « Je conçois ce que vous dites. »

SOCRATE. « Y a-t-il donc de la raison quand nous voyons
» faire à un homme des choses que nous serions honteux
» de faire, au lieu que nous devrions l'avoir en horreur,
» de nous y plaire et de l'approuver? Cela ne paroît point
» raisonnable. Non, sans doute, cela ne l'est pas, surtout si
» nous regardons la chose du côté qu'il la faut regarder. »

Glaucon. « De quel côté ? »

Socrate. « Si nous considérons que cette partie de notre
» âme, contre laquelle la raison veut que nous combattions
» dans l'adversité ; cette partie, dis-je, laquelle est affamée
» de pleurer et de sangloter, et qui est naturellement insa-
» tiable de lamentations, c'est cette même partie que la
» poésie flatte, et qu'elle cherche à rassasier ; et qu'alors
» cette autre partie de notre âme, qui est la plus excellente,
» ne se trouvant pas encore assez fortifiée par l'habitude et
» par la raison, devient plus négligente à tenir en bride la
» partie pleureuse, supposant que ces malheurs qu'elle voit
» représenter ne la regardent pas, et s'imaginant qu'il n'y
» a aucun mal à plaindre et à louer même un autre homme,
» qui passe d'ailleurs pour un homme de vertu, lequel
» s'abandonne mal à propos à la douleur. Et notre âme
» compte même alors pour un gain le plaisir qu'elle en
» reçoit, et seroit bien fâchée de s'en priver en méprisant
» ces sortes de poëmes : car bien peu de gens font réflexion
» que ces sentimens d'autrui passent infailliblement en eux-
» mêmes, étant bien clair qu'après avoir nourri cette partie
» foible par la contemplation des malheurs des autres, il
» ne sera pas aisé de la contenir dans ceux qui nous arrive-
» ront à nous-mêmes. »

Glaucon. « Vous dites très-vrai. »

Socrate. « N'en dirons-nous pas autant du ridicule ? Je
» veux dire que, quelque aversion que vous ayez pour faire
» le personnage de bouffon, si néanmoins vous prenez trop
» de plaisir aux bouffonneries des comédies ou même des
» conversations, il vous arrivera le même inconvénient que
» dans les imitations tragiques, je veux dire que vous vous
» accoutumerez à faire ce que vous aurez approuvé ; et au
» lieu que vous reteniez en vous ce qui vous excitoit à vou-
» loir faire rire les autres, dans la crainte de passer pour
» bouffon, vous le lâchez alors, et, lui donnant pleine

DE LA POÉSIE DRAMATIQUE. 373

» liberté, vous succombez aux occasions, et vous faites
» insensiblement le personnage de farceur. »

GLAUCON. « Cela est vrai. »

SOCRATE. « Disons la même chose de l'amour de la colère,
» et de toutes les autres passions de l'âme qui regardent ou le
» plaisir ou la douleur, et confessons qu'elles nous surmon-
» tent dans toutes les occasions, étant fortifiées en nous par
» la poésie, qui, au lieu de les sécher, les arrose et les
» nourrit; au lieu de les faire obéir les rend maîtresses,
» et par-là, d'heureux et de vertueux que nous étions,
» nous rend les plus méchans et les plus malheureux de
» tous les hommes. Ainsi donc ô mon cher Glaucon, lors-
» que vous rencontrerez de ces effrénés amateurs d'Homère,
» qui vous disent que ce poète a instruit la Grèce, et
» qu'on ne peut trop le lire ni l'étudier toute sa vie, ni trop
» se conformer à ses préceptes, si l'on veut bien se conduire
» parmi les hommes, il leur faut répondre avec amitié,
» comme à de bonnes gens qui se connoissent en poésie, et
» leur avouer qu'Homère est en effet le plus grand des
» poètes, et le premier des poètes tragiques, mais que pour-
» tant nous ne pouvons recevoir dans notre république
» d'autres ouvrages de poésie que les hymnes et les louanges
» des dieux, persuadés que nous sommes que, du moment
» que nous y recevrons cette autre poésie molle et volup-
» tueuse, ce ne seront plus les lois ni la raison qui y régne-
» ront, mais seulement la douleur et la volupté. »

GLAUCON. « Vous dites vrai. »

SOCRATE. « Voilà ce que nous dirons pour notre défense
» à ceux qui nous accusent d'avoir banni la poésie de notre
» république. Nous avons cru ne faire en cela que nous
» rendre à la raison ; et en même temps, nous prierons la
» poésie de ne point imputer cette sévérité à aucune gros-
» sièreté ni à aucune rusticité, comme si nous voulions
» épouser la querelle qui dure depuis si long-temps entre

» la poésie et la philosophie, qui a donné lieu à tant
» d'invectives des poètes contre les philosophes. Que si la
» poésie dramatique veut s'opiniâtrer à demander entrée
» dans notre république, et prétend nous prouver par raisons
» qu'on ne la peut exclure des républiques bien réglées,
» nous lui dirons que très-volontiers nous la recevrions,
» si nous consultions le plaisir qu'elle nous donne et les
» charmes que nous lui trouvons, mais que nous ne croyons
» pas qu'il nous soit permis de trahir ce qui nous paroit la
» vérité : car, mon cher ami, n'êtes-vous pas aussi de ceux
» qui sont charmés de la poésie, surtout lorsqu'elle se pré-
» sente à vous dans Homère ? »

GLAUCON. « J'en suis touché au dernier point. »

SOCRATE. « Hé bien, permettons à ses défenseurs, qui,
» sans être poètes eux-mêmes, sont épris de la poésie, de
» plaider sa cause par un discours simple et sans harmo-
» nie ; qu'ils nous prouvent que non-seulement elle est
» agréable, mais qu'elle est même très-utile dans les répu-
» bliques pour la conduite de la vie. Nous les écouterons
» très-volontiers, et nous croirons gagner beaucoup, si,
» avec le plaisir, nous trouvons encore en elle cette utilité
» qu'ils prétendent. Et comment n'y gagnerions-nous pas ?
» S'ils ne peuvent nous le prouver, ne ferons-nous pas,
» ô mon cher, ce que font les gens qui, étant tombés dans
» de violentes passions, viennent à connoitre le danger où
» ces passions les peuvent jeter ? Ils ont beaucoup de peine
» à s'en détacher ; mais pourtant ils s'en détachent. Et nous,
» tout de même étant naturellement prévenus d'inclination
» pour cette charmante et aimable poésie, en considération
» du plaisir qu'elle nous a autrefois donné, nous souhaite-
» rons qu'elle nous paroisse très-bonne et très-utile pour le
» gouvernement de notre république. Mais si elle ne peut
» nous persuader de cette utilité, nous l'écouterons, mais
» avec toute la précaution nécessaire, et après nous être

» fortifiés contre ses enchantemens par toutes les raisons
» que nous venons de dire, de peur de retomber encore
» dans cette passion que nous avons eue pour elle dans notre
» jeunesse, et que le commun des hommes a toujours pour
» elle ; et nous demeurerons fermes dans l'opinion qu'on ne
» doit point se livrer à elle, ni l'étudier comme quelque
» chose de sérieux et de conforme à la vérité, mais qu'il
» faut, au contraire, que tout homme qui craint de voir
» troubler l'économie de son âme soit en garde contre elle,
» et ne l'écoute qu'avec crainte. »

GLAUCON « J'en tombe d'accord. »

SOCRATE. « Car c'est un grand combat, ô mon cher ami,
» et plus grand qu'on ne sauroit croire, que celui qui
» nous est proposé, dans lequel il sagit d'être homme de
» bien ou d'être un méchant ; et il n'y a ni louanges, ni
» richesses, ni dignités, ni poésies, qui doivent nous détour-
» ner de l'amour de la justice et des autres vertus. »

GLAUCON. » Je le reconnois comme vous, après tout ce
» que nous en avons dit. »

SOCRATE. « Cependant nous n'avons pas encore touché
» les plus grandes récompenses qui sont réservées à la
» vertu. »

GLAUCON. » Il faut que ces récompenses soient bien
» grandes si elles le sont plus que celles dont vous avez
» parlé. »

SOCRATE. « Et qu'est-ce qu'on peut appeler grand, lors-
» qu'il se passe en très-peu de temps ? Pouvez-vous appeler
» une longue durée celle de notre vie, depuis l'enfance
» jusqu'à l'extrême vieillesse, si vous la comparez à l'éter-
» nité ? C'est moins que rien. Quoi donc, croyez-vous qu'une
» chose immortelle ne doive travailler que pour un temps
» si court, et non pas pour tous les temps ? »

GLAUCON. « Non sans doute, si cela.... »

SOCRATE. « Mais pourquoi dites-vous si cela... Est-ce que

4

» vous ne savez pas que notre âme est immortelle, et qu'elle
» ne périt jamais? »

Puisque Platon pousse la sévérité jusqu'à condamner la poésie épique, nous sommes certains qu'aucune tragédie n'eût eu son approbation.

Il condamne dans un autre endroit la comédie, parce qu'étant une imitation des folies et des passions de la jeunesse, elle peut entraîner à *l'amour vulgaire*, c'est-à-dire, à celui qu'il oppose à l'amour de la vérité et de la vertu. Condamnons, comme lui, tous les ouvrages qui peuvent nous précipiter dans cet amour qu'il appelle *vulgaire*, et profitons de ce qu'il a dit de bon. Le passage que je viens de rapporter contient de très-belles réflexions, et finit par une grande vérité dont nous devons être mieux persuadés que Platon. Cette vie si courte ne mérite pas que nous en soyons tant occupés, et un être immortel ne doit travailler que pour l'éternité. Cette seule pensée suffit pour nous faire regarder comme très-frivole, non-seulement la poésie, mais tout ce qui n'est pour les hommes qu'amusement. Comme les hommes, cependant, ont besoin de quelques amusemens, il s'agit de les leur rendre utiles, et on peut les rendre meilleurs en frappant à propos en eux cette partie de leur âme que Platon appelle la partie foible, cette partie qui aime à s'attendrir et à pleurer, parce que c'est elle qui les fait compâtir aux malheurs de leurs semblables.

C'est ce que je ferai voir en examinant le système d'Aristote sur la tragédie, que je vais tâcher de développer.

§. Ier. *Aristote exhorte les Poètes à exciter la crainte et la pitié, qui sont, selon lui, les deux passions essentielles à la Tragédie.*

La sévérité de Platon contre les poètes n'est pas ce qui me le fait paroître admirable, elle n'appartient qu'à des hommes plus parfaits que lui. J'admire un saint Augustin quand il se repent des larmes que Didon lui a fait verser, et du temps qu'il a perdu à suivre Enée dans ses voyages; mais je soupçonne Platon de mauvaise humeur contre la poésie, dans laquelle il n'avoit pu briller, quand il condamne jusqu'à la poésie épique. N'est-il pas lui même poète en plusieurs de ses dialogues? Et n'est-ce point une poésie imitative que son *Banquet*, dans lequel Aristophane parle d'une manière très-digne de lui, et par conséquent très-peu convenable à une sage compagnie, et où Socrate tient sur l'amour un langage qui, dans quelque sens qu'on veuille l'entendre (suivant la remarque de Denys d'Halicarnasse), n'est pas digne de Socrate.

Sans chercher les raisons qui ont pu engager Platon à être si sévère contre la poésie, opposons-lui son fameux disciple.

Aristote a été bien éloigné de penser qu'il étoit dangereux d'exciter les passions, puisque, quand il parle de la tragédie, il exhorte toujours les poètes à chercher les sujets les plus terribles, et à les traiter de la manière la plus pathétique.

Persuadé que les passions n'étoient en elles-mêmes ni des vertus ni des vices, et qu'il ne s'agissoit que de les rendre conformes à la raison, il a cru sans doute que la poésie dramatique y pourroit contribuer : il n'eût pas tant écrit sur cette poésie, s'il l'eût cru pernicieuse ; mais nous le faisons parler d'une manière fort obscure, quand nous faisons dire qu'elle excite les passions pour les *purger*. Avant que de chercher le sens qu'on peut donner à ces paroles, tâchons de développer tout le système d'Aristote sur la tragédie.

Je vais choisir quatre principaux endroits de sa Poétique, que je rapporterai traduits de la main dont est traduit le passage de Platon que j'ai rapporté. Ce traducteur devoit entendre Aristote, dont il avoit si bien profité. C'est à la marge de son exemplaire que j'ai trouvé ces endroits traduits par lui. Je mettrai entre deux parenthèses quelques mots qu'il a ajoutés au texte. Le premier morceau contient la définition et la division de la tragédie :

« La tragédie est l'imitation d'une action grave et com-
» plète ; et qui a sa juste grandeur. Cette imitation se fait par
» un discours (ou style) composé par le plaisir, de telle sorte
» que chacune des parties qui le composent subsiste, et
» agisse séparément et distinctement. Elle ne se fait point par
» un récit , mais par (une représentation vive; qui excitant)
» la pitié et la terreur , purge (et tempère) ces sortes de pas-
» sions (c'est-à-dire, qu'en émoussant ces passions, elle leur
» ôte ce qu'elles ont d'excessif et de vicieux , et les ramène à
» un état modéré et conforme à la raison).

» J'appelle un discours composé pour le plaisir, un
» discours qui marche avec cadence , harmonie et mesure ;
» et quand je dis que chacune des parties doit agir séparé-
» ment, je veux dire qu'il y a des choses qui se représentent
» par les vers tout seuls, et d'autres par le chant.

» Or, puisque c'est en agissant que se fait l'imitation, il
» faut d'abord poser qu'il y a une des parties de la tragédie
» qui n'est que pour les yeux (comme la décoration, les
» habits, etc.). Ensuite il y a le chant et la diction ; car c'est
» avec ces choses qu'on imite. J'appelle diction la compo-
» sition des vers ; et pour le chant, il s'entend assez , sans
» qu'il soit besoin de l'expliquer.

» La tragédie est l'imitation d'une action : or, toute action
» suppose des gens qui agissent ; et les gens qui agissent
» ont nécessairement un caractère, c'est-à-dire, des mœurs
» et des inclinations qui les font agir ; car ce sont les mœurs
» et l'inclination (c'est-à-dire , la disposition de l'esprit) qui
» rendent les actions telles ou telles ; et par conséquent, les
» mœurs ou le sentiment (ou la disposition de l'esprit) sont
» les deux principes des actions. Ajoutez que c'est par ces
» deux choses que tous les hommes viennent ou ne viennent

» pas à bout de leurs desseins, et de ce qu'ils souhaitent.

» La fable est proprement l'imitation de l'action. J'entends
» par le mot de fable le tissu (ou le contexte) des affaires.
» Les mœurs (ou autrement le caractère), c'est ce qui rend
» un homme tel ou tel (bon ou méchant); et le sentiment
» marque la disposition de l'esprit lorsqu'il se déclare par
» les paroles, qui font connoître dans quel sentiment nous
» sommes.

» Il faut donc nécessairement qu'il y ait six parties à la
» tragédie, lesquelles constituent sa nature et son essence :
» la fable, les mœurs, la diction, le sentiment, la décora-
» tion (et tout ce qui est pour les yeux) et le chant. Car il
» y a deux choses par lesquelles on imite (qui sont le chant
» et la diction); une manière d'imiter (qui est la représen-
» tation du théâtre, c'est-à-dire, la décoration, les habits,
» le geste, etc.); et il y a trois choses qu'on imite, au-delà
» desquelles il n'y a rien de plus (c'est-à-dire, l'action, les
» mœurs et les sentimens). »

J'examinerai dans la suite les six parties dans lesquelles Aristote divise la tragédie; je me contente maintenant d'examiner, 1°. quelles sont les deux passions qu'il regarde comme essentielles à la tragédie; 2°. ce qu'il entend quand il dit (supposé qu'il l'ait dit) que la tragédie purge les passions. Il seroit très-téméraire à moi d'oser contredire Aristote, et encore plus téméraire d'oser contredire son traducteur, que je viens de faire connoître : qu'il me soit du moins permis de proposer mes doutes.

La passion nommée par Aristote φόβος, est, avec la pitié, si essentielle, selon lui, à la tragédie, qu'une pièce qui n'exciteroit point ces deux passions, ne seroit pas une tragédie.

Nous sommes depuis long-temps en usage de rendre ce mot φόβος par celui de *terreur;* cependant la terreur est un trouble de l'âme fort différent de celui que cause la crainte, et φόβος ne signifie que crainte. L'auteur de l'argument qui est à la tête de l'Agamemnon d'Eschyle, pour dire que le discours de Cassandre excite la terreur et la pitié, emploie ces deux mots ἔκπληξιν καί οἶκτον. *Metus* est le mot dont les interprètes latins d'Aristote se servent ordinairement. Castelvetro s'est servi *d'ispavento*, et non de *terrore*; un commentateur espagnol se sert du mot *miedo*, qui veut dire crainte; enfin Corneille, dans son Discours sur la Tragédie, nommant les deux passions qui en sont l'âme, suivant Aristote, nomme toujours *la pitié et la crainte*. Athalie inspire ces deux passions, et non pas la terreur : elle ne seroit donc pas une tragédie, si la terreur étoit essentielle à la tragédie.

Il est bien vrai que les sujets les plus terribles sont ceux que, pour la raison que j'expliquerai dans la suite, Aristote recommande le plus : c'est peut-être ce qui nous a engagés à dire toujours la *terreur* en parlant de la tragédie ; mais la terreur n'est pas essentielle à la tragédie, puisque les objets qui l'excitent sont rares, et ne l'excitent que parce qu'ils sont rares. Un Œdipe, quoiqu'innocent, une Phèdre, quoique vertueuse, objets rares dans la nature, nous inspirent la terreur, parce qu'ils nous font craindre pour nous-mêmes, et par-là nous causent ce plaisir qui consiste à contempler les malheurs dans lesquels nous pourrions tomber, mais dont nous sommes exempts : *Quibus ipse malis careas, quia cernere suave est.* Quand je vois un Néron, un Narcisse, certain que je ne serai jamais un scélérat, je ne crains rien pour moi-même ; je ne crains que pour Britannicus et Junie : quand je vois Œdipe et Phèdre, je crains pour moi-même, parce que je puis commettre involontairement de grands crimes, et je puis, par foiblesse, m'abandonner à une passion criminelle en la détestant. Une tragédie de cette nature, excitant en moi la plus grande émotion qu'elle puisse exciter, est plus parfaite que celle qui n'en excite pas une si grande, parce qu'elle va jusqu'au but qu'elle se propose, qui est d'exciter la plus grande émotion ; mais comme il n'est pas nécessaire, et qu'il est même très-difficile qu'elle aille toujours jusqu'à son but, et qu'il suffit qu'elle en approche, il suffit par conséquent qu'elle excite en moi cette émotion que causent la *crainte* et la *pitié*. Ces deux passions sont donc essentielles à la tragédie, et la terreur n'y est pas essentielle.

Cette explication fait voir que je puis aisément m'accorder avec ceux qui regardent la terreur comme la passion de la tragédie. Je pense comme eux, pourvu qu'ils ne soutiennent pas qu'elle y soit essentielle ; et voici mon sentiment :

Une pièce qui n'excite ni la crainte ni la pitié, mais seulement l'admiration, comme Cinna, Polieucte, Pompée, Nicomède, etc., est une pièce qui, quoique très-belle, ne peut, suivant la définition d'Aristote, être appelée tragédie.

Une pièce qui n'excite que la pitié sans la crainte, comme Bérénice, est une tragédie imparfaite. Une pièce ne peut exciter la crainte sans la pitié, puisqu'on ne craint que pour ce qu'on plaint : sans cela, je dirois de même, qu'une pièce qui exciteroit la crainte sans la pitié, seroit une tragédie imparfaite.

Une pièce qui excite la crainte et la pitié, comme Athalie, Iphigénie et tant d'autres, est une véritable, et même une parfaite tragédie ; mais si elle excite jusqu'à la terreur, comme Œdipe et Phèdre, elle est encore plus parfaite. Des tragédies de cette espèce sont rares, parce qu'elles ne peuvent être que l'imitation d'objets rares : ainsi Aristote n'a pu regarder comme imitation essentielle à la tragédie, celle qui trouve peu de modèles.

La tragédie n'est donc pas nécessairement une imitation d'objets terribles ; mais elle est nécessairement une imitation d'objets tristes et pitoyables : en quoi elle est opposée à la comédie, qui est une imitation d'objets gais et risibles.

Aristote ne recommande donc aux poètes tragiques les sujets terribles, que pour les faire approcher plus près du but de la tragédie.

Plus un spectacle jette d'émotion dans l'âme, plus il attache. Un criminel qu'on conduit au supplice est toujours suivi d'un peuple qui le suivra en plus grand nombre, si le supplice qu'on va lui faire souffrir est plus grand. Un homme attaché à une roue aura plus de spectateurs qu'un homme attaché à une potence; mais, quel que soit son supplice, il ne mourra jamais sans spectateurs, parce que nous trouvons un plaisir secret à contempler le malheur des autres : *Magnum alterius spectare laborem*. Nous trouvons un plaisir dans l'émotion que nous cause ce spectacle ; et c'est dans cette disposition du cœur humain (comme je l'ai dit plus haut) que le plaisir de la tragédie prend sa source. C'est en conséquence de cette réflexion, et après avoir vu l'effet que produisoit Œdipe sur les spectateurs, qu'Aristote a conseillé aux poètes les sujets les plus terribles, et a écrit les trois morceaux que je dois encore rapporter. Je fais observer qu'Aristote, au commencement du morceau qui suit, ne parlant que de la tragédie excellente, καλλίσης, ne prétend pas parler de ce qui est essentiel à la tragédie, mais de ce qui la rend plus belle, c'est-à-dire, plus propre à émouvoir les hommes :

« Puisqu'il faut que la constitution d'une excellente tra-
» gédie soit, non pas simple, mais composée, et pour ainsi
» dire nouée, et qu'elle soit une imitation de choses terribles
» et dignes de compassion, φοβερων και ελεινων, car c'est là le
» propre de la tragédie ; il est clair, premièrement, qu'il
» ne faut pas introduire des hommes vertueux qui tombent
» du bonheur dans le malheur, car cela ne seroit ni terrible
» ni digne de compassion, mais bien cela seroit détestable
» et digne d'indignation, μαρον. Il ne faut pas non plus
» introduire un méchant homme, qui, de malheureux qu'il

» étoit, devienne heureux : car il n'y a rien de plus opposé
» au but de la tragédie, cela ne produisant aucun des effets
» qu'elle doit produire ; c'est-à-dire, qu'il n'y a rien en cela
» de naturel ou d'agréable à l'homme, rien qui excite la
» terreur ou qui émeuve la compassion. Il ne faut pas non
» plus qu'un très-méchant homme tombe du bonheur dans
» le malheur : il y a bien en cela quelque chose (de juste et)
» d'agréable aux hommes ; mais cela ne peut exciter ni pitié
» ni crainte, car on n'a pitié que d'un malheureux qui ne
» mérite pas son malheur, et on ne craint que pour ses sem-
» blables. Ainsi cet événement ne sera ni terrible ni digne
» de compassion.

» Il faut donc que ce soit un homme qui soit entre les
» deux, c'est-à-dire, qui ne soit pas extrêmement juste et
» vertueux, et qui ne mérite point aussi son malheur par
» un excès de méchanceté et d'injustice ; mais il faut que ce
» soit un homme qui par sa faute devienne malheureux,
» et tombe d'une grande félicité et d'un rang très-considé-
» rable dans une grande misère, comme Œdipe, Thyeste,
» et d'autres personnages illustres de ces sortes de familles. »

En lisant ce morceau, on voit qu'Aristote n'y est nullement occupé de l'utilité de la tragédie. Quand il dit que
l'exemple d'un méchant qui devient heureux est opposé au
but de la tragédie, il devroit naturellement ajouter : *parce
que cet exemple est contraire aux bonnes mœurs*. Il se contente de dire qu'il n'est point agréable, et n'excite ni crainte
ni pitié ; et j'observe que le mot a été ici rendu par *crainte*,
le traducteur n'ayant pu se servir du mot terreur pour rendre
ces termes : φόβος περιτων ὁμοιων. « On ne craint que pour ses
» semblables. » C'est ce que dit Aristote pour prouver qu'un
méchant qui devient malheureux n'excite ni crainte ni pitié : sa réflexion est véritable ; mais ne devoit-il pas aussi
ajouter, que *cependant cet exemple est très-utile pour les
mœurs* ? C'est ce qu'il ne dit point, parce qu'il n'est point

ici occupé de cette utilité, non plus que dans le passage suivant:

« Voyons maintenant quelles sortes d'événemens peuvent
» produire cette terreur et cette pitié. Il faut de nécessité
» que ce soient des actions qui se passent entre amis ou
» entre ennemis, ou entre gens qui ne soient ni l'un ni
» l'autre. Si un ennemi tue un autre ennemi, nous ne res-
» sentons aucune pitié, ni à lui voir faire cette action, ni
» lorsqu'il se prépare à la faire. (Il n'y a que le moment
» même où nous lui voyons répandre du sang, où nous pou-
» vons ressentir cette simple émotion que la nature ressent en
» voyant tuer un homme.) Nous n'aurons point non plus
» une grande pitié pour des gens indifférens qui voudront
» se tuer les uns les autres. Il ne reste donc que ces événe-
» mens qui se passent entre des personnes liées ensemble
» par les nœuds du sang et de l'amitié, comme, par exem-
» ple, lorsqu'un frère est prêt de tuer son frère, un fils son
» père, une mère son fils, ou un fils sa mère; et ce sont
» ces événemens qu'un poète doit chercher. »

Quand il dit qu'il faut chercher de pareils sujets, ταῦτα ζητητέον, ne devoit-il pas ajouter de quelle manière on les devoit traiter pour les rendre utiles? Il n'en dit rien, parce que son seul objet est de recommander ce qui cause le plus d'émotion : si un ennemi tue son ennemi, la vue du sang en causera ; mais si un fils tue son père, l'émotion sera bien plus grande. Cette terrible tragédie est celle du goût des Grecs.

Aristote va plus loin ; et après avoir dit qu'il faut qu'une action s'achève ou ne s'achève pas, et que ceux qui la commettent agissent ou par ignorance ou avec connoissance, il ajoute : « De ces manières, la plus mauvaise, c'est lors-
» qu'un homme veut faire une action horrible avec con-
» noissance de cause, et qu'il ne l'achève pas ; car il n'y a
» rien en cela que de scélérat, et il n'y a point de tragique
» (n'y

» (n'y ayant point de sang répandu) : aussi il arrive peu
» qu'on représente rien de cette nature. On en peut voir un
» exemple dans l'Antigone, où Hémon veut tuer son père
» Créon, et ne le tue pas. La seconde de ces manières,
» et qui est meilleure que l'autre dont je viens de parler,
» c'est lorsqu'un homme agit avec connoissance, et qu'il
» achève l'action; mais le meilleur de bien loin, c'est
» lorsqu'un homme commet quelqu'action horrible sans
» savoir ce qu'il fait, et qu'après l'action il vient à reconnoître
» ce qu'il a fait; car il n'y a rien là de méchant et de scélé-
» rat, et cette reconnoissance a quelque chose de terrible et
» qui fait frémir : εκπληκτεκον. Ce n'est plus ici le φοβερον
» qu'Aristote emploie. »

Ces trois morceaux suffisent pour entendre tout le système d'Aristote sur la tragédie, que pour rendre encore plus clair, j'explique par cet exemple :

Je veux représenter Oreste vengeant la mort de son père sur Clytemnestre sa mère. Je puis m'y prendre de trois manières :

1°. Oreste tue sa mère sans la connoître, et la reconnoîtra après. Voilà la meilleure manière, suivant Aristote et suivant tout le monde, parce qu'elle épargne l'atrocité du crime. Mais, dans les principes d'Aristote, ce n'est point parce qu'elle épargne cette atrocité de crime qu'elle est la meilleure, mais parce qu'elle est plus pathétique qu'une autre, à cause de la surprise et du désespoir d'Oreste qui reconnoît son crime.

2°. Oreste, connoissant sa mère et prêt à la tuer, n'achève pas, soit que le remords l'arrête, soit que Clytemnestre s'enfuie. Cette seconde manière est très-mauvaise, suivant Aristote, parce que l'atrocité du crime s'y trouve, et le tragique ne s'y trouve point : cela n'est point pathétique.

3°. Oreste tue sa mère, la reconnoissant pour sa mère : cette manière n'est pas si bonne que la première, suivant

TOME VI.   B b

Aristote; mais elle est beaucoup meilleure que la seconde.

Cette décision, qui nous fait frémir, est établie sur ce fait certain, que plus un spectacle cause d'émotion, plus il est agréable ; et Aristote recommande toujours les sujets qui excitent la plus grande émotion : c'est le but de la tragédie. Ainsi les principes d'Aristote, pourvu qu'on y ajoute le principe indispensable de l'utilité des mœurs, sont les véritables principes. La tragédie étant destinée à être la peinture des passions les plus violentes, doit nous entretenir toujours dans l'émotion, et nous remplir de tristesse jusqu'à la fin. Il n'en est pas de même du poëme épique, dont la fin doit être un passage de l'agitation et du trouble au repos et à la tranquillité : il ne doit jamais finir par l'infortune de celui qui y a joué le principal personnage. Ces règles ne sont point arbitraires : elles sont fondées sur la nature de chaque espèce de poëme. L'un est fait pour être lu, et l'autre pour être représenté. L'un, qui doit être médité à loisir, doit faire son impression sur un lecteur qui a le temps de réfléchir; l'autre doit faire son impression sur-le-champ, par la représentation, sur un spectateur qui, n'ayant pas le temps de méditer ni de réfléchir, applaudit quand il a été vivement ému. Un homme qui commence la lecture d'un long poëme, ne continue cette lecture que quand il s'intéresse au héros, et il ne veut pas voir tomber par une catastrophe funeste celui pour qui il s'est toujours intéressé : il aime, au contraire, à le voir sortir de ses périls, et devenir heureux. Il n'en est pas de même de celui qui va au spectacle : il n'y va point pour admirer un héros, il n'y va que pour être occupé pendant quelques heures, et se distraire de l'ennui, qui nous saisit toujours quand nous sommes oisifs. Le poëte dramatique qui travaille à dissiper cet ennui, ne peut y réussir, ou que par l'imitation d'une action plaisante qui force ses spectateurs à rire : c'est l'objet de la comédie; ou que par l'imitation d'une action triste, qui les touche assez vivement pour les faire pleurer : c'est l'objet de la tragédie. Les spectateurs trouvent leur amusement et leur plaisir dans ces larmes : ἅμα χαίροντες κλάωσι, dit Platon; et ils sont contens du poète qui les fait verser, parce qu'il les a occupés pendant quelque temps. Si le poète, par une catastrophe heureuse pour les bons et funeste aux méchans, remet les choses dans l'ordre, et l'âme de ses spectateurs dans la tranquillité, comme dans le poëme épique, le spectateur n'a pas à se plaindre d'un poète qui a su, par son art, l'entretenir pendant quelque temps dans un trouble qui s'est apaisé; mais ce spectateur est encore bien plus content lorsqu'au lieu d'essuyer ses larmes et d'étouffer ses sanglots sur-le-champ, il quitte le spectacle encore tout ému, et emporte avec lui sa tristesse : ce qui arrive dans ces sujets qui répandent la terreur, et dans ces catastrophes qu'Aristote recommande.

C'est la raison pour laquelle il exhorte les poètes tragiques à chercher des sujets terribles; et c'est peut-être ce qui, nous faisant croire qu'il regardoit la terreur comme la passion essentielle à la tragédie, nous a accoutumés à rendre toujours par *terreur* le mot φόβος dont il s'est servi. Boileau peut aussi nous y avoir accoutumés, pour avoir dit, en parlant de la tragédie :

Si d'un beau mouvement l'agréable fureur
Souvent ne nous remplit d'une douce terreur, etc.

Ce n'est point une *douce terreur* dont les Atrées, les Œdipes, les Phèdres nous remplissent : ainsi l'on pourroit croire que Boileau, toujours si exact dans ses expressions, ne l'a point été dans ces deux vers.

Je reconnois donc la vérité des principes d'Aristote; et j'avouerai même que, suivant ses principes, il ne faut mettre Athalie que parmi les pièces du second rang, parce qu'on ne doit mettre au premier rang que celles qui excitent la terreur, qui n'est jamais excitée par une catastrophe favorable aux bons, et funeste aux méchans. Joas, délivré d'Athalie qui vouloit le perdre, est placé sur le trône qui lui appartenoit, et Athalie est punie. Cette catastrophe remet les choses dans l'ordre, et l'âme du spectateur dans la tranquillité. Mais la pièce, quoique dans le second rang, est parfaite, puisque les passions essentielles à la tragédie sont la crainte et la pitié, qu'elle excite jusqu'à la fin. Nous concevons de l'amour et de la pitié pour Joas, sans l'avoir vu, sitôt que nous entendons raconter la manière dont il a été arraché au couteau d'Athalie. Notre crainte et notre pitié augmentent pour lui quand nous le voyons paroître devant cette même Athalie qui ne le connoît pas, quand elle l'envoie demander par Mathan, quand elle vient avec son armée assiéger le temple, quand elle y entre avec ses soldats, et quand on tire devant elle le rideau qui cachoit l'enfant qu'elle cherche pour le faire périr. Ainsi, la crainte et la pitié vont toujours en croissant jusqu'au moment de la catastrophe; et par conséquent, cette pièce excite d'une manière admirable les deux passions essentielles à la tragédie. Les excite-t-elle pour les purger? Et est-ce dans cette purgation que consiste l'utilité de la tragédie? Avant que de passer à cette difficulté, je vais répondre à une objection spécieuse qu'on fait contre le système d'Aristote, que je viens d'exposer.

Castelvetro, et, à son exemple, l'abbé Conti, le contredisent lorsqu'ils conseillent aux poètes de ne point représenter un homme entièrement innocent, opprimé par des méchans; ils prétendent, au contraire, que la compassion la plus grande est excitée par les malheurs de l'innocence : « Un poète, dit l'abbé Conti dans la préface de son Drusus, » qui représente un innocent qu'opprime un scélérat, ne » pèche pas plus contre son art qu'un peintre qui représente » un martyr au milieu de ses bourreaux. »

La comparaison n'est pas juste, et l'on a plus d'une fois

abusé de ces mots d'Horace : *Ut pictura poesis erit*. Nous ne demandons à la peinture que le plaisir des yeux ; et l'imitation de tout objet leur plaît : nous demandons à la poésie le plaisir de l'âme ; et l'imitation de tout objet ne lui plaît pas. Mais je laisse cette comparaison pour répondre à l'objection.

Puisque, dit-on, la tragédie la plus pathétique, celle qui jette le plus grand trouble, est la plus agréable, suivant Aristote ; puisque, plus elle excite la pitié, plus elle cause de plaisir, pourquoi ne veut-il pas qu'elle représente les malheurs d'un innocent ? Il a défini lui-même, dans sa Rhétorique, la pitié, « l'affliction que nous causent les » malheurs d'une personne qui ne les mérite pas. » Plus cet homme sera admirable par ses vertus, moins il méritera de tomber dans le malheur : par conséquent, plus son malheur sera grand, plus la tragédie jettera de trouble dans notre âme.

Je réponds que la grande douleur produit un effet tout contraire ; elle rend l'homme immobile et comme insensible, suivant ce que dit ce vers de Boileau :

> A force de douleur il demeura tranquille.

C'est ce que n'ignoroit point Aristote, puisqu'en parlant de la pitié, dans sa Rhétorique, il rapporte l'exemple d'Amasis, qui voyant conduire son fils au supplice, ne pleura point, et pleura à la vue d'un ami réduit à demander l'aumône. La grande douleur arrête nos larmes, et la tragédie les doit faire couler. Aristote a donc réfléchi en grand philosophe, sur la nature du plaisir qu'elle doit causer : il ne parle pas non plus, dans le passage que j'ai cité, de la tragédie en général, mais, comme je l'ai fait remarquer, de la plus belle.

Il ne prétend pas qu'on ne doit jamais mettre sur le théâtre un personnage souffrant des maux qu'il ne mérite pas. Hécube, qui, après avoir vu périr sa ville, son palais, son mari, ses enfans, dans le moment même qu'on lui est venu arracher sa fille pour l'immoler, trouve le cadavre du dernier de ses fils qu'elle croyoit avoir sauvé, souffre des maux qu'elle n'a point mérités; et Euripide a excité la pitié par cette tragédie, qui offre le spectacle des misères humaines accablant un personnage ordinaire, dont les qualités personnelles n'excitent en nous ni admiration ni haine.

Il n'en est pas de même quand un personnage, par ses qualités particulières, attache le spectateur de façon qu'il en épouse les intérêts, comme un père ceux de son fils. Je prends pour exemple l'Iphigénie française : elle a, dans toute la pièce, intéressé si vivement le spectateur par ses vertus et sa douceur, que s'il voyoit à la fin couler son sang, il seroit indigné contre les dieux qui l'ont demandé, contre le père qui l'a accordé, contre les Grecs qui l'ont versé, et sortiroit mécontent. La tragédie doit jeter le trouble et la tristesse dans le cœur; mais elle ne le doit pas déchirer : ainsi Aristote, qui veut montrer celle qui est la plus agréable, considère les hommes qu'elle présente de trois façons.

Ou ils sont détestables, ou ils sont admirables, ou ils ne sont ni bons ni méchans ; c'est-à-dire, ils n'ont aucune de ces qualités qui excitent l'admiration ou la haine. Ces derniers sont ceux qui nous intéressent davantage, parce qu'ils sont nos semblables : leurs foiblesses nous instruisent, et leurs malheurs nous touchent. Ainsi, nous sommes touchés de la mort de Britannicus; mais, quoiqu'il ne mérite pas ses malheurs, nous nous rappelons ses imprudences : ce qui adoucit la douleur de sa mort, et nous instruit.

De cette réflexion d'Aristote, qui me paroît très-juste, il s'en suit qu'on ne doit pas représenter les souffrances d'un martyr chrétien, puisque, mettant son bonheur dans ses souffrances, il n'excite ni la crainte ni la pitié, mais seulement l'admiration. Pourquoi donc les premiers auteurs de nos spectacles prirent-ils pour leur sujet ordinaire la Passion de Notre Seigneur? Parce qu'ils n'avoient à attendrir que la populace. Minturnus soutient qu'aucun sujet n'est plus touchant ni plus lamentable. Cela est vrai pour le peuple, qui ne voit dans ce spectacle que l'innocence accablée de tourmens ; mais les personnes qui font réflexion que la victime s'offre elle-même, et veut souffrir, regardant ce spectacle avec des yeux éclairés par la religion, ne sont pas humainement frappés comme le peuple. C'étoit une foule de peuple et de femmes qui poussoient des lamentations en suivant Jésus-Christ au Calvaire : *Sequebatur multa turba populi, quæ plangebant et lamentabantur eum.* L'Evangile ne dit point que la mère de celui qui souffroit, les deux Maries, et saint Jean, versassent des larmes; il est dit seulement qu'ils se tenoient debout aux pieds de la croix : *Stabant.* Cette réflexion suffit pour prouver qu'un tel sujet n'a pu être mis sur le théâtre que dans les temps d'ignorance.

§. II. *Aristote a-t-il pu penser que la Tragédie excite la crainte et la pitié pour purger ces deux passions?*

Lorsqu'on fait dire à Aristote que l'objet de la tragédie est de purger la pitié, on fait penser à un fameux philosophe d'Athènes qu'il faut endurcir les hommes, et purger leurs cœurs de la compassion; c'est-à-dire, de cette vertu qui, sous ce nom Ελεος, avoit à Athènes cet autel qui fait tant d'honneur à la Grèce, dont la divinité n'étoit point représentée par une image, parce qu'elle habite dans les cœurs, comme le dit Stace dans la belle description qu'il a faite de cet autel :

>   Nulla autem effigies, nulli commissa metallo
>   Forma Deæ : mentes habitare et pectora gaudet.

Cette seule réflexion doit nous empêcher de croire

qu'Aristote ait eu une pareille pensée, à moins qu'il ne se soit expliqué très-clairement.

De plusieurs écrits qu'il avoit composés sur la poétique, il ne nous reste qu'un fragment où il y a des endroits si obscurs, que Castelvetro, après en avoir fait une longue étude, déclare qu'il ne se vante pas d'entendre parfaitement ce petit Traité : *Questo oscurissimo libretto*. Ce Traité, si petit et si obscur, a de tout temps fait regarder son auteur comme le législateur du théâtre. On vient de voir que tous ses principes conduisent à procurer la tragédie la plus pathétique qu'il soit possible, et j'ai fait remarquer qu'on ne trouvoit rien qui eût rapport à l'instruction. Il n'y a pas lieu de douter cependant qu'il n'ait été persuadé que l'utile doit toujours être joint à l'agréable. Horace le dit; et tous les principes d'Horace sur la poétique sont tirés d'Aristote.

Aristote oppose à la tragédie qu'il nomme pathétique, celle qui est appelée par lui ήθικη; par Castelvetro, *costumata;* et mal à propos *morale*, par M. Dacier, puisqu'elle n'étoit pas plus instructive qu'une autre. Quand Aristote dit que l'Iliade est pathétique, et l'Odyssée ήθικη, il n'entend pas, comme l'explique M. Dacier, qu'Homère donne plus de leçons de morale dans l'Odyssée que dans l'Iliade : il entend par pathétique, la peinture des passions; et par ήθικον, la peinture des mœurs. Longin, en se servant de ces deux mots, prétend qu'Homère a fait son Odyssée dans la vieillesse, « parce que, dit-il, les grands hommes, quand » leur esprit manque de vigueur pour le pathétique, » s'amusent ordinairement à peindre les mœurs. » C'est ainsi que le mot ήθικον est traduit par Boileau, n'ayant aucun rapport à la morale instructive.

On ne trouve dans le fragment d'Aristote qu'un seul mot qu'on puisse rapporter à cette morale, et ce mot est inintelligible. Il dit que la tragédie, excitant la crainte et la pitié, opère la purgation de passions semblables : τὴν τῶν τοιέτω παθημάτων κάθαρσῖν. Pour éclaircir ces mots, le traducteur a ajouté ceux-ci, que j'ai déjà rapportés : « C'est-à-dire, » qu'en émoussant les passions, elle leur ôte ce qu'elles ont » d'excessif et de vicieux et les ramène à un état modéré et » conforme à la raison. » Je desirerois que le traducteur se fût plus étendu, pour nous faire comprendre la pensée d'Aristote. Quelle est la nature d'une pareille médecine ? Qu'y a-t-il à purger dans la pitié ? Que peut-elle avoir d'excessif et de vicieux? L'homme peut-il être trop compatissant? S'il s'agit d'exciter en lui une crainte et une pitié conforme à la raison, quelle tragédie plus propre qu'Athalie? Cependant il ne la faut placer qu'au second rang, suivant les principes d'Aristote.

On sait bien que la pitié peut avoir un excès. Un juge, par exemple, qui, pour être compatissant, ne voudroit pas prononcer la mort d'un coupable, se rendroit coupable lui-même : « La tragédie apprend aux hommes, dit le P. Rapin, » à ménager leur compassion pour les sujets qui la méritent, » et à voir sans pitié Clytemnestre égorgée, parce qu'elle a » égorgé son mari. » La tragédie ne nous attendrit que pour des malheureux. Si elle vouloit nous attendrir pour des scélérats, elle ne seroit plus agréable ; elle nous rempliroit, au contraire, d'indignation : ainsi, le raisonnement du P. Rapin ne lève pas la difficulté.

M. Dacier, pour expliquer ce passage, dit que la tragédie est une médecine qui purge les passions, parce qu'elle apprend à l'ambitieux à modérer son ambition, à l'emporté à retenir sa colère, etc. C'est ce qu'on accorde à M. Dacier ; mais la tragédie n'excite point en nous la colère ni l'ambition, elle ne fait que nous en présenter la peinture : et par la même raison que les Lacédémoniens faisoient voir à leurs enfans des esclaves ivres, les poètes nous font voir, non pas des esclaves, mais des rois et des héros dans l'ivresse des passions, pour nous apprendre dans quels égaremens nous pouvons tomber. M. Dacier n'explique donc point Aristote, qui donne à la tragédie la vertu de purger les deux passions qu'elle excite, ou de semblables. Nous accoutume-t-elle aux poisons à force de nous en remplir? Ou change-t-elle en médecine les poisons qu'elle nous fait prendre?

Corneille avoit donné au passage d'Aristote un sens à peu-près pareil à celui qu'a suivi M. Dacier (1) : « La pitié
» d'un malheur où nous voyons, dit-il, tomber nos sem-
» blables, nous porte à la crainte d'un pareil pour nous,
» cette crainte au desir de l'éviter, et ce desir à purger,
» modérer, rectifier, et même déraciner en nous la passion
» qui plonge à nos yeux dans ce malheur les personnes que
» nous plaignons.... Cette explication, ajoute Corneille,
» ne plaira pas à ceux qui s'attachent aux commentateurs
» de ce philosophe. » Elle ne peut leur déplaire que parce qu'elle n'est pas conforme au texte d'Aristote, qui paroît donner à la tragédie le pouvoir de purger les passions qu'elle excite.

Suivant le P. Brumoy, la tragédie corrige la crainte par la crainte, et la pitié par la pitié, en nous apprivoisant avec la vue de nos maux : ce qui nous rend plus courageux pour les supporter quand ils arrivent. C'est le même sens qu'Heinsius, et Sarrazin après lui, donnent à Aristote, en disant que l'habitude de voir sur le théâtre les misères humaines, nous acquiert une médiocrité de passions qui produit la tranquillité de l'âme, de même que la pratique donne aux médecins et aux chirurgiens l'insensibilité pour les infirmités humaines. La tragédie, en nous familiarisant avec nos misères, nous y rend insensibles. Castelvetro dit, dans le même sens, que dans une ville où la peste commence, on s'effraie les premiers jours lorsqu'on entend

---

(1) Discours sur les trois Unités.

parler de vingt morts, et qu'ensuite on en entend compter deux cents sans s'effrayer; qu'un soldat, la première fois qu'il se trouve à une action, plaint ses camarades que le canon emporte à ses côtés, et craint pour lui-même : quand il a été à plusieurs actions, il n'a plus la même émotion.

Pour appuyer ce sentiment qu'on donne à Aristote, on a coutume de citer un passage de Marc-Aurèle, qui prétend que les premières tragédies furent introduites pour faire souvenir les hommes des malheurs de la vie, et les avertir qu'ils doivent s'y préparer. Les sujets de ces premières tragédies, et de celles qu'Aristote recommande, sont des crimes, ou plutôt des horreurs qui n'arrivent presque jamais, et qui n'étoient arrivées que par la vengeance des dieux sur certaines familles. On ne voit point, sur le théâtre de la vie humaine, un fils involontairement meurtrier de son père et mari de sa mère, ni un fils, de dessein prémédité, assassin de sa mère. Ainsi, le premier objet de la tragédie n'a point été d'accoutumer les hommes, par des exemples si affreux et si rares, à supporter les maux de la vie.

Il est certain que la vue des vanités humaines, des revers de la fortune et de toutes nos misères, doit modérer nos desirs et régler nos passions : *Continet omnem sedationem animi*, dit Cicéron, *humana in conspectu posita natura*. Mais l'histoire nous présente toutes ces leçons; et Aristote, suivant le sens qu'on lui donne, prétend que la poésie fait plus que l'histoire : en nous jetant dans le trouble, elle guérit le mal qu'elle a fait ; en excitant en nous la crainte et la pitié, elle parvient à purger ces passions. Lorsqu'on entend ses interprètes l'expliquer ainsi, ne croiroit-on pas que, pareils à ces médecins qui donnoient la petite-vérole par insertion, les poètes tragiques donnent les maladies de l'âme par insertion, pour les guérir ensuite ? Cette pensée est si bizarre, que je ne puis l'attribuer à Aristote; et les différentes explications de ses commentateurs prouvent l'obscurité de ce passage.

Et pourquoi chercher à guérir, et même à modérer dans les hommes les passions plus propres que les autres à les porter à la vertu, et que la nature a rendues plus communes parmi nous que les autres, parce qu'elle nous a faits pour être vertueux, comme dit Quintilien : *natura nos ad mentem optimam genuit?* La vue du crime, quand nous n'y sommes point encore familiarisés, nous effraie toujours. Œnone ne donnera que des conseils détestables à sa maîtresse quand elle saura sa passion ; mais dans le moment qu'elle lui en entend faire l'aveu, elle s'écrie :

> Juste ciel, tout mon sang dans mes veines se glace !
> O désespoir ! O crime ! O déplorable race !

Voilà le premier mouvement de la nature, le premier cri du cœur que révolte l'horreur du crime, et la crainte de ses suites funestes.

La nature nous a donné un cœur compatissant à tous les maux de nos semblables : ce qui nous porte à nous secourir les uns les autres. Les personnes qui ont essuyé les adversités, sont plus disposées que les autres à plaindre les malheureux. Quand deux cordes d'un instrument sont montées à l'unisson, celle qu'on fait frémir fait frémir l'autre : il en est de même parmi nous. Ce cœur si disposé à la pitié, est un heureux présent de la nature, qui permet que notre facilité à nous laisser attendrir aille même jusqu'à la puérilité.

Un homme, quoique persuadé que l'histoire d'Hippolyte est fabuleuse, pleure en lisant le récit de sa mort ; et les spectateurs pleurent lorsqu'ils entendent le récit de cette mort, quoiqu'ils n'ignorent pas que l'acteur qui a fait devant eux le rôle d'Hippolyte, est occupé, pendant qu'ils le pleurent, à partager l'argent qu'ils ont laissé à la porte pour être attendris. Quelque puérile que soit cette sensibilité, pourquoi les poètes n'entretiendront-ils pas en nous, quand ils le peuvent, une qualité du cœur si excellente? La pitié que nous inspire Joas, la crainte où nous sommes qu'il ne soit la victime des méchans, réveille en nous le zèle pour l'innocence opprimée, l'amour pour le sang de nos rois, et l'amour de la patrie; amour qui renferme, comme dit Cicéron,[1] tous les autres amours. Vouloir purger du cœur des hommes la crainte et la pitié, c'est vouloir émousser les deux aiguillons de la vertu.

Dans une ville capable de recevoir des combats de gladiateurs, il faudroit, disoit un ancien, abattre l'autel de la Miséricorde. Cependant les Romains ont eux-mêmes goûté le plaisir de la tragédie. Tel est le pouvoir de la fiction : un Romain, qui voyoit d'un œil sec un homme déchiré sur le théâtre par des bêtes, pouvoit, à une représentation d'Œdipe, joindre ses larmes à celles d'un comédien.

Néron, qui aimoit les tragédies, s'y laissoit sans doute attendrir. Quelle gloire pour la poésie, de faire entrer la pitié dans le cœur de Néron! Etoit-ce pour la purger? Alexandre, tyran de Phères, se sentant ému à la représentation des Troades d'Euripide, sortit en disant qu'il avoit honte de pleurer les malheurs d'Hécube et d'Andromaque, lui qui étoit insensible aux maux de ses sujets. Je ne prétends pas que ceux de nous qui vont tous les jours à la comédie, soient plus doux, plus humains, plus charitables que ceux qui n'y vont jamais. L'homme est un composé de contradictions; mais puisque la pitié excitée par une tragédie a pu faire faire à un tyran une réflexion sage, elle pouvoit peu à peu le ramener à l'humanité.

Si l'objet de la tragédie est de nous endurcir, qu'on rétablisse donc les spectacles sanglans des Romains. Martial nous parle de ceux où l'on voyoit un Prométhée ou un Orphée réellement déchiré par des animaux, et un homme jeté vivant dans les flammes, sous le nom d'Hercule. De pareilles tragédies étoient bien propres à purger la pitié.

Qui ne voit qu'un tel sentiment ne peut se soutenir, et

que les poètes doivent travailler, au contraire, à augmenter en nous cette sensibilité qui ne peut nous porter qu'à des actions vertueuses? Les stoïciens étoient assez insensés pour faire un crime aux hommes de cette sensibilité. Saint Augustin leur oppose ce que Cicéron disoit à César : « De toutes » vos vertus, la plus admirable et la plus aimable est votre » miséricorde. » *Nulla de virtutibus tuis nec admirabilior nec gratior misericordia est.* « Et qu'est-ce que la misé- » ricorde, poursuit saint Augustin, si ce n'est une com- » passion de la misère des autres, qui s'élève en notre » cœur, et nous porte à les secourir quand nous le pouvons? » *Quid est misericordia, nisi alienæ quædam in nostro corpore compassio, qua ubique, si possimus, subvenire compellimur?* « Cicéron, cet homme qui parle si juste, ajoute » saint Augustin, la met au nombre des vertus, et les » stoïciens n'ont pas de honte de la mettre au nombre des » vices. » *Hanc Cicero, locutor egregius, non dubitavit appellare virtutem, quam stoicos inter vitia numerare non pudet.*

Les malheurs d'autrui nous frappent toujours par contre coup, quand nous en sommes témoins; nous allons même jusqu'à plaindre ceux qui expient leurs crimes par de justes supplices, quand nous sommes présens à ces supplices. Le peuple quand il voit un homme sur la roue, oublie son crime, et s'attendrit. C'est ce qui ne doit jamais arriver dans les sujets de fiction, à moins que le poète ne soit assez ignorant dans son art, pour faire pleurer pour *Holopherne mis à mort par Judith.* Mais quand il ne nous émeut que pour des sujets dignes de larmes, il excite en nous un sentiment qui ne peut ne nous porter qu'au bien, et qui nous fait honneur. Virgile qui a voulu donner le modèle d'un héros parfait, le représente toujours prêt à pleurer. Les hommes prompts à s'attendrir, sont ordinairement les plus vertueux.

Ne faisons donc pas penser à Aristote que l'objet de la tragédie est de nous endurcir. Plutôt que de lui faire dire que la tragédie purge les passions qu'elle excite, M. Maffei, dans la préface de sa Mérope, prétend qu'il faut supprimer le τοιούτων de sa définition. Il est vrai que la suppression de ce seul mot rend la lumière. La tragédie excite la crainte et la pitié, pour purger en nous toutes nos passions. Mais si Aristote eût parlé d'une manière si claire de l'utilité générale de la tragédie, n'en eût-il pas encore parlé dans d'autres endroits qui devoient l'y engager ? Sans chercher à réformer son texte, je me borne à dire qu'en cet endroit il y a grande apparence qu'il est corrompu ; et il n'est pas étonnant que ses écrits soient venus jusqu'à nous très-défigurés, puisqu'ils l'étoient déjà, à cause de la manière dont ils avoient été conservés, lorsque Sylla, qui les trouva à Athènes, les apporta à Rome.

§. III. *La Tragédie, dont la fin est d'exciter deux passions qui peuvent rendre les hommes meilleurs, ne devient dangereuse que par la faute des poètes et la nature des représentations.*

Je déclare en commençant cet article, et en le finissant je déclarerai encore que je ne prétends en aucune façon justifier les représentations publiques, et que je ne parlerai sur l'utilité de la tragédie qu'en la considérant comme poëme dont la lecture peut nous occuper. Or, personne ne doute qu'on ne puisse s'occuper utilement de la lecture d'Athalie, de Britannicus, d'Iphigénie, de Phèdre, etc., et que les événemens des siècles passés ne puissent être traités par la poésie, dans la forme dramatique comme dans l'épique.

La forme dramatique donne, dira-t-on, une trop grande vivacité aux passions. A quelles passions ? A la crainte et à la pitié. Un poëme dont l'objet est de rendre les hommes sensibles, tendres, compatissans aux malheureux, a leur bien pour objet : ainsi, lorsqu'une tragédie a un autre objet, ce n'est point l'art qu'il faut accuser, mais le poète qui pèche contre son art.

La tragédie, dira-t-on encore, n'offre que meurtres, incestes, parricides, et toutes ces actions que Lactance appelle *cothurnata scelera*. Un ancien a dit des Scythes, qu'ils vivoient dans l'ignorance des crimes, et que cette ignorance leur étoit plus avantageuse que la connoissance des vertus : *Plus prodest apud Scythas ignoratio vitiorum, quàm cognitio virtutum*. Il seroit à souhaiter que nous pussions vivre dans la même ignorance ; mais puisque nous voyons tous les jours des exemples des fureurs dont nous sommes capables, et que l'histoire est le récit des crimes des hommes, il est permis à la poésie de nous en retracer les images, pourvu qu'elle nous en inspire l'horreur : ce qu'elle peut faire plus vivement, et par conséquent plus utilement que l'histoire.

Platon débite une très-belle maxime quand il dit que, n'y ayant rien sur la terre qui doive nous causer de grandes douleurs, on ne doit point flatter en nous cette foible partie de nous-mêmes, cette partie plaintive qui aime à s'épancher en gémissemens ; mais ce n'est point sur la perte des biens de la terre que la tragédie nous fait gémir, c'est sur les malheurs de nos semblables : ce qui nous rend compatissans et secourables, comme je l'ai fait voir.

Un Anglais a avancé un sentiment bien contraire à celui de Platon, dans un ouvrage intitulé de *l'Utilité du Théâtre*, et imprimé à Londres en 1698. Il y soutient que, pour rendre l'homme heureux, il est nécessaire de remuer ses passions ; que la raison seule ne sert qu'à nous affliger par ses réflexions et ses remontrances, et que la tranquillité de l'âme, qui est l'ouvrage de la raison, est un état de langueur qui conduit à la tristesse. Par ce raisonnement, si peu conforme à la morale chrétienne et humaine, il prétend

prouver

prouver la nécessité des spectacles, dont la nation anglaise a, selon lui, un besoin plus pressant que toute autre, parce qu'il faut retirer les anglais de ces rêveries sombres où les plonge leur tristesse naturelle, causée par la température de leur climat : il faut les arracher à leur humeur ténébreuse et mélancolique, et les distraire de leurs pensées lugubres par la représentation de nos passions sur le théâtre. Le zèle de cet Anglais pour la tragédie va jusqu'à la regarder comme la source de la gloire d'une nation dans les armes. Il avance que les poètes tragiques aimèrent, chez les Grecs, cette valeur qui les rendit victorieux à Salamine et à Marathon ; que le cardinal de Richelieu, travaillant en même temps à l'agrandissement de notre monarchie et à la gloire de notre théâtre, d'une main tenoit les rênes de l'Etat, et de l'autre écrivoit des tragédies ; enfin, que les Français doivent leurs conquêtes à leurs grands poètes : « Mais, ajoute cet au-
» teur (1), depuis la décadence de la poésie dramatique,
» par la mort de Corneille et par la vieillesse de Racine, la
» jeunesse française s'est avilie, son courage s'est relâché et
» s'est amolli, depuis qu'il n'a plus été soutenu et enflé par
» les mouvemens héroïques de la tragédie. La France n'a
» conservé ce génie de supériorité qui la rendoit si triom-
» phante, qu'autant qu'elle a vu fleurir la poésie tragique. »
On n'auroit pas songé à soupçonner un poète qu'on sur-
nomme *le tendre*, d'avoir rendu sa nation belliqueuse et triomphante. Ce n'est point à moi à combattre une opinion qui fait rejaillir sur lui une partie de la gloire de nos conquêtes.

Quand je fais cependant réflexion que la gloire de la Grèce à Marathon, à Salamine, à Platée, a précédé celle de son théâtre, et que les Athéniens étoient occupés des pièces de Sophocle et d'Euripide lorsqu'ils se laissèrent

---

(1) Voyez les Ouvrages des Sav. Juillet 1698.

subjuguer par les Lacédémoniens, ennemis des spectacles j'ai peine à me persuader que les grands poëtes tragiques rendent une nation invincible. Eschyle, à la vérité, dans Aristophane, appelle une de ses pièces *un ouvrage tout plein de Mars*. Il prétend que sa tragédie *des Perses* a inspiré à ses citoyens l'amour de la victoire, et qu'il est cause que les Athéniens ne soupirent qu'après la lance, l'épée et le casque. C'est ce qu'Aristophane lui fait dire, et l'on sait qu'Aristophane raille toujours.

Si la tragédie contribuoit à rendre une nation guerrière, elle auroit une utilité certaine; mais il faut avouer qu'une utilité pareille n'occupe point les poëtes : on pourroit même demander s'ils ont quelquefois une autre vue que celle de nous amuser. Les premiers poëtes tragiques n'en eurent point d'autre. Des personnages barbouillés de lie n'étoient pas de graves prédicateurs. Ils sentirent, dans la suite, la nécessité de se rendre utiles. « Nous devons, dit Euripide » dans une comédie d'Aristophane, rendre les citoyens » meilleurs; » et lorsqu'Eschyle lui reproche de les avoir rendus plus méchans, parce qu'il a fait paroître sur le théâtre des Phèdres et des Sténobées, Euripide s'excuse en disant qu'il n'a point inventé ces sujets. « Cette excuse » ne vaut rien, reprend Eschyle : un poëte ne doit point » publier les exemples dangereux, quelque véritables qu'ils » soient. Un précepteur n'en apprend que d'utiles aux » enfans, et un poëte est le précepteur des hommes. » Le mot est beau; mais quel précepteur étoit ce même Aristophane, qui fait si bien parler Eschyle? Ceux qui ont dit que le théâtre d'Athènes étoit une école de vertu, en ont eu trop bonne opinion : il étoit, quand on jouoit les comédies d'Aristophane, une école de libertinage et d'impiété.

Les grands poëtes tragiques d'Athènes avoient en vue dans leurs pièces, les affaires publiques. Les maximes que nous y trouvons répandues avoient, de leur temps, des applications particulières ; c'est ce qu'on remarque dans l'Andromaque d'Euripide : les Athéniens vouloient toujours recevoir des avis. Bacchus, dans une comédie d'Aristophane, va aux Enfers chercher un des anciens poètes tragiques, « parce que, dit-il, les Athéniens ont grand » besoin de conseils. » Eschyle est choisi ; et Pluton lui dit, en le renvoyant : « Retourne sur la terre, et va sauver la » république. » Une république est bien à plaindre quand, pour son salut, elle n'a plus de ressource que dans un poète. Telle étoit celle d'Athènes : il falloit toujours lui parler en vers.

Il arrive de là que nous condamnons souvent dans des pièces ce que nous n'entendons pas. Les choses qui nous paroissent déplacées avoient alors leur objet. Ce n'étoit pas pour nous que les poètes écrivoient : ils étoient occupés des affaires des Athéniens ; et il y a grande apparence qu'ils songeoient plutôt à cette utilité particulière, et au gouvernement d'Athènes, qu'à la morale en général. Le crime n'y est pas toujours puni comme il devroit l'être. La nourrice de Phèdre est bien plus criminelle dans Euripide, que dans la pièce française. Elle a exigé d'Hippolyte ce serment qui l'empêche de se justifier. Après la mort de sa maîtresse, il faut donc nécessairement, ou qu'elle se donne aussi la mort, ou qu'elle justifie l'innocence calomniée. Euripide, qui n'a pas besoin d'elle sur le théâtre, n'en parle plus ; et le spectateur ignore ce qu'est devenue cette détestable femme, plus coupable encore par le silence qu'elle a gardé, que par les affreuses maximes qu'elle a débitées.

Oreste, meurtrier de sa mère, est, à la vérité, poursuivi par les Furies ; mais Apollon, dans Eschyle, se déclare son protecteur, par la raison que le meurtre d'une mère n'est pas le meurtre d'un père : la mère n'étant que la dépositaire de son fruit, c'est au père qu'on doit la vie. Minerve, par la même raison, donne, dans l'Aréopage, son suffrage à Oreste. Elle n'a jamais eu de mère, parce qu'elle est née du cerveau de Jupiter : ainsi elle ne prend point d'intérêt à la mort de Clytemnestre. Dans cette pièce, les Furies disent de meilleures raisons que la déesse de la Sagesse ; mais l'objet du poète étoit de flatter les Athéniens en faisant paroître Minerve dans l'Aréopage.

Le sujet de Médée a été traité par les poètes comme fort tragique, et non pas comme instructif. Après que cette magicienne a tiré de sa rivale et du père de sa rivale la vengeance la plus affreuse, elle déchire ses propres enfans, sans autre motif que celui de désespérer son mari ; et couverte de tant de crimes anciens et nouveaux, elle paroît protégée du ciel, puisqu'elle est enlevée dans les airs sur un char. Jason, quand il l'y voit, n'a pas tort, dans la pièce latine, de lui dire : « Rends-nous témoignage d'où tu es, » qu'il n'y a point de dieux. »

> Testare nullos esse quâ veheris Deos.

Longepierre, pour chercher une morale à cette pièce, l'a terminée par cette réflexion :

> Quels horribles malheurs,
> O trop funeste amour, produisent tes fureurs !

Tout sujet, quelque dangereux qu'il soit, peut donner lieu à des réflexions vagues ; mais la morale d'une pièce est celle qui est particulière à la pièce qui en fait le fondement, et que le poète a eu en vue quand il a construit sa fable. Depuis le commencement de l'Iliade jusqu'à la fin, l'instruction qu'Homère veut donner n'est pas obscure. Lorsqu'on entend dire, à la fin d'Athalie,

> Que les rois dans le ciel ont un juge sévère,
> L'innocence un vengeur, et l'orphelin un père,

on en étoit convaincu avant la catastrophe. Tous les soins qu'on a vu prendre de Joas ont fait connoître le père de l'orphelin. Athalie a fait connoître le vengeur qui la poursuit, dans les premiers vers qu'elle a prononcés ; et Mathan a fait connoître ce même vengeur, lorsqu'il a révélé ses remords à son confident.

Depuis le commencement de Britannicus jusqu'à la fin, on voit un prince qui en écoutant un flatteur, étouffe peu à peu ses remords, et arrive au point de n'en plus avoir. Voilà ce que j'appelle la morale d'une pièce ; et j'avoue que peu de tragédies ont ce mérite. Les poètes songent donc principalement à nous amuser ; et leur demandons-nous autre chose ?

Dans les critiques qui s'élevèrent contre le Cid, on n'attaqua point cette pièce sur la morale. Quelle tragédie cependant offre de plus pernicieux exemples que celle-ci, qui commença la gloire de notre théâtre ? Ce n'est point assez d'y voir une fille qui, recevant dans sa chambre un homme couvert du sang de son père, s'entretient de son amour avec lui, en gémit avec lui, et qui lui est enfin destinée pour épouse, par un roi qui paroît autoriser le crime : on y entend toujours vanter cette affreuse justice qu'un particulier se rend à soi-même ; et dans une nation où les rois, par des lois si sages, travaillent à éteindre la fureur du duel, on entend le coupable de ce crime s'en glorifier sans cesse, l'appeler *une bonne action*, et son père, transporté de joie, comparer ce funeste exploit aux exploits guerriers contre les ennemis de l'Etat, en disant à ce fils :

Ton premier coup d'épée égale tous les miens.

Dans le temps que le Cid recevoit tant d'applaudissemens, les gens graves n'ont-ils pas pu dire ce que Solon disoit de la tragédie naissante à Athènes : *de pareils amusemens parleront plus haut que les lois ?* Ils le disoient ; mais les spectateurs, attendris tantôt pour Chimène, tantôt pour Rodrigue, et goûtant ce plaisir d'une grande émotion, qu'aucune tragédie ne leur avoit encore fait sentir, étoient contens, et le poète l'étoit aussi.

3

Je n'impute point à Corneille des sentimens qui peuvent se trouver dans les épîtres et les préfaces qu'il retrancha de l'édition de 1663, et qui se retrouvent dans les éditions suivantes. Lorsqu'un auteur a retranché des pièces du Recueil de ses ouvrages, il est à croire qu'il n'a plus pensé dans un temps ce qu'il avoit pensé dans un autre. Quand Corneille écrivoit l'épître qu'on retrouve à la tête *de la suite du Menteur*, il ne connoissoit encore ni son art, ni Aristote, ni Horace : « Je ne suis pas, disoit-il, de ceux qui tiennent que la poésie » a pour but de profiter autant que de plaire. Pour moi, je » tiens, avec Aristote et Horace, que notre art n'a pour but » que le divertissement. » Voici ce que, long-temps après, un de nos poètes tragiques a avoué (1) : « Si on prétend que » les tragédies ne peuvent pas être d'un grand fruit pour les » mœurs, la sincérité m'obligera d'en demeurer d'accord. » Nous ne nous proposons pas d'ordinaire d'éclairer l'esprit » sur le vice et la vertu, en les peignant de leurs vraies » couleurs ; nous ne songeons qu'à émouvoir les passions, » par le mélange de l'un et de l'autre. » Il ajoute que, dans la catastrophe, on a égard à la morale : « Mais, dit-il, cet » hommage passager que nous rendons à la raison ne détruit » pas l'effet des passions que nous avons flattées dans le cours » de la tragédie. Nous instruisons un moment ; mais nous » avons long-temps séduit. Le remède est trop foible, et » vient trop tard. »

Cet aveu d'un de nos poètes me dispense de m'étendre sur le danger ordinaire des tragédies. Je me borne à exhorter ceux qui travaillent pour les spectacles qu'ils trouvent établis dans une ville, à avoir toujours en vue l'utilité publique : leur art seroit très-méprisable, s'il n'avoit pour objet que l'amusement. Il ne leur suffit pas de mêler l'utile à l'agréable ;

---

(1) La Motte, Discours sur la Tragédie.

ils doivent faire en sorte que, dans leurs pièces, l'utile soit le fondement de l'agréable.

Qu'ils soient toujours attentifs à ne nous faire pleurer que sur des sujets dignes de larmes. Le danger de la tragédie n'est pas de nous faire entendre des lamentations, comme le dit en général Platon : ce sont les lamentations amoureuses qui amollissent les âmes, et font perdre à la vertu ses nerfs : *Molliunt animos nostros.... Nervos omnes virtutis elidunt*, dit Cicéron. « Lorsque, dans ma jeunesse, dit saint Aug.,
» Conf. l. 2, j'allois au théâtre, je m'affligeois avec les
» amans qui étoient obligés de se séparer, j'avois compassion
» de leur malheur ; et aujourd'hui j'ai compassion de celui
» qui se réjouit dans une félicité misérable, ou qui s'afflige
» de la perdre. Voilà la véritable pitié. » Il seroit bien difficile à un poète tragique d'exciter une pitié de cette nature : ainsi, quoique persuadé qu'une tragédie peut être très-utile, je suis également persuadé du danger de presque toutes les tragédies.

Je répète à la fin de cet article ce que j'ai dit au commencement. Je n'y ai jamais prétendu justifier les représentations publiques. On dit ordinairement qu'elles sont nécessaires pour occuper une multitude de citoyens oisifs, et que si dans une grande ville il n'y avoit point de plaisirs publics, il y auroit plus de crimes secrets. Je n'examine point ces raisons de la morale humaine. Il ne seroit peut-être pas difficile de prouver que cette morale doit elle-même condamner les spectacles. Sans parler des dangers ordinaires des pièces, quand toutes les nôtres seroient innocentes, quel danger n'y ajoutent pas les acteurs et les actrices ? Dangers dont les suites, funestes à l'honneur, au repos et à la fortune des familles, peuvent causer des désordres qui intéressent l'Etat ; dangers qui se trouvent dans la représentation même d'Athalie, pièce qui n'eût jamais paru sur le théâtre public, si les intentions de l'auteur et celles de sa famille avoient été suivies.

M. de Cambrai (Let. à l'Ac.) prétend que, si nous avions

une tragédie qui n'inspirât que l'amour de la vertu, « un tel » spectacle entreroit fort utilement dans le dessein des meil- » leures lois, et n'alarmeroit pas la religion la plus pure. »

Nous avons certainement quelques pièces qui n'inspirent que l'amour de la vertu : peuvent-elles être jouées sans danger ? Ce n'est point à moi à discuter cette question : je me contente de dire que mon sentiment est différent de celui de M. de Cambrai, et que je ne crois pas, comme le P. Saverio (1), que le théâtre puisse être jamais une école publique pour les pères de famille, les enfans et le peuple.

Ce Père, qui nomme un acteur de la comédie Italienne qui vivoit comme un saint, et ne montoit jamais sur le théâtre sans avoir mis un cilice sur sa chair, austérité à laquelle l'engageoit sa femme, qui, exerçant la même profession, vivoit dans la même sévérité de mœurs, nous apprend aussi que cette comédienne, deux ans avant sa mort, se retira du théâtre, et exhorta son mari à l'imiter; ce qu'il ne fit pas. Le P. Saverio nous apprend encore que le fameux Solis, lorsqu'il embrassa l'état ecclésiastique, voulut anéantir les comédies qu'il avoit composées, quoique sages et décentes: *Tuttoche savie e decenti*, et résistant aux prières, et même aux ordres de ses supérieurs, ne voulut jamais fournir au théâtre des *Autos Sacramentales*, dont on avoit un grand besoin depuis la mort de Calderon, et quoique ces pièces soient toutes saintes : *Tuttoche religiosissime è sacre*.

Ces traits, et plusieurs autres pareils, nous prouvent qu'après nous être fait, pendant un temps de notre vie, des principes sur certaines matières, qui nous paroissent certains; dans un autre temps de la vie, où nous voyons les choses d'un autre œil, ces mêmes principes nous paroissent faux;

---

(1) Jésuite italien qui a fait de savantes recherches sur toutes les espèces de poésie, dans un ouvrage intitulé *Della Storia è della Ragione d'ogni Poesia*.

et la désobéisance de Solis à ses supérieurs nous apprend ce qu'il pensa quand il fut bien pénétré de ses devoirs, du théâtre et des *Autos Sacramentales*.

CHAPITRE V.

En quoi consiste le Plaisir de la Comédie, et de ce Sel qui assaisonne les Comédies grecques.

LORSQU'APRÈS avoir admiré une Muse qu'élève le cothurne, et qui porte le sceptre et la couronne, on voit sa compagne en brodequin, qui n'a d'ornemens que son masque, on est porté à la mépriser : elle a donc un mérite très-rare, quand, malgré la bassesse apparente de sa condition, et la simplicité de son langage, elle parvient à se faire admirer.

J'ai rapporté, dans l'histoire de la poésie dramatique chez les Grecs, que, pour rendre la joie au spectateur attristé par la tragédie, les poètes inventèrent les pièces *satiriques* ; pièces de mauvais goût, parce qu'il ne peut y avoir d'alliance entre la tragédie et la comédie, deux espèces de poésie entièrement opposées l'une à l'autre. L'une doit être toujours baignée de larmes ; et telle étoit la tragédie grecque : l'autre doit toujours rire ; et tel étoit le caractère de la *vieille comédie*. Destinée à l'amusement d'une vile populace, elle étoit grossière dans ses discours et dans ses bouffonneries, se permettoit toute médisance, toute obscénité ; et que d'obscénités devoient remplir un spectacle consacré à la joie, chez un peuple qui, dans sa religion, avoit des fêtes si impures et si extravagantes !

Aristophane, un de ces génies, heureusement très-rares, parce qu'ils sont très-dangereux, génies qui, sachant assaisonner d'un sel fin les choses les plus grossières, savent faire rire à la fois la canaille et les gens d'esprit, entreprit de rendre utile, non pas aux mœurs, mais au gouvernement public, une comédie si folle et si obscène. Au milieu des bouffonneries dont ses pièces sont remplies, nous voyons que le chœur s'adressoit souvent aux spectateurs pour leur faire observer que ce poète ne les amusoit pas, comme les autres, par un frivole badinage, et leur débitoit d'importantes vérités, auxquelles ils devoient faire attention. Quel est, en effet, l'objet de ces pièces où l'auteur paroît ne songer qu'à faire rire? De faire connoître la mauvaise conduite des administrateurs de la république et des généraux d'armée, d'engager le peuple à terminer par une paix nécessaire une guerre qui duroit depuis plusieurs années, de lui faire sentir le ridicule de sa religion, de lui révéler les fourberies de ses prêtres, et de lui inspirer du mépris pour les philosophes, qui ne débitent que de vaines subtilités. Jamais poète ne fut si extravagant en apparence, et ne traita des sujets si sérieux; mais jamais poète ne put traiter de pareils sujets que dans une ville où toute critique étoit bien reçue sur le théâtre, pourvu qu'elle fût tournée de façon qu'elle fît rire. Les Athéniens s'imaginoient que quand Bacchus étoit fustigé sur le théâtre, ce dieu en rioit lui-même.

Cette liberté de la comédie cessa lorsqu'Athènes eut perdu la sienne : la *nouvelle* comédie fut très-différente. Par les passages qui nous restent de Ménandre, de Philémon, et de plusieurs autres poètes, il paroît qu'elle étoit toute morale et sentencieuse. Elle devint plus utile aux mœurs; mais elle perdit son véritable caractère, qui est d'être plaisante. Elle doit toujours l'être, et il lui est permis de l'être quand elle attaque d'une manière fine et innocente les ridicules des hommes.

Ces ridicules, dépendans des usages, des modes et des différentes manières de penser, suivant les temps et les nations, ne doivent pas, à ce qu'il semble, être toujours

DE LA POÉSIE DRAMATIQUE. 411

attaqués de la même façon. Ce qui paroissoit plaisant aux Athéniens, peut nous paroître froid; et ce qui étoit un bon mot pour eux, peut n'en être point un pour nous. Cependant une de nos comédies, entièrement imitée d'une comédie grecque, a été mise au nombre des bonnes, puisque, depuis tant d'années qu'elle paroît sur notre théâtre, elle fait rire et le parterre et les spectateurs délicats; je parle de celle des *Plaideurs*. C'est le même ridicule que, dans des siècles si différens, deux poètes ont attaqué de la même façon et avec les mêmes plaisanteries : elles sont donc assaisonnées d'un sel que le temps n'affadit point, et qui plaît à toutes les nations. Avant que d'examiner la nature de ce sel, je vais rechercher la nature du plaisir que nous cause la comédie.

J'ai dit que la tragédie avoit à Athènes précédé la comédie, parce que les poètes trouvèrent qu'il leur étoit plus aisé de faire pleurer que de faire rire. Je suppose que, tandis que le peuple s'amuse à entendre un baladin monté sur des treteaux, un criminel condamné à un supplice douloureux vienne à passer, le baladin verra presque tous ses auditeurs le quitter et courir au spectacle tragique.

Par quelle bizarrerie l'homme, qui ne souhaite que la joie, va-t-il chercher les objets qui l'attristent, plutôt que ceux qui le font rire? Il est certain, comme dit si bien Cicéron, que la nature nous a faits pour les choses sérieuses, plutôt que pour jouer et folâtrer : *Neque enim ita generati à naturâ sumus ut ad ludum et jocum facti esse videamur, sed ad severitatem potius.* Il n'est pas nécessaire de faire valoir cette raison : nous conviendrons aisément que la tragédie nous procure un plaisir plus vif que celui de la comédie.

La tragédie, qui excite en nous les deux passions qui nous sont données pour notre conservation et celle des autres, en les excitant, nous fait jouir d'un bien. La vue des malheurs des autres nous fait faire réflexion que nous en sommes exempts, et la compassion que nous avons des malheureux flatte notre amour propre. Nous nous vantons d'avoir une âme tendre et généreuse ; voilà un bien dont la tragédie nous fait jouir ; nos larmes nous font honneur : *Est honor et lachrymis.*

Outre cela, cette tristesse que cause la tragédie est un chatouillement de l'âme ; et Descartes remarque, dans son Traité des Passions, que, de même que le chatouillement, quand les nerfs ont assez de force pour le soutenir, cause un sentiment agréable qui deviendroit douloureux si les nerfs n'avoient pas assez de force pour y résister, la tristesse que nous causent les représentations tragiques ne pouvant nous nuire en aucune façon, *semble chatouiller notre âme en la touchant,* et ce chatouillement cause un plaisir. On trouve dans saint Augustin une réflexion à-peu-près pareille : « Quand j'allois, dit-il, aux spectacles, j'aimois ces » pointes de douleur qu'ils impriment. Je n'aurois pas aimé » ce qui les auroit trop enfoncées ; mais ce que des malheurs » en peinture avoient de piquant, ne faisant qu'effleurer la » peau, soulageoit ma démangeaison, comme le soulage- » ment qu'on trouve à se gratter. »

Voilà donc encore, dans cette espèce de tristesse que cause la tragédie, la jouissance d'un bien que ne nous procure pas l'enjouement d'une comédie. Le rire n'est pas toujours le témoignage de la joie ; et dans la véritable joie, comme celle que nous cause une heureuse nouvelle, nous ne rions jamais. Le rire est causé par une émotion subite dans notre corps, qu'excitent quelquefois, suivant les circonstances et notre humeur, des objets peu plaisans. On se vante d'avoir pleuré à une belle tragédie, parce qu'on est flatté de paroître avoir un cœur tendre ; mais on ne se vante point d'avoir ri des balourdises d'Arlequin ; on dit, au contraire : *J'ai ri comme un enfant.* Homère, qui veut rendre ses dieux méprisables, les fait éclater de rire, et leur rire ne finissoit point. De quoi rioient-ils? De voir marcher un boîteux.

Le rire immodéré est celui des dieux d'Homère, des enfans et des gens du peuple. Platon a raison de le condamner; mais il est trop sévère, s'il ne permet pas aux poètes de faire quelquefois rire les hommes. Cicéron, plus humain, permet les jeux et les divertissemens, pourvu qu'on en use, comme du sommeil, après avoir satisfait aux affaires sérieuses; et il distingue deux genres de jeux: l'un, indigne d'un honnête homme, quand la grossièreté des choses est jointe à l'obscénité des paroles (que de comédies condamnées!): *Si rerum turpitudini adhibetur verborum obscenitas;* l'autre, élégant, poli, ingénieux et plaisant avec finesse: *Alterum, elegans, urbanum, ingeniosum, facetum.* Et Cicéron ajoute qu'on trouve des traits de ce genre dans Plaute et dans la vieille comédie d'Athènes. Dans Ménandre et dans Térence, on ne trouve point ce *facetum*, cet *atticisme*.

Ainsi, par un sel attique, par *atticisme*, nous n'entendons pas seulement la délicatesse du langage des Athéniens; mais leur manière délicate de penser, et leur manière fine et enjouée de railler. Les Romains attachoient la même idée à leur mot *urbanitas*. Cicéron prétend que leurs ancêtres avoient possédé plus qu'eux cet agrément: *Mirifice capior facetiis : accedunt non Attici, sed salsiores quàm illi Atticorum, Romani veteres atque urbani sales.* Ce sel de l'esprit assaisonne les comédies d'Aristophane, les écrits de Lucien, et ceux de l'auteur dont parle Rousseau dans ces vers:

>C'est dans ce bel esprit gaulois,
>Que le gentil maître François
>Appelle pantagruélisme,
>Qu'à Neuilly, la Fare et Sonin
>Puisent cet enjouement benin
>Qui compose leur atticisme.

Je n'ai garde de vouloir expliquer quel est ce *sel de l'esprit* qui fait qu'un mot est un bon mot : on peut parler avec agrément, suivant Cicéron, de toute autre matière que de celle-ci : *Omni de re facetius quàm de ipsis facetiis;* et Cicéron remarque que, quoique les Grecs, et surtout les Athéniens, excellassent dans la plaisanterie, leurs écrivains, qui avoient voulu expliquer en quoi elle consistoit, ne faisoient rire que de leur impertinence : *Sic insulsi extiterunt, ut nihil aliud eorum nisi ipsa insulsitas rideatur.* Cicéron lui-même vouloit être plaisant, et ne l'étoit point. On peut juger par ses bons mots, dit Quintilien, que le talent de la plaisanterie ne lui avoit pas déplu, mais que la nature le lui avoit refusé : *Non displicuisse illi jocos, sed non contigisse.* A quoi il ajoute qu'il est aisé de se méprendre en fait de plaisanterie, parce que de la bonne à la mauvaise le pas est glissant, et que le rire est très-voisin du ridicule : *A derisu non procul abest risus.* Que de livres ennuyeux, intitulés *Faceties!* Que d'anciennes comédies italiennes très-ennuyeuses, quoiqu'ornées de ce titre *Comedia facetissima!* Quiconque est annoncé pour plaisant, soutient rarement sa réputation ; et dans le temps où les princes avoient à leur suite un homme chargé de les divertir, *le fou du roi* devoit souvent faire sa charge très-mal.

Une fine plaisanterie est souvent un mot dit sans paroître vouloir plaisanter. Lorsque, dans les Plaideurs, le portier du juge vente sa condition, parce qu'on n'entroit pas chez son maître sans *graisser le marteau*, et qu'il ajoute :

> Il est vrai qu'à Monsieur j'en rendois quelque chose ;
> Nous comptions quelquefois,

ces derniers mots, dits sérieusement, font rire du portier et du juge. Lorsque le juge répond au plaideur qui lui demande audience :

> Voyez mon secrétaire ;
> Allez lui demander si je sais votre affaire,

ce mot, dit par simplicité, fait sentir plusieurs traits piquans. La raillerie est amère et enjouée : voilà ce sel qui se fait sentir à l'esprit, dit Quintilien, comme le sel ordinaire se fait sentir au palais ; quand il assaisonne un ouvrage, cet ouvrage n'ennuie jamais : *Condimentum, quod sentitur latente judicio, velut palato, excitatque et tœdio defendit orationem.* Des traits fins et enjoués, répandus dans une comédie, ne suffisent pas : il faut savoir donner à toute la comédie un tour plaisant. La poésie dramatique est toute action, et toute action de la comédie doit paroître plaisante. Un bon poète comique fait comme les peintres, qui, dans ces portraits qu'ils nomment *charge*, savent peindre un homme en ridicule, en lui conservant sa ressemblance : c'est le grand art d'Aristophane et de Molière. Le premier sait faire rire le peuple de Socrate; il sait peindre en ridicule un philosophe qui veut faire des raisonnemens sublimes : Molière sait peindre en ridicule un Tartufe. Un poète peut être très-fin railleur, et ne pas savoir donner ce tour plaisant à une comédie. Cervantes, qui, par sa fine raillerie, est si admirable dans son Dom Quichotte, ne l'est plus dans ses comédies. Rousseau, qui possédoit le talent de l'épigramme, a travaillé dans le genre comique, dont il avoit beaucoup étudié la théorie. Ses comédies ne sont point plaisantes. Il en estimoit une surtout, que ses amis l'ont sagement empêché de rendre publique. Je l'ai lue, et j'y ai cherché inutilement ce que l'auteur y pouvoit trouver de plaisant. Molière avoit peut-être moins étudié son art ; mais l'art d'être plaisant ne s'apprend point. C'est la nature qui nous fait imitateurs enjoués : *Perpetuæ festivitatis ars non desideratur ; natura enim fingit homines et creat imitatores, et narratores facetos.* L'imitateur enjoué rend amusans des objets qui par eux-mêmes sont très-ennuyeux. On éviteroit dans la société un homme de palais ne parlant que de procédures, et un plaideur ne parlant que de ses procès. Ces personnages, si ennuyeux, deviennent plaisans sur le théâtre, par la manière dont le poète sait les y faire paroître: l'imitateur sait même nous faire apercevoir d'un ridicule qui ne nous avoit pas frappés avant son imitation. Le style que Molière imita dans ses *Précieuses Ridicules* étoit alors à la mode, et avoit séduit des gens d'esprit. On rapporte que Ménage, sortant de cette comédie, dit à Chapelain : « Nous admirions, vous et moi, ces sottises-là : brûlons ce » que nous avons adoré. » Ménage ne s'attendoit pas que lui-même seroit, dans la suite, mis aussi sur la scène par le même imitateur, et qu'il seroit un objet risible.

Molière, génie unique, et plus admirable qu'Aristophane, puisqu'il n'avoit pas la même liberté, sut réunir les deux genres, celui d'Aristophane et celui de Ménandre, et força les nations voisines, peu favorables à notre poésie, à le regarder comme le maître de la comédie. Heureux s'il eût acquis sa gloire en respectant toujours les mœurs, que peut-être il a cru respecter, parce que les poètes comiques qui l'avoient précédé ignoroient ce que c'étoit qu'un pareil respect. De quel genre étoient les anciennes comédies des Italiens, et dans quelle ville celle qui est regardée comme la meilleure, et qui a pour auteur Machiavel, a-t-elle pu trouver un théâtre et des spectateurs ?

Molière, au sel attique joignit aussi, comme Aristophane, les grâces naturelles du style. Sa versification est la seule qui convienne à la comédie, et sa prose même a un agrément que peu de personnes remarquent. M. de Cambrai (Lettre à l'Académie) n'a pas fait assez d'attention au genre dans lequel Molière écrivoit, quand il a condamné sa versification et sa prose. Cette prose a une mesure conforme au ton de la conversation ; et l'on m'a assuré qu'une ancienne et célèbre comédienne disoit qu'elle aimoit mieux jouer dans toute autre pièce que dans une pièce en prose de Molière, parce que, quand sa mémoire ne lui fournissoit pas les mêmes mots, et qu'elle vouloit dire la même chose en d'autres termes, elle perdoit aussitôt le ton naturel, qu'elle avoit peine à reprendre.

Corneille, qui avoit mis à la mode parmi nous le goût de la comédie espagnole, à la tête d'une pièce qu'il avoit intitulée *Comédie héroïque*, avoit avancé que la comédie peut se passer *du ridicule*. Lorsque Molière, qui nous avoit accoutumés à une censure enjouée du ridicule, mourut, Boileau regarda la comédie comme morte avec lui. Ses successeurs ont pris une route différente, et ont travaillé dans un genre qu'ils ont appelé *noble*, et qui se passe du ridicule. Quelque noble qu'il puisse être, je crois qu'au plaisir de voir des intrigues merveilleusement conduites et dénouées, à celui d'entendre des sentimens délicatement développés et des portraits ingénieusement faits, les hommes préféreront toujours celui d'aller rire d'eux-mêmes, en se regardant dans un miroir qu'un autre Molière leur présentera.

Après avoir dit que la tragédie, poëme qui doit toujours être grave et majestueux, est très-souvent dangereuse, que pourrois-je dire de la comédie, poëme où règne la liberté, l'enjouement et la satire? Il n'est pas impossible qu'elle soit une censure innocente ; mais les comédies qu'on peut appeler innocentes sont si rares, que nous pouvons dire en général, avec Quintilien, qu'il faut interdire cette lecture aux jeunes gens, jusqu'à ce que leurs mœurs soient en sûreté : *Cùm mores in tuto fuerint*. Et à quel âge sont-elles en sûreté? (1) Un saint Jean Chrysostôme (supposé que ce qu'on dit de lui soit véritable) pouvoit se délasser à la lecture d'Aristophane, en y cherchant le style élégant de sa

---

(1) On dit même que ce Saint avoit toujours Aristophane sous son chevet : c'est ce qu'on trouve répété dans plusieurs écrivains modernes. Sur quelle autorité sont-ils fondés? Ménage croit que Manuce est le premier qui en ait parlé dans sa préface sur Aristophane. Si Manuce est le premier, ce fait est fort douteux, et peut-être très-faux.

langue ; et il étoit permis à un saint Jérôme, dans son désert, de lire Plaute, quoiqu'il se soit reproché le plaisir que lui causoit cette lecture.

CHAPITRE VI.

Histoire de la Poésie dramatique chez les Romains.

PAR un passage de Platon, dans le second livre des Lois ; par les vases étrusques, sur lesquels on voit des cothurnes et des masques ; et par Varron, qui nomme un poète qui avoit fait des tragédies toscanes, on juge que les spectacles dramatiques furent très-anciens dans l'Italie : mais les Romains, peu curieux des amusemens de l'esprit, les ignorèrent pendant plusieurs siècles.

La religion, ou, pour mieux m'exprimer, la superstition, donna, chez les Romains, comme chez les Grecs, la naissance à des représentations publiques. Elles commencèrent par des jeux bouffons sur un théâtre ; spectacle très-nouveau pour un peuple belliqueux, dit Tite-Live : *Nova res bellicoso populo.* Les Romains, pour faire cesser la peste qui les affligeoit, introduisirent une nouvelle peste bien plus dangereuse, suivant saint Augustin : *Novam pestem..... quod est multo perniciosius moribus, intulerunt.* Ils s'imaginèrent que des jeux sur un théâtre apaiseroient la colère des dieux : ils firent venir des baladins de Toscane ; et leurs jeux n'ayant point calmé la peste, on chercha un autre remède. Un clou fut enfoncé par la main d'un dictateur au côté droit du temple de Jupiter. Telle étoit alors la stupidité des Romains.

Il n'y avoit ni action ni vers dans les jeux que représentèrent les baladins de Toscane : ce n'étoient que des danses grossieres au son de la flûte, *sine carmine ullo.* Les jeunes gens de Rome, les voulant imiter, y ajoutèrent des vers pleins de raillerie, qu'ils chantoient en faisant des mouvemens qu'ils accordoient avec leurs chants : parce que ce mot toscan *hister* signifioit acteur, ces acteurs furent nommés *histriones*. Leurs vers, qui n'étoient d'abord que railleurs, devinrent très-mordans ; le jeu dégénéra en rage : *In rabiem verti cœpit jocus*. Hor. Le magistrat y mit ordre ; les jeunes gens récitèrent des vers plus sages, en les accompagnant de chants et de danses.

Leurs pièces, qui n'avoient aucune forme dramatique, étant composées de chants, de danses et de vers de toute sorte de mesures, furent nommées *satires*, du mot latin *satura*, qui veut dire un mélange de plusieurs choses. Notre mot *farce* a eu une pareille origine ; ces petites pièces étant *farcies* de plusieurs badinages différens.

Après la première guerre punique, Andronicus fit jouer, pour la première fois, l'an de Rome 514, une pièce divisée en actes, et *osa* abandonner les satires pour traiter des sujets suivis. Tite-Live emploie ce terme *il osa*, parce que c'étoit une entreprise hardie de vouloir mettre une forme à un spectacle qui n'en avoit aucune. Andronicus, originaire de la Grèce, et qui pouvoit avoir quelque connoissance des spectacles grecs, voulut les imiter. Il jouoit lui-même sa pièce, et faisoit d'abord l'acteur et le chœur : il chantoit et dansoit à-la-fois, au son d'une flûte. Comme le peuple le faisoit jouer souvent, et quelquefois lui faisoit répéter les mêmes choses, il s'enroua, et demanda la permission de faire chanter à sa place un homme qui se tiendroit auprès du joueur de flûte. Débarrassé du chant, qui lui faisoit perdre la respiration, il dansa avec plus de vigueur : ce qui fut cause qu'on partagea pour toujours la danse et le chant entre deux personnages. On donna aux acteurs de la pièce, qui conservèrent le nom d'*histrions*, des chanteurs, qui, pendant que ces histrions dansoient, suivoient, dans leurs chants, leurs mouvemens et leurs gestes : *Ad manum cantari cœptum*; termes de Tite-Live, que je tâcherai d'éclaircir quand je parlerai de la déclamation théâtrale des anciens.

Les pièces d'Andronicus firent oublier aux Romains les *satires*, ils n'en voulurent plus d'autres, tant que les poètes jouèrent eux-mêmes dans leurs pièces, mais lorsque ces représentations eurent été abandonnées à des personnes viles, les jeunes gens de Rome, n'ayant plus la même considération pour les acteurs, reparurent sur le théâtre pour réciter, à la fin de la pièce sérieuse, quelques vers badins. Ces nouvelles *satires* furent nommées, par cette raison, *exodia*, d'un mot grec qui signifie *fin*, et furent associées aux pièces nommées *atellanes*, d'Atella, ville de Toscane.

Les atellanes avoient pour objet, comme les pièces satiriques chez les Grecs, de réjouir le spectateur que la tragédie avoit attristé; mais la sévérité romaine, qui étoit encore dans sa vigueur, n'y permit qu'un élégant badinage : *Venustam elegantiam*, dit Dona sur Térence; et Valère Maxime dit de même : *Hoc genus delectationis italicâ severitate temperatum*. Cette sagesse qu'exigeoient les magistrats ne dura pas toujours; mais les acteurs des atellanes conservèrent toujours le privilège de n'être point regardés comme histrions : *Tanquam expertes ludicræ artis*. On ne pouvoit, lorsqu'on étoit mécontent de leur jeu, les obliger d'ôter leurs masques, affront que le peuple faisoit aux autres comédiens. La jeunesse romaine, qui se réserva à elle seule le droit de représenter ces pièces, ne voulut point qu'elles fussent profanées par les comédiens : *Nec ab histrionibus pollui passa est*. Tit. Liv. L'atellane conservoit encore, du temps de Cicéron, sa dignité, puisque, pour dire qu'au lieu d'un aimable plaisant on lui a envoyé un misérable farceur, il s'exprime ainsi : *Non atellanum sed mimum introduxisti*. L. 9, Ep. 16.

Andronicus, cet Eschyle des Romains, eut un rival dans

Nævius, dont la première pièce fut jouée l'an 519 de Rome. Ses railleries ayant offensé une famille puissante, il fut mis en prison, et ensuite condamné au bannissement. Les enfans des Muses n'imprimèrent pas d'abord un grand respect aux Romains ; et le consul qui mena avec lui Ennius dans la province où il alloit commander, fut repris par Caton comme un homme voluptueux, qui menoit des poètes à sa suite. (Tuscul. 1.)

Pacuvius, Cæcilius, Accius, composèrent plusieurs pièces dramatiques ; et tous ces poètes, dont Horace, Perse et Martial, ne parlent qu'avec mépris, sont traités plus favorablement par Quintilien, qui prétend que la perfection ne leur a manqué que parce qu'elle manquoit à leur siècle.

Le peuple prenant goût aux pièces dramatiques, il fallut des théâtres ; ils n'étoient d'abord que de planches rassemblées, qu'on retiroit après le spectacle. On fut même long-temps sans accorder aux spectateurs la liberté de s'asseoir : on ne croyoit pas qu'il fût de la dignité de la république de permettre à des Romains de rester long-temps occupés d'amusemens qui ne convenoient qu'à des Grecs, et on craignit que la liberté de s'asseoir ne leur fît passer des journées entières dans l'oisiveté. La sévérité de la discipline faisoit quelquefois abattre les théâtres. Le consul Scipion en fit détruire un comme inutile et pernicieux aux mœurs publiques: *Tanquam inutile et nociturum publicis moribus.* Tit. Liv. Saint Augustin représente aux Romains qu'un de leurs citoyens a été plus sage que leurs dieux, puisqu'il a condamné des spectacles qu'il avoient établis pour honorer leurs dieux. Ce Scipion étala dans un long discours les dangers de ces spectacles, disant qu'il falloit laisser aux Grecs leurs vains amusemens : *Græcam luxuriam*, et ne pas donner entrée à Rome à cette iniquité étrangère : *Peregrinæ nequitiæ.* Nous avons vu à Athènes Solon gémir des spectacles introduits par Thespis : nous voyons à Rome les graves personnages gémir du même mal, et les censeurs faire souvent abattre les théâtres. Tout changea, les mœurs tombèrent, et les censeurs firent eux-mêmes élever des théâtres: il se trouva encore, du temps de Pompée, des personnes sévères qui lui reprochèrent de ce qu'au lieu des théâtres qui n'avoient été jusqu'à lui que de planches rassemblées, il en avoit fait construire un qui subsisteroit toujours. On en vit bientôt plusieurs :

> Cuneata crevit hæc theatri immanitas. AUSONE.

Plaute fut le premier poète qui montra aux Romains ce que c'est que le génie. Il n'inventoit pas les sujets de ses pièces : le peuple, qui admiroit l'esprit des Grecs, ne vouloit voir sur le théâtre que des sujets tirés des pièces grecques. Il falloit que le lieu de la scène fût à Athènes ; et parce que celui des Menechmes étoit en Sicile, Plaute prévient, dans son prologue, que, malgré cela, cette pièce est grecque :

> Hoc argumentum græcissat, tamen
> Non atticissat, verum sicilicissat.

Ce que Boileau a dit du coup fatal porté à la comédie par la la mort de Molière, fut dit par Varron sur la mort de Plaute :

> Comœdia luget, scena est deserta,
> Deinde risus, ludus, jocusque et numeri
> Innumeri simul collachrymarunt.

Ces ris et ces jeux ne furent point ramenés sur le théâtre par Térence, carthaginois, qui acheté comme esclave par un sénateur romain, et ensuite affranchi, sut plaire aux grands de Rome, et si particulièrement au fils de l'ancien Lælius et à Scipion le jeune, qu'on l'accusoit d'être secouru par eux, dans ses compositions, plus que par son génie. Lorsqu'il présenta sa première pièce aux édiles pour être jouée, ils voulurent, avant que de l'acheter, qu'elle fût examinée par Cæcilius, qui étoit alors fort vieux. Cæcilius reçut froidement le poète, qui étoit mal vêtu ; et comme il étoit à table, il lui accorda avec peine un moment pour réciter quelques vers. A peine les eut-il entendus, qu'il fit mettre à table avec lui le poëte, et remit après le repas la lecture de la pièce.

Térence nous apprend, dans ses prologues, qu'il étoit persécuté par la jalousie d'un vieux poëte. Les représentations des pièces étoient exposées au tumulte des cabales. Les comédiens, pour être applaudis, avoient des gens apostés dans l'assemblée. Plaute, dans un prologue, fait défendre par Mercure, de la part de Jupiter, toutes les brigues, « parce que, dit-il, pour un comédien, comme » pour un grand-homme, la loi est la même : c'est par le » mérite, et non la cabale, qu'il faut triompher. »

> Eadem histrioni sit lex, quæ summo viro :
> Virtute ambire oportet, non favoribus.

Il étoit important aux comédiens de faire valoir une pièce. Comme ils étoient esclaves, la récompense que le peuple demandoit quelquefois pour eux, étoit la liberté : ce qui ne les empêchoit pas de continuer à représenter. Ils étoient outre cela intéressés à soutenir les pièces, parce que l'édile, après les avoir achetées du poëte, les donnoit quelquefois à examiner au maître de la troupe, et lui en faisoit rendre le prix quand la pièce avoit déplu au peuple. C'est ce qu'on apprend par les prologues de Térence.

On y apprend encore qu'on accompagnoit une pièce, tantôt avec les flûtes droites ou lydiennes, tantôt avec les flûtes gauches ou tyriennes : les unes avoient un son aigu, les autres un son grave. Quelquefois, dans la même pièce on jouoit de deux flûtes de différens sons, *tibiis imparibus;* quelquefois de deux flûtes de même son, *tibiis paribus*, et quelquefois on changeoit de flûtes : mystères de musique, dont l'obscurité désespère aujourd'hui ceux qui veulent les comprendre.

Le succès d'une pièce de théâtre étoit fort incertain, parce que ces spectacles, où assistoit une populace innombrable, étoient rarement tranquilles. Plaute, dans un de ses prologues, après avoir commandé à l'huissier d'imposer silence, dit aux nourrices de faire taire leurs enfans, aux domestiques d'aller au cabaret, et à ceux qui sont à jeun de s'en aller, de peur que la faim ne les mette de mauvaise humeur contre sa pièce :

> Dum ridebunt saturi, mordebunt famelici.

Outre cela le peuple interrompoit tout-à-coup une pièce, et demandoit à voir des baladins, des danseurs de corde, des animaux. L'Hécyre de Térence tomba, parce que, pendant qu'on la représentoit, le peuple s'occupa à regarder des danseurs de corde.

Les Romains, délivrés des longues inquiétudes que leur avoit causées Carthage, commencèrent à chercher ce qu'avoient dit de bon les tragiques grecs : ils osèrent même, dit Horace, marcher seul, en mettant sur leur théâtre des sujets pris dans leur histoire et dans leurs mœurs :

> Vestigia græca
> Ausi deserere, et celebrare domestica facta.

La différence des sujets fit donner des noms différens aux pièces de théâtre. Celles dont les sujets étoient grecs furent nommées *palliatæ*, à cause de l'habit grec que les acteurs portoient; et celles dont les sujets étoient romains, furent, à cause de la toge, nommées *togatæ*. Quand l'action de celles-ci se passoit entre des magistrats, la pièce étoit nommée *prætextata*, à cause de leur robe bordée de pourpre : si elle se passoit entre des chevaliers, elle étoit, à cause de leur habit, nommée *trabeata*; et elle étoit appelée *tabernaria*, quand elle se passoit entre ces personnes viles qui habitoient ce que les Romains appeloient *tabernas*.

Les pièces nommées *togatæ* devoient être graves. Afranius cependant, au rapport de Quintilien, y répandit des maximes impures et conformes à ses mœurs. Si ces pièces étoient quelquefois obscènes, que devoient être les mimes, qu'Ovide appelle *mimos obscœna jocantes*, et autre part : *imitantes turpia mimos!* Quelquefois, ces pièces avoient une morale pour objet : elles n'étoient pas toujours obscènes ; mais elles devoient toujours faire rire. Elles devoient toujours, comme dit Horace :

> Risu diducere rictum
> Auditoris.

Ces pièces étoient appelées *mimes*, et les acteurs qui les représentoient étoient aussi appelés *mimes*.

Il y avoit encore une espèce de farce nommée *planipedia*; et l'acteur qui y jouoit s'appeloit *planipes*, parce qu'il y jouoit sans brodequin. On croit que c'est cet acteur qui s'est conservé dans l'Italie sous le nom d'Arlequin.

Les édiles chargés de donner les jeux, et qui achetoient les pièces, devoient bien payer les bons poëtes : il ne paroît pas cependant que les meilleures pièces aient fait la fortune des auteurs, puisque Plaute étoit obligé, pour vivre, de louer ses bras à un boulanger, et que l'amitié des grands, que Térence avoit tant cultivée, loin de l'empêcher de tomber dans la misère, l'y conduisit. La fortune d'un excellent comédien étoit immense. Æsopus, grand dissipateur, laissa cinq millions à un fils encore plus grand dissipateur que son père. Roscius, indépendamment de ce qu'on donnoit à sa troupe, avoit pour lui seul plus de cinquante mille livres par an. Ce Roscius a laissé un nom si célèbre, qu'il mérite dans l'histoire du théâtre une place d'autant plus honorable, que, fameux par sa supériorité dans sa profession et par une probité rare dans sa profession, il a reçu de Cicéron ce grand éloge, « qu'il paroissoit seul digne de » monter sur le théâtre, et seul digne de n'y pas monter. » Quiconque excelloit dans un art étoit appelé un *Roscius*, parce que dans le sien il avoit porté si loin la perfection, que ce que nous en lisons seroit incroyable, si nous ne le lisions dans Cicéron, si grand juge dans l'art de la déclamation. Quoiqu'il fût devenu fort vieux, et que la perte d'un vieux comédien ne soit pas fort à regretter, Cicéron regarde sa mort comme un malheur public, et parle de lui comme d'un homme qui ne devoit jamais mourir. Il formoit les jeunes orateurs.

Il jouoit plus souvent dans les comédies que dans les tragédies, soit qu'il fut mécontent des tragédies romaines, soit qu'il lui fût plus aisé dans la comédie de cacher le défaut de ses yeux, qui étoient de travers. Cependant, quelque rôle qu'il exécutât, toutes les grâces l'accompagnoient; et il excelloit également dans le tragique et dans le comique, talent très-rare dans un acteur, comme dans un poëte. Socrate dit le contraire à la fin du *Banquet;* mais comme c'est après avoir bu dans une coupe très-profonde, et devant deux auditeurs qui aiment mieux s'endormir que de le refuter, je crois, malgré l'autorité de Socrate, qu'il est presque impossible que le même homme excelle également dans deux genres aussi opposés que le terrible et le plaisant.

Il falloit à Rome des théâtres dignes d'une ville devenue la maitresse de l'univers. Pompée, revenant de la Grèce, apporta le plan de celui qu'il avoit vu à Mitylène, et en fit construire un à Rome dans la même forme, mais beaucoup plus vaste; il pouvoit contenir quarante mille hommes. Pompée l'orna des tableaux, statues, bronzes et marbres transportés de Corinthe, de Syracuse et d'Athènes.

La sévérité des magistrats contre les spectacles étant encore à craindre, de peur qu'ils ne fissent à sa mémoire la honte d'abattre cet édifice : *Veritus quandoque memoriæ suæ censoriam animadversionem*, il s'avisa de sanctifier un lieu que Tertullien appelle la citadelle de toutes les infamies, *arcem omnium turpitudinum.* Il bâtit dessus un temple à Vénus *la Victorieuse,* afin que ce qui étoit véritablement théâtre, faisant aussi partie d'un temple, fût respecté comme sacré, et à l'abri de la réforme des censeurs. C'est ce que nous apprend Tertullien dans son livre des spectacles. Pompée, dont le principal dessein étoit d'élever un théâtre, et non pas un temple, plus occupé de plaire au peuple que d'honorer la déesse, voulut que la dédicace de cet édifice fût solennisée par des jeux de toute espèce.

Nous connoissons la magnificence de cette dédicace par une lettre de Cicéron. Le célèbre Æsopus, pour faire honneur à Pompée, voulut, malgré son grand âge, paroître encore sur la scène, et joua de façon qu'il ne fit honneur ni à Pompée ni à lui. Cicéron se moque de ces six cents mulets qu'on voyoit passer dans la tragédie de Clytemnestre : c'étoient sans doute les équipages d'Agamemnon revenant du siége de Troie. Dans la tragédie d'Andronicus, intitulée le Cheval de Troie, on voyoit passer trois mille vases, et toutes sortes d'armes d'infanterie et de cavalerie : ces ornemens d'une tragédie la faisoient goûter au peuple romain. Dans cette dédicace, qui dura plusieurs jours, on représenta aussi des comédies et des jeux toscans : *Oscos ludos*; c'est-à-dire, pièces bouffonnes : ce qui faisoit écrire à Cicéron qu'il n'étoit pas nécessaire d'aller au théâtre pour en voir, qu'on en voyoit assez dans le sénat. Cette fête coûta la vie à un grand nombre d'hommes et d'animaux, à cinq cents lions, six cents panthères, et à ces vingt éléphans qui, se plaignant au peuple de la perfidie de Pompée (comme je l'ai rapporté sur Phèdre, en parlant des imprécations), furent cause que le peuple, *oblitus imperatoris*, oubliant tout ce que le grand Pompée faisoit pour lui plaire, le chargea d'imprécations, qui bientôt, comme dit Pline, eurent leur effet, en sorte que ce fameux théâtre fut fatal à celui qui l'avoit établi.

Quelque magnifique que fût le théâtre de Pompée, celui de Scaurus, gendre de Sylla, le fut encore davantage : on voyoit trois étages posés sur trois cent soixante colonnes ; le premier de marbre, et le second incrusté de verre ; « genre » de luxe, dit Pline, inconnu depuis. » Il étoit orné de trois mille statues, et pouvoit contenir quatre-vingt mille hommes. Quelle dépense pour un édifice qui devoit être détruit trois mois après, et que Pline appelle, par cette raison : *Theatrum temporarium !*

Puis-je ne point parler ici des deux théâtres qu'imagina Curion, ce voluptueux qui n'avoit d'autre revenu, dit agréablement Pline, que la discorde des grands ? *Nihil in censu habuit, præter discordiam principum.* Avec ce revenu il fit de si grandes dépenses pendant son édilité, qu'elle renversa entièrement les mœurs : *Prostravit mores civiles*, et fut plus fatale à la république que la puissance de son beau-père *Sylla*. Ce Curion imagina deux théâtres, qui, opposés l'un à l'autre pendant qu'on jouoit une pièce dans l'un et dans l'autre, se rejoignoient ensuite tirés par des machines, et formoient un amphithéâtre. Pline, se rappelant ces deux théâtres, s'écrie avec douleur : « Voilà donc le peuple » romain porté sur deux pivots ! Ce vainqueur de la terre, » celui qui distribue les royaumes, suspendu dans une machine, applaudit à son péril. » *En hic est ille terrarum victor, et totius domitor orbis..... in machina pendes, ad periculum suum plaudens.*

Les romains, qui ne disputèrent point aux Grecs la gloire des pièces de théâtre, les surpassèrent, de l'aveu de Pausanias, par la magnificence et la grandeur de leurs théâtres. Ce peuple, dans ses édifices publics, a toujours paru le maître des autres. A l'imitation de *l'Odéon* d'Athènes, lieu où s'exerçoient les musiciens et les comédiens, et où l'on exécutoit les pièces avant que de les représenter sur le théâtre, il y eut à Rome quatre *Odéons*. Auguste acheva le théâtre dont César avoit jeté les fondemens, et l'on croit que Vitruve en fut l'architecte : la dédicace en fut faite sous le nom de Marcellus. On ne négligeoit ni les décorations ni les machines. Un édile, nommé Claudius, inventa des tonnerres si parfaits, qu'ils furent nommés *les tonnerres claudiens*. Nous apprenons, par Horace, que le théâtre étoit souvent couvert de fleurs, sur lesquelles on faisoit couler des eaux de senteur : on trouva le secret de les faire tomber en pluie; on les élevoit au-dessus des portiques, et elles retomboient par tous les tuyaux cachés dans les statues.

Que de raisons devoient animer les poëtes à travailler pour le théâtre! Pollion et Varius composoient des tragédies; Mécénas en avoit fait deux; Auguste en avoit commencé une avec une si grande chaleur, que, désespérant de la pouvoir soutenir, il effaça ce qu'il avoit fait. Ce siècle de la poésie n'a cependant fourni à Quintilien aucune comédie qu'il ait pu louer, et ne lui a fourni que deux tragédies dignes de ses éloges, le Thyeste de Varius et la Médée d'Ovide. Le mauvais goût des Romains faisoit souvent remettre sur le théâtre les pièces d'Andronicus, d'Ennius, de Pacuvius : « Et voilà celles, disoit Horace, où la foule est » grande. »

>Hos arcto stipata theatro
>Spectat Roma potens.

L'obscénité qui infecta toutes les poésies de ce siècle, excepté celles de Virgile, souilla aussi la tragédie, suivant Ovide:

>Est et in obscœnos deflexa tragœdia versus.

Les monstres qui succédèrent à Auguste, ajoutèrent à leurs extravagances celle de vouloir être poëtes. Néron, qui exécutoit sous le masque des rôles de tragédies, institua les jeux Néroniens; et Domitien, qui se disoit fils de Minerve, institua les jeux Capitolins. Malgré cette protection des princes, il n'est fait mention d'aucune pièce de théâtre fameuse.

Et quel poëte, capable d'en faire une bonne, eût voulu s'en donner la peine, lorsque l'action qu'il eût mise en vers charmoit bien plus le peuple quand elle étoit représentée par les gestes d'un acteur muet ? Les pantomimes, qui devinrent si fameux sous Auguste, et que favorisèrent ses successeurs, qui ne cherchoient, comme lui, qu'à amuser un peuple qu'ils opprimoient, firent tomber tout amour des belles choses. Ce spectacle, dont je parlerai dans le dernier chapitre, bien plus propre à exciter la colère de Pline, contre les mœurs de sa patrie, que le double théâtre de Curion, devint la seule passion et la honte des Romains. Ce peuple, qui, par une fierté mal fondée, avoit, pendant plusieurs siècles, regardé comme de vils amusemens des Grecs tous les arts qui font honneur à l'esprit, admira un baladin, dont la science consistoit à tout imiter par ses gestes ; un acteur toujours muet, à qui sa main servoit de langue. Cette danse, très-ancienne, connue du temps d'Eschyle, approuvée de Socrate, et unie aux représentations dramatiques chez les Grecs, fut long-temps sage, et n'étoit que l'imitation de l'action représentée. Elle ne fut connue des Romains, et séparée de l'action, que du temps d'Auguste. Pylade et Batylle, les premiers pantomimes, eurent un grand nombre de successeurs, qui mirent toute leur science à imiter les actions les plus infâmes. Un baladin avoit une cour à Rome, y formoit des partis qui causoient des séditions, recevoit chez lui les visites des chevaliers et des sénateurs, marchoit dans les rues environné de la jeunesse romaine, rendoit les femmes éprises de lui avec tant de scandale, qu'un empereur fut obligé de répudier la sienne. Les cendres d'un homme si rare, qui avoit causé tant de désordre, étoient conservées dans un tombeau de marbre ; et les passans étoient, par son épitaphe, invités à rendre leurs hommages à un tombeau qui renfermoit, suivant les expressions de Martial, toutes les grâces, tous les amours, toutes les voluptés, la douleur et la gloire du théâtre romain, et les délices de Rome :

> Quiquis Flaminiam teris viator,
> Noli nobile præterire marmor.
> Orbis deliciæ, salesque Nili,
> Ars, et Gratiæ, Lusus, et Voluptas,
> Romani decus et dolor Theatri,
> Atque omnes Veneres, Cupidinesque,
> Hic sunt condita, quo Paris sepulcro.

Chez un peuple autrefois si admirable, quel tombeau et quelle épitaphe! La corruption du théâtre causa celle de la ville, et celle même des armées : *Circo et theatris corruptus miles*, dit Tacite.

Rome alloit toujours s'avilissant. Il y eut des poètes dramatiques du temps de Quintilien, qui ne parle avec éloge que des comédiens. Ils remettoient sur le théâtre les pièces anciennes. Dans le prologue d'une des comédies de Plaute, l'acteur félicite les spectateurs de leur goût pour l'antiquité : « Les gens sensés, leur dit-il, sont ceux qui ne boivent que » du vin vieux, et qui n'estiment que nos vieilles comédies. » Les nouvelles valent encore moins que nos nouvelles espèces » de monnaie. » On est surpris de voir les Romains obligés de recourir aux antiques comédies : le siècle d'Auguste ne leur en avoit point procuré de meilleures. Sous Dioclétien, on faisoit jouer l'Amphytrion de Plaute quand on croyoit Jupiter irrité; et il n'est pas aisé de comprendre pourquoi l'on croyoit apaiser la colère de ce dieu par la représentation d'une de ses aventures, si peu honorable à sa divinité.

La passion des Romains pour les jeux devint si grande, que dans une famine qui affligea Rome sous Gratien, tandis que pour conserver les citoyens naturels on fit sortir tous les étrangers par une barbarie qu'Ammien, historien païen, a condamnée, on conserva trois mille comédiennes avec tous ceux qui contribuoient aux divertissemens des théâtres. Ce n'étoient point des pièces faites pour plaire à l'esprit qui excitoient cette passion; on en exécutoit quelquefois : Saint Augustin, dans ses Confessions, nous fait entendre qu'il avoit assisté à des pièces qui l'attendrissoient. Des pièces de cette nature devoient être peu recherchées par un peuple qui, n'aimant à voir que des bouffons, des courses de chevaux, ou des gladiateurs, avoit moins besoin de théâtres que de cirques et d'amphithéâtres.

L'amour des ouvrages d'esprit avoit rendu les Grecs humains. Le premier spectacle de gladiateurs, qui leur fut procuré par Persée, dernier roi de Macédoine, jeta la terreur. Il n'y eut point d'amphithéâtre dans la Grèce : cet edifice ne fut inventé que pour les Romains. César fit construire le premier sur l'idée qu'avoient donnée les deux théâtres mouvans de Curion, dont j'ai parlé. L'amphithéâtre de César étoit de bois. Celui de pierre, dont on voit encore les ruines dans l'endroit qu'on nomme le *Colisée*, fut bâti par Vespasien et achevé sous Titus. Dans le savant ouvrage de M. Maffei sur l'amphithéâtre de Vérone, on voit de quelle magnificence étoient ces vastes édifices.

Il ne fallut plus aux Romains, ou que des spectacles de sang, ou que des spectacles si licencieux, si impurs, que Julien l'Apostat défendit aux prêtres de ses faux dieux d'y assister « Qu'ils laissent, disoit-il, au peuple l'impureté de » ses spectacles « De pareils jeux établis dans l'Empire romain, excitoient la colère des Pères de l'Eglise, et faisoient dire à saint Augustin, que les plus tolérables de ces jeux étoient les tragédies et les comédies : *Tolerabiliora ludorum, comediæ et tragediæ*. Ce n'étoient plus les statues des poètes qui ornoient les places publiques et les portiques : c'étoient les portraits des comédiens, des pantomimes et des cochers du cirque. Théodose, par une de ses lois, ordonna qu'ils ne paroîtroient plus qu'aux portes du cirque et du théâtre, « les » portraits des hommes infâmes, dit cette loi, ne devant » pas paroître dans les lieux honnêtes. »

La fureur des spectacles, qui perdit les Grecs, perdit aussi les Romains. Rome devint la proie du barbare vainqueur,

DE LA POÉSIE DRAMATIQUE.

queur, et la main des Goths fit tomber théâtres et amphithéâtres, ouvrages qui paroissoient à Pline construits pour une éternité : *Æternitatis destinatione.*

§. *Pourquoi les Romains n'ont point égalé les Grecs dans la Poésie dramatique.*

La poésie dramatique n'a jamais été cultivée, chez les Romains, avec la même ardeur que chez les Grecs. En rassemblant les noms de tous les poètes anciens qu'on sait avoir composé des pièces de théâtre, on forme une liste, chez les Grecs, bien plus nombreuse que celle que peuvent fournir les Romains : celle-ci cependant est encore assez nombreuse pour nous faire voir que, depuis Andronicus jusqu'à Quintilien, les pièces de théâtre ne manquèrent pas à Rome; et de tant de pièces, le seul Thyeste de Varius a mérité de Quintilien cet éloge, qu'il étoit comparable à la meilleure des tragédies grecques. Il loue les poètes tragiques de l'ancienne Rome, Accius et Pacuvius, plus que ceux qui les suivirent, et plus que ceux de son temps, sans daigner dire un mot de ces misérables déclamations tragiques qui sont venues jusqu'à nous, sous le nom de Sénèque; et après avoir si peu vanté la tragédie latine, quand il vient à la comédie : « Voici, dit-il, notre endroit foible ; » il faut en convenir. » *In comœdia maxime claudicamus.* Ce jugement nous étonne, parce que nous sommes accoutumés à mettre Plaute et Térence au nombre des excellens poètes : je dirai bientôt la raison qui a fait parler ainsi Quintilien.

Si le Romain, malgré sa passion pour la poésie, n'a pu égaler les Grecs, dont il suivoit les traces, sa sincérité du moins est admirable; il l'a toujours avoué. Bien différens de ces peuples qui, dès qu'ils ont su faire des vers, ont cru surpasser les Grecs, les Romains n'ont jamais prétendu marcher de pair; et dans tous les beaux-arts, ils ont regardé les Grecs comme leurs maîtres. Quintilien, ce grand juge que l'amour de sa nation n'aveugle point, après s'être si étendu dans l'éloge des poètes grecs, ne fait qu'en peu de mots celui des poètes latins, et ne compare pas, comme nous avons coutume de faire, Horace à Pindare, Virgile à Homère. Virgile lui-même étoit mécontent de son Enéide, parce qu'il sentoit combien il lui étoit difficile d'atteindre à Homère; et Horace, qui ne pouvoit pas ne point connoître ce grand ouvrage de son ami, quoiqu'il ne fût point encore public, quand il parle de Virgile, dit seulement « que les » Muses champêtres lui ont accordé leurs grâces, » parce qu'en effet Virgile est, par ces Muses, au-dessus de Théocrite et d'Hésiode.

Horace est dans l'enthousiasme quand il parle des grands poètes de la Grèce, qu'il veut qu'on ait nuit et jour dans les mains. Il parle toujours assez froidement des poètes de Rome, et reconnoît que c'est aux Grecs que les Muses ont accordé le génie et l'harmonie :

> Graiis ingenium, Graiis dedit ore rotundo
> Musa loqui.

Cette harmonie, l'âme de la poésie, qui ne se trouvoit point dans la latine comme dans la grecque, étoit cause de ce mécontentement des Romains. Horace reproche à Plaute deux choses, ses bons mots et ses modes :

> At nostri proavi Plautinos et numeros, et
> Laudavere sales, nimium patienter utrumque.

Sa première critique est injuste, puisque ce qui lui paroît dans Plaute un sel grossier, paroissoit un sel attique à Cicéron et à saint Jérôme, qui s'accuse de son amour pour un auteur qu'il alloit reprendre après avoir toute la nuit pleuré ses péchés : *Post noctium crebras vigilias, post lachrymas quas mihi præteritorum recordatio peccatorum, ex imis visceribus eruebat*, Plautus sumebatur in manibus.

Horace a sans doute raison dans sa seconde critique ; mais comment le défaut qu'il trouve dans les modes de Plaute pourroit-il nous frapper aujourd'hui, puisque, du temps même d'Horace, tout Romain n'étoit pas bon juge de cette partie de la poésie ?

Non quivis videt immodulata poemata judex.

Horace se vante de savoir, de l'oreille et des doigts (c'est-à-dire, en battant la mesure), distinguer dans les vers les sons légitimes :

Legitimumque sonum digitis callemus et aure.

Comme nous ne pouvons avoir cette science d'Horace, nous devons être persuadés que quand nous lisons les vers des anciens, nos oreilles sont souvent contentes des sons qui ne paroissoient pas *légitimes* aux siennes.

Quintilien, qui rend justice à Plaute et à Térence, remarque que ces deux poëtes auroient bien plus de grâce s'ils n'avoient employé que des vers trimètres. Cependant ils n'approcheroient pas encore des grâces de la vieille comédie grecque, parce que la langue latine ne paroît pas à Quintilien susceptible des grâces infinies du langage attique ; ce qui lui fait dire : « Loin d'égaler la beauté de la comédie » grecque, à peine en avons-nous l'ombre. » Si, malgré l'élégance du style de Plaute et de Térence, les Romains ont eu à peine l'ombre de la comédie grecque, que dirons-nous, par rapport à cette beauté de langage et d'harmonie, de notre comédie, et surtout de nos pièces en prose ?

Il n'est point étonnant que les Romains n'aient point égalé des grâces dont leur langue n'étoit pas si susceptible que celle des Grecs ; mais pourquoi le Romain n'a-t-il pu atteindre à la noblesse de la tragédie, lui qui en respiroit le caractère, suivant l'expression d'Horace : *spirat tragicum?* Il étoit plus porté qu'un autre peuple à penser noblement ; et pour dire

de grands sentimens, nous disons *des sentimens romains.*
Quelle plus sublime réponse que celle de Marius, homme
sans lettres : « Tu as vu Marius assis sur les ruines de Car-
» thage ! » Le Romain, dans ses paroles comme dans ses
actions, avoit toujours un air de grandeur ; mais cette antique fierté qu'il conserva, fut cause qu'il conserva aussi un
secret mépris pour tout ce qui n'étoit pas gloire militaire.
Outre cela, Horace l'accuse de ne point aimer le travail
quand il se met à écrire, et de craindre d'effacer : *Metuitque
lituram.*

D'ailleurs, il y a apparence que les grands poètes n'étoient
pas tentés d'exposer leur gloire sur le théâtre, parce qu'ils
connoissoient le mauvais goût des spectateurs, qui étoient
capables d'interrompre une pièce pour demander à voir des
ours, des éléphans, des danseurs de corde. Ce n'est pas
seulement la populace qu'Horace accuse, puisqu'il nous dit
que, dans l'ordre même des chevaliers, on préféroit le
plaisir des yeux à celui des oreilles : *Equitis quoque jam
migravit ab aure voluptas.* Ep. 1, l. 2. On faisoit tout-à-
coup cesser une pièce pour voir passer escadrons, bataillons,
rois enchaînés, chars, chariots, vaisseaux, villes d'ivoire
portées en triomphe, un chameau, un léopard. Un philosophe eût regardé avec plus d'attention que les jeux, un
peuple attentif à ces sottises :

Spectaret populum ludis attentius ipsis.

Virgile eût-il voulu exposer une tragédie à une pareille
assemblée ? Horace, qui sait si bien railler les vices et
répandre le sel attique, semble né pour être un excellent
poète comique. On voit, par la manière dont il a parlé de
la tragédie et de la comédie, qu'il a senti toute la difficulté
d'exceller dans la poésie dramatique ; et comme il connoissoit
les caprices du peuple, il prioit Auguste, qui aimoit les
spectacles et protégeoit les poètes dramatiques, de conserver
aussi quelque bienveillance pour ceux qui aimoient mieux,

comme lui, se borner à plaire à des lecteurs, que de s'exposer aux dédains d'un spectateur difficile :

> Quàm spectatoris fastidia ferre superbi.

CHAPITRE VII.

Histoire de la Poésie dramatique moderne.

QUINTILIEN compare le respect qu'imprimoient encore aux Romains de son temps les noms d'Ennius et de Pacuvius, à ce respect religieux qu'impriment dans les forêts ces vieux troncs qui ont, par leur antiquité, quelque chose de vénérable. Quand à tous les noms de troubadours nous ajouterions ceux de maître Eustache, Gacebrulés, Grognet, Guillaume de Lorris, appelé notre Ennius par Marot; ceux même de Jodelle et de Garnier, nos premiers poètes de théâtre, tous ces noms ne nous imprimeroient aucun respect. Notre langue ne s'étant formée que fort tard, nous accordons aux Italiens qu'ils ont eu une poésie noble, et digne de vivre encore long-temps avant nous. Ils prétendent aussi, et les Espagnols, comme les Anglais, prétendent, comme eux, avoir eu long-temps avant nous une poésie dramatique : nous leur accordons qu'ils ont eu des théâtres avant nous, et nous ne leur envions point cette gloire, parce que, comme tout ce qui s'exécute en dialogue sur un théâtre n'est pas poésie dramatique, nous croyons ne devoir placer le temps de la véritable renaissance en Europe, de la tragédie et de la comédie, qu'au temps de Corneille et de Molière. C'est ce que fera connoître une histoire très-abrégée, dans laquelle je ne prétends point discuter des questions obscures sur les origines et les antiquités des théâtres, questions où les recherches sont très-difficiles et les découvertes très-peu importantes.

Les théâtres ne tombèrent pas avec l'Empire romain en Italie, s'il est vrai, comme le soutiennent quelques personnes, que la farce italienne, spectacle très-ancien et très-constant en Italie, est une suite de ces spectacles bouffons dont les Romains, dans les derniers temps, étoient si amoureux, et que les *Zanni* rendent ce personnage nommé par Cicéron *Sannio*, acteur qui, au rapport de Cicéron, faisoit rire par sa voix, son visage, ses gestes et toute sa figure : *Ore, vultu, motibus, voce, denique corpore ridetur ipso*. C'est par ce passage d'un écrivain si grave, qu'on croit découvrir l'origine d'un acteur qui portant le nom bizarre d'*Arlequin*, est couvert d'un habit qui n'a aucun rapport à l'habit d'aucune nation, et est un mélange de morceaux de drap de différentes couleurs, coupés en triangles; baladin qui porte un petit chapeau sur une tête rasée, un masque dont le nez est écrasé, et, comme le *planipes* des Romains, a des souliers sans talons; acteur principal d'un spectacle dont le langage est aussi bigarré que son habit, puisque les acteurs y doivent parler différens idiomes, le vénitien, le boulonnais, le bergamasque, le florentin; *mime* dans son jeu comme dans son habit, puisque le mime (comme on le voit dans un passage d'Apulée) étoit vêtu, *centuncuculo*, d'un habit de pièces et de morceaux; personnage qui est toujours prêt à recevoir des soufflets, suivant un passage du Traité de Tertullien sur les spectacles : *Faciem suam contumeliis alaparum objicit*. On peut aussi rapporter à la même antiquité le *Polichinelle*, puisque le P. Saverio nous apprend que le masque de cet acteur est semblable à un masque antique qu'on conserve dans l'Italie, et dont on voit la figure dans *Ficoronius, de larvis scenicis*. On trouve aussi l'origine de ce petit manteau qui ne sert que de badinage à un Scapin, dans les figures du manuscrit de Térence qui est à la bibliothèque du Vatican. Tous les esclaves ont un pareil manteau, avec lequel ils ne font que badiner.

Voilà assez d'érudition, au sujet d'Arlequin, pour conclure que ces spectacles, assez semblables à ceux des pantomimes, et où régnoient les *lazzi*, ont survécu à la tragédie et à la comédie : « Ils ont leur beauté. » *Hanno veramente il suo bello*, dit le P. Saverio, qui observe que les pièces régulières, quand elles parurent en Italie, ne les firent pas tomber. Nous avons eu aussi nos farceurs. Charlemagne les chassa, et la sagesse de nos rois a plus d'une fois mis un frein à la licence de pareils spectacles. Les troubadours donnoient quelquefois le nom de tragédie et de comédie aux *fabliaux* qu'ils récitoient; mais on connoissoit si peu alors ce que signifioient ces termes, que le Dante appelle *comédie* son poëme sur l'Enfer, le Paradis et le Purgatoire, et appelle tragédie l'Enéide. Sa raison étoit que toute poésie en style élevé devoit être appelée tragédie, et celle en style plus simple devoit être appelée comédie. Par la même raison, un homme qui traduisit en vers italiens les Epîtres d'Ovide, intitula sa traduction : *Comédia del' Epistole d'Ovidio*. (Maffei, des Traduct.)

Nous n'avons eu long-temps d'autres spectacles que ces pieuses mascarades, par lesquelles, sous prétexte de célébrer les fêtes, on profanoit les églises. Enfin, comme si la religion devoit toujours avoir part à la naissance de la poésie dramatique, on attribue l'établissement des représentations théâtrales sérieuses à ces pélerins qui revenant de la Terre-Sainte, le bourdon à la main, voulurent amuser le peuple. Il reconnurent bientôt, sans avoir lu Aristote, que pour l'amuser il falloit le faire pleurer ; et ne trouvant pas de sujet plus lamentable que la Passion de Notre-Seigneur, ils la représentèrent. Dans ce sujet, il leur étoit aisé, en faisant paroître des Diables, d'exciter la terreur et la pitié. Le premier essai du spectacle tragique se fit à Saint-Maur : on y représenta la Passion de Notre-Seigneur; et le prévôt de Paris, scandalisé de cette nouveauté, défendit de pareils spectacles par son ordonnance du 3 juin 1398. Les acteurs se pourvurent à la cour, et, pour se la rendre favorable, érigèrent leur société en confrérie, sous le titre de *la Passion de Notre-Seigneur*. Le roi voulut voir leurs spectacles, et, en ayant été édifié, approuva leur confrérie par lettres-patentes du 4 décembre 1402, leur permettant de représenter *la Passion* et les *Vies des Saints*. Lorsqu'en 1420, les rois de France et d'Angleterre firent leur entrée dans Paris, on représenta, disent nos historiens, « un molt piteux mystère de la Passion, et » n'étoit homme qui le vît, à qui le cœur ne apiteast. »

Les Italiens eurent de pareilles représentations. Une de leurs anciennes pièces de théâtre est intitulée *della Passione di Nostro Signor Giesu Christo*; et le principal institut de la confrérie *del Gonfalone*, étoit de représenter la Passion. Partout ce sujet parut le plus propre à la tragédie, comme étant un sujet tout de larmes; et partout on exécutoit sur le théâtre des sujets saints.

On a connoissance d'une requête que le clergé d'Angleterre présenta à Richard II, parce qu'ayant fait de grandes dépenses pour représenter à Noël l'Histoire du vieux Testament, il supplioit sa majesté de ne point permettre à d'autres de la représenter.

Lenfant, dans son Histoire du Concile de Constance, rapporte que, quand l'empereur y arriva, les évêques anglais firent représenter devant lui, en 1417, une comédie ou moralité sur la naissance du Sauveur, l'arrivée des Mages et le massacre des Innocens; sujet fort tragique, qui a aussi paru sur notre théâtre, aussi bien que la décolation de saint Jean-Baptiste.

Les spectacles donnés par les évêques anglais au concile de Constance, parurent très-nouveaux aux Allemands. Les représentations de ces premières pièces, qui contenoient plusieurs actions, étoient fort longues. Il y en eut une à Angers qui dura quatre jours, et qui fut précédée par une

Grand'Messe, dont on avança l'heure, de même qu'on retarda celle des Vêpres, afin que le clergé y pût assister. On se faisoit un pieux devoir, dans les églises, de prêter des habillemens aux acteurs, et un sacristain des Cordeliers fut cruellement puni, suivant Rabelais, *pour n'avoir pas voulu prêter à Dieu le père une pauvre chape.*

Quand les confrères de la Passion furent établis à Paris par lettres-patentes, les beaux esprits travaillèrent pour eux. Les deux Grebans furent leurs poètes ; et parce que les premières pièces avoient été appelées *mystères*, toute pièce de théâtre, sainte ou profane, sérieuse ou bouffonne, fut appelée *mystère*. On disoit *le mystère de Griselidis, le mystère du Chevalier qui donne sa femme au Diable.* Les êtres moraux, si en usage dans notre première poésie, étoient les personnages de ces pièces, *Espérance, Contrition, Chasteté, Regnabo, Regnavi.*

Les Italiens avoient quitté avant nous les représentations pieuses, puisqu'on croit que *la Calandra* fut jouée au commencement du seizième siècle. L'auteur ayant été fait cardinal en 1514, on doit croire charitablement qu'il l'avoit composée avant que d'être du sacré collége. Elle fut imprimée en 1523, sous ce titre : *Comedia nobilissima è ridiculosa, per il Reverendissimo Cardinale da Bibiena;* cette pièce *ridiculosa* paroissant faire beaucoup d'honneur à son auteur, *Reverendissimo.*

La comédie *le tre Tiranni*, indigne de paroître devant de graves spectateurs, fut représentée à Bologne, en présence du pape, de l'empereur et des cardinaux : ces deux pièces sont comptées par les Italiens comme leurs deux premières pièces régulières. Ce n'étoient que des farces que jouoit la troupe comique de Sienne ; troupe si excellente, que Léon X, qui *molte di tali com ponimenti se dilettava,* dit le P. Saverio, la faisoit venir tous les ans à Rome pendant le Carnaval : *attention qu'eut pendant tout le temps de son pontificat ce grand Mécénas des gens de lettres.*

La réputation de *la Célestine*, pièce espagnole dont parle Marot, se répandit dans l'Europe : elle fut traduite en latin et en français.

J'ai nommé ces premières pièces, parce que les écrivains de ces nations en tirent vanité. Nous en pourrions tirer davantage de notre *farce de Patelin*, dont l'auteur est inconnu. Cette pièce, où l'on trouve du vrai comique, est peut-être la plus ancienne et la meilleure de toutes. Elle méritoit mieux, quoique *farce*, l'honneur d'être représentée devant des spectateurs respectables, que ces premières pièces italiennes, qui n'étoient que des compositions monstrueuses, pleines d'indécences et d'impiétés. Celles de l'Arioste et de Machiavel furent plus régulières, plus ingénieuses et aussi licencieuses.

La farce de Patelin répandit notre gloire en Allemagne. Reuclin en fit une imitation latine, qu'il fit jouer devant l'évêque de Worms en 1497, se glorifiant d'avoir introduit en Allemagne un spectacle dans le goût grec et romain : *Græcanis et Romuleis lusibus*. Il le croyoit.

Les Italiens mettent en 1520 leur première tragédie, la *Sophonisbe* du Trissin. Peu de temps après, Ruccellai donna son Oreste ; et en 1546 fut imprimée la tragédie *du Roi franc Arbitre*, qui épouse la Grâce justifiante. L'Œdipe de Sophocle, traduit en italien, fut représenté en 1585 sur le Théâtre Olympique ; et le Palladio, mort quatre ans auparavant, ne fut témoin d'aucune représentation sur ce théâtre qu'il avoit fait à l'imitation de ceux des Romains, exécutant ce qu'il avoit lu dans Vitruve, pour orner la ville qui lui avoit donné la naissance. Ce théâtre en fut un magnifique et inutile ornement, n'ayant servi à aucune autre représentation, depuis celle de l'Œdipe.

Les Espagnols disputent aux Italiens la gloire d'avoir fait connoître les premiers la tragédie, puisque dom Montiano, dans le discours qu'il vient de faire imprimer à la tête de sa *Virginie*, nous assure qu'en 1533, don Pérez donna *la Venganza d'Agamemnon*, et *Hecuba triste*; pièces qui, suivant dom Montiano, *quoique tirées des poètes grecs, peuvent être regardées comme originales*. En 1577, un religieux dominicain donna *la Nisa lastimosa* (c'est Inès de Castro); et cette pièce paroît à dom Montiano parfaite dans l'ordre, le style et les sentimens.

Les Espagnols, ainsi que les Italiens, vantent beaucoup leurs premières pièces. Celles des Italiens sont toutes merveilleuses au jugement de Crescembeni : *Tutte maravigliose*. Nous sommes plus modestes; et nos merveilles ne commencent que fort tard.

Quand nous nous lassâmes du sérieux des *mystères*, quoique le sérieux en fût fort égayé, on l'égaya encore davantage par des scènes burlesques qui furent nommées *les jeux des pois pilés*. Les clercs de la Bazoche donnèrent des pièces qu'ils intitulèrent *moralités*; et les Enfans sans souci, société dont Marot étoit un digne confrère, donnèrent d'autres pièces intitulées *sotties* ou *sottises*, parce qu'on y représentoit les sottises humaines; et par cette raison, le chef des Enfans sans souci s'appeloit le prince des sots.

On s'aperçut enfin que c'étoit profaner les mystères que de les représenter sur un théâtre avec un mélange de scènes bouffonnes; et lorsque les confrères de la Passion achetèrent l'hôtel de Bourgogne, dans l'arrêt qui confirma leur établissement, il leur fut ordonné de n'y jouer que des sujets profanes. Cependant, pour faire connoître que ce bâtiment leur appartenoit, ils mirent sur la porte leur devise, c'est-à-dire, une pierre sur laquelle, avec les instrumens de la passion, étoit sculptée une croix soutenue de deux Anges. On voit même aujourd'hui, près de la Comédie Italienne, cette pierre, qui, quoique grossièrement travaillée, fait encore plus d'honneur à notre ancienne sculpture, que toutes les pièces jouées alors sur ce théâtre n'en font à notre poésie.

Nous fûmes très-long-temps sans oser, comme nos voisins, imiter les Grecs; enfin, cette fureur nous saisit aussi. Jodelle, qui, suivant les termes de Pasquier, *avoit mis l'œil aux bons livres*, par une tragédie qui parut à la manière des Grecs, parce qu'elle avoit des chœurs, enleva tout d'un coup l'admiration de son siècle, et fut plus heureux dans sa fortune que ne l'a été un de ses successeurs, véritable imitateur des Grecs. Henri II, qui honora de sa présence la pièce de Jodelle, lui fit donner d'abord cinq cents écus, « et lui fit, dit Pasquier, tout plein d'autres » grâces, d'autant plus que c'étoit chose nouvelle, et très» belle et très-rare. »

Jodelle fut regardé comme le dieu de la tragédie; et parce que nous avions appris qu'en Grèce on sacrifioit un bouc à ce dieu, on conduisit chez Jodelle un bouc couronné de lierre, dont la barbe et les cornes étoient dorées : ceux qui le conduisoient avoient des thyrses, et chantoient un dithyrambe qui finissoit par cette exclamation : *Yach, évoé, yach, yaha.*

Le dieu de notre théâtre trouva un rival dans Garnier, qui parut à quelques savans plus comparable aux Grecs. Comme ces deux poètes traitèrent des sujets tirés des poètes grecs, nous pourrions dire qu'alors, parmi nous,

On vit renaître Hector, Andromaque, Ilion.

Mais nous ne nous glorifions pas de la vie que nous rendîmes à ces sujets, dans une langue qui n'étoit pas encore capable de les traiter.

Le Tasse voulut tenter une tragédie dans le goût des Grecs; mais il ne les connoissoit pas assez. On voit, dans une de ses lettres, qu'il prie un de ses amis de lui envoyer un Sophocle et un Euripide, mais latins. « N'allez pas, dit-il, les cher» cher chez quelque savant; vous les trouveriez grecs. » Il se consola d'une manière très-chrétienne du peu de succès de son Torismond : « J'espérois, dit-il, que cette pièce seroit » heureuse dans la représentation ; mais que notre Seigneur » soit remercié de tout, il nous visite dans les afflictions. » S'il ne fut pas l'inventeur du dramatique pastoral, genre très-inconnu aux Grecs, il dut paroître du moins y exceller : cependant il eut encore une affliction bien sensible lorsqu'il vit l'étonnant succès du Guarini, son imitateur. Le *Pastor fido*, malgré la fatigue que cause sa longueur et son esprit, sut éblouir toute l'Europe.

L'Italie prit goût à ce genre dramatique : un Michel Agnolo mit sur le théâtre un genre encore plus champêtre. Sa pièce intitulée *Fiera*, qui se représentoit en cinq jours, étoit divisée en cinq parties, dont chacune avoit cinq actes. Elle étoit dans le goût d'une pièce espagnole intitulée *Caliste et Mélibée*, qui est en vingt et un actes. Après avoir mis sur le théâtre des bergers avec leurs houlettes, on y mit des pêcheurs avec leurs filets ; et cette espèce de comédie, intitulée *Pescatoria*, paroit à Crescembeni une belle et ingénieuse invention. Le goût de ce nouveau genre dramatique, et surtout le goût des pièces en musique, fit tomber en Italie la tragédie et la comédie, excepté celle d'Arlequin, dont le théâtre est inébranlable.

La poésie dramatique avoit un grand appui en Espagne dans Lopes de Vega, qui prenant une route très-opposée à celle des Grecs, fit admirer son inépuisable fécondité. On n'a pu imprimer qu'une petite partie des pièces dramatiques de ce poète, appelé par les Espagnols *un miracle de la Puissance divine* ; et qui pourroit les lire toutes, seroit un miracle de patience. Ses successeurs furent Solis et Calderon. Le dernier a encore des admirateurs, qui vantent surtout ses *Autos Sacramentales*, drames pieux et burlesques, dont les personnages sont *l'Extrême-Onction*, *le Baptême*, *l'Eucharistie*, etc., *l'Athéisme*, *le Judaïsme*, *la Loi naturelle*, etc.

L'amour des spectacles se répandoit partout. Shakespeare, fondateur du théâtre anglais, fit tout à-la-fois parler prose et vers, rire, pleurer et heurler Melpomène; et comme il est plus facile à un poète d'émouvoir les spectateurs par l'appareil du spectacle que par ses vers, on vit sur le théâtre des Anglais, ainsi que sur celui des Hollandais, dont Pierre Corneille Hoof fut fondateur, des apparitions de fantômes, des meurtres, des têtes coupées, les enterremens, des siéges de villes, des saccagemens de couvens, des maris égorgeant leurs femmes, des patiens, accompagnés de leurs confesseurs, conduits à l'échafaud. Vondel, le héros du théâtre hollandais, fut poète, comme Shakespeare, sans le secours d'aucune étude, et ignoroit le latin quand il monta sur le Parnasse. Il traitoit de grands sujets, comme *Lucifer* ou *la chute des Anges*: chute arrivée, suivant le poète, parce que le Diable étoit amoureux d'Eve; *la délivrance du peuple d'Israël; David livrant les enfans de Saül aux Gabaonites pour être pendus; la prise d'Amsterdam; Palamède*, pièce fameuse, qui rappelant aux spectateurs la fin tragique de l'illustre Barnevelt, eût causé celle du poète, si l'on n'eût trouvé le secret de le dérober à la colère du sthatouder. Les Hollandais ont traduit aujourd'hui toutes nos meilleures pièces, qui font l'ornement de leur théâtre : les Anglais, constans à admirer Shakespeare, ne nous envient pas nos richesses poétiques.

Après que notre Garnier eut fait voir sur son théâtre la captivité de Babylone et Nabuchodonosor, avec son prévôt d'hôtel, faisant crever les yeux à Sédécias, Hardy, son successeur, loin d'avoir l'ambition d'imiter les poètes grecs, ne prit pour guide que les caprices de son imagination. Je ne vante point sa fécondité, parce qu'après avoir parlé de Lopes de Vega, on ne peut appeler fécond un poète de théâtre qui n'a composé que huit cents pièces. Je me contenterai de vanter son respect pour la rime, et celui de tous les poètes français, dont aucun, malgré le mauvais exemple de leurs voisins, ne songea à abandonner la rime, sans laquelle il n'y a point, dans nos langues modernes, de véritable poésie.

Ce fut apparemment pour nous récompenser de notre fidélité à cette loi fondamentale, que Melpomène et Thalie réservèrent pour nous leurs faveurs, et nous destinèrent trois grands poètes dramatiques.

Tandis que le cardinal de Richelieu, par des représentations où l'on admiroit les décorations, les perspectives et les machines, protégeoit en ministre des pièces qu'il affectionnoit en père, le jeune Corneille, par des tragédies représentées avec moins d'appareil, sut anéantir, non-seulement les huit cents pièces de Hardy, et tant d'autres, mais cette *Mirame*, dont la représentation avoit coûté, dit-on, cent mille écus, et ce *Morus* qui avoit coûté la vie à quelques portiers de la comédie, et bien des larmes à son éminence.

Au lieu d'avouer qu'il avoit jusque-là admiré des sottises, et protégé de médiocres poètes, le cardinal *se ligua*, dit Boileau, *contre le Cid*, c'est-à-dire, contre le poète que les Muses faisoient naître pour l'honneur de la France, et même de l'Europe, puisque jusqu'à lui on n'avoit encore vu sur aucun théâtre paroître la Raison :-« Ayant tiré de l'enfance, » ou pour mieux dire du chaos, la poésie dramatique, il » mit sur la scène la Raison, accompagnée de tous les orne- » mens dont une langue est capable, et il accorda la vraisem- » blance et le merveilleux. » C'est ce qu'on lit dans son éloge fait par son successeur.

Le cardinal voulut que l'Académie Française fît une critique du Cid. L'Académie, contrainte d'obéir, sut habilement contenter le ministre, et ménager le poète. *L'Amour tyrannique* de Scudéry, qui parut deux ans après le Cid, causa une grande joie au cardinal, qui ne doutant point que cette pièce ne dût anéantir Corneille, défendit à l'auteur de répondre à toute critique, parce qu'il les devoit toutes mépriser ; il déclara sa tragédie un ouvrage parfait, et engagea Sarrasin à le prouver. Sarrasin, qui dans sa longue Dissertation ne dit pas un mot de Corneille, donne à Hardy la gloire d'avoir tiré de la fange notre tragédie, à Mairet celle de l'avoir rendue régulière, et à Scudéry celle de l'avoir rendue si admirable, que s'il eût vécu du temps d'Aristote, ce philosophe eût pris sa tragédie pour le fondement de sa Poétique. On doit croire l'ouvrage de Scudéry parfait, « parce que, dit Sarrasin, cet oracle a été prononcé » par Armand, le dieu tutélaire des lettres, la honte des » siècles passés, la merveille de ceux qui sont à venir ; le » divin cardinal de Richelieu. »

La Muse de Corneille eut plus d'autorité que cet oracle ; elle nous apprit ce que c'étoit que la tragédie.

Nous ignorions encore ce que c'étoit que la comédie. Aux farces de Turlupin, gros Guillaume, Guillot Gorju, qui avoient succédé à celles du Prince des Sots, avoient succédé les Jodelets de Scarron et des pièces d'intrigues dans le goût espagnol. Les Jodelets et les dom Japhet faisoient rire le peuple : Molière vint, et fut bientôt en état de dire à des personnes qui n'étoient pas du peuple, et qui rioient à ses comédies : « Pourquoi riez-vous ? C'est de vous dont on » parle. »

> Quid rides ? Mutato nomine, de te
> Fabula narratur.

C'est donc à Corneille et à Molière qu'il faut placer l'époque depuis la renaissance des lettres, de celle de la poésie dramatique. La Muse de Corneille, épuisée par ses éclatans travaux, ne rendoit plus qu'une foible lumière lorsqu'on en vit briller une autre.

Les ouvrages de ces deux poètes soutinrent la tragédie contre le coup que lui pouvoient porter ces spectacles entièrement

rement en musique, dont les Italiens nous communiquèrent la passion. Ils communiquèrent de bonne heure aux Anglais celle des chants dans les pièces de théâtre, puisqu'ils en ont de très-anciennes intitulées *à Mask*: Milton en a fait une qui se trouve dans ses Œuvres. Le titre de ces pièces, dans lesquelles il y avoit des danses et des chants, fait juger qu'elles furent à l'imitation de ces divertissemens qui se firent à Florence du temps de Laurent de Médicis, et qui étoient appelés *mascherate*, parce qu'ils se faisoient dans le temps du Carnaval. Mais je ne veux parler ici que de ces pièces dramatiques entièrement chantées, qui ont été nommées *opéras*.

Ce ne fut point un Sulpicius Verulanus qui en fut l'inventeur, comme le dit Bayle à son article. Dans la tragédie qu'il fit représenter devant Innocent VIII, il n'y avoit de la musique que dans les intermèdes; ce qui fut cause qu'il se vanta d'avoir renouvelé les spectacles des anciens, et qu'il écrivit au cardinal Camerlingue pour lui représenter que Rome attendoit de lui la construction d'un théâtre stable. Rinuccini, poète musicien de Florence, ne fut pas non plus l'inventeur de l'opéra, puisque Muratori, dans son Traité *de la parfaite Poésie*, nomme un poète musicien de Modène, mort en 1605, qui, après avoir le premier joint la musique aux pièces de théâtre, mourut pour aller, comme il est dit dans son épitaphe, présider aux concerts des Anges: *Angelicis concentibus præficiendus decessit*.

L'époque du bizarre spectacle nommé opéra est très-incertaine. En 1574, la république de Venise en fit représenter un pour Henri III, revenant de Pologne. Les princes d'Italie en faisoient quelquefois représenter dans leurs palais; c'étoient des fêtes particulières: mais le premier opéra donné au public fut joué à Venise en 1637. Les sujets les plus merveilleux de la fable furent consacrés à un spectacle qu'on vouloit rendre merveilleux par les

machines et les décorations. Ce spectacle, qui fit disparoître de l'Italie tragédie et comédie, fit perdre à la musique italienne son ancienne gravité : « Par ces ouvrages,
» la musique, devenue la maîtresse de la poésie, dont
» elle devroit être l'esclave, après avoir corrompu le théâtre,
» est entrée hardiment dans nos temples ; et là, sous le
» manteau de la religion, *Signorregia*, règne en souve-
» raine. » C'est Muratori qui parle ainsi dans l'ouvrage que je viens de citer ; et comme on pourroit dire qu'un savant n'a pas le goût de la musique, je joins à sa plainte celle de Gravina, qui compare la musique de son pays à ces peintures de la Chine, où l'on ne trouve aucune imitation de la nature, et où l'on ne peut admirer que la vivacité et la variété des couleurs. « Car notre poésie, dit-il,
» qui trop chargée d'ornemens, a communiqué sa mala-
» die à la musique, est devenue si figurée, qu'elle a perdu
» toute expression naturelle. » Voici encore ce qu'en dit Riccoboni, dans son Histoire des Théâtres : « Notre mu-
» sique n'est plus que bizarre : on a mis le forcé à la place
» du beau simple ; et ceux qui admiroient l'expression et la
» vérité dans notre précédente musique, ne trouvent dans
» celle-ci que des singularités et des difficultés. » Voilà ce que des Italiens éclairés ont pensé de cette musique qui a corrompu la nôtre ; mais nous voulons toujours admirer ce qui nous vient des étrangers, bonté qu'ils n'ont pas pour nous.

Les spectacles trouvèrent à Londres de grands obstacles de la part des puritains ; ils furent même proscrits lorsque ce parti fut le dominant, après la reine Elisabeth : ils se relevèrent sous Charles II. Mais les Anglais, constans à admirer les étincelles qui sortent quelquefois des brouillards de leur Shakespeare, ne nous envièrent point nos richesses dramatiques. Les chefs-d'œuvre de notre théâtre ne parurent sur celui de Londres que si changés, qu'ils n'étoient plus reconnoissables. Leur beauté naturelle auroit-elle pu plaire à des spectateurs accoutumés aux désordres de Rowe, d'Otwai, de Dryden? Les poètes anglais défigurèrent les nôtres, comme ils défigurèrent Euripide dans sa Phèdre, et Sophocle dans son Œdipe.

Nos fameuses pièces furent mieux reçues par d'autres peuples : traduites chez les Italiens, elles parurent sur leurs théâtres, et y firent oublier toutes celles que Crescembeni appeloit des *merveilles;* traduites aussi chez les Hollandais, elles y firent oublier celles de Vondel.

La poésie dramatique fut connue en Allemagne plus tard que partout ailleurs ; et le goût des représentations saintes y dura si long-temps, qu'on représentoit encore à Vienne, il y a trente ans, la Passion de Notre-Seigneur, pièce où, après Adam, Eve et Moïse, paroissoit l'Enfant Jésus, à qui on donnoit de la bouillie. Les premières tragédies profanes y furent semblables aux pièces anglaises et hollandaises, c'est-à-dire, pleines de meurtres, de supplices, de spectres. Trois poètes, tous trois de Silésie, en composèrent de plus régulières ; et les nôtres ayant été traduites, furent enfin préférées aux anciennes pièces de la nation.

Quelques beaux-esprits de l'Italie, mortifiés de ce que les tragédies françaises, quoique mal traduites, étoient les seules qui paroissoient sur leurs théâtres, voulurent réparer l'honneur de leur nation. Delfino n'y réussit pas par ses faux brillans ; et Gravina, qui avoit écrit sur les règles de la tragédie, ne fut pas plus heureux quand il donna ses pièces pour exemples de ses préceptes, que ne l'avoit été notre abbé d'Aubignac quand il voulut composer une tragédie.

Le même malheur arriva à Dryden, qui avoit fait un Traité sur la poésie dramatique, pour montrer la supériorité des poètes anglais sur les Français. Il fit voir, par ce Traité, ainsi que par ses pièces de théâtre, qu'il ne connoissoit pas ce genre de poésie. Il brilla par plusieurs autres ouvrages, et s'acquit un si grand nom, que l'honneur singulier qu'il reçut après sa mort mérite d'être rapporté, pour faire voir que les Muses doivent être favorables à une nation où elles sont si honorées.

On portoit sans pompe le corps de Dryden à Westminster, lorsqu'un milord passa et demanda le nom du mort. Sitôt qu'il eut entendu nommer Dryden : « Eh quoi, » s'écria-t-il, la gloire et l'ornement de notre nation sera » enterré d'une manière obscure! Je veux que ce soit d'une » manière royale, et j'y dépenserai mille livres sterling. » De son autorité, il fit porter le corps chez un parfumeur, avec ordre de l'embaumer. Trois jours après, le parfumeur étant venu lui demander son paiement, en eut pour réponse qu'il avoit changé de sentiment, et qu'il pouvoit faire du corps ce qu'il voudroit. Le parfumeur menaça la veuve et le fils de Dryden de le leur rapporter, s'il n'étoit payé. (1) Des amis tirèrent d'embarras cette veuve, en proposant une souscription pour l'enterrement de Dryden. Plusieurs seigneurs y contribuèrent; et Dryden, trois semaines après sa mort, fut porté en pompe à Westminster. Quelques années après, le duc de Buckingam lui fit ériger un tombeau.

Le style ampoulé de Dryden et le brillant de Delfino devoient écarter de l'Angleterre et de l'Italie le goût de la belle nature; mais enfin nos tragédies, mieux connues, forcèrent ceux qui les méprisoient à prendre une route meilleure que celle qu'ils avoient tenue jusqu'alors. On doit placer l'époque d'un meilleur goût en Angleterre, au *Caton* d'Addisson; et en Italie, à la *Mérope* de M. Maffei.

Le prologue composé par l'illustre Pope, qui est à la tête du Caton, prouve que cette pièce (quoique très-éloignée de la perfection) fut l'époque d'un meilleur goût. Je parlerai

---

(1) Ce fait est rapporté plus au long dans le Supplément de Bayle.

dans la suite de cette pièce; et à l'égard du succès de la Mérope sur les théâtres de l'Italie, je rapporterai ce qu'en a écrit Riccoboni, qui y contribua beaucoup par son talent pour la déclamation tragique; talent devenu très-rare dans le pays de Roscius, parce que, dit-on, le peuple en Italie n'a jamais aimé les spectacles tristes. Ne les auroit-il pas aimés comme les autres, si les poètes avoient su exciter *une pitié charmante?*

Nos belles tragédies, connues aujourd'hui en Espagne, y ont aussi introduit un goût différent de celui de Lopes, de Caldéron, et des *Autos Sacramentales*. On en peut juger par la *Virginie* que vient de donner dom Montiano. Athalie et Britannicus doivent bientôt paroître en espagnol, et peut-être auront un jour cet honneur en Angleterre. Melpomène jettera des yeux favorables sur une nation dont on peut dire ce qu'Horace a dit de la sienne: *Spirat tragicum.*

Malgré la Mérope, les tragédies de l'abbé Conti, et sa belle traduction d'Athalie, le goût du poëme dramatique chanté paroît aujourd'hui dominer seul en Italie, où, pour ne plus faire tant de dépense en décorations et en machines, on a abandonné les divinités fabuleuses et toute la magie, pour mettre en musique la mort de Caton et les plus grands sujets de l'histoire.

Je n'ai parlé de l'*opéra*, dans l'Histoire de la Poésie Dramatique moderne, qu'à cause de l'usage où l'on est d'appeler *tragédies* des pièces qui ne font jamais verser de larmes, les pièces qui composées par deux auteurs, dont celui qui commande est celui qui devroit obéir, font devenir la poésie la complaisante et presque l'esclave de la musique. O désordre du Parnasse! *Proh curia, inversique mores!*

CHAPITRE VIII.

Dans quelle Nation la Poésie Dramatique moderne fit-elle les plus heureux progrès ?

J'espère ne rien dire, dans ce chapitre, qui me fasse soupçonner d'un préjugé aveugle pour ma nation. Je n'imiterai pas ce zèle du P. dom Feijoo pour la sienne, qui lui fait dire que Rome n'a produit qu'un Cicéron, au lieu que l'Espagne a produit deux Sénèques, et que si tant de personnes mettent Virgile au-dessus de Lucain, ce n'est qu'à cause que Lucain étoit espagnol, et que toutes les autres nations sont envieuses de la gloire de l'Espagne.

Je me sens très-incapable d'une jalousie qui m'engageroit à rabaisser injustement les ouvrages de nos voisins, et je suis très-éloigné d'un esprit de vengeance qui me porteroit à mal parler de leurs poètes, parce que quelques-uns de leurs écrivains ont très-mal parlé des nôtres. Je n'impute point à toute une nation des sentimens particuliers à quelques écrivains. Que Dryden, poète dramatique anglais, se soit déclaré l'ennemi de notre poésie dramatique ; que Gravina, qui avoit fait cinq Tragédies qu'il trouvoit bonnes, n'ait point admiré les nôtres, et que M. Maffei, qui a entendu faire de si pompeux éloges de sa *Mérope*, ait parlé avec un mépris inconcevable de la tragédie française, nous ne songeons point à nous en chagriner.

Il est même fort naturel que nos grands poètes ne reçoivent pas, chez les étrangers, tous les honneurs qu'ils méritent. Ceux qui ne les connoissent que par des traductions, les voient dépouillés de tous leurs ornemens, et souvent même travestis. Ceux qui peuvent les lire dans notre langue, ont-ils l'oreille assez française pour être frappés de toutes ces beautés de langage et d'harmonie, qui dépendent souvent de l'endroit où une expression est placée? L'harmonie de nos vers paroît à quelques Espagnols, comme à dom Feijoo, une parure maussade : *Traye desayrado;* et notre cadence languissante et lâche, parce que leurs oreilles sont accoutumées à une cadence très-différente.

Les sentimens de quelques auteurs entêtés sur leur nation ne sont pas toujours ceux des personnes éclairées dans cette nation. Ne croyons pas qu'à Londres, où il y a tant de gens de lettres, et où les poètes grecs sont si connus, le théâtre anglais soit approuvé de tout le monde. Dans une comédie de Congrève, on détourne un jeune homme de se faire poète, en lui disant: « Fais-toi plutôt chapelain d'un esprit » fort, ou complaisant d'une vieille veuve, que poète, à » moins que tu n'aies assez de talens pour faire revivre » parmi nous le théâtre d'Athènes et rétablir la poésie. » Congrève, qui a tant imité notre Molière, étoit donc persuadé que la poésie de sa nation étoit fort éloignée de la perfection.

Dans le temps que toute pièce de théâtre étoit imprimée en Espagne avec ce titre : *Comedia famosa è grande*, les ouvrages des autres nations n'y étoient pas connus. Depuis que les Espagnols ont pris un style plus naturel, ils ne nous méprisent point. Dom Ignatio de Luzan, dans sa poétique, a vanté avec discrétion les anciens poètes espagnols, et n'a point voulu, par prudence, parler des nôtres, qui sont aujourd'hui très-connus et très-estimés de plusieurs Espagnols éclairés et amateurs des belles choses, comme j'en ai été assuré par une lettre dont m'a honoré dom Montiano, de l'Académie Royale de Madrid, auteur de la Virginie.

Ce sont les Italiens qui ont le plus fait éclater leur mépris pour notre poésie. Je ne m'arrête point à Crescembeni, à qui toute pièce italienne paroît une merveille; mais je suis fâché de voir le P. Saverio mieux juger des poètes de la

Grèce que des nôtres. On ne m'accusera pas de mauvaise humeur contre lui, puisque le poète qui m'intéresse le plus est appelé par lui *il principe di tragici francesi*. Il déclare qu'il excelle par la peinture des passions, l'art de les émouvoir, la beauté des expressions et la pureté du langage ; mais il nous reproche à tous, en général, de faire parler à la française les héros de l'antiquité, de même que nous les faisons paroître sur le théâtre avec des parures françaises ; en sorte qu'on les pourroit appeler, selon lui, *M. Achille*, *M. Hippolyte*, *mademoiselle Iphigénie*. Martelli, grand admirateur de notre tragédie, nous reproche aussi de faire paroître Agamemnon avec une perruque et un chapeau.

Cette critique n'est pas mieux fondée que la première. Si nos acteurs et nos actrices faisoient faire leurs habillemens sur le modèle de ceux que nous ont conservé les antiques statues, nous les trouverions aussi ridicules que s'ils nous parloient entièrement à la manière des Grecs. C'est ce qu'a dit l'abbé Conti dans la préface de ses Œuvres : « On accuse
» Racine d'avoir passé les bornes de la vraisemblance dans
» ses peintures des héros de l'antiquité ; mais ce poète si sage
» a mieux aimé rendre ses personnages un peu trop français,
» que de les laisser trop grecs. Qu'on dise tant qu'on voudra
» que Corneille est plus majestueux et plus sublime, je ne
» m'y opposerai point, quoique je ne m'en aperçoive pas
» toujours. »

C'est ainsi qu'a parlé de nos poètes un Italien habile qui les connoissoit, parce qu'il avoit fait un long séjour parmi nous ; et Martelli, qui avoit aussi vécu quelque temps à Paris, n'en a parlé qu'avec admiration. Les étrangers en parlent souvent sans les connoître, et les Italiens sont communément plus disposés que les autres à les mépriser : je ne sais si quelque vanité ne les aveugle pas, et s'ils ne veulent pas s'attribuer sur toutes les autres nations cette supériorité dans tous les arts, que nous ne leur disputons pas dans celui de la peinture. Nous serons à genoux devant eux quand il s'agira de peinture; mais quand il s'agira de poésie, nous nous releverons sans fierté.

Ne croyons pas non plus que toutes les tragédies italiennes aient paru à tout Italien, comme à Crescembeni, autant de merveilles, puisqu'au contraire aucune d'elles ne paroissoit au Tassoné s'être élevée au-dessus du médiocre. Ce qu'il en dit est très-remarquable: « Soit par la faute de nos poètes, » soit par l'imperfection de notre langue, qui n'est pas pro-» pre aux sujets majestueux, aucun de nos tragiques n'a eu » le bonheur de passer la médiocrité. »

Riccoboni n'est pas plus favorable à sa nation, lorsque, dans son Histoire des Théâtres, il dit : « Tout ce que les » Italiens ont fait de mieux en deux cent cinquante ans, en » fait d'ouvrages dramatiques, ne peut être comparé à ce » que la France a produit en soixante-dix ans; et parmi le » grand nombre de tragédies françaises qui, traduites en » italien, ont été si bien reçues en Italie, il y en a beau-» coup qui n'ont été représentées qu'une fois ou deux à » Paris. » C'est-à-dire que ce que nous rejetons peut encore être bien reçu en Italie.

Pourquoi donc M. Maffei est-il si difficile, et pourquoi notre *Rodogune* même n'a-t-elle pu lui plaire, ce qui paroît par la longue critique qu'il en a faite? Quand il nous offrira, dans sa langue, une tragédie avec les mêmes beautés et tous les mêmes défauts qu'il y trouve, nous reconnoîtrons que la tragédie a fait de très-grands progrès en Italie.

Que ce ne soit ni la prévention ni la jalousie qui nous fassent parler les uns des autres ; ne méprisons pas tout ce que nous ne possédons point, et n'admirons pas tout ce que nous possédons. Loin de ressembler à ces nations qui vantent jusqu'à leurs antiquailles, avouons que nous avons été long-temps dans l'indigence, et que l'enfance de la poésie dramatique a été partout très-longue. J'en vais dire la raison.

§. Ier. *Le désordre régna long-temps partout. Quelle en fut la cause.*

Je n'ai pas besoin de prouver que le désordre régna partout ; je l'ai assez fait connoître par l'Histoire de la Poésie Dramatique moderne. Nous nous égarâmes tous ; et notre égarement fut si grand, que nous ignorâmes jusqu'à cette distinction si naturelle, que les Incas mêmes, comme je l'ai dit dans le premier chapitre, savoient faire entre le genre sérieux et le bouffon, le tragique et le comique. Tout dialogue exécuté sur un théâtre, sur quelque sujet que ce fût, badin ou triste, fut appelé *comédie* ; nom qui est resté au lieu où se font ces représentations et aux acteurs. Les pièces espagnoles sur les plus graves sujets eurent très-long-temps le même titre ; et dans la comédie *des travaux de Job*, il est dit que la passion de Job, que Dieu contemple *des balcons du ciel*, lui donne *une belle comédie*. Dans les anciennes pièces espagnoles, on trouve, avec Cyrus et Astyage, une Phillis, une Flore, et toujours un *Gracioso*, personnage assez conforme à l'Arlequin de l'Italie.

Personne n'ignore de combien de bouffonneries les tragédies de Shakespeare sont remplies. Nous avons vu, dans l'Histoire de la Poésie Dramatique chez les Grecs, que leurs poètes furent obligés de faire succéder aux représentations tragiques quelque pièce plaisante, pour réveiller le peuple qu'attristoit la tragédie : c'étoit pour une populace qu'ils avoient cette complaisance. Les poètes modernes traitèrent leurs spectateurs comme peuple, quand ils eurent peur de les trop attrister. Ils firent plus ; au lieu de faire du moins succéder la joie à la tristesse, ils crurent qu'il falloit faire rire et pleurer tout à-la-fois.

Quand on s'aperçut que ces pièces étoient monstrueuses, on en voulut faire de plus régulières, et on y mit des chœurs, pour pouvoir dire qu'elles étoient à la manière des Grecs ;

mais cette manière étoit bien ignorée des poètes qui travailloient alors. Les seules tragédies de l'antiquité qu'ils lisoient étoient celles de Sénèque : elles furent leurs modèles ; et dans toutes nos anciennes tragédies, on ne trouve, par cette raison, qu'une action mise en déclamation, sans liaison de scènes, avec un chœur qui, sans s'intéresser à l'action, ne vient que pour débiter des lieux communs de morale.

Ces poètes cependant devoient être plus encouragés à bien faire que ceux de la Grèce : ce n'étoit pas, comme eux, à une assemblée tumultueuse de tout un peuple qu'ils avoient à plaire. Ils avoient pour spectateurs des papes, des empereurs, des rois. Pourquoi ne leur présentoient-ils rien de bon ?

Ces spectateurs, dira-t-on, ignoroient alors, aussi bien que les poètes, les règles d'Aristote : c'étoit un bonheur pour les poètes, qui avoient à contenter des spectateurs moins difficiles que nous. Pour juger d'une pièce de poésie, les papes, les rois, les cardinaux étoient peuple ; et pour plaire au peuple, il n'est pas nécessaire de suivre les règles. Pope fait à-peu-près ce raisonnement dans sa préface sur Shakespeare : il le loue jusqu'à dire que ses caractères sont la nature même ; « en sorte que si ses pièces étoient impri- » mées sans les noms des personnages, le lecteur les mettroit » après avoir lu leurs paroles. » Il avoue en même temps les grands défauts de ce poète, un merveilleux contraire à la nature, des pensées outrées, des expressions ampoulées, *bombast*, une versification tonnante, *thundering* ; mais il s'excuse en disant qu'il travailloit pour plaire à une populace, *to please the populace*, et que juger Shakespeare sur les règles d'Aristote, ce seroit juger un homme sur les lois d'un pays où il n'a jamais été, et qu'il n'a pu connoître. Il est aisé de répondre à Pope que les règles du bon sens sont de tous les pays, et qu'Aristote n'avoit point écrit quand Sophocle et Euripide charmoient une *populace* innombrable qui entroit au spectacle *gratis*. Pourquoi prirent-ils une route si différente de celle de Shakespeare et de Lopes de Vega ? Parce qu'ils consultèrent le bon sens, qui leur dit que, pour plaire par l'imitation d'une action, il falloit que cette imitation fût faite avec vraisemblance.

Aristote n'a point fait une autre règle. On a beau dire, pour justifier les tragédies des Anglais, pleines d'épisodes inutiles, et leurs comédies, où l'on voit au moins deux intrigues qui n'ont ensemble aucune liaison, que la simplicité et l'unité d'action ne plait qu'à des Français, au lieu que les Anglais, qui aiment à être occupés, savent porter un esprit d'attention jusque dans leurs amusemens; on a beau ajouter que cette nation, qui aime la liberté en tout, est supérieure aux règles, nous ne connoissons aucun ouvrage généralement estimé, fait par un esprit supérieur aux règles; et l'auteur de Don Quichotte nous en dit la raison dans une conversation entre le curé et le chanoine : « J'avois voulu, » dit le curé, faire un poëme suivant les règles; mais je fis » réflexion que je me casserois la tête pour plaire aux per- » sonnes éclairées, qui sont en petit nombre, au lieu qu'en » ne les suivant pas, j'aurois beaucoup moins de peine, et » je plairois aux ignorans, qui sont en très-grand nombre. » Nos comédies ne sont-elles pas applaudies, quoique ridi- » cules et contre les règles ? Si elles étoient dans les règles, » elles ennuieroient. — Vous vous trompez, lui répond » le chanoine : ce n'est pas le peuple qui aime les choses » ridicules, ce sont les poètes qui n'en savent pas faire » d'autres. Si leurs pièces de théâtre étoient faites avec ordre » et bien conduites, elles feroient bien plus de plaisir, parce » qu'elles exciteroient les passions qu'elles doivent exciter. » Le raisonnement du chanoine est très-juste. Un poète ne sera jamais bon poète, si l'art et la nature ne se prêtent la main pour le former. La nature seule fait un Camoëns, un Lopes, un Caldéron, un Shakespeare; l'art seul fait un Guarini, un Marini; la nature et l'art font de concert un

Homère, un Sophocle, etc.; et ce sont toujours les ouvrages de ces génies, qui n'ont point été supérieurs aux règles, qui enlèvent et conservent l'admiration de tous les peuples.

Notre Corneille lui-même, quand il entra dans la carrière dramatique, la connoissoit si peu, qu'il soutenoit, dans la préface de sa troisième pièce, qu'une pièce dramatique ayant cinq actes, on pouvoit donner à l'action cinq jours de durée; et il n'intitula son *Clitandre* tragédie, qu'à cause que, dans le cours de cette pièce, quelques personnages se battoient et se tuoient.

Voilà donc la première cause du désordre qui régna sur tous les théâtres, l'ignorance des règles. La seconde fut la paresse des poètes, défaut de ces poètes même si étonnans par leur fécondité, des Lopes de Vega, des Hardy, parce que, quand un poète a fait une pièce, il lui est bien plus aisé d'en faire une autre que de corriger celle qui est déjà faite. Horace disoit que les Romains aimoient à écrire, et non pas à effacer; que le travail de la lime les rebutoit : nos premiers poètes ont eu la même aversion; ils avoient bientôt composé une pièce nouvelle, et la nouveauté suffisoit pour leur attirer des spectateurs.

Comme il étoit plus aisé d'occuper leur attention par plusieurs aventures que par une seule bien détaillée et bien conduite, les pièces furent remplies d'aventures arrivées en différens temps et en divers lieux.

Comme il étoit plus aisé de faire rire le peuple par des jeux de mots et par des obscénités, que par de fines plaisanteries, la comédie ne fut qu'indécence et bouffonnerie.

Comme il étoit plus aisé de ne point rimer que de savoir faire venir naturellement des rimes, on se dispensa de rimer.

Enfin, comme il étoit plus aisé de faire parler aux passions tout autre langage que le leur, on prit un style outré; et voici la troisième cause du désordre général :

Les poètes s'imaginèrent d'abord que, pour donner de la grandeur à la tragédie, il falloit lui faire parler un langage merveilleux. Les premiers poètes tragiques de la Grèce tombèrent eux-mêmes dans cette faute, dont nous trouvons assez d'exemples dans Eschyle. Nous lisons dans la Rhétorique d'Aristote, qu'ils ne disoient que des niaiseries dans un langage très-éloigné du langage ordinaire; qu'ils sentirent enfin qu'il falloit rabaisser leur ton pour dire des choses plus sensées, et parler à l'esprit plutôt que de ne parler qu'aux oreilles.

Quand les poètes modernes, après s'être rendu inintelligibles par un pompeux galimatias, voulurent rabaisser leur ton, ils cherchèrent le merveilleux du style dans le brillant des pensées. Un poète italien disoit, en voyant sa maîtresse couchée sous un arbre : « Approchez, et venez voir le soleil » couché à l'ombre. » Un poète espagnol étoit si content de mourir pour sa maîtresse, qu'il disoit à la Mort : « O Mort, » viens me saisir furtivement, que je ne sache pas que tu » viens, de peur que le plaisir de mourir ne me rende la » vie ! » On sait combien ce style devint commun en Italie, et combien celui du *Pastor fido* est opposé au langage des habitans de la campagne. Ce style, dont les Italiens ont prétendu s'être corrigés, se retrouve dans toutes les tragédies du cardinal Delfino. Sa Lucrèce, après s'être donné un coup de poignard, dit à son père que, voulant instruire les siècles à venir de sa vertu, « elle n'a point trouvé d'autre plume » qu'un poignard, ni d'autre encre que son sang. »

Les pièces de l'abbé Metastasio ne sont-elles pas encore remplies de brillantes comparaisons ? C'est là qu'un roi vaincu et méditant d'aller encore attaquer son vainqueur, se dit à soi-même : « Le chêne, après avoir combattu cent » hivers contre les vents, quand il est abattu par eux, vole » ensuite sur la mer, pour les y aller trouver et les com- » battre encore. » C'est là qu'un amant, contraint d'éloigner de lui pour quelque temps sa maîtresse, afin de ne la point perdre pour toujours, fait cette réflexion sur sa peine : « La vigne coupée à propos en devient plus belle ; et ce » sont les blessures que la main du pasteur arabe fait à » un arbre, qui en font couler le baume. » On dira peut-être qu'on ne doit point désapprouver ces choses dans les ouvrages d'un poëte qui travaille pour un musicien, et que ce style ne se trouve point dans la Mérope de M. Maffei, ni dans les tragédies de l'abbé Conti.

Ces pièces sont sans doute plus estimables que celles de Delfino : je reconnois une réforme arrivée sur le théâtre de l'Italie, et même sur celui de l'Angleterre, et je crois que l'exemple du nôtre en a été la cause. Je vais m'en expliquer.

§. II. *L'exemple du Théâtre français fait cesser le grand désordre qui régnoit sur les autres.*

Je vais montrer d'abord que nos voisins ont été enfin obligés de mettre plus de régularité dans leurs pièces dramatiques : je ne parlerai point de leurs comédie ; qu'aurois-je à dire de celles de l'Italie ? L'abbé d'Aubignac a marqué son étonnement de ce que, « dans le pays de Plaute et de Térence, les » enfans des Latins étoient si peu savans dans l'art de leurs » pères. » Addisson, dans son voyage d'Italie, en porte ce jugement très-remarquable : « Elles sont toutes basses, pau- » vres et dissolues, beaucoup plus que celles mêmes de mon » pays : leurs poètes n'ont aucune idée de l'agréable comé- » die. » Instruit par Addisson de la licence qui règne dans ces comédies et dans celles de son pays, je n'examinerai ni les unes ni les autres

A l'égard de la comédie espagnole, que nous avons goûtée quand nous n'en connoissions pas une meilleure, elle est quelquefois amusante, et les poètes de cette nation ont été très-féconds à inventer des intrigues ingénieuses. Mais, comme l'a dit Saint-Evremont, elle n'est pas une peinture de la vie humaine, suivant les caractères des hommes : « Elle n'est qu'une peinture de la vie de Madrid, suivant les » intrigues des Espagnols. »

D'ailleurs, Molière ayant été copié partout, est cause qu'on nous accorde partout la gloire de la comédie, tandis qu'on nous dispute encore celle de la tragédie.

Si l'on en croit Gravina et Crescembeni, les Italiens ne connoissent, dans ce genre, de rivaux que les Grecs; et pour confondre la jalousie des autres nations, il leur suffit des tragédies du cardinal Delfino.

Saint-Evremont a pensé bien différemment quand il écrivoit sur les spectacles des Italiens : « A l'égard de leurs » tragédies, elles ne valent pas la peine qu'on en parle : » les nommer seulement, c'est inspirer de l'ennui. » Ce jugement est trop dur; mais il est vrai que leurs anciennes tragédies sont presque toutes fort ennuyeuses, à cause de ces longs monologues pleins de froides réflexions, et que l'action est conduite sans vraisemblance. Celles du cardinal Delfino, qui, suivant Crescembeni, doivent confondre notre jalousie, sont dans le même goût. J'en ai déjà fait connoître le style; voici la conduite de sa *Cléopâtre*: Après que Mégère et l'ombre d'Antoine ont fait la première scène, sans qu'on sache pourquoi elles sont sorties des Enfers, et pourquoi elles y retournent, un astrologue vient dans un monologue étaler toutes ses connoissances; ensuite Octave, très-amoureux de Cléopâtre, en loue la beauté, en disant « qu'elle brille sur les autres beautés, comme la lune sur » les étoiles; que si le sceptre est tombé de ses mains, elle » en a un autre sur le front; que d'un clin d'œil elle écrit » ses lois, et les commande aux cœurs; que ses paroles » sont des chaînes, et ses regards des liens. » Résolu de l'amener à Rome avec lui pour l'épouser, afin de tromper le sénat, il écrit à Rome qu'il amènera Cléopâtre pour la
faire

faire servir d'ornement à son triomphe. Cette lettre, tombée de sa poche par hasard, est portée à Cléopâtre, qui, de désespoir, se donne un coup de poignard. Elle apprend la vérité ; elle revient aussitôt demander pardon à Auguste de l'avoir cru un traître, et sentant la mort s'approcher, elle invoque l'ombre d'Antoine pour qu'elle vienne au-devant de la sienne, lui montrer le chemin des Enfers, et empêcher qu'elle ne soit mordue par Cerbère :

>Riparami dà morsi
>Di Cerbero feroce.

Des tragédies ainsi conduites et écrites dans ce style, sont-elles donc capables de confondre notre vanité poétique? Sont-elles capables de faire marcher leurs auteurs de pair avec les Grecs?

Quand les pièces dramatiques de l'Italie ne peuvent rester long-temps sur ses théâtres, faut-il en accuser le mauvais goût du peuple? On peut en croire un homme qui a exécuté plusieurs fois sur ces théâtres, et des pièces françaises traduites, et des pièces italiennes anciennes et modernes.

Riccoboni, dans son Histoire du théâtre Italien, nous raconte qu'ayant voulu représenter à Venise une pièce de l'Arioste, le meilleur poète comique qu'ait eu l'Italie, le peuple y courut à cause du nom de l'Arioste, et, ne sachant pas qu'il eût fait des comédies, s'attendit à voir sur le théâtre Roland le furieux. Sitôt qu'il entendit parler d'autre chose, il s'éleva un si grand murmure, que les comédiens furent obligés de se taire et de baisser la toile. Ce fait nous apprend que les comédies de l'Arioste, quoique le meilleur poète de l'Italie, n'y sont pas connues comme le sont parmi nous celles de Molière. Dans ce même livre, Riccoboni paroît vouloir nous faire entendre qu'il représenta avec succès quelques tragédies italiennes, et que la Mérope de M. Maffei fut reçue avec applaudissement ; mais c'est ce qu'il raconte d'une manière bien différente dans une lettre écrite à l'abbé Des-

fontaines, et imprimée dans ses Observations, tom. 8. Ce récit est curieux : « Dans le temps, dit-il, que je marchois
» avec beaucoup de peine, mais aussi avec beaucoup d'hon-
» neur, par le beau chemin de l'excellent théâtre francais,
» M. Maffei me dit qu'il étoit fâché de me voir jouer conti-
» nuellement des tragédies françaises ; qu'elles ne valoient
» toutes rien (il n'exceptoit pas même les meilleures), et
» que la seule Sophonisbe du Trissin valoit mieux que tout
» Corneille et Racine. J'eus pour lui la complaisance de la
» jouer, aussi bien que le Torismon du Tasse et la Cléopâtre
» du Delfino. Malgré l'intérêt que chacun y prenoit pour la
» gloire de sa patrie, Corneille et Racine triomphoient tou-
» jours. Ma femme et moi nous priâmes M. Maffei de ne
» plus nous charger de ces antiquailles, et de faire lui-même
» une tragédie. Il fit la Mérope, que je représentai à Venise;
» mais le gain ne compensa pas la dépense que je fis pour la
» représenter : elle fut jouée onze fois. On a parlé de cette
» tragédie, parce qu'elle a paru sur le théâtre. S'il n'eût fait
» que l'écrire, elle eût eu le sort des autres ; c'est-a-dire qu'a-
» près les premiers complimens faits à l'auteur par un petit
» nombre de gens de lettres, elle seroit demeurée ensevelie
» dans l'oubli. »

Il est aisé de juger, par cette lettre, que Riccoboni, qui possédoit le théâtre français, n'a point pensé tout ce que dans son Histoire du théâtre Italien il a écrit de favorable à la poésie dramatique de sa nation, qu'il a voulu ménager. Il en avoit dépouillé les préjugés en France.

Ce récit, peu favorable à la Mérope italienne, et le jugement qui en est porté dans les Observations de l'abbé Desfontaines, dans celles de Lazarini, imprimées à Rome en 1743, et dans une lettre écrite à M. de Voltaire, qui se trouve dans ses Œuvres, fera demander pourquoi une pièce qui produisit si peu d'effet à la représentation, et dans laquelle les critiques ont relevé tant de défauts, fut, quand elle parut, si vantée par les gens de lettres de l'Italie, et même parmi nous. Elle parut écrite et conduite plus naturellement que toutes celles que l'Italie avoit encore produites; et c'est par cette raison que l'abbé Conti place à cette pièce l'époque du bon goût du théâtre de sa nation. C'est dans ce même goût qu'il a composé les siennes, qui étant celles d'un homme plein de la lecture des bons ouvrages de l'antiquité et des nôtres, sont, malgré leurs défauts, préférables à toutes celles que Gravina et Crescembeni vouloient nous faire admirer.

Voici donc la tragédie perfectionnée en Italie : voyons si elle s'est aussi perfectionnée en Angleterre.

Il est difficile qu'elle se perfectionne tant que durera une aveugle admiration pour Shakespeare. Qu'on vante tant qu'on voudra son génie; qu'il ait été, si l'on veut, comme Ennius, appelé par Ovide *ingenio maximus*, il a certainement été, comme lui, *arte rudis*.

Il est encore difficile qu'elle se perfectionne, si ceux qui sont capables de faire connoître les beautés de l'art ne trouvent pas des auditeurs capables de les goûter. On croiroit que l'air du pays n'est point favorable à ces beautés, à entendre dire à Saint-Evremont, parlant des tragédies anglaises : « On ne peut avoir toutes choses; et dans un » pays où tant de bonnes qualités sont communes, ce n'est » pas un grand mal que le bon goût y soit rare. » Saint-Evremont, dira-t-on, qui vivoit à Londres sans savoir l'anglais, ne pouvoit pas juger des pièces qu'il n'entendoit pas. Mais l'auteur du Spectateur ne donne pas une grande idée de la tragédie de sa nation, quand il dit qu'on y excite la terreur par des ombres, des spectres, par le son d'une cloche; et M. de Voltaire, très-capable de juger de cette tragédie, malgré les éloges qu'il a donnés quelquefois au théâtre anglais, ne dit-il pas, dans sa lettre à M. Maffei : « Il » semble que la même cause qui prive les Anglais du génie de » la peinture et de la musique, leur ôte celui de la tragédie? »

Les exemples que j'ai rapportés de la manière dont ils ont imité quelques-unes de nos meilleures pièces, font connoître leur goût. Je vais encore le faire connoître par une pièce entièrement à eux, et qui est mise au nombre de leurs meilleures : c'est celle de Dryden sur la mort d'Antoine et de Cléopâtre.

Tout poète connoissant son art, en traitant ce sujet, aura pour objet d'inspirer l'horreur d'une passion qui a des suites si terribles : l'objet de Dryden paroît tout contraire. Il intitule sa tragédie : *Tout pour l'Amour*, ou *le Monde bien perdu*, parce que l'Amour en cause la perte. Quel titre pour une tragédie ! La catastrophe est le triomphe de l'Amour. Antoine, qui s'est jeté sur son épée, vient mourir entre les bras de Cléopâtre, qui va le suivre. Il est content, « parce » qu'ils vont se retrouver aux Enfers, sous ces berceaux » qu'habitent les ombres des illustres amans, qui toutes » vont les environner et faire leur cortége. » Avant que d'expirer, il demande à Cléopâtre un bien qu'il trouve plus précieux que tout ce que sa mort laisse à Octave, un baiser : « Ah, prends-en dix mille, lui répond Cléopâtre ! » Encore un mot, si tu vis encore ; ou si tu n'as pas la » force de parler, soupire pour moi, regarde-moi.... »

Take ten Thousand Kisses, etc.

Cléopâtre se fait piquer par des aspics, et, prête à mourir, veut qu'on approche son corps de celui d'Antoine. Est-ce là respecter les mœurs, la raison et la tragédie ?

Cependant c'est dans la préface de cette pièce que l'auteur insulte les poètes français, leur reprochant de ne point savoir imiter la nature : « Ils mettent, dit-il, tout leur » esprit dans leur cérémonial, et manquent de ce génie qui » anime notre théâtre ; ils sont très-corrects, et nous en-» dorment, de même que ceux qui, dans la société, ne » savent faire que des civilités, sont fort insipides. » Pour prouver son accusation, il cite l'exemple de notre Hippolyte, qui aime mieux mourir injustement accusé, que de révéler la vérité. Cet excès de générosité ne peut se trouver que parmi des fous, suivant Dryden : *Is nos practicable but with fools and Madmen.*

Ne songeons point à rendre à Dryden reproches pour reproches : nous aurions trop d'avantage sur lui. Ainsi, ne parlons pas de sa tragédie intitulée *le duc de Guise*; pièce propre à exciter la populace à la révolte, et faite pour tourner en ridicule la religion et ses ministres, sous le personnage du curé de Saint-Eustache qui y paroît. La tragédie anglaise s'est perfectionnée, et a eu cette obligation à la nôtre, comme le reconnoît l'illustre Pope dans une de ses Épîtres imitées de celles d'Horace. C'est ainsi qu'il paraphrase ce vers d'Horace :

Græcia capta ferum victorem cepit, etc.

« Nous avons conquis la France; mais nous avons senti les » charmes de notre captive, dont les arts victorieux ont » triomphé de nos armes. »

Whe conquer'd France, but felt our captiv's charms;
Her arts victorious triumph'd o'er our arms.

Et il ajoute : « L'exact Racine et le noble Corneille nous » ont appris que la France avoit quelque chose d'admirable. » Ce n'est pas que l'esprit tragique ne soit le nôtre ; mais » Shakespeare, Otwai, Dryden, ont négligé le plus impor- » tant de tous les arts, l'art d'effacer. »

The last, and greatest art, the art to blot.

C'est encore Pope qui nous apprend à placer l'époque d'un meilleur goût dans la tragédie anglaise, au Caton d'Addisson, lorsque, dans le prologue qu'il a fait pour cette pièce, il s'adresse en ces termes à ses compatriotes : « Voici, Anglais, un ouvrage digne de votre attention. » L'ancien Caton regarda avec un sage mépris Rome appre-

» nant les arts de cette Grèce qu'elle avoit vaincue ; notre
» théâtre a eu trop long-temps l'obligation de sa durée à
» des pièces transportées de la France, ou à des chants
» italiens : osez vous-mêmes penser ; et pour affermir votre
» théâtre, livrez-vous à votre chaleur naturelle :

>> Dare tu have sense your selves, assert the stage.

» Une pièce de cette nature doit charmer une oreille an-
» glaise; Caton lui-même n'eût pas dédaigné de l'entendre. »

Je ne m'arrêterai pas à relever dans cette pièce tous les défauts de style et de conduite, ni des amours aussi déplacés qu'inutiles à l'action : cette pièce, dans laquelle un seul personnage intéresse, et que notre Corneille, sans lui mettre un Platon à la main, eût rendue plus admirable, fut reçue avec de grands applaudissemens en Angleterre, non-seulement parce qu'elle fit, comme dit Pope dans le prologue, couler *sur les lois mourantes des larmes de bon citoyen :*

>> Tears ars patriots shed....,

et qu'elle fit tomber des yeux anglais des larmes romaines :

>> Calls fort roman drops from british eyes,

mais, 1°. parce qu'elle fut représentée dans un temps très-favorable : les sentimens hardis sur la liberté étoient alors à la mode ; 2°. parce que quelques uns des caractères étoient appliqués à des personnes qui étoient en crédit à Londres ; 3°. enfin, qu'elle étoit la première pièce régulière qu'on eût vue en Angleterre.

Son succès et celui de la Mérope italienne prouvent que les ouvrages qui approchent le plus de la régularité, sont ceux qui partout plaisent davantage, et les poètes qui en ont le plus approché jusqu'à présent chez nos voisins, s'étoient familiarisés avec les nôtres. On profite quelquefois des exemples et des leçons de ceux même qu'on affecte de mépriser, parce qu'on est forcé de rendre justice à la raison.

CHAPITRE IX.

Défauts que les Etrangers ont coutume de reprocher à notre Tragédie.

L'OBLIGATION que nos voisins ont eue à notre tragédie ne les engage pas à la ménager par reconnoissance ; et dans les ouvrages de leurs critiques, surtout dans ceux qui paroissent en Italie, elle est souvent attaquée. Ils reprochent principalement à nos poètes tragiques trois choses : 1°. La simplicité du style ; 2°. l'ennui de la rime ; 3°. le langage amoureux. Je voudrois qu'il me fût aussi facile de les justifier sur la troisième accusation que sur les deux premières.

§. Ier. *Le Style de notre Tragédie.*

Le style de notre tragédie ne doit point paroître poétique aux peuples accoutumés au style enflé de ces poètes qui, s'écartant de la nature, cherchent un langage extraordinaire. Cette faute, qui fut toujours celle des premiers poètes tragiques, est excusable lorsqu'elle ne dure pas long-temps. L'idée qu'ils ont de la majesté que doit avoir la tragédie est cause que, ne faisant pas d'abord réflexion qu'on peut parler majestueusement et naturellement, ils vont chercher un langage que les hommes ne parlent jamais. J'ai rapporté plus haut, d'après Aristote, dans sa Rhétorique, que les premiers tragiques grecs tombèrent dans cette faute. Le successeur d'Eschyle prit un ton plus uni ; ce qu'entend Boileau, en disant que Sophocle,

> Des vers trop raboteux polit l'expression.

Et Boileau est très-juste dans la sienne, quand il appelle les vers d'Eschyle *des vers raboteux*.

Euripide prit un ton encore plus simple, et son style est une noble imitation du langage naturel ; voici ce qu'en dit Aristote, au même endroit : « De même que, quand le » comédien Théodore joue, ce n'est pas Théodore qu'on » croit entendre, mais le personnage qu'il imite, le poète, » pour cacher son artifice, ne doit employer que les mots » qui sont le plus en usage. Euripide a trouvé le premier ce » secret, et l'a appris aux autres. » Ce n'est donc pas des comparaisons, des expressions nouvelles ou hardies que doit affecter le poète tragique, puisqu'il n'est imitateur qu'en se servant d'expressions en usage. Tout son secret consiste à n'en savoir employer que de nobles, et à les savoir ranger dans un ordre harmonieux ; et tel a été je crois le secret de notre Euripide. J'ai fait remarquer plus d'une fois qu'il emploie souvent des mots d'une conversation familière, mais qu'il les place toujours d'une façon qui les ennoblit. En voici un exemple : *Mettre une barrière* est une expression fort simple, et nous ne nous en servons pas pour dire *qu'on empêche deux personnes de se parler*. Quand Agrippine, irritée de ce qu'un homme qu'elle a fait gouverneur de son fils ne la laisse jamais seule avec lui, dit à Burrhus :

> Ai-je donc élevé si haut votre fortune,
> Pour mettre une barrière entre mon fils et moi ?

quelle image présente ce mot ! Cet homme que de si bas elle a élevé si haut, est devenu une *barrière* qui l'empêche d'approcher de son fils.

On ne doit donc pas attaquer notre tragédie sur la partie qui en fait une grande beauté, et qui consiste dans le style. Je n'ai jamais pu comprendre ce qui avoit engagé M. de Cambrai à soutenir que, dans nos tragédies, « toute belle » personne est nommée un soleil, ou tout au moins une » aurore ; que tous les termes y sont outrés, et que rien n'y » montre une vraie passion. » A quoi il ajoute : « Tant » mieux, la foiblesse du poison en diminue le mal. » Ce *tant mieux* ne peut avoir lieu pour le style, puisque ce fade langage dont les anciens poètes ornoient leurs stances, ne se trouve dans aucune de nos tragédies, depuis que nous avons une tragédie.

Notre éloignement à rechercher une vaine parure de style a fait croire à quelques Italiens que nous n'avions pas une langue poétique comme eux. J'aurois cru, comme M. de Voltaire, pouvoir appeler très-simple cette expression de la Mérope :

> Dissimulato in vano
> Soffre di febre assalto.

Voici ce que lui répond M. Maffei. « Il est vrai que ce vers,
» rendu ainsi dans votre langue :

> On ne peut vous cacher que la reine a la fièvre,

» devient prosaïque ; ce qui doit vous faire connoître la
» grande différence qui est entre une nation qui a une langue
» poétique, et une autre qui n'en a point. Si nous disions :
» *La regina ha la febre*, cette expression nous feroit rire ;
» mais quand nous disons : *Soffre di febre assalto*, cette
» transposition et cette métaphore ennoblissent une manière
» de parler qui cesse d'être commune, et devient poétique. »
Nous avons aisément les mêmes secours, puisque nous pouvons dire aussi :

> De la fièvre en silence elle souffre l'assaut.

Mais ni la transposition ni la métaphore n'ennobliront jamais, parmi nous, un mot que ne recevroit pas notre vers tragique. Sans nommer la fièvre, nous disons :

> Phèdre atteinte d'un mal qu'elle s'obstine à taire....
> Elle meurt dans mes bras d'un mal qu'elle me cache....

Et nous pouvons soutenir à tous les Italiens qui croient que nous n'avons qu'une prose rimée, que nous avons aussi notre langue poétique.

Je dirois volontiers que je ne trouve aucune poésie dans

le style de quelques pièces Italiennes ; mais les Italiens sont toujours prêts à nous répondre que nous n'entendons pas les finesses de leur langue. M. Maffei, dans cette même réponse à M. de Voltaire, soutient que Boileau n'avoit pas lu le Tasse, qu'il ne pouvoit entendre : « C'est, dit-il, ce que » m'a assuré M. Racine l'aîné son intime ami. » Je puis assurer à mon tour que mon frère, qui, après avoir passé en Italie assez de temps pour entendre les finesses de la langue, pensoit du Tasse tout ce qu'en a pensé Boileau, n'a pu dire à M. Maffei que Boileau n'entendoit pas le Tasse, que par politesse pour un étranger que rendent illustre des connoissances bien plus admirables et plus utiles que les talens d'un poète.

§. II. *La Rime.*

Les Italiens, pour justifier leur infidélité à la rime, dont l'envie de faire plus aisément des vers a été la véritable cause, prétendent qu'on doit trouver des grâces incomparables dans leur vers qu'ils appellent *Endecasillabo sciolto*. Il est d'autant plus beau, dit l'abbé Conti, qu'il n'estropie et n'énerve jamais les pensées, comme les vers qu'enchaîne la rime : *Non estropia, ne s'nerva, l'idea come il legato d'alla rima.* Il convient au dialogue, parce que cette variété des césures et cette facilité d'enjamber donnent aux vers la liberté de la prose : *Introduce nel dir legato, la liberta del dir sciolto ;* c'est-à-dire, selon moi, changent la poésie en prose. C'est ce que je pense, parce que je suis persuadé que dans les langues où l'on ne se règle pas sur la quantité brève ou longue des syllabes, il n'y a point de vers sans rimes ; et la beauté de ces vers, quand ils sont faits par un bon poète (les autres n'en devroient point faire), est que la rime ne fait jamais rien dire, et se présente si naturellement, que le discours, quoiqu'enchaîné, *dir legato*, a toute la liberté d'un discours qui ne l'est pas, et paroît *dir sciolto*. C'est ce qu'on loue dans les tragédies que j'ai examinées, quoique les vers y soient enchaînés par des rimes si exactes. La même beauté doit se trouver dans la poésie italienne, puisque le Dante assuroit que jamais la rime ne lui avoit fait dire ce qu'il n'avoit pas voulu dire, puisqu'on ne s'aperçoit jamais que la rime empêche l'Arioste de dire ce qu'il veut, et puisque, suivant Castelvetro et Martelli, il n'y a point, chez les Italiens, comme parmi nous, de poésie sans rime. Il est certain que ceux de leurs poètes qui ont rimé sont les plus fameux, et ceux qu'on lit le plus souvent. Dans la traduction d'Athalie par l'abbé Conti, on retrouve les mêmes tours et les mêmes images de l'original : y retrouve-t-on la même poésie ? J'en ai rapporté un morceau à la fin de mes remarques sur cette pièce. Voici un autre exemple. Andromaque, recommandant à sa confidente de faire connoître à son fils les héros de sa race, ajoute :

> Dis-lui par quels exploits leurs noms ont éclaté,
> Plutôt ce qu'ils ont fait, que ce qu'ils ont été :
> Parle-lui tous les jours des vertus de son père ;
> Et quelquefois aussi parle-lui de sa mère.

Quand je lis ces vers dans la traduction italienne, très-exacte :

> Digli, per quali imprese
> Porto la fama i loro nomi al cielo,
> E narragli più tosto
> Le loro gesta, che la loro sorte.
> A lui parla ogni giorno
> Del vador di suo padre, et qualche volta
> Della tua bocca esca il mio nome ancora,

ou quand je les lis dans le traducteur anglais :

> Make him acquainted with his ancestors,
> Trace out their shining story in his thougts ;
> Dwell on the exploits of is immortal father,
> And sometimes let him hear his mother's name,

parce que les Muses ne m'ont pas donné des oreilles pour le vers *sciolto*, ni pour le vers *blank*, j'entends les mêmes choses, et je ne les entends plus avec le même plaisir; au lieu qu'après avoir lu ces quatre vers de Phèdre :

> J'ai pris, j'ai fait couler dans mes brûlantes veines
> Un poison que Médée apporta dans Athènes.
> Déjà jusqu'à mon cœur le venin parvenu,
> Dans ce cœur expirant jette un froid inconnu,

mon oreille est également satisfaite en les entendant rendus ainsi par l'abbé Conti :

> Io presi, io stillar fei nell' ardenti mie vene
> Un velen, che Medea porrò seco d'Athene ;
> Gia dentro del miu core il veleno diffuso,
> Sparge nel cor spirante languor fredo non uso.

L'Espagnol qui a traduit Cinna, a *si parfaitement rendu tous les sentimens et les expressions de son original*, que suivant l'approbation du docteur espagnol, qui est à la tête de cette traduction : « Si le système des philosophes païens » sur la métempsycose étoit vraisemblable, on pourroit » croire que l'âme de Corneille a été la même que celle de » son traducteur. » Ce traducteur rime les scènes qu'il juge à propos, et ne rime pas les autres. Nous retrouvons un peu Corneille quand il rime, comme dans ces vers sur l'ambition humaine :

> La ambicion del humano devanto,
> Ya' satisfecha causa, y de un deseo
> A otro contrario passa, de tal suerte
> Que sin sossiego alguno, hasta la muerte,
> Lograda y a la altura de su idea,
> No pudiendo subir, baxar desea.

Dans les scènes non rimées, ce n'est plus Corneille que nous croyons entendre.

A l'égard de ces variétés de césure dont parle l'abbé Conti, et de ces grâces de l'enjambement qui rendent le vers libre rival du vers grec et latin (ce que M. Maffei, s'appuyant sur l'autorité de Ronsard, a avancé dans la préface de sa traduction du premier livre de l'Iliade), je puis répondre que nos vers ont toutes ces grâces dans la bouche de ceux qui savent les prononcer.

Les étrangers s'imaginent qu'en prononçant deux vers, nous nous reposons quatre fois, à cause des quatre hémistiches : le sens et l'ordre des mots s'y opposent souvent, surtout dans les vers de passion, et nous obligent d'y faire deux ou trois césures, et d'enjamber. Croient-ils que, dans la colère, Hermione marche à pas comptés?

> Adieu. Tu peux partir. † Je demeure en Epire ; †
> Je renonce à la Grèce, † à Sparte, à son empire, †
> A toute ma famille ; † et c'est assez pour moi, †
> Traître, qu'elle ait produit † un monstre comme toi.

Voici comme la passion, peinte dans ces vers, conduit la voix :

> Adieu. † Tu peux partir. † Je demeure en Epire ; †
> Je renonce † à la Grèce, † à Sparte, † à son empire, †
> A toute ma famille ; † et c'est assez pour moi,
> Traître, † qu'elle ait produit un monstre † comme toi.

Nous lisons même les vers qui sont sans passion, tout autrement que ne le croient les étrangers :

> Oui, je viens † dans son temple adorer l'Eternel ; †
> Je viens, † selon l'usage antique et solennel, †
> Célébrer avec vous † la fameuse journée
> Où sur le mont Sina la loi nous fut donnée. †
> Que les temps sont changés ! † Sitôt que de ce jour
> La trompette sacrée annonçoit le retour, †
> Du temple, † orné partout de festons magnifiques,
> Le peuple saint † en foule inondoit les portiques. †

Nous pourrions peut-être accorder à nos voisins que leur vers non rimé, comme imitant le ton de la conversation, doit être celui de leur poésie dramatique ; mais pourquoi veulent-ils qu'il puisse être celui de la poésie lyrique et épique? Il a été très-facile aux Italiens de traduire avec ce vers tous les poètes de l'antiquité : cependant Anguillara, si estimé par eux pour sa traduction des Métamorphoses d'Ovide, a rimé; et Pope a donné le même ornement à sa traduction d'Homère, si vantée par les Anglais.

Enfin, de quelque manière que les étrangers pensent de la rime, tant qu'Apollon nous protégera, nous y resterons fidèles, et même à la rime la plus exacte. Quiconque, parmi nous, manque à cette exactitude, fait voir que la rime le gêne, et tout homme que la rime gêne n'est pas poète.

§. III. *Le langage amoureux.*

Le troisième reproche que nos voisins font à notre tragédie, est d'être un poëme tout rempli d'amour, au lieu qu'il devroit être tout rempli de majesté. Or, l'amour et la majesté s'accordent mal ensemble, comme dit Ovide :

> Non bene conveniunt, nec in unâ sede morantur
> Majestas et amor.

Si un accusé se justifioit en prouvant que ses accusateurs sont aussi coupables que lui, nous serions bientôt innocens. Ce que j'ai rapporté de la Cléopâtre du cardinal Delfino et de celle de Dryden, ce que je pourrois dire du Caton anglais et du Caton italien, nous serviroit de réponse. Dans quelle pièce ancienne, en Italie, en Angleterre et en Espagne, n'est-il point parlé d'amour? Et dans quel style en est-il parlé? C'est bien là que les personnes sages qui condamnent les ouvrages dangereux, peuvent dire le *tant mieux* de M. de Cambrai.

Tâchons, sans accuser les autres, de nous justifier, ou plutôt de nous excuser, en remontant à l'origine du mal, qui fut général, et commençons par avouer que les anciens nous avoient donné un exemple tout contraire.

Après avoir passé beaucoup de temps de ma vie à lire des poètes, temps employé souvent avec ennui, temps quelquefois agréablement perdu, mais toujours perdu, j'ai conservé une telle affection pour deux poètes, que je ne puis les relire sans y trouver quelques beautés nouvelles.

L'un des deux est celui qui, dans le passage de Platon que j'ai rapporté, est appelé *le premier des poètes tragiques*. Homère, admirable par tant de raisons, me le paroît surtout par cette dignité qu'il a répandue dans sa poésie: le sujet de l'Iliade, dans lequel il trouve, parmi ses personnages, Pâris, Hélène et Vénus, lui fournissoit bien des occasions de parler d'amour; au lieu que le siége de Jérusalem n'en présentoit naturellement aucune au Tasse. Le Tasse cependant ne nous entretient que d'aventures amoureuses, et Homère ne nous entretient que de combats. Ce n'est pas seulement quand il chante la guerre, qu'il ne songe point à parler d'amour; il n'y paroît pas songer davantage dans le poëme où il a à dépeindre les amans de Pénélope, la cour d'Antinoüs, le palais de Circé et la grotte de Calypso : cette grotte, dans l'Odyssée, est bien différente de ce qu'elle est dans notre Télémaque.

On ne peut attribuer cette sagesse du premier et du plus grand des poètes qu'à l'idée qu'il se fit de son art : il sentit que les descriptions amusantes, badines, voluptueuses, ne pouvoient trouver place dans la poésie épique, où tout doit être grand, sérieux et utile.

Il en faut dire autant des poètes dramatiques grecs, qui, très-libertins dans la comédie, furent toujours sages dans la tragédie, parce qu'ils ne s'imaginèrent jamais qu'un poëme destiné à faire verser des larmes et à peindre des douleurs véritables,

<blockquote>Dût connoître l'amour et ses folles douleurs.</blockquote>

Leur unique objet étoit d'exciter une grande émotion; et une action simple, mais terrible, leur suffisoit. Ajax, se jetant sur son épée, fournit une tragédie à Sophocle; Philoctète, à qui l'on veut enlever ses flèches, lui en fournit une autre sans qu'il ait besoin d'un personnage de femme. Il semble que dans son Antigone il ne pouvoit se dispenser de parler d'amour. Antigone, pour avoir donné la sépulture au cadavre de son frère, est condamnée à mort dans le moment qu'elle doit épouser Hémon, qui, lorsqu'il apprend la fin cruelle de sa future épouse, va se tuer sur son corps : cependant ces deux amans ne parlent point de leur passion dans cette pièce, et ne se trouvent jamais ensemble sur la scène.

Euripide a mis sur la scène des femmes amoureuses, et a été regardé comme le peintre de l'amour : « Il est très-» attentif, dit Longin, à traiter d'une manière tragique ces » deux passions, la fureur et l'amour. » Euripide ne parle jamais le langage de la tendresse ; il peint seulement les fureurs de l'amour : c'est ce que Longin appelle traiter cette passion d'une manière tragique, ικτραγῳδησαι ; manière si long-temps ignorée parmi nous.

Médée a été pour nous un sujet de tragédie et d'opéra ; mais ce sujet n'étoit point traité sur le théâtre d'Athènes comme sur le nôtre. La Médée d'Euripide est une pièce pleine de fureur, sans amour. Jason, voulant se justifier de répudier sa femme pour en épouser une autre, se contente de dire qu'il veut, par une alliance avec un roi, donner de l'appui à ses enfans. Notre Jason n'a pas besoin de raisons politiques : son excuse est toute prête ; c'est l'amour :

> Je vois mon crime en l'une, en l'autre mon excuse....
> L'éclat d'un tel visage
> Du plus constant du monde attireroit l'hommage.

C'est ainsi qu'il parle dans Corneille ; et Longepierre lui fait dire :

> Oui, transporté d'amour, et voyant ce que j'aime,
> J'oublie et mon devoir, et Médée, et moi-même ;
> Je m'enivre à longs traits d'un aimable poison :
> L'amour devient alors ma suprême raison.

Quand

DE LA POÉSIE DRAMATIQUE.

Quand Médée, après son crime, croit voir les Enfers ouverts, et l'ombre de son frère qu'elle a tué, elle prétend que cette ombre lui doit pardonner une rage dont l'amour a été la cause :

>Ah, pardonne, chère ombre, à ma rage inhumaine !
>Pardonne : l'amour seul a causé ma fureur.

Belle raison de consolation pour son frère ! De pareils vers eussent fait rire le peuple d'Athènes : pourquoi ne nous paroissent-ils pas ridicules ? Parce que nous sommes depuis long-temps accoutumés à ce langage. Il faut donc, pour nous excuser, remonter, comme je l'ai dit, à la source du mal.

Quand les lettres reprirent naissance en Europe, on n'y étoit occupé, de tous côtés, que des romans de chevalerie ; productions de l'ignorance et de l'amour du merveilleux. Ces ouvrages sont si anciens, tant les ténèbres avoient duré, qu'on ne peut découvrir d'une manière certaine, chez quel peuple et dans quelle langue parurent d'abord les *Amadis*. Ce roman si fameux, dont l'auteur est inconnu, fut suivi d'un grand nombre d'ouvrages dans le même genre ; qui, quoique dans un style moins agréable, avoient eu une grande vogue, parce qu'ils contenoient autant de merveilles extravagantes. On ne s'entretenoit que des exploits incroyables et de la constance en amour de ces chevaliers aussi admirables par leur courage que par leur tendresse. Tout chevalier devoit nécessairement avoir une maîtresse, parce que, comme Cervantes le fait dire à son Dom Quichotte, « un chevalier sans amour est un arbre sans feuilles et sans » fruit, un corps sans âme. » Quoique bon Chrétien et très-dévot, il étoit si amoureux, qu'avant que de commencer ces combats, dont l'occasion se présentoit si souvent, son premier devoir étoit de se recommander à la dame de ses pensées : « Ce qui ne nous dispense pas, ajoute gravement » Dom Quichotte, de nous recommander aussi à Dieu ; » mais nous avons le temps de le faire, *en el discurso*

» *de la obra*, pendant le cours de l'exploit. » Telles étoient les maximes des héros de ces livres si à la mode, et telles étoient les mœurs de la noblesse dans plus d'une nation. Il est rapporté, dans l'Histoire des Croisades, qu'un chevalier amoureux de la femme de son voisin, obligé de partir pour la Guerre sainte, y mourut après avoir ordonné, par son testament, que son cœur seroit reporté à celle qui l'avoit toujours possédé. Cet homme, qui se faisoit gloire, sans doute, comme Renaud dans le Tasse, d'être *un soldat de Jésus-Christ*, fit gloire aussi, jusqu'à la mort, d'un amour adultère. Dans un temps que tout dévot chevalier avoit une maîtresse, une souveraine de toutes ses pensées, tout poète, amoureux ou non, devoit chanter une dame souveraine de son esprit, et ne manquoit pas d'allier le langage de l'amour à celui de la dévotion, comme a fait Pétrarque. Pouvoit-on s'imaginer que l'amour ne devoit point s'accorder avec la majesté de la tragédie, dans un temps où on croyoit pouvoir l'accorder avec la sévérité de la religion?

Aux romans de chevalerie succédèrent ces longs romans qui, moins raisonnables que l'*Astrée*, ne parloient, comme l'*Astrée*, que d'amour, et contenoient les galanteries et les billets doux des héros les plus graves de l'antiquité. Notre tragédie prit une vie conforme à l'air qu'on respiroit alors, et Corneille fit écrire des billets doux à César dans le champ de Pharsale.

Si nos premiers poètes eussent connu leur art, ils eussent pensé tous qu'un poëme, dont l'objet est d'exciter la plus grande émotion, ne devoit point prendre pour passion ordinaire celle qui ne cause ordinairement qu'une foible émotion; mais aucun de nos premiers poètes tragiques n'avoit, comme je l'ai dit plus haut, étudié son art : ils ne songeoient qu'à satisfaire le goût de leurs spectateurs.

Dans nos romans, ce n'est point parce qu'une femme est admirable par les qualités de son âme, qu'elle a un empire absolu sur un héros, c'est parce qu'elle est belle ; son empire est celui de la beauté : ainsi, dans nos tragédies, toute maîtresse fut appelée une divinité. Emilie en est une pour Cinna, qui s'écrie :

> O Dieux, qui la rendez comme vous adorable !

Sévère voit sa divinité dans les yeux de Pauline :

> Je n'aurois adoré que l'éclat de vos yeux ;
> J'en aurois fait mes rois, j'en aurois fait mes dieux.

Polyeucte, tout Chrétien qu'il est, dit, en parlant de sa femme :

> Sur mes pareils, Néarque, un bel œil est bien fort.
> Tel craint de le fâcher, qui ne craint pas la mort.

Quand Rodogune a demandé aux deux frères la mort de leur mère, et qu'un des deux l'appelle une âme cruelle, l'autre lui répond :

> Plaignons-nous sans blasphème :
> Il faut plus de respect pour celle qu'on adore.

C'est blasphémer que de parler sans respect d'une maîtresse, qui est toujours une divinité ; et peut-on lui désobéir ? Cinna se représente toutes les horreurs du crime qu'il va commettre ; mais si Emilie l'ordonne, il faut qu'il assassine Auguste ; de même que le *maréchal* d'Hocquincourt, *prenant un couteau*, disoit au P. Canaye : « Si elle m'avoit com-
» mandé de vous tuer, je vous aurois enfoncé ce couteau dans
» le cœur. » Nos romans avoient mis ce langage à la mode, aussi bien que celui des amans qui se disent trop heureux de mourir pour celle qu'ils aiment.

Le monologue de Rodrigue dut produire un grand effet, à cause de notre manière de penser sur le point d'honneur et sur l'amour. Il faut bien que Rodrigue tire vengeance, mais de qui ? Du père de sa maîtresse :

> En cet affront, mon père est l'offensé ;
> Et l'offenseur, le père de Chimène.
> Père, maîtresse, honneur, amour, etc.

Comment se tirer de cet embarras ? Il fait réflexion que s'il ne se venge pas, il perdra également sa maîtresse, puisqu'elle le méprisera. Cette réflexion le détermine :

> Allons, mon bras, du moins sauvons l'honneur,
> Puisqu'aussi bien il faut perdre Chimène.

N'imputons point à un génie tel que Corneille l'amour de ce langage, ne l'imputons qu'à son siècle. Il fut, à la vérité, le premier qui mit sur *la scène la raison ;* mais il fut obligé d'y mettre aussi l'amour ; et voyant l'effet qu'il produisoit lorsqu'il écrivit ses réflexions sur la tragédie, il n'hésita pas de prononcer « qu'il est à propos d'y mêler de l'amour, » parce qu'il a beaucoup d'agrément. » Boileau lui-même fut contraint de dire aux poètes :

> Peignez donc, j'y consens, les héros amoureux ;
> Mais ne m'en formez pas des bergers doucereux.

Il se contenta de demander cette réforme.

Corneille, qui mit de l'amour dans toutes ses tragédies, même dans les saintes, même dans Œdipe, ne lui donna pas, à la vérité, la première place ; il établit même pour règle qu'il ne devoit occuper que la seconde : en quoi il se trompoit, puisque cette passion étant froide quand elle n'est qu'à la seconde place, il faut ou qu'elle n'en ait aucune dans la tragédie, ou qu'elle occupe la première ; il faut ou qu'elle ne paroisse point, ou qu'elle règne.

C'est ce que comprit bientôt son successeur : instruit des vrais principes de son art, nourri dès son enfance des poètes grecs, obligé cependant de se conformer au goût de son siècle, opposé au sien et à ses lumières, quel parti pouvoit-il prendre ? Bannir entièrement l'amour de notre théâtre n'étoit pas le projet d'un jeune homme. Quelle autorité avoit-il ? Qui seroit venu l'entendre ? Qu'on se rappelle qu'il entra dans la carrière dans un temps où l'on n'étoit point choqué de voir le sujet d'Œdipe orné d'un épisode amoureux, dans un temps où la galanterie régnoit dans la brillante cour d'un jeune roi, dans un temps où les tragédies de Quinaut faisoient la fortune des comédiens. L'Astrate, tant vantée dans le Journal des Savans, 1665, fut jouée pendant trois mois avec un concours si grand, que les comédiens mirent les places au double : ce qui étoit nouveau. Les partisans de Quinaut reprochoient aux autres poètes de ne pas savoir, comme lui, parler tendrement.

Un jeune poète, qui avoit lui-même fait écrire des billets doux à Alexandre, entreprit la réforme de notre théâtre. Que ceux qui seront surpris de m'entendre attribuer cette réforme au poète qu'ils nomment le *tendre*, et qui croiront que mon attachement pour lui m'aveugle, se rappellent ce qu'a écrit M. de Voltaire dans sa lettre à M. Maffei : « Ne » croyez pas, Monsieur, que cette malheureuse coutume » d'accabler nos tragédies d'un épisode inutile de galanterie, » soit due à Racine, comme on le lui reproche en Italie ; c'est » lui, au contraire, qui a fait ce qu'il a pu pour réformer » en cela le goût de sa nation. »

Il n'est pas étonnant qu'on l'accuse en Italie d'avoir mis à la mode, dans notre tragédie, le langage amoureux, puisque, dans le pays où il doit être mieux connu, tant de personnes s'imaginent que ce langage étoit toujours le sien ; qu'il ne faisoit ses tragédies que pour faire valoir une actrice dont il étoit l'esclave : actrice cependant qui n'eut jamais (comme j'en suis certain) aucun empire sur lui. Et qu'on se représente parlant d'amour, parmi les femmes, un homme qui, uniquement occupé de l'étude de son art, passa avec les poètes grecs le temps de la vie où les passions sont les plus vives.

Quelle fut la première réforme qu'il fit sur notre théâtre ? C'est M. de Voltaire qui nous l'apprend au même endroit : « Jamais, chez lui, la passion de l'amour n'est épisodi- » que ; elle est le fondement de toutes ses pièces, elle en

» forme le principal intérêt. » Ne pouvant tout-à-coup la bannir de notre théâtre, il sut du moins la rendre théâtrale en la rendant nécessaire à l'action.

A cette première réforme il en ajouta une seconde; il fit parler à cette passion son véritable langage. On ne vit plus les amans diviniser leurs maîtresses, de leurs yeux faire des dieux, leur répéter cent fois qu'elles sont adorables, et qu'ils ne souhaitent que le bonheur de mourir pour elles; il bannit même du langage noble ce terme qui s'est introduit dans notre langue, à la honte des hommes, ce mot *maîtresse*: s'il se trouve deux fois dans ses pièces, c'est dans un sens de mépris. Phœnix dit à Pyrrhus, qui renvoie Oreste à Hermione:

Ainsi vous l'envoyez aux pieds de sa maîtresse;

et c'est par colère et par mépris que Mithridate se dit à lui-même:

J'ai besoin d'un vengeur, et non d'une maîtresse.

Au lieu que Cinna ne se sert point de ce mot par mépris, quand, pour faire comprendre l'ardeur des conjurés contre Auguste, il dit:

Ils semblent, comme moi, servir une maîtresse;

c'est-à-dire, servir une divinité.

Enfin, il fit une troisième réforme. L'amour avoit toujours été nommé *la belle passion des âmes*; la Théodore de Corneille, toute Chrétienne qu'elle étoit, parloit

De ces impressions
Que forment en naissant les belles passions.

Il falloit à cette passion sacrifier toutes les autres. Un frère peut céder un trône à son frère; c'est un effort de vertu: mais céder une femme qu'on aime, quel crime! C'est ne savoir pas aimer:

> Un grand cœur cède un trône, et le cède avec gloire :
> Cet effort de vertu couronne sa mémoire.
> Mais lorsqu'un digne objet a pu nous enflammer,
> Qui le cède est un lâche, et ne sait pas aimer.

Il faut même que cet amour soit victorieux de la respectable amitié qui a régné jusque-là entre ces deux frères :

> L'amour, l'amour doit vaincre; et la triste amitié
> Ne doit être à tous deux qu'un objet de pitié.

La femme qui mérite ce grand sacrifice est cependant une femme très-peu estimable, et l'on peut remarquer que, dans les tragédies de Corneille, toutes ces femmes adorées par leurs amans sont, par les qualités de leur âme, des femmes très-communes. Ce n'est que par la beauté que Cléopâtre captive César, et qu'Émilie a tout empire sur Cinna. Chimène, malgré tout le bruit de sa douleur, aime beaucoup moins son père que son amant; et lorsque le père de Camille lui conseille d'étouffer sa tristesse après la mort de son amant, et de montrer du courage, elle répond que l'amour ne prend point de lois

> De ces cruels tyrans
> Qu'un astre injurieux nous donne pour parens.

Elle ne connoît plus ni père ni frère.

Dans les pièces du successeur de Corneille, on ne trouve plus ces maximes ni ces exemples : l'Amour y est toujours soumis au devoir, ou malheureux et méprisable quand il n'y est pas soumis. Monime et Xipharès savent aimer; mais quand ils voient que, pour leur malheur, le ciel a joint si tendrement

> Deux cœurs que l'un pour l'autre il ne destinoit point,

aussitôt ils se disent un adieu éternel ; et Monime n'ose se plaindre de son sort, puisqu'elle a dit à Mithridate, qu'elle n'aime point :

> Et même de mon sort je ne pouvois me plaindre,
> Puisqu'enfin, aux dépens de mes vœux les plus doux,
> Je faisois le bonheur d'un héros tel que vous.

Toutes les femmes qui font soupirer pour elles un héros, méritent leurs vœux par leurs excellentes qualités : Andromaque, Junie, Iphigénie, Bérénice (je renvoie à ce que j'ai observé sur le caractère de Bérénice, tom. I, p. 542); Titus lui doit sa gloire dans les armes, et toutes ses vertus : c'est elle qui l'a rendu un prince bienfaisant; elle fait le bonheur de sa vie. Mais *il ne s'agit plus de vivre, il faut régner:* il la quitte quand il est empereur.

Voilà donc notre tragédie devenue plus morale, et cependant, je suis forcé de l'avouer, plus dangereuse que celles où l'amour donnoit de mauvais exemples. Et pourquoi? Parce que dans celles-ci l'amour parle son langage véritable; ce qui, malgré les intentions de l'auteur, doit les rendre très-dangereuses quand elles sont représentées par des personnes habiles à imiter la nature. Elles ont aussi été cause que les poètes qui sont venus depuis, ont voulu faire parler l'amour aussi tendrement, et ne l'ont pas toujours fait aussi sagement; mais les fautes des successeurs ne doivent pas être imputées à celui qui a été, comme je viens de le montrer, le réformateur de notre galante tragédie.

Il osa faire plus; il osa, comme Euripide ἐκτραγῳδῆσαι, traiter l'amour d'une manière tragique, et peindre dans Phèdre vertueuse toute l'horreur d'une passion criminelle.

« Il est certain, dit M. de Voltaire dans la préface de
» son Oreste, que si ce grand homme avoit vécu, et s'il
» eût cultivé un talent qu'il ne devoit pas abandonner, il
» eût rendu au théâtre son ancienne pureté. On le voit par
» son Athalie, l'ouvrage le plus approchant de la perfec-
» tion qui soit jamais sorti de la main des hommes. »

Il est certain qu'il n'eût plus songé à perfectionner la tragédie, l'ayant entièrement abandonnée, sans les circonstances qui l'y ramenèrent, et qui furent cause qu'en lui rendant toute sa pureté, il lui donna la plus grande majesté qu'elle puisse avoir.

M. de Voltaire appelle Athalie « l'ouvrage le plus appro-
» chant de la perfection qui soit jamais sorti de la main
» des hommes. » Il dit encore, dans sa lettre à M. Maffei:
« La France se glorifie d'Athalie ; c'est le chef-d'œuvre de
» notre théâtre, c'est celui de la poésie. » Et M. Maffei,
dans sa réponse, avoue qu'elle est une très-belle tragédie,
bellissima tragedia.

Ce que j'ai dit, à la fin de mes remarques, de la manière
dont elle a été imitée dans un *oratorio*, et de la fidelle
traduction de l'abbé Conti, et de celle qu'on annonce de
l'Espagne, prouve une estime générale ; et voici ce que
Riccoboni en a dit après avoir examiné tous les théâtres de
l'Europe : « Je donne à Athalie le pas sur toutes les tra-
» gédies modernes. De quelque côté qu'on l'examine, on
» n'y trouve que beautés admirables..... C'est un ouvrage
» parfait, qui mérite d'être à la tête de tous les poëmes
» dramatiques. »

Soit que cet ouvrage soit parfait, comme le dit Riccoboni,
soit qu'il soit seulement, comme le dit M. de Voltaire,
le plus approchant de la perfection, un consentement
unanime me paroît le mettre à la tête de toutes les tragédies
modernes : il nous procure donc l'avantage d'établir sans
contestation notre supériorité sur nos voisins.

Nous met-il en droit de disputer la supériorité aux Grecs?
Nous permet-il du moins de nous croire leurs égaux, et
pouvons-nous dire sans nous tromper, comme Crescembeni
quand il parle des tragédies italiennes : *Nous marchons de
pair avec les Grecs ?* Avant que de proposer cette question,
examinons si Athalie a toutes les parties qu'avoit la tragédie
grecque, et que doit avoir, suivant Aristote, la tragédie,
pour avoir tout ce qui lui convient.

CHAPITRE X.

Des six parties de la Tragédie, suivant Aristote. Examen de ces six parties dans Athalie.

Dans le passage d'Aristote que j'ai rapporté page 81, ce philosophe, après avoir défini la tragédie, la divise en six parties : *L'action* ou *fable, les mœurs, les sentimens, la diction, la décoration* et *le chant*.

Cette division n'a rien qui ne soit clair. La tragédie étant, comme le dit Aristote, une imitation, *non pas des hommes, mais de leurs actions*, la première et la plus importante partie de la tragédie est l'*action*. Comme toute action suppose des hommes qui agissent, et arrive souvent parce que ces hommes ont telles mœurs, telles inclinations, tels caractères, ces *mœurs* sont la seconde partie : les hommes agissent parce qu'ils sont dans une telle disposition d'esprit, dans un tel sentiment. Leurs sentimens sont, ainsi que leurs mœurs, les principes de leurs actions, et en agissant ils expriment leurs sentimens : ce sont ces *sentimens*, exprimés par leurs paroles, qui font la troisième partie. Ils expriment leurs sentimens dans un tel style, dans un tel arrangement de paroles : c'est *la diction*. Voilà le poëme : les deux autres parties, *la décoration* et *la musique*, sont nécessaires à la représentation du poëme.

Mon dessein n'est pas de rechercher, comme un commentateur d'Aristote, tout ce qu'on peut dire sur ces six parties ; je ne veux qu'examiner chacune séparément, dans Athalie.

§. Ier. *L'Action* ou *Fable*.

L'action est non-seulement, suivant Aristote, ce qu'il y a de plus important dans la tragédie, μέγιστον, le principe, αρχη, et la fin, τέλος; elle en est encore comme l'ame, οἷον ψυχη. Une tragédie peut subsister sans mœurs, et non pas sans action.

L'action ou fable est le tissu, le contexte des affaires, la composition des choses : c'est par ce tissu, cette composition, par l'art de disposer sa fable, que le poète est, suivant Aristote, plus poète, c'est-à-dire, plus créateur que par ses vers. Quoique l'action qu'il imite soit véritable, il n'est pas moins créateur et auteur de sa fable, parce que l'économie avec laquelle il l'a disposée est ce qui en établit la vraisemblance.

Cette action doit être une, grave et entière, faire un tout parfait, et avoir une juste grandeur.

Cette grandeur n'est point déterminée par un certain nombre d'actes, terme inconnu à Aristote. Une action ne cesse pas régulièrement quatre fois, pour recommencer quatre fois ; mais les intermèdes ont été établis pour la variété du spectacle, le délassement des spectateurs, et le repos des acteurs.

Une action grave, d'où dépend une révolution dans un Etat, doit être publique. Il est vraisemblable qu'elle se passe devant des témoins qui s'y intéressent : de là suivent nécessairement les deux autres unités. Les témoins de l'action en attendent la fin au même endroit où elle a commencé ; ils ne s'en vont point pour revenir, puisqu'ils en perdroient la suite : ainsi, une action ne doit durer qu'autant de temps qu'on y peut prêter attention ; et j'ai remarqué, dans les tragédies que j'ai examinées, que ce temps est presque toujours le même que celui de la représentation. C'est par condescendance qu'Aristote l'a étendu jusqu'à celui d'un tour de soleil ; c'est-à-dire, environ douze heures.

Ce que j'ai dit jusqu'à présent, d'après Aristote, est absolument nécessaire à l'action : ce qu'il va dire n'est pas absolument nécessaire, mais contribue à la perfection de la tragédie.

Elle est bien plus parfaite quand l'action qu'elle imite est implexe, quand elle a une péripétie ou une reconnoissance, ou l'une et l'autre, et quand l'une et l'autre naît du sujet. La plus heureuse reconnoissance est celle qui cause la péripétie. C'est par les péripéties et les reconnoissances que la tragédie, ψυχαγωγεῖ, entraîne l'âme où elle veut. C'est ce mot qu'Horace avoit en vue quand il comparoit un poète tragique à un magicien :

> Meum qui pectus inaniter angit,
> Irritat, mulcet, falsis terroribus implet
> Ut magus, etc.

Comme dans Athalie la reconnoissance cause la péripétie, je vais rapporter fidèlement ce qu'Aristote dit de plus important sur les reconnoissances :

« Il y en a de plusieurs sortes. La première, qui est la
» plus grossière, et dont la plupart se servent, faute d'in-
» vention, est celle qui se fait par les signes. Ces signes
» sont ou attachés au corps de la personne, comme les ci-
» catrices, ou tout-à-fait extérieurs, comme les colliers.
» On peut faire des cicatrices de bonnes et de médiocres re-
» connoissances. Ulysse, par exemple, à la faveur de sa
» cicatrice, est reconnu d'une façon par sa nourrice, et
» d'une autre façon par ses bergers. » (Il y a moins d'art dans cette dernière, où Ulysse découvre exprès sa cicatrice pour vérifier son discours ; au lieu que dans l'autre, c'est sa nourrice qui le reconnoît en la voyant. Il n'y a point de dessein dans cette reconnoissance ; il y a, au contraire, une surprise qui fait une péripétie.) « Celles-ci sont les
» meilleures.

» La plus belle des reconnoissances est celle qui, étant
» tirée du sein même de la chose, se forme peu à peu
» d'une suite vraisemblable des affaires, et excite la terreur

» ou l'admiration, comme celle qui se fait dans l'Œdipe
» de Sophocle et dans l'Iphigénie : car qu'y a-t-il de plus
» vraisemblable à Iphigénie que de vouloir faire tenir une
» lettre dans son pays ? Ces reconnoissances ont cet avan-
» tage par dessus toutes les autres, qu'elles n'ont pas be-
» soin de marques extérieures et inventées par le poète, de
» colliers et d'autres sortes de signes. Les meilleures, après
» celles-ci, sont celles qui se font par raisonnement. »
(J'appliquerai ces réflexions à la reconnoissance de Joas.)

Aristote donne le premier rang à une action qui finit par le malheur d'un homme qui n'est ni bon ni méchant, et qui s'est attiré son malheur par quelque faute : il ne met qu'au second rang celle dont la catastrophe est heureuse pour les bons, et funeste aux méchans.

Comme les sujets qui rassemblent toutes ces perfections sont rares, il reconnoît que les grands sujets de la tragédie ne se trouvent que dans le petit nombre de ces anciennes familles fameuses par leurs malheurs. Il est vrai que les familles des Atrées, des Œdipes, des Agamemnons, sembloient faites pour fournir aux poètes des sujets tragiques.

Voilà les principes d'Aristote sur l'action ou la fable. J'en vais faire l'application à celle d'Athalie.

L'action est le rétablissement de Joas sur le trône de ses pères, usurpé par Athalie ; et par cette raison, cette pièce, comme le dit l'auteur dans sa préface, devroit être intitulée *Joas*.

Tout ce qui est dit dans l'Ecriture-Sainte sur cet événement se borne à ceci : Dans la septième année, depuis que Joas, arraché au couteau d'Athalie, étoit élevé dans le temple, le grand-prêtre envoya chercher cinq officiers commandant chacun cent hommes, leur fit reconnoître Joas, et, les ayant engagés par secret au serment, les envoya dans tout le pays donner ordre aux lévites et aux princi- paux de Juda, de se rendre à Jérusalem à un jour marqué. Quand ils s'y rendirent, il leur donna les armes de David, couronna Joas, et fit crier *vive le roi!* A ce bruit, Athalie accourut, et, voyant un enfant sur le trône, s'écria : *O trahison!* Le grand-prêtre la fit tuer hors du temple.

Voici comme le poète a conduit l'imitation de cette action, c'est-à-dire sa fable.

Le grand-prêtre, qui soutient sa dignité par une foi intrépide, ne songe point à avoir recours aux officiers ni aux principaux de Juda, afin que dans ce grand événement le doigt de Dieu se manifeste davantage. Il n'y veut employer que ses prêtres et ses lévites, dont il a redoublé le nombre; et sans leur apprendre quel roi il leur doit donner, il leur a promis un successeur de David, et les a engagés par serment à lui être fidèles lorsqu'ils le connoîtront :

> Un serment solennel par avance les lie
> A ce fils de David qu'on leur doit révéler.

Ainsi, jusqu'au moment de l'exécution, l'action n'est préparée que par cette promesse, ce serment, et l'attention que le grand-prêtre a eue de redoubler le nombre des lévites :

> Je sais que près de vous en secret rassemblé,
> Par vos soins prévoyans leur nombre est redoublé.

Le jour choisi pour l'exécution est le jour d'une grande fête, afin que le temple soit rempli de fidèles Hébreux. Ce jour, un officier prévient le lever du soleil, va au temple, et entre chez le grand-prêtre. Le grand-prêtre, quoique témoin de son horreur pour Athalie et de son zèle pour le sang de ses rois, s'il en étoit échappé quelque goutte, ne lui dit rien de son projet, et lui recommande de venir le retrouver dans quelques heures. Le grand-prêtre, seul avec son épouse, se prépare à exécuter son projet, qui paroît devoir être déconcerté par l'arrivée imprévue d'Athalie et par les soupçons que lui donne la vue de Joas.

Si le poète n'eût fait entrer Athalie dans le temple qu'au bruit du couronnement de Joas, comme le rapporte l'Ecriture-Sainte, elle n'eût paru qu'une fois à la fin de la pièce, et le spectateur n'auroit pas conçu pour elle toute l'horreur qu'il doit avoir : il falloit trouver un moyen pour la faire auparavant paroître sur la scène ; ce qui n'étoit pas aisé, puisque le lieu de la scène est dans le temple. Il a supposé que, troublée par un songe, elle est sortie pour aller au temple de Baal; et par une crainte superstitieuse pour le Dieu des Juifs qu'elle veut apaiser, elle est entrée dans son temple. La ressemblance de Joas avec l'enfant qu'elle a vu en songe lui cause des soupçons. Mathan, envoyé bientôt par elle, le vient demander de sa part à Josabet, qui alarmée songe à s'enfuir et à le cacher. Le grand-prêtre au contraire, à cause du péril, avance l'heure de l'exécution de son projet, sans attendre Abner. Il découvre à Joas ce qu'il est, appelle les prêtres, leur montre leur roi, et leur fait prêter serment de fidélité. On vient dans ce moment annoncer que la montagne sur laquelle ils sont est environnée par l'armée d'Athalie, et qu'Abner est en prison. Toute espérance paroît perdue : le grand-prêtre, qui ne la perd jamais, se prépare à soutenir l'assaut; et lorsqu'il va partir avec le jeune roi pour aller combattre, Abner, envoyé par Athalie, vient lui offrir la paix, à condition qu'on lui livrera l'enfant et un trésor dont on lui a donné connoissance. Le grand-prêtre ayant répondu que si elle veut venir, accompagnée seulement de ses principaux officiers, elle trouvera un trésor, renvoie Abner sans lui découvrir encore son secret, et ordonne que sitôt qu'Athalie sera entrée dans le temple, on aille annoncer au peuple le nouveau roi, au son des trompettes. Athalie arrive, lui demande le trésor qu'il a promis : il fait tirer le rideau qui couvroit Joas assis sur son trône, et, par les preuves qu'il donne à Athalie, la force à reconnoître que l'enfant qu'elle voit est Joas. Elle ordonne à ses soldats de le tuer : les lévites, qui sont en plus grand nombre, le défendent et environnent Athalie, qui attend le secours de son armée ; mais on vient annoncer que son armée a pris la fuite au nom de Joas, que le peuple a brisé les portes du temple de Baal, et égorgé Mathan. Les lévites entraînent Athalie hors du temple, et la font mourir.

Cette action, dont la première entrée d'Athalie dans le temple forme le nœud, est partagée, comme celles des tragédies grecques, en quatre intervalles, que remplissent quatre chants du chœur. Quoiqu'elle soit véritable, et que le poète n'y ajoute aucune circonstance considérable, il est *créateur* de son sujet, par la manière dont il a disposé les choses. Les incidens, qui naissent les uns des autres, arrivent, comme ils ont dû arriver, suivant la vraisemblance. Le poète n'emploie qu'un petit nombre de personnages, qui tous, excepté celui d'Abner, sont fournis par l'Ecriture-Sainte. Mathan n'est point un personnage épisodique : prêtre du dieu d'Athalie, il est aussi le ministre et le confident de cette reine ; il ne paroît sur le théâtre que parce qu'Athalie l'envoie chercher, et il n'y revient qu'envoyé par Athalie. Abner pourroit être regardé comme un personnage épisodique. Comment, dira-t-on, peut-il contribuer à une action dont il n'a jamais eu le secret ? Il y a une très-grande part sans le savoir. C'est lui qui, dans la première scène, ayant instruit Joad des fureurs d'Athalie, dont il a été témoin, l'a animé à exécuter dès le jour même son grand projet ; c'est lui qui, s'opposant aux conseils sanguinaires de Mathan, qui vouloit qu'Athalie s'assurât sur-le-champ de Joas, est cause que la fureur d'Athalie est suspendue pour quelques heures, et que par conséquent le grand-prêtre a le temps de faire reconnoître Joas.

Cette

Cette action si grande est une, entière, et compose un tout parfait. Elle ne demande pas plus de temps que la durée de la représentation, et elle se passe dans le même lieu, puisque le chœur, qui remplit les quatre intervalles, ne laisse jamais de vide ; elle est complète, et la fin ne laisse rien à desirer, puisque Joas, proclamé roi par tout le peuple, et délivré de ses ennemis, est paisible possesseur du trône qui lui appartient. Les périls qu'il a courus ont tenu le spectateur dans de continuelles alarmes : ainsi, cette pièce a pour âme les deux passions essentielles à la tragédie, la crainte et la pitié.

Le dénouement arrive par une reconnoissance qui cause une péripétie ; et la reconnoissance, comme la péripétie, naît du sujet. Voilà l'espèce de tragédie qui entraine l'âme où elle veut, suivant le terme d'Aristote.

La reconnoissance a toutes les qualités qu'il demande. Elle se fait par un signe extérieur qui cause la surprise, la marque du couteau, deux témoins qui ont vu donner le coup : Josabet et la nourrice ont emporté l'enfant, et ne l'ont jamais quitté. Un autre témoin du coup, celle qui l'a ordonné, le reconnoîtra avec surprise, en disant :

> Je reconnois l'endroit où je le fis frapper.

Cette reconnoissance, qui est *tirée du sein même de la chose, se forme peu à peu d'une suite vraisemblable*. (Je répète les termes d'Aristote.) Le grand-prêtre a promis un roi aux lévites ; quand il le leur présente, il leur en raconte l'histoire :

> Josabet dans son sein l'emporta tout sanglant,
> Et n'ayant de son vol que moi seul pour complice,
> Dans le temple cacha l'enfant et la nourrice.

Ces lévites, qui ont vu l'enfant apporté et élevé dans le temple, doivent, sur ce qu'il est, croire deux personnages aussi respectables pour eux que leur grand-prêtre et son épouse ; et quand ils auroient quelque doute, ils sont entièrement convaincus au moment qu'Athalie reconnoît la nourrice :

> Vois-tu cette Juive fidelle
> Dont tu sais bien qu'alors il suçoit la mamelle ?

Et la marque du couteau :

> Reine, de ton poignard connois du moins ces marques.

Lorsqu'Athalie est elle-même forcée de reconnoître celui dont elle occupe le trône, celui qui, reconnu son roi, va la faire égorger, personne ne peut plus douter de la certitude d'une reconnoissance qui produit la catastrophe, Athalie perdant une autorité usurpée et succombant sous l'autorité légitime.

A la vérité, la catastrophe est heureuse pour les bons, et funeste pour les méchans; elle remet l'âme des spectateurs dans la tranquillité : mais une tragédie peut, comme je l'ai dit, être parfaite, sans exciter la terreur; et quand on ne mettroit celle-ci qu'au second rang, pour obéir à Aristote, on ne l'admirera pas moins.

On croiroit devoir trouver quelque ressemblance entre Héraclius et Athalie, parce qu'il s'agit, dans ces pièces, de remettre sur un trône usurpé un prince à qui ce trône appartient, et ce prince a été sauvé du carnage dans son enfance. Ces deux pièces n'ont cependant aucune ressemblance entr'elles, non-seulement parce qu'il est bien différent de vouloir remettre sur le trône un prince en âge d'agir par lui-même, ou un enfant de huit ans, mais parce que Corneille a conduit son action d'une manière si singulière et si compliquée, que ceux qui l'ont lue plusieurs fois, et même l'ont vu représenter, ont encore de la peine à l'entendre, et qu'on se lasse à la fin

> D'un divertissement qui fait une fatigue.

Dans Héraclius, sujet et incidens, tout est de l'invention du génie fécond de Corneille, qui, pour jeter de grands intérêts, a multiplié des incidens peu vraisemblables. Croira-t-on une mère capable de livrer son propre fils à la mort, pour élever, sous ce nom, le fils de l'empereur mort ? Est-il vraisemblable que deux princes, se croyant toujours tous deux ce qu'ils ne sont pas, parce qu'ils ont été changés en nourrice, s'aiment tendrement lorsque leur naissance les oblige à se détester, et même à se perdre ? Ces choses ne sont pas impossibles ; mais on aime mieux le merveilleux qui naît de la simplicité d'une action, que celui que peut produire cet amas confus d'incidens extraordinaires. Peu de personnes connoissent Héraclius ; et qui ne connoît pas Athalie ?

Il y a d'ailleurs de grands défauts dans Héraclius. Toute l'action est conduite par un personnage subalterne qui n'intéresse point. C'est la reconnoissance qui fait le sujet, au lieu que la reconnoissance doit naître du sujet, et causer la péripétie. Dans Héraclius, la péripétie précède la reconnoissance. La péripétie est la mort de Phocas : les deux princes ne sont reconnus qu'après cette mort ; et comme alors ils n'ont plus à le craindre, qu'importe au spectateur qui des deux soit Héraclius ? Il me paroît donc que le poète qui s'est conformé aux principes d'Aristote, et qui a conduit sa pièce dans la simplicité des tragédies grecques, est celui qui a le mieux réussi.

§. II. *Des mœurs.*

Les mœurs des hommes sont la cause de leurs actions. La tragédie est l'imitation d'une action ; cette action arrive ordinairement parce que tels personnages ont telles mœurs, telles inclinations, tels caractères : il faut donc qu'une tragédie ait des mœurs.

Ce que je dis ici, d'après Aristote, est si simple, qu'on ne voit pas d'abord la nécessité de le dire ; et comme tout homme a des mœurs, on peut demander s'il est possible qu'il y ait une tragédie sans mœurs.

Il y en a beaucoup parmi nous, et il y en eut parmi les Grecs après le temps de leurs grands poètes, puisqu'Aristote se plaint de ce que la plupart des tragédies de son temps étoient sans mœurs. Il faut donc chercher ce qu'il a voulu dire.

Il compare ces poètes de son temps, qui faisoient des tragédies sans mœurs, à Zeuxis, dont les ouvrages ne portoient aucune idée des mœurs, au lieu que tous les tableaux de Polignote faisoient connoître les mœurs des personnes qu'ils représentoient. Cette comparaison nous fait entendre la pensée d'Aristote.

Un peintre qui n'est que médiocrement habile, se contente de rendre fidellement les traits du visage de la personne qu'il peint; un habile peintre sait peindre le visage et l'âme. Dans un tableau où seront ensemble Hélène et Pénélope, on distinguera du premier coup d'œil l'une de l'autre, si le peintre est du nombre de ceux qui savent peindre les mœurs.

Voilà ce que sait faire un grand poète. Les mœurs, soit bonnes, soit mauvaises, de ses principaux personnages sont si marquées, et, pour me servir d'un terme de peinture dans notre langue, *si prononcées*, qu'elles nous préparent à ce qui doit arriver : ce qui contribue à la vraisemblance de l'action. On prévoit, en voyant Britannicus imprudent, et toujours prêt à donner dans les piéges qu'on lui tend, qu'il sera la victime d'un frère dissimulé ; on prévoit qu'Agrippine, par ses plaintes continuelles, va perdre le peu de crédit qui lui reste. Les choses arrivent comme on a prévu, parce qu'elles arrivent suivant les mœurs des personnages. Cette vraisemblance ne se trouve pas dans les pièces où les mœurs ne se trouvent pas marquées. C'est ainsi, ce me semble, qu'il faut entendre ce qu'Aristote dit des mœurs, et je juge de sa pensée par ce qu'il dit dans un autre endroit sur Homère : « Quelque » personnage qu'Homère amène, homme ou femme, tout » personnage parle suivant ses mœurs et son caractère : car » tout a son caractère chez Homère. » Il seroit aisé de faire voir que les personnages de Corneille n'ont pas toujours un caractère marqué, et que, dans les pièces de son successeur, *tout a son caractère.*

Le poète fait quelquefois connoître les mœurs des personnages avant qu'ils paroissent, par le rapport des autres. On sait, avant que de voir Pyrrhus, qu'il n'est jamais le maître de lui-même, et qu'il essuie les pleurs qu'il fait couler. Le caractère de Mithridate est si bien connu avant qu'il arrive, que la nouvelle de son arrivée prépare à ce trouble qui va suivre; mais le même poète a souvent l'art de faire connoître les mœurs d'un personnage par les premières paroles qu'il lui fait prononcer. Quand on entend Agrippine dire, en parlant de son fils :

Ah, que de la patrie il soit, s'il veut, le père, etc.

on est instruit qu'une femme de ce caractère s'embarrasse peu du bien public et de la vertu de son fils, pourvu que ce fils la laisse gouverner. A peine Achille est entré sur la scène, qu'on connoît ses mœurs par sa réponse à Ulysse :

Dans les champs phrygiens les effets feront foi, etc.;

et l'on juge qu'un héros de ce caractère ne se laissera pas aisément enlever Iphigénie. Sitôt qu'on entend parler Roxane, on ne doute point que Bajazet ne soit très-malheureux d'en être aimé, et qu'il ne lui en coûte la vie s'il manque de complaisance pour une femme de ce caractère.

Les premiers vers d'Athalie nous font connoître les caractères d'Athalie, de Mathan et d'Abner; et celui du grand-prêtre est connu par le premier vers qu'il prononce. Abner lui vient annoncer des périls qui le menacent :

Athalie médite sa perte ; il répond tranquillement à celui qui tremble pour lui :

> D'où vous vient aujourd'hui ce noir pressentiment ?

Voilà un homme qui est intrépide, et qui, à ce même officier plein de foi, reproche son peu de foi, et lui fait une vive réprimande. On remarque, dès le commencement, quelque chose de dur dans ce caractère que Mathan appelle *de Joad l'inflexible rudesse;* et Abner, dira lui-même à ce grand-prêtre : *Votre austère vertu.* Cette austérité de vertu ne se fait connoître que quand il s'agit de la cause de Dieu. Cet homme qui, par devoir, a entrepris un projet dont l'exécution paroît presqu'impossible, le conduit avec une si grande confiance, qu'on peut l'appeler

> Justum et tenacem propositi virum.

Il est si tranquille au milieu des plus grands périls, qu'on peut bien dire encore de lui :

> Si fractus illabatur orbis,
> Impavidum ferient ruinæ.

Cependant un tel caractère ne paroît point théâtral. Nous aimons à voir dans les héros de théâtre, dans Pyrrhus, dans Mithridate, etc., les troubles, les agitations, le choc des passions : voilà les objets que nous aimons, et qu'il est bien plus facile à un poète de nous présenter. J'en donne pour preuve la réflexion de Platon, que j'ai rapportée page 67 : « Une âme ferme et paisible, étant toujours égale » et uniforme, est très-difficile à représenter. Une telle » peinture ne seroit pas assez vive pour frapper la multitude » qui s'assemble dans les théâtres, parce que ce seroit leur » peindre une chose très-éloignée de leurs mœurs : le » poète dramatique se sent peu de génie pour exprimer » cette tranquillité d'âme. » Cette réflexion de Socrate est très-juste : cependant je suppose que les comédiens, un de ces jours destinés à donner au peuple le spectacle *gratis*, jour auquel ils ne donnent que des comédies plaisantes, jour auquel je ne leur conseillerois pas de donner Britannicus, donnent Athalie, je suis presque certain que notre peuple (qui n'est pas celui d'Athènes), attaché à cette pièce par bien des raisons, admireroit le personnage du grand-prêtre, quoiqu'une seule fois excepté (à la vue de Mathan), il soit toujours tranquille. Il faut donc que le poète qui a su rendre théâtral un pareil caractère, ait eu un génie très-rare ; ce qui devroit faire changer de langage ceux qui ne savent que dire : *Le sublime Corneille et le tendre Racine*, parce qu'ils n'ont étudié ni l'un ni l'autre.

Pourquoi ce poète né si tendre, et qu'on accuse d'avoir *francisé* les héros de l'antiquité, a-t-il mis un peu de dureté dans ce caractère ? Parce qu'il étoit grand imitateur. Quand il a fait parler d'amour les héros de l'antiquité, il les a fait parler comme on parle d'amour partout, comme tous les héros profanes en doivent parler. Mais n'étant pas capable de *franciser*, comme quelques écrivains, les patriarches et les prophètes, quand il en met un sur la scène, il lui donne ce zèle contre les pécheurs, que David exprime dans les psaumes, ce zèle avec lequel Isaïe, Elie, Jérémie, parloient aux rois infidèles.

Ce même grand-prêtre, que rien ne peut troubler, qui parle quelquefois avec une espèce de dureté à Abner et à Josabet, et qui ne caresse jamais l'enfant, se trouble pour lui, s'attendrit et pleure quand il prévoit les dangers où il l'expose en le couronnant :

> O mon fils, de ce nom j'ose encor vous nommer,
> Souffrez cette tendresse, et pardonnez aux larmes
> Que m'arrachent pour vous de trop justes alarmes.

Il pleure sur lui à cause de ces dangers très-éloignés, et ne pleure point sur ce même enfant lorsqu'Athalie vient à main armée pour le lui arracher.

Un tel caractère, dont le modèle ne se trouve ni chez les anciens ni dans la nature ordinaire, n'a pu être créé que par un homme né très-grand poète, et très-honnête homme. Je crois aussi qu'on pourroit mettre sur sa tombe très-modeste, ces vers que Pope fit pour un poète qui ne fut pas, comme tant d'autres poètes anglais, honoré d'un tombeau de marbre à Westminster : « Ce que peu de ces » marbres orgueilleux peuvent dire, cette pierre modeste » le peut dire : sous moi gît un honnête homme, un poète » que le ciel a plus favorisé qu'un autre. »

> This modest stone, what few vain marbles can,
> May truly say, here lies an honest man,
> A poet, blest beyond the poet's fate, etc.

On y pourroit ajouter quelques vers de l'épitaphe d'un autre poète, faite par le même poète : « Il étoit, dans ses » mœurs, agréable et doux ; par l'esprit, homme ; par la » simplicité, enfant : il vécut, dans une médiocre fortune, » exempt de tentation ; et parmi les grands, exempt de » corruption. »

> Of manners gentle, of affections mild
> In wit, à man, simplicity, à child....
> Above temptation, in à low estate,
> And incorrupted, ev'n among the great.

§. III. *Des Sentimens.*

Aristote ne s'arrête point à cette troisième partie de la tragédie, parce qu'il renvoie à ce qu'il a dit, dans sa Rhétorique, des *sentimens ;* et il entend ici, par le mot qu'il emploie, la disposition de l'esprit où nous sommes, et que déclarent nos paroles.

Nous n'avouons pas toujours cette disposition d'esprit, principe de nos actions ; mais elle se manifeste par nos discours. Mithridate, à son arrivée, avoue la sienne à son confident. Il a trouvé ses deux fils à Nymphée : qu'y viennent-ils faire?

> L'un et l'autre à la reine ont-ils osé prétendre?

Cette inquiétude sera la cause de tout ce qu'il dira à ses deux fils et à Monime, et la cause de ses malheurs.

Dans Athalie, le poète oppose deux tableaux l'un à l'autre : les méchans et les bons. Ceux-ci, au milieu des périls, ont cette tranquillité que donne la vertu; les autres, dans la grandeur et sur le trône, ont l'âme toujours troublée et inquiète. Pourquoi Mathan conseille-t-il le meurtre d'un enfant? Pourquoi anime-t-il Athalie à mettre le feu au temple? Parce qu'il espère,

> A force d'attentats, perdre tous ses remords.

On sait, par Abner, qu'Athalie est pleine d'agitation :

> Enfin, depuis deux jours, la superbe Athalie
> Dans un sombre chagrin paroît ensevelie.

Sitôt qu'elle entre sur la scène, elle tombe dans un siége en demandant

> Cette paix que je cherche, et qui me fuit toujours.

Le trouble de son âme paroît dans le récit qu'elle fait de son songe; mais pourquoi commence-t-elle par le récit de ses prospérités, en disant :

> Le ciel même a pris soin de me justifier?

C'est parce que sa conscience lui reproche tout ce qu'elle a fait; et, par la même raison, elle fait encore à Josabet un long détail des meurtres que la vengeance lui a fait ordonner, et, à son récit plein de fureur, Josabet se contente de répondre :

> Tout vous a réussi : que Dieu voie, et nous juge.

Cette même tranquillité étonne dans Joas : il doit frémir au nom d'Athalie, dont il n'a entendu parler qu'avec horreur; cependant, quand il est amené devant elle, il en approche sans crainte, et il répond à toutes ses demandes avec une fermeté proportionnée à son âge. Pline, l. 35, parle d'un tableau de deux enfans, où l'on admiroit la simplicité et la sécurité de l'âge: *Spectatur securitas et ætatis simplicitas.* La scène de Joas devant Athalie offre le même tableau. Quand ce même enfant verra apporter en cérémonie l'épée de David, et croira qu'on va l'immoler, il sera tout prêt :

> Hélas, un fils n'a rien qui ne soit à son père !

Le grand-prêtre, qui donne ses conseils à cet enfant, rassure les craintes de Josabet, ranime la foi d'Abner, excite le courage des lévites, les fait partir pour le combat, règle leurs places, prend une épée pour y aller aussi, est à tout, et, malgré tous ses soins, tant de sujets de crainte, tant d'ordres à donner, conserve toujours une âme tranquille. Lui seul commence, conduit, et termine l'action : il est presque toujours sur la scène; il n'y pouvoit être quand Joas paroît devant Athalie, elle n'auroit pas eu liberté de l'interroger; mais il écoutoit tout ce qu'elle disoit :

> J'entendois tout, et plaignois votre peine.
> Ces lévites et moi, prêts à vous secourir,
> Nous étions avec vous résolus de périr.

Prêt à couronner Joas, il apprend la foiblesse de tout le peuple que la crainte a dispersé; il se contente d'en gémir :

> Peuple lâche en effet, et né pour l'esclavage,
> Hardi contre Dieu seul !

Et il ajoute tranquillement :

> Poursuivons notre ouvrage.

Il ne voit plus, pour le secourir, que des enfans et des prêtres; il en remercie Dieu :

> Voilà donc quels vengeurs s'arment pour ta querelle,
> Des prêtres, des enfans !

Quand on va ouvrir les portes du temple à Athalie environnée de ses soldats, voici le moment où il doit trembler : c'est celui de sa joie. Il dit à Dieu :

> Grand dieu, voici ton heure, on t'amène ta proie.

Quand les portes s'ouvrent, et qu'Athalie entre, il est surpris de voir pâlir Josabet ; et il lui dit avec vivacité :

> Vous changez de couleur, Princesse.

C'est ainsi qu'un poète, chez qui ordinairement tout est passion, a su inventer un personnage toujours admirable par ses sentimens, sans être jamais dans la passion. Il semble s'exposer à tout pour l'amour de Joas et de la race de David; et lui-même demande à Dieu, si Joas doit un jour être indigne de cette race :

> Qu'il soit, comme le fruit, en naissant arraché.

Il prend cet enfant pour le mener au milieu des combattans, en lui disant :

> Et périssez du moins en roi, s'il faut périr.

Quand il le verroit périr, il ne seroit pas ébranlé; il est sur la montagne où Abraham mit sur un bûcher son fils unique,

> Laissant à Dieu le soin d'accomplir sa promesse.

Telle est la disposition de son esprit : faire ce qu'il doit, laisser à Dieu le soin du reste.

Uniquement occupé de son grand dessein, il ne parle jamais à son fils ni à sa fille. Il voit arriver son fils, il sort sans lui dire de le suivre ; mais aussitôt Josabet dit à ce fils avec empressement :

> Allez, ne vous arrêtez pas ;
> De votre auguste père accompagnez les pas.

Elle l'appelle *auguste*, et elle n'est jamais devant lui comme avec son mari, mais comme devant un grand-prêtre, que, par respect, elle n'ose interroger. Elle est pleine de piété et de timidité; elle craint même de voir Joas, de peur que son trouble ne révèle le secret :

> Autant que je le puis, j'évite sa présence.

Quand il est demandé de la part d'Athalie, elle le croit perdu :

> Ah, de nos bras sans doute elle vient l'arracher!

Quand elle lui essaie le diadème, elle s'attendrit et pleure; lorsqu'elle apprend qu'Athalie vient avec son armée, sa foi s'affoiblit, et dans sa frayeur il lui échappe de dire :

> Dieu ne se souvient plus de David votre père.

Et elle essuie aussitôt cette vive réprimande :

> Quoi, vous ne craignez pas d'attirer sa colère
> Sur vous et sur ce roi si cher à votre amour?

N'est-il pas également cher à lui-même? Sans doute; mais Joad ne craint rien. Quel contraste entre ces deux caractères! L'un toujours intrépide, et un peu dur; l'autre toujours tendre et timide.

§. IV. *De la Diction.*

Comme l'harmonie d'un discours contribue beaucoup à nous y rendre attentifs, Aristote veut que l'imitation d'une action soit faite dans un style *très-agréable à l'oreille;* et cependant il ne met *la diction* qu'à la quatrième place. Le poète le plus parfait de tous nos versificateurs pensoit de même, puisqu'il disoit que sa tragédie étoit faite lorsqu'ayant, après de longues méditations, arrêté la conduite de l'action, les caractères et les discours qu'il devoit faire tenir à ses personnages, il ne lui restoit plus à faire que les vers.

On pourroit dire que cette quatrième partie n'est pas essentielle, puisque nous avons quelques tragédies dont la versification est très-médiocre, et qui firent, dans leur naissance, une fortune qu'elle n'ont pas perdue, comme *Andronic*, *Alcibiade*, *Pénélope*, *Inès de Castro*, etc., et puisqu'enfin ce *Thomas Morus*, qui coûta, dit-on, la vie à quatre ou cinq portiers de la comédie, et *où l'on suoit au mois de décembre*, étoit une tragédie en prose. Un spectateur, quand il est en larmes, n'examine point si les vers qui le font pleurer sont harmonieux ou bien rimés, ni même si l'on parle en vers; et la poésie dramatique n'est faite que pour être représentée.

Voilà ce qu'on pourroit dire pour prouver que la partie de la versification n'est pas essentielle à la tragédie : à quoi l'on peut répondre que jamais pièce bien versifiée n'est tombée dans l'oubli, et que jamais la voix publique n'a mis au nombre des bonnes pièces celles qui n'ont point de lecteurs.

J'avoue que le poëme dramatique est fait pour être représenté, et je soutiens en même temps qu'il n'est jamais bon quand il ne se fait pas lire. Il ne peut être bon qu'il ne soit composé par un homme que Melpomène

Nascentem placido lumine viderit.

Si l'auteur est un de ces hommes heureux et si rares, il ne péchera jamais contre la quatrième partie de son poëme, qui est pour lui la plus facile : s'il n'a pas la force de la bien exécuter, il n'a point de génie, il n'est point poète; et il est certain qu'il n'a pas bien exécuté les trois autres parties, qui sont plus difficiles. Le spectateur, emporté par la représentation rapide d'une action touchante, ne s'en aperçoit pas; mais le lecteur qui juge avec tranquillité, et que des vers médiocres rendent encore plus tranquille, parce qu'ils le refroidissent, s'aperçoit des défauts des autres parties, méprise la pièce, et ne la reprend pas pour la lire : cependant lui-même, s'il retourne à la représentation, y sera peut-être encore ému; ce qui ne prouve pas que l'ouvrage soit celui d'un bon poète, mais seulement que l'action est touchante, et que l'extrême sensibilité que la nature a mise en nous va quelquefois jusqu'à la puérilité.

Le peuple, comme je l'ai dit ailleurs, pleure sur un scélérat conduit au supplice, quand ce scélérat témoigne son repentir par ses pleurs, parce que *flentibus adsunt humani vultus*. C'est ce que prouve l'étonnant succès d'une tragédie anglaise toute en prose, et si peu ennoblie par ses personnages, qu'elle est intitulée *Tragédie bourgeoise*. Nulle vraisemblance n'y est observée : Georges Barneveldt, garçon marchand, très-vertueux, et n'ayant nulle passion, rencontre par hasard une coquette qui, le rendant tout-à-coup amoureux, le rend traître, voleur et assassin de son bienfaiteur. Il est pris par la justice, condamné à mort, et conduit à la potence. Les regrets de ce scélérat paroissent si touchans, que cette pièce eut, dit-on, à Londres trente-huit représentations de suite. On peut bien dire qu'alors tous les spectateurs étoient peuple : ce qui arrive aussi parmi nous.

Baron racontoit que, jouant dans une très-mauvaise pièce qu'il faisoit valoir (gloire dont il s'est vanté souvent), il faisoit pleurer en prononçant ce très-mauvais vers :

Cependant, cependant, Seigneur, mon fils est mort.

Par la passion avec laquelle il le prononçoit, cette répétition ridicule de *cependant* contribuoit à attendrir l'auditeur. Combien de fois le lieu où nos tragédies sont représentées, a-t-il été arrosé de larmes ! Et cependant où se réduit le nombre de nos excellentes tragédies ?

Un grand-homme n'excelle pas toujours également dans toutes les parties de son art; mais il les exécute toutes bien, et surtout la plus facile. Soyons donc persuadés que ces tragédies qui sont mauvaises dans la partie de la versification, ne sont jamais bien bonnes dans les autres parties.

Elles ne sont jamais non plus comptées, par la voix publique, parmi les bonnes ; mais le spectateur, quand même il est instruit de leurs défauts, les leur pardonne, en faveur du plaisir qu'elles lui causent quelquefois dans la chaleur de la représentation.

Dans un spectacle fait pour enchanter les hommes, l'harmonie du discours doit enchanter leurs oreilles : ainsi, celle de la prose ne peut suffire. Les modernes ont permis (mal-à-propos peut-être) à la comédie, parce qu'elle imite des actions ordinaires, de parler le langage ordinaire ; mais la tragédie, si elle parloit ce langage, n'auroit plus de grandeur.

Comment, dira-t-on, la versification ne détruit-elle pas la vraisemblance de l'action ? Des hommes emportés par les passions, peuvent-ils en parlant compter leurs syllabes, et les placer dans l'ordre que demande une certaine mesure?

Il est vrai qu'ils comptent leurs syllabes, qu'en les arrangeant ils observent une certaine mesure, et que, dans cet arrangement de syllabes comptées, se trouvent des repos et des rimes : cependant, quand un bon poète les fait parler, leur langage est si naturel, qu'on n'y sent ni contrainte, ni artifice, quoique ce soit cet artifice qui produise le plaisir de l'oreille. C'est ce qu'on éprouve lorsqu'on a rompu la mesure des vers. On a quelque peine à la rompre quand les vers sont écrits dans un style naturel, comme je l'ai observé sur les premiers vers de Mithridate. Je vais essayer de rompre celle d'un morceau poétique de la première scène d'Athalie :

« L'impie Achab détruit, et le champ qu'il avoit usurpé
» par le meutre, trempé de son sang ; Jésabel immolée près
» de ce champ fatal ; cette reine foulée sous les pieds des
» chevaux, les chiens désaltérés dans son sang inhumain, et
» les membres de son corps hideux déchirés ; la troupe des
» prophètes menteurs confondue, et la flamme du ciel descendue sur l'autel ; Elie parlant en souverain aux élémens ;

» les cieux fermés par lui, et devenus d'airain, et la terre
» trois ans sans rosée et sans pluie; à la voix d'Elisée les morts
» se ranimant. »

Aucun mot n'est changé, l'ordre seul est changé, et l'oreille est contente d'une prose noble. Que les mêmes mots soient remis dans l'ordre de la versification, une harmonie bien plus agréable contente l'oreille :

> L'impie Achab détruit, et de son sang trempé
> Le champ que par le meurtre il avoit usurpé :
> Près de ce champ fatal Jezabel immolée, etc.

J'ai choisi ce morceau pour exemple, parce que, contenant une énumération de miracles, il doit être plus poétique qu'un autre. Il est très-poétique, et n'a point cependant la pompe du récit de la mort d'Hippolyte et de plusieurs autres morceaux de la tragédie de Phèdre, parce que le poète, attentif en tout à la vraisemblance, conforme son style à ses sujets : ce qui fait que ses tragédies ont toutes une versification différente, au lieu que la versification de Corneille, si j'ose le dire, est toujours la même; toujours pareille tournure de vers.

La versification d'Andromaque n'est pas celle de Britannicus; celle de Bérénice n'est ni celle d'Andromaque ni celle de Mithridate; celle d'Iphigénie n'est point celle de Phèdre, et celle de Phèdre, la plus pompeuse de toutes, n'est pas celle d'Athalie, quoiqu'Athalie soit le plus grand sujet qu'il ait traité. Mais s'il l'eût traité dans ce style tout poétique de Phèdre, il y eût répandu un air profane, au lieu qu'il a voulu traiter un sujet tiré des livres sacrés, dans leur style simple et sublime.

L'abbé du Bos, tom. 2, sect. 39, prétend qu'il ne paroît plus grand dans Athalie que dans ses autres tragédies, que parce que son sujet l'a autorisé à orner ses vers des figures les plus hardies, et des images les plus pompeuses de l'Ecriture-Sainte : « On a écouté, dit-il, avec respect le style
» oriental

DE LA POÉSIE DRAMATIQUE. 513

» oriental dans la bouche des personnages d'Athalie, et ce » style a charmé. » Comment peut penser ainsi un homme qui s'établit juge de la poésie ? Je ne trouve le style oriental dans aucun endroit d'Athalie. Il y a quelques figures dans la prophétie ; mais ces figures n'ont rien de trop hardi : tout le reste est dans un style très-opposé à ce que nous appelons le style oriental. On est même surpris d'entendre un enfant parler avec simplicité de choses quelquefois fort grandes, sans jamais prononcer ni un vers foible ni un vers poétique : les vers les plus pompeux de Phèdre ont peut-être coûté moins de peine à l'auteur. Joas parle souvent de Dieu, et ne le nomme jamais l'*Eternel*, comme il est nommé par Abner dans le premier vers de sa pièce : ce style n'eût pas été celui d'un enfant. Le grand-prêtre sait aussi, quand il parle à Joas, se proportionner à la portée d'un enfant ; et on a le même plaisir quand on l'entend rabaisser devant lui la majesté de son langage, que quand on le voit se prosterner à ses pieds.

Dans le récit des miracles que je viens de rapporter, les expressions pompeuses pouvoient trouver place ; elles sont toutes fort simples. On n'entend jamais dire dans cette pièce, comme dans Phèdre, que *les ombres ont trois fois obscurci les cieux ;* que le soleil *a trois fois chassé la nuit obscure.* Josabet dit, en termes très-simples :

J'ai cru devoir aux larmes, aux prières,
Consacrer ces trois jours et ces trois nuits entières.

Est-ce là un style oriental ?

Telles sont les critiques de l'abbé du Bos.

§. V. *La Décoration.*

Un spectacle inventé pour attirer les hommes par toutes sortes de charmes, doit émouvoir le cœur par l'action, plaire à l'esprit par la peinture des caractères et des sentimens, enchanter les oreilles par l'harmonie du discours, et attacher les yeux par l'appareil de la représentation.

Je ne parle point de ces ornemens du lieu de la scène qui coûtoient des sommes si considérables aux Grecs et aux Romains, et au cardinal de Richelieu : les pièces médiocres ne méritent pas ces dépenses, et les bonnes n'en ont pas besoin ; mais un appareil théâtral, quand il est nécessaire à la représentation, cause quelquefois un spectacle agréable, et donne de la dignité à la pièce, comme dans Athalie. On voit entrer un enfant escorté d'une nombreuse compagnie, un enfant qui s'approche d'une reine qui l'attend, et qui attire sur lui tous les regards, parce qu'il est le grand personnage de cette scène : dans la suite, on voit apporter en cérémonie un bandeau royal qu'on pose sur une table, avec l'épée de David et le livre de la Loi ; on voit seul avec un enfant un homme respectable par son âge, sa dignité, ses vêtemens, et tout-à-coup ce vieillard vénérable est aux pieds de cet enfant. Les lévites entrent, et le serment est prêté en posant la main sur le livre de la Loi. Lorsqu'au dernier acte le rideau se tire, l'enfant paroît sur un trône, auprès de sa nourrice : Josabet, son fils et ses filles sont au pied du trône ; les lévites, les armes à la main, l'environnent. Tout cet appareil a quelque chose de majestueux, qui fait plaisir à un spectateur ; et cette raison me persuade encore ce que j'ai avancé plus haut, que si cette pièce étoit représentée *gratis* devant notre populace, comme les tragédies grecques devant celle d'Athènes, elle y seroit attentive, et peut-être très-émue, sans songer à l'harmonie du langage, qui n'auroit rien que de très-intelligible pour elle, malgré ce qu'on nomme la contrainte des vers.

§. VI. *La Musique. Les Chœurs.*

La musique est admirablement unie à une tragédie quand elle ne s'y fait entendre que dans des intermèdes qui, liés avec l'action, délassent un spectateur par une aimable variété : il prête son attention à ce nouveau plaisir, sans que l'action lui paroisse suspendue. Il a été si naturel d'unir ainsi la musique aux tragédies, que celles des Incas, comme je l'ai dit, avoient toutes des intermèdes. On ne songea point à rendre cet ornement à la moderne tragédie ; ce qui fait dire au P. Saverio qu'elle n'est que l'ombre de l'ancienne, et qu'elle a perdu la moitié de sa vraisemblance, parce que les poëtes, pour remplir cinq actes, sont obligés de dire bien des choses inutiles : c'est pourquoi il loue beaucoup l'auteur d'Athalie d'avoir su ramener les chœurs.

Je ne répéterai point ce que j'ai dit de ceux des Grecs. Il est aisé de comprendre la beauté qu'ils ajoutent à un sujet quand ils y sont naturellement amenés, comme dans l'Œdipe, dont l'action se passe près d'un autel, dans le temps d'une affliction publique, qui engage le peuple à implorer par des cantiques, la clémence du ciel. Les chœurs d'Athalie sont amenés encore plus naturellement, ou plutôt le poète ne les amène point ; il les trouve au lieu de la scène, dans un temple toujours rempli de musiciens et de musiciennes : l'action se passe le jour d'une grande fête destinée à des cantiques, et le premier cantique de cette pièce a rapport à cette fête. La fille de Josabet, qui quelquefois fait partie du chœur, et quelquefois parle en son nom, en est le coryphée : ainsi, cette tragédie est, dans toutes ses parties, la danse seule exceptée, dans la forme de celle des Grecs.

L'auteur, à leur exemple, a soin, autant qu'il est possible, de ne faire chanter que des choses propres à être chantées, des prières, des vérités morales, des réflexions. Dans les scènes des chœurs, il fait observer ce qui doit être chanté et ce qui doit être récité. Dans l'intermède du quatrième acte, quand les lévites partent pour le combat, les filles, pour les animer, chantent :

Partez, enfans d'Aaron, partez, etc.

Ensuite elles adressent leurs prières à Dieu ; mais quand elles sont effrayées du bruit qu'elles entendent, ce n'est plus en chantant qu'elles disent, comme l'auteur le fait observer :

> Chères sœurs, n'entendez-vous pas
> Des cruels Tyriens la trompette qui sonne?
> J'entends même les cris des barbares soldats,
> Et d'horreur j'en frissonne.
> Courons, fuyons, etc.

Si elles chantoient ces paroles : *Je frissonne, courons, fuyons*, la musique seroit mal placée. Ce n'est que dans nos opéras que nous mettons un combat en musique :

> Courage, courage, courage....
> A moi, compagnons, à moi....
> Au secours, au secours, au secours....
> Ah, je me meurs ! Ah, je me meurs !....
> Je suis ton prisonnier.
> Quartier, quartier, quartier.

On ne peut faire chanter avec vraisemblance que les personnes qui sont dans une situation tranquille. L'emploi du chœur, chez les Grecs, étoit d'invoquer les dieux, de donner des avis, et d'être conciliateur, *et concilietur amicis*: ceux qui font cet office, sont dans une situation tranquille. Les passions violentes ne nous font point chanter. Si, après que Bérénice a dit à Titus :

> Adieu, Seigneur, régnez ; je ne vous verrai plus,

tous deux chantoient :

> Hélas, une chaîne si belle
> Devoit être éternelle !

le spectacle, au lieu de nous faire pleurer, nous feroit rire : dans la tristesse, on ne chante pas. Quand on ordonne aux compagnes d'Esther de chanter, elles se disent entr'elles :

> Chères sœurs, suspendez la douleur qui vous presse :
> Chantons, on nous l'ordonne.

« Dans la douleur où se trouvoit Calypso, dit M. de Cambrai

« en commençant son Télémaque, sa grotte ne résonnoit
» plus de son chant. » C'est en poète, et non pas en physicien,
que Virgile fait pousser une plainte harmonieuse, *miserabile carmen*, au rossignol à qui on vient d'enlever ses petits.
La nature n'invite ni les oiseaux ni les hommes à chanter
leurs malheurs ; elle leur fait seulement pousser ces exclamations si fréquentes dans les chœurs des anciens, des soupirs, des gémissemens, et, pour me servir du terme dont les
prophètes font si souvent usage, des hurlemens. Il y a dans
nos lamentations une espèce de mélodie ; nous la remarquons, dit Quintilien, lorsqu'aux funérailles nous entendons gémir les femmes : *Viduas videas in ipsis funeribus,
canoro quodam modo proclamantes*. C'est cette mélodie que
tâche d'imiter le musicien qui compose un air triste : s'il est
bien composé, nous le chantons avec plaisir, en goûtant
l'imitation de la tristesse ; mais un homme plongé dans une
douleur véritable ne le chanteroit pas, et même ne voudroit
pas l'entendre chanter.

C'est par cette raison que les tragédies grecques ne finissent
jamais par des chants, mais par une réflexion morale : on
ne chante point après la catastrophe. Il n'en est pas de même
des comédies ; celle des *Oiseaux*, dans Aristophane, finit
par des chants, et celle des *Guêpes* par ces paroles du chœur :
« Retirons-nous en dansant ; » ce qui n'arrive jamais à un
chœur tragique. On comprend tout d'un coup d'où vient
cette différence. L'objet de la comédie est d'inspirer la joie ;
l'objet de la tragédie est d'inspirer la tristesse, et l'on ne
remporte pas la tristesse d'un spectacle qui finit par des
danses et des chants. La musique y peut être associée lorsque,
pendant la durée de l'action, elle est placée avec vraisemblance dans des intermèdes ; mais quand l'action est finie, le
spectateur, qui doit sortir tout rempli de la catastrophe, ne
doit point être dissipé par des chants. Il s'ensuit de là qu'à
Athènes même, c'est-à-dire, chez un peuple tout musicien,

notre *opéra* eût paru un spectacle ridicule : c'est ce qui m'engage à une digression d'autant plus nécessaire, qu'elle me servira, dans la suite, à prouver que la déclamation théâtrale des anciens n'étoit pas un chant.

Digression sur les Poëmes dramatiques en musique.

Après ce que je viens de dire sur la musique ajoutée à la tragédie, et après avoir établi, dans tout ce que j'ai dit jusqu'à présent sur la poésie dramatique, qu'elle a deux objets, ou de faire pleurer ou de faire rire, dans quelle espèce mettrai-je une poésie qui, aidée de la musique, ne produit aucun de ces effets ? Le lieu destiné à ses représentations ne fut jamais arrosé de larmes, quoiqu'on y traite des sujets fort tragiques. Ils y sont, à la vérité, ordinairement traités d'une manière fort peu vraisemblable ; et d'ailleurs, le poète, dans des scènes faites pour être chantées, ne peut donner aux passions toute l'étendue dont elles ont quelquefois besoin. Mais je suppose une scène parfaitement composée de sa part, et je prends pour exemple une scène admirable d'Esther, que le poète a été obligé de sacrifier à la musique. Elle est toute de douleur ; et il faut observer qu'elle n'est pas contre la vraisemblance, parce que ces jeunes filles, déplorant leur malheur présent par des passages des psaumes faits sur la prise de Jérusalem, ne sont pas censées composer sur-le-champ ce qu'elles chantent, mais s'appliquer des cantiques qu'elles savent depuis long-temps. C'est pourquoi, lorsqu'elles paroissent pour la première fois sur le théâtre, Esther leur dit :

> Mes filles, chantez-nous quelqu'un de ces cantiques
> Où vos voix, si souvent se mêlant à mes pleurs,
> De la triste Sion célèbrent les malheurs.

A la nouvelle que tout le peuple juif sera égorgé dans dix jours, elles s'écrient :

> Pleurons et gémissons, mes fidelles compagnes....
> Levons les yeux vers les saintes montagnes....

Elles arrachent leurs parures en disant :

> Arrachons, déchirons tous ces vains ornemens.

Elles font la description d'un carnage pareil à celui qui fut fait à la prise de Jérusalem :

> Quel carnage de toutes parts !
> On égorge à la fois les enfans, les vieillards,
> Et la sœur et le frère,
> Et la fille et la mère, etc.

Cette peinture terrible est suivie de la plainte tendre d'une fille de dix ans, qui, se croyant dans le carnage, élève ainsi sa voix :

> Hélas, si jeune encore,
> Par quel crime ai-je pu mériter mon malheur ?
> Ma vie à peine a commencé d'éclore :
> Je tomberai comme une fleur
> Qui n'a vu qu'une aurore.

Que cette plainte si touchante soit déclamée avec des tons aussi naturels que le sont les vers, que toute la scène soit déclamée par d'excellentes actrices, quel spectateur retiendra ses larmes? En versera-t-il quand il l'entendra chanter, quelqu'excellente que la musique puisse être ?

Et comment celui qui chante me feroit-il pleurer? Il ne pleure jamais lui-même. Quintilien dit qu'il a vu des comédiens sortir du théâtre, pleurer encore en déposant leurs masques. Vit-on jamais un acteur de l'Opéra entrer ainsi dans la passion? Et s'il y entroit de même, pourroit-il chanter? Il songe moins aux paroles qu'il chante, qu'aux modulations de sa voix, qui ne sort de sa bouche qu'avec une contrainte qu'elle n'auroit pas, si la nature seule, agitée par la passion, la faisoit sortir : c'est ce qui fait que la voix d'un homme qui chante va toujours en s'abaissant, si elle n'est soutenue par un instrument, au lieu que, dans une conversation animée, notre voix va toujours en s'élevant.

J'ai prouvé plus haut que la douleur ne nous fait jamais chanter; c'est ce que je puis prouver encore par l'Opéra même, par Quinaut lui-même, qui avoue la même chose, quand il fait dire, après la mort d'Alceste :

> Que notre zèle se partage ;
> Que les uns, par leurs chants, célèbrent son courage ;
> Que d'autres, par leurs cris, déplorent ses malheurs.

Ce sont ces cris, ces *aĩ*, *aĩ* des anciens, qui conviennent à la douleur ; mais lorsqu'Admète, qui est tombé évanoui, revient de son évanouissement pour chanter :

> Croyez-vous que je puisse vivre ?
> Laissez-moi courir au trépas,

il n'a point envie d'y courir, puisqu'il chante. Sans être dans une grande douleur, sitôt qu'on n'a pas l'esprit tranquille, on n'aime ni le chant ni la danse ; ce que je prouve encore par l'Opéra même. Les plaisirs en personne viennent chanter et danser devant Renaud, et l'ennuient ; il les renvoie, parce que, quand Armide est absente, tout l'ennuie, *tout augmente sa peine.*

Puisque, dans la douleur et dans le trouble des passions, on ne veut ni chanter ni entendre chanter, pourquoi s'est-on imaginé que la tragédie, consacrée à la douleur et au trouble des plus grandes passions, pouvoit être mise tout entière en musique ?

La musique, dira-t-on, étant une imitation de la nature, comme la déclamation, doit produire sur nous le même effet.

Je réponds que la déclamation est la première imitation des tons de la nature, au lieu que la musique est l'imitation des tons de la déclamation. L'habile musicien, quand il met des paroles en chant, cherche les tons que prendroit un habile déclamateur, et y ajoute ses modulations. La musique est donc une imitation plus éloignée de la nature que la déclamation ; elle n'est que la copie d'une copie : ainsi, elle affoiblit l'expression; aussi n'est-elle jamais si pathétique que quand elle est simple, parce qu'alors elle se rapproche de plus près de la nature.

Ce qui prouve que ce que j'avance est l'insensibilité de plusieurs personnes pour la musique. Les peuples du Nord, en comparaison de ceux de l'Orient, y sont insensibles, et nous trouvons souvent parmi nous des hommes qu'elle ne touche point. Malherbe, qui avoit une oreille si délicate pour l'harmonie des vers, n'avoit aucune oreille pour la musique. Boileau étoit de même; mais personne n'est insensible à une déclamation conforme aux tons de la nature. Le véritable orateur se fera écouter, même chez les Sauvages, et les attendrira jusqu'à les faire pleurer.

On me dira encore que la musique inspire la joie, la tristesse et le courage, et qu'on s'en sert pour animer les soldats. Je réponds qu'elle agit sur nous par les vibrations de l'air agité suivant une certaine mesure : elle produit ses effets par des instrumens, et elle les produit encore mieux par la voix humaine, dont les sons nous frappent plus agréablement que tous ceux des instrumens de musique. C'est le son de la voix que nous entendons qui nous fait impression, et non les paroles chantées, dont nous perdons souvent une partie. C'est pour cela qu'il faut que la voix sorte par un bel organe. Les mêmes paroles, chantées avec la même justesse, les mêmes modulations, ne nous feront pas la même impression si les oreilles ne sont pas frappées d'un si beau son, au lieu que nous n'exigeons pas le bel organe du déclamateur. La voix d'Antoine, que Cicéron trouvoit si propre à émouvoir, étoit, dit Quintilien, une voix rauque; et l'auteur d'Athalie a possédé plus que personne, le talent de la déclamation, quoique la nature ne lui eût pas donné une belle voix, et qu'il fût incapable de chanter un seul air avec justesse : il ne savoit pas prendre les tons du musicien, et en déclamant il prenoit toujours ceux de la nature.

Dans ce que je viens de dire sur la différente impression que font sur nous la musique et la déclamation, je puis me tromper; mais si tout le monde n'est pas de mon avis, je crois être de l'avis de tout le monde, lorsque je regarde un opéra comme un poëme d'une espèce bizarre, qui n'a de commun avec la tragédie que le titre qu'on lui donne, comme un ouvrage contraire au bon sens, comme un spectacle qui, sans occuper l'esprit, enchante tous les sens, et ennuie à la fin : « Je ne sais, dit la Bruyère, comment
» l'Opéra, avec une musique si parfaite et une dépense
» toute royale, a pu réussir à m'ennuyer. » Il pouvoit ajouter : « Avec une grande action conduite par Quinaut,
» aussi bien que le peut être une action dans un poëme de
» cette nature, pourquoi le poète et le musicien m'ont-ils
» tous deux ennuyé? »

On peut en croire encore un homme qui n'étoit ennemi ni de la poésie, ni de la musique, ni de la volupté. Saint-Evremont, qui voyoit représenter les chefs-d'œuvre de Quinaut et de Lully, déclare qu'à la représentation d'un opéra il tombe toujours en langueur, et que le seul plaisir qui lui reste est l'espérance de le voir bientôt finir. Pour rendre ce spectacle moins ennuyeux, nous l'avons embelli par les décorations, les machines, les danses ; nous y faisons descendre du ciel, sortir des mers ou des Enfers, toutes les divinités fabuleuses, qui ont paru plus souvent parmi nous que sur le théâtre d'Athènes. Mais, comme dit Saint-Evremont, « une sottise chargée de musique, de danses,
» de machines, de décorations, sottise magnifique, est tou-
» jours sottise. » Il ajoute « que les Grecs faisoient de belles
» tragédies où ils chantoient quelque chose, au lieu que
» les Italiens et les Français en font de méchantes où ils
» chantent tout. » Enfin il définit un opéra, « un travail
» bizarre de poésie et de musique, où le poète et le musi-
» cien, également gênés l'un par l'autre, se donnent bien

» de la peine à faire un méchant ouvrage. » Pour qu'il fût encore plus mauvais, entre les deux ouvriers qui y travaillent, la principale autorité est donnée à celui qui devroit obéir. Saint-Evremont n'exempte de cette obéissance aux poètes que Lully, parce que, dit-il, « ce musicien » connoît mieux les passions, et va plus avant dans le cœur » des hommes que les auteurs. » Quel éloge de Lully dans ce seul mot !

Saint-Evremont écrivoit ainsi contre l'opéra, spectacle que nous avons reçu des Italiens, dans le temps que nous en étions le plus enchantés; ce qui lui faisoit dire « qu'il » prenoit le parti du bon sens abandonné, et qu'il suivoit la » raison dans sa disgrace. » A quoi il ajoutoit : « Ce qui » me fâche le plus de l'entêtement où l'on est pour l'opéra, » c'est qu'il va ruiner la tragédie, qui est la plus belle chose » que nous ayons, la plus propre à élever l'âme, et la plus » capable de former l'esprit. »

C'est de ce malheur dont se sont plaints les Italiens : ils ont dit que les opéras avoient fait tomber leur tragédie. Il ne falloit pas frapper un grand coup pour l'abattre : la nôtre a su résister au même coup; nous avons su conserver notre raison pour goûter la tragédie, et nous sommes comme convenus que, quand nous irions à l'Opéra abandonner nos sens aux charmes de l'harmonie, nous laisserions notre raison à la porte. Par conséquent, ce spectacle, quand il est long, ennuie, parce que, suivant Saint-Evremont, « Où » l'esprit a si peu à faire, c'est une nécessité que les sens » viennent à languir : c'est en vain que l'oreille est flattée, » et que les yeux sont charmés, si l'esprit n'est pas satisfait. »

Les Italiens avouent que leur poésie dramatique musicale, après avoir fait tomber leur tragédie, devint elle-même si monstrueuse, qu'il y fallut mettre ordre : « De nos jours, dit » le P. Saverio, d'illustres auteurs en eurent compassion, et » travaillèrent à la rendre, sinon parfaite, du moins plus

» supportable. » *Se non perfetta, almen sofferibile al quanto.* Ces auteurs, qu'il nomme, sont : Lemene, Manfredi, Maffei, monsignor Bernini, et l'abbé Metastasio, dont il rapporte quelques petits vers destinés aux ariettes.

Dans ces nouveaux ouvrages, on ne voit plus, à la vérité, des dieux et des déesses, des magiciennes et des enchantemens : on y voit les grands sujets de l'histoire ; et l'on est fort surpris de les y trouver. C'est en faisant main-basse sur toutes nos tragédies, et mettant en pièces nos plus belles scènes, que les Italiens ont embelli leurs ouvrages de nos dépouilles. Supposons que les sujets historiques y soient traités avec quelque vraisemblance, comment un poète peut-il, pour fournir des ariettes au musicien, finir toutes ses scènes par de petits vers qui ne contiennent que des comparaisons, des maximes triviales, des vérités sautillantes? Celui qui mettroit sur le théâtre lyrique Caton, avant que de se tuer, lisant Platon, termineroit-il cette scène par complaisance pour le musicien, en faisant chanter à Caton :

> Oui, vous avez raison,
> Admirable Platon ;
> Votre doctrine est belle :
> Notre âme est immortelle.
> Est-ce périr
> Que de mourir ? etc.

J'ai peine à croire que Caton paroisse jamais sur notre théâtre lyrique. Comment pourrions-nous, dans les graves sujets de l'histoire, admettre la danse, devenue pour nous une partie si importante de ce spectacle, qu'en sa faveur on a reçu des pièces dramatiques en plusieurs actes qui n'ont entr'eux aucun rapport? Qu'importe, en effet, l'unité de dessein, lorsqu'on ne veut qu'entendre chanter et voir danser? Les ballets qu'on exécutoit dans la jeunesse de Louis XIV étoient donc, par cette unité de dessein, plus poétiquement raisonnables que nos ballets modernes et que les opéras historiques de l'Italie. Mais on dira que toutes ces raisons poétiques ne sont pas faites pour un spectacle entièrement consacré à la musique, ni pour un poëme où le poète ne peut donner aux passions leur jeu nécessaire, ni à ses vers l'harmonie et la force, et qui, par conséquent, peut bien comme Quinaut, se vanter d'avoir fait un excellent opéra, mais ne peut jamais se vanter d'avoir fait un bon ouvrage.

Le succès de ce spectacle inventé dans l'Italie, et répandu ensuite partout, prouve l'empire de la musique sur les hommes ; empire qu'elle exerce aux dépens de la poésie, de la raison et des mœurs. La tragédie peut rendre les hommes plus vertueux, en les rendant tendres et compatissans pour les malheureux ; la comédie peut, par une censure innocente, corriger des ridicules : quelle utilité donnera-t-on à l'*opéra*? Et qu'en diroit Socrate, qui, dans le passage que j'ai rapporté page 75, interdit la poésie dramatique *à tout homme qui craint de voir troubler l'économie de son âme*? Le grand objet d'un spectacle où la volupté attaque tous les sens, est de troubler cette *économie*. Lorsque ceux qui y vont la conservent, le poète et le musicien ont donc bien mal réussi.

CHAPITRE XI.

Les Grecs ont-ils porté plus loin que nous la perfection de la tragédie ?

MONTAIGNE, en parlant de l'utilité des voyages, dit que nous ne devons pas aller chez les étrangers pour y voir d'inutiles curiosités, mais *pour frotter et limer notre cervelle contre celle d'autrui*. En me servant de l'expression de Montaigne, qui n'est pas noble, mais énergique, je dirai que, si nos premiers poètes dramatiques *eussent frotté et limé leur cervelle* contre celle des anciens Grecs, plutôt que contre celle des Italiens et des Espagnols, nous n'eussions pas eu des opéras, des comédies sans comique, et tant de tragédies galantes.

Celui de nos poëtes qui a le mieux possédé ceux de la Grèce, a été, comme je l'ai fait voir, le réformateur de la tragédie amoureuse, et enfin en a fait une sans amour, qui est regardée comme la plus parfaite de toutes les tragédies modernes. Je viens de montrer qu'elle étoit conforme à tous les principes établis pour la tragédie par Aristote. Il auroit peine cependant à l'appeler tragédie ; il ne la mettroit du moins qu'au second rang, et il n'appelleroit point tragédie Cinna, qui n'excite ni la crainte ni la pitié, et dont la catastrophe est heureuse pour tous les principaux personnages. Auroit-il raison ? Y avoit-il de son temps des tragédies assez supérieures aux nôtres, pour le rendre si difficile ?

Aristote a une si grande autorité dans cette matière, qu'il a trouvé partout des commentateurs, des traducteurs, et qu'il a la gloire de pouvoir compter, au nombre de ses interprètes, le maître de notre théâtre. Corneille, qui fit d'abord des vers sans savoir qu'il étoit poète, fit aussi d'abord des pièces de théâtre sans savoir ce que c'étoit que poésie dramatique. N'ayant long-temps connu que les poëtes espagnols, et quoique, avec de tels guides, devenu par son seul génie supérieur dans son art, ce fut après avoir lui-même créé parmi nous la tragédie, qu'il voulut connoître celle des Grecs. Il étudia Aristote, prit pour commentaire, comme il le dit, ses cinquante années d'expérience, et fit, après cette lecture, trois discours sur le poëme dramatique. Le philosophe qui a médité sur l'art, et le poète qui y a excellé, ne s'accordent pas en tout : le poète, plein de respect pour le philosophe, le contredit quelquefois ; et qui avoit plus le droit de contredire Aristote que Corneille ? Mais ordinairement il le contredit, parce qu'il y trouve son intérêt particulier.

DE LA POÉSIE DRAMATIQUE. 527

Il est certain qu'on ne doit point lire avec une entière confiance les Traités sur la poésie dramatique faits par des auteurs de pièces de théâtre, comme ceux de Dryden, de Gravina, et de quelques-uns de nos poètes : ils ont eu, en les écrivant, leurs pièces devant les yeux, plus souvent que les vrais principes de leur art, et n'ont écrit leurs réflexions que pour justifier leurs fautes. Corneille avoue, « qu'il élargit les règles, à cause de la contrainte de leur » exactitude : il est, dit-il, facile aux spéculatifs d'être sé- » vères. » Mais ce grand homme ne donne ses réflexions que modestement, et les finit ainsi : « Voilà mes opinions, » ou, si vous voulez, mes hérésies ; je ne sais point mieux » accorder les règles anciennes avec les agrémens mo- » dernes. » Le succès d'Athalie, où les règles anciennes sont toutes observées dans la plus grande sévérité, prouve que ces règles n'ont rien qui s'oppose aux *agrémens modernes.*

Quand Corneille contredit Aristote sur l'unité du lieu et du temps, il est certain que l'intérêt qu'il trouve à se justifier lui-même est cause qu'il se trompe. Il ne se trompe pas toujours quand il le contredit sur les qualités de l'action et sur la catastrophe ; mais il peut avoir raison sans qu'Aristote ait tort, parce qu'il parle de ces choses suivant le goût de notre tragédie, et sur l'expérience de ses cinquante années ; au lieu qu'Aristote en parloit suivant le goût de la tragédie grecque, et suivant l'expérience qu'avoient faite les poètes de son temps.

Il est nécessaire de faire attention qu'il y a une différence très-grande entre notre tragédie et la grecque, et qu'il est impossible que cette différence ne se trouve en bien des choses.

Toutes les deux ont les mêmes principes et le même but, qui est d'exciter la crainte et la pitié : toutes les deux cependant ont une forme et un caractère très-différent, à cause de la différence des spectacles et des spectateurs.

Le caractère de ces deux tragédies n'est pas le même ; en voici une preuve : Si Corneille nous eût représenté Antiochus obligeant sa mère, comme le rapporte l'histoire, à boire une coupe empoisonnée, il nous eût présenté un objet odieux : un poète grec n'eût pas épargné aux Athéniens la vue d'un fils empoisonnant sa mère.

Il ne falloit pas un grand effort d'imagination pour sauver l'horreur du crime d'Oreste, qui peut avoir tué sa mère sans la connoître : les trois grands poètes de la Grèce ont traité ce même sujet sans chercher à en adoucir l'horreur.

Nous nous contentons de faire pleurer les spectateurs par le récit de la mort d'Hippolyte : il étoit apporté sur le théâtre d'Athènes, déchiré et respirant encore, pour qu'on le vît mourir. Œdipe paroissoit sur le même théâtre, couvert du sang qu'il venoit de répandre en se crevant les yeux, et étendant les bras pour toucher ses enfans.

Ces objets nous feroient horreur, parce qu'ils ne sont pas respectables pour nous comme pour les Grecs, qui y voyoient l'exécution des décrets de la destinée : tous ces événemens avoient été ordonnés et conduits par leurs dieux, comme je l'ai dit, chapitres II et III. Dans les représentations des tragédies à Athènes, tout étoit sacré. Elles étoient faites à l'honneur des dieux, dans les grands jours de fêtes : les sujets intéressoient la religion, les acteurs avoient sur leurs têtes des couronnes, et tout homme qui portoit une couronne étoit comme sacré. C'est pour cette raison que la profession de comédien ne fut point regardée d'abord à Athènes comme méprisable.

Si donc la tragédie grecque, en comparaison de la nôtre, est pleine d'horreurs, de meurtres, d'incestes, de parricides, la première raison est la différente religion des spectateurs ; et la seconde, leur différente condition.

Nous lisons, dans la poétique d'Aristote, que ceux qui préféroient le poëme épique au poëme tragique, se fondoient sur

sur ce que le poëme épique ne devoit faire son impression que sur des spectateurs éclairés, « et par conséquent, disoient-ils, l'épopée n'a pas besoin des secours que la tragédie emprunte pour faire son effet sur des spectateurs qui sont d'ordinaire une vile populace. »

Les places dans nos spectacles étant occupées par des personnes qui les paient, nos poètes travaillent pour plaire à l'esprit d'un petit nombre de spectateurs qui doivent avoir de l'éducation, au lieu que les poètes grecs travailloient pour amuser une foule innombrable de peuple. Or, pour attacher le peuple à un spectacle sérieux, il faut nécessairement des objets capables de causer une grande émotion. Des personnes qui ont de l'éducation, ne vont pas ordinairement voir attacher un homme à la potence; la populace le suit, et le suivra avec plus d'empressement si on doit lui voir souffrir un supplice plus considérable. Quand nos spectacles étoient donnés dans les places publiques, on représentoit des sujets lamentables, la Passion de Notre-Seigneur, des supplices de Martyrs. Des innocens dans les tourmens faisoient pleurer, et la vue de leurs bourreaux faisoit frémir. La religion contribuoit à faire accourir le peuple à ces spectacles, et la religion y contribuoit aussi à Athènes. Ceux qu'on entendoit gémir sur le théâtre étoient les objets de la vengeance des dieux, les malheureux enfans de ces familles, victimes de colère, que le destin poursuivoit.

Quand nos spectacles ne furent plus ceux du peuple, leur caractère changea; et pour occuper des spectateurs d'un autre goût, on traita les sujets de la Fable et de l'Histoire profane, et nos poètes durent avoir, en les traitant, des vues que ne pouvoit avoir un poète grec.

Un poète français dout la pièce est mal reçue dans la première représentation, espère un meilleur succès dans les suivantes; et s'il y est toujours malheureux, il espère que son imprimeur lui fera rendre justice : il n'en étoit pas de même d'un poète grec. La récompense d'un ouvrage, qui n'étoit ordinairement écouté qu'une fois, dépendoit d'un moment. Obligé de fournir quatre pièces pour être représentées de suite dans les jours destinés aux combats poétiques, il avoit travaillé pour que ces pièces fussent admises dans le nombre de celles qui seroient jouées; et une pièce, quoique couronnée, pouvoit ne plus paroître sur le théâtre. Sa victoire passagère dépendoit des applaudissemens du peuple, et il ne pouvoit les attirer qu'en jetant ce peuple dans une grande émotion, par la vivacité de l'action : il songeoit donc plutôt à peindre les passions dans toute leur fureur, qu'à chercher ces finesses de l'art, que l'art sait cacher pour donner à l'esprit le plaisir de les chercher, par cette adresse à développer les ressorts du cœur humain, par cette délicatesse de sentimens et toutes ces beautés qu'on ne découvre pas dans une première lecture, loin qu'on en puisse être frappé dans la première représentation. Comment la tragédie de Britannicus eût-elle été couronnée à Athènes, puisqu'elle a eu tant de peine à plaire à des spectateurs qui n'étoient point peuple?

Qui ne veut qu'être ému et amusé, ne demande pas de la morale. Ce ne sont que les personnes sérieuses et âgées, comme dit Horace, qui veulent que l'utile soit joint à l'agréable :

Centuriæ seniorum agitant expertia frugis.

Mais les pièces faites pour instruire, ennuient les autres :

Celsi prætereunt austera poemata Rhamnes.

Ainsi, je ne crois pas que l'instruction fût l'objet principal des poètes dramatiques de l'antiquité; ils songeoient plutôt à dire des choses qu'on pouvoit appliquer aux affaires présentes du gouvernement : cette utilité étoit leur principal objet.

Il est aisé de sentir maintenant pourquoi notre tragédie est si différente de celle des Grecs. Nos poètes, obligés,

depuis la suppression des chœurs, à donner plus d'étendue
à l'action, et ne pouvant soutenir le même feu des passions
dans une action étendue, ont réuni ces deux espèces de tragédie, dont l'une étoit appelée par les Grecs pathétique,
et l'autre ηθική : ils nous occupent par les peintures de ces
grands caractères, soutenus depuis le commencement jusqu'à la fin; par des délibérations que font tranquillement
entr'eux des personnages assis, comme Auguste avec ses
conseillers, Ptolomée avec les siens, Mithridate avec ses
fils : scènes que ne connoissoit point la tragédie grecque, où
il y a plus de mouvemens que de discours. La nôtre est
faite aussi pour des spectateurs plus tranquilles, qui ayant
du goût et des connoissances, aiment les choses qui les instruisent et les éclairent; et nos poètes ont un beau champ
pour les instruire, puisqu'ils ont l'histoire entière du monde.
Le théâtre d'Athènes ne recevoit presque d'autres personnages que les anciens héros de la Grèce : le nôtre reçoit
dans sa vaste enceinte les héros de tous les temps et de
toutes les nations, Hébreux, Grecs, Romains, Turcs,
Persans, etc. Que de mœurs, que de caractères, que d'actions à peindre ! Que de grands événemens à raconter ! Ce
ne sont point les sujets qui nous manquent, ce sont les génies créateurs qui nous manquent. Que nous aurions de
belles et d'utiles tragédies, si nos deux grands poètes n'étoient
pas venus dans un temps où les romans avoient répandu un
goût frivole, et où l'on recevoit bien mieux Bérénice que
Britannicus !

Notre tragédie, sans doute, est plus propre que celle des
Grecs à faire les délices de l'esprit; elle est plus faite pour
être lue que pour être représentée : cependant la poésie
dramatique n'a pas été, dans son origine, destinée à être
lue, mais à être représentée ; elle n'eut pas pour objet le
plaisir de l'esprit, mais celui du cœur, qui consiste à être
dans l'émotion. La tragédie de Britannicus est parfaite en

son genre, et i seroit à souhaiter que nous en eussions plusieurs dans le même genre : son succès fut cependant long-temps douteux, au lieu que celui d'Iphigénie fut tout d'un coup certain, parce qu'elle occupe le cœur plus que l'esprit. On lit avec attention Britannicus : pour en découvrir toutes les beautés, il faut réfléchir ; et l'on ne va point au spectacle pour réfléchir, ni même pour admirer. L'admiration nous laisse dans la tranquillité, et nous allons au spectacle pour être arrachés à notre tranquillité par une vive image de nos passions. Nous voulons être dans le trouble, nous aimons à nous abandonner à cette violente tempête, et nous avons obligation à celui qui nous y jette. Tant qu'il nous entretient dans la crainte et dans les larmes, nous n'examinons point si le sujet qu'il a traité est bien conduit : jamais spectateur qui pleure ne critique celui qui le fait pleurer; et il applaudit bien plus à la pièce en pleurant, qu'en battant des mains : « Tant que mes audi- » teurs, dit saint Augustin, me témoignoient leur admi- » ration par des acclamations, je croyois n'avoir rien fait ; » je n'étois content que quand je les voyois pleurer. » *Non tamen egisse aliquid me putavi, cùm eos audirem acclamantes, sed cùm flentes viderem.*

Ce n'est donc point par les peintures des mœurs, par la délicatesse des sentimens, par les pensées ingénieuses, que la tragédie produit son plus grand effet; et les Grecs, qui dans tous les arts destinés au plaisir excellèrent sur les autres nations, pour leur gloire et pour leur malheur, puisque leur passion pour les amusemens frivoles fut enfin la cause de leur ruine, eurent la véritable idée de la tragédie quand il y donnèrent tout au pathétique et à la vivacité de l'action. Aristote, qui parle peu des caractères et des sentimens, ne paroît occupé que de l'action, et des moyens de la rendre capable de produire le plus grand trouble.

L'action est, en effet, le principal objet d'un poëme qui par la représentation doit faire une prompte impression. Le sujet d'Œdipe n'est recommandable ni par les mœurs, ni par les sentimens, ni par les caractères, et jamais sujet ne fut plus heureux pour la tragédie : c'est le sujet qu'Aristote avoit toujours en vue. Et ce même sujet, qui nous a toujours plu, montre la différence de la tragédie grecque et de la nôtre. Quel poète oseroit faire revenir Œdipe sur notre théâtre après qu'il s'est crevé les yeux, comme il revenoit sur celui d'Athènes, couvert de sang, ayant sur les yeux un voile ensanglanté, étendant ses mains tremblantes pour chercher ses enfans, et poussant de grands cris?

Je n'examine point si nous avons raison de ne point aimer de tels objets : les Grecs alloient peut-être dans un excès, et nous dans un autre. Le défaut ordinaire de notre tragédie est de n'être point assez pathétique, et de remettre presque toujours, à la fin, l'âme dans sa tranquillité. C'est ce que doit faire le poëme épique, par les raisons que j'ai dites, et ce que cependant ne fait point l'Iliade, parce qu'elle est toute pathétique. Lorsque tout le camp des Grecs a pleuré Patrocle, qu'Achille et Priam se sont rassasiés de larmes, et que l'arrivée du corps d'Hector à Troie y fait pousser tant de lamentations, Homère finit son poëme, et laisse son lecteur au milieu des gémissemens. Nos poètes tragiques ménagent beaucoup plus nos larmes, au lieu que ceux des Grecs ne songeoient qu'à frapper « cette partie » pleureuse de notre âme, qui, comme dit Platon, n'aime » que les sanglots, et ne peut se rassasier de lamentations.»

On peut dire aussi que, de leur temps, cette partie étoit pleureuse beaucoup plus qu'aujourd'hui. Les héros s'abandonnoient avec violence à la douleur, comme aux autres passions. Priam, Achille, Agamemnon, ne se contentent pas de pleurer dans Homère ; ils se frappent la tête, la couvrent de poussière, se donnent des coups dans la poitrine, se roulent à terre. Lorsqu'Achille, avec ses soldats, pleure Patrocle, sa mère Thétis, au lieu d'essuyer leurs larmes, excite en eux la facilité de pleurer ; ce qu'ils appellent un plaisir : Τεταρπώμεσθα γέοιο. Leurs armes sont arrosées de leurs pleurs, et le sable du rivage en est trempé. (Iliade 22.) Les poètes ont peint les hommes tels qu'ils étoient alors.

Notre tragédie doit donc nécessairement être très-différente de la grecque par le fond des choses ; elle l'est aussi par la forme, à cause de la suppression des chœurs, dans la versification, et dans la forme même du dialogue. Comme notre action se passe ordinairement dans une chambre, notre dialogue est plus conforme à la conversation ordinaire, et convient à nos représentations, qui se font dans un lieu fermé et très-étroit, en comparaison des lieux vastes et découverts qui étoient destinés, chez les anciens, aux représentations.

La versification, qui est toujours la même dans nos tragédies, étoit extrêmement variée dans les grecques. Que d'espèce de vers y entroient, que d'espèce de pieds entroient dans les vers! Les poètes, toujours occupés de l'harmonie, cette partie essentielle de la poésie, suivoient, dans les vers faits pour être récités, une autre mesure que dans les vers faits pour être chantés : ils préféroient, dans les premiers, l'iambe trimètre au tétramètre, et souvent ils y changeoient de mesure quand la passion en demandoit une plus vive. Que de soins se donnoit un poète grec pour la versification d'une pièce qui ne devoit être jouée qu'une fois, quoique pour la conserver il n'eût pas le secours de l'imprimerie! Et nos poètes modernes, qui ont ce secours, qui veulent rester long-temps sur le théâtre, et n'ont dans la versification qu'une loi un peu gênante, qui est celle de la rime, ou l'observent mal, ou ne l'observent point du tout, et, parce qu'ils veulent être poètes sans peine, veulent

nous faire accroire que cet usage est barbare : « Ah, quand
» viendra le temps, s'écrie Roscommon, où notre langue
» rejettera entièrement cette barbare beauté, et paroîtra
» dans la majesté romaine, qu'elle connoît mieux qu'une
» autre, et dont elle est plus près qu'une autre? »

  And in the roman majesty appear,
  Wich none know better, and none come so near.

Quand nous parlerons grec ou latin, nous ne rimerons plus :
jusque-là, des vers sans rime dans nos langues, ne seront
pas des vers.

 A l'harmonie de la versification se joignoit, chez les Grecs,
celle d'une déclamation qui, sans être un chant musical
(comme je tâcherai de le prouver dans la suite), étoit une
espèce de musique continuelle, par l'attention des acteurs à
observer, dans les lenteurs et les vitesses, dans les élévations et
les abaissemens de la voix, la quantité des syllabes et des
accens, et à observer, outre cela, une modulation composée
par le poète même.

 Puisque nous ne pouvons juger que très-imparfaitement
de pièces qui, étant composées pour le plaisir du cœur et la
satisfaction des oreilles, produisoient leur effet par la représentation, et qu'elles nous paroissent, dans leur caractère,
comme dans leur forme, si différentes des nôtres, comment
les comparer ensemble? Cependant, comme la grande qualité
d'une tragédie est que, dans une action conduite avec vivacité et vraisemblance, le nœud accroisse le trouble de scène
en scène, jusqu'à la catastrophe, et que cette perfection se
trouve dans l'Œdipe de Sophocle et dans Athalie, on pourroit peut-être mettre ces deux pièces dans la balance.

 L'action, dans Œdipe, est conduite avec un ordre et une
vivacité admirable. Les incidens naissent naturellement les
uns des autres, et deviennent tous si contraires à cet homme
si heureux jusqu'au moment qu'il est entré sur la scène, que
ceux qui paroissent lui devoir être favorables n'arrivent que

pour hâter son malheur. La réponse d'un devin qu'il interroge l'inquiète; et quand Jocaste, pour le rassurer, veut lui prouver que les devins se trompent souvent, la preuve même qu'elle lui en veut donner redouble ses inquiétudes. Un étranger accourt de Corinthe pour lui apprendre qu'on y est prêt à l'y nommer roi à la place de Polybe, qui vient de mourir. Cet étranger, qui est venu dans l'intention de lui apporter une heureuse nouvelle, est cause que l'affreux mystère se dévoile, et que quand le vieux domestique de Laïus, qu'Œdipe fait venir et force à parler, s'écrie :

> O terrible secret que je vais révéler !
> Vous le voulez. Eh bien, il faut donc vous l'apprendre :
> Je suis prêt à le dire,

la douleur fait répondre à Œdipe :

> Et moi prêt à l'entendre.

Il apprend ce qu'il est, et cette reconnoissance produit la plus étonnante des révolutions. Un prince qui règne depuis vingt ans, aimé dans sa ville et dans sa famille, se trouve un objet d'horreur pour ses sujets, pour tous les hommes, pour sa femme, pour ses enfans, pour lui-même; et parce que ce prince ne mérite pas ses malheurs, et cependant s'y est précipité par son emportement, son imprudence et sa curiosité, il excite à la fois la terreur et la compassion.

La lecture de cette seule pièce nous jette dans une émotion que ne nous cause point celle d'Athalie, où la reconnoissance produit une catastrophe qui remet le spectateur dans la tranquillité; mais en même temps, cette pièce, aussi recommandable que celle de Sophocle par la simplicité, la vraisemblance de la conduite et la vivacité de l'action, d'où naît un très-grand intérêt, étant outre cela recommandable par la beauté des caractères et les vérités qu'elle enseigne, forme un tout ensemble qui la rend digne d'être comparée au chef-d'œuvre de la Grèce.

Ceux qui la voudroient préférer diroient qu'elle est entièrement conforme à l'histoire, au lieu que le sujet d'Œdipe paroît ajusté au théâtre ; liberté que se donnoient les poètes grecs. Suivant Homère, plus voisin qu'eux du temps d'Œdipe, Jocaste, sitôt qu'elle eut découvert qu'il étoit son fils, se donna la mort ; et il paroît, par Homère, qu'elle n'en eut point d'enfans. Les poètes tragiques, pour augmenter les malheurs d'Œdipe, lui en donnent quatre, assez éloignés de l'enfance ; d'où il résulte un défaut de vraisemblance. Puisqu'Œdipe a vécu plusieurs années avec Jocaste, comment n'a-t-il jamais songé à faire la recherche des meurtriers d'un roi dont il possède le trône et la veuve ?

On pourroit dire encore que l'arrivée de l'homme de Corinthe, quoique très-possible, tient un peu du merveilleux ; ce qui contribue à faire croire que ce sujet a été ajusté au théâtre par Sophocle : et n'est-ce pas un plus grand effort de génie, de savoir ajuster les règles de son art à un sujet dont on conserve toute la vérité historique ?

Quoi qu'il en soit, on pourroit, à ce qu'il me semble, mettre dans la balance ces deux pièces, et proposer cette question : « L'Œdipe doit-il faire donner aux Grecs la supériorité » dans la tragédie sur les Français ? Athalie la doit-elle faire » donner aux Français sur les Grecs ? »

Je n'entreprendrai point de décider, parce que je sais que l'auteur d'Athalie, qui se flattoit d'être appelé le rival d'Euripide, regarda toujours Sophocle comme son maître, et disoit qu'il n'avoit jamais pris un de ses sujets, n'étant pas assez hardi pour *jouter* (c'étoit son terme) contre Sophocle.

CHAPITRE XII.

De la Déclamation théâtrale des Anciens.

Après avoir parlé de cette beauté d'harmonie, à laquelle les anciens poètes dramatiques étoient si attentifs dans la composition des vers, afin que la représentation de leurs pièces procurât la satisfaction des oreilles, il me reste à parler de la nouvelle harmonie que savoient y ajouter les acteurs par leur déclamation. La matière est curieuse, propre à délasser des précédentes réflexions, mais difficile; et je n'ai garde de prétendre la bien expliquer. Sur cette question, aussi bien que sur la musique des anciens, on peut rassembler un grand nombre de passages de leurs écrits, sans être plus instruit : 1°. Parce que nous n'entendons pas toujours leurs termes; 2°. parce que quelquefois ils se sont servis des mêmes termes pour dire des choses différentes; 3°. parce que ce qui est plaisir de sensation, ne s'explique pas par des passages.

Je me contenterai de donner une idée de cette déclamation, telle que je l'ai conçue, après avoir combattu quelques sentimens qui ne me paroissent pas soutenables; et j'avoue que dans cette matière, il est plus aisé de combattre les opinions des autres que de bien établir la sienne. Il est malheureux pour moi de n'être pas du sentiment de M. l'abbé Vatry, qui croit que « les tragédies anciennes se chantoient » d'un bout à l'autre, à-peu-près comme nos opéras. » (1) J'avoue que je puis me tromper, et il peut se tromper aussi. Sur une question qui est obscure, et n'est que curieuse, l'erreur n'a rien de dangereux, et la diversité de sentiment ne peut altérer l'estime ni l'amitié.

---

(1) Mém. de l'Acad. des Belles-Lettres, t. 8.

Je n'aurai pas de peine à détruire d'abord une opinion singulière que l'abbé du Bos a soutenue avec une grande vivacité et un grand étalage d'érudition (1) ; et je ne songerois pas à la détruire, si la confiance avec laquelle il l'a avancée n'avoit engagé M. Rollin, l'abbé Desfontaines, et plusieurs autres écrivains connus, à répéter, après lui, que chez les Romains, « la déclamation théâtrale étoit partagée entre » deux acteurs, dont l'un prononçoit, tandis que l'autre fai-» soit les gestes. »

§. I*er*. *La Déclamation théâtrale n'a jamais été partagée, et n'a jamais pu l'être, entre deux acteurs destinés l'un à faire les gestes, l'autre à prononcer les vers.*

Le silence de Scaliger, de Vossius, de M. Dacier, et de l'abbé Fraguier, dans la Vie de Roscius, sur ce prétendu partage de la voix et du geste dans la déclamation chez les Romains, ne doit point nous faire penser que l'abbé du Bos l'ait imaginé le premier. Ces écrivains n'ont pas apparemment daigné parler d'une opinion si singulière, qui se trouve dans Isidore de Séville : ce qui ne lui donne aucune autorité, parce qu'Isidore a bien pu, comme né et écrivant en Espagne dans le septième siècle, ne pas connoître les spectacles des anciens Romains ; et comme Saint, ne rien entendre aux affaires de théâtre.

Polydore Virgile (*de Inv.*, l. 3) attribue cette opinion à l'ignorance de quelques personnes, qui s'imaginèrent que Roscius ne faisoit que des gestes, interprétant mal le mot *agit* dans ce passage de Cicéron : *Numquam agit hunc versum Roscius, eo gestu quo potest.* Ce que l'abbé Fraguier a traduit, comme il le doit être : « Jamais Roscius n'a » prononcé avec le geste qu'il auroit pu, ce vers ; mais il le » laisse entièrement tomber, afin de relever, par sa pro-

---

(1) Réflexions sur la Poésie et la Peinture, t. 3.

» nonciation entrecoupée, les vers qui suivent. » Voilà donc Roscius prononçant et faisant les gestes. M. Rollin, sur la foi de l'abbé du Bos, a avancé, dans son Histoire ancienne, que le même acteur ne faisoit pas les deux choses; et il a été facile à se laisser persuader, parce que, rempli de ce qu'il avoit lu sur les merveilles de la musique et de la danse des anciens, et ignorant les matières de théâtre, il a cru aussi que la déclamation théâtrale des Romains étoit toute merveilleuse.

On ne peut douter, après avoir lu Cicéron, que celle de Roscius ne fût merveilleuse; et comme elle ne pouvoit, par conséquent, être contraire à la nature, le geste n'y étoit pas séparé de la voix.

Pour se convaincre que la nature s'oppose à cette séparation, on peut essayer de prononcer un discours animé avec les tons de la passion, en restant immobile comme une statue, ou de faire seulement les gestes que demandent tous les mots de ce discours, en gardant un silence d'Harpocrate. Quiconque voudra faire cette expérience, apprendra que malgré nous, nos paroles suivent nos gestes, et nos gestes suivent nos paroles, comme le dit Quintilien : *Cum ipsis vocibus naturaliter exeunt gestus... ipsa se cum gestu naturaliter fundit oratio.* Souvent le geste n'est pas d'accord avec la voix dans un mauvais comédien, parce qu'il est mauvais imitateur; mais qu'on s'arrête, dans une place publique, à considérer une femme du peuple qui soutient une querelle, on remarquera un parfait accord entre ses gestes et ses paroles: *Gestus voci consentit*, dit Cicéron, *et animo cum ea simul paret.* Il dit encore que la nature donne à chaque passion son visage, son ton et son geste : *Omnis motus animi suum quemdam à naturâ habet vultum, et sonum et gestum.* Nos mains, dit Quintilien, parlent d'elles-même; c'est avec elles que nous promettons, que nous appelons, etc. Nous ne pouvons séparer ce que la nature a uni.

C'est ce que remarque Quintilien dans le chapitre sur la prononciation, où traitant de l'action, qu'il divise en deux parties, le geste et la voix, et demandant l'accord de ces deux parties dans l'orateur, il lui étoit naturel d'observer qu'elle ne se trouvoit pas dans le comédien, si en effet elle ne s'y trouvoit pas chez les Romains. Loin de nous le faire entendre, lorsqu'il parle d'un comédien de son temps dont les grâces étoient si grandes, que les défauts qui auroient choqué dans un autre plaisoient en lui, dans l'énumération de ses défauts, il comprend la voix et le geste, des mains jetées en l'air, et des exclamations trop longues : *Manus jactare et dulces exclamationes theatri causâ producere.* On ne voit pas non plus la séparation de ces deux choses dans Cicéron, lorsqu'il veut que l'acteur réunisse les inflexions de la voix et la variété des gestes : *Vocis inflexus, varias manus, diversos nutus actor adhibebit.*

Les personnages de femmes étoient exécutés, chez les anciens, par des hommes. Plutarque rapporte qu'un acteur devant jouer à Athènes le personnage de la reine, demanda un masque de reine. Le comédien dont parle Horace, qui ayant trop bu s'endormit, et n'entendoit point la voix de l'ombre de Polydore qui lui crioit : *Ma mère, je vous appelle*, jouoit le rôle d'Ilione endormie ; et celui qui prit l'urne où étoient les cendres de son propre fils, représentoit Electre tenant l'urne des cendres de son frère. Enfin, ce passage de saint Jérôme prouve que les hommes jouoient les personnages de femmes : *Quomodo unus histrio nunc Herculem robustùs ostendit, nunc molli in Venerem frangitur.... tot habemus personarum similitudines quot peccata.* Les femmes, qui dansoient sur le théâtre, pouvoient jouer dans la comédie, mais non pas dans la tragédie, parce qu'elles n'auroient pas eu la force de pousser leur voix comme des hommes ; mais elles eussent possédé aussi bien qu'eux, et peut-être plus finement qu'eux, l'art de faire les gestes : pourquoi ne les en chargeoit-on pas, si la déclamation étoit partagée en deux parties ?

Dans laquelle de ces deux parties excelloit Roscius ? Il est certain qu'il excelloit dans toutes les deux, par le passage que j'ai cité, puisque Cicéron parle de ses gestes, quand il dit : *Numquam agit hunc versum quo gestu potest*, et quand il fait remarquer de quelle manière il savoit ménager sa voix. Il la laissoit tomber, *abjicit prorsus*, en prononçant un vers, pour la relever au vers suivant, qui demandoit toute son action. Cicéron rapporte avec plaisir de quelle manière le peuple fut attendri à son sujet, lorsqu'Æsopus, jouait une pièce d'Accius, fit en sorte, par son jeu, que le peuple appliquât à Cicéron certains vers qu'Æsopus, en montrant les sénateurs et les chevaliers, prononçoit avec peine, à cause de l'abondance de ses larmes : *Cùm omnes ordines demonstraret... et vox ejus illa præclara lachrymis impediretur.* Voilà donc Æsopus prononçant et faisant les gestes.

Quoique l'opinion de l'abbé du Bos soit contraire à toute vraisemblance, il faudroit pourtant l'adopter, si on y étoit forcé par des témoignages incontestables ; mais les passages qu'il rapporte ne la prouvent jamais, et souvent la détruisent.

Il se fonde sur Suétone, qui rapporte que Caligula, ayant fait venir à son audience les principaux personnages de l'Etat, entra au son des instrumens dans la chambre où ils étoient assemblés : *Et desultato cantico abiit*; ce qui signifie, suivant l'abbé du Bos : « Il fit les gestes d'un mo- » nologue. » Un fou est capable de tout ; mais est-il vraisemblable que Caligula fit les gestes d'une scène dont personne ne prononçoit les vers ? Voulant se moquer des personnes qu'il avoit mandées comme pour leur communiquer des affaires d'Etat, il entre avec des instrumens, danse un intermède, et s'en va : *Desultato cantico abiit*, comme nous dirions : *après avoir dansé une chaconne.* J'expliquerai dans la suite ce qu'étoit le *canticum.*

L'abbé du Bos cite un passage de Lucien, qui lui est très-favorable, de la manière dont il le traduit. « Autrefois, » c'étoient les mêmes personnages qui récitoient et faisoient » les gestes ; depuis, on a donné à ceux qui font les gestes des » chanteurs qui prononçassent pour eux. » C'est ce que n'a jamais pensé Lucien, qui ne parle en cet endroit que de la séparation de la danse et du chant, et que d'Ablancourt a traduit : « Autrefois, un même baladin chantoit et dansoit ; » mais comme le mouvement empêchoit la respiration, » on trouva plus à propos de faire danser les uns, et chanter » les autres. »

Pourquoi l'abbé du Bos a-t-il traduit Lucien très-différemment ? Parce que l'amour de son opinion l'aveugloit ; ce qui me dispense d'expliquer plusieurs autres passages, dans lesquels il a cru trouver de même l'idée dont il étoit rempli : il a même cité des passages qui la détruisent, comme celui où Sénèque dit qu'on admire dans les habiles comédiens, la promptitude avec laquelle leurs mains sont prêtes à répondre aux sentimens dont ils sont affectés, et la manière dont leurs gestes suivent leurs paroles : *Mirari solemus scœnæ peritos, quòd in omnem significationem rerum et affectuum parata illorum est manus, et verborum velocitatem gestus assequitur.* L'abbé du Bos s'imagine que, dans cet endroit, Sénèque admire l'accord qui régnoit entre l'acteur qui parloit, et celui qui faisoit les gestes. Cet accord, selon lui, n'auroit rien *d'admirable dans un seul homme, puisque rien n'est si naturel.* C'est bien peu connoître la déclamation que d'en parler ainsi. S'il est si aisé à un homme d'accorder ces deux parties de la déclamation, les gestes et la voix, pourquoi les bons acteurs sont-ils si rares, et pourquoi les admire-t-on ? *Rien n'est si naturel,* sans doute ; mais rien n'est si difficile à l'art que de bien imiter la nature.

Si l'on accabloit de passages un homme dans l'opinion de l'abbé du Bos, pour lui prouver qu'un acteur sur le théâtre parloit et faisoit les gestes, il seroit forcé de répondre que le partage du geste et de la voix entre deux acteurs ne se faisoit pas toujours, mais qu'il a pu se faire quelquefois. J'ai fait voir d'abord que la nature s'opposoit à ce partage : en supposant qu'elle ne s'y oppose pas, il sera toujours certain que ce partage seroit du moins ridicule ; et pourquoi voulons-nous que les Romains aient eu quelquefois un spectacle ridicule ?

La cause de cette erreur est l'obscurité d'un passage de Tite-Live, qui regarde le partage du chant et de la danse, dont a parlé aussi Lucien, que j'ai cité plus haut. Tite-Live, l. 7, rapporte qu'Andronicus s'étant enroué, demanda la permission de mettre à sa place un homme qui chantât avec le joueur de flûte ; et ayant obtenu cette permission, *dicitur cantum egisse aliquanto magis vigente motu, quia nihil vocis usus impediebat. Inde ad manum cantari histrionibus cœptum... diverbiaque tantum ipsorum voci relicta* (1). M. Dacier, dans son Discours sur la satire, a traduit ainsi ce passage : « Andronicus ayant obtenu cette » permission, dansa avec plus de vigueur ses intermèdes, » débarrassé du chant qui lui ôtoit la respiration : de là » vint la coutume de donner des chanteurs aux danseurs, » et de laisser à ces derniers les rôles des scènes, pour les- » quelles on leur conservoit toute leur voix. » Vossius rapportant ce même passage, l'explique aussi d'un partage du chant et de la danse, et n'a jamais songé à un partage du geste et de la voix.

Valère Maxime rapportant le même fait, dit qu'Andronicus *gesticulationem tacitus peregit*, dansa sans chanter. Ce

---
(1) Mém. de l'Acad. des Belles-Lettres.

mot *gesticulatio* voulant dire *danse pleine de gestes*. Suétone dit de Néron : *Carmina gesticulatus est.*

J'ai rapporté, dans l'hitoire de la poésie dramatique chez les Grecs, que dans les premières représentations faites à Athènes, le chœur chantoit et dansoit en même temps, et que pour le soulager on établit qu'une partie danseroit pendant que l'autre chanteroit. La même chose arriva à Rome. Andronicus dansoit et chantoit à la fois l'intermède ; il demanda à être soulagé, on lui donna un chanteur : de là vint, dit Tite-Live, la coutume de chanter *ad manum,* c'est-à-dire, de suivre en chantant les mouvemens et les gestes du danseur. Lucien, rapportant la même chose, se sert de cette expression υπαδειν, qui répond à celle-ci : *ad manum cantari.* Le danseur imitant une action par ses gestes, se livroit à son enthousiasme ; celui qui chantoit les paroles de cet intermède (le *canticum*) suivoit dans son chant les gestes du danseur, et chantoit *ad manum.*

C'est s'arrêter trop long-temps à combattre une opinion qui n'a eu pour fondement que l'erreur de quelques personnes, qui ont entendu un partage du geste et de la voix, dans les passages des anciens sur le partage qui fut fait entre la danse et le chant.

§. II. *La Déclamation théâtrale des Anciens n'étoit pas un chant musical.*

Les termes dont les anciens se servoient en parlant de la déclamation de la tragédie et de celle de la comédie, étant les mêmes, cette déclamation étoit dans le même goût : cependant nous ne nous imaginons pas que celle de la comédie ait été un chant musical ; et comment pourroit-on chanter une conversation familière ? Les comédiens l'imitoient, suivant ce passage de Quintilien : « Les acteurs de la » comédie ne s'éloignent pas beaucoup de la nature. » *Non procul à naturâ recedunt.* Ils s'en éloignoient un peu, à cause de la mesure des vers et de la modulation de la pièce; et par leur déclamation, ils ajoutoient à la comédie une certaine dignité, appelée par Quintilien *decus comicum :* ils s'élevoient un peu au-dessus du ton familier de la conversation, sans pourtant s'en éloigner beaucoup. Voilà donc dans la comédie des anciens une déclamation à-peu-près telle que la nôtre. Pourquoi voulons-nous que dans la tragédie elle ait été toute différente ? La grandeur du style de la tragédie nous le persuade; mais cette grandeur du style n'étoit que pour imiter le style d'une conversation noble. Les anciens vouloient en tout l'imitation de la nature; et c'étoit pour rapprocher du ton de la nature le style de la tragédie, qu'ils avoient choisi pour ce dialogue le vers iambe. Auroient-ils voulu que ce vers eût été chanté, c'est-à-dire, mis sur des tons que la nature n'inspire point, puisque dans les passions elle ne nous fait jamais chanter ?

Après que j'ai fait voir que le caractère des anciennes tragédies étoit d'être très-pathétiques, et que les spectateurs vouloient être vivement remués, croirai-je que les représentations de ces pièces étoient pareilles à celles de nos opéras, qui ne causent jamais d'émotion, ou qui n'en causent qu'une très-foible, et qui, malgré le plaisir de l'oreille qu'elles procurent, ennuient bientôt, parce que tout spectacle où le cœur n'est point remué paroît froid, et par conséquent ennuie ?

J'ai dit plus haut que l'impression que fait sur nous la musique est causée, non par les paroles que nous entendons chanter, mais par l'harmonie des tons et la beauté de la voix, et que cependant cette impression n'étoit pas ordinairement assez vive pour nous faire verser des larmes. Je n'ai jamais entendu dire qu'on ait vu à *l'Opéra* tous les spectateurs et les acteurs en larmes : ce qui arrivoit souvent

DE LA POÉSIE DRAMATIQUE. 547

chez les anciens, dans les représentations des tragédies : elles n'étoient donc pas chantées.

Quintilien nous rapporte qu'il a vu souvent des comédiens sortis de la scène, et déposant leurs masques, pleurer encore. Des acteurs qui dans leur jeu éprouvoient la vérité des passions qu'ils imitoient, n'étoient pas occupés de tons de musique : ce n'étoit pas en chantant que celui qui représentoit la douleur d'Electre, prit l'urne où étoient les cendres du fils qu'il venoit de perdre ; et ce n'étoit pas en chantant qu'Æsopus, représentant les fureurs d'Atrée, tua un esclave qui s'approcha de lui imprudemment.

Chez les anciens, à la représentation d'une tragédie succédoit une pièce bouffonne, pour ramener la gaieté dans les spectateurs ; et ce même usage s'est établi parmi nous. Un ancien scoliaste de Juvénal nous dit qu'un farceur entroit sur le théâtre pour faire succéder les ris à la tristesse, et afin qu'on essuyât ses larmes : *Ut quidquid lachrymarum atque tristitiæ coegissent ex tragicis affectibus, hujus spectandi risus detergeret.* Après un spectacle tout en musique, quelque tragique qu'en ait été le sujet, après un opéra, a-t-on besoin d'un pareil remède ?

N'étoit-ce donc qu'un chanteur que Cicéron admiroit dans Roscius, dans cet homme qui avoit mis par écrit les principes de la déclamation, et qui en avoit donné des leçons à Cicéron ? Démosthènes avoit aussi pris les siennes d'un comédien. Ces deux grands orateurs, qui regardoient la déclamation comme la première, la seconde et la troisième partie de l'éloquence, auroient-ils été en demander des leçons à des chanteurs ? Quintilien veut qu'on envoie aux comédiens le jeune orateur. Un père qui parmi nous voudroit former son fils à bien parler en public, l'enverroit peut-être à un Baron ; mais songeroit-il jamais à l'envoyer à un acteur de l'Opéra ?

Il est vrai que le comédien, chez les anciens, est souvent

nommé *cantor*, et qu'il est dit de Néron : *Tragœdias can-*
tavit personatus. Mais qui ne sait que les premiers poètes
ayant chanté leurs vers dans la suite, pour dire réciter
des vers, le mot *chanter* resta, et a même passé dans notre
langue poétique? Nous commençons par *je chante* un
poëme qui n'est nullement fait pour être chanté.

On m'objectera Lucien, qui peint l'acteur tragique
chantant des iambes, modulant des calamités. Il faut faire
attention que Lucien écrit en plaisantant. Il rapporte qu'un
philosophe étant entré dans le lieu où l'on représentoit
une tragédie, racontoit en ces termes, à Solon, ce qu'il
avoit vu : « J'ai vu des hommes élevés sur des chaussures
» si hautes, que j'ignore comment ils pouvoient se soutenir.
» Avec de belles robes, des têtes ridicules, et de grandes
» bouches, ils poussoient de grands cris (ils s'égueuloient,
» dit d'Ablancourt); on les écoutoit tristement : on avoit
» apparemment pitié d'eux, à cause de leurs chaussures
» qu'ils traînoient comme des entraves. » Solon répond
gravement : « Ce qui attristoit et faisoit pitié, ce n'étoit
» point ces acteurs, mais une action triste qu'ils représen-
» toient avec des paroles tristes. » On voit assez que Lucien
plaisante ; et il pouvoit avec raison railler les mauvais
comédiens, qui ne faisoient que pousser de grands cris :
ce que ne faisoient pas les bons comédiens, puisqu'Aristote
dit que quand Théodore jouoit, ce n'étoit point Théodore
qu'on croyoit entendre, mais le personnage qu'il représentoit. Voilà donc une déclamation naturelle, puisqu'on
croit entendre la personne même : ce ne sont donc point des
chants qu'on entend, et ce ne sont point des cris.

Enfin, les anciens n'ont pas toujours dit *chanter une*
tragédie; ils se sont servis aussi de ce mot *prononcer*, réciter.
Les auteurs tragiques se forment long-temps en particulier,
dit Cicéron, avant que de réciter sur le théâtre : *Antequam*
pronuntient. Donat se sert de cette expression : *Diverbia*

histriones pronuntiabant; et les comédiens sont appelés par Quintilien *artifices pronuntiandi.* Afin, dit-il, que Niobé paroisse triste, Médée furieuse, Ajax étonné, les comédiens prennent des masques convenables aux passions qu'ils ont à imiter : *Artifices pronuntiandi à personis quoque affectus mutuantur.* Je parlerai bientôt du sens bizarre que l'abbé du Bos a donné à ce passage, qui ne me suffit maintenant qu'à montrer que les comédiens ayant été nommés par Quintilien *artifices pronuntiandi*, n'étoient donc pas des chanteurs. Pline, parlant d'une femme qui avoit joué dans la comédie jusqu'à cent ans, se sert du même terme : *Lucceia mima centum annis in scenâ pronuntiavit.*

Je puis encore, pour confirmer mon sentiment, rapporter deux endroits d'Aristophane. Dans sa comédie des Oiseaux, on dit à un poète qui arrive en chantant un dithyrambe : « Cesse de chanter ; dis ce que tu as à dire. » Τί λεγεις ειπε. Lorsque, dans une autre comédie, on demande à Eschyle un de ses prologues, on lui dit de le réciter, λεγειν; mais quand on demande à un Euripide un de ses chœurs, et qu'on parle d'apporter une lyre, Aristophane fait répondre satiriquement qu'on n'a pas besoin d'une lyre, et que pour chanter de pareils vers, Ταυτ' αδειν μελη, le plus vil instrument suffit. Ces passages ne font-ils pas sentir que les chœurs seuls étoient chantés ?

§. II. *La Déclamation théâtrale des Anciens n'étoit point notée.*

« La mélodie des pièces tragiques des anciens n'étoit » point, dit l'abbé du Bos, un chant musical, mais une » simple déclamation; » et la déclamation de la comédie étoit, selon lui, *des plus unies.* Jusque-là il a raison ; mais comment le concilier avec lui-même, lorsqu'il soutient que cette déclamation, pareille à la nôtre, « étoit notée et

» composée par des hommes consommés dans la science
» des arts musicaux, dont la profession étoit de noter et
» de faire représenter les pièces dramatiques des poètes ? »
Il trouve ces compositeurs nommés par Quintilien dans ce
passage que j'ai déjà rapporté : *Artifices pronuntiandi à
personis quoque affectus mutuantur.* Ce passage ne nous
présente jamais que les acteurs prenant des masques convenables aux personnages qu'ils ont à faire, un masque
où la fureur soit peinte, pour jouer le rôle de **Médée**; et
c'est ainsi que l'abbé Gédoin traduit : « C'est pour cela qu'au
» théâtre, les acteurs peignent leurs sentimens jusque sur
» leurs masques. » L'abbé du Bos, dans ce passage, ne
voit que les compositeurs de la déclamation, qui étoient
appelés, à ce qu'il prétend, *artifices pronuntiandi.* Quand ce
qu'il imagine seroit véritable, que voudroit dire Quintilien ?
Ces compositeurs pouvoient-ils avoir besoin des masques
de théâtre ? Et que veut dire l'abbé du Bos quand il traduit
ainsi ce passage : « Les compositeurs de déclamation,
» lorsqu'ils mettent une pièce au théâtre, savent tirer des
» masques mêmes le pathétique ? » Cette traduction si bizarre
d'un passage si clair, montre avec quelle précaution on doit
lire un ouvrage où les anciens sont si souvent cités et si
peu entendus.

Je ne nie pas qu'on ne puisse noter toute la déclamation
d'une pièce, et celle même d'un discours; je ne nie pas
non plus qu'un poète ne puisse donner aux comédiens
leurs rôles notés, et qu'un comédien ne puisse, avec le
secours de ces notes, étudier son rôle, et remarquer les
endroits où il doit élever, baisser, ralentir, précipiter
sa voix. Mais il faudra dire à ce comédien ce qui est dit
à l'orateur dans Cicéron : « Vous pouvez étudier chez
» vous vos tons avec un joueur de flûte; et quand vous irez
» au barreau, vous laisserez dans votre maison ce joueur
» de flûte. » *Fistulatorem domi reliquetis.* Le comédien,

après avoir étudié son rôle noté, le laissera chez lui : si quand il est sur le théâtre, il vouloit toujours se rappeler ces notes, il seroit un froid acteur. Tout bon déclamateur entre dans l'enthousiasme, et, saisi des passions qu'il imite, prend les tons qu'elles lui inspirent.

Un Roscius se seroit-il asservi aux lois d'un compositeur de déclamation, lui qui donnoit les siennes aux orateurs ? Et pourquoi les poètes ne se donnoient-ils pas la peine de noter eux-mêmes leurs pièces ? Étoient-ils obligés de les abandonner à ces compositeurs de déclamation ? Ces compositeurs étoient-ils en charge ? On ne les connoît que par le livre de M. l'abbé du Bos.

Les mauvais poètes eussent eu quelquefois de grandes obligations à ces compositeurs : cependant c'étoient, au rapport de Quintilien (l. 11), les comédiens qui, par les grâces de leur déclamation, trouvoient des auditeurs à des pièces qui ne trouvoient point de lecteurs : *Scenici actores vilissimis etiam quibusdam impetrant aures, ut quibus nullus est in bibliothecis locus, sit etiam frequens in theatris.* Quintilien ne dit pas que les poètes eussent obligation à d'autres qu'aux comédiens. Mais c'est trop s'arrêter à une opinion singulière de l'abbé du Bos.

§. III. *Nous ne pouvons avoir qu'une idée imparfaite de l'attention des Anciens à l'harmonie dans l'arrangement des mots, et dans leur prononciation.*

Jusqu'ici, en parlant de la déclamation théâtrale des anciens, j'ai dit ce qu'elle n'étoit pas : pourrai-je enfin dire ce qu'elle étoit ?

Il me paroît certain qu'elle n'étoit pas un chant musical ; et cependant elle étoit une espèce de chant, non-seulement parce que toute pièce de poésie avoit une modulation, mais parce que la prose même en avoit une : et la déclamation des orateurs étoit aussi, comme dit Cicéron, une espèce de chant.

Les peuples qui mesuroient leur discours sur la quantité des syllabes et des accens, avoient à l'harmonie une attention bien différente de la nôtre, et y étoient si sensibles, qu'ils sembloient ne demander (surtout les Grecs) que le plaisir des oreilles. Les Romains, qui n'eurent jamais pour la musique la même passion que les Grecs, eurent enfin, comme eux, une grande attention à l'harmonie de leur langue. Je montrerai donc que leur déclamation, loin d'être ridicule et contraire à la nature, devoit, parce qu'ils y étoient si sensibles, être admirable; et en même temps je montrerai qu'elle est aujourd'hui inexplicable, en faisant voir que nous n'entendons rien à leur délicatesse d'harmonie et à leur prononciation.

En lisant Cicéron, nous sommes enchantés par une harmonie que nous ne trouvons point dans Sénèque. Nous sentons nos oreilles agréablement frappées par une prose nombreuse; mais ferons-nous à Cicéron le procès que lui fait Quintilien, pour avoir écrit *quo me vertam nescio*, parce que c'est la fin d'un trimètre, et d'avoir écrit *pro misero dicere liceat*, qui est un trimètre presqu'entier?

Cicéron, dans son livre de l'Orateur, nous apprend l'attention qu'il avoit à placer les pieds qui conviennent au commencement, au milieu et à la fin d'une période; et il nous rapporte que cette phrase : *Patris dictum sapiens, temeritas filii comprobavit*, fut, quand il la prononça, extrêmement applaudie, à cause du dichorée qui la termine. Qu'on change l'ordre de ces mots : *Comprobavit filii temeritas*, plus d'harmonie. On aura, dit Cicéron, contenté l'esprit, et non pas les oreilles : *Animo satis, auribus non satis*. Nos oreilles seroient-elles offensées, si elles ne trouvoient pas à la fin de cette phrase un dichorée?

Entendons-nous Quintilien quand il approuve *servare*

quàm plurimos, parce que le gétique vaut mieux redoublé que précédé d'un chorée, comme dans ces mots : *Quis non turpe duceret?* et quand il fait remarquer qu'on dit fort bien *virus timeres*, et non pas *venena timeres*, parce que le bacchius s'accorde mal avec le chorée ? Que dirons-nous de cette attention continuelle aux pieds, que Cicéron garde jusque dans ses lettres, parce que le style épistolaire a aussi ses pieds, dit Quintilien, et peut-être sont-ils plus difficiles : *Habet suos quosdam et fortasse difficiliores etiam pedes.* Avons-nous attention à une pareille harmonie quand nous écrivons des lettres? Quintilien (l. 9) nous dit qu'un léger changement dans l'arrangement des mots d'une phrase de Cicéron suffit pour en faire perdre toute la force et la beauté : *Nam neque me divitiæ movent, quibus omnes Africanos et Lælios, multi venalitii, mercatoresque superarunt.* Nous serions également contens, si nous lisions *multi superarunt mercatores ;* et Quintilien compareroit alors la période à un trait jeté de travers, qui n'a pas la force d'aller au but, et tombe à moitié chemin.

Lorsque Quintilien demande pourquoi Cicéron a mis *per hosce dies*, et non pas *per hos dies*, il répond qu'il est plus aisé d'en sentir la raison que de la dire. Comment la pourrions-nous dire, nous qui ne la sentons pas ? Les écrits de Cicéron, malgré cet art qui y règne, lui paroissent n'être point travaillés : *Fluunt illaborata;* parce que Cicéron, qui n'avoit pas d'oreille pour les vers, ni peut-être pour la musique, étoit, pour ainsi dire, musicien en prose, par cette harmonie qu'il trouvoit *naturâ dulce melius quàm arte.*

Ce n'étoit pas seulement pour les oreilles délicates que Cicéron recherchoit ces finesses d'harmonie, c'étoit aussi pour celles du peuple. Le peuple, comme il le remarque dans son Orateur, ignore les règles du nombre ; et cependant il se récrioit quand il entendoit tomber harmonieusement une période, parce que, dit Cicéron, c'est cette chute qu'attendent les oreilles : *Conciones sæpe exclamare vidi cum aptè verba cecidissent, id enim expectant aures.*

Les Romains faisoient des fautes en faveur de l'oreille : ils disoient *nescire* pour *non scire*, *nolle* pour *non velle*, *ignoti* pour *innoti*, *insipiens* pour *insapiens*, *iniquus* pour *inæquus* ; et Cicéron dit que sur ces fautes on est condamné par les règles, et absous par les oreilles : *Consule veritatem, reprehendet ; refer ad aures, probabunt.*

Quand nous faisons attention à toutes ces choses, pouvons-nous nous vanter d'avoir une langue harmonieuse, lorsque les Romains, en se comparant aux Grecs, se plaignoient d'avoir une langue rude, pleine de lettres tristes et sauvages ? C'est la plainte de Quintilien, l. 12. Il envioit aux Grecs ces mots qui paroissent inutiles, et qui servoient à rendre le nombre parfait, ces mots que dans Homère, nos ignorans appellent des chevilles, et que Cicéron appeloit *complementa numerorum*.

Pouvons-nous comprendre la beauté que Denys d'Halicarnasse trouve dans ce vers de Phèdre, rendu ainsi dans notre langue :

> Que ces vains ornemens, que ces voiles me pèsent !

Voici le vers d'Euripide :

> Βαρύ μοι κεφαλῆς ἐπίκρανον ἔχειν.

Il est admirable, suivant Denys d'Halicarnasse, à cause de cet anapeste qui convient aux grandes choses, et est propre à exciter les grandes passions ; et pouvons-nous seulement, lorsque nous lisons cet excellent critique, entendre tout ce qu'il dit sur l'usage des demi-voyelles ? Il en compte huit, dont cinq sont simples, trois sont doubles. Le *sigma* est, selon lui, une lettre ingrate, dont les anciens écrivains faisoient peu d'usage.

Platon étoit si attentif à arranger ses mots, qu'il changea plusieurs fois l'ordre des quatre premiers mots de ses Livres de la République : ce qui étoit cause que, du temps de Quintilien, ces mots ne se trouvoient pas rangés de même dans tous les exemplaires.

Nous ne comprenons pas non plus la prononciation des anciens, lorsque nous entendons Quintilien se plaindre de ce que celle de sa langue n'avoit pas la douceur de celle des Grecs, parce qu'elle avoit des lettres rudes : « L'F rend un » son, dit-il, qui n'est presque pas de la voix humaine; » il faut la souffler entre ses dents. La plupart de nos mots » finissent par un M, dont le son fait une espèce de mugis- » sement, au lieu que les mots grecs finissent souvent par » un U, lettre qui rend un son agréable, surtout en ter- » minant un mot. » *Jucundam et in fine quasi tinnientem.* Il se plaint du B, du D, enfin des accens, qui n'ont pas la même douceur que ceux des Grecs. Il envie aux Grecs deux lettres, qui répandent, dit-il, l'aménité dans un discours : *Hilarior renidet oratio*, parce que rien n'est plus doux : « *Nullæ dulcius spirant*. Il donne pour exemple ce mot *zephiri* : « Ce même mot, dit-il, écrit avec nos lettres, » rendra un son dur et barbare. » *Surdum quiddam et barbarum.*

Les Romains, dans leur prononciation, faisoient quelquefois brèves des syllables longues. Cicéron dit que dans ces mots, *inclitus, composuit, concrepuit*, ils faisoient les premières syllabes brèves : pourrions-nous les faire brèves en prononçant ces mots? Horace fait brève la première syllabe de *Tecmessæ*, aussi bien que de *Cygni*. Ovide a fait brève la première syllabe de *Progné*. En prononçant ces trois mots, pouvons-nous faires brèves ces trois syllabes ? Saint Augustin, dans son Traité de la Doctrine Chrétienne, nous apprend que Virgile a fait, dans *Italia*, la première syllabe longue, que jusqu'à lui les poètes avoient fait brève. Quelle différence y sentons-nous, et comment la faisons-nous sentir en lisant dans Virgile : *Italiam, Italiam?* etc.

Nous ne pouvons comprendre Cicéron quand il nous dit : « Je prononçois autrefois *pulcros, triumpos*. Rappelé » par le reproche de mes oreilles, me conformant au peuple » pour la pratique, et me réservant la théorie, j'ai prononcé » *pulchros, triumphos*. » Le discours, selon lui, doit toujours obéir au plaisir de l'oreille : *Voluptati aurium morigerari debet oratio*. Ainsi, quand nous trouvons dans Virgile des syllabes longues qui doivent être brèves, des voyelles qui se rencontrent sans qu'il y ait une élision, nous devons être certains que les grâces de la prononciation en étoient la cause :

> Omnia vincit amor, et nos cedamus amori....
> Limeuque laurusque Dei....
>   Te amice nequivi....
> Credimus, an qui amant, etc....
> Et bis io Arethusa, io Arethusa vocavit.

Quintilien nous dit qu'en prononçant *multum ille*, on ne prononçoit pas l'*m*. Nous sommes obligés de la prononcer. Il nous apprend qu'il y avoit un son qui tenoit le milieu entre l'*u* et l'*i*; qu'on ne prononçoit pas *optimum* comme *opimum*; que dans *here* on ne faisoit entendre pleinement ni l'*e* ni l'*i*, et qu'en prononçant, dans Virgile :

> Quæ circum littora, circum,

les personnes attentives faisoient entendre que *circum* n'étoit pas l'accusatif de *circus*.

« Quoique toute syllabe longue, dit-il dans un autre en-
» droit, ait deux temps, et qu'une brève n'ait qu'un temps,
» il y a cependant des longues et des brèves plus longues et
» plus brèves les unes que les autres. » Cette différence entre brève et brève, longue et longue, qui ne nous est pas connue, étoit si sensible à la populace de Rome, que quand un comédien manquoit tant soit peu, *paululum*, à cette mesure, en allongeant un peu trop une syllabe longue,

DE LA POÉSIE DRAMATIQUE. 557

ou rendant un peu trop brève une syllabe brève, toute l'assemblée se récrioit : *Theatra tota reclamant!*

Saint Augustin nous a prévenus qu'on ne pouvoit entendre ses livres sur la musique, si l'on n'avoit quelqu'un qui sût prononcer : *Nisi auditorem pronuntiator informet.* Je les ai voulu lire, et j'ai été puni de n'avoir cherché dans saint Augustin que des connoissances frivoles, qu'il appelle *nugacitates :* je n'y ai rien pu comprendre dès l'entrée. Ce dialogue commence par cette question : « Lorsque je pro-
» nonce *pone* verbe ou *ponè* adverbe (comme *ponè sequens*
» ou *pone metum*), je prononce deux mots qui ont les
» mêmes lettres et la même quantité : entendez-vous les
» mêmes sons ? » L'interlocuteur répond : « Non, sans
» donte ; j'entends un son très-différent. » Pouvons-nous prononcer différemment ces deux mots ?

Saint Augustin met une grande différence entre *rhythme*, *mètre* et *vers :* il veut qu'en prononçant un vers on fasse un silence. Il ne mesure pas le vers par pieds, mais par temps ; il compare les pieds des vers aux nôtres, et dit que, comme nous ne marchons qu'en levant et abaissant les pieds, de même, à chaque pied d'un vers, il faut élever et abaisser la voix. Voilà donc une espèce de chant. Enfin, il paroît dire que si dans ce vers de Virgile :

Cornua velatarum obvertimus antennarum,

au lieu d'*obvertimus* on lit *vertimus*, le *mètre* y sera ; mais le vers n'y sera plus. Il est certain qu'Horace distingue les nombres des modes quand il dit :

Accessit numerisque modisque licentia major.

S'il est le premier poète lyrique latin, c'est pour avoir, le premier, su donner à des vers saphiques et alcaïques les modes de la langue latine :

Æolium carmen ad italos
Deduxisse modos.

Il recommande à celle qui chantera son poëme séculaire, d'observer deux choses : le mètre, *Lesbium servate pedem ;* et le mode, dont il marque la cadence avec son pouce : *Meique pollicis ictum ;* et il ajoute qu'un jour elle se vantera d'avoir chanté des vers :

> Docilis modorum
> Vatis Horati.

Ce ne sont point les modes de Sapho, mais ceux d'Horace : ainsi, je crois que ni commentateur ni traducteur ne nous a expliqué l'éloge qu'il se donne dans l'Ep. 19. du l. 1, d'avoir, en suivant les nombres d'Archiloque, tempéré sa muse avec celle de Sapho et d'Alcée, d'avoir su

> Mutare modos et carminis artem.

Voilà pourquoi il n'est point un servile imitateur ; et il marche le premier dans une route non frayée :

> Libera per vacuum posui vestigia princeps.

Les vers iambes et saphiques, qu'avoit fait Catulle avec les mêmes pieds, n'ont donc pas les mêmes nombres, les mêmes modes : sentons-nous cette différence ?

Je rapporte ces choses, où je ne comprends rien, pour faire voir qu'il est impossible de bien expliquer la déclamation des anciens, puisque nous ne comprenons pas leur prononciation, mais que, chez des peuples si attentifs à l'harmonie, la déclamation a dû être admirable, et par conséquent n'étoit pas outrée, comme nous nous l'imaginons.

§. IV. *De l'idée qu'on peut se former de la Déclamation théâtrale des Anciens.*

Par tout ce que je viens de dire de l'attention des anciens au plaisir des oreilles, et de cette prononciation pleine d'inflexions de voix, d'élévations et d'abaissemens, pour faire sentir non-seulement la quantité des accens et des syllabes, mais la différence entre brèves et brèves, longues et longues, il est aisé de comprendre que toute déclamation publique avoit une harmonie musicale ; mais il est vrai qu'il étoit aisé, dans cette espèce de chant très-agréable, de se laisser emporter jusqu'à un véritable chant très-vicieux. C'étoit ce qu'avoient à craindre les orateurs et les comédiens ; et de là vient ce mot rapporté par Quintilien, de César à un orateur : « Si vous voulez parler, vous chantez ; si vous voulez chanter, » vous chantez mal. » Ce mot suffit pour nous donner une idée de la déclamation des comédiens et des orateurs ; et par-là nous pouvons comprendre de quelle utilité pouvoit être à Gracchus ce flûteur qu'il faisoit mettre auprès de lui quand il haranguoit le peuple. Ce flûteur, que l'assemblée ne voyoit ni n'entendoit, n'accompagnoit pas tout le discours de l'orateur, mais de temps en temps lui donnoit ses tons avec un instrument appelé dans Cicéron *tonorium*.

« Y a-t-il apparence, dit Aulu-Gelle, que la flûte ait » accompagné un orateur, comme un danseur ? » Il ne dit pas comme un *acteur*. La flûte accompagnoit toujours la danse, et non point la déclamation ; elle ne pouvoit être utile aux acteurs, quand ils récitoient, que pour relever de temps en temps leur voix, et la ramener quand elle alloit jusqu'au chant.

De quelle difficulté devoit être la déclamation de ces acteurs, obligés de se faire entendre dans un lieu qui pouvoit contenir tant de milliers d'hommes ! Ils prenoient d'abord des leçons d'un maître à former la voix, appelé *phonascus* ; et nous lisons dans Cicéron, qu'avant que de monter sur le théâtre, ils déclamoient chez eux plusieurs années, en se tenant assis, et élevoient peu à peu la voix, la ramenant du son le plus aigu au plus grave. Le passage de Cicéron est curieux : *Annos complures sedentes declamitant, et quotidie antequam pronuntient, vocem cubantes sensim excitant, eamdemque, cùm egerunt, sedentes ob acutissimo sono usque ad gravissi-*

mum sonum recipiunt, et quasi quodammodo colligunt. Voilà leur apprentissage pour se rendre capables, non pas de chanter, mais de prononcer, *antequam pronuntient*, avec une voix très-forte.

Saint Ambroise, dans son Traité du Jeûne, nous dit la même chose : *Ut tragœdiarum actores primo sensim vocem excitant, donec vocis aperiatur iter, ut postea magnis possent personare clamoribus.* Non-seulement les comédiens travailloient de bonne heure à se procurer une voix forte, les jeunes gens alors devoient avoir le même soin, puisqu'il falloit souvent parler à une multitude en plein air, comme les orateurs, les généraux d'armée, les empereurs dans les allocutions. Caton, au rapport de Plutarque, vouloit qu'un soldat fût terrible par le son de sa voix. Homère vante cette qualité dans ses héros. La voix des comédiens étoit la plus forte de toutes à cause du masque : mais, dans un temps où la voix des hommes étoit ordinairement très-forte, les oreilles y étoient accoutumées. Si un de ces comédiens anciens venoit sur notre théâtre, dans un lieu étroit et fermé, pousser sa voix comme il la poussoit sur le théâtre de Rome, nos oreilles seroient étourdies. C'est ce qui arriva dans une petite ville d'Espagne, où un comédien de Rome s'avisa de vouloir donner le spectacle d'une tragédie à un peuple qui n'en avoit jamais vu un pareil. Ce fait est rapporté par Philostrate, dans la vie d'Apollonius. Le peuple fut d'abord effrayé de voir paroître sur un théâtre un homme monté sur des échasses, que sa chaussure, son masque et ses habillemens faisoient paroître si grand et si gros ; mais dans l'instant que ce comédien éleva sa voix, tous les spectateurs, qui se crurent frappés d'un coup de tonnerre, s'enfuirent.

Les comédiens qui savoient ménager et rendre agréable cette voix de Stentor, étoient rares ; et il est aisé de concevoir qu'ils pouvoient se servir, comme Gracchus, d'un joueur de flûte, qui de temps en temps leur donnoit leurs tons,

tons, et les ramenoit à ceux de la nature quand ils s'emportoient.

Je crois que, dans les représentations tragiques, la flûte pouvoit faire un véritable accompagnement; mais je crois aussi que ce n'étoit que dans les endroits tristes, dans les lamentations. Ce qui me le fait croire est ce que dit l'auteur du Traité des Spectacles, attribué à saint Cyprien, de ces sons lugubres qu'on y tiroit d'une flûte : *Lugubres sonos spiritu tibiam inflante moderatur;* et de ce que dit Cicéron de l'ombre de Polidore, adressant des plaintes très-lugubres à Hécube : elle les adressoit au son de la flûte, *cùm fundat ad tibiam.* Les anciens pouvoient ajouter cet agrément aux lamentations. L'élégie, suivant Dydime, étoit un poëme *fait pour être chanté avec la flûte.* On jouoit de la flûte dans les funérailles : les anciens avoient des flûtes de toute espèce; et celles pour les chants tristes, suivant l'expression de Claudien, *ferale gemiscunt.*

Par cette raison, je comprends que Roscius, qui jouoit aussi dans les tragédies, se faisoit accompagner, dans sa vieillesse, par des flûtes plus lentes, *tardiores fecerat tibias,* quand il avoit besoin d'être accompagné. Dans les comédies, le son des flûtes ne se faisoit entendre que dans le prélude, les intermèdes, ou, quand il n'y en avoit point, dans les entr'actes; d'où vient ce mot de Plaute aux spectateurs : *Tibicen vos intereà hic delectabit.*

Je crois donc qu'excepté quelques plaintes lugubres dans les tragédies, et les endroits où la voix de l'acteur avoit besoin d'être soutenue, la flûte n'accompagnoit que le chant et la danse : *Aspirare choris erat utilis,* dit Horace.

Une comédie étoit appelée un ouvrage de musique, comme dans Térence : *Qui hanc artem tractant musicam,* parce que toute pièce de théâtre étoit l'ouvrage de deux hommes, du poète et du maître de l'art qui avoit fait la musique : *Cantica temperabantur modis non à poetâ, sed à perito artis musicæ factis.* C'est pourquoi on voit à la tête des comédies de Térence, le nom de celui qui avoit fait les *modes.* Quand on changeoit les modes du cantique, ce qui arrivoit quelquefois, on mettoit à la tête de la pièce M. M. C.; c'est-à-dire: *mutatis modis cantici.*

Il faut distinguer *diverbium, choricum, canticum.*

Le *diverbium* étoit le dialogue, l'ouvrage du poète, récité par les acteurs : le reste étoit l'ouvrage du musicien.

Le *choricum* étoit la musique du chœur, qui commençoit avant la pièce par une ouverture. Quand les personnes accoutumées à aller aux spectacles entendoient l'ouverture, elles disoient : « C'est Antiope, c'est Andromaque qu'on » va jouer; » et Cicéron avoue qu'il n'avoit pas cette connoissance, parce qu'il n'alloit pas assez souvent aux spectacles.

Le *canticum* s'exécutoit ainsi : Une voix seule chantoit, accompagnée de la flûte, pendant qu'un danseur imitoit, par ses gestes, une action qui avoit ordinairement rapport à la pièce. Si c'étoit Andromaque, il dansoit les malheurs d'Andromaque. Ce *canticum* étoit aussi nommé *soliloquium* (mot que nous rendons mal par monologue), à cause qu'une voix seule chantoit, au lieu que dans *choricum* toutes les voix s'accordoient ensemble. On pouvoit dire également danser et chanter le *canticum*, parce qu'il étoit dansé et chanté.

Toute pièce de théâtre pouvoit être intitulée à Rome *tragédie-ballet* ou *comédie-ballet*, de même que Molière a intitulé le *Bourgeois Gentilhomme* comédie-ballet, et *Psyché* tragi-comédie-ballet, et de même qu'un ouvrage de symphonie de Lulli est intitulé *Armide, Phaéton*, etc. La musique faite pour une pièce portoit le nom de la pièce, ainsi que la danse de cette pièce, la musique et la danse étant faites pour cette pièce : « Le sujet de la pièce, dit » Lucien, est commun au ballet et à la tragédie. » Par cette raison, les anciens employoient indifféremment ces mots, qui nous embarrassent quelquefois : *Jouer Andromaque, chanter Andromaque, et danser Andromaque.* Ovide écrit :

> Carmina cum pleno saltari nostra theatro,
> Versibus et plaudi scribis, amice, meis.

Par le premier vers, il veut dire seulement : *Vous m'apprenez qu'on joue mes pièces;* et par le second, il veut dire : *Et qu'on applaudit à mes vers.*

Comme la danse étoit une imitation par gestes d'une action, on disoit également *danser* et *gesticuler, gesticulatio;* c'est-à-dire, *saltatio carminis.* On faisoit moins d'attention aux pas d'un danseur qu'à ses bras, à ses gestes, comme dit Ovide :

> Brachia saltantis, vocem mirare canentis.

Quintilien ne voulant pas que l'orateur fasse des gestes outrés, dit : « Je veux un orateur, et non un danseur ; » c'est-à-dire, un gesticulateur de théâtre.

Cette danse gesticulante, qui avoit commencé dans la Grèce, fut séparée, sous Auguste, des pièces dramatiques; et la danse des pantomimes, dont on a écrit tant de merveilles, s'exécutoit sans aucune pièce de poésie.

Voilà l'idée que je me suis faite des représentations théâtrales des anciens. Tout m'y paroît vraisemblable ; et il n'y reste que deux merveilles à admirer, qui sont certaines : celle de la danse des pantomimes, que nous avons peine à comprendre ; et celle d'une déclamation si belle et si exacte, que dans cette assemblée si nombreuse et si tumultueuse, une seule syllabe prononcée un peu trop rapidement ou un peu trop lentement, excitoit des murmures ; et cependant le comédien étoit obligé de pousser avec une grande force sa voix hors d'un masque qui lui enfermoit la tête jusqu'aux épaules.

Toute action appartenant à l'âme, comme dit Cicéron,

et le visage étant l'image de l'âme : *Animi est omnis actio, et imago animi vultus est*, il est certain que le masque, qui avoit plusieurs utilités, faisoit un tort considérable à l'acteur : « Nos anciens, est-il dit dans Cicéron, n'ad-
» miroient plus tant Roscius lui-même, quand il avoit un
» masque. » *Nostri illi senes personatum ne Roscium quidem magnopere laudabant.* Puisque ce Roscius, dont on voyoit briller les yeux au travers de son masque, savoit jeter le trouble des passions dans les spectateurs, et les faire pleurer, il falloit qu'il eût su pousser à une extrême perfection une déclamation dont l'exécution étoit si difficile.

Il ne faut donc pas prendre à la lettre ce vers de Juvenal :

Grande Sophocleo carmen bacchatur hiatu,

ni quelques autres passages des anciens, qui semblent faire entendre qu'au lieu d'une voix naturelle, l'acteur tragique poussoit de grands cris, et pour ainsi dire hurloit. C'est ce qui arrivoit souvent, parce que les mauvais comédiens sont plus communs que les bons; et les cris des mauvais acteurs tragiques donnèrent lieu aux railleries de Lucien. Mais puisque, par d'autres passages, nous apprenons que souvent les spectateurs étoient en larmes, nous ne devons pas douter que la déclamation ne fût alors très-naturelle.

Je me suis attaché, dans ce chapitre, à détruire quelques opinions de l'abbé du Bos, parce que, par la manière dont il explique quelquefois les passages qu'il cite des anciens, ceux qui, sans remonter aux sources, se contentent de lire son ouvrage, peuvent être souvent trompés. Je n'en rapporterai plus qu'un exemple.

Le spectacle que donnoient les pantomimes étoit celui où le geste et le chant étoient véritablement partagés entre deux hommes, le chanteur et le gesticulateur, suivant cette ancienne épigramme :

Quæ resonat cantor, motibus ipse probat, etc.

Pour expliquer ce spectacle étonnant, dans lequel un acteur, toujours muet, exécutoit lui seul toute l'action d'une tragédie, l'abbé du Bos distingue deux sortes de gestes : ceux qui sont naturels, et ceux qui étant d'institution, ont une signification arbitraire. Selon lui, les pantomimes employoient les uns et les autres, et n'avoient pas encore trop de moyens de se faire entendre.

Puisque leur langue factice étoit pareille à celle des muets du grand-seigneur, qui sont obligés d'apprendre, comme le dit M. de Tournefort, les gestes qui sont reçus dans le sérail, comment le peuple pouvoit-il tant aimer des acteurs qu'il ne pouvoit entendre? Les anciens nous disent que le pantomime, avec un geste éloquent, *eloquente gestu*, rendoit tout intelligible : « Tout ce qu'il imitera, dit Manilius,
» vous le croirez voir, surpris de l'image de la vérité. »

Quodque aget, id credes stupefactus imagine veri.

Un spectateur qu'étonne l'image de la vérité, n'est pas attentif à des gestes d'institution, et à comprendre une langue arbitraire. Un pantomime se faisoit entendre de toutes les nations, puisqu'un prince étranger en demanda un à Néron, « afin, disoit-il, qu'il me serve d'interprète
» avec tous les ambassadeurs. » Ce seul mot prouve la fausseté de l'opinion de l'abbé du Bos. Il est étonnant qu'il veuille persuader une opinion si inconcevable, et encore plus étonnant qu'il la croie autorisée par le passage suivant de saint Augustin :

« Autrefois, dit saint Augustin, quand les pantomimes
» commencèrent à jouer sur le théâtre de Carthage, un
» crieur public annonçoit au peuple ce qu'ils alloient jouer.
» Nous avons encore aujourd'hui des vieillards qui se sou-
» viennent d'avoir vu cet usage ; et nous ne devons pas
» avoir de peine à les croire, puisqu'encore aujourd'hui, si
» quelqu'un qui n'a encore aucune connoissance de ces

» bagatelles, va au spectacle, il n'entend rien, si son voisin
» ne lui explique ce que veulent dire tous ces gestes. »
Comment pourroit-on nous expliquer sur-le-champ tous
les mots d'une langue inconnue, que quelqu'un parleroit
devant nous rapidement? Ce que saint Augustin veut dire
est très-clair, et n'a aucun rapport au sentiment de l'abbé
du Bos.

Les sujets qu'exécutoient les pantomimes étant très-
connus à Rome, ils n'avoient pas besoin, avant que de
commencer une pièce, de faire crier : « C'est Andromaque,
» c'est Priam, c'est Hercule, etc., que nous allons repré-
» senter. » Ils furent dans cette nécessité lorsqu'ils vinrent
s'établir à Carthage, chez un peuple à qui tous ces sujets
étoient nouveaux : quand il y fut accoutumé, cet usage
cessa ; il ne falloit instruire du sujet de la pièce que celui
qui la voyoit pour la première fois.

En relevant ainsi quelques erreurs de l'abbé du Bos, je
ne prétends pas lui faire un tort considérable. Un homme
n'en est pas moins estimable pour être (je rappelle ici les
termes de saint Augustin) peu instruit de toutes ces bagatelles : *Talium nugarum imperitus.*

CHAPITRE XIII.

Récapitulation.

On peut ignorer toutes les matières qui font l'objet de ce
Traité, puisque la poésie dramatique, quoiqu'elle puisse
être utile par elle-même, est presque toujours pernicieuse,
par la faute des poètes. Il est très-certain que les premiers
qui élevèrent des théâtres n'eurent pas en vue l'utilité
publique, et ne les élevèrent pas pour y placer des prédicateurs. Nous avons vu Solon frapper la terre avec colère, en

s'écriant que de pareils amusemens parleroient plus haut que les lois; nous avons vu à Rome les censeurs faire souvent abattre les théâtres, et Pompée, pour mettre le sien à l'abri de leur sévérité, en vouloir faire un édifice saint en le consacrant à une divinité, à Vénus. Le théâtre d'Athènes étoit consacré à Bacchus. Voilà, chez les anciens, les deux divinités des théâtres. Les personnes graves qui, à Athènes et à Rome, murmurèrent contre ces plaisirs, passèrent sans doute pour des hommes de mauvaise humeur, pour des rigoristes; et nous avons vu que la fureur des Athéniens pour ces plaisirs causa à la fin leur ruine entière, et que la même fureur causa aussi celle des Romains.

L'antique tragédie fut cependant grave et majestueuse. J'avoue qu'elle dégénéra; mais dans le temps même qu'elle étoit majestueuse, n'étoit-elle pas dangereuse? Et les philosophes avoient-ils tort de dire que, par ces lamentations continuelles qu'elle faisoit entendre, elle énervoit le courage des hommes? Il est très-bon, comme je l'ai dit, d'exciter en nous la pitié, et d'entretenir cette sensibilité que la nature nous a donnée pour les malheurs de nos semblables; mais les poètes tragiques, plus empressés d'amuser que d'instruire, pour exciter dans les spectateurs une violente émotion, faisoient retentir les plaintes de malheureux qui, s'abandonnant à la plus vive douleur, loin d'apprendre à supporter les maux de la vie et les injustices avec patience, étoient les modèles de toute l'impatience d'une nature irritée, et qui demande vengeance.

Philoctète ne fait un long récit de ses souffrances que pour pouvoir exhaler sa colère contre les Atrides:

> Aux Atrides cruels, voilà ce que je dois;
> Voilà ce qu'ils m'ont fait: que les dieux le leur rendent!

Quel tragique spectacle que celui d'Hercule mourant sur le mont Œta! Ce morceau de Sophocle, que j'ai autrefois traduit avec tant de plaisir, est admirable ; mais n'exprime-t-il pas la fureur de la vengeance et l'impatience de l'homme dans la douleur ?

> O supplice ! O douleur ! O perfidie ! O crime
> Femme horrible, faut-il que je sois ta victime ?...
> Tu m'as enveloppé de ce voile mortel,
> Ce voile que pénètre un poison si cruel,
> Voile affreux qu'ont tissu Mégère et Tisiphone.
> Tout mon sang enflammé dans mes veines bouillonne.
> Je succombe, je meurs, brûlé d'un feu caché
> Qu'allume en moi ce voile à mon corps attaché.
> Ainsi ce que n'ont pu, dans l'horreur de la guerre,
> Centaures ni Géans, fiers enfans de la Terre,
> Ce que tout l'univers n'osa jamais tenter,
> Une femme le tente, et peut l'exécuter.
> Mon fils, soutiens ton nom. Ton amour pour ton père
> Doit effacer en toi tout amour pour ta mère.
> Va chercher, va saisir celle qui m'a trahi ;
> Traîne-la jusqu'à moi : va, cours, et m'obéi.
> Cours venger.... Mais, hélas, que fais-je, misérable !
> Je pleure, etc.

Ce tableau est celui de la nature ; mais cette nature est-elle admirable ? Est-elle utile à représenter ? Quand je lis dans Homère les fureurs d'Achille, comme je lis tranquillement, j'ai le temps de réfléchir et de le condamner ; mais un spectateur n'a pas le temps de réfléchir, et un habile comédien le pénètre, malgré lui, de tout ce qu'il prononce :

> Le jeu des passions saisit le spectateur :
> Il aime, il hait, il craint, et lui-même est acteur.

Nous ne devons donc pas trouver étonnant que ces spectacles aient déplu aux anciens philosophes, qui pensoient que les hommes y pouvoient perdre leur courage.

Pourquoi les Grecs ont-ils aimé une tragédie si terrible ? Ils pouvoient sans doute en choisir une voluptueuse. Ils connoissoient aussi bien que nous la passion de l'amour ; et du temps de leurs grands poètes, brilloit la fameuse Aspasie, qui par sa beauté et son esprit captivoit Périclès, et que Socrate lui-même alloit voir. Les Grecs, si habiles dans tous les beaux-arts, connurent de bonne heure le véritable goût de chaque pièce de poésie.

Elle cherche à amuser les hommes ; et comme ils sont enfans, ils ne haïssent rien tant que la tranquillité. Pour arracher leur âme à cette oisiveté qui fait son ennui, il faut ou la rendre attentive à un pompeux récit de merveilles qui la tiennent dans l'admiration, ou frapper en elle cette partie *pleureuse* dont parle Socrate, qui est insatiable de larmes, ou, ce qui est plus difficile, satisfaire la partie gaie, qui ne veut que rire.

La poésie dramatique s'attacha à contenter la partie curieuse, qui veut des merveilles : de là tant de fictions extravagantes chez les poètes, et dans nos romans de chevalerie.

La tragédie s'attacha à frapper la partie pleureuse ; et comme ce ne sont point les plaintes des amans, qui ont toujours quelque chose de puéril, qui la frappent vivement, elle fit entendre de véritables gémissemens : et voilà pourquoi Aristote ne recommande que des sujets terribles ; il veut que les poètes tragiques fassent pleurer.

Ainsi, la poésie épique vit nécessairement du merveilleux, la tragédie vit de larmes, et la comédie doit vivre des ris.

Non-seulement il faut louer les Grecs d'avoir si bien connu ce qui convient à chaque espèce de poésie, il faut encore les louer d'avoir, dans la poésie dramatique, si promptement connu cette vraisemblance d'une action, ces trois unités, dont nous avons eu tant de peine à comprendre la nécessité.

On peut, dans le Prométhée d'Eschyle, considérer la tragédie naissante et informe, un spectacle fait pour amuser le peuple par des décorations et des machines, des personnages apportés dans les airs, et une fille que le chœur appelle *fille cornue* : c'est Io, moitié vache, qui se croit piquée par une mouche qui la poursuit, et qui crie : α, α, ε, ε, εα, εα, ιω, ιω, etc. Dans cette tragédie informe, on trouve déjà une action grande, une, et qui se passe dans le même lieu. Et comment cette unité ne seroit-elle pas observée ? Le principal personnage, qui depuis le commencement jusqu'à la fin est sur la scène, y est attaché à un rocher par des clous de diamant qui lui percent la poitrine. Quelle différence entre cette tragédie si simple et les anciennes pièces anglaises, hollandaises, et les nôtres !

La tragédie moderne fut long-temps très-galante : j'en ai dit la raison ; et, non contente de parler un langage qui l'avilit, elle fut long-temps sans connoître aucune vraisemblance dans l'imitation. Le désordre régna partout.

J'ai placé l'époque de sa véritable renaissance à Corneille, qui prit une route très-différente de celle des Grecs, et créa, pour ainsi dire, une nouvelle espèce de tragédie, qui est très-peu pleureuse. Sa Cornélie même, s'adressant à l'urne de Pompée, ne fait point verser de larmes, puisqu'elle n'en verse pas :

N'attendez point de moi des regrets ni des larmes.

Elle ne fait point éclater, en regardant cette urne, les αι, αι, φευ, φευ, des Grecs ; elle jure de se venger :

Faites-m'en souvenir, et soutenez ma haine,
O cendres, mon espoir aussi bien que ma peine !

Cinna, Rodogune, ne nous coûtent point de larmes. Notre grand Corneille nous fait rarement pleurer. Mais, pour me servir du terme de madame de Sévigné, il nous fait souvent *frissonner*. Il nous tient toujours dans l'admiration, presque jamais dans la douleur.

Cette tragédie, qui n'a pu être soutenue que par un génie très-grand et très-rare, est certainement admirable ; mais est-elle la véritable ? Elle ne l'est point, si les hommes aiment mieux être dans la douleur que dans l'admiration.

Les principes d'Aristote, que j'ai rapportés, sont donc toujours également vrais, et sont confirmés par celle de nos tragédies que nous appelons la plus parfaite. Athalie nous coûte des larmes, nous tient dans la crainte et dans la pitié, et en même temps dans l'admiration, puisque le caractère du grand-prêtre est d'autant plus admirable, qu'il est très-opposé aux caractères que demande la tragédie : elle veut des hommes qui s'abandonnent à la tempête des passions ; et celui-ci est toujours dans le calme. Cette pièce est non-seulement faite pour les personnes éclairées ; mais, si elle étoit représentée devant le peuple, je suis persuadé, comme je l'ai dit, qu'on verroit le peuple même, attentif à l'action, s'attendrir, pleurer, et être dans la crainte jusqu'à la catastrophe.

Elle confirme donc tout ce que j'ai avancé sur la tragédie, et en même temps ce que j'ai dit sur son utilité, puisque, ne pouvant jamais inspirer que l'horreur du crime et l'amour de la vertu, elle peut être lue sans aucune crainte par un homme même qui penseroit comme Socrate, « qu'un être immortel, qui ne doit travailler que pour » l'éternité, doit toujours être en garde contre la poésie, et » ne l'écouter qu'avec crainte, s'il veut conserver l'économie » de son âme. »

C'est cette *économie* que les poètes tragiques cherchent à déranger pour nous plaire. Cependant ne la trouble pas qui veut. L'auteur d'Athalie a réussi mieux qu'un autre à plaire en la troublant ; il a enfin tenté de plaire en la respectant, même en représentant un homme qui la conserve toujours. Il a encore mieux réussi ; et en donnant à la tragédie cette majesté inconnue, il a fait voir quel génie il avoit.

FIN DU TRAITÉ DE LA POÉSIE DRAMATIQUE.

ÉCLAIRCISSEMENT

SUR LA FILLE SAUVAGE

DONT IL EST PARLÉ

DANS L'ÉPÎTRE II SUR L'HOMME.

ÉCLAIRCISSEMENT

SUR LA FILLE SAUVAGE

DONT IL EST PARLÉ

DANS L'ÉPÎTRE II SUR L'HOMME. (1)

Mademoiselle le Blanc (c'est ainsi que se nomme aujourd'hui cette étonnante fille) nous ayant fait connoître l'état où nous serions tous tant que nous sommes, si nous avions été, comme elle, privés en naissant de toute société, ne peut trouver à redire qu'après avoir écrit sur la religion et sur la grâce, je fasse connoître, par son exemple, la misère de l'homme abandonné à lui seul, et la toute-puissance de la grâce. Elle-même se plaît à raconter son premier état, et ne le raconte jamais sans rendre hommage à cette grâce qui l'en a fait sortir ; et lorsqu'à la mort de M. le duc d'Orléans, qui la comprenoit parmi ses pensionnaires, on lui demandoit si elle ne craignoit pas de perdre sa pension, elle répondoit avec une confiance admirable : « Dieu, qui m'a tirée du milieu des bêtes farouches pour » me faire Chrétienne, m'abandonnera-t-il quand je le suis, » et me laissera-t-il mourir de faim ? C'est mon père, il » aura soin de moi. »

C'est avec ces sentimens de reconnoissance envers Dieu,

(1) Voyez tome II de cette édition, page 124.

qu'elle m'a raconté ce qu'elle pouvoit savoir de ses premières années ; et c'est sans doute avec les mêmes sentimens qu'elle en a parlé à M. de la Condamine, qui a eu, comme moi, la curiosité de la voir et de la questionner sur son premier état, sur lequel elle ne l'a pas rendu, non plus que moi, fort savant, parce que sa mémoire lui en rappelle peu de choses, et même varie quelquefois dans les circonstances : ce qui est cause que ce que j'en vais dire ne sera pas toujours conforme à ce qu'on en lit dans une brochure imprimée à Paris en 1755. J'ajouterai à ce que j'ai su par elle même, ce que j'ai appris par les bruits publics dans le temps qu'elle fut trouvée, et depuis par des personnes qui l'ont fréquentée lorsqu'elle étoit dans un couvent à Châlons en Champagne.

Quand elle fut trouvée, d'où venoit-elle, et quel âge avoit-elle ? Lorsqu'on la questionna par signes, pour savoir où elle étoit née, elle montra un arbre. Un homme, dans Homère, répond à la même question, qu'il n'est pas né d'un arbre, parce que dans ces premiers temps on appeloit ainsi des enfans de Sauvage, qui ne connoissoient point leurs pères. Notre Sauvage montroit un arbre, parce que n'ayant jamais vu de maisons, elle ne connoissoit que les forêts : il y a même apparence qu'elle n'avoit jamais vu de figure humaine que sa compagne, dont je parlerai bientôt. M. de la Condamine, pour tâcher de découvrir le pays où elle étoit née, lui présenta des racines de plusieurs plantes de l'Amérique, pour savoir si elle reconnoîtroit quelques-unes de celles qu'elle avoit vues dans son enfance ; mais cette expérience fut inutile ; et comme sa mémoire ne lui rappelle rien sur le pays où elle est née, on ne peut former que des conjectures fort incertaines : elle fit seulement entendre par signes, qu'elle avoit traversé une grande quantité d'eau ; ce qui a fait croire qu'elle étoit venue de l'Amérique. Il se peut qu'elle ait été apportée, avec sa compagne, dans un
vaisseau

SUR LA FILLE SAUVAGE.

vaisseau qui aura fait naufrage en abordant, ou qu'une femme étant accouchée dans un vaisseau de deux enfans, et étant arrivée à terre, les ait laissés dans quelque bois, où ils auront été nourris par des animaux jusqu'à ce qu'ils aient pu aller eux-mêmes chercher leur nourriture; et comme ils ont paru en Champagne, ils ont pu y venir de bois en bois depuis les Ardennes. Celle dont je parle fut trouvée près du village de Sogny, à quatre lieues de Châlons, au mois de septembre 1731.

Quel âge avoit-elle? C'est sur quoi son histoire offre encore des incertitudes. Dans une lettre qui fut mise dans le Mercure de France, décembre 1731, on lui donnoit dix-sept à dix-huit ans; ce qui étoit conforme au bruit public: cependant le curé qui la baptisa en 1732, reconnoît sur son registre avoir baptisé « une fille d'environ » onze ans, dont le père et la mère lui sont inconnus, » comme à elle. » Peut-être des deux côtés s'est-on trompé; mais il est difficile d'accorder à un enfant de onze ans cette force qu'elle avoit pour courir après les lièvres, et tuer des loups, comme je le dirai dans la suite sur son rapport. On débitoit alors à Paris qu'on avoit trouvé en Champagne une Sauvage de quatorze à quinze ans; et voici comme on racontoit cette nouvelle :

Les domestiques du château de Sogny, disoit-on, ayant aperçu pendant la nuit, dans le jardin, sur un arbre très-chargé de pommes, une espèce de fantôme, s'approchèrent sans faire de bruit, et voulurent environner l'arbre; mais tout-à-coup le fantôme, qui pour la première fois mangeoit des fruits doux, sauta par-dessus leur tête et par-dessus les murs du jardin, et se sauva dans un bois voisin, sur un arbre fort élevé. Le seigneur du château fit, par ses domestiques et ses paysans, environner cet arbre; et il falloit en environner plusieurs, parce que le fantôme sautoit aisément d'un arbre à l'autre. Il s'agissoit de le faire descendre. La dame du château s'imaginant que la faim et la soif en viendroient à bout, fit apporter un seau d'eau, et ayant par hasard trouvé une anguille, la lui faisoit voir. C'est cette demoiselle qui m'a raconté elle-même la scène du seau et de l'anguille, en disant que, s'en trouvant fort tentée, elle descendoit à moitié, et remontoit ensuite; elle descendit enfin jusqu'à terre, et alla boire au seau : on remarqua qu'elle buvoit en mettant le menton jusqu'à la bouche, et avalant l'eau à la manière des chevaux. On la saisit, et l'on vit que les ongles de ses pieds et de ses mains, très-longs et très-durs, lui donnoient cette habileté à monter sur les arbres. Elle paroissoit noire; mais le changement de demeure lui rendit bientôt sa blancheur naturelle.

Elle fut conduite au château, où elle se jeta d'abord sur des volailles crues que le cuisinier préparoit. Ne connoissant aucune langue, elle n'articuloit aucun son, et formoit seulement un cri de la gorge, qui étoit effrayant. Elle savoit imiter le cri de quelques animaux et de quelques oiseaux; mais je ne lui ai point entendu dire qu'elle sût imiter le chant du rossignol. Le temps froid l'obligeoit de se couvrir de quelque peau de bête; mais, en tout temps, il falloit qu'elle eût au moins une ceinture pour mettre une arme qu'elle appelle *son boutoir*. Dans le troisième volume des Antiquités de M. le comte de Caylus, on trouve une pareille figure n'ayant qu'une ceinture, qui ne pouvoit servir qu'à un pareil usage. Ce boutoir, qui étoit un bâton court et rond par le bout, étoit la massue avec laquelle elle terrassoit les monstres : elle en donnoit sur la tête d'un loup, un coup qui l'abattoit sur-le-champ. Elle m'a dit encore que quand avec cet instrument elle avoit tué un lièvre, elle le dépouilloit et le dévoroit, mais que quand elle l'avoit pris à la course, elle lui ouvroit une veine avec son ongle, buvoit tout son sang, et jetoit le reste. Le sang des animaux, si défendu aux hommes après le déluge, étoit son nectar, et lui donnoit peut-être cette force et cette agilité que notre nourriture ordinaire lui fit perdre. La manière dont elle couroit après les lièvres est surprenante; elle a donné des exemples de sa façon de courir. Il ne paroissoit presque point de mouvement dans ses pieds, et aucun dans son corps; ce n'étoit point courir, mais glisser : sa course renverse les raisonnemens de nos philosophes à paradoxes, qui veulent faire marcher les hommes à quatre pattes.

Cette même agilité qu'elle avoit sur la terre, elle l'avoit dans l'eau, où elle alloit chercher les poissons, qui étoient pour elle des mets très-friands. Elle restoit long-temps plongée : l'eau paroissoit être son élément.

On conçoit aisément qu'il n'étoit pas facile au seigneur de Sogny de garder une prisonnière qui ne vouloit ni s'habiller comme nous, ni se nourrir comme nous, ni rester dans une chambre, ni coucher dans un lit. Accoutumée à coucher sur la terre ou sur des arbres, à manger de la chair crue ou à boire du sang, elle ne demandoit qu'à s'échapper dans quelque bois ou dans quelque rivière.

Lorsque peu à peu apprivoisée, elle eut appris notre langue, après avoir répété qu'elle ignoroit d'où elle venoit, n'ayant jamais vu que des forêts, où elle avoit vécu avec une compagne de son âge, elle raconta comment elle l'avoit perdue; ce qu'elle m'a raconté dans la suite de la même façon.

Toutes deux nageant dans une rivière, la Marne sans doute, entendirent un bruit qui les obligea de plonger : c'étoit un chasseur qui, de loin, ayant cru voir deux poules d'eau, avoit tiré sur elles. Elles poussèrent leur voyage beaucoup plus loin; et sortant de la rivière pour entrer dans un bois, elles trouvèrent un chapelet qu'il fallut se disputer, parce que toutes deux vouloient s'en faire un bracelet. Notre Sauvage ayant reçu un coup sur le bras, répondit à sa compagne par un coup sur la tête, malheureusement si violent, que, suivant son expression, elle *la fit rouge.* Aussitôt, par ce mouvement de la nature qui nous porte à secourir nos semblables, elle va chercher un chêne, et monte jusqu'au haut, espérant, m'a-t-elle dit, y trouver une gomme propre à guérir le mal qu'elle avoit fait. J'ignore quelle connoissance elle avoit de ce remède. L'ayant trouvé, elle retourne à l'endroit où elle avoit laissé sa compagne : elle n'y étoit plus, et elle ne l'a jamais revue. Quelques voyageurs apparemment ayant trouvé une fille expirante, la portèrent dans un village, où elle mourut. J'ignore si elle pleura beaucoup cette perte : ce fut environ trois jours après qu'elle fut trouvée de la manière que j'ai racontée.

Cette nouvelle se répandit à Paris, où l'on ne parloit que de la Fille sauvage, qu'on devoit faire venir à la cour; mais comme les nouvelles sont bientôt oubliées lorsque quelqu'autre événement fait le sujet des conversations, on cessa de parler de la Sauvage. Il eût été à souhaiter qu'une personne riche, charitable et patiente, eût voulu s'en charger; mais peut-être craignoit-on de garder chez soi une Sauvage si sauvage. Elle fut mise chez des religieuses à Châlons, parce qu'apparemment le seigneur de Sogny mourut, puisque ni lui ni madame sa femme ne présidèrent au baptême, où elle eut, quelques mois après, pour parrain l'administrateur de la communauté, et pour marraine la supérieure. Ce baptême fut précipité, mais jugé si nécessaire, qu'elle-même ne se souvient pas de l'avoir reçu, ayant perdu connoissance dans une maladie qui faisoit désespérer d'elle. Elle étoit déjà instruite; mais on vouloit lui donner encore plus d'instruction.

Ceux qui les premiers lui parlèrent de religion, prétendent qu'ils ne trouvèrent en elle aucune idée d'un Être suprême, mais qu'il leur fut facile de lui faire comprendre un Créateur, et ensuite un Médiateur. Que ceux qui ont tant de mépris pour l'homme expliquent cette différence entre l'homme et les autres animaux. Voici une fille qui, élevée parmi eux, et long-temps privée comme eux de la parole, n'a eu d'autre objet que de chercher la nourriture de son corps : sitôt qu'elle entend des hommes se parler, elle a bientôt appris la manière d'exprimer comme eux ses pensées ; sitôt qu'on lui parle de choses spirituelles, elle les conçoit. C'est parce que nous sommes capables de les entendre, *divinorum capaces*, dit Juvénal, que notre raison vient du ciel. Ceux qui se chargèrent de l'instruction de cette fille, n'eurent point affaire à un enfant qui ne fait usage que de sa mémoire pour répéter son Catéchisme, mais à une personne qui fait usage de sa raison pour opposer les difficultés qu'elle lui suggère à ce qu'on lui dit qu'il faut croire.

La maladie violente dont elle fut attaquée, fut causée par son changement de vie. Enfermée dans une chambre, réduite à coucher dans un lit, et à se nourrir comme nous, elle qui étoit accoutumée à vivre dans les forêts, de fruits, de chair crue et de sang, la mélancolie la saisit ; et les fréquentes saignées qu'on crut nécessaires pour dompter un caractère si farouche, achevèrent de lui faire perdre sa santé, sa fraîcheur et sa force, qui étoit si grande, qu'elle m'a dit avoir renversé six hommes qui vouloient entrer dans sa chambre, en renversant sa porte sur eux. Quand on lui eut dit qu'il n'étoit pas décent à une fille de monter sur les arbres, elle cessa d'y monter ; mais la tentation de retourner dans les bois pour y vivre seule la prenoit souvent, et la plus violente de ses tentations, c'est celle de boire le sang de quelqu'animal vivant. Elle-même m'a avoué que quand elle voyoit un enfant, elle se sentoit tourmentée de cette envie. Lorsqu'elle me parloit ainsi, ma fille, jeune encore, étoit avec moi ; elle remarqua sur son visage quelqu'émotion à l'aveu d'une pareille tentation,

et elle lui dit aussitôt en riant : « Ne craignez rien, Made-
» moiselle, Dieu m'a bien changée. »

Elle étoit encore à Châlons lorsque la reine de Pologne, qui alloit à Versailles, s'y arrêta, et eut la curiosité de la voir. On la lui amena; et pour lui donner une idée de son premier état, elle fit devant elle son ancien cri de la gorge, et lui montra son adresse à faire sortir tout le sang d'un lapin vivant. Un des officiers de la reine, qui avoit entendu dire qu'elle ne vouloit jamais se laisser toucher par un homme, voulut en faire l'expérience. Sa promptitude à le repousser et la fureur de ses yeux lui prouvèrent la vérité de ce qu'on lui avoit dit.

De la maison religieuse où elle étoit à Châlons, elle passa dans celle des Nouvelles Catholiques à Paris, dont les Dames ont toujours fait l'éloge de sa conduite, se plaignant seulement d'une certaine mélancolie qui faisoit que souvent elle vouloit être seule. Cette inclination pour la solitude ne l'empêchoit pas de recevoir avec plaisir les visites étrangères, telles que la mienne, où j'ai remarqué qu'en racontant avec autant de vivacité que d'esprit le peu qu'elle savoit de son histoire, ses yeux changeoient quelquefois, et reprenoient un mouvement singulier, qui lui étoit peut-être utile lorsque dans les bois elle devoit être en garde contre les animaux qui pouvoient l'approcher.

Ce fut pendant qu'elle étoit chez les Nouvelles Catholiques, que feu M. le duc d'Orléans l'alla voir, l'interrogea sur la religion, et parut très-content de ses réponses : elle lui témoigna avoir dessein d'être religieuse; ce qui fut cause qu'on la fit passer dans un couvent à Chaillot : son peu de santé l'empêcha d'exécuter sa résolution. J'ignore où elle est maintenant : mais je suis assuré que rien ne lui manque. Son premier état, son esprit et sa piété, tout intéresse pour elle.

FIN DE L'ÉCLAIRCISSEMENT.

LETTRES.

LETTRES.

J. B. ROUSSEAU A M. BROSSETTE.

Le 17 septembre 1731.

Ce que vous m'apprenez, Monsieur, de M. Racine le fils, m'a fait un sensible plaisir. Je n'ai rien lu en vers, depuis le père et M. Despréaux, qui m'en ait fait autant que son poëme sur la Grâce ; et tous ceux à qui j'en ai parlé ou écrit me seront témoins que je l'ai regardé, dès ce temps-là, comme le seul écrivain de notre temps qui sût faire des vers. Je craignois qu'il n'y eût renoncé, et je regardois cette perte comme la plus grande, et même la seule de nos jours qui méritât d'être regrettée. Ce que vous m'apprenez me rassure ; et puisqu'il continue d'écrire, il y a lieu d'espérer que le triomphe du mauvais goût ne sera pas de durée.

Vous me donnez une grande idée du poëme de la Religion, en le préférant à celui de la Grâce : au moins quant à la versification, j'ai peine à croire qu'il puisse être au-dessus. Si les mœurs de l'auteur, comme je n'en doute pas, répondent à ses talens, votre ville et vous, Monsieur, avez fait la plus grande acquisition qui se puisse faire aujourd'hui : je vous en fais mes complimens, et vous prie de les faire pour moi à ce digne successeur du plus grand homme que la France ait jamais produit.

Je suis, etc.

LOUIS RACINE A J. B. ROUSSEAU.

Lyon, 6 octobre 1731.

M. Brossette m'a communiqué, Monsieur, la lettre dans laquelle vous avez bien voulu lui parler de moi. Il m'a paru si sensible à ce qui me faisoit un véritable honneur, et a témoigné tant d'empressement à me faire faire connoissance avec vous, que je ne puis douter d'avoir en lui un ami véritable.

Vous avez raison de me regarder comme un déserteur des Muses, et d'être surpris d'apprendre que j'ai fait un poëme sur la religion, moi qui suis dans la carrière de la finance. Comme ce n'est point la passion de la fortune qui m'y a conduit, j'y conserve toujours ma première passion pour la poésie, mon ancienne maîtresse. J'ai peu de temps à lui donner. Il faut que je me dérobe à des occupations fatigantes et continuelles, pour goûter avec elle quelques momens agréables, mais très-courts, et dont je dois même faire un très-grand mystère, parce qu'on pourroit m'en faire un très-grand crime. Ce sont peut-être toutes ces difficultés qui rendent ma passion pour elle plus constante et plus vive.

Le poëme dont M. Brossette vous a rendu compte, est sur un sujet qui ne m'attirera pas la foule des lecteurs. Je dois prendre pour ma devise ces mots d'Horace : *Contentus paucis lectoribus.* Ce seroit un lecteur tel que vous qu'il faudroit mériter pour avoir lieu d'être parfaitement content.

Je suis, Monsieur, etc.

J. B. ROUSSEAU A LOUIS RACINE.

Au château d'Héverle, le 28 octobre 1731.

Les ouvrages de M. votre père, Monsieur, sont les premiers que j'aie lus depuis que je sais lire ; et c'est l'admiration dont ils m'ont rempli qui a excité en moi le premier enthousiasme que j'aie senti de ma vie. Le plus ou le moins de conformité que j'ai trouvé entre sa manière d'écrire et celle des auteurs anciens et modernes que j'ai lus dans la suite, a déterminé le plus ou le moins de goût que j'ai pris à leur lecture ; et il m'est arrivé à-peu-près la même chose qu'à l'Ion de Platon, qui, quoiqu'il convînt du mérite de quantité de poètes estimés de son temps, ne se sentoit véritablement échauffé que par le seul Homère. Voilà, Monsieur, le principe du sentiment qu'a réveillé en moi, il y a environ dix ans, la lecture de votre poëme de la Grâce, qui, à vous dire les choses comme elles sont, est le seul depuis vingt ans que j'aie lu avec plaisir, et avec envie de le relire une seconde fois. Je sentis toute la maturité du père dans la jeunesse du fils, et je vous avouerai même que, ne pouvant alors me persuader que ce fût l'ouvrage d'un jeune homme, il ne tint pas à moi, lorsque je passai en Angleterre, m'y trouvant lorsqu'on y travailloit à l'édition des Œuvres de M. Racine, que ce poëme n'y fût associé comme partant, sinon de lui, du moins d'un successeur qui avoit hérité de toutes ses richesses. J'avois ébranlé M. Coste, qui dirigeoit cette édition, et je ne sais à quoi il tint que la chose ne s'exécutât. Vous pouvez juger, Monsieur, par cet exposé très-sincère, de la joie que j'ai eue en apprenant par M. Brossette, que vous n'aviez point abandonné une carrière où vous aviez triomphé de si bonne heure. Cette joie s'est encore augmentée à la lecture des morceaux qu'il a bien voulu joindre à sa lettre; mais la vôtre y a mis le comble, et le digne usage que vous avez fait de vos talens me rendant votre amitié encore plus précieuse que vos talens même, j'ai regardé ce témoignage de votre bienveillance comme le plus glorieux et le plus flatteur que je puisse recevoir. Ce motif de reconnoissance, ajouté à la plus profonde estime, vous met en droit, Monsieur, de me regarder comme l'homme du monde qui vous est le plus inviolablement acquis, et autorise aussi en quelque sorte la liberté que je prends de vous exhorter à travailler toujours sur les mêmes modèles qui vous ont servi dans la composition de votre premier ouvrage, et à vous éloigner de plus en plus de la fausse route que de petits écoliers présomptueux s'efforcent aujourd'hui de tracer à ceux qui s'en laissent guider. Il y en a plusieurs mauvaises; mais il n'y en a qu'une bonne, qui est celle que vous avez suivie, et dont je suis bien assuré que vous ne vous écarterez jamais.

Je suis bien persuadé que vous êtes financier

malgré vous, et même je crains bien que vous ne le soyez que de nom, c'est-à-dire, que vous n'en ayez que les occupations, sans en avoir la fortune. Permettez-moi de vous demander par quelle fatalité le fils de M. Racine, c'est-à-dire l'enfant des Muses, se trouve dans cette carrière ?

LOUIS RACINE A J. B. ROUSSEAU.

Lyon, 29 novembre 1731.

Lorsque M. Brossette m'a communiqué, Monsieur, quelques critiques que vous avez faites sur quelques-uns de mes vers qu'il vous avoit envoyés, mon premier mouvement a été de défendre devant lui mes vers par des raisons qui me paroissoient bonnes. Le lendemain j'ai pris un autre parti, et j'ai changé mes vers. Que ne suis-je à portée de vous lire tout l'ouvrage ! Quel profit je ferois d'un critique tel que vous !

La sincérité avec laquelle je vois que vous remarquez mes fautes, doit me persuader que vous êtes également sincère lorsque vous louez le poëme de la Grâce, et je suis surtout enchanté lorsque l'éloge que vous en faites finit par me féliciter sur le « digne usage que je fais, dites-vous, de mes » talens. » Je ne reçois pas souvent de pareils complimens, et je ne puis, à cette occasion, m'empêcher de vous raconter un compliment très-différent que me fit il y a un an un archevêque. Je lui rendois une visite. Il alla chercher dans sa bibliothèque le poëme de la Grâce, et m'y montrant plusieurs endroits crayonnés de sa main : « Ne croyez pas, me dit-il, que ce soient les beaux endroits que j'ai ainsi crayonnés ; ce sont vos hérésies. Voilà un ouvrage qui sera votre condamnation au jour du jugement. »

Je lui répondis avec une sincère modestie, que s'il y avoit dans mon poëme des erreurs, elles y étoient contre mon intention ; que les fautes d'ignorance étoient excusables, et qu'à l'égard de la damnation dont il me menaçoit, j'espérois l'éviter en m'attachant toujours à des sujets saints, et renonçant à travailler pour le théâtre : « Eh, tant pis, s'écria-t-il ! J'aimerois mieux que vous fissiez des comédies. »

Cet ouvrage, qui m'a attiré des ennemis auxquels je ne devois pas m'attendre, parce que je ne songeai jamais à offenser personne, m'a procuré la connoissance de M. l'ancien évêque de Fréjus, qui parut me vouloir faire du bien, et m'en a déjà fait, puisqu'il faut appeler ainsi un emploi fatigant qui m'arrache à mes plus chères occupations. Je puis vous assurer que,

> Si le ciel en mon choix eût mis ma destinée,
> Je n'irois point courir de bureaux en bureaux,
> Vérifiant journaux, bordereaux, comptereaux.

Je n'irois pas non plus, comme je fais depuis dix ans, de province en province ; et quoique je sois maintenant très-heureux d'être à Lyon, où je trouve beaucoup d'agrément et une aimable société, j'aimerois mieux encore être dans le sein de ma patrie, uniquement occupé des lettres. Voici, Monsieur, puisque vous desirez l'apprendre, la raison qui m'en a arraché.

Quoique la médiocre succession de mon père, partagée entre plusieurs enfans, eût essuyé dans la suite l'orage de ce fameux système, heureux pour quelques personnes, et fatal à tant d'autres, au lieu de songer à réparer ses malheurs, je ne songeois qu'à cultiver les Muses, et je regardois comme ma fortune une place à l'Académie française, à laquelle les anciens amis de mon père étoient résolus de me nommer. M. l'ancien évêque de Fréjus, qui le sut, me demanda, et m'ayant parlé avec bonté, me représenta que je perdois mon temps, et que je ferois bien mieux de songer à avoir de quoi vivre; qu'enfin il me procureroit une place plus utile qu'une place d'académicien, à laquelle, pour le présent, je ferois sagement de renoncer. M. de Valincourt me conseilla de m'abandonner à mon protecteur, qui, en effet, parla pour moi à M. Fagon; et au lieu d'être nommé à l'Académie, je fus nommé inspecteur des fermes, et depuis directeur. Ainsi, vous voyez que je ne suis qu'un financier subalterne.

Mais j'ai, comme vous voyez, de grandes espérances. Puisque mon protecteur, aujourd'hui M. le cardinal de Fleury, a depuis si bien fait son chemin, j'ai lieu de croire qu'il me fera faire le mien. Il continue toujours à m'assurer de sa bienveillance, et il paroît s'intéresser à moi.

Je suis, Monsieur, etc.

J. B. ROUSSEAU A M. HARDION.

Le 14 mai 1736.

Je me flatte, Monsieur, que vous voudrez bien m'acquitter de ce que je dois à M. Racine. Je souhaiterois être aussi digne de son présent que son présent est digne de lui, et du grand nom qu'il porte. Plus je relis cet ouvrage, plus je le trouve admirable et digne de servir de modèle dans ce genre d'écrire. Tout y est également poétique et judicieux, sublime et exact; rien ne s'y trouve ni à desirer ni à retrancher. Tout ce qui y est dit devoit être dit, et ne pouvoit être mieux dit. Chaque strophe y est en sa place; et quelque dépendantes qu'elles soient l'une de l'autre, il n'y en a pas une qui, prise séparément, ne puisse former un tout aussi agréable que complet. J'ai surtout été frappé de celle où le *ratio ultima regum* est si noblement exprimé, et de la pénultième qui marque si bien en quoi consiste la vraie grandeur et la véritable gloire. Mais ce qui me donne une parfaite idée du génie de l'auteur, c'est l'invention et le tour dramatique dont il s'est servi pour mettre son sujet en action, et donner, pour ainsi dire, la vie au marbre exquis qu'il avoit entre les mains. Ce sont là, selon moi, les véritables coups de l'art qui ne s'apprennent que par le commerce des anciens, sur lesquels il est aisé de voir que M. Racine s'est formé à l'exemple de son illustre père : après l'impression que son ode a faite sur moi, je ne sais s'il n'y a point trop de témérité de ma part

à

à vous avouer que j'en ai fait une il y a environ un an et demi, qui pourroit servir d'avant-propos à la sienne, si elle étoit aussi bien faite : c'est une invocation à la Paix, qui me vint dans l'esprit pendant qu'on se massacroit en Italie, et que je n'ai communiquée qu'à quelques personnes qui m'en ont gardé le secret. C'est une double satisfaction pour moi de voir mes vœux accomplis, et de voir leur accomplissement si dignement célébré.

Je suis, etc.

LOUIS RACINE A J. B. ROUSSEAU.

A Paris, le 25 juin 1736.

Lorsque M. Hardion me montra, Monsieur, la lettre que vous lui aviez écrite au sujet de mon ode sur la Paix, je ne reconnus dans vos louanges ni mon ouvrage ni vous-même. Je ne me rappelai que ce que vous avez dit autrefois :

> J'ai peu loué ; j'aurois mieux fait encore
> De louer moins.

Vous n'êtes, sans doute, retombé dans cette faute que pour me consoler de toutes les critiques que j'ai essuyées. Mon ode, qui ne mériroit pas tant d'ennemis, méritoit encore moins un défenseur tel que vous.

La principale accusation qu'on m'a faite est celle d'avoir troublé la cendre d'un ministre qui sera toujours l'objet de l'admiration publique ; mais ceux qui m'ont fait ce reproche, n'ont pas voulu faire attention à ma seconde strophe, qui prépare au sujet de jalousie dont il est parlé dans la dernière. Dira-t-on que les âmes divines ne peuvent connoître la jalousie? Puisqu'Homère donne si souvent cette passion à ses dieux, nous pouvons bien aussi la donner à nos héros sans leur manquer de respect.

Quoique l'ode nouvelle que je viens de faire soit honorée de votre approbation, je sens combien je suis resté au-dessous des grands modèles dont je parle. Je n'ai pas non plus été assez hardi pour prétendre donner, par mes vers, un exemple de l'harmonie. Je n'ai voulu qu'en donner les préceptes, et soutenir une vérité dont quelques personnes ne sont point assez persuadées. Comme le talent des vers n'est point un héritage, je ne suis point obligé d'en faire d'excellens; mais le nom que je porte m'oblige à soutenir toujours les principes du bon goût, dans lesquels je suis né, et dont j'espère ne m'écarter jamais.

Je suis bien mortifié que vous ne vouliez pas consentir qu'on rende publique votre ode à la Paix. Quiconque liroit seulement cette strophe:

Des douceurs de la paix, des horreurs de la guerre,
Un ordre indépendant détermine le choix.
C'est le courroux des rois qui fait armer la terre;
C'est le courroux des dieux qui fait armer les rois.

reconnoîtroit et diroit, comme moi :

Que la veine de notre Alcée
N'a point encore été glacée, etc.

J. B. ROUSSEAU A LOUIS RACINE.

Le 3 juillet 1736.

Je ne suis point surpris, Monsieur, des mauvaises critiques que vous avez essuyées à l'occasion de votre excellente ode sur la Paix; c'est la suite inévitable de cette antipathie naturelle qui se trouve dans tous les temps entre les grands et les petits esprits :

Urit enim fulgore qui præfragat artes.

Vous suivez de trop près l'illustre père qui vous a transmis son sang et son génie, pour ne pas trouver comme lui, dans votre chemin, des d'Aucours, des abbés de Villers et des Pradons; mais les obstacles qu'ils mettront à votre course ne vous empêcheront point d'arriver à votre but : vous avez commencé par où il a fini; et tant qu'un reste de religion subsistera en France, vous pouvez compter pour les admirateurs de votre poëme sur la Grâce, tout ce qui s'y trouvera de gens de bien et d'hommes éclairés : ne vous embarrassez pas des autres, puisque ce n'est pas pour eux que vous écrivez.

L'objection qui vous a été faite sur le cardinal de Richelieu, n'a aucune solidité; vous le représentez tel qu'il étoit, et tel qu'il devoit être dans un temps qu'il falloit établir la puissance de l'Etat au-dehors, et l'autorité royale au-dedans : l'une et l'autre aujourd'hui sont établies. Il ne restoit plus qu'à concilier à la France la confiance et l'affection de ses ennenis; et c'est ce que M. le cardinal de Fleury vient de faire. Ce n'est point louer un grand homme aux dépens d'un autre grand-homme, que de dire qu'ils se sont conduits différemment : M. le cardinal de Fleury, sous Louis XIII, auroit peut-être pensé comme le cardinal de Richelieu ; et celui-ci, sous Louis XIII, avoit peut-être pensé comme M. le cardinal de Fleury.

Quand à votre nouvelle ode sur l'Harmonie, je la trouve d'autant plus digne de louange, qu'elle établit une vérité indispensable dans la pratique, et dont le mépris est capable de faire perdre à notre langue l'avantage qu'elle a acquis sur toutes les autres langues vivantes. En effet, pour peu que l'on y fasse attention, nous éprouvons tous les jours, même dans les conversations familières, que la même chose fait plus ou moins son effet, selon qu'elle est dite d'une manière plus ou moins flatteuse pour l'oreille ; et nous voyons que les Latins du bon siècle étoient si convaincus de la nécessité du nombre et de l'harmonie dans le discours, qu'ils y sacrifioient jusqu'à l'ordre des pensées, aimant mieux donner un peu de travail à l'esprit que de rebuter l'oreille, qui est le canal par où les pensées sont introduites.

Vous ne pourriez donc, Monsieur, rendre un plus grand service à la langue française, qu'en faisant connoître à ceux qui la cultivent le respect et l'attention qu'ils doivent conserver pour la cadence et pour la justesse de l'harmonie.

La seule chose que vous ayez à craindre à l'occasion de votre ode, c'est que le public ne réclame contre la place honorable que vous m'y avez donnée ;

mais au moins ne désavouera-t-il pas le jugement que je porte de votre ouvrage, et peut-être que la justice que je vous rends me tiendra lieu, auprès de lui, du mérite que vous m'avez trop libéralement attribué : quoi qu'il en soit, il ne pourra vous contester l'honneur d'avoir établi, d'une manière aussi sublime que solide, le principe le plus utile et la vérité la plus certaine qui ait jamais été avancée en fait d'éloquence et de poésie.

Recevez-en, Monsieur, mes sincères félicitations, que je joins ici avec les remercîmens que je vous dois de la bonté avec laquelle vous avez reçu mes trois nouvelles épîtres.

Quelque persuadé que je sois des vérités que j'ai tâché d'y éclaircir, je n'y ai certainement rien avancé dont je sois plus vivement pénétré que du goût que j'ai pour vos ouvrages, de l'intérêt que je prends à votre gloire, et de la parfaite estime, etc.

J. B. ROUSSEAU A LOUIS RACINE.

Août 1737.

Votre poëme sur la Religion, Monsieur, je ne sais s'il y a dans la langue un terme digne d'en exprimer l'excellence, me fut rendu ici le 3 du mois dernier; je le lus le lendemain avec une rapidité que mon étonnement et mon admiration ne me permirent pas d'interrompre. Je le relus le jour d'après à tête plus reposée, et je me sentis encore plus éclairé, plus pénétré et plus touché que la première fois : ce ne fut qu'à la troisième lecture que me fortifiant contre moi-même, et me rappelant ce qu'on exigeoit de moi, je me trouvai en état d'y faire le petit nombre d'observations que je dois vous communiquer. Vous y verrez que je me suis particulièrement attaché à bien comprendre le dessein, le plan, et toute l'économie de votre ouvrage; ce qui a fait le principal sujet de mon admiration. Mais, quelque frappé que j'aie été de la force, du choix et du merveilleux enchaînement de vos preuves, je ne le suis pas moins de la richesse des ornemens, et de la beauté surprenante des expressions dont vous les accompagnez. J'ai trouvé dans vos vers ce que j'ai toujours cherché inutilement ailleurs que dans ceux de M. votre père, et vous avez achevé de me convaincre que toutes les ressources que la grande poésie peut trouver dans la fable et dans les sujets profanes, n'approche point de celle que la religion présente à un génie sublime. Feu M. Racine s'est montré supérieur à lui-même dans Esther et dans Athalie; vous vous faites voir égal à lui dans votre poème sur la Grâce, et plus encore, s'il est possible, dans celui de la Religion. Je vous répète, Monsieur, que j'en suis enchanté, et qu'après l'avoir relu cinq fois, toujours avec de nouveaux transports, j'ai eu besoin de tout le peu de vertu que Dieu m'a accordé pour résister à la tentation d'en retenir une copie; mais j'espère que le public n'en sera pas long-temps privé: il est tel, qu'il me paroît que vous n'y pouvez rien ajouter ni retrancher sans lui faire tort.

 Je suis, etc.

J. B. ROUSSEAU A LOUIS RACINE.

Le 29 octobre 1737.

Je ne me suis attaché, Monsieur, dans l'épître que je vous ai adressée, qu'à dire le mieux qu'il m'a été possible ce que la lecture de votre admirable poëme m'a donné occasion de penser; et s'il est vrai qu'elle mérite une partie des louanges dont vous l'honorez, c'est sur vous principalement qu'elles doivent retomber. Après avoir exposé, comme vous avez fait, d'une manière si forte et si touchante les vérités de la religion, il m'a semblé qu'il ne restoit plus qu'à faire voir la petitesse et le ridicule de ceux qui la combattent, et à en chercher la véritable source, qui est dans la corruption de leur cœur : c'est ce que j'ai essayé de démontrer dans le cours de cet ouvrage, dont la conclusion est de leur enseigner le chemin qu'ils doivent prendre pour arriver à la vérité, qui n'est autre que la réformation de leurs mœurs et le changement de leur cœur.

Il m'a paru que ce n'étoit pas assez de découvrir le mal, et que pour finir régulièrement il étoit nécessaire d'en indiquer le remède; sans quoi je perdrois le fruit de tout ce que j'aurois avancé. Et comme le remède ne consiste que dans la soumission du cœur et dans la pureté de la vie, je ne pouvois me dispenser de détailler en quoi consiste cette soumission et cette pureté : je n'en puis rien retrancher, et même je ne puis resserrer cet endroit de mon épître sans en rompre toute la chaîne. Ceux qui trouvent cet endroit trop long, doivent considérer que le fil du discours m'y conduit nécessairement. Ce n'est point à l'auteur d'une tragédie ou d'une ode que mon épître est adressée; c'est à l'auteur d'un poëme consacré à la preuve de nos plus augustes mystères, et où il n'est question que d'attaquer les incrédules, et de leur enseigner surtout que le trésor qu'ils se vantent de posséder, qui est la vérité,

N'est pas le fruit d'un travail orgueilleux,
Ni d'un savoir subtil et pointilleux.

Quant au plan que vous me faites d'une réponse que vous devez m'adresser, et dans laquelle vous attaquerez les esprits-forts, il ne sauroit être mieux imaginé. Les exemples modernes que vous leur opposez ne sont pas moins capables de les confondre, que les exemples anciens des Cyrilles et des Augustins que je leur ai cités. Mais surtout ce malheureux esprit anglais qui s'est glissé parmi nous depuis vingt ans, est la chose du monde qui demande le plus à être décréditée, et dont le ridicule mérite le mieux d'être dépeint par une main comme la vôtre; je voudrois néanmoins que cela se fît sans vous attirer une querelle personnelle avec une nation estimable d'ailleurs par beaucoup d'endroits.

Je voudrois encore, pour prévenir la malignité de ceux qui pourroient donner un mauvais tour à nos éloges réciproques, que les vérités que vous méditez dans cet ouvrage fussent adressées à quelqu'ami plus digne que je ne le suis, du frontispice dont vous voulez m'honorer; et que, vous contentant d'y faire en passant quelque mention de moi, vous fussiez uniquement occupé du solide de votre ouvrage. On ne sauroit trop respecter les mauvais plaisans, ni trop éviter de leur fournir des sujets de satire. M. Despréaux a adressé une épître à M. Racine; on ne voit point que M. Racine lui ait répondu: cependant personne n'a jamais douté de l'estime et de l'amitié qui a subsisté entre eux jusqu'à la mort; et c'est avec le même sentiment, indépendamment de tout vain cérémonial, que j'espère que nous vivrons et mourrons amis, et que je suis, etc.

J. B. ROUSSEAU A M. BOUTET DE MONTHERI.

27 mars 1738.

ME voici, mon cher Monsieur, assez bien rétabli. J'ai déjà dîné trois fois en ville; j'y dîne aujourd'hui, pour la quatrième fois, chez le prince de la Tour. Je suis plus tranquille sur ma santé que sur la vôtre, et je suis fâché d'apprendre que, malgré votre rhume, vous allez vous exposer à l'air de la campagne dans un printemps aussi hivernal que celui-ci. Nous nous plaignons avec raison du dérangement des saisons; mais il en règne un autre dans le cerveau, qui, Dieu merci, n'a point passé jusqu'à nous, et dont je ne laisse pas de sentir par malheur le contre-coup. Au sujet de l'épître (1) que je vous avois promise, j'avois

(1) Voyez tome I*er*, les pièces relatives au poëme de la Religion.

mandé à l'imprimeur de vous en porter quelques exemplaires, parce que je la croyois imprimée ; mais j'apprends que le nom de M. Racine, à qui elle est adressée, a causé une tracasserie à laquelle je ne m'attendois pas. . . . .

Les Jésuites ne craignent point d'annoncer mon épître comme un ouvrage également utile aux mœurs et à la religion. Elle est adressée à M. Racine, qui a fait un poëme admirable sur la religion, à l'occasion duquel j'ai cru devoir dire ma pensée sur les petits esprits-forts, dont la secte pullule aujourd'hui si horriblement en France, que devant qu'il soit peu, si Dieu n'y met la main, on verra un royaume tout chrétien sans christianisme.

Je ne sais quand paroîtra mon épître ; mais ce qui m'afflige le plus, c'est de voir qu'on arrête aussi la publication d'un poëme aussi utile que celui de M. Racine, dont je ne doute point que vous ne portiez le même jugement que moi, s'il peut parvenir jusqu'à vous.

J. B. ROUSSEAU A LOUIS RACINE,

APRÈS SON ATTAQUE D'APOPLEXIE.

Le 18 mai 1738.

Il est vrai, Monsieur, que j'ai essuyé une des plus violentes bourrasques auxquelles l'humanité soit assujétie ; mais la Providence, qui proportionne toujours ses secours aux afflictions qu'elle nous envoie, m'a fait éprouver dans les bontés qui m'ont été généralement témoignées en cette occasion, toutes les consolations qui pouvoient remettre mon sang et mes humeurs dans leur équilibre. Je me trouve aujourd'hui dans une parfaite santé, avec une satisfaction de plus, de savoir que j'ai des amis sur lesquels je ne comptois pas jusqu'à présent. De tous ceux cependant que m'a attirés ma bonne fortune, il n'y a, je vous avoue, que les anciens qui me flattent véritablement. Je vous mets de ce rang, quoique notre connoissance soit encore assez moderne; mais la sympathie d'humeurs et la conformité des sentimens suppléent à ce qui manque au nombre d'années ; et ces conditions une fois posées, le temps ne fait plus rien. Je vous regarde d'avance comme un ami de trente ans : il y en a beaucoup plus que votre nom est en vénération chez moi ; et je puis vous répondre de mes sentimens pour tout le temps qui me reste à vivre et à penser.

Je ne suis nullement troublé de la chicane qui a arrêté l'impression de mon épître ; j'en ai déjà obtenu tout le fruit que j'en attendois, ne l'ayant entreprise que pour vous marquer l'impression que votre admirable ouvrage sur la religion avoit faite sur moi, et l'estime profonde que j'ai pour votre personne ; et si les illustres suffrages que mon épître a eu le bonheur de m'attirer sont sincères, comme j'aime à me le persuader, cela me suffit : *Nil supra deos lacesso ;* mais je serois inconsolable pour le public, si quelque malheur nous privoit de votre poëme, que je regarde comme le fruit le plus précieux que nous ayons de la réconciliation des Muses avec la Religion.

Je suis, etc.

J. B. ROUSSEAU A LOUIS RACINE.

A Bruxelles, le 1ᵉʳ septembre 1738.

Vos lettres, Monsieur, semblent me rapprocher de Paris, ou du moins elles me rappellent le souvenir de ce que j'y ai vu de plus estimable : s'il m'étoit resté quelque plaie dans l'âme, rien ne seroit plus capable de la guérir; mais, Dieu merci, je suis assez tranquille de ce côté-là; et je n'aurois rien à desirer, si toutes les sortes d'affoiblissement qui accompagnent la vieillesse n'affligeoient pas mon corps.

Je ne songe point à une nouvelle édition de mes poésies; mais je songe toujours à celle de votre admirable poëme sur la Religion. Tandis qu'on voit le Parnasse déshonoré par tant de misérables poésies, pourquoi ne pas donner un ouvrage qui fera l'honneur du siècle et de la religion? Je ne me lasse point de vous en parler, au hasard de vous lasser vous-même.

J'aurois grand besoin de le relire pour réveiller en moi les sentimens de vertu et de religion que mes souffrances corporelles éteignent insensiblement, malgré les efforts que je fais pour les supporter constamment. Si l'âme n'est point matérielle, au moins est-il vrai de dire que la matière a un puissant empire sur l'âme.

Conservez sur moi la vôtre dans sa paix ordinaire : c'est le plus grand des biens, et le seul qui puisse rendre l'homme heureux en cette vie.

Si jamais je songe sérieusement, comme j'en ai envie, à écrire mes Mémoires, ce sera lorsque j'aurai l'esprit plus libre, et que ma situation sera devenue plus tranquille. Les peines que m'ont causées mes ennemis n'approchent point de celles dont mes amis m'ont affligé avec les fausses espérances dont ils m'ont amusé. Je dis tous les jours, avec le fou d'Horace : *Pol! me occidistis amici.* J'étois heureux quand je n'espérois ni n'attendois rien. Quand reviendra cet heureux temps ? Après ma mort, à laquelle je n'ai rien de plus important qu'à me bien préparer.

Je suis, Monsieur, etc.

J. B. ROUSSEAU A LOUIS RACINE.

A la Haye, 2 septembre 1739.

Je vous prie, Monsieur, d'assurer M. Aved de mon souvenir. Ce que j'ai emporté de plus solide du voyage de Paris, qui a abymé ma santé, est votre connoissance et la sienne. Je ne crois pas que le ciel ait formé un meilleur cœur. Je suis venu ici chercher, dans un changement d'air, un asile contre l'ennui qui me mine à Bruxelles.

Je suis sensiblement obligé à madame Racine de

l'honneur de son souvenir. L'impression que son mérite a faite sur mon esprit est de la nature de celle que vous avez faite sur mon cœur.

Je crains que l'épitaphe qu'on vous a donnée, et que j'ai faite de moi-même, ne soit pas correcte. La voici telle que je l'ai faite :

> De cet auteur noirci d'un crayon si malin,
> Passant, veux-tu savoir quel fut le caractère ?
> Il avoit pour amis d'Ussé, Brumoy, Rollin ;
> Pour ennemis, Gacon, L**, S**, V**.

Je ne me lasserai point de vous parler du poëme de la Religion, au hasard de vous lasser vous-même. Est-il possible qu'on en arrête la publication ? Le P. Tournemine, qui en a entendu la lecture, en a fait tout haut l'éloge. Que peut-on craindre ?......

Est il vrai que vous avez demandé une place à l'Académie française, et que vous ne l'avez pas obtenue ? Les portes de ce temple ne s'ouvrent-elles pas à votre nom ?

LOUIS RACINE A J. B. ROUSSEAU.

Soissons, 15 septembre 1739.

Je souhaite, Monsieur, que l'air de la Haye vous soit plus avantageux que celui de Bruxelles, et contribue à rétablir une santé si précieuse à vos amis.

J'ai espérance que le poëme de la Religion paroîtra : il n'y est point question de controverse.

M. le cardinal de Fleury, qui me témoigne toujours beaucoup de bonté, m'a fait l'honneur de m'écrire qu'un pareil ouvrage méritant une grande attention, il le feroit examiner par des personnes éclairées, et qu'il voudroit que ses occupations lui permissent de faire lui-même cet examen. Tous ces retardemens ne peuvent que m'être avantageux, puisqu'ils me laissent le temps de repasser la lime; et vous savez mieux qu'un autre, qu'on ne peut la passer trop souvent sur les vers. J'ai employé la moitié de ma vie à composer cet ouvrage ; je devrois employer l'autre moitié à le corriger. N'est-ce pas le conseil que vous avez donné vous-même aux auteurs? Il est vrai que plusieurs amis que j'ai dans l'Académie française y ont parlé de moi; ce qui a fait dire que je me mettois sur les rangs, et a occasionné le bon mot de l'abbé Desfontaines, qui peut-être vous a été mandé : « Eh, » pourquoi, me dit-il, demandez-vous une place » de l'Académie française? A-t-on besoin d'une » charge de secrétaire du roi, quand on est gentilhomme? » A quoi il ajouta : « On a grand » tort de m'accuser de mépriser cette Académie, » puisque j'en compare les places à des charges » qui sont belles, mais qu'on ne recherche pas » quand on n'a pas besoin des priviléges. » Vous reconnoissez son caractère dans cette plaisanterie. Adieu, Monsieur, soit à Bruxelles, soit à la Haye : *Sis licet felix ubicunque mavis et memor nostri vivas.*

J. B. ROUSSEAU A LOUIS RACINE.

A la Haye, le 25 août 1740.

Je suis bien sensible, Monsieur, à l'intérêt que vous prenez à ma santé ; elle est véritablement dans un état de décadence qui ne m'annonce rien moins qu'une fin prochaine, et une fin douloureuse. Pour un jour passablement bon, j'en ai huit insupportables : Dieu me fasse la grâce de les recevoir en expiation des offenses qui me les ont attirés ! Le pis encore, c'est que je suis sans aucune ressource pour m'aider à sortir de la vie, comme j'en manque pour y rester. Bruxelles ne m'en offre guère plus que la Haye, par la profonde ignorance où l'on y vit de tout ce que la religion a de plus essentiel et de plus consolant.

C'est une triste ressource que la pitié de nos amis ; mais c'en est une, et je la mérite encore plus par les afflictions de l'âme que par celles du corps.

J'ai trouvé ici M. Piron, qui est un excellent préservatif contre l'ennui ; mais il retournera à Paris dans huit jours, et je vais retomber dans mes langueurs, si vous ne me soulagez par vos lettres. Le plaisir que me fait le commerce d'un ami si consolant, ne peut me distraire de la douleur que me laisse la mort de M. le comte du Luc, le plus solide et le plus vertueux ami que j'eusse dans le monde, et dont les bontés seront toujours
profondément

profondément gravées dans mon cœur. Cette impression ajoutée à mes infirmités, en redouble l'amertume à un point qui me laisse, pour le présent et pour l'avenir, sans aucune sorte de consolation.

Je suis, etc.

J. B. ROUSSEAU A LOUIS RACINE.

A la Haye, le 25 septembre 1740.

Je ne guérirai jamais, Monsieur, de la douleur où m'a plongé la perte irréparable de M. le comte du Luc; car je ne puis vivre sans me souvenir des obligations que je lui ai, et des vertus qu'il a exercées à mon égard. Où trouver des protecteurs aussi solides, aussi courageux, et aussi ingénieux à bien faire?

Le vers que vous avez fait mettre à votre portrait ajoute une louange due à votre modestie. Pour moi, j'ai recommandé à M. Aved de mettre sous le mien ce vers de Martial :

Certior in nostro carmine vultus erit.

Quand il s'agit des mœurs, il est permis de se rendre justice à soi-même.

J'ai grande impatience de voir le nouveau Boileau de M. Brossette. Vous me mandez qu'il seroit à souhaiter que j'eusse aussi un commentateur : mes ouvrages s'expliqueront d'eux-mêmes; je ne suis point auteur à commentaire: tant d'honneur n'appartient pas à un homme aussi frivole que je le suis.

Voici la dernière lettre que vous recevrez de moi, datée de la Haye. Je m'embarque demain pour Bruxelles, où je porterai, s'il ne m'arrive point de malheur en chemin (1), une santé plus déplorable de beaucoup que je ne l'avois à mon départ. Toute la pharmacie botanique ne m'a pas empêché de passer les cinq mois que j'ai vécu ici, dans les douleurs et les lamentations: « Job s'en plaignit, il » en parla. » Je ne suis ni plus patient ni plus sérieux que Job, et je vous prie d'oublier la foiblesse que j'ai de vous en parler si souvent; mais vous n'oublierez pas, s'il vous plaît, que dans le corps le plus cacochyme qui soit sur la terre, loge le cœur le plus ferme et le plus constant en amitié que vous connoissiez, et que personne n'a plus de vénération pour madame Racine et pour vous, Monsieur, etc.

PREMIÈRE LETTRE

DE LOUIS RACINE A M. D***, A LYON.

Paris, 4 janvier 1749.

JE savois, Monsieur, que votre compatriote, M. Brossette, qui, après avoir commenté Boileau et Régnier, projetoit un commentaire sur Molière, avoit aussi rassemblé, dans le dessein de commenter

---

(1) Il tomba en paralysie en chemin.

Rousseau, un très-grand nombre de ses lettres. Pendant plusieurs années, il s'étoit fait une loi de lui rendre compte de tout ce qui se passoit dans la littérature, conservoit avec un très-grand soin ses réponses, et augmentoit son Recueil de tout ce qu'il pouvoit obtenir des personnes qui étoient, comme lui, en commerce avec Rousseau. Il me demandoit copie des lettres même que je lui écrivois : jugez de la vivacité avec laquelle il me demandoit copie des réponses! Voici ce qu'il m'écrivit en 1741 : « J'ai conservé toutes les lettres
» que Rousseau m'a écrites pendant tout le temps
» que nous avons été en commerce ensemble ; et
» pour empêcher la dispersion :

Ne turbata volent rapidis ludibria ventis,

» je les ai fait relier en 2 vol. in-folio. J'y ai joint
» aussi les miennes, uniquement pour servir de
» liaison : ce qui fait une correspondance de vingt-
» cinq années, bien liée et bien suivie. J'en ai
» encore beaucoup d'autres de lui, qui m'ont été
» remises par d'autres personnes à qui il avoit
» écrit, et je vais commencer un troisième volume.
» Oserois-je vous demander celles que vous avez,
» et seriez-vous homme à enrichir mon Recueil,
» qui sera sans doute reçu un jour avec empresse-
» ment du public ? »

N'ayant point entendu parler de ces lettres depuis la mort de M. Brossette, je les croyois dissipées. Vous m'apprenez, Monsieur, que sa famille, qui les a conservées dans l'espérance de les vendre avantageusement, et d'en tirer du secours pour de très-jeunes orphelins qui sont dans le besoin, vous les a remises, en vous priant de chercher un acquéreur. Vous le trouverez sans peine, surtout dans le pays étranger, et le seul nom de Rousseau rendra un libraire libéral : c'est pourquoi il est heureux que vous soyez chargé du soin de le chercher, et qu'on vous ait laissé le maître du marché, parce que, lorsque je vous aurai fait part de mes craintes sur ces lettres que vous n'avez pas lues, je suis persuadé que, quelque charité qui vous anime pour de jeunes orphelins, vous n'êtes point homme à abandonner à l'avidité de quelque libraire peu scrupuleux ce manuscrit, sans qu'il ait été examiné avec attention.

A juger de toutes les lettres de Rousseau par celles qu'il m'a écrites, je dois croire qu'elles contiennent des choses excellentes, et des réflexions très-sensées sur plusieurs ouvrages d'esprit. Elles doivent contenir encore des particularités curieuses, et des anecdotes littéraires; mais je dois craindre aussi qu'elles ne soient semées de traits que, malgré toute sa vivacité contre ses ennemis, il ne se permettoit qu'en écrivant à ses amis. Il écrivoit fort rapidement, et n'a jamais soupçonné, comme il me l'a mandé, qu'aucune de ses lettres, dont il ne gardoit point de copie, méritât d'être conservée.

On ne trouvera rien que d'innocent dans celles que j'ai reçues de lui, et dont j'ai envoyé des copies à M. Brossette, parce que j'ai eu soin d'en retrancher ce qui devoit en être retranché. Mais comme tout le monde n'a peut-être pas eu la même précaution, et que M. Brossette n'a pas eu le temps de mettre son Recueil en état d'être imprimé, je m'imagine qu'il s'y trouvera plusieurs choses qu'effacera un examinateur conduit par l'esprit de religion et par l'amour de la paix, conduit même uniquement par l'amour de la gloire de Rousseau, et par le respect pour sa mémoire.

Il seroit à souhaiter que vous voulussiez faire vous-même cet examen; mais vous m'assurez que vos occupations ne vous en laissent pas le temps, et que d'ailleurs vous avez jeté les yeux sur plusieurs lettres que vous n'avez pu lire : ce que je n'ai point de peine à croire, parce que l'écriture de Rousseau, depuis sa première attaque d'apoplexie, étoit devenue indéchiffrable à quiconque ne l'avoit pas étudiée long-temps. L'étude que j'en ai faite me rend ce travail moins pénible qu'à un autre, et je me chargerai avec plaisir de l'examen que vous ne pouvez faire, puisqu'il me fournira une occasion de vous obliger; d'obliger la famille de M. Brossette, dont j'ai été ami ; de servir la république des lettres, et la mémoire d'un homme qui a toujours recherché mon amitié. J'espère que la lecture de ses lettres le fera mieux connoître du public qu'il ne l'a été jusqu'à présent.

Je ne suis point surpris que vous conserviez encore quelques préjugés contre lui, et qu'à son nom il s'élève des nuages dans votre esprit, puisque ces mêmes nuages, qui s'étoient élevés dans le mien, ne se sont dissipés que depuis que j'ai eu occasion de parler de lui à quelques personnes qui l'ont connu particulièrement. On nous promet des Mémoires historiques sur sa vie, qui vous instruiront mieux que je ne puis vous instruire. En les attendant, je vous apprendrai ce que j'en sais, pour répondre aux questions que vous me faites sur ses mœurs, son caractère et sa religion. Je vais vous faire part de l'idée que j'en ai eue long-temps, et de celle que j'en ai aujourd'hui.

Je vous avoue, Monsieur, que, dans ma jeunesse, ne connoissant Rousseau que par les discours publics, les vers faits contre lui, et la chanson contenant *l'histoire* d'un ingrat enfant, je me figurois, en l'entendant nommer, un impie, un fils dénaturé, un homme pétri de fiel et de bile, perfide à ses amis, ingrat à ses bienfaiteurs, et j'allois jusqu'à m'imaginer, sur la foi de la chanson, qu'il avoit l'œil louche, le cou tordu, et la bouche de travers. A la première lettre que je reçus de lui lorsque j'étois à Lyon, je ne répondis qu'avec crainte, parce que je soupçonnois la sincérité de ses complimens; et même, lorsque je le vis pour la première fois à Paris, en 1740, je conservois encore quelque reste de mes anciens soupçons. Quelle forte impression font sur nous les vers satiriques! Et que ceux qui en sont les auteurs sont coupables!

J'ai appris depuis, Monsieur (et le caractère des personnes qui me l'ont assuré m'a forcé à les croire), que Rousseau, tandis qu'il étoit recherché à la cour et à Paris, et très-ami dans des maisons où un homme décrié pour les mœurs ou pour les discours n'eût point été reçu, n'avoit jamais rougi de sa naissance; qu'il répétoit toujours qu'il étoit né comme Horace, et qu'il n'a jamais coûté de larmes à son père, que des larmes de joie. Le bon homme ne pouvoit les retenir lorsque, dans les maisons où il portoit ses ouvrages, il s'entendoit féliciter sur les ouvrages de son fils.

Rousseau ne fut jamais l'auteur d'une pièce de vers très-impie, dont on doit oublier jusqu'au titre, et qui lui fut attribuée, parce qu'on lui attribuoit alors tous les vers scandaleux, et qu'il y avoit donné lieu : ce qu'il a toujours avoué en gémissant.

On m'a assuré qu'il n'avoit jamais été renvoyé d'une maison respectable où il demeuroit, pour avoir fait des vers contre le maître de la maison ; et cette disgrâce qu'il essuya, m'a été racontée d'une manière qui ne lui fait aucun déshonneur.

Il ne perdit jamais l'estime du prince Eugène, qui, à la vérité, ne lui fit pas le bien qu'il paroissoit d'abord vouloir lui faire ; et voici la cause de ce refroidissement : Dans la cruelle affaire que le comte de Bonneval s'attira par une vivacité inexcusable, et qui eut pour lui des suites si funestes, Rousseau, qui lui avoit beaucoup d'obligations, crut devoir lui rendre tous les services dont il seroit capable. Emporté par un zèle héroïque, il court à Vienne, non pour le justifier, mais pour représenter qu'un homme de ce mérite devoit être ménagé. Le prince Eugène trouve Rousseau bien hardi d'oser se mêler de pareilles choses, et lui parler pour le comte de Bonneval : « Je fais ce » que je dois, dit Rousseau, parce que je lui dois » tout mon bonheur. C'est lui qui m'a fait connoître » à votre altesse, et vous a inspiré les sentimens » favorables que vous avez toujours eus pour moi. » Le prince Eugène, peu touché de cette raison, perdit l'envie de procurer un emploi à Rousseau, qui depuis ne fut avec lui ni dans la faveur ni dans la disgrâce, et fit quelque temps après cette épigramme sur la colère :

> Est-on héros pour avoir mis aux chaînes
> Un peuple ou deux ? Tibère eut cet honneur.
> Est-on héros en signalant ses haines
> Par la vengeance ? Octave eut ce bonheur.
> Est-on héros en régnant par la peur ?
> Séjan fit tout trembler, jusqu'à son maître.
> Mais de son ire éteindre le salpêtre,
> Savoir se vaincre, et réprimer les flots
> De son orgueil, c'est ce que j'appelle être
> Grand par soi-même ; et voilà mon héros.

Il eut dans la suite une disgrâce véritable, à laquelle il fut plus sensible qu'à la perte de ses actions sur la compagnie d'Ostende ; et depuis cette disgrâce, le séjour de Bruxelles lui devint insupportable. Le seigneur qui changea à son égard, lui envoya, quelques mois après, le quartier d'une pension qu'il avoit coutume de lui payer. Rousseau refusa cet argent, en disant à celui qui le lui apportoit : « Je me flattois de le recevoir à titre » d'ami : puisque j'ai eu le malheur de perdre » son amitié, je ne dois plus avoir de part à ses » bienfaits. »

Très-éloigné d'être flatteur, il n'étoit pas même assez courtisan, et poussoit trop loin une fierté qui a peut-être causé ses malheurs. Il étoit susceptible d'impressions dont il ne revenoit que très-difficilement. Trop prompt à aimer, et trop prompt à haïr, il donnoit sa confiance aisément, et la retiroit de même : il étoit, ce que vous aurez peine à croire, très-facile à accorder son amitié, et il le reconnoissoit quand il a dit :

> Car, je l'avoue (et je l'ai bien payé),
> J'ai des humains trop chéri l'amitié.

La première source de ses malheurs fut, selon les apparences, la mauvaise humeur à laquelle il s'abandonna fort mal à propos, lorsque se croyant près d'être nommé à l'Académie française, il fut trompé dans son espérance. Quoique le rang et le nom du concurrent qui lui avoit été préféré lui dût ôter tout sujet de mécontentement, il se conduisit d'une façon qui engagea ses ennemis à profiter du temps favorable pour le perdre. Ne me demandez pas, Monsieur, ce que je pense du procès, ni quel est l'auteur des horribles et fameux couplets. Je vous renvoie à ce que M. Titon du Tillet en a écrit dans son Parnasse français.

Rousseau, banni de France, fut reçu chez M. le comte du Luc, ambassadeur de France en Suisse. Mené par lui à la cour de Vienne, il y trouva de quoi oublier ses malheurs, si toutes les faveurs d'une cour étrangère pouvoient faire oublier la perte de sa patrie. Dans le temps de la régence, M. le grand-prieur et M. le baron de Breteuil obtinrent pour lui, sans l'en avertir, des lettres de rappel; et sitôt qu'il en fut instruit, il déclara hautement qu'il seroit plus déshonoré par ces lettres, s'il étoit capable d'en faire usage, que par l'arrêt de sa condamnation. Dans l'attaque d'apoplexie dont il fut long-temps après frappé à Bruxelles, prêt à recevoir les sacremens, il déclara, en présence du saint-viatique, qu'il n'étoit point l'auteur des couplets.

Pendant le séjour qu'il fit en 1738 à Paris, où il trouva dans ses puissans protecteurs de la compassion, et de meilleurs secours dans la bourse de M. Boutet, et dans la maison du fameux peintre M. Aved, qui lui donna un asile, il vit plus d'une fois M. Rollin, et lui montra un jour son testament. Le testament d'un homme qui n'a rien n'est pas long. Son principal objet avoit été d'y déclarer son innocence. Il y répétoit ce qu'il avoit dit à Bruxelles aux approches de la mort; mais il y ajoutoit le nom de l'auteur des couplets. M. Rollin, de qui j'ai appris cette particularité, lui représenta que, s'il étoit innocent, il avoit raison de mettre tout en œuvre pour faire connoître son innocence, mais que la religion ne lui permettoit pas de nommer le coupable, quand même il seroit sûr de ne pas se tromper. Rousseau, docile à cette remontrance, supprima son testament.

N'ayant pu obtenir la consolation de mourir dans sa patrie, le séjour de trois mois qu'il y fit avança le temps de sa mort. Le chagrin s'empara de lui; et de retour à Bruxelles, il m'écrivoit que ses amis, pour l'avoir amusé par de fausses espérances, lui avoient fait plus de tort que ses ennemis ne lui en avoient jamais causé. Les honneurs qu'on lui rendit à Bruxelles, lors de son enterrement, prouvent l'estime d'une ville où il avoit passé la plus grande partie de sa vie, et où il n'eut d'autre occupation que l'étude, ni d'autres plaisirs que dans la société de quelques amis.

Tout ce récit, Monsieur, vous persuadera que s'il a été innocent, il a été bien malheureux, et que s'il a été coupable, il a été bien puni. Non, Monsieur, il ne l'eût point été assez, puisqu'ayant toujours protesté de son innocence devant les hommes, et devant Dieu en recevant les derniers sacremens, et dans son testament, il doit paroître à qui le croit coupable, un monstre d'hypocrisie, un homme sans remords et sans religion.

Ceux qui l'accusent de n'en avoir point eu, lui rendent bien peu de justice. Je ne vous parlerai pas de son exactitude à en remplir publiquement tous les devoirs. M. et madame Aved, édifiés de ses discours pendant les trois mois qu'il fut chez eux caché, ont voulu quelquefois, pour éclaircir leurs soupçons, l'épier quand il se croyoit seul enfermé dans sa chambre, et l'ont souvent trouvé en prières. Les sentimens de religion ne furent pas en lui le fruit tardif de la vieillesse et des infirmités : on les trouve répandus dans ses lettres les plus anciennes.

Je vous permets de douter que toutes les maximes qui sont dans ses vers fussent dans son cœur. Mais quel intérêt auroit-il eu à faire l'hypocrite dans les lettres qu'il m'écrivoit? Je suis prêt à vous en faire connoître d'autres, dont son frère, carme déchaussé, religieux plein de piété, et connu à Paris, sous le nom de P. Léon, par son talent pour la prédication, me permit il y a quelque temps de prendre copie, et je les joindrai au Recueil de M. Brossette. Elles sont écrites sans art et sans méditation, à un ami d'Anvers à qui Rousseau confioit ses peines spirituelles. On y voit la peinture de son âme, ses agitations, ses inquiétudes, ses bons desseins, et même ses foiblesses, qu'il ne craint point d'avouer. Je dois prendre intérêt à ces lettres, dans lesquelles je vois Rousseau justifier ma religion contre ce bon Flamand, son ami, qui me croyant Cartésien, à cause de mes deux épîtres sur l'âme des bêtes, avoit quelque peine à me croire Chrétien. Du reste, il est remarquable de voir Rousseau se plaindre à cet ami, comme il s'en est plaint à moi, de manquer de secours spirituels dans le pays où il est obligé de vivre, et de trouver plus de piété que de lumières dans son confesseur.

Comme je suis persuadé qu'il eût été encore plus heureux en poésie qu'il ne l'a été, s'il eût toujours vécu tranquille dans sa patrie, où tout eût égayé son imagination, je suis également persuadé qu'il eût été plus heureux, du côté de ses peines spirituelles, dans cette même patrie, où il eût trouvé des guides éclairés : car, quelqu'édifié que je sois de ses sentimens, je voudrois l'être davantage; je voudrois qu'ainsi que des épigrammes licencieuses, il eût témoigné publiquement son repentir de s'être laissé emporter à cette satire amère, dont Boileau, qu'il appeloit son maître, ne lui avoit point donné l'exemple ; je voudrois que guéri de cet amour des vers qu'il a conservé trop long-temps, et revenu de sa foiblesse pour ses comédies, il eût aussi oublié toute querelle littéraire. La religion nous ordonne l'oubli des injures. Un poète doit, comme un autre, pardonner à ses ennemis ; mais il lui est bien difficile de pardonner sincèrement aux ennemis de ses vers.

C'est cette animosité contre ses ennemis, que j'ai toujours reconnue en lui, qui me fait craindre que les lettres dont vous êtes dépositaire, ne contiennent plusieurs choses qu'on ne doit pas rendre publiques. Je vous en manderai mon sentiment quand je les aurai lues, et je serai aussi plus en état de vous parler de Rousseau, parce qu'après cette lecture je le connoîtrai mieux.

SECONDE LETTRE

DE LOUIS RACINE A M. D***, A LYON.

Paris, 1er février 1749.

J'AI lu, Monsieur, en scrupuleux censeur, le manuscrit que vous m'avez envoyé, et j'ai voulu répondre par une grande attention, à la confiance que vous m'avez témoignée. Je suis bien récompensé de mon travail, puisque ces lettres, où règnent la candeur et la franchise, m'ont fait connoître le cœur d'un homme dont j'avois toujours admiré l'esprit, ont dissipé entièrement mes anciens préjugés, et m'ont fait retrouver, à ma grande satisfaction, un poète célèbre dans le petit cercle de ceux qui ont eu des mœurs, des sentimens et de la religion. Oui, Monsieur, soyez-en persuadé, Rousseau étoit un honnête homme : je ne crains plus de le dire, depuis que j'ai lu le Recueil que vous m'avez envoyé. C'est dans les lettres écrites à MM. Boutet, les confidens de toutes ses peines, que j'ai le plaisir de le suivre depuis 1711 jusqu'à sa mort, et que je le vois toujours le même, soutenu dans toutes ses disgrâces par une espérance admirable dans la Providence, regardant les malheurs de toute sa vie comme la punition d'une jeunesse coupable devant Dieu ; si éloigné de tout esprit d'intérêt, tout pauvre qu'il est, qu'il pousse la noblesse des sentimens jusqu'à la fierté ; plein de tendresse et de fidélité pour ses amis, plein de reconnoissance pour ses bienfaiteurs ; si rempli de confiance en eux, qu'il ne doute jamais de leurs bonnes intentions. Quoiqu'un emploi considérable qui lui est promis, et dont même les provisions sont scellées, s'éloigne toujours de lui, il croit le posséder ; et pendant deux ans *il mâche à vide*, toujours content, parce qu'il se persuade que ce bien qu'il attend n'est différé que pour son avantage. Quand il perd les bonnes grâces de ses protecteurs, il ne se plaint pas d'eux ; et quoique, dans son inutile voyage de Paris, il n'eût trouvé dans M. le comte du Luc qu'une stérile compassion, suivie de froideur, dans quelle désolation n'est-il pas quand il apprend la nouvelle de sa mort ! Il n'a devant les yeux que les anciennes obligations ; et voilà ce qui me fait mieux connoître son cœur, que ses assurances continuelles de reconnoissance à MM. Boutet. Et comment n'être pas sincèrement attaché à deux amis qui ne changèrent jamais pour lui, et coururent dans tous les temps au-devant de ses besoins ? De tels particuliers ne méritent-ils pas le nom de Mécène, plutôt que ces grands seigneurs qui croient protéger les lettres quand ils ont permis à quelque bel-esprit, leur flatteur, de s'ennuyer à leurs tables?

Je suis édifié, Monsieur, de la tendresse avec laquelle il reçoit son frère, carme déchaussé, quand il le retrouve à la cour de Bruxelles, et de la manière dont il regrette de n'avoir point, comme ce frère si sage, fait un bon usage de ses talens. Cet esprit de religion se trouve dans toutes ses lettres. Lorsqu'il apprend qu'il est condamné au bannissement, il reconnoît que, s'il est condamné pour ses épigrammes, il est jugé à la rigueur, mais qu'il mérite cette punition. Il publie sans cesse son repentir, de trente-quatre épigrammes dont il rougit devant Dieu et devant les hommes : il ne cesse de se plaindre du Supplément que les libraires de Hollande ont mis à ses ouvrages, et qui, de son aveu, ne fait honneur ni au livre, ni à l'auteur, ni à l'éditeur. Il apprend de quelle manière un seigneur anglais tira de lui la connoissance de ces épigrammes qu'il ne voulut jamais communiquer, mais que sa sincérité l'empêcha de désavouer.

Lorsque M. Brossette lui demande des éclaircissemens sur quelques endroits de ses ouvrages, il se contente de lui répondre que la plupart des choses auxquelles il a fait allusion sont sorties de sa mémoire, et que d'ailleurs elles feroient d'un texte innocent un commentaire criminel.

On ne le soupçonnera point d'avoir été jaloux des talens des autres, puisque, sitôt qu'il a lu un ouvrage en prose ou en vers dont il a été content, il recherche l'amitié des auteurs, et ne refuse jamais ses conseils à ceux qui les lui demandent.

Lorsqu'il se croit certain d'un emploi dans les Pays-Bas, il annonce qu'il reçoit pour la dernière fois la pension de M. le duc d'Orléans, parce qu'il n'est pas juste, dit-il, « de manger à deux rateliers; » et quand M. le baron de Breteuil lui envoie cette pension, il s'informe s'il n'y ajoute rien, parce qu'il ne doit, dit-il, « recevoir de l'argent que » d'un prince. » Il soutient toujours cette pauvreté fière, même en recevant les bienfaits annuels de MM. Boutet. Il est dans l'intention de leur rendre tout quand il aura fait fortune par ses actions, avec lesquelles on est toujours, dit-il, « comme un che- » valier errant, à la veille ou d'être empereur, ou » d'être roué de coups de bâton; » et lorsqu'il a eu le sort d'un chevalier errant, et qu'il est tombé dans la misère, il croit s'acquitter envers M. de Montheri en lui donnant ses tableaux, qui, dans son imagination, étoient d'un grand prix.

Il est impossible de ne pas admirer la fermeté avec laquelle il refuse de profiter des lettres de rappel que M. le grand-prieur et M. le baron de Breteuil obtinrent pour lui, et la manière dont il sait accorder, dans les deux lettres qu'il écrit à ce sujet, le mépris du bienfait avec la reconnoissance pour les bienfaiteurs. On dira peut-être qu'il fut moins fier en 1738, lorsqu'il demanda ou un sauf-conduit, ou (parce qu'il n'avoit plus que deux ans à attendre) des lettres de surannation, puisqu'on voit même dans une lettre, qu'il va jusqu'à souhaiter qu'on fasse du moins revivre ses anciennes

lettres

lettres de rappel. J'ignore si l'ennui du séjour de Bruxelles, depuis qu'il y eut perdu l'amitié d'un seigneur auquel il étoit très-attaché; si l'amour de la patrie, redoublé par vingt-huit ans d'absence et deux attaques d'apoplexie, avoient affoibli son courage : je puis seulement vous assurer qu'il conserva jusqu'à la mort l'espérance de la revision de son procès, lorsqu'il ne seroit plus obligé de se mettre en état.

Voilà Rousseau, Monsieur, tel que je le vois dans ses lettres : ce qui m'engage à vous dire que vous les devez faire imprimer, non pour faire du bien aux petits-enfans de M. Brossette, mais par charité pour Rousseau lui-même, puisqu'elles feront connoître un homme qui a eu bien raison de dire qu'il étoit, malheureusement pour lui, *trop et trop peu connu.*

Il l'est encore si peu, que je vois des personnes qui, loin d'être frappées de ses lettres comme moi, s'écrient, en l'entendant parler le langage de la piété : *Voilà l'hypocrite !* Qu'a-t-il donc gagné à le faire jusqu'à la fin de sa vie? De quelle perfidie l'accuse-t-on depuis sa sortie de France ? Si on ne l'accuse de rien, il a donc par sa conduite, encore plus que par ses malheurs, réparé sa jeunesse. Sa conduite, dit-on, a été celle d'un honnête homme ; mais dans le fond du cœur il ne l'étoit pas. S'il m'a trompé, je souhaite l'être toujours par quelqu'un qui sache jouer parfaitement jusqu'à la mort le personnage d'honnête homme.

Je persiste donc, Monsieur, à vous assurer que ses lettres lui feront honneur, pourvu qu'on en retranche plusieurs de ces traits que je craignois d'y trouver. Comme je les lisois la plume à la main, censeur sans autorité, mais exécutant vos intentions, j'ai noté à la marge tous les endroits qui me paroissent devoir être supprimés. Quand il attaque les personnes, je fais ce qu'il eût fait sans doute en relisant ses lettres; quand ses critiques ne tombent que sur les ouvrages, je ne suis pas si sévère, persuadé qu'elles n'offenseront point les auteurs vivans, parce que souvent la passion y a part. Lorsqu'il parle des anciens, il en parle toujours en grand juge ; on croit entendre Quintilien : mais il ne l'est pas toujours quand il parle des ouvrages de ses contemporains. Je vous exhorte à supprimer plusieurs lettres qui, loin de lui faire tort, font voir qu'il a été cruellement déchiré, et d'une manière bien perfide, par des hommes qui ne lui avoient que des obligations. C'est pour l'honneur de la littérature qu'il faut anéantir des faits si odieux. Laissons dans leur bonne opinion ceux qui croient que les belles-lettres répandent toujours, dans ceux qui les cultivent, cette humanité qu'annonce l'épithète que nous leur donnons en latin.

J'affecterois la modestie, si je vous demandois de supprimer tous les endroits où je suis loué. Je puis vous assurer que tous ces éloges, dans le temps même que je les recevois, ne m'ont jamais tourné la tête, parce que Rousseau, trop vif en tout, prodiguoit l'hyperbole, et que je lui ai toujours trouvé pour les vers de ses amis, une indulgence que j'attribuois à celle qu'il avoit pour les siens à la fin de ses jours.

Si j'étois le maître du Recueil, je retrancherois toutes ces choses, non par humilité, mais comme inutiles. Quelqu'envie que j'aie de voir ces lettres imprimées, je vous conseille d'attendre encore, afin que vous puissiez, par les mouvemens que se donneront nos amis, réunir aux richesses que vous possédez, plusieurs autres qui sont dispersées dans des mains différentes. Rousseau a écrit souvent à d'autres personnes, comme à M. le baron de Breteuil, à M. le comte du Luc, aux PP. Tournemine et Brumoy, à M. Rollin, à MM. Lasséré, Seguy, Crouzas, etc. Ces dernières vous seront certainement remises. L'illustre M. Crouzas, dont le corps succombe maintenant sous le fardeau des années, tandis que son esprit résiste encore, a bien voulu, à ma prière, faire chercher dans ses papiers celles qu'il a reçues, qui sont en assez grand nombre, et il se trouve heureux d'en faire présent au public. Si les autres personnes qui en gardent encore ont la même générosité, on choisira dans toutes ces lettres, celles qui peuvent intéresser le public; et on vous mettra en état de composer un Recueil, qui fera peut-être rendre enfin au malheureux Rousseau la justice qu'il a tant de fois demandée, et qui du moins là lui fera rendre par la postérité, à laquelle il y a apparence que son nom et ses ouvrages parviendront.

Je suis, Monsieur, etc.

LOUIS RACINE A M.....

Ce 1ᵉʳ avril 1757.

Quoique j'aie été attaqué, Monsieur, dans quelques Journaux imprimés dans votre ville, et dans le Supplément au Dictionnaire de Bayle, à l'article *Rousseau*, par ceux qui prétendent qu'il a joué le rôle d'hypocrite jusqu'au lit de la mort, je ne me repens point d'avoir pris sa défense dans les deux lettres qui précèdent le Recueil des siennes, et dans celle que les Mémoires de Trévoux, janvier 1757, 11 vol., ont rapportée. Les ennemis qui persécutent la mémoire de ce poète infortuné, m'ont accusé de prendre son parti, à cause des éloges qu'il fit du poëme de la Religion. J'ai pu, je l'avoue, être flatté d'avoir son suffrage lorsque ce poëme parut; mais depuis le temps qu'il est entre les mains du public, ce suffrage m'est indifférent, et je n'ai eu d'autre intérêt, en défendant sa mémoire, que celui de la vérité. Du reste, je ne répondrai point à ceux qui m'ont attaqué à son sujet. Je ne veux point de querelles littéraires; elles ne font jamais honneur. D'ailleurs, je suis dans cet âge qui m'a mis dans cette disposition que Caton, suivant que Cicéron le fait parler dans son Traité de la Vieillesse, appeloit *satietas vitæ*; disposition qui nous fait desirer, selon lui, *ad meliora proficisci*. Quand on a ce desir, fondé sur des motifs que Caton ne pouvoit avoir, on n'offense personne; quand on est offensé, on pardonne; et, regardant comme bien frivoles tant de choses qu'on avoit autrefois regardées comme importantes, on ne songe plus qu'à celles qui le sont véritablement. Ce sont les seules qui m'occupent maintenant : *Vellem ab initio.*

Je suis, Monsieur, etc.

LOUIS RACINE A M.***

Ce 4 janvier 1762.

Vous n'avez pas oublié, Monsieur, les vers que M. de Voltaire m'adressa autrefois au sujet de mon poëme sur la Grâce, et vous m'avez dit souvent, comme lui : « Ton Dieu n'est pas le mien. » L'union qui a toujours régné entre nous, malgré la diversité de nos sentimens, est la preuve que nous servons tous deux le même Dieu. Je suis même persuadé que nous le prions tous deux de même, et que quand vous êtes à ses pieds, l'aveu de votre néant vous fait dire les mêmes choses qui, dans mes vers, vous paroissent donner quelqu'atteinte à la liberté; et quelque riche que vous soyez en bonnes œuvres, (puissé-je l'être autant!) je suis convaincu que vous lui dites, comme moi : « Voyez votre œuvre en moi; » n'y voyez pas la mienne, » parce que l'humilité vous inspire naturellement ce qu'elle inspiroit à saint Augustin : *Opus tuum in me vide, non meum.* Vous avez toujours rendu justice à mes intentions; vous savez que je n'ai jamais eu dessein de séduire personne : mais pourquoi, m'avez-vous dit souvent, étant né avec l'amour des vers et sans fortune, ayant par conséquent plus besoin de me faire des protecteurs que des ennemis, ai-je été choisir, dans ma jeunesse, une matière et un système qui devoient m'en faire? La chaleur avec laquelle on disputoit alors sur cette matière, m'engagea à essayer de la mettre en vers; et la même raison (car tout le monde ne soutient pas son sentiment avec votre douceur, et les partisans du système contraire au mien étoient encore dans un grand crédit) fut cause que je me contentois de lire mon ouvrage à quelques amis, sans songer à le rendre public, lorsque j'appris que M. le chancelier d'Aguesseau étoit curieux de l'entendre : il étoit depuis peu retiré, par ordre de la cour, dans sa terre de Fresne. J'y allai, et l'admiration dont je fus pénétré en voyant de près ce grand-homme, me faisant oublier Paris, je lui demandai de rester comme exilé à Fresne tant qu'il y resteroit. Ce fut là qu'aidé de ses lumières, je mis une dernière main à mon ouvrage, et que j'en fis en sa présence de fréquentes lectures à d'habiles théologiens, qui n'y trouvant rien que de conforme à la doctrine de saint Augustin, décidèrent que je pouvois le donner au public. J'allai le lire à mon archevêque, M. le cardinal de Noailles, et je le remis ensuite à un docteur de Sorbonne, qui me donna une approbation sur laquelle j'obtins de M. d'Argenson, alors garde des sceaux, un privilége très-flatteur. L'ouvrage fut imprimé; et j'avois la satisfaction qu'il paroîtroit sous les auspices de M. le chancelier, rappelé à la cour depuis peu, lorsque

lui-même jugea à propos d'en suspendre le débit par des raisons particulières, que ma soumission à ses volontés m'empêcha de lui demander; et mon attachement pour lui étant toujours le même lorsqu'environ deux ans après il reçut pour la seconde fois l'ordre de retourner à Fresne, je lui écrivis que je comptois avoir reçu le même ordre, et que je me disposois à y retourner aussi. Il m'en donna la permission en ces termes: « Je m'attendois bien, Mon-
» sieur, à vous revoir ici avec la disgrâce; vous
» marchez volontiers à sa suite, et je vous mets au
» nombre des biens qui l'accompagnent, ou plutôt
» qui la font oublier. Ne louez point la tranquillité
» que je conserve à Fresne; vous ne savez pas com-
» ment j'y suis quand vous n'y êtes pas. Je recon-
» nois un ami, et un philosophe beaucoup plus qu'un
» poète, dans la précaution que vous prenez avec
» votre libraire, pour que votre ouvrage ne sorte
» pas de ses mains. Si j'en prive malgré moi le public
» depuis long-temps, je vous ferai voir à Fresne des
» observations qui vous mettront peut-être en état
» de tirer un jour cet illustre captif de la prison où
» il languit injustement. »

Ce captif dut enfin sa liberté aux vives sollicitations du libraire; ce que j'appris lorsque j'étois dans une province très-éloignée, où les malheurs de ma fortune m'attachoient à un emploi que je n'eusse jamais choisi,

 Si le ciel en mon choix eût mis ma destinée.

Cette nouvelle m'étonna, et j'appris en même temps, mais sans étonnement, que j'étois déjà, dans quelques libelles, attaqué sur ma doctrine. J'écrivis à M. le cardinal de Fleury, qu'entièrement livré à l'emploi qu'il m'avoit procuré, de quelque manière que je fusse attaqué sur mon poëme, je garderois le silence : « Vous prenez, me répondit-il, le bon parti. Ces » sortes de libelles ne méritent que le mépris. » Lorsque, long-temps après, ce poëme fut ajouté à celui de la Religion, M. le cardinal de Valenti voulut bien, à ma prière, les présenter tous deux à Benoît XIV, avec la lettre que j'ai fait imprimer à la tête, pour faire connoître mes sentimens de soumission, que je crois avoir prouvés par toute ma conduite, dont je suis fort aise de vous avoir rendu compte : elle m'a toujours rassuré contre d'injustes accusations, et consolé dans les petites disgrâces que j'ai essuyées à cause de ces accusations. Vous savez ce que dit Martial de cet heureux vieillard qui, repassant toute sa vie, n'y trouvoit rien qui pût troubler sa tranquillité : *Præteritosque dies, et tutos respicit annos*. Je ne puis, dans le même âge, jouir du même bonheur, ni appeler mes années *annos tutos*; mais j'ai du moins la consolation que l'amour des vers ne m'en ayant jamais inspiré ni de satiriques, ni de dangereux pour les mœurs et la religion, n'a jamais pu faire tort qu'à moi.

Je suis, Monsieur, etc.

AVERTISSEMENT
DE LOUIS RACINE

SUR LA LETTRE SUIVANTE.

Tous les avis que mon père, dans ses lettres (1), donna à mon frère aîné pour se faire à la cour des amis et des protecteurs, furent inutiles à un homme que dominoit l'amour de la solitude, et qui, sitôt qu'il fut devenu son maître, a fui le monde, quoiqu'il y fût fort aimable quand il étoit obligé d'y paroître. M. de Torcy continuant ses bontés pour lui, après la mort de mon père, l'envoya à Rome avec l'ambassadeur de France. Il y resta peu : ayant obtenu la permission de vendre sa charge de gentilhomme ordinaire, il s'enferma dans son

---

(1) Nous n'avons pas cru devoir réimprimer dans cette collection des OEuvres de Louis Racine, les lettres de son père, parce qu'elles se trouvent actuellement dans toutes les bonnes éditions des OEuvres de l'auteur d'Athalie. (*Note de l'Editeur.*)

cabinet avec ses livres; il y a vécu jusqu'à soixante-neuf ans, sans presqu'aucune liaison qu'avec un ami, très-capable à la vérité de le dédommager du reste des hommes. On a bien pu dire de lui : *Bene qui latuit, bene vixit.* Sans aucune ambition, et même sans celle de devenir savant, son seul plaisir fut de parcourir toutes les sciences, s'attachant particulièrement aux belles-lettres, et s'étant toujours contenté de lire, sans avoir jamais rien écrit ni en vers ni en prose, quoiqu'il fût très-capable d'écrire, et par ses connoissances et par son style. On en peut juger par cette lettre qu'il m'écrivit lorsque je lui fis remettre le *poëme de la Religion* pour l'examiner.

LETTRE

DE JEAN-BAPTISTE RACINE

A LOUIS RACINE, SON FRÈRE.

A Paris.

J'ai lu votre ouvrage, rapidement à la vérité, et simplement pour me mettre au fait du tout ensemble. Le projet est beau, bien exécuté, et digne d'un Chrétien de votre nom. J'y ai trouvé une érudition qui me fait voir que je ne suis point votre aîné en tout. Je ne vous parlerai pas de la versification, tout le monde convient que vous savez tourner un vers : il n'y a rien que vous ne veniez à bout de dire en vers; il semble même que la sécheresse et l'aridité des sujets échauffe votre veine, et vous tienne lieu, pour ainsi dire, d'Apollon. Le fond des choses me fournira peut-être plusieurs observations que je vous ferai de vive voix. Je vous dirai seulement aujourd'hui que vous insistez trop, dans votre sixième chant, sur la conformité de la morale des Païens avec celle de l'Evangile. Comment ces deux lois, celle de l'Evangile et la loi naturelle, ne seroient-elles pas conformes, puisqu'elles sont toutes deux l'ouvrage du même législateur? Mais trouverez-vous dans la morale des Païens l'amour de Dieu et l'amour de la croix, ce qui fait à la fois et tout le pénible et toute la beauté de la loi de l'Evangile?

Je ne puis vous pardonner qu'un aussi grand homme que Socrate vous fasse pitié dans le plus bel endroit de sa vie, lorsqu'il parle de ce coq qu'on doit sacrifier pour lui à Esculape : je crains bien que vous n'ayez lu cet endroit que dans le français de M. Dacier, et il n'est pas étonnant qu'un pareil traducteur vous ait induit en erreur. Socrate ne dit point à Criton de sacrifier un coq, mais simplement : *Criton, nous devons un coq à Esculape*, ὀφείλομεν ἀλεκτρυόνα. Ne voyez-vous pas que c'est une plaisanterie, et que Platon, qui est toujours Homérique, le fait mourir comme il a vécu, c'est-à-dire, l'ironie à la bouche? C'étoit une façon de parler proverbiale. Quand quelqu'un étoit échappé de quelque grand danger, on lui disoit : *Oh, pour le coup, vous devez un coq à Esculape!* Comme nous disons : *Vous devez une belle chandelle*, etc. Voilà tout le mystère. Socrate veut dire : *Nous devons pour le coup un beau coq à Esculape; car certainement me voilà guéri de tous mes maux.* Ce qui est très-conforme à l'idée qu'il avoit de la mort. Pouvez-vous croire que la dernière parole d'un homme tel que Socrate ait été une sottise? Il y a des noms si respectables, qu'on ne sauroit, pour ainsi dire, les attaquer (1), sans

---

(1) La manière dont Racine explique les dernières paroles de Socrate est fort ingénieuse, et est peut-être la véritable. M. Dacier, M. Rollin, et surtout la réponse de Criton, qui prend ces mots dans le sens naturel, m'ont persuadé

attaquer le genre humain : *Parcendum est caritati hominum*, dit si bien Cicéron. M. Despréaux, tout Despréaux qu'il étoit, essuya, de la part de ses amis, des critiques très-amères sur ce qu'il avoit dit de Socrate dans son *équivoque*. Il s'en sauvoit en disant qu'il n'avoit pu immoler à Jésus-Christ une plus grande victime que le plus vertueux homme du paganisme.

L'intérêt que je prends à ce qui vous regarde, l'emporteroit peut-être sur ma paresse, et m'engageroit à vous écrire d'autres réflexions; mais le métier de critique est un désagréable métier, et pour celui qui le fait, et pour celui en faveur de qui on le fait. D'ailleurs, je vous exhorte à chercher des censeurs plus éclairés et moins intéressés que moi.

---

que j'en avois pu dire ce que j'en ai dit, d'autant plus que Socrate ne parlant, même dans ses derniers momens, que d'une façon incertaine sur l'immortalité de l'âme, m'a toujours paru un homme inconcevable. (*Note de Louis Racine.*)

FIN.

TABLE EXPLICATIVE
DES MATIÈRES
CONTENUES DANS CE VOLUME.

Remarques sur les tragédies de Jean Racine.
Mithridate. . . . . Page 1
Sujet de Mithridate. 2
Mithridate. 4
Monime. 5
Pharnace et Xipharès. 6
Notes sur la langue. 12
Remarques. Lieu de la scène, et durée de l'action. . . . 22
Iphigénie. 52
Comparaison de l'Iphigénie d'Euripide avec l'Iphigénie française. 53
Notes sur la langue. 72
Remarques. Durée de l'action, lieu de la scène. 85
Phèdre et Hippolyte. 118
Comparaison de l'Hippolyte d'Euripide avec la tragédie française sur le même sujet. 118
Notes sur la langue. 142
Remarques. Lieu de la scène, durée de l'action. 157
Esther. 202
Examen d'Esther. 203
Notes sur la langue. 209
Remarques. Lieu de la scène, durée de l'action. 216
Remarques. Prologue. 219
Athalie. 234
Notes sur la langue. 236
Remarques. Préface. 251
Acte Ier. Lieu de la scène, durée de l'action de nos entr'actes. 251

TABLE DES MATIÈRES.

Addition aux Remarques sur Esther et Athalie. page 303
Critique d'Athalie. 309
Traité de la Poésie dramatique ancienne et moderne.
 Plan de ce Traité. 331
Chapitre Ier. De la passion de presque tous les peuples
 pour la Poésie dramatique. 332
Chapitre II. Histoire de la Poésie dramatique chez les
 Grecs. 338
Chapitre III. En quoi consiste le plaisir de la tragédie,
 et de la grande émotion que causoient les tragédies
 grecques. 357
Chapitre IV. La tragédie est-elle utile ? Platon con-
 damne toute poésie qui excite les passions. 366
Traduction d'un passage du dixième livre de la République contre les spectacles et les poètes. 367
Aristote exhorte les poètes à exciter la crainte et la
 pitié, qui sont, selon lui, les deux passions essentielles à la tragédie. 376
Aristote a-t-il pu penser que la tragédie excite la crainte
 et la pitié pour purger ces deux passions ?. 391
La tragédie, dont la fin est d'exciter deux passions qui
 peuvent rendre les hommes meilleurs, ne devient
 dangereuse que par la faute des poètes et la nature
 des représentations. 399
Chapitre V. En quoi consiste le plaisir de la comédie,
 et de ce sel qui assaisonne les comédies grecques. ... 409
Chapitre VI. Histoire de la Poésie dramatique chez
 les Romains. 418
Pourquoi les Romains n'ont point égalé les Grecs dans
 la Poésie dramatique. 433
Chapitre VII. Histoire de la Poésie dramatique
 moderne. 437
Chapitre VIII. Dans quelle nation la Poésie drama-
 tique moderne fit-elle les plus heureux progrès ?.... 454
Le désordre régna long-temps partout. Quelle en fut
 la cause. 458
L'exemple du théâtre français fait cesser le grand
                 désordre

TABLE DES MATIÈRES.

désordre qui régnoit sur les autres........... Page 463
CHAPITRE IX. Défauts que les étrangers ont coutume de reprocher à notre tragédie................. 471
Le style de notre tragédie...................... 471
La rime....................................... 474
Le langage amoureux........................... 478
CHAPITRE X. Des six parties de la tragédie, suivant Aristote. Examen de ces six parties dans Athalie... 490
L'action ou fable............................... Ibid.
Des mœurs..................................... 499
Des sentimens................................. 504
De la diction.................................. 508
De la décoration............................... 513
La musique. Les chœurs........................ 514
Digression sur les poëmes dramatiques en musique... 518
CHAPITRE XI. Les Grecs ont-ils porté plus loin que nous la perfection de la tragédie?................ 525
CHAPITRE XII. De la déclamation théâtrale des anciens. 538
La déclamation théâtrale n'a jamais été partagée, et n'a jamais pu l'être, entre deux acteurs destinés, l'un à faire les gestes, l'autre à prononcer les vers........ 539
La déclamation théâtrale des anciens n'étoit pas un chant musical............................... 545
La déclamation théâtrale des anciens n'étoit point notée. 549
Nous ne pouvons avoir qu'une idée imparfaite de l'attention des anciens à l'harmonie dans l'arrangement des mots, et dans leur prononciation............ 551
De l'idée qu'on peut se former de la déclamation théâtrale des anciens......................... 558
CHAPITRE XIII. Récapitulation.................. 566
Eclaircissement sur la Fille sauvage dont il est parlé dans l'Epître II sur l'Homme.................. 575
Lettres....................................... 585

FIN DE LA TABLE DU SIXIÈME VOLUME.

www.ingramcontent.com/pod-product-compliance
Lightning Source LLC
Chambersburg PA
CBHW071156230426
43668CB00009B/971